# 공자개제고【一】

孔子改制考

# 공자개제고【一】 孔子改制考

An Annotated Translation of
"Confucius as a Reformer"

캉유웨이 저

김 동 민 역주

세창출판사

공자개제고【一】孔子改制考

1판 1쇄 인쇄　2013년　12월　16일
1판 1쇄 발행　2013년　12월　26일

저　자 | 캉유웨이(康有爲)
역주자 | 김동민(金東敏)
발행인 | 이방원
발행처 | 세창출판사
주소 | 서울 서대문구 경기대로 88 (냉천빌딩 4층)
신고번호 | 제300-1990-63호
전화 | (02) 723-8660　팩스 | (02) 720-4579
http://www.sechangpub.co.kr
e-mail: sc1992@empal.com

ISBN 978-89-8411-445-6 94150
978-89-8411-444-9 (세트)

잘못된 책은 구입하신 서점에서 바꾸어 드립니다.
책값은 뒤표지에 있습니다.

이 도서의 국립중앙도서관 출판시도서목록(CIP)은 서지정보유통지원시스템 홈페이지(http://seoji.nl.go.kr)와 국가자료공동목록시스템(http://www.nl.go.kr/kolisnet)에서 이용하실 수 있습니다.(CIP제어번호: CIP2013026786)

# 역주자 서문

孔子改制考

캉유웨이가 활동했던 시대는 역사상의 변화가 가장 심했던 격동의 시대였다. 수천 년 동안 지속되었던 전통 왕조의 붕괴, 그리고 근대로의 이행이라는 거스를 수 없는 세계사적 흐름, 이처럼 전통과 근대가 교차하는 시대에 당대의 지식인들은 많은 혼란과 고민을 겪었을 것이다. 근대와 전통 단절, 혹은 전통의 연속으로서의 근대, 어느 쪽을 선택하는가에 따라 중국이 나아가야 할 미래의 모습은 확연히 달라질 수 있기 때문이다. 당대의 많은 학자들이 다양한 형태의 중국 근대 설계도를 제시했는데, 그중에서도 가장 파격적인 모델을 제시한 인물이 바로 캉유웨이라고 할 수 있다. 그는 전통과의 연속이라는 밑그림 위에, 개혁과 변혁을 통한 근대로의 이행을 선포했다. 전통에 근거한 근대적 개혁이 마치 언어 모순처럼 보이지만, 그는 전통에 대한 재해석을 통해 가장 중국적인 근대를 만들 수 있다고 확신했다. 이런 점에서 캉유웨이의 철학 사상이 "형식면에서 중국 고대철학의 연속이자 고전 전통의 근대적 종결"(『中國近代思想史論』)이라고 한 리쩌허우(李澤厚)의 평가는 매우 적절한 것처럼 보인다.

그런데 사실 캉유웨이의 설계도는 자신의 독창적인 작품이 아니다. 그것은 예전에 이미 존재했던 원형의 모델을 단지 벤치마킹했다고 할 수 있다. 중국 고대에 새로운 시대를 위한 개혁의 설계도를 그린 대표적인 인물은 바로 공자이며, 그 설계도에 의해 탄생한 결과물이 바로 유교이다. 그러한 공자와 유교의 역사를 체계화시켜 하나의 정형화된 도식으로 만든 작품이 『공자개제고』이다. 그렇다면 그는 왜 공자와 유교를 벤치마킹의 대상으로 삼았을까? 공자가 탁고(託古)라는 형식을 통해 개제(改制)를 시도했듯이, 자신도 공자를 탁고의 대상으로 삼아 개혁을 추진했다고 할 수 있다. 유교를 통한 공자의 개제를 자신이 추진하는 개혁과 동일시함으로써 개혁의 이론적 토대와 정당성을 동시에 확보하려는 의도였다. 결과적으로 태평(太平)의 정치와 대동(大同)의 복지를 누리고 싶다던 캉유웨이의 꿈은 공허한 외침으로 끝이 났지만, 그의 근대적 담론의 원천은 『공자개제고』 속에 여전히 남아 있다.

캉유웨이의 연보를 살펴보면, 이 책은 10년이 넘는 오랜 기간에 걸쳐 완성되었다. 아마도 개혁과 변법을 위한 이론적 근거로 활용할 책이었기 때문에 상당히 심혈을 기울였을 것으로 짐작할 수 있다. 책 전체의 목차만 살펴보더라도 공자와 유교의 역사를 한눈에 파악할 수 있다. 유교의 창립, 공자와 유교의 관계, 유교와 제자백가의 투쟁, 유교의 전파와 사상 통일 등 유교의 성립과 전개에 관한 일련의 과정은 물론, 그 과정에서 상호 관계를 맺었던 제자백가의 양상까지도 체계적으로 정리되어 있다. 따라서 이 책은 캉유웨이와 관련을 짓지 않더라도, 춘추전국시대부터 한대까지 전개된 중국 고대 사상의 전모를 파악할 수 있는 중요한 자료로서의 가치도 지니고 있다. 특히 당시에 활동했던 거의 모든 제자백가의 성립과 활동 등에 관한 핵심 원전 텍스트가 망라되어 있기 때문에 그들 사이의 상호 대립과 투쟁, 조화와 융합의 과정을 매우 생생하게 살펴볼 수 있다. 지금처럼 DB화된 원전 자료가 없던 시대에 이처럼 방대한 자료를 주제별로 발췌하여 인용했다는 것이 놀라울 따름이다.

명저 번역을 신청하기 위해 준비하던 단계부터 출판을 앞둔 현 시점까지 거의 4년의 시간이 흘렀다. '명저'라는 타이틀이 주는 중압감 때문에 번역 과정에서의 고민과 시간 투자가 그 어떤 책보다 많았던 것 같다. 그렇지만 역시 고전 번역자로서의 능력이나 노력 부족 등으로 오역이나 오탈자 등 많은 문제가 드러날 수밖에 없을 것이다. 이 점에 대해서는 향후 연구자들의 따끔한 질타를 겸허하게 기다리겠다. 한편 번역과 교열의 과정에서 큰 도움을 주신 임옥균 선생님과 길훈섭 · 정병섭 동학께 깊은 감사를 드린다. 아울러 세창출판사의 임길남 상무님과 교정 및 편집을 맡은 분들의 노고에 감사드린다.

마지막으로 고전 번역 사업의 추진이 쉽지 않은 환경 속에서, 한국연구재단의 '명저 번역' 지원 사업 덕분에 이 책이 세상에 나올 수 있게 되었다. 향후 이 사업이 더욱 활성화되어 학술적으로 중요하고 가치 있는 고전들이 체계적으로 번역 출판될 수 있기를 기대해본다.

2013년 12월
와룡산 자락에서
김 동 민

# 해제

孔子改制考

## 1. 『공자개제고』의 성립 및 구성

캉유웨이(康有爲, 1858~1927)는 청나라 말기 중국의 대표적인 변법 사상가 중의 한 사람이다. 『공자개제고(孔子改制考)』는 『신학위경고(新學僞經考)』·『대동서(大同書)』와 함께 그의 3대 주요 저서로 손꼽힌다. 이 책들은 캉유웨이가 추진했던 변법운동의 핵심 사상을 담고 있을 뿐만 아니라, 당시 사회와 사상계에도 막대한 영향을 끼친 작품이다. "만약 『신학위경고』를 태풍에 비유한다면 『공자개제고』는 화산 대폭발, 『대동서』는 대지진에 비유할 수 있을 것이다"(『淸代學術槪論』)라는 량치차오(梁啓超, 1873~1929)의 말에서 그 충격의 강도를 짐작할 수 있다. 이 중에서도 특히 『공자개제고』는 캉유웨이의 변법과 개혁 사상의 이론적 토대가 된다는 점에서 매우 중요한 의미를 지닌 책이다. 그는 이 책을 이론적 근거로 삼아 변법의 필요성과 정당성을 주장했고, 나아가 개혁의 방향성을 상징적으로 보여주려고 했다. 또한 공자의 개제(改制)를 자신의 변법운동과 등치시킴으로써 공자의 권위를 빌려 주장의 설득력을 높이려는 의도도 엿볼 수 있다.

『공자개제고』의 핵심 내용은 책의 명칭에서 알 수 있듯이, 공자의 제도 개혁[改制]을 실증적으로 고찰하는 것이다. 공자가 탁고(託古)라는 형식을 통해 고대 중국의 문명을 새롭게 창립했으며, 그것이 한나라 무제(武帝) 이후 중국 전체에 파급되어 중화(中華)의 사상과 문화로 정착되었다는 논리이다. 이 작업을 통해 캉유웨이는 중국 고대 문명의 실체를 밝히고, 중화 문명의 총체인 유교를 창립한 공자의 위대성을 최대한 부각시키려고 시도했다. 그런데 이 책의 저술 목적이 단순히 거기에만 있는 것이 아니다. 그는 공자의 모습에 자신을 투영함으로써 공자가 추진했던 개혁과 대동(大同) 세계의 이상을 자신의 당대에 실현하고자 열망했다. 따라서 이 책의 개혁 이론은 공양학파의 전통적인 개제 이론과 그 맥을 같이하지만, 현실에서의 직접적인 접목을 추진했다는 점에서 역사진화론의 실천적 적용이라고도 말할 수 있다. 이런 점 때문에 량치차오는 캉유웨이의 개제 이론을 기존 공양학자들과 차별화하여, "일종의 정치 혁명 또는 사회 개조의 의미"라고 평가했다(『淸代學術槪論』). 그렇다면 캉유웨이가 개혁을 통해 이루려고 했던 최종 목표는 무엇인가? 이 책의 「서문」에서 다음과 같이 말했다.

> "공자(孔子)가 돌아가신 지 2,376년이 지난 후에, 나 캉유웨이는 그가 남긴 말씀을 읽고서 깊이 생각에 잠겨 절절한 애통함을 금할 길이 없다. 아! 내가 태평(太平)의 정치를 만나보지 못하고, 대동(大同)의 복지를 누리지 못한 것은 무엇 때문인가? 2,000년의 역사와 사방 1만 리의 땅, 그리고 4억의 신명한 후손이 있는 우리 중국이 태평의 정치를 만나보지 못하고, 대동의 복지를 누리지 못한 것은 무엇 때문인가? 인간의 이 땅이 일찍이 태평의 정치를 만나보고, 대동의 복지를 경험하지 못한 것은 무엇 때문인가? 하늘이 이 땅에서 살아가는 인간의 수많은 고난을 가련하게 여기니, 흑제(黑帝)가 총명하고 뛰어난 인물을 내려 보내 백성들의 환란을 구제하고자 하였다. 그는 신령스럽고 밝은 존재이자 성왕(聖王)이며, 만세의 스승이자 백성들의 보호자이며, 천하에서 존중하는 교주(敎主)였다. 혼란한 시대에 태어났기 때문에 그러한 시대에 근거하여 삼세(三世)의 법칙을 세웠는데, 그의 정신은 오로지 태평(太平) 시대를 지향하고 있었다."(『孔子改制考』「序」)

캉유웨이는 공자가 지향했던 목표를 태평(太平)의 정치와 대동(大同)의 복지라고 규정한다. 비록 공자를 전면에 내세우기는 했지만, 태평과 대동 사회는 바로 캉유웨이 자신이 꿈꾸는 이상 사회이다. 즉 "공자의 인격을 입법가이자 개혁가로 규정하여 자신의 역사적 정체성을 확정하기"(이규성, 「康有爲의 세계의식과 이상사회」) 위해 이 책을 저술했으며, 공자의 권위를 빌려 자신이 추구하는 목표를 제시했다고 볼 수 있다.

태평과 대동의 이상 사회 건설은 세 단계의 과정을 거쳐 완성된다. 그의 대표 저서인 『신학위경고』·『공자개제고』·『대동서』가 바로 각 단계별 추진 내용과 방향을 정립한 책이다. 가장 먼저 봉건 체제에 물든 낡은 사회 구조와 의식을 타파하는 것이 첫 단계이다. 캉유웨이는 기존 정치와 문화의 폐습은 모두 전통 왕조에서 바이블로 받아들여지던 위조 경전에서 비롯된 것이라고 파악했다. 따라서 위조 경전의 허위성을 폭로하여 개혁의 장애를 제거하는 것이 개혁의 시작이며, 그것은 바로 태풍으로 비유된 『신학위경고』를 통해 진행되었다. 다음 단계는 중국에서의 개혁과 이상 사회의 건설이 상상의 산물이 아니라, 현실 속에서 실현 가능하다는 것을 증명하는 단계이며, 그것은 바로 화산 대폭발로 비유된 『공자개제고』를 통해 진행되었다. 공자의 유교 창설과 탁고개제, 유교에 의한 중국의 사상 통일의 전 과정을 실증적으로 증명함으로써 자신이 추구하는 태평과 대동의 세상이 실현 가능한 세계라는 것을 보여주는 것이다. 마지막 단계는 태평과 대동이 실현된 미래 중국의 모습을 미리 구현해보는 것이며, 그것은 바로 대지진으로 비유된 『대동서』를 통해 기획되었다. 이 세 단계의 원활한 진행을 위해서는 개혁의 필요성과 정당성을 확보하는 것이 필수불가결한 조건인데, 그 이론적 근거가 되는 것이 바로 『공자개제고』이다.

따라서 『공자개제고』는 캉유웨이가 추구한 개혁운동의 슬로건을 상징적으로 대변할 뿐만 아니라, 개혁의 토대이자 핵심 요소라고 할 수 있다. "아! 대동과 태평의 정치를 만나보는 것은 마치 공자가 다시 살아나는 것과 같은 의미일 것이다. 『공자개제고』가 완성된 시점은 공자가 태어난 시대와는 2,449년의 시간적 거리가 있다"(『孔子改制考』「序」)라는 말 속에서 공자가 이룬 위대한 업적을 자신의 당대에 다시 구현하고자 하는 캉유웨이의 강렬한 의지와 열망을 엿볼 수 있다.

『공자개제고』가 편찬된 과정은 그가 직접 쓴 『강남해자편연보(康南海自編年譜)』(『康有爲全集』에는 『我史』로 되어 있다)를 참조하면 다음과 같이 진행되었다. 이 책은 광서(光緖) 18년(1892)에 본격적인 편찬 작업이 시작되었고, 광서 24년(1898)에 세상에 처음으로 공개되었다. 세부 집필 과정을 살펴보면, 책의 초고가 처음으로 작성된 것은 광서 12년(1886)이다. 그 후 집필 작업이 계속되다가 광서 18년(1892)에 제자들의 도움을 받아 체계적인 편찬 작업을 진행했다. 책의 편찬 작업에 함께 참여한 인물은 캉유웨이의 제자인 천치엔츄(陳千秋)와 짜오타이(曹泰), 그리고 량치차오(梁啓超) 등이다. 그리고 광서 23년(1897) 겨울에 상하이(上海) 대동역서국(大同譯書局)에서 『춘추동씨학(春秋董氏學)』·『일본서목지(日本書目志)』와 함께 21권 10책으로 처음 간행되었다. 책의 「서문」은 광서 24년(1898) 1월 28일에 작성되었는데, 그 해 캉유웨이가 공교회(孔敎會)를 결성하면서 이 책을 황제에게 바침으로써 처음으로 세상에 모습을 드러냈다. 그러나 그 해에 캉유웨이가 주도했던 무술변법(戊戌變法)이 실패로 돌아가자, 이 책은 『신학위경고』 등과 함께 1898년과 1899년 두 차례에 걸쳐 소각 및 간행 금지 처분을 받았다. 그 이후 1913년에 간행된 『불인(不忍)』 잡지에 분기별로 나누어 다시 게재되었고, 『만목초당총서(萬木草堂叢書)』 속에 포함되어 1920년과 1923년 두 차례 상하이와 베이징에서 중간되었다.

청나라 광서 연간에 내부(內府)에서 간행한 필사본은 현재 중국의 고궁박물관(古宮博物館)에 보존되어 있다고 한다. 현재 통행되는 판본은 총 네 종류이다. 중화서국(中華書局) 판본(1958), 만목초당총서(萬木草堂叢書) 판본(『民國叢書』 第四編 3, 上海書店, 1989), 중국인민대학출판사(中國人民大學

出版社) 판본(薑義華·張榮華 編校, 『康有爲全集』 제3집, 2007), 중국인민대학출판사(中國人民大學出版社) 판본(國學基本文庫, 2010) 등이다.

현행본 『공자개제고』는 총 21권으로 구성되어 있고, 각 권마다 주제별로 세부 목차가 나누어져 있다. 21권의 전체 목차를 살펴보면 다음과 같다.

- ○ [제1권] 상고시대는 불확실하여 고증할 수 없다[上古茫昧無稽考]
- ○ [제2권] 주나라 말기에 제자백가가 함께 일어나 교설을 창립하다[周末諸子幷起創敎考]
- ○ [제3권] 제자백가가 교설을 창립하고 제도를 개혁하다[諸子創敎改制考]
- ○ [제4권] 제자백가가 제도를 개혁하면서 옛것에 가탁하다[諸子改制託古考]
- ○ [제5권] 제자백가가 교설을 다투고 서로 공격하다[諸子爭敎互攻考]
- ○ [제6권] 묵자 및 노자의 제자와 후학[墨·老弟子後學考]
- ○ [제7권] 유교는 공자가 창립한 것이다[儒敎爲孔子所創考]
- ○ [제8권] 공자는 법도를 제정한 왕이다[孔子爲制法之王考]
- ○ [제9권] 공자가 유교를 창립하여 제도를 개혁하다[孔子創儒敎改制考]
- ○ [제10권] 육경은 모두 공자가 제도를 개혁하면서 지은 것이다[六經皆孔子改制所作考]
- ○ [제11권] 공자가 제도를 개혁하면서 옛것에 가탁하다[孔子改制託古考]
- ○ [제12권] 공자가 제도를 개혁하면서 요·순·문왕을 본보기로 삼다[孔子改制法堯·舜·文王考]
- ○ [제13권] 공자가 제도를 개혁하자 제자와 당시 사람들이 옛 제도에 근거하여 질문하다[孔子改制弟子時人據舊制問難考]
- ○ [제14권] 제자백가가 유교를 공격하다[諸子攻儒考]
- ○ [제15권] 묵자와 노자의 유교 공격이 가장 극성하다[墨·老攻儒尤盛考]
- ○ [제16권] 유가와 묵가가 교설을 다투면서 서로 공격하다[儒·墨爭敎交攻考]
- ○ [제17권] 유가가 제자백가를 공격하다[儒攻諸子考]

○ [제18권] 유가와 묵가가 가장 흥성하여 병칭되다[儒·墨最盛竝稱考]

○ [제19권] 노나라 전체가 유교를 따르다[魯國全從儒敎考]

○ [제20권] 유교가 천하에 두루 전파되어 전국·진·한나라 시대에 가장 흥성하다[儒敎遍傳天下戰國·秦·漢時尤盛考]

○ [제21권] 한무제 이후 유교가 사상을 통일하다[漢武帝後儒敎一統考]

전체 목차를 세밀하게 살펴보면, 캉유웨이가 주장하고자 하는 핵심 주장이 무엇인지 쉽게 발견할 수 있다. 책 전체가 마치 체계적으로 작성된 하나의 논문 형식을 취하고 있는데, 그 핵심 주제를 종합해보면 다음과 같다. ① 상고시대의 불확실성에 대한 논증, ② 제자백가의 교설 창립과 탁고개제(託古改制), ③ 공자의 유교 창립과 제도 개혁, ④ 육경(六經)과 탁고개제, ⑤ 유교와 제자백가의 투쟁, ⑥ 유교의 전파와 사상 통일이다. 공자가 유교를 창립하여 제도를 개혁하였고, 그 이후 제자백가와의 사상 투쟁을 거쳐 유교의 전파와 사상 통일이 완성되는 과정이 전체 목차에 일목요연하게 드러난다. 이하에서는 이 책의 핵심 내용을 중심으로 그 전반적인 요지를 간단하게 소개하고자 한다.

## 2. 제자백가의 교설 창립과 탁고개제(託古改制)

캉유웨이는 공자의 유교 창립과 탁고개제를 본격적으로 다루기 전에, 제자백가들의 출현과 교설 창립의 양상을 다루었다. 이것은 교설 창립과 탁고개제가 춘추전국시대 제자백가의 일반적인 추세였다는 것을 밝힘으로써 공자의 유교 창립을 합리화하기 위한 장치로 볼 수 있다. 제자백가는 세계의 어떠한 학술이나 종교보다도 가장 흥성하였고, 중화 문명은 그들에 의해 개화되었으며, 그 중심에 공자가 있다는 것이 캉유웨이의 주장이다. 중국 고대에 제자백가들에 의해 찬란한 문명이 꽃을 피웠는데, 그것을 통합하여 중화의 문화로 정착시킨 인물이 바로 공자라는 것이다.

캉유웨이가 제자백가로 분류하여 다룬 학파 또는 인물은 모두 17개이다. ① 자상백자(子桑伯子), ② 원양(原壤), ③ 극자성(棘子成), ④ 관자(管子), ⑤ 안자(晏子), ⑥ 소정묘(少正卯), ⑦ 허행(許行), ⑧ 자막(子莫), ⑨ 백규(白圭), ⑩ 진중자(陳仲子), ⑪ 묵가(墨家), ⑫ 도가(道家), ⑬ 법가(法家), ⑭ 명가(名家), ⑮ 음양가(陰陽家), ⑯ 종횡가(縱橫家), ⑰ 병가(兵家). 아사노 유이치(淺野裕一)의 지적처럼, 이들의 활동을 모두 새로운 교파의 창시로 직결시키는 논리에는 다소 허점이 보이지만, 각 학파의 차별성을 부각시켜 각자 나름대로 한 시대에 활동한 모습을 보여주었다는 점에서는 의미가 있는 작업이다(『孔子神話』).

제자백가의 교설 창립은 제도 개혁과 함께 진행되는 것이 일반적인 추세였다. 교설의 창립은 곧 기존의 문화나 제도와는 다른 새로운 형태의 것을 표방하는 것이기 때문이다. 따라서 캉유웨이는 교설 창립과 제도 개혁을 동일한 범주로 묶어서 함께 다루었다. 가장 먼저 캉유웨이는 제도와 문화가 정착된 한대 이후에도 끊임없이 새로운 제도 개혁의 시도가 있었다는 점을 보여준다. 이를 통해 새로운 제도 개혁은 어느 시대에나 발생할 수 있는 당연한 추세임을 강조했다. 그는 다양한 자료를 근거로 춘추전국시대 제자백가들이 각자 독창적인 제도 개혁을 실시한 점에 대해 논증했는데, 제도 개혁을 주도한 대표적인 인물로 다음의 20명을 거론했다. ① 묵자(墨子), ② 관자(管子), ③ 안자(晏子), ④ 극자성(棘子成), ⑤ 원양(原壤), ⑥ 노자(老子), ⑦ 양자(楊子), ⑧ 송견(宋鈃), ⑨ 윤문(尹文), ⑩ 신도(愼到), ⑪ 혜자(惠子), ⑫ 허자(許子), ⑬ 백규(白圭), ⑭ 추자(騶子), ⑮ 공손룡(公孫龍), ⑯ 등석(鄧析), ⑰ 임기(林既), ⑱ 상군(商君), ⑲ 신자(申子), ⑳ 한비자(韓非子) 등이다.

그렇다면 제자백가가 시행한 제도 개혁의 구체적인 방법은 무엇인가? 캉유웨이가 파악한 제도 개혁의 방법은 바로 탁고개제(託古改制)이다. 그런데 개제(改制)라는 것은 과거로의 퇴행이 아니라 미래로의 발전이나 진보를 의미하는데, 새로운 제도의 개혁을 추진하면서 과거의 인물에 가탁하는 것은 논리적으로 모순이 아닌가? 제자백가는 왜 자기 주장의 독창성이나 미래지향성 등을 부각시키지 않고, 오히려 먼 과거의 시대나 특정 인물에 가탁하는 방법을 선택했는가? 그것은 자신의 말을 선왕(先王)에게 가탁하면 그 말의 권위를 확보할 수 있을 뿐만 아니라, 잘못될 경우에도 책임을 회피할 수 있기 때문이다. 따라서 제자백가들은 어떤 주장을 하든 항상 황제(黃帝)나 요(堯)·순(舜) 등 고대의 선왕에 가탁했으며, 그것은 당시의 일반적인 풍조였다.

> "세속의 사람들은 대부분 옛날의 것을 존중하고 지금의 것을 천하게 여긴다. 따라서 도술을 행하는 자들은 반드시 신농(神農)이나 황제(黃帝)에게 그 도술을 가탁한 이후에야 그 주장을 다른 사람에게 주입할 수 있다."(『淮南子』「修務訓」)

> "『회남자』에서는 제자백가가 탁고(託古)하는 풍속을 분명히 알고 있었으니, 이 조목이 가장 명확하다. 대체로 당시의 제자백가들이 분분하게 교설을 창립하여, 경쟁적으로 자기 학파의 핵심 요지를 표방했는데, 그것을 탁고하지 않으면 다른 사람을 설득할 방법이 없었다."(『孔子改制考』 제4권)

제자백가의 시대에는 각 학파가 그 시대의 중심 사상이 되기 위해 치열하게 경쟁했다. 그러한 구도 속에서 대중을 설득하여 세력을 확장하는 것은 학파의 존폐가 달린 중요한 문제였다. 주장을 펼치는 과정에서 이미 존중과 신뢰를 받고 있는 고대의 인물이나 제도 등에 가탁하는 것은 매우 손쉽고 효과적인 설득의 방법이다. 이와 같은 현상이 춘추전국시대의 일반적인 경향이었기 때문에 제자백가의 책에서는 대부분 고대의 인물에 가탁하여 주요한 이론을 제시했다. 그런데 고대의 인물 중에 탁고의 대상으로 삼을 만한 인물은 한정되어 있었기 때문에 동일한 인물을 가탁의 대상으로 삼는 일이 종종 발생했다. 심지어

첨예하게 대립하는 두 학파에서 동일한 인물에 가탁하여 상호 공격하는 경우도 있었다. 따라서 "당시에 똑같이 탁고한 것을 피차가 서로 알면서도 서로 공격하고 힐난했다는 것을 알 수 있다"(『孔子改制考』 제4권).

캉유웨이가 제자백가의 탁고개제를 다룬 것은 사실 공자도 예외가 아니라는 것을 보여주기 위한 사전 작업의 성격을 띤다. 그는 탁고개제를 실시한 학파를 총 15개로 분류하였다. ① 묵자(墨子), ② 노자(老子), ③ 양자(楊子), ④ 장자(莊子), ⑤ 열자(列子), ⑥ 추자(騶子), ⑦ 시자(尸子), ⑧ 상군(商君), ⑨ 한비(韓非), ⑩ 관자(管子), ⑪ 여씨(呂氏), ⑫ 내경(內經), ⑬ 할관자(鶡冠子), ⑭ 회남자(淮南子), ⑮ 방사(方士) 등이다. 이것을 제도 개혁 조목에서 다룬 20개 인물과 비교해보면, 묵자(墨子), 관자(管子), 노자(老子), 양자(楊子), 추자(騶子), 상군(商君), 한비자(韓非子) 등 7명이 일치한다. 나머지 안자(晏子), 극자성(棘子成), 원양(原壤), 송견(宋鈃), 윤문(尹文), 신도(愼到), 혜자(惠子), 허자(許子), 백규(白圭), 공손룡(公孫龍), 등석(鄧析), 임기(林旣), 신자(申子) 등 13명은 보이지 않는다. 그리고 장자(莊子), 열자(列子), 시자(尸子), 관자(管子), 여씨(呂氏), 내경(內徑), 할관자(鶡冠子), 회남자(淮南子), 방사(方士) 등 9명이 새롭게 추가되었다. 전체적으로 보면 교설창립(17개) – 제도개혁(20개) – 탁고개제(15개)이고, 세 항목 모두 공통되는 학파는 묵가(墨家)/도가(道家)/법가(法家)/음양가(陰陽家) 등 4개 학파이다. 표로 정리해 보면 다음과 같다.

| | 항목별 제자백가 선별 | 공통 대상 |
|---|---|---|
| 교설 창립 | ① 자상백자(子桑伯子), ② 원양(原壤), ③ 극자성(棘子成), ④ 관자(管子), ⑤ 안자(晏子), ⑥ 소정묘(少正卯), ⑦ 허행(許行), ⑧ 자막(子莫), ⑨ 백규(白圭), ⑩ 진중자(陳仲子), ⑪ 묵가(墨家), ⑫ 도가(道家), ⑬ 법가(法家), ⑭ 명가(名家), ⑮ 음양가(陰陽家), ⑯ 종횡가(縱橫家), ⑰ 병가(兵家) | 묵가/도가/법가/음양가 |
| 제도 개혁 | ① 묵자(墨子), ② 관자(管子), ③ 안자(晏子), ④ 극자성(棘子成), ⑤ 원양(原壤), ⑥ 노자(老子), ⑦ 양자(楊子), ⑧ 송견(宋鈃), ⑨ 윤문(尹 | |

| | | |
|---|---|---|
| | 文), ⑩ 신도(愼到), ⑪ 혜자(惠子), ⑫ 허자(許子), ⑬ 백규(白圭), ⑭ 추자(騶子), ⑮ 공손룡(公孫龍), ⑯ 등석(鄧析), ⑰ 임기(林旣), ⑱ 상군(商君), ⑲ 신자(申子), ⑳ 한비자(韓非子) | |
| 탁고개제 | ① 묵자(墨子), ② 노자(老子), ③ 양자(楊子), ④ 장자(莊子), ⑤ 열자(列子), ⑥ 추자(騶子), ⑦ 시자(尸子), ⑧ 상군(商君), ⑨ 한비(韓非), ⑩ 관자(管子), ⑪ 여씨(呂氏), ⑫ 내경(內徑), ⑬ 할관자(鶡冠子), ⑭ 회남자(淮南子), ⑮ 방사(方士) | |

분류표를 살펴보면, 교설창립과 제도개혁, 그리고 탁고개제 등 세 가지 항목에서 학파나 인물을 선별한 특별한 기준은 보이지 않는다. 다만 세 항목을 종합해보면, 묵가/도가/법가/음양가 등 4개 학파는 공통으로 포함되어 있다. 유교를 본격적으로 다루기 전에, 유교와 학문적이고 정치적인 측면에서 가장 많이 대립하는 학파를 주요한 논의의 대상으로 삼았다는 것을 알 수 있다.

캉유웨이는 이와 같은 제자백가의 교설 창립과 탁고개제와 함께, 제자백가 상호간의 교설 투쟁에 주목하였다. 새롭게 창립한 학파의 제도를 시행하는 과정에서 교세의 확장을 위한 상호간의 대립과 투쟁은 필연적인 결과이기 때문이다. 그런데 "제자백가 중에 후세에 기록할 만한 자가 몇 사람이나 되겠는가!"(『孔子改制考』 제6권)라거나, "당시 제자백가의 학문 중에 유학과 어깨를 나란히 하는 것이 없었다"(『孔子改制考』 제5권)라는 말에서 알 수 있듯이, 캉유웨이는 제자백가가 아무리 성행했더라도 당시의 학문을 주도한 학파는 곧 유교이며, 제자백가의 상호 대립과 투쟁도 유교를 중심으로 전개되었다고 주장한다. 이러한 유교의 역사는 공자의 교설 창립과 제도 개혁으로부터 시작되었다.

### 3. 공자의 유교 창립과 제도 개혁

앞에서 살펴보았듯이, 캉유웨이는 제자백가의 교설 창립과 제도 개혁, 탁고개제의 일반론, 그리고 제자백가 상호간의 교설 투쟁의 과정을 논의했다. 이러한 기초 작업을 토대로 그는 공자와 유교의 진면목을 밝히는 단계로 나아간다. 그것은 바로 공자의 교설 창립과 탁고개제, 그리고 유교와 제자백가와의 교설 투쟁, 유교의 전파와 사상 통일이라는 일련의 과정으로 전개된 공자와 유교의 역사이다.

> "대체로 하 · 은 · 주 세 왕조의 문교(文敎)가 흥성하게 된 것은 사실 공자가 자신의 문교(文敎)를 세 왕조로 넘겨서 가탁했기 때문이다. 따라서 공자 한 사람을 제대로 이해하면 역사적 시간이 환하게 드러나고, 역사적 공간이 밝게 빛나게 된다. 그런데 옛 문헌을 평범하게만 고찰하면 사실상 여전히 아득하고 막막하니, 비록 매우 찬란한 문화가 있었다고 하더라도 다 고찰할 수가 없다."『孔子改制考』 제1권)

> "제자백가들이 제도 개혁의 이론을 주장한 것이 분명한데, 하물며 위대한 성인으로 문물제도를 만든 공자가 혼란한 세상을 가만히 좌시한 채, 어찌 제도를 개혁하여 난리를 바로잡아서 올바른 상태로 되돌리려고 하지 않을 수 있었겠는가?"(『孔子改制考』 제4권)

캉유웨이가 공자와 유교의 역사를 새롭게 조명하는 과정에서, 가장 먼저 시도한 것은 바로 공자를 유교의 창시자 또는 유교 교단의 교주로 만드는 작업이다. 가장 먼저 그는 "이제 유교는 공자 교단의 호칭임을 드러내 밝힘으로써 공자가 만세(萬世)의 교주임을 드러내고자 한다"(『공자개제고』 제7권)라고 표방하였다. 이러한 역사를 밝히는 과정에서 가장 큰 걸림돌이 되는 것은 공자와 유교에 관한 오해이다. 그의 주장에 의하면, 공자는 원래 유교를 창립한 교주인데, 유흠(劉歆)이 고문 경전을 위조하여 공자와 유교의 역사를 왜곡하기 시작했고, 그 이후 공자의 지위도 교주나 성인이 아니라 일개 스승으로 강등되어 버렸다.

한대 이후 형성된 이러한 시각은 청나라 때까지 이어지면서 공자와 유교에 대한 잘못된 인식이 점차 고착화되었다. 당나라 때에는 주공(周公)이 중국 문명의 창시자로 격상되고, 공자의 지위는 선대의 스승으로 강등되었다. 청나라 때에는 공자와 육경의 관계를 단절시킴으로써 공자뿐만 아니라 유교 경전의 가치마저 깎아내려 버렸다. 이러한 일련의 잘못된 인식을 바로잡기 위해서는 공자와 유교의 관계가 명확하게 밝혀져야 한다.

먼저 캉유웨이는 "예의(禮義)는 공자로부터 나왔다"(『鹽鐵論』「論儒」)거나 "공자는 성왕(成王)과 강왕(康王)의 도를 닦고, 주공(周公)의 가르침을 서술하여, 70명의 제자를 가르쳤는데, 그들에게 그들만의 의복을 입고, 그들만의 서적을 연구하게 했기 때문에 유학자의 학문이 생겨났다"(『淮南子』「要略」) 등의 말이 공자가 유교를 창립했다는 명확한 증거라고 주장했다.

> "'유학자의 학문이 생겨났다'는 말은 공자가 유교를 창립했다는 명확한 증거이다. 지금 다행히 이러한 미언(微言)을 얻음으로써 우리 유교가 유래한 바를 살펴볼 수 있게 되었다. 그렇다면 유흠이 유교를 아홉 학파[九流] 중의 하나로 깎아내린 것은 그 죄가 곧바로 위로 하늘에까지 도달할 것이다! 혹자는 공자가 성왕과 강왕의 도를 닦고, 주공의 가르침을 서술했다는 말에 미혹되어, 공자의 도는 모두 여기에 근본하고 있다고 생각한다. 그러나 이것은 바로 위서(僞書)를 지어서 공자의 지위를 빼앗은 유흠이 근거로 삼은 것임을 알지 못한 것이다. 그러나 제도를 개혁하고 옛것에 가탁하는 방식은 당시 제자백가들이 모두 그렇게 했다. 『한비자』에서는 '유가와 묵가는 모두 선왕(先王)을 일컬었다'고 말했고, 또 유가와 묵가는 '모두 요·순에 대해서 말하지만, 주장의 취사선택이 같지 않았다'고 말했다. 대체로 선왕(先王)을 일컬으면서 주장의 취사선택이 같지 않다는 것은 가탁한 것이 아니면 무엇이겠는가? 이 점을 통해서 보면 유교는 공자에 의해 성립된 것이 더욱 분명해진다."(『공자개제고』 제7권)

캉유웨이는 이와 같은 명확한 증거가 있음에도 불구하고, 유교와 공자의 관계를 단절시켜 유교의 역사를 왜곡한 것은 바로 유흠이 저지른 큰 죄라고 강력하게 비판했다. 『한비자』의 기록에서도 알 수 있듯이, 요 · 순 등 고대 선왕들은 유교의 창립과는 아무런 관련이 없으며, 공자가 유교를 창립하면서 그들에게 가탁했기 때문에 유교의 역사와 경전 속에 그들이 등장하게 된 것이다.

제자백가 중에서도 유가와 가장 대립한 학파는 바로 묵가였다. 『묵자』 속에 유가만을 전문적으로 공격하고 비판한 「비유(非儒)」편이 별도로 있을 정도였다. 캉유웨이는 이와 같은 묵가의 유가 비판이 역으로 독립된 유교 학파의 존재를 반증하는 명확한 증거가 된다고 주장한다. 즉 공자에 의해 창립된 유교가 크게 교세를 확장하여 묵가 학파를 위협했기 때문에 그에 대한 반발과 비판이 강도 높게 표출되었다는 것이다. 특히 묵가 학파의 유가 비판을 통해 공자가 창립한 유교의 핵심 사상이 무엇인지 명확하게 파악할 수 있기 때문에 『묵자』의 기록은 유교 학파의 진실을 밝히는 데 매우 중요한 가치를 지닌 자료라고 평가했다. 이와 같이 유교가 하나의 학파로 활동한 이후 드러난 가장 큰 변화는 유교의 특징을 대변하는 고유의 명칭이나 문화가 새롭게 형성되었다는 점이다. 이 학파의 문도들만이 입는 복장을 유복(儒服)이라고 했고, 그들만이 공부하는 책을 유서(儒書)라고 했다. 그리고 입으로 전해진 공자의 이론을 유설(儒說)이라고 했고, 유교의 교설을 따르는 제자들을 유생(儒生)이라고 했다. 공자 이전에는 이러한 개념들이 없었기 때문에 이 개념들의 파생은 곧 공자의 유교 창설을 증명하는 중요한 증거가 될 수 있는 것이다.

공자의 유교 창립은 곧 유교의 제도와 문화의 틀이 마련되었다는 것을 의미한다. 새로운 교설의 창립은 기존의 제도와 문화와는 차별화되는 새로운 형태의 이론이 정립되어야 가능하기 때문이다. 따라서 유교는 곧 공자가 새롭게 추구한 제도 개혁의 이론이라고 할 수 있다.

그런데 공자의 제도 개혁은 당시의 국가 규정에서 보면 매우 중대한 과오를 저지른 월권행위에 해당된다. 즉 고대 중국에서 법도나 제도의 제정 권한은 오직 최고 권력자인 천자에게만 부여된 고유한 특권이다. 공자에게는 국가의 법도를 제정할 권한이 없기 때문에 탁고개제는 사실상 불가능하며, 또 권한 밖의 일이기도 하다. 이 문제를 해결하는 유일한 방법은 공자의 지위를 천자나 왕의 위치로 격상시키는 것이다. 따라서 캉유웨이는 공자를 왕으로 인정한 다양한 기록과 자료를 증거로 제시함으로써 공자의 법도 제정과 제도 개혁이 정당하다는 논지를 펼쳤다.

그렇다면 공자가 유교를 창립하는 과정에서 어떠한 방식으로 제도 개혁이 진행되었는가? 그리고 제도 개혁의 구체적인 내용은 무엇인가? 공자는 유교를 창립하면서 기존의 제도와는 차별화되는 새로운 형태의 제도를 만들었는데, 그중에서도 관복(冠服)이나 삼년상, 친영(親迎), 정전(井田), 학교(學校), 선거(選擧) 등이 대표적인 제도이다.

> "모든 지구상의 교주(教主) 중에서 제도를 개혁하고 법도를 세우지 않은 사람이 없다. 제자백가들도 이미 모두 그러했다. 중국의 의리와 제도는 모두 공자에 의해 세워졌으며, 제자들은 그의 도를 전수받고 그의 교설을 전함으로써 그것을 천하에 실행하고, 옛 풍속을 바꾸었다. 관복(冠服)이나 삼년상, 친영(親迎), 정전(井田), 학교(學校), 선거(選擧)와 같은 것은 그중에서도 규모가 커서 눈에 띄는 것들이다."(『공자개제고』 제9권)

제자백가를 포함한 모든 학파들은 새로운 교설을 창립하는 과정에서 반드시 자기 학파만의 독특하고 차별화된 문화와 제도를 함께 표방했다. 공자도 역시 이러한 추세를 그대로 따르면서 유교만의 독창적인 제도와 법도를 세웠다. 단 공자는 왕의 지위에서 제도 개혁을 단행했기 때문에 제자백가와는 그 규모와 내용면에서 현격한 차이를 보인다. 따라서 규모가 큰 예법 이외에도 국가의 운용과 관련된 다양한 제도도 개혁의 대상이 되었다. 예를 들어 친영 제도와 함께 유복(儒服)이나 후계자 옹립 제도[立嗣之制] 등은 기존에 없던 것을 새롭게 만든 제도이다. 그리고 삼년상과 함께 상례와 장례 절차 중에서 많은 부분이 공자에 의해 기존과는 다르게 개정되었다. 이 외에도 봉지를 삭감하고 대일통을 세우는 제도[削封建大一統之制]와 역법의 시행[授時], 토지의 등급을 매기고 농지에 세금을 부과하는 제도[土籍田之制], 형벌(刑罰) 제도, 성(姓)과 예악(禮樂)의 의미 등도 새롭게 규정하였다.

이와 같은 다양한 제도는 제자들에게 입으로 전수되기도 했지만, 대부분 경전 속에 기록되어 있다. 즉 공자가 제도를 개혁하여 시행할 수 있는 실질적인 지위가 없었기 때문에 경전을 지어 그 속에 제도 개혁의 대의와 구체적인 내용을 담아둔 것이다. 육경(六經)의 경전이 모두 공자의 작품이라는 주장은 공자의 유교 창립 및 탁고개제와 함께 이 책의 가장 핵심적인 이론이다. 만약 공자와 육경의 관계가 단절되면 유교의 창립이나 탁고개제의 논리는 단지 유교 학파 내에서만 입으로 전수된 한 학파의 사견에 지나지 않게 된다. 그리고 육경이 공자의 작품임을 밝히는 작업은 캉유웨이의 입장에서는 '육경은 모두 역사'라는 당시의 시각을 논파함으로써 공자의 지위와 유교의 본질을 찾는 중요한 사명이기도 했다.

## 4. 육경(六經)과 탁고개제(託古改制)

육경(六經)은 중국 고대의 사상과 문화 전반을 포괄적으로 담고 있기 때문에 중국의 고대 문명을 대표하는 책이라고 할 수 있다. 따라서 중국의 역사가 진행되는 과정에서 그 어떤 책들보다 최상의 가치와 권위를 인정받아 왔다. 육경의 저자에 대해서는 다양한 의견들이 공존한다. 고대의 역사에 관한 기록일 뿐이라고 보는 견해나 고대 성왕들의 작품을 공자가 정리한 것이라고 보는 견해, 그리고 모두가 공자의 작품이라고 보는 견해 등이 있다. 캉유웨이는 공자가 교주(教主)이자 성왕(聖王), 그리고 지성(至聖)으로 칭송받을 수 있었던 이유가 바로 육경을 지었기 때문이라고 단언한다.

> "공자는 교주(教主)이자 신령스럽고 밝은 성왕(聖王)으로, 천지와 짝이 되어 만물을 기르며, 어떤 사람이나 어떤 일이나 어떤 의리도 모두 공자의 큰 도 속에 포섭되지 않는 것이 없다. 따라서 인류의 출현 이래로 아직까지 존재한 적이 없는 대성지성(大成至聖)이다. 그런데 공자의 큰 도를 찾아보아도 한 글자도 없고, 단지 제자들이 기록한 공자의 어록인 『논어』와 외교문서 · 사령장 · 사건 발췌문 등에 근거하여 기록된 조정의 조각난 문서인 『춘추』가 있을 뿐이다. 만약 『시』 · 『서』 · 『예』 · 『악』 · 『역』이 모두 복희씨(伏羲氏), 하(夏)나라, 상(商)나라, 문왕(文王), 주공(周公)의 옛 전적이며, 공자와는 무관하다면 공자는 겨우 후세의 어진 사대부일 뿐이기 때문에 정현(鄭玄)이나 주자에 비교해도 오히려 미치지 못할 것이니, 어찌 인류의 출현 이래로 인류의 전 역사를 통틀어서 존재하지 않았던 지성(至聖)이 될 수 있겠는가?"(『공자개제고』 제10권)

이처럼 공자가 위대한 지성(至聖)으로서 존경과 추앙을 받은 것은 사실 그의 도가 육경 속에 담겨서 전해졌기 때문이다. 그러나 역사적으로 선성(先聖)으로서의 공자의 지위는 끊임없이 위협받아 왔다. 특히 청대 중기의 장학성(章學誠)은 공자와 육경의 관계마저도 철저하게 단절시켜 버렸다. 그는 "집대성한 것은 주공(周公) 혼자뿐이다"(『文史通義』 「原道 上」)라고 하여, 육경 속에 포함된 중국 고대의 예악제도는 모두 주공에 의해 집대성된 것이라고 주장했다. 심지어 "육경은 모두 역사이다. 옛날 사람들은 저술을 하지 않았고, 옛날 사람들은 일을 떠나서 이치를 말한 적이 없으니, 육경은 모두 선왕의 정치 전적이다"(『文史通義』 「易教 上」)라고 선언했다. 만약 공자와 육경의 관계가 단절되어 버리면,

공자와 유교의 관계를 설명할 수 있는 매개 고리가 없어지기 때문에 공자와 유교의 역사에 관한 캉유웨이의 주장은 사실상 성립할 수가 없게 된다. 나아가 공자에게 부여되었던 교주나 지성으로서의 지위도 완전히 사라질 수밖에 없다. 따라서 캉유웨이는 이 모든 사태의 책임을 유흠의 경전 날조로 돌리고, 한나라 이전에는 이러한 견해가 전혀 존재하지 않았다는 점을 강력하게 피력하였다.

캉유웨이에 의하면, 공자로부터 시작된 교설의 전수 과정에서, 제자와 후학들에 의해 다양한 형태의 기록이 출현했는데, 크게 경(經)-전(傳)-기(記)-설(說)로 나누어진다. 이 중에서 경(經)이 바로 공자의 기록이며, 오직 『시』·『서』·『예』·『악』·『역』·『춘추』의 육경(六經)만이 거기에 속한다. 그 외의 나머지는 모두 제자와 후학들의 기록이다. 그런데 후세에 육경 이외의 여러 가지 책에 경(經)이라는 명칭을 함부로 붙였기 때문에 경(經)이 지닌 본래의 의미가 상실되어 많은 혼란이 초래되었다. 단지 육경밖에 없었던 경(經)이 후세로 가면서 점점 그 규모가 커져서, 7경(經) 또는 9경(經)으로 불렸고, 심지어 13경과 14경까지 출현했다. 육경을 제외한 나머지 책들은 공자가 직접 지은 책이 아니기 때문에 그 내용이 아무리 훌륭하더라도 경(經)보다는 지위가 한 단계 아래인 전(傳)이 되어야 한다. 13경 속에 포함된 『주례』와 『예기』, 그리고 『논어』와 『맹자』와 같이 뛰어난 작품들도 실질적으로는 전(傳)의 항목에 포함되어야 한다. 그리고 『이아』와 『좌씨전』의 경우는 후대에 위조된 책이기 때문에 경전(經傳)의 영역에서 완전히 축출해 버려야 한다. 이상과 같이 공자와 경(經)의 관계, 그리고 경(經)의 범위를 확정한 다음, 캉유웨이는 본격적으로 공자가 육경을 제작한 과정을 차례대로 규명했다. 그는 육경 각각에 대한 구체적인 논증에 앞서, 먼저 각 경전의 명칭과 전수 관계를 다음과 같이 간략하게 진술했다.

"『시』는 옛날의 명칭이다. 3천여 편이 있었는데, 지금의 305편은 공자가 지었으며, 제(齊)나라의 원고(轅固), 노(魯)나라 신배(申培), 연(燕)나라의 한영(韓嬰)이 전한 것이 이것이다."

"『서』는 옛날의 명칭이다. 옛날에는 3천여 편, 120개국이 있었다. 지금의 28편은 공자가 지었으며, 복생(伏生)이 전한 것이 이것이다."

"『예』는 옛날의 명칭이다. 삼대 제후국들의 옛날 제도는 나의 저서인 『구제고(舊制考)』에 보인다. 지금의 17편은 공자가 지었으며, 고당생(高堂生)이 전한 것이 이것인데, 바로 지금의 『의례』이다."

"『악』은 옛날의 명칭이다. 정(鄭)나라와 위(衛)나라의 음악 소리는 배우나 광대가 어린이나 여자들 사이에 뒤섞여 춤추며 희롱하는 것이다. 지금 6대의 음악인 황제(黃帝)의 「함지(咸池)」, 요(堯)임금의 「대장(大章)」, 순(舜)임금의 「대소(大韶)」, 우(禹)임금의 「대하(大夏)」, 탕(湯)임금의 「대호(大護)」, 문왕(文王)의 「상(象)」, 무왕(武王)의 「무(武)」는 모두 공자가 지었으며, 제씨(制氏)가 전한 것이 바로 그것이다."

"『역』은 옛날의 명칭이다. 공자가 점을 쳐서 「양예(陽豫)」를 얻었고, 또 『곤건(坤乾)』을 얻었는데, 지금 『역』의 상하 두 편은 공자가 지었으며, 양하(楊何) · 시수(施讐) · 맹희(孟喜) · 양구하(梁邱賀) · 경방(京房)이 전한 책이 바로 이것이다."

"『춘추』는 옛날의 명칭이다. 묵자가 '백국(百國)의 『춘추』'라고 말했고, 『공양전』에서 '손질하지 않은 『춘추』'라고 말했으며, 『국어』 「초어(楚語)」에서 '『춘추』를 가르친다'고 말했다. 지금의 11편은 공자가 지었으며, 공양씨(公羊氏)와 곡량씨(穀梁氏)가 전(傳)을 달고 호무생(胡母生)과 동중서(董仲舒)가 전한 책이 바로 이것이다."(『공자개제고』 제10권)

육경 각각의 명칭은 옛날부터 있었지만, 현재 전해지고 있는 책은 모두 공자에 의해 새롭게 제작되어 전수된 공자의 책이다. 따라서 이 책은 공자의 교설을 담고 있는 유교 학파의 경전이다. 이처럼 캉유웨이는 공자가 육경을 지었다는 대전제를 기본 바탕에 깔고, 각각의 경전에 대한 세부적인 논증을 진행했는데, 이에 대한 자세한 소개는 생략한다.

공자가 육경이라는 저작을 통해 전하려고 한 것은 유교의 새로운 제도이다. 제자백가들과 마찬가지로, 공자도 이 제도를 효과적으로 전하기 위해 탁고개제의 방법을 선택했다. 이 책의 제11권 「공자가 제도를 개혁하면서 옛것에 가탁하다[孔子改制託古考]」에서 공자의 탁고개제의 양상에 대해 구체적으로 논증했다. 논증의 과정에서 『공양전』과 『춘추번로』, 하휴(何休)의 주(注)와 같은 공양학파의 이론을 핵심적인 증거로 삼았고, 『맹자』·『순자』 등의 유가와 『묵자』·『한비자』 등의 제자백가의 기록도 다양하게 인용했다. 그리고 『사기』와 『염철론』·『회남자』 등 한대의 전적과 각종 위서(緯書)까지 총동원하여 증거를 제시했다.

공자의 탁고개제에서 탁고의 대상으로 삼은 대표적인 인물은 문왕과 요·순이다. 고대의 수많은 왕들 중에 "요임금과 순임금은 백성의 주인이고, 태평의 시대이며, 인도(人道)의 극치로, 유학자들이 모두 최고로 여기는 자들이다"(『공자개제고』 제12권). 따라서 탁고의 대상으로는 최상의 인물이다. 이들에게 탁고한 사실을 직접 언급하지는 않았고, 단지 그들의 정치를 근본으로 삼는다거나 본받았다는 식으로 간접적으로 표현되었다. "공자는 요임금과 순임금을 근본으로 삼아서 전했고, 문왕과 무왕을 본받았다"(『중용』)는 말은 곧 "공자의 제도 개혁은 오로지 요임금과 순임금, 문왕과 무왕에 가탁했다"(『공자개제고』 제12권)는 사실을 우회적으로 표현한 것이다.

> "요임금과 순임금, 문왕이 중국 고대의 최상의 성인이고, 중국 사람들이 모두 존경하고 사모하는 대상이기 때문에 공자와 묵자가 모두 그들에게 가탁하여 대중을 움직였다는 점은 말할 필요도 없을 것이다."(『공자개제고』 제12권)

공자가 세 명의 선왕을 존경이나 모범의 대상으로 삼은 것은 사실 자신의 이론이나 주장의 권위와 설득력을 높이기 위한 장치로 이해할 수 있다. 그들은 이미 대중들에게 최고의 이상적인 인물로 여겨지기 때문에 나의 주장이 곧 그들의 주장과 일치한다는 점을 대중들에게 각인시키면 그만이다. 이처럼 탁고개제는 대중들을 설득하여 교세를 확장하고, 그 교설을 현실 세계에서 실현할 수 있는 최상의 방법이었다. 따라서 제자백가가 매우 선호하는 방법이었고, 공자도 또한 그러한 추세를 그대로 따랐을 뿐이다.

공자가 탁고를 통해 실현하고자 했던 것은 난세를 바로잡는 제도 개혁이다. "군자는 무엇 때문에 『춘추』를 지었는가? 난세를 바로잡아서 올바른 도리로 되돌리는 것은 『춘추』보다 더 가까운 것이 없다"(『공양전』 「애공」 14년)는 말에서 알 수 있듯이, 제도 개혁을 통한 질서 확립이 공자의 가장 큰 목표이자 정치적 이상이었다. "『춘추』는 문왕에서 시작하여 요임금과 순임금에서 끝이 난다. 난세를 바로잡는 정치는 문왕이고, 태평의 정치는 요임금과 순임금이니, 공자의 성스러운 뜻과 제도 개혁의 대의는 『공양전』에서 전하는 은미한 말의 첫 번째 의리이다."(『공자개제고』 제12권) 결국 공자는 문왕에게 가탁하여 난세를 바로잡는 주장을 펼쳤고, 요 · 순 임금에게 가탁하여 올바른 도리로 되돌리는 이상적인 정치를 표방했다. 형식적으로는 요 · 순과 문왕을 정치의 모범으로 내세웠지만, 실질적으로는 그들을 자신과 동일시하고 있음을 알 수 있다.

공자가 개혁한 제도는 비록 선왕에 가탁하기는 했지만, 그것은 기존의 제도와는 분명히 구별되는 새로운 형태의 제도이다. 그것은 일반적으로 통용되던 관습이나 예법과 차별화될 뿐만 아니라, 어떤 경우에는 서로 배치되거나 모순되는 부분도 있었을 것이다. 따라서 새로운 제도가 제정되거나 시험적으로 시행되는 과정에서 주위 사람들의 의심이나 반발을 초래했을 것이다. 특히 공자의 신분상 새로운 제도를 공개적으로 발표하거나 시행할 수 없었기 때문에 현실 적용 과정에서 많은 어려움이 있었을 것으로 예상할 수 있다. 당시의 문헌들을 살펴보면, 공자의 제자나 임금들이 공자에게 특정 제도나 예법에 대해 질문한 내용들을 쉽게 발견할 수 있다. 그것이 만약 고대의 선왕들이 제정하여 일반적으로 통용되던 제도였다면 그들이 몰랐을 리가 없었을 것이다. 모두 기존에는 없던 새로운 것이거나 기존과는 다른 특별한 것이었기 때문에 의문을 제기한 것이다. 제13권에서는 「공자가 제도를 개혁하자 제자와 당시 사람들이 옛 제도에 근거하여 질문하다」라는 제목으로 그와 관련된 다양한 자료들을 증거로 인용하였다.

끝으로 여기에서는 다루고 있지 않지만 나머지 내용들을 간략하게 소개하면 다음과 같다. 먼저 제14권에서 18권까지는 유교와 제자백가의 상호 투쟁의 과정을 다루고 있다. 춘추전국시기에 벌어진 제자백가의 상호 관계를 유교에 대한 제자백가의 공격과 유교의 대응이라는 시각으로 접근한 것이 큰 특징이다. 이러한 사상 투쟁을 거치면서 유가 학파가 점점 그 세력과 영향력을 확대해가는 과정을 자세하게 다루고 있다. 마지막으로 제19권에서 21권까지는 유교가 중국 전역에 전파되어 사상 통일을 이루는 과정, 그리고 유교가 중국 전체의 문화로 정착된 구체적인 증거들을 제시하였다. 공자 이후 유교는 춘추시대 노나라 지역을 중심으로 세력을 형성했고, 전국시대와 진한시대에는 제자백가와의 교설 투쟁을 통해 승리하면서 교세를 전국으로 확장시켜 나갔다. 그리고 한무제 이후에는 마침내 중국의 사상을 통일함으로써 중화의 사상과 문화로 정착되었다고 결론을 맺는다.

# 일러두기

孔子改制考

1. 본 역주서의 저본은 1958년 中華書局에서 발행된 『孔子改制考』이다. 번역 과정에서 참조한 대교본은 세 종류이다. 1922년 萬木草堂叢書本 『孔子改制考』(『民國叢書』 第四編 3, 上海書店, 1989) / 中國人民大學出版社 출판본 『孔子改制考』(姜義華/張榮華 編校, 『康有爲全集』 제3집, 2007) / 中國人民大學出版社 출판본 『孔子改制考』(國學基本文庫, 2010)이다.
2. 번역문의 표점은 저본의 표점을 따르되, 다른 판본의 표점도 참조하였다. 단 최종적으로는 한글 번역문에 맞추어 구두나 문장 부호를 다는 것으로 표점의 원칙을 삼았다.
3. 『공자개제고』 속의 원문 중에 인용된 제자백가와 역사 관련 서적들은 그 책의 현행본 원전의 글자와 비교하여 오탈자를 교감했다. 오탈자가 있을 경우에는 현행본의 원문에 따라 수정하고, 교감과 관련된 사항을 주석으로 처리했다.
4. 『공자개제고』의 원문은 크게 세 가지 형식으로 구성되어 있다. ① 각 권의 대의를 설명한 내용, ② 원전 자료를 인용한 내용, ③ 캉유웨이의 해설이나 주장이다. ①은 각 장별 서론에 해당되며. 캉유웨이가 그 장을 기술하게 된 배경과 필요성을 기술한 부분이다. ②는 그 장의 문제 제기를 뒷받침하거나 주장의 근거로 인용한 원전 자료이다. ③은 캉유웨이가 논거 자료에 대해 부가 해설을 하거나, 문제 제기와 논거 자료를 바탕으로 자신의 주장을 펼친 것이다.

5. 『공자개제고』 저본에는 권수 이외에는 세부 항목별 번호나 기호가 붙어 있지 않다. 번역문의 전체 차례나 번역 내용 속에 포함된 분류 번호나 기호, 숫자 등은 모두 역주자가 임의로 붙인 것이다. 먼저 앞의 ①에 해당되는 부분은 〈제1권 머리글〉, 〈제2권 머리글〉 등으로 표시했다. 그리고 원전 자료를 인용한 ②에서, 먼저 세부 절이 없는 제1권과 제11권의 경우, 제1권의 첫 번째 원전 자료는 〈1-1〉, 두 번째 원전 자료는 〈1-2〉, 제11권의 첫 번째 원전 자료는 〈11-1〉, 두 번째 원전 자료는 〈11-2〉 등으로 표시했다. 나머지 19개 권은 세부 절까지 함께 표시했다. 예를 들어 제2권 제1절의 첫 번째 원전 자료는 〈2-1-1〉, 제2권 제2절의 두 번째 원전 자료는 〈2-2-2〉, 제21권 제1절의 세 번째 원전 자료는 〈21-1-3〉 등으로 표시했다. 마지막으로 캉유웨이의 해설이나 주장에 해당되는 ③의 경우, 세부 절은 표시하지 않고 권수와 차례만 표시했다. 예를 들어 제1권의 첫 번째 캉유웨이 글은 〈康1-1〉, 제10권의 두 번째 캉유웨이 글은 〈康10-2〉 등으로 표시했다.
6. 원문의 번역은 되도록 직역을 원칙으로 했다. 다만 직역의 의미 전달이 불명확한 경우에는 의역하여 가독성을 높였다. 그리고 원문에는 없지만 앞뒤의 문맥 연결이나 의미 이해를 위해 보충 번역한 경우에는 [ ] 표시를 해서 구분했다. 원전 자료 중에서 중복되어 인용된 것은 첫 번째 인용문에만 주석을 달았고, 뒷부분은 주석을 모두 빼고 해석만을 넣었다.
7. 역자주는 크게 세 가지 부분으로 구성되어 있다. 첫째, 난해한 어휘와 문장의 보충 해설, 인명과 지명에 대한 해설. 둘째, 철학적 의미나 사상사적인 의의 등에 관한 보충 설명. 셋째, 원전 자료의 대표적 주석서의 비교이다. 인용된 원전 자료 중에 주석서에 따라 번역의 차이가 큰 경우에는 주요 주석서들을 상호 비교하고, 본 역주서에서 근거한 주석의 내용을 밝혔다.

# 총목차

孔子改制考

## 孔子改制考【一】



## 孔子改制考【二】

## 孔子改制考【三】

제9권 | 공자가 유교를 창립하여 제도를 개혁하다 孔子創儒敎改制考

제10권 | 육경은 모두 공자가 제도를 개혁하면서 지은 것이다 六經皆孔子改制所作考

제11권 | 공자가 제도를 개혁하면서 옛것에 가탁하다 孔子改制託古考

제12권 | 공자가 제도를 개혁하면서 요 · 순 · 문왕을 본보기로 삼다 孔子改制法堯 · 舜 · 文王考

## 孔子改制考【四】

제13권 | 공자가 제도를 개혁하자 제자와 당시 사람들이 옛 제도에 근거하여 질문하다 孔子改制弟子時人據舊制問難考

제14권 | 제자백가가 유교를 공격하다 諸子攻儒考

제15권 | 묵가와 노자의 유교 공격이 가장 극성하다 墨 · 老攻儒尤盛考

제16권 | 유가와 묵가가 교설을 다투면서 서로 공격하다 儒 · 墨爭敎交攻考

## 孔子改制考【五】

제17권 | 유가가 제자백가를 공격하다 儒攻諸子考

제18권 | 유가와 묵가가 가장 흥성하여 병칭되다 儒 · 墨最盛竝稱考

제19권 | 노나라 전체가 유교를 따르다 魯國全從儒敎考

제20권 | 유교가 천하에 두루 전파되어 전국 · 진 · 한나라 시대에 가장 흥성하다 儒敎遍傳天下戰國 · 秦 · 漢時尤盛考

제21권 | 한무제 이후 유교가 사상을 통일하다 漢武帝後儒敎一統考

# 목차

孔子改制考

## 孔子改制考【一】

# 서 序

An Annotated Translation of "Confucius as a Reformer"

공자(孔子)가 돌아가신 지 2,376년이 지난 후에, 나 캉유웨이(康有爲, 1858~1927)는 그분이 남긴 말씀을 읽고서 깊이 생각에 잠겨 절절한 애통함을 금할 길이 없다. 아! 내가 태평(太平)의 정치를 만나보지 못하고, 대동(大同)의 복지를 누리지 못한 것은 무엇 때문인가? 2,000년의 역사와 사방 1만 리의 땅, 그리고 4억의 신명한 후손이 있는 우리 중국이 태평의 정치를 만나보지 못하고, 대동의 복지를 누리지 못한 것은 무엇 때문인가? 인류의 이 땅이 일찍이 태평의 정치를 만나보지 못하고, 대동의 복지를 경험하지 못한 것은 무엇 때문인가?

孔子卒後二千三百七十六年, 康有爲讀其遺言, 淵淵然思, 淒淒然悲. 曰, 嗟夫! 使我不得見太平之治, 被大同之樂者, 何哉? 使我中國二千年, 方萬里之地, 四萬萬神明之裔, 不得見太平之治, 被大同之樂者, 何哉? 使大地不早見太平之治, 逢大同之樂者, 何哉?

하늘이 이 땅에서 살아가는 인간의 수많은 고난을 가련하게 여기니, 흑제(黑帝)가 총명하고 뛰어난 인물을 내려 보내 백성들의 환란을 구제하고자 하였다.[1] 그는 신령스럽고 밝은 존재이자 성왕(聖王)이며, 만세의 스승이자 백성들의 보호자이며, 천하에서 존중하는 교주(敎主)였다. 혼란한 시대에 태어났기 때문에 그러한 시대에 근거하여 삼세(三世)의 법칙[2]을 세웠는데, 그의 정신은 오로지 태평(太平) 시대를 지향하고 있

---

1_ 공자를 흑제(黑帝)의 아들로 묘사하는 이러한 구조는 공자의 신격화를 위한 탄생 설화에서 자주 인용된다. 『춘추위 · 연공도(春秋緯 · 演孔圖)』에 "孔子母徵在遊於大冢之陂, 睡夢黑帝使請己. 已往夢交, 語曰女乳必於空桑之中. 覺在若感, 生邱於空桑之中. 故曰元聖."이라는 기록이 보인다. 공자의 어머니가 꿈속에서 흑제(黑帝)와 사귄 뒤에 빈 뽕나무 속에서 공자를 낳았다는 전설이다.

2_ 『춘추』는 노나라 은공(隱公)부터 애공(哀公)까지 모두 12명의 임금의 시대를 기록하고 있는데, 『공양전』 「은공(隱公)」 원년에서는 이것을 세 단계로 나누어 각 시대마다 글쓰기 방식이 다르다고 주장한다. 즉 "직접 본 시대에 대해 말을 다르게 하고, 직접 들은 시대에 대해 말을 다르게 하며, 전해들은 시대에 대해 말을 다르게 한다[所見異辭, 所聞異辭, 所傳聞異辭.]" 이것을 '삼세이사(三世異辭)' 이론이라

었다. 이에 자신이 태어난 노(魯)나라를 토대로 삼아 삼세(三世)의 의미를 확립하고, 천하의 먼 지역과 가까운 지역, 큰 국가나 작은 국가가 모두 하나처럼 통일되는 대일통(大一統)[3]의 세계에 온 정신을 집중했다.

> 天旣哀大地生人之多艱, 黑帝乃降精而救民患. 爲神明, 爲聖王, 爲萬世作師, 爲萬民作保, 爲大地教主. 生於亂世, 乃據亂世而立三世之法, 而垂精太平. 乃因其所生之國, 而立三世之義, 而注意於大地遠近大小若一之大一統.

---

고 한다. 이에 대해 하휴(何休)는 다음과 같이 해석했다. "직접 본 것은 소공(昭公)·정공(定公)·애공(哀公) 시대로, 자기와 부모 때의 일이다. 직접 들은 것은 문공(文公)·선공(宣公)·성공(成公)·양공(襄公) 시대로, 할아버지 때의 일이다. 전해들은 것은 은공(隱公)·환공(桓公)·장공(莊公)·민공(閔公)·희공(僖公) 시대로, 고조·증조 때의 일이다. 말이 다르다는 것은 은혜에 두텁고 얇음이 있고, 의리에 깊고 얕음이 있음을 드러낸 것이다[所見者, 謂昭·定·哀, 已與父時事也. 所聞者, 謂文·宣·成·襄, 王父時事也. 所傳聞者, 謂隱·桓·莊·閔·僖, 高祖曾祖時事也. 異辭者, 見恩有厚薄, 義有淺深.]" 하휴는 이것을 왕조의 역사와 관련지어 정치의 단계적 발전이라는 객관화된 도식으로 제시하였다. 즉 왕조의 정치가 혼란한 시대[衰亂世] → 안정된 시대[升平世] → 태평한 시대[太平世]로 점진적인 발전을 이루어간다는 논리이다. 캉유웨이는 이것을 토대로 거란세(據亂世)·승평세(升平世)·태평세(太平世)를 역사 발전의 모델로 정립한 '공양삼세설(公羊三世說)'을 주장하였다. 펑유란(馮友蘭)은 "이 삼단계의 시대는 공양가가 이상으로 하는 공자의 『춘추』 왕조 발전의 삼단계"라고 평가했다. 이에 대해서는 馮友蘭, 『中國哲學史新編』(北京:人民出版社, 1992), 312쪽 참조.

3_ 대일통(大一統)은 원래 '하나로의 통일을 중시한다'는 뜻으로, 『공양전』 「은공」 원년에 나오는 말이다. "원년이라는 것은 무엇인가? 군주[노나라 은공]가 즉위한 첫 해이다. 봄[春]이라는 것은 무엇인가? 한 해의 시작이다. 왕(王)이라는 것은 누구를 말하는 것인가? 문왕(文王)을 말한다. 무엇 때문에 먼저 왕을 말하고 뒤에 정월을 말했는가? 주나라 왕[文王]이 제정한 정월이기 때문이다. 무엇 때문에 왕정월(王正月)을 말했는가? 천하를 하나로 통일하는 것을 중시한 것이다[元年者何? 君之始年也. 春者何? 歲之始也. 王者孰謂? 謂文王也. 曷爲先言王而後言正月? 王正月也. 何言乎王正月? 大一統也.]" 동중서(董仲舒)가 황제 중심의 중앙집권체제를 확립하기 위해 이 개념을 끌어들여 사용했는데, 그 후에 이 말은 사상이나 이념 등을 하나로 통일한다는 의미로 사용되었다. 『한서』 「동중서전(董仲舒傳)」에 "『春秋』大一統者, 天地之常經, 古今之通誼也."라는 말이 보인다.

'원(元)'의 원리[4]를 정립하여 하늘의 이치를 통합하고, 하늘을 인(仁)을 갖춘 대상으로 삼아서, 하늘의 신비로운 원기(元氣)가 만물의 형체를 이루는 것으로 모든 사물들을 가르치고,[5] 차마 잔인하게 하지 못하는 마음[不忍人之心]으로 어진 정치를 베풀었다. 귀신과 산천, 임금과 평민, 곤충과 초목을 모두 그 가르침 속에 통합시키되 같은 부류인 인간[6]을

---

4_ 『춘추』「은공」 원년은 "원년, 봄, 왕의 정월[元年, 春, 王正月.]"이라는 내용으로 시작한다. 대일통(大一統)이라는 『춘추』의 이상을 실현하는 과정에서, 하늘을 대표하는 '봄[春]'이나 군주를 상징하는 '왕정월(王正月)'보다 우위에 있는 개념이 바로 '원(元)'이다. 이 '원(元)'자는 하늘과 군주, 즉 세계 전체를 통솔하는 최상의 개념으로 사용된다. 『춘추번로』「왕도(王道)」편에서도 '원(元)'에 대해 다음과 같이 말했다. "『춘추』에서는 무엇 때문에 원(元)을 귀하게 여기는가? 원(元)이라는 것은 시작[始]을 의미하니, 근본이 올바르다는 것을 말한다. 도(道)라는 것은 왕의 도리이며, 왕이라는 것은 사람의 시작이다. 왕이 올바르면 원기(元氣)가 조화롭고 순조로워서 제때에 바람이 불고 비가 오며, 상서로운 경성(景星)이 출현하고 황룡(黃龍)이 내려온다. 왕이 올바르지 않으면 위로는 하늘에 변괴가 생기고, 나쁜 기운이 동시에 발생한다[『春秋』何貴乎元而言之? 元者, 始也, 言本正也. 道, 王道也, 王者, 人之始也. 王正, 則元氣和順, 風雨時, 景星見, 黃龍下. 王不正, 則上變天, 賊氣幷見.]" 이에 대해 히하라 도시구니(日原利國)는 다음과 같이 풀이하였다. "원(元)이라는 것은 천지만물을 지배하는 우주의 최고 원리이다. 하늘이나 왕이나 제후나 할 것 없이 모두 원(元)의 제어를 받는다. 그것은 『춘추』의 필법에서 분명하게 알 수 있다. 『춘추』의 12명의 군주는 모두 "원년, 봄, 왕의 정월, 공이 즉위하다[元年, 春, 王正月, 公卽位.]"라는 경문(經文)으로 시작하는 것이 통례이다. 여기에 어떠한 의미가 담겨 있는가? 즉위는 시정권(施政權)의 시작이다. 그런데 제후는 왕자를 받들어서 정치를 해야 하기 때문에 '공이 즉위하다[公卽位]'의 앞에 '왕의 정월[王正月]'이 놓인다. 왕자는 하늘의 뜻을 받들어 정치적 명령을 제정하기 때문에 왕의 앞에 하늘의 시작인 '봄[春]'을 둔다. 봄[春]은 최고 원리인 원(元)의 제어를 받기 때문에 봄의 앞에 '원(元)'이 놓인다는 논리 구조이다."[日原利國, 『漢代思想の研究』(東京:研文出版, 1986), 12쪽]

5_ 통천(統天)은 하늘의 이치를 통합하는 것이고, 유형(流形)은 만물이 형체를 갖추는 것이다. 『역』「건괘(乾卦)·단전(彖傳)」에 "大哉乾元! 萬物資始, 乃統天. 雲行雨施, 品物流形."이라는 말이 보인다.

6_ 원로방지(圓顱方趾)는 원두방족(圓頭方足)과 같은 말로, 둥근 머리와 네모난 발을 가진 인간 또는 인류를 말한다. 『회남자』「정신훈(精神訓)」편에 "머리가 둥근 것은 하늘을 닮았고, 발이 네모난 것은 대지를 닮았다[頭之圓也象天, 足之方也象地.]"라는 천인동형설(天人同形說)이 보인다.

가장 먼저 친애하고, 난세에 제멋대로 날뛰면서 전쟁이나 무력으로 승부를 겨루는 법칙을 없앰으로써, 어진 정치를 시행하는 『춘추』 신왕(新王)의 제도를 세웠다. 그 도리는 신묘하고 밝은 이치에 근본하여 천지(天地)와 합치되며, 만물을 화육하여 만세에 은택이 미쳤다. 또한 그 도리는 근본 원리를 밝히고, 구체적인 법도를 연계시킴으로써 작고 크거나 정밀하고 거친 모든 사물, 그리고 상하 사방이나 사계절의 모든 시공간에 존재하지 않는 곳이 없었다.[7]

乃立'元'以統天, 以天爲仁, 以神氣流形而敎庶物, 以不忍心而爲仁政. 合鬼神山川・公侯庶人・昆蟲草木一統於其敎, 而先愛其圓顱方趾之同類, 改除亂世勇亂戰爭角力之法, 而立『春秋』新王行仁之制. 其道本神明, 配天地, 育萬物, 澤萬世. 明本數, 系末度, 小大精粗, 六通四辟, 無乎不在.

이 제도는 단지 하나의 원(元) 가운데 하늘을 세우고, 하나의 하늘 가운데 땅을 세우며, 하나의 땅 가운데 세상을 세우고, 하나의 세상 가운데 각 시대에 맞는 법칙을 세움으로써 어진 정치를 시행하고, 백성들의 근심을 걱정하여 그들의 우환을 제거하는 데 힘쓴 것일 뿐이다.[8] 『역』에서 "글[書]로는 말[言]을 다 표현하지 못하고, 말로는 뜻[意]을 다 드러내

---

7_ 이 부분은 『장자』 「천하(天下)」편의 다음 내용을 인용한 것이다. "옛날 사람은 도술을 완전하게 갖추고 있었다. 천지의 신묘하고 밝은 이치와 합치되며, 천지를 본받아서 만물을 기르고 천하를 조화시켜서, 그 은택이 모든 백성에게 미쳤다. 도의 근본 원리를 밝히고, 구체적인 법도를 연계시켰으며, 상하 사방의 공간과 사계절의 시간까지 두루 통하며, 작고 크거나 정밀하고 거친 모든 사물에 그 도의 운행이 존재하지 않는 곳이 없었다[古之人其備乎. 配神明, 醇天地, 育萬物, 和天下, 澤及百姓. 明於本數, 係於末度, 六通四辟, 小大精粗, 其運無乎不在.]" 육통사벽(六通四辟)은 모든 공간과 시간을 의미한다. 육(六)은 육합(六合), 즉 상하사방의 공간이고, 사(四)는 사시(四時)의 시간을 가리킨다.

8_ 『맹자』 「양혜왕 하(梁惠王 下)」편에도 "樂民之樂者, 民亦樂其樂, 憂民之憂者, 民亦憂其憂. 樂以天下, 憂以天下, 然而不王者, 未之有也."라는 말이 보인다.

지 못한다”[9]라고 했다. 『시』·『서』·『예』·『악』·『춘추』가 공자의 글[書]이고, 70명의 제자에게 입으로 전한 것이 그의 말[言]이다. 이 제도[制]라는 것은 단지 그가 여름에는 갈옷을 입고 겨울에는 가죽옷을 입은 채,[10] 시대에 맞추어 백성을 구제한 말[言]일 뿐이다.

此制乎, 不過於元中立諸天, 於一天中立地, 于一地中立世, 于一世中隨時立法, 務在行仁, 憂民憂, 以除民患而已. 『易』之言曰, “書不盡言, 言不盡意.” 『詩』·『書』·『禮』·『樂』·『易』·『春秋』, 爲其書, 口傳七十子後學爲其言. 此制乎, 不過其夏葛冬裘, 隨時救民之言而已.

저 성인의 뜻[意]은 오묘하고 깊으며, 넓고 광대하다. 세상의 운행이 바뀌면 정치의 도리도 그에 따라 변화하니, 수준이 낮은 단계[小康]에서 시작하여 수준이 높은 단계[大同]에서 끝난다.[11] 교화가 크게 시행되면 집집마다 생활이 넉넉하고 사람마다 풍족하며, 원망과 분노가 생길 걱

9_ 『역』「계사 상」편에 “子曰, 書不盡言, 言不盡意. 然則聖人之意, 其不可見乎?”라는 말이 보인다.

10_ 『한비자』「오두(五蠹)」편에 요임금의 정치에 대해 다음과 같이 기록하고 있다. “요임금이 천하에 임금 노릇을 할 때는 띠로 된 지붕의 끝을 다듬지도 않았고, 서까래의 통나무를 깎아서 손질하지도 않았다. 현미나 기장으로 만든 거친 밥과 명아주잎과 콩잎으로 만든 보잘것없는 국을 먹었다. 겨울에는 사슴 가죽으로 만든 옷을 입고, 여름에는 갈포로 만든 거친 옷을 입었다. 비록 문지기의 생활이라 하더라도 이보다는 못하지 않을 것이다[堯之王天下也, 茅茨不剪, 采椽不斲. 糲粢之食, 藜藿之羹. 冬日麑裘, 夏日葛衣. 雖監門之服養, 不虧于此矣.]” 예구(麑裘)는 사슴의 가죽으로 만든 옷이고, 갈의(葛衣)는 갈포로 만든 옷이다. 둘 다 보잘 것 없는 허름한 옷을 말한다.

11_ 이 문장은 『춘추번로』「유서(兪序)」편에서 인용한 것인데, 그 의미는 조금 다르다. 「유서」편의 내용은 다음과 같다. “[『춘추』에서는] 처음에는 큰 악, 즉 임금을 살해하고 나라가 망하는 일에 대해 말하고, 끝에는 작은 실수를 용서하는 일에 대해 말한다. 이것이 또한 처음에는 대략적인 것을 말하고, 끝에는 자세한 것을 말하는 것이다. 따라서 교화가 유행하고 은택이 크게 파급되어 천하 사람들이 사군자의 행실이 있어서 허물이 적어진다[始言大惡, 殺君亡國, 終言赦小過. 是亦始於麤粗, 終於精微. 敎化流行, 德澤大洽, 天下之人, 人有士君子之行, 而少過矣.]”

정이나 강한 자가 약한 자를 괴롭히는 병폐가 없어지며, 비방하거나 질투하는 사람이 없어진다. 백성들은 덕을 닦아 성품이 아름답고, 머리를 풀어헤친 채 음식을 먹으면서 자유롭게 노닌다. 독충이 사람을 쏘지 않고, 맹수가 사람을 죽이지 않으며, 맹금류가 사람을 공격하지 않는다. 또한 붉은 풀이 땅에서 피어나고, 달달한 샘물이 솟아나며, 봉황과 기린이 교외에서 노닐고, 감옥이 텅 비며, 범죄자의 옷에 특별한 장식을 표시하여 치욕만을 보일 뿐인데도 백성들은 범죄를 저지르지 않는다.[12] 따라서 이 제도는 [정치의 도리를] 이용하여 백성들의 몽매

---

12_ 이 부분은 『춘추번로』 「왕도(王道)」편에서 인용한 것인데, 그 내용은 다음과 같다. "오제(五帝)와 삼왕(三王)이 천하를 다스릴 때, … 집집마다 생활이 넉넉하고 사람마다 풍족하며, 원망과 분노가 생길 걱정이나 강한 자가 약한 자를 괴롭히는 병폐가 없었고, 비방하거나 질투하는 사람이 없었다. 백성들은 덕을 닦아서 성품이 아름다웠으며, 머리를 풀어헤친 채 음식을 먹으면서 자유롭게 노닐었다. 부귀를 부러워하지 않았고, 죄악을 부끄럽게 여겨 범죄를 저지르지 않았으며, 아버지는 자식이 먼저 죽어서 애도하는 일이 없고 형도 동생이 먼저 죽어서 애도하는 일이 없었다. 독충이 사람을 쏘지 않고, 맹수가 사람을 죽이지 않았으며, 맹금류가 사람을 공격하지 않았다. 따라서 하늘이 인간을 위해서 단 이슬을 내렸고, 붉은 풀이 땅에서 피어났으며, 달달한 샘물이 솟아나오고, 바람과 비가 때맞춰 불거나 내렸으며, 커다란 벼가 자랐고, 봉황과 기린이 교외에서 노닐었으며, 감옥이 텅 비었고, 범죄자의 옷에 특별한 장식을 표시하여 치욕만을 보였을 뿐인데도 백성들은 범죄를 저지르지 않았으며, 사방의 이민족이 통역을 통해 조회를 왔고, 백성의 성정이 지극히 질박하여 꾸밀 줄을 몰랐다[五帝三王之治天下, … 民家給人足, 無怨望忿怒之患・强弱之難, 無讒賊妒疾之人. 民修德而美好, 被髮銜哺而游. 不慕富貴, 恥惡不犯, 父不哭子, 兄不哭弟. 毒蟲不螫, 猛獸不搏, 抵蟲不觸. 故天爲之下甘露, 朱草生, 醴泉出, 風雨時, 嘉禾興, 鳳凰麒麟遊於郊, 囹圄空虛, 畫衣裳而民不犯, 四夷傳譯而朝, 民情至樸而不文.]" 가급인족(家給人足)은 집집마다 생활이 넉넉하고, 사람마다 배부르고 풍족한 것을 말한다. 강약지난(强弱之難)은 강한 자가 약한 자를 괴롭히는 병폐를 말한다. 피발함포(被發銜哺)는 피발함포(被髮銜哺)와 같은 말로, 머리를 풀어헤치고 음식을 입에 물고 있는 모습으로, 구속을 받지 않는 자유로운 모습을 형용한 것이다. 화의상(畫衣裳)은 범죄자의 옷에 특별한 장식으로 표시하여 치욕을 보임으로써 육체적인 형벌을 대신한 것을 말한다. 『사기』 「효문본기(孝文本紀)」에도 "듣자하니, 유우씨(有虞氏)의 시대에는 범죄자의 옷에 특별한 장식을 표시하여 치욕을 보였을 뿐인데도 백성들은 범죄를 저지르지 않았다고 한다[蓋聞有虞氏之時, 畫衣冠異章服以爲僇, 而民不犯.]"라는 말이 보인다.

함을 깨우치고,[13] 음성과 얼굴빛으로 백성을 교화하는 방식이니, 지엽적인 방법이다.[14]

若夫聖人之意, 窈矣深矣, 博矣大矣. 世運既變, 治道斯移, 則始於粗糲, 終於精微. 教化大行, 家給人足, 無怨望忿怒之患, 强弱之難, 無殘賊妒疾之人. 民修德而美好, 被發銜哺而遊. 毒蛇不螫, 猛獸不搏, 抵蟲不觸. 朱草生, 醴泉出, 鳳凰麒麟游於郊陬, 囹圄空虛, 畫衣裳而民不犯. 則斯制也, 利用發蒙, 聲色之以化民, 末也.

대체로 양한(兩漢)의 군신(君臣)과 유생(儒生)들은 난세를 바로잡으려고 한 『춘추』의 제도[15]를 존중하고 따랐지만, 패도(霸道)의 정치술을 혼합

---

13_ 『역』 「몽괘(蒙卦)」에서 "몽매함을 깨우치는 것은 사람에게 형벌을 가하여 몽매한 질곡을 벗겨주는 것이 이롭다[發蒙, 利用刑人, 用說桎梏.]"라는 말이 있는데, 정이(程頤)의 『역전(易傳)』에서 다음과 같이 풀이했다. "백성의 몽매함을 깨우치는 것은 마땅히 형벌과 금령을 밝혀 보여줌으로써 그들이 두려워할 줄 알도록 한 뒤에, 그에 따라 가르치고 인도해야 한다. 예로부터 성왕이 정치를 할 때는 형벌을 만들어 백성들을 통일시키고, 교화를 밝혀 풍속을 좋게 하였으니, 형벌이 확립된 이후에 교화가 시행되었다."

14_ 『중용』 제33장에 "『시』에서 말했다. '나는 밝은 덕의 음성과 얼굴빛을 대단하다고 여기지 않는다.' 공자가 말했다. '음성과 얼굴빛으로 백성을 교화하는 것은 지엽적인 방식이다[『詩』云, '予懷明德, 不大聲以色.' 子曰, '聲色之於以化民, 末也.']" 라는 말이 보인다. 『중용』에서는 밖으로 드러나지 않는 덕[不顯之德]을 통해 백성들을 교화하는 것이 가장 근본적인 방법이라고 말한다. 백성들이 그 덕을 자연스럽게 본받아야만 그 효과가 더욱 깊고 크기 때문이다. 이에 비해 음성과 얼굴빛을 직접 노출시켜서 백성을 교화하는 방식은 눈앞에서 당장의 효과를 볼 수 있을지 모르지만, 진정으로 본받는 것이 아니기 때문에 지엽적인 방식이라고 여긴 것이다. 캉유웨이도 제도[制]라는 것은 성인의 뜻[意]을 통해 백성을 교화하는 근본적인 방법이 아니라, 단지 성인의 말[言]로 교화하는 지엽적인 방식이라고 말했다.

15_ 공양학에서는 발란반정(撥亂反正), 즉 '난세를 바로잡아서 올바른 도리로 되돌리는 것'은 공자가 『춘추』를 통해서 추구하고자 했던 정치의 최종 목표라고 말한다. 『공양전』 「애공(哀公)」 14년에 "군자는 무엇 때문에 『춘추』를 지었는가? 난세를 바로잡아서 올바른 도리로 되돌리는 것은 『춘추』보다 더 가까운 것이 없다[君子曷爲爲『春秋』? 撥亂世, 反諸正, 莫近於『春秋』.]"라고 한 것이 그것이다. 그리고 『사기』 「태사공자서(太史公自序)」에서도 "『춘추』는 의리를 말하고 있기 때문에 어지

하여 사용했기 때문에 여전히 그 제도가 완전하게 시행되지 못했다.[16] 성인의 제도가 막 움트기 시작할 때, 신(新)나라 왕망(王莽, B.C.45~A.D.23) 시대에 유흠(劉歆, B.C.53?~A.D.25)[17]이 문득 출현하면서 위조된 『좌씨전』이 성행하고 고문(古文) 경전이 제멋대로 난립하였다. 이에 공자의 경전을 주공(周公)의 작품으로 깎아내려 버렸고, 성왕(聖王)으로서의 공자의 지위를 선사(先師)로 강등시켜 버렸다.[18] 『공양전(公羊傳)』의 학문이

---

러운 세상을 수습하여 올바른 세상으로 되돌려놓는 데는 『춘추』보다 더 가까운 것이 없다[『春秋』以道義. 撥亂世反之正, 莫近於『春秋』.]"라고 했다.

16_ 『춘추』의 발란반정(撥亂反正)의 제도는 덕치(德治)에 의한 대일통적(大一統的) 통치 질서를 확립하는 것이다. 그러나 현실적으로는 법률과 형벌의 사용을 간과할 수 없기 때문에 양한 시대에는 덕치에 의한 왕도의 실현이라는 하나의 이상을 추구하기보다는 법치에 의한 패도를 함께 운용하는 정치 방법에 더욱 주목하였다고 할 수 있다. 대표적인 인물이 전한시대의 선제(宣帝)이다. 『한서』「원제기(元帝紀)」에 "한나라는 한나라만의 일정한 제도를 가지고 있는데, 본래 패도(霸道)와 왕도(王道)를 적절하게 조화하는 것이니, 어떻게 순수하게 덕교(德教)에만 맡겨서 주(周)나라 시대의 정치를 채용할 수 있겠는가?[漢家自有制度, 本以霸王道雜之, 奈何純任德教, 用周政乎?]"라는 선제의 말이 보인다. 즉 선제가 추구한 이상적인 정치는 '패도(霸道)와 왕도(王道)를 적절하게 조화하는 것[以霸王道雜之]'이었다. 따라서 그는 통치 기간 동안 법가 계통의 관료를 대거 등용하여 정치적 교화보다는 효율성의 극대화를 추구하였다.

17_ 유흠(劉歆)은 서한시대 패군(沛郡) 풍현(豊縣) 사람으로, 자는 자준(子駿)이며, 유향(劉向)의 아들이다. 이후에 이름을 수(秀)로, 자를 영숙(穎叔)으로 고쳤다. 중국 목록학의 중요 저작인 『칠략(七略)』을 지었다. 왕망 정권 때는 국사(國師)를 역임했다. 『한서』「초원왕전(楚元王傳)」에 의하면, 유흠이 부친인 유향(劉向)과 함께 유가 고전에 대한 정비 작업을 진행하는 과정에서, 궁실의 도서관에 보관되어 있던 『좌씨전』을 발견했다고 한다. 당시 그는 『좌씨전』과 함께 『모시』·『일례』·『고문상서』 등 4종류의 고문경전을 학관에 세울 것을 주장하였다.

18_ 캉유웨이를 비롯한 금문학자들의 주장에 의하면, 유흠은 왕망이 왕위를 찬탈하고, 제도를 개혁하는 과정에서 개혁의 이론이나 근거를 확보하기 하기 위해 『좌씨전』과 『주례』 등의 고문 경전을 위조했다고 주장한다. 즉 왕망이 섭정하는 동안 유흠은 주공(周公)을 주나라 제도의 창시자로 여기고, 탁고개제(託古改制)를 위한 수단으로 『주례』를 활용하였다. 유흠이 『주례』를 강조한 이후, 당나라 정관(貞觀) 연간(627~649)에는 주공을 선성(先聖)으로 높이고, 공자를 선사(先師)로 강등시켰다. 특히 청나라 때의 장학성(章學誠, 1738~1801)은 중국의 예악 제도를 집대성한 것이 공자가 아니라 주공이라고 강력하게 주장했다. 캉유웨이는 이러한 터

폐기되고, 개제(改制)의 의리가 사라졌으며, 삼세(三世)의 학설이 미미해지고, 태평의 정치와 대동의 복지가 어둠에 가려진 채 밝혀지지 않고 꽉 막힌 채 드러나지 않게 되었다. 우리 중국은 위(魏)·진(晉)·수(隋)·당(唐)나라 시대의 불교와 도교, 사장(詞章)의 학문이 뒤섞여 있고, 저(氐)·강(羌)·돌궐(突厥)·거란(契丹)·몽고(蒙古) 등 이민족의 풍속이 혼재해 있기 때문에, 단지 태평에 대해 인식하지 못할 뿐만 아니라 한족(漢族)의 발란반정(撥亂反正)의 의의를 찾는 것조차도 제대로 할 수가 없었다. 그래서 결국 중국의 백성들은 2,000년 동안 난폭한 군주와 오랑캐의 잔혹한 통치에 의해 시달렸으니, 너무나 슬프도다!

夫兩漢君臣儒生, 尊從『春秋』撥亂之制, 而雜以霸術, 猶未盡行也. 聖制萌芽, 新歆遽出, 僞『左』盛行, 古文纂亂. 於是削移孔子之經而爲周公, 降孔子之聖王而爲先師. 『公羊』之學廢, 改制之義湮, 三世之說微, 太平之治, 大同之樂, 暗而不明, 鬱而不發. 我華我夏, 雜以魏·晉·隋·唐佛老詞章之學, 亂以氐·羌·突厥·契丹·蒙古之風, 非惟不識太平, 並求漢人撥亂之義, 亦乖剌而不可得. 而中國之民遂二千年被暴主夷狄之酷政耗矣, 哀哉!

주자(朱子, 1130~1200)는 대일통의 학설이 사라진 이후에 태어나서 학문의 기치를 높이 내걸고 그것을 드러내 밝히려고 했다. 그러나 의(義)를 많이 말했을 뿐 인(仁)은 적게 말했고, 자신을 성찰하여 허물을 적게 할 줄만 알았을 뿐 백성들의 환란을 구제하는 일은 드물었으며, 혼란한 시대를 구제하는 학설에만 매몰되어 태평(太平)과 대동(大同)의 의미를 알지 못했다. 또한 불교와 도교의 학설이 뒤섞여 있었기 때문에 그 도리는 너무나 각박하고 스스로를 고생시킬 뿐이었다.[19] 따라서 그가 주

무니없는 주장들이 모두 유흠의 고문경전 날조에서 시작되었다고 비판하였다. 이와 관련된 구체적인 내용은 『공자개제고』 제7권의 〈제7권 머리글〉 참조.

19_ 각(觳)은 인정미가 없고 각박한 것을 말하고, 고(苦)는 스스로를 고생시킨다는

장한 정치 교화는 단지 동주(東周)와 유비(劉備, 161~223)의 촉한(蜀漢), 소찰(蕭詧, 재위 554~562)의 후량(後梁)과 같이 한 지역을 통치하는 것에 만족하는 단편적인 것일 뿐이었다.[20]

朱子生於大統絶學之後, 揭鼓揚旗而發明之. 多言義, 而寡言仁, 知省身救過, 而少救民患, 蔽於據亂之說, 而不知太平大同之義. 雜以佛老, 其道觳苦. 所以爲治敎者, 亦僅如東周・劉蜀・蕭詧之偏安而已.

세상은 큰 암흑 속의 기나긴 밤처럼,[21] 캄캄하고 흐릿하게 안개가 자욱하게 낀 것과 같았으며, 첩첩히 꽉 막히고 어두운 상태였기 때문에 밝은 태양은 심연 속으로 깊이 떨어져 버렸다. 그 암흑 속에서도 수많은 학자들[22]과 뛰어난 백성들은 기를 쓰고 고개를 든 채 간절히 바라보면서, 초롱불을 켠 채 세상을 위해 밝은 빛을 찾으려고 노력하기도 하고, 주머니 속 반디불처럼 스스로에게 소중한 작은 빛을 찾으려고 노력하기도 하였다.[23] 그러나 끝내 천지(天地)와 같은 공자 학문의 전모나 태평의 정치, 대동의 복지에 대해서는 들어보지 못했으니, 너무나 슬프

---

뜻인데, 불교와 노장 등의 이교를 비판한 것이다. 이것은 원래 『장자』「천하(天下)」편에서 묵자에 대해 논평하면서 나온 말이다. "살아 있을 때는 힘들게 노동하고, 죽었을 때는 간략하게 장례지내니, 그 도가 너무 각박하다. … 후세의 묵가들에게 대부분 거친 옷을 입고, 허름한 신발을 신으며, 밤낮으로 쉬지 않고 노동하여, 스스로를 고생시키는 것이 최고라고 여기도록 하였다[其生也勤, 其死也薄, 其道大觳. … 使後世之墨者, 多以裘褐爲衣, 以跂蹻爲服, 日夜不休, 以自苦爲極.]"

20_ 편안(偏安)은 천하를 통치하지 못하고 한 지방에 할거하여 다스리면서 그것에 만족하는 것을 말한다.

21_ 『관자』「치미(侈靡)」편에 "是以下名而上實也, 聖人者, 省諸本而游諸樂, 大昏也, 博夜也."라는 말이 보인다.

22_ 봉액(縫掖)은 소매가 크고 겨드랑이를 터놓지 않은 도포로, 고대에 유생(儒生)들이 입던 복장이다. 후대에는 유학자(儒學者)를 가리키는 용어로 사용되었다.

23_ 구등(篝燈)은 초롱에 불을 켜는 것으로, 암흑으로부터 세상을 탈출시킬 수 있는 새로운 학설이나 이론을 찾는 것을 말한다. 낭형(囊螢)은 주머니에 개똥벌레를 넣어 빛을 밝히는 것으로, 자신에게 소중한 가치가 있는 학설이나 이론을 찾으려고 노력하는 것을 말한다.

도다!

大昏也, 博夜也, 冥冥汶汶, 雺霧雰雰, 重重錮昏, 皎日墜淵. 萬百億千縫掖俊民, 跂跂脈脈而望, 篝燈而求明, 囊螢而自珍. 然卒不聞孔子天地之全, 太平之治, 大同之樂, 悲夫!

하늘이 백성들을 가련하게 여겨 묵묵히 그들의 밝은 지혜를 계발시켜 주니,[24] 밝은 해처럼 찬란하게 빛나고, 환하고 밝게 대지를 비추어 주었다. 나는 꿈속에서 예기(禮器)를 들고 서쪽으로 가서,[25] 천상의 음악이 연주되는 궁전을 보았고,[26] 더욱이 그 속에 있는 아름다운 종묘(宗

---

24_ 『시』「대아(大雅)·판(板)」편에 '天之牖民'이라는 말이 보이는데, 『시경집전』에서 유(牖)는 개명(開明)의 의미라고 했다.

25_ 예기(禮器)는 제사용 그릇으로, 유교를 상징하는 말이며, 그것을 가지고 공자를 만나러 간다는 것은 유교의 도를 실행하고자 하는 절심함의 표현이라고 할 수 있다. 따라서 이 책의 제14권 제2절〈康14-9〉에서 "여러 현자들이 도의 실행에 절실했던 것이 마치 제사용 그릇[禮器]과 『시』·『서』를 짊어지고 진섭(陳涉)을 만나러 간 것과 같은 종류일 뿐이다"라고 했다. 『사기』「유림열전(儒林列傳)」에 의하면, 진섭(陳涉)이 왕위에 오르자, 노나라의 모든 유생들이 공자의 예기(禮器)를 가지고 가서 그에게 귀의하였고, 또 공자의 8세손인 공갑(孔甲)은 진섭의 박사가 되어, 그와 일생을 함께 했다고 한다.[陳涉之王也, 而魯諸儒持孔氏之禮器往歸陳王. 於是孔甲爲陳涉博士, 卒與涉俱死.] 한편 서행(西行)이라는 말도 제7권 제3절〈康7-11〉에서 "공자는 서쪽으로 갔지만, 진나라에 도착하지 못했다. … 그런데 진나라가 70명의 박사를 세우고, 제생들이 모두 『시』와 『서』를 외우고 강학하면서 공자를 본받았으니, 공자의 가르침이 진나라에서 크게 성행하였다"라고 한 것에 근거하면, 아직 교화되지 않은 지역까지 유교를 전파하고자 하는 캉유웨이의 의지를 표현한 말로 이해할 수 있다.

26_ 『사기』「조세가(趙世家)」에 의하면, 조간자(趙簡子)가 병이 나서 인사불성이 되었다가 깨어나서 다음과 같이 말했다고 한다. "내가 상제가 사는 곳에 갔는데 매우 즐거웠소. 여러 신들과 하늘 한가운데서 노닐었고, 여러 악기로 웅장한 음악이 여러 차례 연주되는 것을 들었으며, 성대한 춤을 보았소. 삼대의 음악과 같지는 않았지만, 그 소리가 사람의 마음을 감동시켰소[我之帝所甚樂, 與百神游於鈞天, 廣樂九奏萬舞, 不類三代之樂, 其聲動人心.]" 여기에서 균천(鈞天)은 하늘의 중앙으로 상제가 사는 궁전을 말하고, 광악(廣樂)은 너그럽고 넓은 음악을 말한다. 균천광악(鈞天廣樂)은 아주 미묘하고 아름다운 천상의 음악이나 궁전의 성대한 음

廟)와 수많은 백관(百官)을 보았다.[27] 그곳으로 가는 길을 찾아내어 우거진 잡목들을 제거해 큰 도로를 열고,[28] 구름과 안개를 헤치고 해와 달을 보듯이 [새로운 세계를 보았다.] 그것은 결코 세속적인 인간의 세계가 아니었다. 나는 감히 큰 도를 남몰래 감추어 둘 수가 없었기 때문에 여러 명의 문인들과 함께 온종일 그것을 찾아서 연구했는데, 지금까지 8년의 세월이 흘렀다. 그중의 번잡한 부분을 삭제하고, 핵심적인 내용만을 모아서 『공자개제고』 30권[29]을 완성했다. 같은 고향 출신인 예길(禮吉) 천치엔츄(陳千秋)와 저위(箸偉) 짜오타이(曹泰)는 재능이 뛰어나면서 매우 박학다식하고, 학문을 좋아하면서 사고가 깊은 인물들인데, 편집과 교열에 특히 고생이 많았다. 그러나 그들은 이미 죽어서 묘지 위에 풀만 무성하다. 만약 이 세상에서 대동과 태평의 정치를 만나볼 수 있다면, 이 책의 출판을 위해 애쓴 그들 몇몇의 노고는 결코 저버릴 수 없을 것이다!

天哀生民, 默牖其明, 白日流光, 煥炳瑩晶. 予小子夢執禮器而西行, 乃睹此廣樂鈞天, 復見宗廟百官之美富. 門戶旣得, 乃掃荊榛而開途徑, 撥雲霧而覽日月. 非復人間世矣. 不敢隱匿大道, 乃及門人數輩, 朝夕鉤撢, 八年於茲. 刪除繁蕪, 就成簡要, 爲『改制考』三十卷. 同邑陳千秋禮吉・曹泰箸偉, 雅才好博, 好學深思, 編檢尤勞. 墓草已宿.

---

악을 가리킨다. 따라서 광악균천(廣樂鈞天)은 천상의 음악이 연주되는 궁전에서 공자를 만났다는 의미로 이해할 수 있다.

27_ 『논어』 「자장(子張)」편에서 자공(子貢)이 공자를 대궐의 담장과 비유하면서 다음과 같이 말했다. "공자의 담장 높이는 여러 길이 된다. 그래서 그 문을 찾아서 들어가지 못하면 종묘(宗廟)의 아름다움과 백관(百官)의 많음을 볼 수가 없다[夫子之牆, 數仞. 不得其門而入, 不見宗廟之美, 百官之富.]" 이것은 공자의 학문 및 인격의 깊이와 넓이를 형용한 말이다.

28_ 형진(荊榛)은 가시나무와 개암나무로, 황폐한 모습을 형용한 것이다. 도경(途徑)은 사람이 다니는 큰 도로를 말한다. 이교도의 여러 가지 이론이나 학설들을 제거하고, 유교라는 큰 길을 개척했다는 의미이다.

29_ '三十'을 중화서국(中華書局) 판본(1958)에서는 '二十一'로 교정했는데, 여기에서는 『공자개제고』 원문을 그대로 따랐다.

然使大地大同太平之治可見, 其亦不負二三子鉛槧之勞也夫!

아! 대동과 태평의 정치를 만나보는 것은 마치 공자가 다시 태어난 것과 같다. 『공자개제고』의 완성은 공자가 태어난 시점으로부터 2,449년의 시간적 거리가 있다.

嗟夫! 見大同太平之治也, 猶孔子之生也. 『孔子改制考』成書, 去孔子之生二千四百四十九年也.

광서(光緖) 24년(1898) 1월 28일, 남해(南海) 사람 광하(廣廈) 캉유웨이가 쓰다.

光緖二十四年正月元日, 南海康有爲廣廈記.

# 제1권 | 상고시대는 불확실하여 고증할 수 없다

上古茫昧無稽考

An Annotated Translation of "Confucius as a Reformer"

## 제1권 머리글

인생에서 예닐곱 살 이전의 일은 그 자취가 불확실하기 때문에 기억할 수가 없다. 국가를 세운 초기에는 국가 정책[1]이 잘 갖추어지지 않았기 때문에 [당시의 사정을] 상세하게 파악할 수가 없다. 하물며 태고(太古)에 천지가 처음 열려서 [문명이] 막 싹트기 시작했을 때에는 긴 암흑이 지속되었으며, 배나 수레도 통행되지 못했고 문자로 기록하기도 어려웠던 시대인데,[2] 누가 제대로 상고할 수 있겠는가? 대지 위에서의 인간의 문명[人道]은 모두 대홍수 이후에야 번성했는데,[3] 인도(印度)의 브라

---

1_ 방략(方略)은 어떠한 일을 도모할 때의 책략 또는 정책을 말한다.

2_ 서계(書契)는 문자로 기록된 서류나 문서를 말한다.

3_ 캉유웨이는 '홍수(洪水)'나 '대홍수(大洪水)'라는 사건을 중국 문명의 발생 기점으로 보고 있다. 그는 『구약 성서』「창세기」에 기록된 노아(Noah)의 홍수 전설을 끌어와서, 중국에도 상고시대에 대홍수가 발생했으며, 대홍수 이전에는 어떠한 문명도 존재하지 않은 암흑기에 해당된다고 주장했다. 따라서 이 책의 제2권에서 "대홍수는 대지가 공유하는 것이며, 인류의 탄생은 모두 대홍수 이후이다. 따라서 대지의 민중은 모두 하(夏)나라 우(禹)임금의 시기에 [문명의] 싹을 활짝 피웠다[洪水者, 大地所共也, 人類之生, 皆在洪水之後. 故大地民衆, 皆蓲萌於夏禹之時.]"라고 했고, 제12권에서 "요임금과 순임금은 백성의 주인이고, 태평의 시대이며, 인도(人道)의 극치로, 유학자들이 모두 최고로 여기는 자들이다. 그런데 내가 『서』를 읽었는데, 「우서(虞書)」 이외에는 요임금과 순임금에 대해 말한 것이 없었다. … 요임금과 순임금은 홍수가 아직 다스려지기 이전 중국이 아직 개척되지 않았을 때 있었기 때문에 「주서(周書)」에서 거론하지 않았다[堯・舜爲民主, 爲太平世, 爲人道之至, 儒者擧以爲極者也. 然吾讀『書』, 自「虞書」外未嘗有言堯・舜者. … 堯舜在洪水未治之前, 中國未闢, 故「周書」不稱之.]"라고 했다. 캉유웨이는 중국 고대의 전설에 보이는 요임금과 순임금의 시대는 대홍수 이전의 시대, 즉 중국 문명이 아직 개화되지 않은 시대이며, 당시의 역사와 관련된 어떠한 기록이나 문헌도 존재하지 않는다고 주장했다. 대홍수 이후 우임금의 시대가 되어서야 비로소 문명이 개화하여 역사 기록이나 문헌이 전해지기 시작했다는 것이다. 이 점에 대해, 아사노 유이치는 캉유웨이가 공자를 중국 고대 문명의 창시자로 내세우기 위해 상고시대를 문명의 암흑기로 만들어버렸다고 분석했다. 이에 대한 자세한 내용은 아사노 유이치 지음 / 신정근 외 옮김, 『공자신화』(서울: 태학사, 2008), 515~516쪽 참조. 한편 홍수와 우임금, 그리고 문명의 관계를 언급한 기록은 『맹자』「등문공 상

만교(Brahmanism) 이전 시기와 유럽의 희랍(希臘) 이전 시기도 또한 이미 아득하여 분명하지가 않다. 어찌 페루(Peru) [잉카(Inca) 제국]의 아주 오래된 옛 시간이나 멕시코(Mexico) [아즈텍(Aztec) 왕조]의 오래된 일만이 유독 까마득하고 아득하여 파악할 수 없는 것이겠는가?[4]

人生六七齡以前, 事跡茫昧, 不可得記也. 開國之始, 方略欠如, 不可得詳也. 況太古開闢, 爲萌爲芽, 漫漫長夜, 舟車不通, 書契難削, 疇能稽哉? 大地人道皆蓲敷於洪水後, 然印度婆羅門前, 歐西希臘前, 亦已茫然. 豈特秘魯之舊劫, 墨洲之古事, 黯芴渺昧不可識耶?

우리 중국은 고대의 유명한 국가로 일컬어지면서 문명이 가장 앞섰지만, 육경(六經) 이전에는 결코 문자로 기록된 서적이 없었다. 하(夏)나라와 은(殷)나라는 관련 증거가 없고,[5] 주(周)나라의 서적은 이미 없어졌으며, 공화(共和)[6] 이전의 시대는 연도조차 알 수 없고, 진(秦)나라와 한(漢)나라 이후에야 상세하게 기록할 수 있었다. 그런데도 초주(譙周)[7] · 소

---

(滕文公 上)」편의 "當堯之時, 天下猶未平, 洪水橫流, 氾濫於天下, 草木暢茂, 禽獸繁殖, 五穀不登, 禽獸偪人, 獸蹄鳥跡之道交於中國. 堯獨憂之, 擧舜而敷治焉." / 「등문공 하」편의 "昔者禹抑洪水而天下平, 周公兼夷狄, 驅猛獸而百姓寧, 孔子成春秋而亂臣賊子懼." / 『시』「상송(商頌) · 장발(長發)」편의 "洪水芒芒, 禹敷下土方." 등에 보인다.

4_ 인도의 브라만교 성립과 유럽의 그리스 문명 성립 이전의 역사도 페루의 잉카(Inca) 제국이나 멕시코의 아스텍(Aztec) 왕국이 어둠 속에 묻혀 있는 것과 마찬가지로 매우 불확실하여 파악하기가 어렵다는 의미이다.

5_ 『논어』「팔일(八佾)」편에 "子曰, 夏禮吾能言之, 杞不足徵也, 殷禮吾能言之, 宋不足徵也, 文獻不足故也. 足則吾能徵之矣."라는 말이 보인다.

6_ 공화시대는 주나라의 여왕(厲王, B.C.878~B.C.828)이 왕위에서 추방되어 소공(召公)과 주공(周公) 두 사람이 협의하면서 국정을 집행했던 시대를 가리킨다. 이 시대 이전은 기년(紀年)조차도 전해지지 않으며, 진 · 한 이후가 되어서야 상세한 기록이 남아 있게 된다. 『사기』「십이제후연표」에서는 공화 원년(B.C.841)부터 기년을 상세하게 기록하고, 그 이전에 관해서는 계보만을 기록하고 있다.

7_ 초주(譙周)는 삼국시대의 사람으로, 자는 윤남(允南)이다. 파서(巴西) 서충국(西充國) 사람이다. 촉나라에서 권학종사(勸學從事) · 광록대부(光祿大夫) 등을 역임

철(蘇轍, 1039~1112)[8] · 호굉(胡宏)[9] · 라비(羅泌)[10] 등과 같은 부류들은 대담하게 옛것을 고증하여 허황된 내용을 사실화했고, 최술(崔述, 1740~1816)[11]은 『고신록(考信錄)』을 지어서 그러한 내용을 전하여 믿게 했으니, 어찌 잘못되지 않았겠는가?

吾中國號稱古名國, 文明最先矣. 然六經以前無復書記. 夏殷無徵, 周籍已去, 共和以前不可年識, 秦漢以後乃得詳記. 而譙周 · 蘇轍 ·

---

했다. 촉나라가 멸망한 後, 진(晉)의 문왕(文王)으로부터 양성정후(陽城亭侯)로 봉해졌고, 후에 기도위(騎都尉) · 산기상시(散騎常侍) 등을 역임했으나, 병으로 사망했다. 캉유웨이가 비판한 책은 『고사고(古史考)』 25편이다.

8_ 소철(蘇轍)은 북송의 미주(眉州) 미산(眉山) 사람으로, 소순(蘇洵)의 아들이자 소식(蘇軾)의 동생이다. 인종(仁宗) 때, 진사 시험에 합격하여 상주군사추관(商州軍事推官)이 되었다. 신종(神宗) 때는 왕안석의 청묘법(靑苗法)에 반대하다가 하남추관(河南推官)으로 좌천되었다. 철종(哲宗)이 즉위하여 신법당의 세력이 약해지자, 그도 중앙 정계로 복귀하였고, 승진을 거듭하여 상서우승(尙書右丞) · 문하시랑(門下侍郎)이 되었으나, 이후 다시 지방으로 좌천되었다. 휘종(徽宗) 때에는 대중대부(大中大夫)가 되었지만, 은퇴하여 저술에 전념했다. 캉유웨이가 비판한 책은 『고사(古史)』 60권이다.

9_ 호굉(胡宏)은 북송부터 남송에 걸쳐서 살았던 사람으로, 호안국(胡安國)의 아들이다. 양시(楊時)나 후중량(侯仲良)에게 사사한 후, 부친의 학문을 전수했다. 캉유웨이가 비판한 책은 『황왕대기(皇王大紀)』 80권이다.

10_ 라비(羅泌)는 남송 여릉(廬陵) 사람으로, 자는 장원(長源)이다. 캉유웨이가 비판한 책은 『노사(路史)』 47권이다.

11_ 최술(崔述)은 청나라 하북(河北) 대명(大名) 사람으로, 자는 무승(武承)이고, 호는 동벽(東壁)이다. 캉유웨이는 그가 『고신록(考信錄)』을 지어 고대의 역사에 대해 논하면서, 특히 공자를 단순히 교설을 전한 평범한 전교(傳敎)의 위치로 격하시킨 것을 비판했다. 『고신록』은 중국의 고대 전설의 시대부터 공자와 맹자까지의 여러 고전을 고증학적 입장에서 비판을 시도한 책이다. 총 36권으로 구성되어 있는데, 「고신록제요(考信錄提要)」에서는 전체 요약, 「보상고고신록(補上古考信錄)」에서는 요와 순 이전의 전설 시대, 「당우고신록(唐虞考信錄)」에서는 요와 순, 「수사고신록(洙泗考信錄)」과 「여록(餘錄)」에서는 공자, 「맹자사실록(孟子事實錄)」에서는 맹자에 대해 고증했다. 이 중에서도 특히 「수사고신록」은 공자의 사적이나 역사적 지위에 대해 실증적인 고증의 방법으로 접근하고 있기 때문에 공자의 유교 창립과 탁고개제를 주장하는 캉유웨이의 논리와는 크게 배치된다. 따라서 『공자개제고』에서 최술은 장학성(章學誠)과 함께 주요한 비판의 대상이 되고 있다.

胡宏·羅泌之流, 乃敢於考古, 實其荒誕, 崔東壁乃爲『考信錄』以傳信之, 豈不謬哉?

대체로 하·은·주 세 왕조의 문교(文敎)가 흥성하게 된 것은 사실 공자가 [자신의 문교(文敎)를] 세 왕조로 넘겨서 가탁했기 때문이다. 따라서 공자 한 사람을 제대로 이해하면 역사적 시간[日月]이 환하게 드러나고, 역사적 공간[山川]이 밝게 빛나게 된다. 그런데 옛 문헌을 평범하게만 고찰하면 사실상 여전히 아득하고 막막하니, 비록 매우 찬란한 문화가 있었다고 하더라도 다 고찰할 수가 없다.

夫三代文敎之盛, 實由孔子推託之故. 故得一孔子而日月光華, 山川焜耀. 然夷考舊文, 實猶茫昧, 雖有美盛, 不盡可考焉.

## 1-1

공자가 말했다. "하(夏)나라의 예(禮)에 대해서 내가 말할 수 있지만, [그 후예인] 기(杞)나라에서 충분히 증거를 대주지 못하고,[12] 은(殷)나라의 예에 대해서 내가 말할 수 있지만, [그 후예인] 송(宋)나라에서 충분히 증거를 대주지 못하는 것은 문헌이 부족하기 때문이다. 문헌이 충분하다면, 내가 내 말을 증명할 수 있을 것이다."(『논어』「팔일」)

子曰, "夏禮吾能言之, 杞不足徵也, 殷禮吾能言之, 宋不足徵也, 文獻不足故也. 足則吾能徵之矣."(『論語』「八佾」)

## 1-2

공자가 말했다. "내가 하(夏)나라의 예(禮)를 말할 수 있지만, 기(杞)나라

12_ 징(徵)은 증거를 가지고 징험한다는 말이다. 『논어집주(論語集註)』에서는 '검증하다[證]'라고 풀이했다.

가 충분히 증명해 주지 못한다. 또 내가 은(殷)나라의 예를 배웠는데, 송(宋)나라에 아직 남아 있기는 하다. 그러나 내가 주나라의 예를 배웠고 지금 그것을 쓰고 있으니, 나는 주나라의 예를 따르겠다."[13](『예기』「중용」)

子曰, "吾說夏禮, 杞不足徵也. 吾學殷禮, 有宋存焉. 吾學周禮, 今用之, 吾從周."(『禮記』「中庸」)

## 1-3

공자가 말했다. "내가 하나라의 도(道)를 보고자 했기 때문에 기나라로 갔으나 증거가 부족했는데, 나는 『하시(夏時)』[14]를 입수했다. 내가 은나라의 도(道)를 보고자 했기 때문에 송나라로 갔으나 증거가 부족했는데, 나는 『곤건(坤乾)』[15]을 입수했다."[16](『예기』「예운」)

子曰, "我欲觀夏道, 是故之杞, 而不足徵也, 吾得『夏時』焉. 我欲觀殷道, 是故之宋, 而不足徵也, 吾得『坤乾』焉."(『禮記』「禮運」)

---

13_『중용장구(中庸章句)』에서는 다음과 같이 해석했다. "삼대(三代)의 예를 공자가 모두 배워서 그 뜻을 말할 수는 있었으나, 다만 하나라의 예는 이미 고증할 수 없고, 은나라의 예는 비록 남아 있으나 또한 당세의 법이 아니었다. 오직 주나라의 예는 바로 당시의 왕의 제도이고 오늘날 쓰고 있는 것이니, 공자가 이미 지위를 얻지 못했다면 주나라 예를 따를 뿐이다."

14_『하시(夏時)』는 하나라의 역법(曆法)을 기록한 책으로, 『하소정(夏小正)』이라고도 한다. 『예기정의(禮記正義)』에서 정현(鄭玄)은 "하나라의 사시(四時)에 관한 책을 입수했는데, 그 책이 남아 있는 것 중에 『소정(小正)』이 있다"라고 했다.

15_『곤건(坤乾)』은 은나라의 역법을 기록한 책이다. 『예기정의』에서 정현은 "은나라의 음양(陰陽)에 관한 책을 입수했는데, 그 책이 남아 있는 것 중에 『귀장(歸藏)』이 있다"라고 했다. 정현은 『곤건(坤乾)』이 곧 『귀장(歸藏)』이라고 했다.

16_『논어집주』「팔일」편의 소주(小註)에서 주자는 「예운」편의 이 문장을 증거로 끌어들여, "공자가 이 두 책을 읽고 나서 반드시 크게 드러내 밝힌 것이 있을 것이다. 『귀장』이라는 책은 현재 전하지 않는다"라고 풀이했다.

**康1-1**

기(杞)나라와 송(宋)나라에 증거 자료가 없었다는 말은 모두 세 군데 보인다. 『논어』와 『중용』에서 기록했고,[17] 『사기(史記)』 「공자세가(孔子世家)」[18]와 『백호통의(白虎通義)』[19]에서도 인용했는데, [이 책들은] 결코 세상에 잘 알려지지 않은 책[20]이 아니다. 그렇다면 공자의 시대에서도 하나라와 은나라의 도(道) 및 하나라와 은나라의 예(禮)를 살펴볼 수 없었던 것이 매우 분명하다. 공자가 "문헌이 충분하다면 내가 나의 말을 증명할 수 있을 것이다"라고 말했으니, [하나라와 은나라] 두 왕조는 문헌이 부족하여, 공자가 증명할 수 없었던 것이다. 증명할 수 있었던 것은 단지 『하시(夏時)』와 『곤건(坤乾)』 두 책밖에 없었으며, 이 책들 이외에는 남아 있는 책이 없었다. 이러한 자료가 바로 하나라와 은나라의 예제(禮制)는 완전히 없어져서 증명할 자료가 없었다는 근거가 될 수 있다.

---

17_ 『중용』에서는 "송(宋)나라에 남아 있기는 하다"라고 했기 때문에 증거 자료가 없다는 말은 아니다. 다만 불완전하게 남아 있었다는 의미로 이해될 수 있다. 『중용장구』에서 주자는 "은나라의 예는 비록 남아 있지만 당세의 법이 아니다"라고 풀이했다. 한편 『논어집주』 「팔일」편의 소주에서 운봉(雲峯) 호씨(胡氏)는 "『논어』 「팔일」편, 『예기』 「예운」편과 「중용」편의 말을 종합해서 보면, 비록 공자가 『하시』와 『곤건』의 글을 입수했고, 송나라에 어느 정도 남아 있기는 했지만, 그 문헌들은 모두 없어지거나 빠져서 완전하지가 않았다. 따라서 공자가 이렇게 말한 것이다"라고 해설했다.

18_ 『사기』 「공자세가(孔子世家)」에 다음과 같은 기록이 보인다. "孔子之時, 周室微而禮樂廢, 詩書缺. 追跡三代之禮, 序『書傳』, 上紀唐虞之際, 下至秦繆, 編次其事. 曰夏禮吾能言之, 杞不足徵也. 殷禮吾能言之, 宋不足徵也. 足則吾能徵之矣. 觀殷夏所損益, 曰後雖百世可知也, 以一文一質. 周監二代, 郁郁乎文哉. 吾從周. 故『書傳』·『禮記』自孔氏."

19_ 『백호통의(白虎通義)』 「삼정(三正)」편에 다음과 같은 기록이 보인다. "故封之百里, 使得服其正色, 用其禮樂, 永事先祖. 『論語』曰, 夏禮, 吾能言之, 杞不足徵也. 殷禮, 吾能言之, 宋不足徵也."

20_ 벽서(僻書)는 매우 보기 드물거나 세상에 잘 알려지지 않은 책을 말한다.

杞·宋無徵, 說凡三見. 且著于『論語』·『中庸』, 引于『史記』「世家」·『白虎通』, 幷非僻書. 則孔子時, 夏·殷之道, 夏·殷之禮, 不可得考至明. 孔子謂"足, 則吾能徵之", 則二代之不足, 孔子之不徵. 可徵者僅有『夏時』·『坤乾』二書, 自此外皆無存. 此可爲夏·殷禮制全亡無徵之據.

## 1-4

북궁의(北宮錡)[21]가 물었다. "주(周)나라 왕실에서 작록의 반열을 어떻게 했습니까?" 맹자가 대답했다. "그 상세한 내용은 듣지 못했다. 제후들이 자신들에게 해가 되는 것을 싫어하여[22] 주나라의 전적을 모두 없애 버렸기 때문이다."(『맹자』「만장 하」)

北宮錡問曰, "周室班爵祿也, 如之何?" 孟子曰, "其詳不可得而聞也. 諸侯惡其害己也, 而皆去其籍."(『孟子』「萬章 下」)

## 1-5

『시(詩)』[23]에서 "우리 공전(公田)에 비가 내려서, 마침내 우리 사전(私田)에 미친다"라고 했으니, 조법(助法)에 공전이 포함되어 있는 것이다.[24]

---

21_ 북궁의(北宮錡)는 『맹자집주』에 의하면, 북궁(北宮)이 성이고, 의(錡)가 이름이며, 위(衛)나라 사람이다.

22_『맹자집주』에 의하면, 당시 제후들이 겸병을 하고, 신분을 뛰어넘는 참람된 짓을 했기 때문에 주나라의 제도가 자신들이 하는 행위에 방해가 될 것을 싫어했다는 의미이다.

23_『시』「소아(小雅)·대전(大田)」편에 보인다.

24_ 조법(助法)은 은나라 시대의 세법(稅法)이다. 정전법(井田法)에 따라 9등분한 중앙의 공전(公田)을 여덟 집이 공동으로 경작하여 그 수확을 조세로 내던 제도이다. 정전법에 대해 『시경집전(詩經集傳)』에서는 다음과 같이 풀이했다. "공전(公典)은 사방 1리(里)가 정(井)이니, 정은 900무(畝)이다. 그 가운데는 공전이고, 나

이를 통해 본다면 비록 주나라라고 하더라도 또한 조법을 사용했다.[25]

(『맹자』「등문공 상」)

『詩』云, "雨我公田, 遂及我私." 惟助爲有公田. 由此觀之. 雖周亦助也.(『孟子』「滕文公 上」)

## 康1-2

북궁의(北宮錡)는 주나라 시대에 맹자에게 와서 묻고 배울 수 있는 정도였으니, 사대부(士大夫)임에 틀림없다. 자기 왕조에서의 작록의 반열은 가장 쉽고 초보적으로 [알 수 있는] 일로써 모르는 사람이 없을 것이다. 대주회전(大周會典)이 없더라도 그 내용을 고찰할 수 있는 사대부[縉紳][26]가 있었을 것이며, 또 평소에 익숙하게 접하고 들었던 내용이었을 텐데, 어찌 맹자에게 물어볼 필요가 있었겠는가? 맹자는 당시의 대현(大賢)이자 거유(巨儒)로서 당연히 지식도 풍부하고 기억력도 뛰어나 자기 왕조의 역사적 사실을 잘 알고 있음에도 그에 대한 상세한 내용을 듣지 못했다. 또한 주나라의 전적을 없애버린 이유가 제후들이 자신들에게 해가 되는 것을 싫어한 데서 연유했다고 밝히고 있으니, 성주(成周) 시대[27]의 서적도 [맹자가 살던 당시에] 전해지지 않았다는 것을 알 수 있다.

---

머지는 8개 가구가 모두 100무씩을 사전(私田)으로 소유하고, 공동으로 공전을 경작한다."

25_ 『맹자집주』에 의하면, 당시에 조법이 모두 폐지되어 전적이 남아 있지 않았고, 오직 이 시가 있어서 주나라도 조법을 쓴 것을 볼 수 있었기 때문에 『맹자』에서 이것을 인용했다고 풀이했다.

26_ 진신(縉紳)은 벼슬아치가 예복에 갖추어 맨 큰 띠에다 홀(笏)을 꽂는 것[紳]으로, 사대부를 상징하는 말이다.

27_ 성주(成周)는 동주(東周)를 말하는데, 주나라 평왕(平王) 때 원래의 수도인 호경(鎬京)에서 동쪽의 낙읍(洛邑)으로 천도함으로써 서주시대가 끝이 나고 동주시대, 즉 춘추시대가 시작되었다.

北宮錡在周時能來問學, 必是士大夫. 本朝班爵祿, 最粗淺之事, 無人不知. 卽無大周會典, 亦有縉紳可考, 且亦耳目習聞, 何待問于孟子? 孟子爲當時大賢巨儒, 自應博聞强記, 熟諳本朝掌故, 乃亦不聞其詳. 又著去籍之故, 出于諸侯惡其害己, 可知成周之書籍亦不傳.

지금 『주례(周禮)』 및 경(經) · 자(子) · 잡사(雜史)에서 전하는 [주나라 관련] 기록을 『예서강목(禮書綱目)』[28]과 『오례통고(五禮通考)』[29]의 체례로써 대주회전(大周會典) · 회전칙례(會典則例) · 대주통례(大周通禮) · 대주회요(大周會要) 등으로 보완하여 엮어보면, 그 내용이 여전히 매우 상세하고 풍부하다. 그런데도 맹자는 그 상세한 내용을 듣지 못했다고 말했고, 그가 그 대략을 말한 것도 단지 사대부들처럼 [주나라 제도와 관련된] 앞부분의 몇 구절에 지나지 않으니,[30] [이렇게 되면] 맹자는 학식이 텅 비고 천박하며 고루한 시골 훈장에 지나지 않을 뿐이다. 맹자와 같은 박학다식한 대유(大儒)라 하더라도 주나라의 전적이 이미 사라진 상황에서는 믿을 만한 증거가 없었던 것이다. 또한 등문공(滕文公)에게 전제(田

---

28_ 『예서강목(禮書綱目)』 86권은 청나라 강영(江永, 1681~1762)이 지었다. 강영은 휘주(徽州) 무원(婺源) 사람으로, 자는 신수(愼修)이다. 고금에 널리 통달했고, 고증학에도 뛰어났다. 『삼례(三禮)』에 조예가 깊어서 이 책 이외에도 『주례의의거요(周禮疑義擧要)』를 저술했다. 음운 · 악률 · 천문 · 지리 등의 방면에 많은 저술이 있으며, 『사고전서』에 그의 저서 10여 권이 수록되어 있다. 대표적으로 『독서수필(讀書隨筆)』 · 『예기훈의택언(禮記訓義擇言)』 · 『춘추지리고실(春秋地理考實)』 · 『고운표준(古韻標準)』 등이 있다.

29_ 『오례통고(五禮通考)』 262권은 청나라 진혜전(秦蕙田, 1702~1764)이 지은 책이다. 진혜전은 강소(江蘇) 금궤(金匱) 사람으로, 자는 수봉(樹峰)이고, 호는 미경(味經)이며, 시호는 문공(文恭)이다. 『예(禮)』에 조예가 깊어서 서건학(徐乾學)의 『독례통고(讀禮通考)』를 계승하여 『오례통고』를 지었다. 그 외에도 『주역상일전(周易象日箋)』 · 『미경와류고(味經窩類稿)』 등의 저술이 있다.

30_ 맹자가 들은 주나라 제도의 대략적인 모습, 즉 천자(天子)와 공(公), 후(侯), 백(伯), 자(子), 남(男) 및 천자의 경(卿)과 관련된 제도, 그리고 대국(大國)과 차국(次國), 소국(小國)의 영토 및 봉록의 제도 등 매우 기초적인 내용을 말한다. 『맹자』 「만장 하(萬章 下)」편에 관련 기록이 보인다.

制)에 대해 말할 때도 회전(會典)이나 회요(會要)를 인용하여 증거로 대면 충분히 근거로 삼을 수 있었을 것이다. 그런데도 한 글자도 인용하지 못하고, 단지 『시』의 말 한마디만을 인용하여 증거로 삼고 있다. 그렇다면 당시에는 [주나라의] 역사적 사실을 기록한 책이 전혀 없어서 근거로 인용할 만한 것이 없었던 것이니, 주나라의 전적을 없애버렸다는 [맹자의] 주장과 꼭 맞아떨어진다. 따라서 이러한 [『맹자』의 기록은] 주나라의 전적이 이미 사라져서 전해들을 수 없었다는 근거로 보존해둘 만하다.

今『周禮』及經 · 子 · 雜史所傳, 以『禮書綱目』·『五禮通考』之例補編一大周會典 · 會典則例 · 大周通禮 · 大周會要, 尙極詳博. 而孟子乃謂不聞其詳, 所言其略者, 乃僅如縉紳頭數句, 是孟子爲空疏譾陋之村學究也. 若孟子爲通搏大儒, 則是周籍之已去而無徵可信也. 又與滕文公言田制, 自當徵引會典 · 會要, 乃足爲據. 乃一字不能引出, 僅引一『詩』言爲證. 則當時絶無掌故之書, 無可引據, 與去籍之說正合. 此可存爲周籍已去不可聞之據.

## 1-6

양주(楊朱)[31]가 말했다. "태고(太古) 시대의 일은 사라져 버렸는데, 누가 그것을 기록했는가? 삼황(三皇)[32] 때의 일은 있었던 것 같기도 하고 없었던 것 같기도 하며, 오제(五帝)[33] 때의 일은 깨어 있을 때의 일인 것 같

---

31_ 현행본 『열자』에는 양자(楊子)가 양주(楊朱)로 되어 있다.

32_ 삼황(三皇)에 대해서는 여러 가지 이론이 있지만, 일반적으로 복희씨(伏羲氏), 신농씨(神農氏), 수인씨(燧人氏)를 말한다.

33_ 오제(五帝)는 중국 상고시대의 신화 속에 나오는 5명의 제왕이다. 『사기』「오제본기(五帝本紀)」와 『세본(世本)』의 「오제보(五帝譜)」, 『대대례기』의 「오제덕(五帝德)」 등에서는 황제(黃帝) · 전욱(顓頊) · 제곡(帝嚳) · 요(堯) · 순(舜)이라고 했다. 『제왕세기(帝王世紀)』에서는 소호(小昊) · 고양(高陽) · 고신(高辛) · 요(堯) · 순(舜)

기도 하고 꿈속의 일인 것 같기도 하다. 그리고 삼왕(三王)[34]의 일은 어떤 사실은 감추어져 있고 어떤 사실은 드러나 있지만, 억만 가지 일 중에서 하나도 제대로 알지 못하고 있다. 현재 내가 살고 있는 시대의 일도 혹은 듣고 혹은 보고 있지만, 만 가지 중에서 하나도 제대로 알지 못한다. 현재 눈앞의 일도 혹은 남아 있고 혹은 없어져서 천 가지 중에서 하나도 제대로 알지 못한다. 태고 시대부터 오늘날에 이르기까지의 연도는 본래 이루 다 기록할 수 없을 정도로 많다. 복희씨(伏羲氏) 시대 이후로 30여 만년 동안 현명한 사람과 어리석은 사람, 잘난 사람과 못난 사람, 그리고 일의 성공과 실패, 옳고 그름 등 소멸되지 않은 것이 없다."(『열자』「양주」)

楊子曰, "太古之事滅矣, 孰誌之哉? 三皇之事若存若亡, 五帝之事若覺若夢. 三王之事或隱或顯, 億不識一. 當身之事或聞或見, 萬不識一. 目前之事或存或廢, 千不識一. 太古至于今日, 年數固不可勝紀. 伏羲已來三十餘萬歲, 賢愚·好醜·成敗·是非, 無不消滅."(『列子』「楊朱」)

## 康1-3

태고 시대의 일은 이미 사라져 버려서 있었던 것 같기도 하고 없었던 것 같기도 하며, 깨어 있을 때의 일인 것 같기도 하고, 꿈속의 일인 것 같기도 하다는 말은 삼고(三古)[35] 시대가 불확실하다는 근거가 될 수 있다. 그런데도 최술(崔述)은 『고신록(考信錄)』을 지어서 그 시대를 실증하려고 하니, 또한 잘못되지 않았는가! 또한 복희씨(伏羲氏) 시대 이후로

---

이라고 했고, 『주역』「계사전」에서는 복희·신농·황제·요·순이라고 했다.

34_ 삼왕(三王)은 우(禹)·탕(湯)·문무(文武)를 말한다.

35_ 삼고(三古)는 삼황·오제·삼왕 시대를 합쳐서 삼고라는 명칭을 사용한 듯한데, 상고(上古) 또는 태고(太古) 시대와 같은 의미이다.

30여 만년은 마땅히 고찰할 만한 정사(正史)가 없다고 말했다. 양주(楊朱)는 공자의 학문을 따르지 않았기 때문에 옛 사실들을 이와 같이 기술했던 것이다. [학자들은] 애매모호하게 논의의 틀을 세워서 각각 전해들은 내용들을 서술했는데, 예를 들어 후세의 『황왕대기(皇王大紀)』[36]와 『노사(路史)』[37]와 같은 부류는 [그 서술 내용이] 매우 불확실하다. 서양에서의 아담(Adam)과 이브(Eve)에 대한 서술, 일본에서의 개국(開國) 팔신(八神, Yagami)[38]에 대한 서술도 이와 같은 의미에서 모두 불확실하여 고증할 수 없는 것들이다. 양주가 삼왕(三王) 때의 일은 "억만 가지 일 중에서 하나도 제대로 알지 못하고 있다"라고 말한 것 또한 삼대(三代)에 대해 증명할 자료가 없다는 증거가 될 수 있다.

太古之事已滅, 若存若亡, 若覺若夢, 可爲三古茫昧之據. 而崔東壁尙欲爲『考信錄』以實之, 不亦謬乎! 又謂伏羲以來三十餘萬歲, 則當無正史可考. 楊朱不從孔學, 故述舊聞如此. 渺茫擬議, 各述傳聞, 如後世『皇王大紀』·『路史』之類, 茫昧極矣. 泰西之述亞當·夏娃, 日本之述開國八神, 亦同此義, 皆渺茫不可考者也. 其云三王之事"億不識一", 亦可爲三代無徵之證.

## 1-7

[상고시대에] 오제(五帝) 이외에 사적이 전해지는 사람이 없는 것[39]은 현

36_ 『황왕대기(皇王大紀)』 80권은 송나라 호굉(胡宏)이 『자치통감』 이전의 역사를 기록한 책이다. 상고시대의 반고(盤古)로부터 주나라 말기까지를 편년체로 쓴 역사서이다.

37_ 『노사(路史)』 47권은 송나라 라비(羅泌)가 태고(太古)의 역사를 기록한 책이다.

38_ 팔신(八神, Yagami)은 일본 천황의 수호신을 말한다.

39_ 『순자집해(荀子集解)』에서 양경(楊倞)이 "외(外)는 이전(已前)이고, 무전인(無傳人)은 그 사람의 사적이 후세에 전해지는 것이 없다는 뜻이다"라고 했다. 양경의 해석에 따르면, "오제 이전의 상고시대에는 사적이 전해지는 사람이 없다"라고 해석된다. 여기에서는 아래 〈康1-4〉에 보이는 캉유웨이의 주장에 맞추어 해석했다.

명한 사람이 없어서가 아니라 세월이 오래되었기 때문이다. 오제(五帝)[의 정치] 가운데 전해지는 정치가 없는 것은 좋은 정치가 없어서가 아니라 세월이 오래되었기 때문이다.(『순자』「비상」)

五帝之外無傳人, 非無賢人也, 久故也. 五帝之中無傳政, 非無善政也, 久故也.(『荀子』「非相」)

## 康1-4

후세에 하나의 왕조가 흥성하면 명현(名賢)과 명사(名士)들의 전설이 가득하고,[40] 공적이나 제도, 문물, 그리고 기록물이나 국가 정책이 넘쳐나는데, 오제(五帝) 시기의 사람과 정치에 대해서는 하나도 전하는 것이 없으니, 매우 불확실함을 알 수 있다.

後世一代之興, 名賢 · 名士傳述充棟, 功績典章志略彌滿, 而五帝時人與政無一傳者, 可見茫昧極矣.

## 1-8

성왕(聖王)은 수없이 많은데, 나는 누구를 본받아야 하는가?[41] 따라서 예법이 오래되면 다 없어지고, 음악 연주도 오래되면 단절된다고 했다.[42](『순자』「비상」)

聖王有百, 吾孰法焉? 故曰, 文久而息, 節族久而絶.(『荀子』「非相」)

---

40_ 충동(充棟)은 책이 마룻대에 닿을 만큼 집 안에 가득 차는 것을 말하는데, 장서(藏書)가 많음을 비유한다.

41_ 양경이 "성왕은 지극히 많은데, 누구를 본받을 수 있는가에 대해 질문한 것이다"라고 풀이했다.

42_ 양경이 문(文)은 예문(禮文)이고, 절(節)은 제도(制度)라고 했다. 여기에서는 절주(節奏)와 같은 뜻으로 보고, 풍류나 가락 등의 음악 연주로 풀이했다.

### 康1-5

예법이 없어지고 음악 연주도 단절되었다고 했으니, 수많은 왕들의 법도가 모두 불확실하여 상고할 수 없다는 것을 알 수 있다.

文息 · 節絶, 可知百王之道皆茫昧而無稽矣.

### 1-9

공자와 묵자는 모두 요(堯) · 순(舜)에 대해 말하지만, [주장의] 취사선택이 같지 않으면서 모두가 스스로를 요 · 순의 정통이라고 말한다. 요 · 순은 다시 살아날 수 없으니, 장차 누구에게 [요 · 순에 대한] 유가와 묵가의 진실성을 판정하도록 할 수 있겠는가? 은(殷)나라와 주(周)나라는 700여 년, 우(虞)나라와 하(夏)나라는 2,000여 년이 지난 상황에서도[43] 유가와 묵가의 정통성도 판정할 수 없는데, 이제 3,000년 전의 요 · 순의 법도를 살피고자 하니, 아마도 반드시 그렇다고 단정짓기는 불가능할 것이다. 참고하여 검증할 자료도 없는데 반드시 이렇다고 단정하는 것은 어리석은 일이며, 반드시 이렇다고 단정할 수도 없는데 그것을 근거로 삼는 것은 남을 속이는 일이다. 따라서 선왕(先王)을 드러내 밝히거나 근거로 삼아서,[44] 요 · 순[의 법도에 대해] 반드시 이렇다고 판정하는 것은 어리석은 짓이 아니면 남을 속이는 짓이다.(『한비자』「현학」)

---

43_ 700여 년이나 2,000여 년에 대해서는 여러 가지 주장들이 있는데, 『한비자신교주(韓非子新校注)』에서 진기유(陳奇猷)는 『한비자』에 기록된 계산법이 정확하다고 했다. 그에 의하면, 유가의 학문이 주공(周公)에서 시작되었으므로 은나라 말기와 주나라 초기부터 한비자까지 계산하면 700여 년이 되고, 묵가의 학문은 하나라 우(禹)임금에서 시작되므로 하나라 초기부터 한비자까지 계산하면 2,000여 년이 된다.

44_ 명거(明據)는 진기유가 "이미 반드시 그렇다고 확정할 수 없는데도 그것을 드러내 밝히고, 아울러 그것을 근거로 삼아서 법도로 삼는 것을 명(明)과 거(據)라고 한다"라고 풀이했다.

孔子 · 墨子俱道堯 · 舜, 而取舍不同, 皆自謂眞堯 · 舜. 堯 · 舜不復生, 將誰使定儒 · 墨之誠乎? 殷 · 周七百餘歲, 虞 · 夏二千餘歲, 而不能定儒 · 墨之眞, 今乃欲審堯 · 舜之道於三千歲之前, 意者其不可必乎. 無參驗而必之者, 愚也, 弗能必而據之者, 誣也. 故明據先王, 必定堯 · 舜者, 非愚則誣也.(『韓非子』「顯學」)

## 康1-6

공자는 요 · 순의 명당(明堂)이 다섯 가지 빛깔로 화려했고[45] [요가 죽었을 때 순이] 복상(服喪)을 3년 동안 했다고 말했으며, 묵자는 요 · 순이 띠로 인 매우 초라한 집에 거처했고 갈포로 만든 허름한 옷을 입었으며[46] [순이] 복상을 3개월 동안 했다고 말했으니, 이른바 "논의의 취사선택이 같지 않다"는 것이다. 한비자 당시에 이미 유가와 묵가가 가깝게는 은나라와 주나라, 우(虞)나라와 하(夏)나라를 일컫고 있지만, 그들의 정통성을 확정할 수 없으며, 심지어 요 · 순을 말한 경우에는 더욱더 참고하고 검증할 자료가 없어서 믿고서 근거로 삼을 수가 없다고 했다. 그렇다면 요 · 순의 사적은 이미 불확실한 것이 분명했고, 이 때문에 공자와 묵자가 각각 자신들의 뜻을 요 · 순에 가탁할 수 있었던 것이다. 만약 참고하고 검증할 만한 고서(古書), 예를 들어 지금의 한(漢)나라와 진(晉)나라, 당(唐)나라와 송(宋)나라의 역사서와 같은 것이 있었다면, 두 사람이 인용한 것이 어찌 서로 상반될 수 있겠는가?[47]

---

45_ 명당(明堂)은 고대의 제왕이 정교(政敎)를 행하던 곳이다. 오채(五采)는 오채(五彩)로, 청 · 황 · 적 · 백 · 흑의 다섯 가지 빛깔을 말한다.

46_ 모자(茅茨)는 띠로 인 지붕으로 된 매우 초라한 집을 말하고, 갈의(葛衣)는 갈포로 만든 매우 허름한 여름옷을 말한다.

47_ 『한비자』「현학(顯學)」편에서도 다음과 같이 말했다. "묵자(墨者)의 장례 규정은 겨울에는 겨울옷을 입고, 여름에는 여름옷을 입으며, 오동나무 내관을 세 치의 두께로만 만들고, 복상을 3개월만 하는데, 세상[의 군주들]은 검소하다고 여겨서 그

孔子謂堯·舜明堂五采, 服喪三年, 墨子謂堯·舜茅茨葛衣, 服喪三月, 所謂"取舍不同". 韓非當時已謂儒·墨近稱殷·周·虞·夏, 不能定其眞, 至稱堯·舜, 尤無參驗, 不可信據. 則堯·舜事迹, 必已茫昧, 故孔子·墨子得各託其義. 若有古書可參驗, 如今之漢·晉·唐·宋之史, 則引用者豈能相反乎?

## 1-10

관중(管仲)이 말했다. "옛날 태산(泰山)[48]에서 하늘에 봉제(封祭)를 지내고, 양보(梁父)[49]에서 땅에 선제(禪祭)를 지낸 사람이 72명이었다.[50] 그러나 내가 아는 바로는 12명뿐이다."[51](『관자』「봉선」)

管仲曰, "古者封泰山·禪梁父者七十二家. 而夷吾所記者十有二焉."

---

들을 예우한다. 유가는 집안을 파산시키면서 장례를 지내고, 3년 동안의 복상에 몸이 크게 훼손되어 지팡이에 의지해야 할 정도인데, 세상의 군주들은 효성스럽다고 여겨서 그들을 예우한다. 묵자의 검소함을 옳게 여기면 장차 공자의 사치함을 비난할 것이며, 공자의 효성스러움을 옳게 여기면 장차 묵자의 인정에 위배되는 행동을 비난할 것이다. 지금 효도와 인정에 위배되는 행동, 사치와 검소가 모두 유가와 묵가에 있는데도 군주는 그들을 함께 예우한다."

48_ 태산(泰山)은 산동성(山東省) 중부에 위치한 산으로, 동악(東嶽)으로도 불린다. 중국 고대의 천자들이 봉선제(封禪祭)를 거행하던 장소이다.

49_ 양보(梁父)는 산동성 태안(泰安) 동남쪽에 있는 산 이름으로, 양보(梁甫)라고도 불린다.

50_ 『사기』「효무본기(孝武本紀)」에도 "한나라가 흥성할 때는 다시 황제가 보정(寶鼎)을 얻은 때에 해당되며, 한나라의 성인은 고조(高祖)의 손자 또는 증손자이다. 보정이 출현하여 신(神)과 소통하면 봉선 제사를 거행한다. 봉선 제사는 72명의 왕이 거행했는데, 그 중에 오직 황제만이 태산(泰山)에 올라가서 하늘에 제사를 지냈다"라는 기록이 보인다.

51_ 봉(封)은 태산에서 지내는 제천(祭天) 의식이고, 선(禪)은 양보(梁父)에서 지내는 제지(祭地) 의식으로, 이것은 제왕으로서 천명을 선양하고, 군권의 위엄을 안팎에 알리는 주요한 의례 행사이다. 제 환공이 패업을 완수하고 나서 봉선제를 거행하려고 하자, 관중은 아직 때가 되지 않았다는 이유로 만류했다고 한다. 이에 대한 자세한 내용은 김필수 외 옮김, 『관자』(서울:소나무, 2006), 616~619쪽 참조.

(『管子』「封禪」)

## 康1-7

봉선(封禪) 제사는 큰 의식이고, 태산(泰山)은 또한 제(齊)나라 지역에 있었는데, [제나라 사람인] 관중(管仲)조차도 [봉선 제사에 대해] 상세하게 알지 못했으니, 옛날 일 중에서 사라져 버린 것을 어찌 이루 다 말할 수 있겠는가?

封禪大典, 泰山又在齊, 管子旣不能詳, 則古事之湮沒者何可勝道?

## 1-11

복희씨(伏羲氏) 이후부터 한(漢)나라 영화(永和) 원년(A.D.136)[52]까지는 40만 9,389년이다.(『역위 · 변종비』)[53]

自伏羲以來, 漢永和元年, 凡四十萬九千三百八十九歲.(『易緯 · 辨終備』)

---

52_ 영화(永和)는 후한(後漢) 순제(順帝, 재위 125~144)의 연호이다.

53_ 현재 『사고전서』에 수록되어 있는 참위 관련 서적은 총 8종류에 지나지 않는다. 『건곤착도(乾坤鑿度)』, 『주역건착도(周易乾鑿度)』, 『역위 · 계람도(易緯 · 稽覽圖)』, 『역위 · 변종비(易緯 · 辨終備)』, 『역위 · 통괘험(易緯 · 通卦驗)』, 『역위 · 건원서제기(易緯 · 乾元序制記)』, 『역위 · 시류모(易緯 · 是類謀)』, 『역위 · 곤령도(易緯 · 坤靈圖)』 등이다. 참위(讖緯)와 관련된 서적들은 현재 대부분 집일(輯佚)의 형태로 남아서 전해지고 있으며, 여기에서 다룬 두 종류의 책도 현재 집일서 속에 포함되어 있다. 대표적인 집일서로는 명나라 손각(孫瑴)의 『고미서(古微書)』, 일본 내각문고(內閣文庫)의 『위서(緯書)』, 청나라 은원정(殷元正)의 『집위(集緯)』, 조재한(趙在翰)의 『칠위(七緯)』, 황석(黃奭)의 『한학당총서(漢學堂叢書)』, 주장기(朱長圻)의 『황씨일서고(黃氏逸書考)』, 마국한(馬國翰)의 『옥함산방집일서(玉函山房輯佚書)』, 왕인준(王仁俊)의 『옥함산방집일서속편(玉函山房輯佚書續編)』 등이 있다.

## 1-12

복희씨 이전의 시대에 대해서는 들어본 적이 없다.(『예위 · 계명징』)

伏羲以上, 未有聞焉.(『禮緯 · 稽命徵』)

## 康1-8

복희씨의 시대는 실제로 상고하여 고증할 수가 없기 때문에 [『대대례기(大戴禮記)』] 「오제덕(五帝德)」편에서도 감히 상세하게 기록하지 못했다.[54] 『열자(列子)』에서 "복희씨(伏羲氏) 시대 이후로 30여 만년"이라고 말했으니,[55] 전해들은 내용의 오류가 [『열자』와 『역위』] 모두 마찬가지이다. 대체로 처음 개벽(開闢)했을 때 복희씨라는 사람이 있었다고 전해지니, 마치 서양에서 아담(Adam)이라고 불리는 [사람이 있었던 것과] 같다. 공자가 『역(易)』을 체계화하면서 인원(人元)에 가탁했고,[56] 아담은 이집트(Egypt)의 고음(古音)으로 곧 '사람[人]'이라는 호칭이 되니, 복희가

---

54_ 『대대례기(大戴禮記)』 13권은 한나라의 대덕(戴德)이 지은 책이며, 제7권이 「오제덕(五帝德)」편이다. 이 편의 내용은 오제(五帝), 즉 황제 · 전욱 · 제곡 · 요 · 순, 그리고 그 이후의 황제들에 대해 공자의 제자인 재아(宰我)가 묻고 공자가 대답하는 형식으로 되어 있다. 황제 이전의 삼황(三皇)에 대해서는 전혀 언급하지 않았다.

55_ 『열자』 「양주(楊朱)」편에서 "복희씨(伏羲氏) 시대 이후로 30여 만년 동안 현명한 사람과 어리석은 사람, 잘난 사람과 못난 사람, 그리고 일의 성공과 실패, 옳고 그름 등 소멸되지 않은 것이 없다"라고 했다.

56_ 인원(人元)은 하(夏)나라 역법으로, 인정(人正)이라고도 한다. 일반적으로 하 · 은 · 주 삼대의 역법인 삼정(三正)을 기준으로 삼통(三統)의 순환을 설명하는데, 건인[建寅, 歲首 1월, 夏] - 건축[建丑, 歲首 12월, 殷] - 건자[建子, 歲首 11월, 周]의 순서이다. 이것을 천 · 지 · 인(天 · 地 · 人)에 배당하여 하나라는 인원(人元), 은나라는 지원(地元), 주나라는 천원(天元)이라고 한다. 『논어』 「위령공」편에서 안연이 나라를 다스리는 방법을 묻자, 공자가 "하나라의 책력을 시행한다[行夏之時]"고 말한 것이 바로 인원(人元)에 가탁한 것이다. 『논어집주』에서는 "세월(歲月)은 당연히 인(人)을 실마리로 삼아야 한다"라고 풀이했다.

도대체 무엇을 의미하는지는 역시 알 수가 없다.

伏羲實無可稽考, 「五帝德」不敢詳焉. 『列子』謂"伏羲以來三十餘萬歲", 其傳聞之謬俱同. 大約開闢之始, 傳聞有伏羲其人, 如泰西之稱亞當. 孔子繫『易』, 託爲人元, 而亞當于埃及古音卽爲'人'之稱, 則伏羲之究爲何如, 亦不得而知也.

## 1-13

오제(五帝)와 삼대(三代)의 기록은 아주 오래되어 [자세히 알 수 없다.][57] 은나라 이전의 제후국에 대해서는 [그 사적을] 나열하여 기록할 수 없으며,[58] 주나라 이후가 되어서야 어느 정도 드러낼 수 있었다.(『사기』「삼대세표」)

五帝·三代之記, 尙矣. 自殷以前, 諸侯不可得而譜, 周以來乃頗可著.(『史記』「三代世表」)

## 康1-9

은나라 이전에 대해서는 [그 사적을] 나열하여 기록할 수 없었다고 하니, 대체로 공자의 시대에는 하나라와 은나라에 대해서도 증명할 자료가 없었던 것으로, 단지 오제(五帝) 시대에 대해서만 그러했던 것이 아

57_ 상(尙)은 『사기색은(史記索隱)』에서 인용한 유씨(劉氏)가 "아주 오래되었다[久古]는 말과 같다"라고 했다. 그리고 상의(尙矣)는 『대대례기』「오제덕」편에 "黃帝尙矣."라고 기록되어 있다. 여기에서는 『사기』의 삼가주(三家注), 즉 남조(南朝) 송(宋)나라 배인(裵駰)의 『사기집해(史記集解)』, 당(唐)나라 사마정(司馬貞)의 『사기색은(史記索隱)』과 장수절(張守節)의 『사기정의(史記正義)』의 주석서와 정범진의 『사기열전』 번역서를 참조했다.

58_ 보(譜)는 제후국의 사적을 연대별로 체계화하여 기록한다는 뜻이며, 그러한 기록을 보첩(譜諜)이라고도 한다. 『사기정의(史記正義)』에서는 "보(譜)는 포(布)와 같으며, 제후들의 사적을 나열한다는 뜻이다"라고 했다.

니다. 그렇다면 하나라와 은나라의 일은 불확실하여 상고할 수 없음을 알 수 있다.

殷以前不可得而譜, 蓋孔子時, 夏·殷無徵, 非惟五帝然. 則夏·殷之事茫昧無稽可見.

## 1-14

제자백가들이 황제(黃帝)에 대해 말한 것은 그 문장이 근거가 있지도 고상하지도 않아서[59] 지위와 학식이 있는 학자들[60]은 그것에 대해 말하기를 꺼린다.(『사기』「오제본기」)

百家言黃帝, 其文不雅馴, 薦紳先生難言之.(『史記』「五帝本紀」)

## 1-15

나는 일찍이 서쪽으로는 공동산(空桐山)[61]에 이르렀고, 북쪽으로는 탁록산(涿鹿山)[62]을 지나갔으며, 동쪽으로는 바다까지 도달했고, 남쪽으로는 장강(長江)과 회수(淮水)를 건넌 적이 있었다. 장로(長老)들이 황제와 요·순에 대해 자주 이야기하는 지역의 경우에는 풍속의 교화가 [다른 곳

---

59_ 아순(雅馴)은 우아하고 순수하다는 뜻으로, 그 문장이 전거(典據)가 있고 고상하여 천박하지 않다는 말이다. 『사기정의』에서는 순(馴)을 가르침[訓]의 뜻으로 보고, "제자백가의 말은 모두 전거가 있고 고상한 가르침이 아니다"라고 풀이하기도 했다.

60_ 천신(薦紳)은 『사기집해(史記集解)』에서 진신(縉紳), 즉 사대부로서 관직에 있는 사람이라고 했다. 여기에서는 일정한 지위와 학식이 있는 학자의 의미로 풀이했다.

61_ 『사기정의』에 의하면, 공동산(空桐山)은 원주(原州) 평고현(平高縣) 서쪽 100리에 있다. 황제(黃帝)가 광성자(廣成子)에게 도(道)에 대해 질문한 장소이다.

62_ 『사기정의』에 의하면, 탁록산(涿鹿山)은 규주(嬀州) 동남쪽 50리에 있다. 산 옆에 탁록성(涿鹿城)이 있는데, 그곳이 바로 황제·요·순의 도읍지이다.

에 비해] 본래부터 남달랐다.(『사기』「오제본기」)

余嘗西至空桐, 北過涿鹿, 東漸於海, 南浮江・淮矣. 至長老皆各往往稱黃帝・堯・舜之處, 風敎固殊焉.(『史記』「五帝本紀」)

## 1-16

『서』에는 중간에 빠진 내용이 있어서 [황제에 대한 이야기가 없는데],[63] 그 없어진 부분들이 종종 다른 책의 기록 속에 보인다.(『사기』「오제본기」)

『書』缺有間矣, 其軼乃時時見於他說.(『史記』「五帝本紀」)

## 康1-10

황제(黃帝)가 한 말은 모두 제자백가들이 가탁한 말이다. 지위와 학식이 있는 학자들은 공자의 후학인데, [황제와 관련된 말이] 불명확한 이야기이기 때문에 그것에 대해 말하기를 꺼렸다. 동서남북[의 사방]에서 말하는 황제와 요・순의 풍속의 교화가 매우 다르니, 대체로 황제와 요・순의 사적이 너무 먼 상태에서 제자백가들이 [황제와 요・순에게] 가탁했기 때문에 말하는 사람마다 다른 것이다. "요・순은 다시 살아날 수 없으니, 누가 [요・순에 대한 유가와 묵가의] 진실성을 확정할 수 있겠는가?"라고 한비자(韓非子)가 말한 것[과 같다.][64] [『사기』에서] "다른 책의 기록 속에 보인다"라고 말한 것은 모두 제자백가들이 가탁한 것이다. 사실 황제와 요・순의 일에 대해, 『서』에는 중간에 빠진 내용이 있기 때문에 불확실하여 상고할 수 없다.

---

63_ 『사기정의』에서 "『고문상서』에는 그 중간에 빠진 내용이 많아서 황제에 대해 이야기한 말이 없다"라고 했다.

64_ 『한비자』「현학(顯學)」편에 보인다.

黃帝之言, 皆百家所託. 薦紳爲孔子后學, 茫昧之說, 故難言之. 東·西·南·朔言黃帝·堯·舜風敎皆殊, 蓋事迹已遠, 皆百家所託, 故言人人殊. 韓非所謂"堯·舜不可復生, 誰使定堯·舜之眞也." "見于他說," 皆百家所託. 其實黃帝·堯·舜之事, 『書』缺有間, 茫昧無稽也.

## 1-17

태사공이 말했다. "농업, 공업, 그리고 상업의 교역의 길이 소통되면, 거북껍데기[龜]·조개껍질[貝]·금(金)·전(錢)·도(刀)·포(布)[65] 등과 같은 화폐가 바로 흥기한다. 이러한 상황의 유래는 매우 오래되었는데, 고신씨(高辛氏), 즉 제곡(帝嚳) 이전의 일은 너무 오래되어 기술할 수가 없다."(『사기』「평준서」)

太史公曰, "農·工·商交易之路通, 而龜·貝·金·錢·刀·布之幣興焉. 所從來久遠, 自高辛氏之前尙矣, 靡得而記云."(『史記』「平準書」)

## 康1-11

고신씨(高辛氏) 이전의 일은 기술할 수 없다고 했으니, [그 이전의] 복희·신농·황제·전욱(顓頊)에 대해서는 불확실하여 상고할 수 없다. 그래서 제자백가들이 [그들에 대해] 말한 것이 가탁에서 나온 것임을 알 수 있다.

高辛前靡得而記, 則伏羲·神農·黃帝·顓頊茫昧無稽. 而百家所稱, 出于假託, 可見矣.

---

65_ 거북껍데기[龜]·조개껍질[貝]·금(金)·전(錢)·도(刀)·포(布) 등은 모두 고대에 상품의 교역에서 사용되던 화폐의 종류이다.

1-18

듣자하니,[66] 옛날에 황제가 역법(曆法)을 제정하고, 그것을 끊임없이 순환시켜서 끝없이 활용했는데,[67] 그것으로 천체의 도수에 명칭을 붙이고, 그 운행 규칙을 측정했다.[68] 그리고 [소리의] 청탁(淸濁)[69]을 확정하고, 오부(五部)[70][와 관련된 이론]을 창안했으며, 24절기와 만물의 역수의 구분을 명확하게 세웠다.[71] 그러나 대체로 아주 오래된 일이다. [당시의 상황을 기록한] 책도 없고, 악률(樂律)도 폐지되어 사용되지 않으니,[72] 짐은 매우 애석하게 생각한다. 그 때문에 짐이 따라서 밝힐 수가 없다.[73](『사기』「역서」)

---

66_ 이 기록은 한나라 무제(武帝)가 즉위하여 당시의 역법(曆法)을 정리하는 과정에서 어사(御史)에게 한 말이다.

67_ 합이불사(合而不死)는 『사기집해』에서 맹강(孟康)이 "합(合)은 작(作)의 의미로, 황제가 역법을 만들었다는 뜻이다. 역법은 끊임없이 순환하여 끝이 없기 때문에 불사(不死)라고 한다"라고 했다.

68_ 『사기색은』에서 신찬(臣瓚)이 "천체의 도수에 명칭을 붙이고, 그 운행의 규칙을 측정하여 길흉의 형상을 만든다"라고 풀이했다.

69_ 청탁(淸濁)은 맹강이 "소리의 맑음과 흐림"이라고 풀이했다. 예를 들어 오성(五聲)의 궁(宮)에서 우(羽)까지, 12율(律)의 황종(黃鐘)에서 응종(應鐘)까지 모두 청에서 탁으로의 변화 과정을 구분한 것이다. 중국 고대에는 음악의 이치를 역법(曆法)과 서로 호응시키려고 했다. 오성을 사계(四季)에, 12율을 12월에 대응시킨 것이 그 예이다.

70_ 오부(五部)는 『사기집해』에서 응소(應劭)가 금(金)·목(木)·수(水)·화(火)·토(土)의 오행(五行)이라고 했다. 하늘에 있는 사시(四時)가 오행으로 나누어졌다고 보는 것이다.

71_ 맹강이 기(氣)는 24절기, 물(物)은 만물(萬物), 분(分)은 역수(曆數)의 구분이라고 했다. 기(氣)는 24절기의 기운을 말하고, 물(物)은 만물의 물후(物候), 즉 만물이 철에 따라 변화하는 주기적인 현상이다. 고대의 역법에서는 동식물의 생장과 발육, 활동의 규칙, 그리고 무생물의 변화 등이 절후(節候)에 미치는 반응을 근거로 5일을 1후(候)로 규정했다.

72_ 결(缺)은 관련된 기록이 없다는 뜻이고, 이(弛)는 없어져서 사용되지 않는다는 뜻이다.

73_ 순명(循明)은 따라서 밝힌다는 뜻이다. 이전의 책이나 악률이 없어졌기 때문에

蓋聞昔者黃帝合而不死, 名察度驗. 定淸濁, 起五部, 建氣物分數. 然蓋尙矣. 書缺樂弛, 朕甚閔焉. 朕唯未能循明也.(『史記』「曆書」)

### 康1-12

천체의 역법을 확정하고자 하지만 책이 없었다고 하니, 대체로 불확실하여 상고할 수 없었으며, 실제로는 어떻게 할 방법이 없었던 것이다.

欲定星曆而書缺, 蓋茫昧無稽, 實無如何.

### 1-19

진(秦)나라 이전[의 외척의 상황]은 너무 간략하여 그에 대한 상세한 상황은 기록할 수가 없다.(『사기』「외척세가」)

秦以前, 尙略矣, 其詳靡得而記焉.(『史記』「外戚世家」)

### 康1-13

진나라 이전의 상황은 너무 간략하여 그에 대한 상세한 상황은 기록할 수 없다고 한 것은 맹자가 "그 상세한 내용은 듣지 못했다. 제후들이 주나라의 전적을 없애버렸다"라고 한 말과 동일하다.[74] 그렇다면 주나라의 제도도 불확실하여 알 수 없으니, 이 조목이 [상고시대는 불확실하여 고증할 수 없다는 주장의] 가장 명확한 근거가 된다. 오직 그 상세한 상황을 알 수 없기 때문에 제자백가들은 서로 분분하게 가탁하

근거로 삼아서 밝힐 수 있는 것이 없다는 말이다.

74_ 『맹자』「만장 하(萬章 下)」편에서 주나라 왕실의 작록 반열에 대한 질문에, 맹자가 "그 상세한 내용은 듣지 못했다. 제후들이 자신들에게 해가 되는 것을 싫어하여 주나라의 전적을 모두 없애버렸다"라고 말한 것을 가리킨다.

여, 혹은 신농씨(神農氏)의 말이라고 하고, 혹은 대부분 황제(黃帝)를 거론했으며, 혹은 하(夏)나라를 본받았다고 하고, 혹은 주(周)나라를 본받았다고 하며, 혹은 삼대(三代)를 거론하니, 이 모두가 서적이 없어서 애매모호하고 불확실했기 때문에 제자백가들이 제멋대로 가탁할 수 있었던 것이다. 오직 진나라 이후의 상황에 대해서는 그 상세한 내용을 알 수 있기 때문에 『한서(漢書)』 「예문지(藝文志)」에서는 사적이 매우 분명하게 기록되었다. 그러나 동평왕(東平王, A.D.?~A.D.83)은 『사기』를 구하고자 하여 황제에게 상주하여 요청했으나 얻지 못했으며,[75] 양웅(揚雄, B.C.53~A.D.18)[76]은 많은 책을 보고 싶어서 반사(班嗣)에게 책을 빌려서 보았다.[77] 따라서 유흠(劉歆, B.C.53?~A.D.25)[78]은 일찍이 종정(鐘鼎)[79]을 거짓으로 만들어, [공벽(孔壁)에서 나온] 고문 경전[金絲][80]에 가탁하여 고문을

---

75_ 동평왕(東平王)은 후한 광무제(光武帝)의 아들인 유창(劉蒼)이다. 이 내용은 『후한서(後漢書)』 「광무십왕열전(光武十王列傳)」에 포함되어 있는 「동평헌왕창열전(東平憲王蒼列傳)」에 자세하게 보인다. 『수서(隋書)』 「경적지(經籍志)」에는 황제가 동평왕에게 오경(五經)의 장구를 바로잡으라는 조칙을 내린 기록도 보인다.

76_ 양웅(揚雄)은 전한 말기 사천성(四川省) 성도(成都) 사람으로, 자는 자운(子雲)이다. 저서로는 『태현경(太玄經)』과 『법언(法言)』 등이 있다.

77_ 반사(班嗣)는 전한시대 부풍(扶風) 사람으로, 자는 군산(君山)이다. 반표(班彪)의 종형(從兄)으로 집안에 재물이 풍부하여 평생 구차하게 벼슬하려고 하지 않았다. 유학과 노장(老莊)을 함께 공부했다. 환담(桓譚)이 그에게 노장 관련 서적을 빌리려고 했을 때, 그것을 거부하면서 보낸 편지[報桓譚書]가 유명하다. 그 내용은 『서한문기(西漢文紀)』 권22 「보환담서(報桓譚書)」라는 조목에 보인다. 양웅이 보사에게 책을 빌렸다는 기록은 보이지 않는데, 캉유웨이가 환담을 양웅으로 잘못 기록한 듯하다.

78_ 유흠(劉歆)은 서한시대 패군(沛郡) 풍현(豊縣) 사람으로, 자는 자준(子駿)이며, 유향(劉向)의 아들이다. 이후에 이름을 수(秀)로, 자를 영숙(穎叔)으로 고쳤다. 중국 목록학의 중요 저작인 『칠략(七略)』을 지었다. 유흠은 왕망 정권 때 국사(國師)를 역임했는데, 당시 그는 『좌씨전』·『모시』·『일례』·『고문상서』 등 4종류의 고문경전을 학관에 세울 것을 주장했다.

79_ 종정(鐘鼎)은 동기(銅器)로 된 종과 솥이다. 그 표면에 고문자를 새겨 넣은 것을 종정문(鐘鼎文)이라고 한다.

80_ 금사(金絲)는 현악기의 금속줄인데, 공벽(孔壁)에서 나온 고문 경전을 말한다. 『한서』에 의하면, 공왕(恭王)이 자신의 궁실을 넓히려고 공자의 고택을 허물자 종

조작하고, 거짓된 전기(傳記)를 두루 만들었다. 이후 진(晉)나라와 당(唐)나라부터는 서책이 날로 많아졌고, 오대(五代)의 맹촉(孟蜀) 시기에는 책이 판각되어 간행과 유통이 더욱 쉬워졌기 때문에 근세의 사적은 해가 중천에 떠 있는 것처럼 분명히 알 수 있다. 비록 왕숙(王肅, 195~256)[81] · 유현(劉炫, 546?~613?)[82] · 양신(楊愼, 1488~1599)[83] · 풍방(豊坊)[84]과 같은 무리들이 있기는 하지만, 그들은 단지 간간이 일서(逸書)만을 위조할 수 있었을 뿐, 결코 역사적 사실을 혼란스럽게 만들지는 못했다. 고금(古今)이 매

---

경(鐘磬)과 금슬(琴瑟) 소리가 나서 공사를 그만두었는데, 그 벽 속에서 고문으로 된 경전을 얻었다고 한다. 『한서』「노공왕유여전(魯恭王劉餘傳)」에 "恭王初好治宮室, 壞孔子舊宅, 以廣其宮, 聞鐘磬琴瑟之聲, 遂不敢復壞, 於其壁中, 得古文經傳."이라는 기록이 보인다. 『한서』「초원왕전(楚元王傳)」에 실린 '태상박사에게 보낸 편지[移太常博士書]'에도 "노(魯)의 공왕(恭王)이 공자의 집을 허물자 무너진 벽 속에서 고문을 입수했는데, 없어졌던 책 16편이었다"라는 유흠의 말이 실려 있다.

81_ 왕숙(王肅)은 위(魏)나라 동해(東海) 사람으로, 자는 자옹(子雍)이고, 왕랑(王朗)의 아들이다. 고문 경학의 입장에서 금문 경학을 비판한 대표적인 학자로 일컬어지며, 그의 학설은 모두 위나라의 관학(官學)으로 공인받았다. 저서로는 『공자가어(孔子家語)』·『성증론(聖證論)』·『고문상서공안국전(古文尙書孔安國傳)』 등이 있다.

82_ 유현(劉炫)은 수(隋)나라 하간(河間) 경성(景城) 사람으로, 자는 광백(光伯)이다. 저서로는 『논어술의(論語述議)』·『효경술의(孝經述議)』·『상서술의(尙書述議)』·『춘추술의(春秋述議)』·『모시술의(毛詩述議)』·『오경정명(五經正名)』 등이 있다. 조정에서 잃어버린 서적을 구하자, 『연산역(連山易)』과 『노사기(魯史記)』를 위조하여 바쳤다고 한다.

83_ 양신(楊愼)은 명나라 사천(四川) 신도(新都) 사람으로, 자는 용수(用修)이고, 호는 승암(升庵)이다. 저서로는 『기자운(奇字韻)』·『고음총목(古音叢目)』·『이어도찬(異魚圖贊)』 등이 있다.

84_ 풍방(豊坊)은 명나라 절강(浙江) 은현(鄞縣) 사람으로, 자는 존례(存禮)이고, 후에 이름을 도생(道生), 자를 인옹(人翁)으로 바꾸었으며, 별호가 남우외사(南禺外史)이다. 풍방의 집안은 송나라 때부터 명나라 때까지 대대로 고서(古書)를 연구했기 때문에 '세학(世學)'이라고 부른다. 대표적으로 풍직(豐稷, 1033~1107)이 『정음(正音)』을 지었고, 풍경(豐慶)이 『속음(續音)』을 지었으며, 풍희(豐熙, 1470~1537)가 『집설(集說)』을 지었고, 풍방이 『고보(考補)』를 지었다. 풍방은 평생 위서(僞書)를 즐겨 지었는데, 여러 경전에 거짓으로 고본(古本)이라고 적어서 세상에 유통시켰다고 한다. 저서로는 『만권루유집(萬卷樓遺集)』이 있다.

우 다르기 때문에 근세[의 기록]을 가지고 태고[의 일]을 규정할 수는 없다.

秦前尙略, 其詳靡記, 與孟子“其詳不可得聞, 諸侯去籍”同. 然則周制亦茫昧矣, 此條最爲確據. 惟其不詳, 故諸子得以紛紛假託, 或爲神農之言, 或多稱黃帝, 或法夏, 或法周, 或稱三代, 皆由于書缺籍去, 混混茫茫, 然后諸子可以隨意假託. 惟秦之后, 乃得其詳, 故『漢』志「藝文」事迹日著. 然東平王欲乞『史記』, 奏請而未得, 楊雄欲見群書, 假觀于班嗣. 故劉歆尙得僞爲鐘鼎, 假託金絲, 造作古文, 遍爲傳記. 降自晉·唐, 書冊日盛, 孟蜀刻書, 刊傳益易, 近世事迹, 乃如日中. 雖有王肅·劉炫·楊愼·豊坊之流, 只能間僞逸書, 不復能亂史事. 古今逈異, 不能以近世而律太古也.

## 1-20

선왕의 도는 때로는 존재하는 듯이 때로는 없는 듯이 불확실하다.[85] 그대들이 점치는 사람에게 말은 반드시 신빙성이 있어야 한다고 따지는 것도 또한 이상하지 않은가?(『사기』「일자열전」)

先王之道, 乍存乍亡. 公責卜者言必信, 不亦惑乎?(『史記』「日者列傳」)

## 1-21

장수왕(張壽王)과 대조(待詔) 이신(李信)이 황제(黃帝)의 『조력(調曆)』을 연구했는데,[86] 공부가 정밀하지 못한데다가 또한 황제로부터 원봉(元鳳) 3년

85_ 사존사망(乍存乍亡)은 있는 듯했다가 갑자기 없어진다는 말로, 정확하지 않고 불확실하다는 의미이다.

86_ 장수왕(張壽王)과 이신(李信)은 모두 전한 소왕(昭帝) 시대의 인물이다. 대조(待詔)는 한나라 때 징사(徵士)를 일컫는 말이다. 정식 관직이 없는 사람은 공거(公車)에서 명을 기다리고[待詔公車], 그 중 뛰어난 사람은 금마문에서 명을 기다렸다

(B.C.79)까지가 6,000여 년이라고 말했다. 승상(丞相) 속보(屬寶)와 장안(長安)의 선안국(單安國), 안릉(安陵)의 배육(桮育)이 『종시(終始)』[87]를 연구하여, 황제 이후 3,629년이라고 하니, 장수왕과 부합하지 않는다. 장수왕은 또한 『제왕록(帝王錄)』을 옮겨서 기록했는데, 요(堯)·우(禹)의 나이가 인간이 살 수 있는 나이와 부합하지 않는다. 장수왕은 화익(化益)[88]이 천자가 되어 우(禹)를 대신했고, 여산(驪山)의 여인도 또한 천자가 되었다고 말했는데, 이것은 은나라와 주나라 시기의 일로써 모두 경술(經術)과 부합하지 않는다.(『한서』「율력지」)

> 壽王及待詔李信治黃帝『調曆』, 課皆疏闊, 又言黃帝至元鳳三年六千餘歲. 丞相屬寶·長安單安國·安陵桮育治『終始』, 言黃帝以來三千

---

가[待詔金馬門] 자문에 응했던 일에서 유래한 명칭이다. 『한서』「율력지」에 의하면, 장수왕은 당시 태사령(太史令)을 역임하고 있었는데, 소제(昭帝) 원봉(元鳳) 3년(B.C.79)에 상소문을 올려 다음과 같이 말했다고 한다. "역법은 천지의 큰 기강이며, 상제가 만드는 것입니다. 황제가 역법을 조정하여, 한나라 원년까지 그것을 사용했습니다. 지금은 음양이 조화롭지 않으니, 역법의 잘못된 부분을 고치는 것이 마땅합니다." 조력(調曆)은 『한서』「율력지」에 의하면, 황제시대에 용성(容成)이라는 사람이 만든 역법(曆法)의 명칭이다.

87_ 『종시(終始)』는 추연(騶衍)이 지은 책 이름이다. 『한서』「예문지」에 의하면, 추연(鄒衍)은 제(齊)나라 사람으로, 연(燕)나라 소왕(昭王)의 스승이 되어 제나라의 직하(稷下)에 있었다. 그는 오덕종시(五德終始)와 적현신주(赤縣神州)의 이론을 주장하고, 하늘과 관련된 일을 많이 말했기 때문에 당시 사람들이 그를 '담천연(談天衍)'이라고 불렀다고 한다. 저서로는 『추자(鄒子)』 49편과 『추자종시(鄒子終始)』 56편이 있는데, 현재 모두 전하지 않는다. 그리고 『사기』「맹자순경열전(孟子荀卿列傳)」에서 추연에 대해, "『종시(終始)』와 『대성(大聖)』이라는 책 10만여 글은 그 말이 너무 넓고 커서 황당하지만, 반드시 작은 사물에서 먼저 검증하고, 그것을 추론하고 확대시켜서 무한한 상태까지 이르렀다"라고 했는데, 여기의 『종시』와 같은 책으로 여겨지지만, 현재는 전하지 않기 때문에 알 수가 없다. 한편 『사기』「봉선서(封禪書)」와 『한서』「교사지(郊祀志)」에는 추연의 저서로 『종시오덕지운(終始五德之運)』이라는 책이 기록되어 있다.

88_ 화익(化益)은 안사고가 백익(伯益)이라고 했다. 백익은 중국 고대 순임금의 신하였는데, 우를 도와 치수의 공을 세웠다. 『맹자』에 의하면, 순임금이 백익에게 불을 관장하도록 했는데, 백익이 산택(山澤)에 불을 질러 짐승들이 도망가도록 했다고 한다.

六百二十九歲, 不與壽王合. 壽王又移『帝王錄』, 舜·禹年歲不合人年. 壽王言化益爲天子代禹, 驪山女亦爲天子, 在殷·周間, 皆不合經術.(『漢書』「律曆志」)

## 康1-14

무제(武帝) 시기에 공자의 학문이 이미 [제자백가의 학술을] 통일했지만, 옛 이론들이 여전히 남아 있었기 때문에 참고하여 증거로 삼을 수 있었다. 하(夏)나라 임금 중에는 백익(伯益)이라는 사람이 천자가 되었고, 주나라 이전에는 여산(驪山)의 여인이 천자가 되었으니, [장수왕의 이러한 진술에 근거한다면] 장수왕이 황제의 『조력(調曆)』을 진술한 것은 결코 제멋대로 지어낸 것이 아닐 것이다. 이것은 마치 후세의 왕망(王莽)과 무후(武后)가 세상을 바꾸고 왕조를 교체했는데, 대통(大統)은 비록 한(漢)나라와 당(唐)나라이지만, 왕조는 실제로 신(新)나라와 주(周)나라로 바뀐 것과 같다. 공자는 삼대(三代)를 확립하여 삼통(三統)[89]으로 삼

89_ 삼통(三統)은 『상서대전(尙書大傳)』「하전(夏傳)」의 "왕자는 앞선 두 왕의 뒤를 보존하여 자기와 함께 합쳐서 셋으로 삼기 때문에 삼통(三統)을 관통한다[王者存二王之後, 與己爲三, 所以通三統.]"라는 말에서 유래했다. 이것은 하(夏)·은(殷)·주(周) 삼대의 역법(曆法)의 차이를 설명한 개념으로, 삼대의 역법과 마찬가지로 세 왕조 또한 법칙적으로 순환한다는 논리이다. 역사순환론에서는 그 의미를 흑통(黑統)·백통(白統)·적통(赤統)이라는 개제의 원리로까지 확대하여 삼통의 순환에 의한 왕조의 교체를 설명한다. 삼통의 순환은 하·은·주 삼대의 역법인 '삼정(三正)'을 기준으로 하면, 건인[建寅, 歲首 1월, 夏] - 건축[建丑, 歲首 12월, 殷] - 건자[建子, 歲首 11월, 周]의 순서이다. 이 세 가지 역법이 순환 반복되면서 역사가 진행되기 때문에 왕자는 이 세 가지 역법 중 하나를 채용하여 개제의 기준으로 삼는다. 그리고 각 왕조는 삼통의 순환 과정에서 일정하게 정해진 역법에 따라 문물제도의 개혁을 단행한다. 개혁은 국호와 도읍, 관직, 제례작악(制禮作樂), 복색(服色) 등 왕조의 특색과 정통성을 드러낼 수 있는 모든 방면에서 진행된다. 수명개제(受命改制)에 대해서는 동중서의 『춘추번로』「삼대개제질문(三代改制質文)」편에서 자세히 다루고 있다.

으려고 했고, 또 음(陰)이 양(陽)의 지위로 올라서 여자가 천자가 되는 것을 싫어했기 때문에 [그와 관련된 역사적 사실을] 삭제했다. 사실 왕망과 무후[와 같은 사례가] 후세에도 여전히 존재하는데, 하물며 태고(太古) 시대에는 어떠했겠는가? 황제의 연대에 대한 기록[紀年]의 경우에는 각각이 서로 부합되지 않는데, [주나라] 공화(共和) 시기 이전은 말할 만한 [자료가] 없다. 결국 태고시대에는 문자의 기록[90]이 매우 어려워서 [역사적 기록이] 오랫동안 전해지기 어려웠는데, 하물며 [그보다 이전] 결승(結繩)[91] 문자가 생긴 이후의 불확실하고 막막한 상태에서는 어떠했겠는가? 지금 미주(美洲) 이전 페루(Peru) [잉카제국의] 옛일을 고찰하고자 한다면 너무나도 어려운 일이니, 상고(上古) 시대[에 대한 고찰의 어려움은] 당연하지 않겠는가? 종합적으로 비교하여 고찰해보면, 삼대(三代)의 문명은 모두 공자에 가탁하여 발양되었지만, 사실상 매우 불확실하다.

武帝時, 孔學已一統, 然舊說尙存, 可以參證. 夏后後有化益爲天子, 周前有驪山女爲天子, 壽王述黃帝曆必非杜撰. 此如後世王莽・武后更世易朝, 大統雖爲漢・唐, 朝代實易新・周. 孔子欲裁成三代以爲三統, 又惡陰乘陽位, 女爲天子, 故去之. 其實王莽・武后, 後世尙有之, 況太古乎? 至黃帝紀年, 各不相合, 共和以上無得稱焉. 要太古削簡艱難, 難傳久遠, 況結繩之后, 草昧荒荒? 今欲考美洲以前秘魯古事, 已是極難, 何疑于上古乎? 合比考之, 三代文明皆借孔子發揚之, 實則茫昧也.

---

90_ 삭간(削簡)은 삭독(削牘)이라고도 하는데, 대나무 조각이나 나무 조각에 새긴 글씨 중에서 잘못 쓴 곳을 깎고 다시 새기는 것을 말한다. 일반적으로 글을 쓰거나 찬술하는 것을 의미한다.

91_ 결승(結繩)은 문자가 없던 고대에 새끼를 매듭지어 그 모양과 수로써 의사를 소통하고 일을 기록하던 일종의 부호 문자이다. 『역』「계사 하(繫辭 下)」편에 "上古結繩而治, 後世聖人易之以書契."라는 기록이 보인다.

## 1-22

수많은 왕들이 세상이 태평해지면 태산(太山)에 올라 봉선(封禪) 의식을 거행했다. 태산 위에서 봉선 의식을 지낸 것으로 파악되는 사람은 72명인데,[92] 이리저리 흩어져 사라진 기록은 이루 다 셀 수 없을 정도로 많다.(『논형』「서허」)

百王太平, 升封太山. 太山之上, 封可見者七十有二, 紛綸湮滅者不可勝數.(『論衡』「書虛」)

## 康1-15

이리저리 흩어져 사라졌다고 하니, 태고시대에 문자의 기록이 매우 어려워서, 그와 관련된 사실이 이미 전해지지 않았기 때문에 고찰할 수가 없는 것이다.

紛綸湮滅, 蓋太古簡削艱難, 流傳已失, 故無可考.

## 1-23

오경(五經) 시대 이전[93]에 천지(天地)가 처음 열리고, 제왕(帝王)이 처음으로 등장한 시대에 대해,[94] [그때의] 제왕[95]이 누구인지는 유생들도 모른

92_ 『관자(管子)』「봉선(封禪)」편에도 다음과 같은 관중(管仲)의 말이 보인다. "옛날 태산(泰山)에서 하늘에 봉제(封祭)를 지내고, 양보(梁父)에서 땅에 선제(禪祭)를 지낸 사람이 72명이었다. 그러나 내가 아는 바로는 12명뿐이다." 그리고 『사기』「효무본기(孝武本紀)」에도 "한나라가 흥성할 때는 다시 황제가 보정(寶鼎)을 얻은 때에 해당되며, 한나라의 성인은 고조(高祖)의 손자 또는 증손자이다. 보정이 출현하여 신과 소통하면 봉선 제사를 거행한다. 봉선 제사는 72명의 왕이 거행했는데, 그중에 오직 황제만이 태산에 올라가서 하늘에 제사를 지냈다"라는 기록이 보인다.

93_ 오경(五經) 속에서 다룬 여러 제왕들이 통치하던 시대 이전의 시대를 말한다.

다.(『논형』「사단」)

五經之前, 至於天地始開, 帝王初立者, 主名爲誰, 儒生又不知也.(『論衡』「謝短」)

### 康1-16

태고시대는 불확실하여 공자도 제멋대로 [그와 관련된] 글을 지을 방법이 없었는데, 유생들이 어찌 알 수 있겠는가? 왕충(王充, 27~100?)[96]은 유흠(劉歆)과 같이 옛일에 정통하여 책을 위조하는 유파들이 유생들을 멸시한다고 생각했는데, 사실 소호(少昊) · 예(羿) · 착(浞)[97][과 같은 사람]은 대체로 대부분 위조된 인물이기 때문에 유생들이 굳이 알 필요가 없었다.

太古茫昧, 孔子無從杜撰, 儒生安得而知? 仲任以劉歆博古僞派傲儒生, 其實少昊 · 羿 · 浞[98]率多僞造, 儒生不必知也.

---

94_ 『논형교석(論衡校釋)』에서 "천지가 처음 열렸을 때에는 천황(天皇) · 지황(地皇) · 인황(人皇)이 있었다. 그 출전은 『하도(河圖)』인데, 징험하여 믿기에는 부족하다"라고 했다.

95_ 주(主)는 『논형주석(論衡注釋)』에서 군주(君主)라고 했다. 즉 오경 시대 이전의 제왕들을 말한다.

96_ 왕충(王充)은 후한시대 회계(會稽) 상우(上虞) 사람으로, 자는 중임(仲任)이다. 낙양(洛陽)으로 유학을 가서 반고(班固)의 부친인 반표(班彪)에게 사사했다. 저서로는 『논형(論衡)』이 있다.

97_ 소호(少昊)는 금천씨(金天氏)라고도 하는 전설상의 왕의 이름으로, 황제(黃帝)의 아들이라고 한다. 예(羿)는 후예(后羿)라고도 하는 하(夏)나라의 임금이다. 착(浞)은 하(夏)나라 후예(后羿)의 신하인 한착(寒浞)으로, 예를 죽인 인물이다. 『논어』「헌문(憲問)」편에 "羿, 善射, 奡, 盪舟, 俱不得其死."라는 기록이 보이는데, 『논어집주』에서 "예는 유궁(有窮)의 군주인데, 활을 잘 쏘았다. 하나라의 임금 상(相)을 죽이고 그 자리를 찬탈했다. 그의 신하인 한착이 또한 예를 죽이고 그를 정벌했다"라고 풀이했다.

98_ 착(浞)이 원문에는 촉(促)으로 되어 있는데, 중국인민대학출판사본(中國人民大學出版社本)(2007)의 교열에 따라 고쳤다.

## 1-24

유생(儒生)은 그래도[99] 다음과 같이 말한다. "상고시대는 너무 오래되어 사실이 불확실하기 때문에 경전에도 실려 있지 않고 스승들도 말하지 않았다."(『논형』「사단」)

儒生猶曰, "上古久遠, 其事闇昧, 故經不載而師不說也."(『論衡』「謝短」)

## 1-25

세상에 전해지는 삼황(三皇)과 오제(五帝)에 대해서, 대부분이 복희씨(伏羲氏)와 신농씨(神農氏)를 이황(二皇)으로 생각하고 있는데,[100] 그 나머지 하나는 혹은 수인씨(燧人氏)라고 하고,[101] 혹은 축융씨(祝融氏)라고 하며,[102] 혹은 여와씨(女媧氏)라고 하여,[103] 그 옳고 그름을 알 수가 없다. 내가 듣기에, 옛날에 천황(天皇) · 지황(地皇) · 인황(人皇)이 있었다고 하는데,[104] [삼황이] 혹 이것을 이르는 것이라고 생각하지만, 역시 감히 확실하게 말할 수는 없다. 이러한 몇 가지 내용은 오경(五經)에도 모두 정확한 문장이 없다.(『잠부론』「오덕지」)

世傳三皇 · 五帝, 多以爲伏羲 · 神農爲二皇, 其一者, 或曰燧人, 或曰

---

99_ 이 내용 앞에서 왕충은 유생들에 대해, "단지 경전에 대해 말할 수 있을 뿐, 상고(上古)에 대해서는 알지 못하다. 그러므로 유생들은 장님이라고 할 수 있다"라고 비판했다.

100_ 『회남자』「원도훈(原道訓)」편에 '泰古二皇'이라는 기록이 보이는데, 고유(高誘)가 "이황(二皇)은 복희씨와 신농씨"라고 했다.

101_ 『잠부론전교정(潛夫論箋校正)』의 왕계배(汪繼培)에 의하면, 이 내용은 『상서대전(尙書大傳)』과 『예위함문가(禮緯含文嘉)』에 나온다.

102_ 왕계배에 의하면, 이 내용은 『예호시기(禮號謚記)』에 나온다.

103_ 왕계배에 의하면, 이 내용은 『춘추운두추(春秋運斗樞)』에 나온다.

104_ 『사기』「진시황본기」에서 "옛날에 천황과 지황과 태황이 있었는데, 태황이 가장 존귀하다"라고 했다. 태황(泰皇)에 대해서는 『사기색은』에서 "천황과 지황 다음에 태황을 말했으니, 태황은 당연히 인황(人皇)이다"라고 했다.

祝融, 或曰女媧, 其是與非, 未可知也. 我聞古有天皇 · 地皇 · 人皇, 以爲或及此謂, 亦不敢明. 凡斯數, 其於五經, 皆無正文.(『潛夫論』「五德志」)

## 1-26

대체로 천지(天地)가 처음 나누어지고 만물이 처음으로 생겨난[105] 시대에 대해, [만약] 경전[典藝][106]의 문장이나 근거로 삼을 만한 확실한 토대가 없다면 [그것에 대한 탐구는] 지금 현재[의 사실]로부터 추론하여 태고시대를 살피는 것이며, [현재의] 분명한 사실로부터 [태고의] 불명확한 사물의 근본을 살피는 것이다.[107] 따라서 태고의 일을 살펴서 그와 관련된 논리를 세우고, 그 시비를 판별하여 그 상세함과 간략함의 정황을 종합하고자 하는 것,[108] 그 말이 실제로는 어렵지 않겠는가?(『풍속통의』「황패」)

蓋天地剖分, 萬物萌毓, 非有典藝之文, 堅基可據, 推當今以覽太古, 自昭昭而本冥冥. 乃欲審其事而建其論, 董其是非而綜其詳矣, 言也實爲難哉?(『風俗通義』「皇霸」)

---

105_ 맹육(萌毓)은 처음으로 생겨난다는 의미로, 『풍속통의교주(風俗通義校注)』에서 왕리기(王利器)가 맹육(萌育)과 같다고 했다. 『한서』「오행지」의 안사고도 육(毓)은 육(育)과 같다고 했다.

106_ 전례(典藝)는 법칙이나 제도 등을 기재한 책으로, 육예(六藝)나 경전(經典) 등과 같은 의미이다.

107_ 소소(昭昭)는 밝아서 분명한 모습이고, 명명(冥冥)은 어두워서 불명확한 모습이다. 현재의 분명한 사실로부터 태고시대의 불명확한 사물의 근본을 밝힌다는 의미이다. 왕리기에 의하면, 소소(昭昭)와 명명(冥冥)은 한나라 때 사람들이 습관적으로 사용하는 대구의 문장이라고 한다.

108_ 상의(詳矣)는 유사배(劉師培)의 『풍속통의서후(風俗通義書後)』에서 의(矣)를 약(略)으로 보았다. 여기에서는 왕리기의 교정에 따라 해석했다.

# 제2권 | 주나라 말기에 제자백가가 함께 일어나 교설을 창립하다

周末諸子并起創教考

An Annotated Translation of "Confucius as a Reformer"

## 제2권 머리글

대체로 사물은 조잡한 것이 축적된 이후에 정밀한 것이 생겨나고, 천박한 것이 축적된 이후에 존귀한 것이 생겨나며, 우둔한 것이 축적된 이후에 지혜로운 것이 생겨난다. 그리고 흙과 돌이 축적되어 초목이 생겨나고, 곤충과 갑각류가 축적되어 날짐승과 들짐승이 생겨나는데,[1] 인간은 만물 중에서 [가장] 신령스럽기 때문에 그 탄생이 [만물 중에서] 가장 뒤에 있는 존재이다. 대홍수는 대지가 공유하는 것이며, 인류의 탄생은 모두 대홍수 이후이다. 따라서 대지의 민중은 모두 하(夏)나라 우(禹)임금의 시기에 [문명의] 싹을 활짝 피웠다.[2] 사람들이 모이고 지혜가 축적됨으로써 2천 년이 지난 이후에 사물의 이치가 모두 갖추어졌다. 이에 재능과 지혜가 더욱더 빼어나고 걸출한 자들이 수없이 출현하여 우뚝 서는 것을 저지하여 막을 수가 없었다.[3] 각자가 하늘로부터 부여받은 재질과 사람으로 태어난 기회를 토대로 다양한 논의와 말을 수립하고 무리들을 모았으며, 제도를 개혁하고 법도를 세워서 천하를 변혁하려고 생각했다. 다만 그 재질이 음양의 기운에 의해 손상되었기 때문에 그 이론도 대부분 편벽되고 꽉 막혔으며, 각자가 [서로 다른] 하나의 의리만을 밝힌 것이 마치 이목구비가 서로 소통되지 못하는 것과 같았다. 그러나 모두가 홀로 매진하는 노력을 굳세게 감내하고, 심오하고 아름다운 논의를 정밀하고 깊이 있게 펼치면서,[4] 의

---

1_ 충개(蟲介)는 곤충과 갑각류와 같은 작은 생물을 말하고, 금수(禽獸)는 날짐승과 들짐승과 같은 큰 생물을 말한다.

2_ 구(蘁)는 꽃이 만개한 모습이다. 구맹(蘁萌)은 인간 문명의 싹을 활짝 피웠다는 뜻이다. 대홍수와 우(禹)의 관계를 언급한 기록은 『맹자』「등문공 하」편과 『시』「상송(商頌)·장발(長發)」편 등에 보인다. 한편 대홍수와 중국 문명의 관계에 대해서는 이 책의 제1권 주)3 참조.

3_ 봉출(蠭出)은 봉출(蜂出)과 같은 말로, 벌떼가 나오듯이 한꺼번에 어지럽게 나오는 것을 말한다. 정립(挺立)은 우뚝 솟아서 남보다 뛰어난 것이고, 알미(遏靡)는 저지하여 막는 것이다.

연하게 자신의 의지를 스스로 실행하고, 교설을 세워 천하를 포괄하려고 생각한 사람들이었다.

> 凡物積粗而後精生焉, 積賤而後貴生焉, 積愚而後智生焉. 積土石而草木生, 積蟲介而禽獸生, 人爲萬物之靈, 其生尤後者也. 洪水者, 大地所共也, 人類之生, 皆在洪水之後. 故大地民衆, 皆蘁萌於夏禹之時. 積人積智, 二千年而事理咸備. 於是才智之尤秀傑者, 蠭出挺立, 不可遏靡. 各因其受天之質, 生人之遇, 樹論語, 聚徒衆, 改制立度, 思易天下. 惟其質毗於陰陽. 故其說亦多偏蔽, 各明一義, 如耳目鼻口不能相通. 然皆堅苦獨行之力, 精深奧瑋之論, 毅然自行其志, 思立教以範圍天下者也.

외국의 여러 교설도 이러한 범위를 벗어날 수 없다. 이 시기에 인도에서는 불교(佛教)와 브라만교(Brahmanism) 및 96종류의 불교 이외의 종교[5]가 함께 교설을 만들었고, 페르시아(Persia)에서는 조로아스터교(Zoroastrianism)[6]가 새로운 교설을 열었으며, 서구에서는 그리스 문교(文教)가 지극히 흥성했고, 그 나라에서는 같은 시기의 칠현(七賢)[7]으로 불렸던 사

---

4_ 견고(堅苦)는 고생을 굳게 참으면서 노력하는 것이고, 독행(獨行)은 세속을 따르지 않고 지조를 굳게 지키는 것이다. 오위(奧瑋)는 깊고 아름답다는 뜻이다.

5_ 구십육외도(九十六外道)는 인도에서 붓다가 활동하던 시기에 불교 이외에 존재했던 96종류의 가르침을 말한다. 이에 대한 자세한 내용은 길희성, 『인도철학사』(서울: 민음사, 1984), 44~46쪽 참조.

6_ 조로아스터교는 예언자 조로아스터(Zoroaster)의 가르침에 종교적 · 철학적 기반을 두고 있으며, 유일신 아후라 마즈다(Ahura Mazda)를 믿는 고대 페르시아 종교이다.

7_ 칠현(七賢)은 B.C.8~6세기경 그리스의 철학자 중 가장 현명했던 7명의 학자를 가리키는 말이다. 일반적으로 솔론 · 탈레스 · 피라코스 · 비아스 · 킬론 · 페리안드로스 · 클레아보울로스 등을 말한다. 일곱 현인을 기록한 문헌 중에서 가장 오래된 문헌은 플라톤의 『프로타고라스(Protagoras)』이며, 여기에는 탈레스 · 피타코스 · 비아스 · 솔론 · 클레아보울로스 · 뮤손 · 킬론 등의 일곱 사람을 거론했다. 일반적으로 그리스철학을 집대성한 인물로 아리스토텔레스를 거론하는데, 캉유웨

람들이 함께 출현하여, 소크라테스(Socrates, B.C.469~B.C.399)가 그것을 집대성했다. 따라서 대지의 여러 교설의 출현은 춘추전국시대가 가장 흥성했을 것이다. 제자백가의 흥성함을 축적한 가운데, 그중에서 더욱 더 신성한 존재에게 많은 사람들이 귀의했으며, 그는 천하의 사상을 하나로 모아서 통일함으로써 마침내 만세의 모범이 되었다. 『논형(論衡)』에서 공자를 제자백가 중에서 가장 뛰어난 사람이라고 말했으니,[8] 어찌 그렇지 않겠는가! 천하가 모두 공자에게 귀의하여, 대도(大道)가 마침내 합쳐졌기 때문에 한(漢)나라 이후로는 제자백가가 없었다. 이제 여기에서는 춘추전국시대의 제자백가 중에서 학파가 있는 경우를 고찰하여 그들의 핵심적인 요지를 거론하고, 그들의 당시 정황을 드러내 밝혔다. [제자백가 중에서] 하나의 이론을 세우거나 하나의 행위를 수립하여, 은미하고 괴벽한 일을 찾고 괴상한 행동을 함으로써[9] 후세에 언급되지 않은 자들도 또한 덧붙여서 다루었다. 비록 모든 제자백가들을 다 다루지는 못했지만, 오랜 세월 동안 이어진 옛날과 지금 학술의 만남과 이 땅에서의 학술의 변천 과정을 고찰할 수 있을 것이다.

外國諸敎亦不能外是矣. 當是時, 印度則有佛・婆羅門及九十六外道幷創術學, 波斯則有祚樂阿士對創開新敎, 泰西則希臘文敎極盛, 彼國號稱同時七賢幷出, 而索格底集其成. 故大地諸敎之出, 尤盛於春秋戰國時哉. 積諸子之盛, 其尤神聖者, 衆人歸之, 集大一統, 遂範萬世. 『論衡』稱孔子爲諸子之卓, 豈不然哉! 天下咸歸依孔子, 大道遂合, 故自漢以後無諸子. 今考春秋戰國諸子有門戶者, 擧其宗旨, 明其時會. 其立一說, 樹一行, 索隱行怪, 後世無述者, 亦附及之. 雖不能盡, 抑可考萬年古今之會, 大地學術之變矣.

---

이는 소크라테스로 보고 있다.

8_ 『논형(論衡)』「본성(本性)」편에 "孔子, 道德之祖, 諸子之中最卓者也."라는 기록이 보인다.

9_ 색은행괴(索隱行怪)는 은미하고 괴벽한 일을 찾고 괴상한 행동을 하는 것이다. 『중용』 제11장에 "子曰, 索隱行怪, 後世有述焉, 吾弗爲之矣."라는 말이 보인다.

## 1. 제자백가의 흥기와 교설 창립에 대한 종합적 의미
[諸子并起創敎總義]

### 2-1-1

예를 들어 지금의 혼란한 세상[10]에 잘못된 이론을 꾸미고 간교한 말을 뒤섞어서 천하를 어지럽히고,[11] 속이고 큰소리치며 음험하고 간사하여[12] 세상 사람들에게 시비와 치란의 존재 양상을 혼란스럽게 해서 알지 못하도록 만든 사람들이 있다. 그들은 거리낌 없이 감정이나 성질을 부리고, 제멋대로 방자하게 굴어서,[13] 짐승처럼 행동하기 때문에 문화 제도[14]에 맞추어 통치가 통하도록 할 수가 없었다. 그렇지만 그 주장에는 근거가 있고 그 말에는 논리가 있어서 어리석은 대중들을 속이고 현혹시킬 수 있으니, 그들은 바로 타효(它囂)와 위모(魏牟)[15]이다.

---

10_ 『순자집해』의 양경에 의하면, 가(假)는 가여(假如)의 의미이며, 금지세(今之世)는 전국(戰國)의 혼란한 시대를 말한다. 이운구의 번역본에서는 당(當)으로 풀이했다.

11_ 효란(梟亂)은 어지럽힌다는 의미이다. 양경은 효(梟)를 경박하다는 의미의 요(澆)로 보았고, 이운구는 교란(攪亂)으로 풀이했다.

12_ 휼우외쇄(矞宇嵬瑣)는 속이고 큰소리치며 음험하고 간사한 것을 말한다. 양경에 의하면, 우(宇)가 대(大)로 된 판본도 있는데, 방탕하면서 큰소리친다는 의미이다. 외(嵬)는 음험한 행위를 하는 것이고, 쇄(瑣)는 간사한 행위를 하는 것이다.

13_ 자휴(恣睢)은 방자하고 사나운 것으로, 다른 사람의 말을 듣지 않고 제 고집대로 하는 것을 말한다.

14_ 문(文)은 예악과 제도 등의 문화를 말한다. 양경은 옛날의 문의(文義)라고 했고, 이운구는 문식(文飾), 즉 예(禮)를 가리키는 것으로, 질서를 유지하기 위한 일종의 형식이라고 했다.

15_ 타효(它囂)와 위모(魏牟)는 자세한 사적이 보이지 않는다. 양경은 위모가 위(魏)나라의 공자(公子)이고, 장자(莊子)와 동시대 사람이라고 했다.

假今之世, 飾邪說, 文姦言, 以梟亂天下, 矞宇嵬瑣, 使天下混然不知是非治亂之所在者, 有人矣. 縱情性, 安恣睢, 禽獸行, 不足以合文通治. 然而其持之有故, 其言之成理, 足以欺惑愚衆, 是它囂 · 魏牟也.

[어떤 사람들은] 감정이나 성질을 참고, 아주 멀리 세속을 떠나 고고하게 있으면서,[16] 진실로 남들과는 다르게 구별되는 것을 고귀하다고 여기기 때문에 큰 무리들과 맞추어 큰 명분[17]을 밝힐 수가 없다. 그렇지만 그 주장에는 근거가 있고 그 말에는 논리가 있어서 어리석은 대중들을 속이고 현혹시킬 수 있으니, 그들은 바로 진중(陳仲)[18]과 사추(史鰌)[19]이다.

忍情性, 綦谿利跂, 苟以分異人爲高, 不足以合大衆, 明大分. 然而其持之有故, 其言之成理, 足以欺惑愚衆, 是陳仲 · 史鰌也.

[어떤 사람들은] 천하를 통일하고 국가를 세울 준칙[20]을 알지 못하며,

---

16_ 양경이 기(綦)는 극(極), 계(谿)는 심(深)과 같으며, 매우 깊다는 의미라고 했다. 그리고 리(利)는 리(離), 기(跂)는 기(企)와 같으며, 세속을 떠나서 스스로 깨끗하게 독립한 모습이라고 했다.

17_ 대분(大分)은 사회를 통합하고 질서를 유지하는 큰 명분이다. 양경은 충효(忠孝)의 큰 의리라고 했다.

18_ 진중(陳仲)은 제(齊)나라 사람으로, 전중(田仲), 또는 진중자(陳仲子)라고도 한다.

19_ 사추(史鰌)는 춘추시대 위(衛)나라 영공(靈公)의 가신이자 대부로, 자는 자어(子魚)이다. 『경전석문』에서는 의리를 실천한 인물이라고 했고, 『논어』「위령공」편에서는 화살과 같이 곧고 강직하다고 평가했다. 그런데 『장자』「변무(駢拇)」편에서는 순자와 비슷한 평가를 내리고 있다. "인(仁)을 쓸데없이 주장하는 자는 타고난 본래의 덕성을 제거하고 자연적인 본성을 막아버림으로써 명성(名聲)을 얻으려고 하여, 천하 사람들로 하여금 정신없이 떠들면서 현혹되어 그들의 능력으로는 미칠 수 없는 법도를 받들게 하니, 그렇지 않는가? 증삼(曾參)과 사추(史鰌)가 바로 그런 사람이다."

20_ 권칭(權稱)은 무게의 경중(輕重)을 달 때 수평을 유지하는 눈금으로, 잣대나 표준 · 준칙 등을 말한다. 이운구는 예의(禮義)로 풀이했다.

공리와 효용을 높게 여기고 검소와 절약을 크게 여기되,[21] [계층적] 차등을 가볍게 여기기 때문에 [계층간의] 구별을 용납하거나 군신간의 엄격한 거리두기를 할 수가 없다. 그렇지만 그 주장에는 근거가 있고 그 말에는 논리가 있어서 어리석은 대중들을 속이고 현혹시킬 수 있으니, 그들은 바로 묵적(墨翟)과 송견(宋鈃)[22]이다.

> 不知壹天下建國家之權稱, 上功用, 大儉約, 而僈差等, 曾不足以容辨異, 縣君臣. 然而其持之有故, 其言之成理, 足以欺惑愚衆, 是墨翟·宋鈃也.

[어떤 사람들은] 법을 숭상하면서도 법이 없고,[23] 새롭게 세우는 것을 경시하면서도 만들기를 좋아하며,[24] 위로는 윗사람에게 받아들여지기를 추구하고, 아래로는 세속에서 따라주기를 추구하며, 하루 종일 말한 것이 문리와 법도에 맞더라도[25] 반복하여 그대로 살펴보면 실제와는 괴리되어 귀착점이 없기 때문에[26] 나라를 다스리고 본분을 정할 수가 없다. 그렇지만 그 주장에는 근거가 있고 그 말에는 논리가 있어서 어리석은 대중들을 속이고 현혹시킬 수 있으니, 그들은 바로 신도(愼

---

21_ 대(大)는 양경이 태(太), 즉 지나치게 검소하고 절약한다는 의미로 풀이했다. 왕염손(王念孫)은 상(上)과 대(大)는 모두 숭상하다[尙]는 의미라고 했다.

22_ 송견(宋鈃)은 맹자와 같은 시대의 인물로, 송경(宋牼)이라고도 한다. 공격 전쟁을 반대한 대표적인 사상가로 알려져 있다.

23_ 양경은 저술 속에서는 비록 법을 숭상하지만 스스로에게는 법이 없다는 의미로 풀이했다. 이운구는 실제로 진정한 법이 없어서 규범을 제시하지 못하고 있다는 의미로 풀이했다.

24_ 이운구의 해석에 의하면, 하수(下脩)는 후천적 작위로, 무언가를 하려는 노력을 가치 없는 일이라고 얕보는 것이다. 호작(好作)은 제멋대로 창작하기를 즐기는 것으로, 공자의 술이불작(述而不作)이라는 말과 대칭을 이룬다. 한편 왕염손은 하수(下脩)를 불순(不循)의 잘못으로 보고, 옛 법을 따르지 않는다는 의미로 풀이했다.

25_ 이운구는 문(文)은 문리, 즉 정리된 법 제정이고, 전(典)은 전칙(典則) 또는 준칙(準則)이라고 했다.

26_ 양경이 순(紃)은 순(循)과 같고, 척연(倜然)은 소원한 모양이라고 했다.

到)[27]와 전병(田駢)[28]이다.

尙法而無法, 下脩而好作, 上則取聽於上, 下則取從於俗, 終日言成文典, 反紃察之, 則倜然無所歸宿, 不可以經國定分. 然而其持之有故, 其言之成理, 足以欺惑愚衆, 是愼到・田駢也.

[어떤 사람들은] 선왕(先王)을 본받지 않고 예의(禮義)를 옳다고 여기지 않으며, 괴이한 이론 연구와 기이한 말장난을 좋아하며,[29] 심도 있게 살피기는 하지만 긴요하지는 않고,[30] 변론은 잘하지만 쓸모가 없으며, 일은 많이 하지만 공효가 적기 때문에 정치의 기강으로 삼을 수가 없다. 그렇지만 그 주장에는 근거가 있고 그 말에는 논리가 있어서 어리석은 대중들을 속이고 현혹시킬 수 있으니, 그들은 바로 혜시(惠施)[31]와 등석(鄧析)[32]이다.

不法先王, 不是禮義, 而好治怪說, 玩琦辭, 甚察而不惠, 辯而無用, 多事而寡功, 不可以爲治綱紀. 然而其持之有故, 其言之成理, 足以欺惑愚衆, 是惠施・鄧析也.

[어떤 사람들은] 선왕을 대충 본받으면서 그 전체의 핵심[33]은 알지 못하지만, 느긋하면서 재능과 뜻은 크며,[34] 듣고 본 것이 잡다하고 넓어

---

27_ 신도(愼到)는 춘추시대 조(趙)나라 사람이다. 전병과 함께 제(齊)나라의 직하(稷下)에서 활동하면서 법가 사상의 형성에 영향을 준 인물이다.

28_ 전병(田駢)은 제(齊)나라 사람으로, 황로학의 도덕(道德)에 대한 학술을 공부한 사람이라고 한다.

29_ 양경이 기(琦)는 기(奇)와 같다고 했다.

30_ 혜(惠)는 양경이 순(順)의 의미라고 했고, 왕염손은 급(急)의 잘못이라고 했다.

31_ 혜시(惠施)는 맹자와 같은 시대에 위(魏)나라의 재상을 지냈으며, 명가 사상을 대표하는 인물이다.

32_ 등석(鄧析)은 춘추시대의 대표적인 변론가이다. 그가 만들어 죽간에 새긴 형법을 죽형(竹刑)이라고 한다.

33_ 통(統)은 양경이 기강(紀綱)이라고 했다.

서, 과거의 옛일을 살펴서 새로운 이론을 만들어 그것을 오행(五行)[35]이라고 말한다. 그러나 심하게 편벽되고 어긋나서 같은 부류가 없으며,[36] 그 말이 매우 불분명하면서 설명이 없고 매우 막혀 있으면서 해설이 없다.[37] 이에 그 말을 꾸며서 공경하면서 '이것이 참으로 선군자(先君子)[38]의 말이다'라고 한다. 자사(子思)가 그것을 제창하고 맹자(孟子)가 거기에 동조했다. 세속의 어리석고 어두운 유자(儒者)들은[39] 시끄럽게 떠들면서[40] 그것이 잘못된 것임을 알지 못하고, 마침내 받아들여 전하면서 공자와 자궁(子弓)이 이들 때문에 후세에 존중받게 되었다고 생각한다.[41] 이것은 바로 자사와 맹자의 죄이다.

略法先王而不知其統, 猶然而猶材劇志大, 聞見雜博, 案往舊造說, 謂

---

34_ 양경이 유연(猶然)은 서지(舒遲), 즉 여유가 있는 모습이며, 극(劇)은 일이 번거롭고 많다는 의미라고 했다. 이운구는 극(劇)을 성급하고 조바심을 낸다고 풀이했다.

35_ 오행(五行)은 양경이 오상(五常), 즉 인의예지신(仁義禮智信)이라고 했다.

36_ 양경이 다음과 같이 풀이했다. "순자는 항상 후왕(後王)을 본받고 당세(當世)를 다스려야 한다고 말했는데, 맹자와 자사는 반드시 요·순과 문·무의 도를 행한 이후에야 다스려진다고 여길 뿐, 때에 맞추어 가르침을 시행하여 당세의 폐단을 구해야 한다는 것을 몰랐다. 따라서 편벽되고 어긋나서 같은 부류가 없다고 말한 것이다."

37_ 유은(幽隱)은 어두워서 보이지 않는 것으로, 그 말이 불분명하여 이해하기 어렵다는 의미이다. 폐약(閉約)은 그 말이 막히고 엉켜 있다는 의미이다. 양경은 "단지 요·순의 도만을 말했을 뿐, 그들이 흥기한 구체적인 방략(方略)에 대해서는 모르는 것이다"라고 했다.

38_ 선군자(先君子)는 양경이 공자라고 했다.

39_ 양경이 구(溝)는 어리석다는 의미의 구(怐)와 같고, 유(猶)는 결정하지 못하고 머뭇거린다는 의미의 예(豫)와 같으며, 무(瞀)는 어둡다는 의미의 암(闇)과 같다고 했다. 왕선겸은 유(猶)를 어조사로 보고, 어리석고 어두운 유자(儒者)로 풀이했다.

40_ 환환연(嚾嚾然)은 시끄럽게 떠들고 다투면서 변론하는 것이다.

41_ 양경은 공자와 자유가 이 말 때문에 후세에 덕(德)을 두텁게 드리웠다고 했다. 유월(兪樾)은 후(厚)는 중(重), 자(茲)는 자사와 맹자를 가리킨다고 하고, "공자와 자유의 도가 자사와 맹자가 없이도 존중받는데, 세속에서는 그것을 알지 못하고, 공자와 자유가 이들 때문에 후세에 존중받게 되었다고 여겼다. 따라서 '이것은 바로 자사와 맹자의 죄'라고 한 것이다"라고 했다.

之五行. 甚僻違而無類, 幽隱而無說, 閉約而無解. 案飾其辭, 而祇敬之, 曰'此眞先君子之言也'. 子思唱之, 孟軻和之. 世俗之溝猶瞀儒, 嚾嚾然不知其所非也, 遂受而傳之, 以爲仲尼 · 子弓爲茲厚於後世. 是則子思孟軻之罪也.

만약 방략(方略)을 종합하고 언행을 가지런하게 하며, 큰 기강과 세부 항목을 하나로 통일시켜서[42] 천하의 뛰어난 인재들을 모아, 태고(太古)[의 역사]를 알려주고 지극한 순리를 가르치면 방의 구석 사이나 대자리 위에도[43] 성왕의 문물제도가 가득 갖추어지고, 태평시대의 풍속이 성하게 일어날 것이니,[44] 여섯 가지 주장이 끼어들 수 없고, 십이자(十二子)라는 자들이 가까이 접근할 수 없을 것이다.

若夫總方略, 齊言行, 壹統類, 而群天下之英傑, 而告之以大古, 敎之以至順, 奧窔之間, 簟席之上, 斂然聖王之文章具焉, 佛然平世之俗起焉, 六說者不能入也, 十二子者不能親也.

송곳을 세워둘 만한 작은 땅도 없지만 왕공(王公)이 그와 함께 명성을 다툴 수 없으며, 일개 대부의 자리에 있더라도 한 명의 군주가 홀로 포용할 수 없고,[45] 한 나라가 홀로 포용할 수 없으며, 큰 명성이 제후보다

---

42_ 양경이 통(統)은 기강(綱紀), 류(類)는 비류(比類)라고 했다. 즉 크게는 통(統)이라고 하고, 나누어 구별해서는 류(類)라고 한다.

43_ 양경이 오(奧)는 방의 서남쪽 구석, 요(窔)는 서남쪽 구석으로, 방 안에서 밖으로 나오지 않는 것을 의미한다고 했다. 점석(簟席)은 대자리를 말한다.

44_ 양경이 염연(斂然)은 모이는 모양이고, 불연(佛然)은 흥기하는 모양이라고 했다.

45_ 축(畜)은 뒤에 나오는 용(容)과 같은 말로, 포용한다는 의미이다. 한 명의 군주나 국가가 포용할 수 없을 정도의 능력을 지녔다는 뜻이다. 이운구는 축(畜)을 지(止)로 보고, 독점하여 떠나지 못하게 만류한다는 의미로 풀이했다. 양경은 다음과 같이 풀이했다. "왕자의 보좌관이 비록 아랫자리에 있더라도 제후나 국가가 포용할 수가 없다. 혹자는 '당시의 군주들이 그의 현명함을 알지 못해서, 포용할 수 있는 군주나 국가가 하나도 없었다'라고 말한다."

도 더 높아서[46] 그를 신하로 삼기를 원하지 않는 사람이 없다. 이것은 성인 중에서 권력[47]을 얻지 못한 자이니, 공자와 자궁(子弓)이 그들이다.

無置錐之地, 而王公不能與之爭名, 在一大夫之位, 則一君不能獨畜, 一國不能獨容, 成名況乎諸侯, 莫不願以爲臣. 是聖人之不得埶者也, 仲尼·子弓是也.

천하를 통일하여 만물을 이루어주고,[48] 백성들을 키우고 양육하며, 천하를 함께 이롭게 하여, 사람의 발길이 닿는 지역 중에[49] 복종하지 않는 사람이 없다. 여섯 가지 주장이 곧바로 종식되고, 십이자(十二子)라는 자들이 따라서 교화되니, 이것은 성인 중에 권력을 얻은 자이니, 순(舜)과 우(禹)가 그들이다.

一天下, 財萬物, 長養人民, 兼利天下, 通達之屬, 莫不從服. 六說者立息, 十二子者遷化, 則聖人之得埶者, 舜·禹是也.

지금 어진 사람은 장차 무엇을 힘써야 하는가? 위로는 순과 우의 제도를 본받고, 아래로는 공자와 자궁의 의리를 본받음으로써 십이자(十二子) 학설의 종식에 힘써야 하니, 이와 같다면 천하의 해악이 제거되고,

---

46_ 양경이 황(況)은 비(比)와 같다고 하고, "그가 이룬 명성은 다른 사람과 비교하면 대적할 수 있는 자가 없다. 따라서 제후들 중에 그를 얻어 신하로 삼기를 원하지 않는 사람이 없었다"라고 풀이했다. 유월은 이 구절을 '成名況乎諸侯, 莫不願以爲臣.'으로 끊어서 읽고, 성(成)은 성(盛), 황(況)은 사(賜)로 보고, "융성한 명성을 제후들에게 준다는 말로, 대현(大賢)이 이르러 오는 것을 영광으로 여기지 않는 자가 없으니, 마치 그들이 선물을 주는 것을 받는 것과 같다"라고 풀이했다.

47_ 세(埶)는 세(勢)와 같은 글자로, 세력이나 권세 등을 의미한다.

48_ 재(財)는 양경이 재(裁)와 같다고 했고, 왕염손은 『역』「태괘(泰卦)」의 "財成天地之道"의 재(財)와 같이 이룬다[成]는 의미라고 했다. 이운구는 모든 사물이 그 존재 방식 그대로 있게 하는 것이라고 했다.

49_ 통달지속(通達之屬)은 교통이 소통되는 지역을 말한다. 양경은 배와 수레가 이르고 사람의 힘이 통하는 곳이라고 했다.

어진 사람의 일이 완수되며, 성왕의 자취가 드러날 것이다.

今夫仁人也, 將何務哉? 上則法舜禹之制, 下則法仲尼子弓之義, 以務息十二子之說, 如是則天下之害除, 仁人之事畢, 聖王之跡著矣.

믿어야 할 것을 믿는 것이 신(信)이며, 의심해야 할 것을 의심하는 것 또한 신(信)이다. 현명한 이를 귀하게 여기는 것이 인(仁)이며, 현명하지 못한 이를 천하게 여기는 것 또한 인(仁)이다. 말을 하여 진실에 합당한 것이 지(知)이며, 침묵하여 진실에 합당한 것 또한 지(知)이다. 따라서 침묵할 줄 아는 것은 말할 줄 아는 것과 같다.[50]

信信, 信也, 疑疑, 亦信也. 貴賢, 仁也, 賤不肖, 亦仁也. 言而當, 知也, 默而當, 亦知也. 故知默猶知言也.

따라서[51] 말을 많이 하더라도 [그 말이] 예의(禮義)에 맞는[52] 사람이 성인이며, 말을 적게 하더라도 [성인의] 법도에 맞는 사람이 군자이다. 말이 많든 적든 법도에 맞지 않고 제멋대로 지껄인다면[53] 비록 말을 잘하더라도 소인이다.

故多言而類, 聖人也, 少言而法, 君子也. 多少無法而流湎然, 雖辯, 小人也.

따라서 노동력을 소비하면서도 백성들이 해야 할 임무에 적합하지 않다면 그것을 간악한 일이라고 말하고, 힘써 지혜를 사용하면서도 선왕을 본받지 않는다면 그것을 간악한 마음이라고 말한다. 변설이나 비

---

50_ 『노자』 제56장에 "知者不言, 言者不知."라는 말이 보인다.

51_ 이운구는 고(故)가 발어사 부(夫)자와 통용된다고 했다.

52_ 이운구는 류(類)가 법(法)과 대칭되는 관습법과 같은 일종의 규범성을 가리킨다고 했다.

53_ 류면(流湎)은 제멋대로 행동하여 절도가 없는 것이다.

유가 빠르고 민첩하더라도[54] 예의를 따르지 않는다면 그것을 간악한 주장이라고 말한다. 이 세 가지 간악한 것은 성왕이 금지하는 것이다.

故勞力而不當民務, 謂之姦事, 勞知而不律先王, 謂之姦心. 辯說譬諭, 齊給便利, 而不順禮義, 謂之姦說. 此三姦者, 聖王之所禁也.

지혜가 있으면서도 음험하고,[55] 남을 해치면서도 귀신과 같아서 예측할 수 없으며, 사기를 치면서도 교묘하고, 말이 쓸데없으면서도 능숙하며, 변론이 순조롭지 않으면서도 세세하게 살피는 것은 정치에 있어서 큰 재앙이다. 괴팍한 짓[56]을 행하면서 고집이 세고, 잘못된 짓을 꾸미면서 좋아하며,[57] 간사한 짓을 익숙하게 하면서 기뻐하고,[58] 말을 잘하면서도 도리에 어긋나는 것은 옛날에 크게 금지하던 것이다. 지혜가 있으면서도 법도가 없고, 용감하면서도 거리낌이 없으며, 세밀하게 변론하면서도 행동은 편벽되고, 지나치게 사치하면서도 실용이 결핍되었으며,[59] 간사한 짓을 좋아하면서도 대중을 참여시키고, 발 빠르게 움직이면서도 길이 막혀 헤매며, 돌을 짊어지고 있으면서 물에 빠지는 것은[60] 천하에서 버리는 것이다.

---

54_ 양경이 제(齊)와 급(給)은 모두 빠르고 급하다는 의미이고, 편리(便利)도 말이 민첩하다는 의미라고 했다.

55_ 이운구가 지(知)는 교사(巧詐), 즉 약삭빠른 기지(機智)의 의미라고 했다.

56_ 벽(辟)은 벽(僻)과 같고, 간사하고 괴팍하다는 의미이다.

57_ 식비이호(飾非而好)는 양경이 잘못된 짓을 꾸미기를 좋아한다고 했다.

58_ 택(澤)은 양경이 윤택이 나게 한다고 했고, 이운구는 역(懌) 또는 열(悅)의 의미로 풀이했다.

59_ 찰변(察辯)은 양경이 분명하고 세밀하게 변론한다는 의미로 보았고, 왕염손은 잘 살피고 말도 잘한다는 의미로 보았다. 한편 양경은 이 구절을 '察辯而操僻淫, 大而用之.'로 구두를 끊어서, '大而用之'를 '앞의 여러 가지 일들을 크게 여겨서 사용했다'라고 풀이했다. 유월은 양경의 독법이 잘못되었다고 지적하고, '察辯而操僻, 淫大而用之.'로 구두를 끊고, 대(大)를 태(汰), 지(之)를 핍(乏)으로 보았다. 여기에서는 왕염손의 주장을 따랐다.

60_ 리족(利足)은 발이 빠른 것이다. 부석이추(負石而墜)는 양경에 의하면, 신도적

知而險，賊而神，爲詐而巧，言無用而辯，辯不惠而察，治之大殃也. 行辟而堅，飾非而好，玩姦而澤，言辯而逆，古之大禁也. 知而無法，勇而無憚，察辯而操僻，淫大而用之，好姦而與衆，利足而迷，負石而墜，是天下之所棄也.

천하 사람들의 마음을 모두 복종시키려면 지위가 높고 존귀하다고 해서 다른 사람에게 교만하게 굴지 않고, 총명하고 성스럽고 지혜롭다고 해서 다른 사람을 궁지로 몰아넣지 않으며,[61] 재빠르고 재치가 넘치더라도[62] 다른 사람보다 앞서려고 다투지 않고,[63] 강직하고 용감하다고 해서 다른 사람을 해치지 않아야 한다. 알지 못하면 질문하고 잘하지 못하면 배우며, 비록 잘하더라도 반드시 겸양한 이후에야 [성현(聖賢)의] 덕(德)이 된다. 군주를 만나는 상황에서는 신하의 의리를 수행하고, 고향에 있는 상황에서는 장유(長幼)의 의리를 수행하며, 어른을 만나는 상황에서는 자제(子弟)의 의리를 수행하고, 친구는 만나는 상황에서는 예절과 사양의 의리를 수행하며, 미천하면서 어린 자를 만나는 상황에서는 타일러서 인도하고 너그럽게 대해주는 의리를 수행한다. 사랑하지 않는 경우가 없고, 공경하지 않는 경우가 없으며, 다른 사람과 다투는 경우가 없어서, 마치 천지가 만물을 감싸듯이 넓고 크게 포용한다. 이와 같다면 현명한 사람도 그를 귀하게 여기고, 어리석은 사람도 그를 친하게 여긴다. 이와 같이 했는데도 복종하지 않는 자는 괴상하고

---

(申徒狄)이 돌을 짊어지고 강으로 뛰어든 것으로, 명예를 좋아하여 이 지경에 이른 것을 말한다. 학의행(郝懿行)은 리족이미(利足而迷)를 지름길로 가다가 길이 막힌 것, 부석이추(負石而墜)를 능력은 작은데 임무가 막중하여, 높은 지위가 실제로는 더 빨리 무너지는 것으로 풀이했다,

61- 궁인(窮人)은 다른 사람을 궁지로 몰아넣는 것을 말한다.

62_ 제급(齊給)은 재빠르고 민첩한 것을 말한다. 속통(速通)은 재빠르게 소통하는 것으로, 이운구는 재지가 넘쳐서 반응이 대단히 빠른 것이라고 풀이한다.

63_ 왕염손이 '不爭先人'은 '不以先人'으로 되어야 한다고 했다. 한편 왕선겸은 『군서치요(群書治要)』에는 '不爭先人'으로 되어 있다고 반박했다.

교활한 사람이라고 말할 수 있다. 비록 [그런 사람이] 자제(子弟) 가운데 있다고 하더라도 형벌이 그들에게까지 미치는 것이 마땅하다. 『시(詩)』[64]에서 '상제(上帝)가 [은(殷)나라에] 좋지 않은 때를 만든 것이 아니라[65] 은나라가 옛 신하를 등용하지 않았도다. 비록 뛰어난 현자들은 없지만, 아직 옛 법은 남아 있는데도[66] 일찍이 이것을 듣고 따르지 않았기 때문에 국가의 큰 운명이 그 때문에 기울어졌도다'라고 했으니, 이것을 말한 것이다.

兼服天下之心, 高上尊貴, 不以驕人, 聰明聖知, 不以窮人, 齊給速通, 不爭先人, 剛毅勇敢, 不以傷人. 不知則問, 不能則學, 雖能必讓, 然後爲德. 遇君則修臣下之義, 遇鄕則修長幼之義, 遇長則修子弟之義, 遇友則修禮節辭讓之義, 遇賤而少者, 則修告導寬容之義. 無不愛也, 無不敬也, 無與人爭也, 恢然如天地之苞萬物. 如是, 則賢者貴之, 不肖者親之. 如是而不服者, 則可謂訞怪狡猾之人矣. 雖則子弟之中, 刑及之而宜. 『詩』云'匪上帝不時, 殷不用舊. 雖無老成人, 尙有典刑, 曾是莫聽, 大命以傾.' 此之謂也.

옛날의 관료 선비[士仕][67]라는 자는 인정이 두텁고 돈독한 자이고, 무리들을 조화시키는 자이며, 귀중한 도를 즐기는 자이고,[68] 공평하게 나누

---

64_ 『시』「대아(大雅)·탕(蕩)」편에 보이며, 문왕(文王)의 말을 인용하여 은(殷)나라가 망한 이유를 읊은 시이다. 은나라가 옛 신하를 등용하지 않고, 또 옛 선왕의 전형(典刑)을 사용하지 않았기 때문에 멸망의 재앙을 스스로 초래했다는 내용이다.

65_ 불시(不時)는 은나라가 멸망한 좋지 않은 때를 말한다. 이운구는 시(時)를 선(善)으로 풀이했다.

66_ 『시경집전』에서는 노성인(老成人)은 구신(舊臣), 전형(典刑)은 구법(舊法)으로 풀이했다. 정현(鄭玄)은 노성인(老成人)을 이윤(伊尹)·이척(伊陟)·신호(臣扈)의 부류로, 전형(典刑)을 상사(常事)나 고법(故法)의 의미로 풀이했다.

67_ 사사(士仕)는 선비로서 벼슬길에 들어간 사람을 말한다. 왕염손은 '사사(士仕)가 뒷 문장의 처사(處士)와 대구가 되기 때문에 당연히 사사(仕士)가 되어야 한다'라고 했다.

68_ 부귀(富貴)라는 말이 앞뒤의 문맥과는 맞지 않는데, 양경은 그 도를 즐긴다는 의

어주는 것을[69] 좋아하는 자이며, 죄과를 멀리하는 자이고, 이치에 맞는 일처리에 힘쓰는 자이며, 혼자 부유한 것을 수치스럽게 여기는 자이다. 지금의 관료 선비라는 자는 더럽고 기만적인 자이고, 남을 해치고 세상을 혼란스럽게 하는 자이며, 방자하고 건방진 자이고, 이익을 탐내는 자이며, 죄과를 저지르는 자이고,[70] 예의를 무시하면서 오직 권력만을 좋아하는 자이다. 옛날의 재야 선비[處士]라는 자는 덕이 풍성한 자이고, 고요하게 안정할 수 있는 자이며, 수양하여 바른 자이고, 천명을 아는 자이며,[71] 옳은 일을 분명하게 드러내 보이는 자이다.[72] 오늘의 재야 선비라는 자는 잘하지도 못하면서 말로만 잘한다고 하는 자이고, 알지도 못하면서 말로만 안다고 하는 자이며, 이익을 좋아하는 마음이 한이 없으면서도 욕심이 없는 것처럼 가장하는 자이고, 행위가 음험하고 지저분하면서도[73] 신중하고 성실하다고 억지로 떠벌리는 자이며,[74] 풍속에 맞지 않는 것을 풍속으로 삼아서, 세상과 떨어져서 제멋대로 행동하고, 잘난 체하면서 남을 비난하는 자이다.[75]

---

미로 풀이했다. 왕선겸은 부(富)가 가(可)의 잘못이라고 했다.

69_ 분시(分施)는 공평하게 고루 나누어주는 것이다. 왕선겸은 『순자』「군도(君道)」편의 "以禮分施, 均徧而不偏."이라는 말을 인용하여, '均徧不偏'이 곧 분시(分施)의 의미라고 풀이했다. 이운구는 분수에 맞는 것을 좋아한다는 의미로 풀이했다. 즉 분(分)은 그 사회가 정한 여러 형태의 차별, 즉 신분 질서이며, 시(施)는 각각 다른 분수에 따라 시행하는 것이라고 했다.

70_ 촉저(觸抵)는 양경이 권력을 믿고 다른 사람의 마음을 거스르는 것이라고 했다. 왕염손은 앞의 문장인 '遠罪過'와 대구가 되는 말로, 죄과를 저지른다는 의미라고 했다.

71_ 명(命)은 이운구가 여러 가지 사회적 요소가 복합적으로 얽혀서 되어 가는 일이라고 풀이했다.

72_ 저시(著是)는 양경이 "그 시대의 옳은 일을 명확하게 드러내 보여, 사람들로 하여금 간사하다고 의심을 품지 않도록 하는 것"이라고 했다. 이운구는 침착하게 자리잡는다는 의미로 보고, 착실하다고 풀이했다.

73_ 위(僞)는 행위를 의미하는 위(爲)와 같은 글자이다.

74_ 고언(高言)은 큰 소리를 치는 것, 근각(謹愨)은 신중하고 성실한 모습을 말한다.

75_ 양경이 리종(離縱)은 세상과 떨어져서 제멋대로 구는 것, 기자(跂訾)는 발을 높

古之所謂仕士者, 厚敦者也, 合群者也, 樂富貴者也, 樂分施者也, 遠罪過者也, 務事理者也, 羞獨富者也. 今之所謂仕士者, 汙漫者也, 賊亂者也, 恣孳者也, 貪利者也, 觸抵者也, 無禮義而唯權埶之嗜者也. 古之所謂處士者, 德盛者也, 能靜者也, 修正者也, 知命者也, 箸是者也. 今之所謂處士者, 無能而云能者也, 無知而云知者也, 利心無足, 而佯無欲者也, 行僞險穢, 而彊高言謹愨者也, 以不俗爲俗, 離縱而跂訾者也.

선비 군자[士君子]가 할 수 있는 일과 할 수 없는 일은 다음과 같다. 군자는 귀하게 여길 만한 것[76]을 잘 실천할 수는 있지만, 다른 사람에게 반드시 자기를 귀하게 여기도록 만들 수는 없으며, 믿을 만한 것을 잘 실천할 수는 있지만, 다른 사람에게 반드시 자기를 믿게 만들 수는 없으며, 사용할 만한 것[77]을 잘 실천할 수는 있지만, 다른 사람에게 반드시 자기를 사용하도록 만들 수는 없다. 따라서 군자는 수양하지 못한 것을 부끄러워하지 모욕당하는 것을 부끄러워하지 않고, 믿음직하지 못한 것을 부끄러워하지 남에게 신뢰받지 못한 것을 부끄러워하지 않으며, 잘하지 못하는 것을 부끄러워하지 남에게 사용되지 못한 것을 부끄러워하지 않는다. 이 때문에 [헛된] 명예에 유혹되지 않고, 비방에 두려워하지 않으며, 도를 따라서 실천하고, 단정하게 자기 자신을 바로잡으며, 대상에 의해 기울어지지 않으니, 이것을 진실한 군자[誠君子]라고 한다. 『시(詩)』[78]에서 '따뜻하고 온화하게 공손한 사람은 오직 덕

---

이 들고 세속과 떨어져 자기 뜻대로 방자하게 구는 것으로, 모두 세속에서 벗어나 스스로 고상한 척하는 모습이라고 했다. 종(縱)을 사(縰)자의 잘못으로 보고, 리종(離縱)을 세속에서 벗어나서 떠나간다는 의미로, 기자(跂訾)를 스스로 잘난 체하면서 다른 사람을 비난한다는 의미로 해석하기도 한다. 한편 이운구는 대중과 떠나서 달리 처신하는 것, 그리고 자기만 높이고 남을 헐뜯는 독선으로 풀이했다.

**76**_ 양경이 도덕(道德)이라고 했다.

**77**_ 양경이 재능(才能)이라고 했다.

(德)의 기틀이다'라고 했으니, 이것을 말한 것이다.

士君子之所能不能爲. 君子能爲可貴, 而不能使人必貴己, 能爲可信, 而不能使人必信己, 能爲可用, 而不能使人必用己. 故君子耻不修, 不耻見汙, 耻不信, 不耻不見信, 耻不能, 不耻不見用. 是以不誘於譽, 不恐於誹, 率道而行, 端然正己, 不爲物傾側, 夫是之謂誠君子. 『詩』云'溫溫恭人, 維德之基.' 此之謂也.

선비 군자의 모습은 다음과 같다. 그 관은 높고,[79] 그 의복은 큼직하며,[80] 그 용모는 선량해 보이고, 엄숙하고 장중하며, 너그럽고 여유가 있고, 마음은 넓고 관대하며, 밝게 드러나고 널리 포용하니,[81] 이것은 바로 부형(父兄)의 모습이다. 그 관은 높고, 그 의복은 큼직하며, 그 용모는 성실해 보이고, 겸손하고 순종하며, 친근하고 단정하며, 유약하고 공경하며, 붙임성이 있고 겸손하니,[82] 이것은 바로 자제(子弟)의 모습이다. 내가 너희들에게 학자들의 망령된 모습을 말해주겠다. 그 관이 축 늘어져 있고, 그 관의 끈은 느슨하며,[83] 그 용모는 고상한 체하고

78_ 『시』「대아(大雅)·억(抑)」편에 보인다. 『시경집전』에 의하면, 위(衛)나라 무공(武公)이 이 시를 짓고, 사람을 시켜서 날마다 자기 곁에서 외도록 하여 스스로를 일깨웠다고 한다.

79_ 진(進)은 고(高)의 의미로, 높이 솟은 모양이다. 유월은 준(峻)으로 보고, 그 관이 높다는 의미라고 했다.

80_ 봉(逢)은 크다는 의미이다. 이운구는 겨드랑이가 넓게 트이고 소매가 큰 도포의 일종으로, 유학자가 입는 일반 예복을 말한다고 했다.

81_ 엄연(儼然)은 엄숙하고 진중한 모습, 장연(壯然)은 장중한 모습, 기연(祺然)은 편안하여 근심과 걱정이 없는 모습, 사연(蕼然)은 너그럽고 여유가 있는 모습이다. 회회연(恢恢然)과 광광연(廣廣然)은 모두 포용하는 모습이고, 소소연(昭昭然)은 밝게 드러나는 모습이며, 탕탕연(蕩蕩然)은 마음이 넓고 너그러운 모습이다.

82_ 검연(儉然)은 스스로를 낮추어 겸손한 모습, 치연(恀然)은 윗사람을 믿고 의지하는 모습, 보연(輔然)은 친하게 따르는 모습, 단연(端然)은 단정하게 바른 모습이다. 자연(訾然)은 유약한 모습, 동연(洞然)은 공경하는 모습, 철철연(綴綴然)은 서로 이어져서 괴리되지 않은 모습, 무무연(瞀瞀然)은 정면으로 쳐다보지 못하고 겸손한 모습이다.

으스대며, 혹은 이리저리 날뛰고, 혹은 조용히 아무 말도 없으며, 곁눈질하다가 놀라서 눈을 크게 뜨고, 의기소침했다가 눈을 부릅뜨고 쳐다본다.[84] 술과 음식, 노래와 여색을 즐기는 상황에서는 눈을 감고 안 보는 척 넌지시 쳐다보며,[85] 예절을 차려야 하는 상황에서는 하기 싫어하면서 투덜거리며,[86] 힘든 일을 할 상황에서는 부지런히 힘쓰지 않고 정성들여 일하지 않으며, 힘든 일을 피하면서 편하려고만 하며,[87] 염치가 없으면서 부끄러워할 줄 모르니, 이것이 바로 학자들의 망령된 모습이다. 그 관을 대충 눌러 쓰고,[88] 그 말을 싱겁고 재미없게 하면서,[89] 우(禹)와 순(舜)처럼 걸음을 걷는 것[90]은 바로 자장씨(子張氏) 문하의 미천한 유학자들이다. 그 의관을 바르게 하고, 그 얼굴 표정을 단정하게 하며, 자득하여 만족해하면서[91] 하루 종일 말을 하지 않는 것은 바로 자하씨

---

83_ 문(絻)은 양경이 면(俛)이 되어야 한다고 했다. 관의 전면이 너무 커서 앞이 축 늘어진 모습이다. 영(纓)은 관의 끈이고, 금(禁)은 허리띠이다.

84_ 간련(簡連)은 고상한 척하면서 오만하게 구는 모습, 전전연(塡塡然)은 만족스러워하며 으스대는 모습, 적적연(狄狄然)은 도약하여 날뛰는 모습, 막막연(莫莫然)은 말없이 조용히 있는 모습이다. 규규연(瞡瞡然)은 곁눈질하는 모습, 구구연(瞿瞿然)은 놀라서 눈을 크게 뜬 모습. 진진연(盡盡然)은 자세히 보는 모습 또는 의기소침한 모습, 우우연(盱盱然)은 눈을 부릅뜨고 쳐다보는 모습이다.

85_ 만만연(瞞瞞然)은 눈을 감고 있는 모습, 명명연(瞑瞑然)은 자세히 살펴보지 않는 모습이다. 양경은 두 모습 모두 너무 좋아하고 기뻐하면서도 마치 보지 않는 것처럼 가장하는 것이라고 했다.

86_ 질질연(疾疾然)은 싫어서 억지로 하는 모습, 자자연(訾訾然)는 헐뜯고 비난하는 모습이다.

87_ 려려연(儢儢然)은 힘쓰지 않는 모습, 리리연(離離然)은 정성들여 일하지 않는 모습이다. 투유(偷儒)는 힘든 일을 구차하게 회피하는 것이고, 망(罔)은 거짓으로 꾸며서 속이는 것이다. 이운구는 안일을 꾀한다는 의미라고 했다.

88_ 제타(弟陀)는 노문초가 유순하여 이리저리 쏠린다는 의미라고 했다. 이운구는 야무지지 못하게 축 늘어진 모양으로, 손복(遜伏)의 의미라고 했다.

89_ 충담(沖禫)은 말이 싱겁고 재미가 없는 것이다.

90_ 우행이순추(禹行而舜趨)는 우와 순의 걸음걸이만 흉내를 내는 것으로, 단지 성인의 겉모습만 따라 하는 것이라는 의미이다.

91_ 겸연(嗛然)은 양경이 겸연(慊然), 즉 자득하여 만족하는 모습이라고 했다.

(子夏氏) 문하의 미천한 유학자들이다. 힘든 일을 피하면서 일하기를 꺼리고, 염치가 없으면서 먹고 마시기만을 즐기며, '군자는 본래 노동력을 쓰지 않는다'라고 기어코 말하는 것은 바로 자유씨(子游氏) 문하의 미천한 유학자들이다.[92] 저 군자라는 것은 그렇지 않다. 편안한 상황에서도 게으르지 않고, 힘든 상황에서도 태만하지 않으며, 본원을 종주로 삼아 변화에 대응하여 곡진하게 그 마땅함을 얻으니, 이와 같은 이후에야 성인(聖人)이라고 할 수 있다.[93](『순자』「비십이자」)

士君子之容. 其冠進, 其衣逢, 其容良, 儼然, 壯然, 祺然, 蕼然, 恢恢然, 廣廣然, 昭昭然, 蕩蕩然, 是父兄之容也. 其冠進, 其衣逢, 其容愨, 儉然, 恀然, 輔然, 端然, 訾然, 洞然, 綴綴然, 瞀瞀然, 是子弟之容也. 吾語汝學者之嵬容. 其冠絻, 其纓禁緩, 其容簡連, 塡塡然, 狄狄然, 莫莫然, 瞡瞡然, 瞿瞿然, 盡盡然, 盱盱然. 酒食聲色之中, 則瞞瞞然, 瞑瞑然. 禮節之中, 則疾疾然, 訾訾然. 勞苦事業之中, 則儢儢然, 離離然, 偷儒而罔, 無廉恥而忍謑詬, 是學者之嵬也. 弟陀其冠, 衶禫其辭, 禹行而舜趨, 是子張氏之賤儒也. 正其衣冠, 齊其顏色, 嗛然而終日不言, 是子夏氏之賤儒也. 偷儒憚事, 無廉恥而耆飮食, 必曰'君子固不用力', 是子游氏之賤儒也. 彼君子則不然. 佚而不惰, 勞而不優, 宗原應變, 曲得其宜, 如是然後聖人也.(『荀子』「非十二子」)

92_ 양경이 "이것은 앞선 학자들에게 성격상 편벽된 점이 있는데, 멍청한 자들이 그것을 본받았기 때문에 이러한 폐단이 있게 되었다"라고 풀이했다. 한편 학의행은 "이 세 종류의 학자들은 자유·자하·자장과 모습만 비슷할 뿐, 그 진면목은 같지 않다. 이것은 세 학자의 문하에 있는 자들을 천박하게 여긴 것이지, 이 세 학자를 천박하게 여긴 것은 아니다"라고 풀이했다.

93_ 종원(宗原)은 양경이 근본과 응변이 모두 곡진하게 마땅함을 얻었다는 의미로 풀이했다. 한편 왕선겸은 수많은 변화에 응하면서 그 본원에서 벗어나지 않고, 각각 그 마땅함을 얻는 것이 곧 성인이라고 풀이했다.

## 2-1-2[94]

세상에는 도술[方術][95]을 연구하는 사람들이 많은데, 모두가 자신이 배운 도술을 거기에 더할 것이 없는 최고의 것이라고 여긴다.[96] 그렇다면 옛날의 도술(道術)[97]이라고 말하는 것은 과연 어디에 있는가? 있지 않은 곳이 없다.[98] 신묘함[神]은 무엇을 통해서 내려오며, 밝음[明]은 무엇을 통해서 나오는가?[99] 성인이 생겨나고 왕자가 이루어지는 것은 모두 하나[道][100]에서 근원한다.

---

94_ 이하에서 인용하고 있는 『장자』「천하편」의 내용은 당시에 존재하고 있던 천하의 도술(道術)을 논평한 글이다. 당시의 학술을 대표하는 추노지사(鄒魯之士)와 진신선생(搢紳先生), 묵적(墨翟)과 금골리(禽滑釐), 그리고 송견과 윤문, 신도와 전병, 관윤(關尹)과 노담(老聃), 혜시(惠施)의 학문 등을 소개하면서 자신의 견해를 덧붙이고 있다. 여기에서 참조한 주석서는 다음과 같다. 곽상(郭象)의 『장자주(莊子注)』, 성현영(成玄英)의 『장자소(莊子疏)』, 육덕명(陸德明)의 『경전석문(經典釋文)』, 임희일(林希逸)의 『남화진경구의(南華眞經口義)』, 임운명(林雲銘)의 『장자인(莊子因)』, 선영(宣穎)의 『남화경해(南華經解)』, 유월(俞樾)의 『장자평의(莊子平議)』, 왕선겸(王先謙)의 『장자집해(莊子集解)』, 곽경번(郭慶藩)의 『장자집석(莊子集釋)』 등이다. 그리고 안병주와 안동림의 『장자』 번역본도 함께 참조했다. 이하의 주에서 인용할 경우, 책 이름은 밝히지 않고 이름만 기록했다.

95_ 방술(方術)은 특정한 학문의 한 분야로, 여기에서는 도술(道術)과 같은 의미이다. 성현영(成玄英)은 방(方)을 도(道)라고 했고, 천구잉(陳鼓應)은 특정한 학문을 가리키는 말로, 도술(道術)의 일부분이라고 했다. 임희일(林希逸)은 학술(學術), 후쿠나가 미쓰지(福永光司)는 특정의 기술적인 학문이라고 했다.

96_ 기유(其有)는 자신이 연구하고 배운 도술을 말한다. 선영(宣穎)은 자신이 배운 것이라고 했다.

97_ 도술(道術)은 앞에서 말한 방술(方術)과 같은 말이다. 천구잉은 우주와 인생의 본원을 통찰하는 학문이라고 했고, 후쿠나가 미쓰지는 보다 근원적이고 보편적인 입장에 선 도의 체득과 그 운용을 말하는 학문이라고 했다.

98_ 무호부재(無乎不在)는 존재하지 않는 곳이 없다는 말이다. 성현영은 무위(無爲)의 현묘한 도는 어느 곳이든 모두 존재하니, 예로부터 지금까지 두루 있지 않는 곳이 없다고 했다.

99_ 신(神)과 명(明)은 모두 인간 정신의 작용을 말한다. 천구잉은 신(神)은 조화(造化)의 영묘함, 명(明)은 인간의 지혜라고 했다. 곽상(郭象)은 일에 따라서 감응한 이후에 나오는 것이라고 했다.

天下之治方術者多矣, 皆以其有爲不可加矣. 古之所謂道術者, 果惡乎在? 曰無乎不在. 曰神何由降, 明何由出? 聖有所生, 王有所成, 皆原於一.

도의 큰 근원[大宗]에서 벗어나지 않는 사람을 천인(天人)이라고 하고, 도의 정미함[精]에서 벗어나지 않는 사람을 신인(神人)이라고 하며, 도의 진실함[眞]에서 벗어나지 않는 사람을 지인(至人)이라고 한다. 하늘을 근원으로 삼고, 덕을 근본으로 삼으며, 도를 출입하는 문으로 삼아서, 만물의 변화의 기미를 미리 살피는[101] 사람을 성인(聖人)이라고 한다. 어짊[仁]으로 은혜를 베풀고, 의리[義]로 이치를 세우며, 예법[禮]으로 행동을 규제하고, 음악[樂]으로 [성정(性情)을] 조화시켜서, 자애롭고 어짊이 가득 넘치는[102] 사람을 군자(君子)라고 한다.[103] 법률로 각자의 직분을 세우고, 관직의 명칭으로 일의 표준을 삼으며, 서로 비교하여 징험하고, 서로 고찰하여 결정하니, 그것은 숫자 1·2·3·4와 같이 명확하며,[104] 모든 관리는 이러한 형식으로 서로 관직의 서열이 정해진다.[105] 각자의 일을 일상의 업무로 삼고, 의식(衣食)을 주요 생활로 삼으며, 농산물의 생산과 재화의 저장에 특히 유의하여,[106] 늙은이와 어린이, 고

---

100_ 일(一)은 도(道)를 말한다. 성현영은 원(原)을 본(本), 일(一)을 도(道)라고 했다.

101_ 조(兆)는 변화의 기미를 미리 살펴서 아는 것이다. 성현영은 기미를 보고 사물에 따라서 변화하는 것이라고 했다.

102_ 훈연자인(薰然慈仁)은 자애롭고 인자함이 훈훈하게 넘쳐흐르는 것을 말한다. 성현영은 향기가 풍기듯이 자애로움과 인자함이 넘쳐흐르는 것이라고 했다.

103_ 성현영과 곽상 등은 다섯 사람 중에서 천인(天人)·신인(神人)·지인(至人)·성인(聖人)은 한 사람을 묘사한 말인데, 단지 어떤 시각에서 보는냐에 따라서 명칭이 다를 뿐이라고 했다.

104_ 기수일이삼사시야(其數一二三四是也)는 각 분야의 질서가 마치 1·2·3·4의 숫자와 같이 명확하다는 의미이다. 천구잉은 마치 숫자 1·2·3·4와 같이 명백하다는 뜻이며, 기(其)는 약(若)과 같다고 했다.

105_ 치(齒)는 조정에서의 관직의 서열을 말한다.

106_ 왕선겸은 번식(蕃息)은 농산물의 생산, 축장(畜藏)은 재화의 저장을 말한다고

아와 과부를 그로써 모두 봉양함이 있으니, 이것이 바로 백성들이 살아가는 이치이다.[107]

不離於宗, 謂之天人, 不離於精, 謂之神人, 不離於眞, 謂之至人. 以天爲宗, 以德爲本, 以道爲門, 兆於變化, 謂之聖人. 以仁爲恩, 以義爲理, 以禮爲行, 以樂爲和, 薰然慈仁, 謂之君子. 以法爲分, 以名爲表, 以參爲驗, 以稽爲決, 其數一二三四是也, 百官以此相齒. 以事爲常, 以衣食爲主, 蕃息畜藏, 老弱孤寡爲意, 皆有以養, 民之理也.

옛날 사람[108]은 도술을 완전하게 갖추고 있었다.[109] [천지의] 신묘하고 밝은 이치와 합치되며, 천지를 본받아서[110] 만물을 기르고 천하를 조화시켜서, 그 은택이 모든 백성에게 미쳤다. 도의 근본 원리를 밝히고,[111] 구체적인 법도를 연계시켰으며, 상하 사방의 공간과 사계절의 시간까지 두루 통하며,[112] 작고 크거나 정밀하고 거친 모든 사물에 그 도의 운행이 존재하지 않는 곳이 없었다. 옛날의 도술이 분명하게 구체적인 법도에 나타난 것은[113] 옛날의 법으로서 세상에 전하는 역사서

---

했다. 안병주는 가축의 번식과 곡물의 저장이라고 했다.

107_ 천구잉은 이 문장에 착간이 있다는 도홍경(陶鴻慶) 등이 의견에 따라, '以蕃息畜藏爲意, 老弱孤寡皆有以養, 民之理也.'로 문장을 바꾸었는데, 여기에서도 이에 따라 해석했다.

108_ 고지인(古之人)은 선영이 앞에서 말한 천인 · 신인 · 지인 · 성인 등 네 부류의 사람이라고 했다.

109_ 장시창(蔣錫昌)은 완전한 도술을 갖추고 있으면서 하나의 분야에만 국한되지 않았다고 풀이했다.

110_ 순천지(醇天地)는 천지를 법칙으로 삼는다는 의미이다. 천구잉은 장빙린(章炳麟)의 『장자해고(莊子解故)』를 인용하여, 순(醇)이 준(準)의 가차라고 했다.

111_ 천구잉은 본수(本數)를 본원, 즉 도의 근본, 말도(末度)를 법도, 즉 도의 말절이라고 했다. 장시창은 본수(本數)를 도수(度數)의 근본, 즉 천지(天地)라고 했다. 성현영은 본수를 인의(仁義), 말도를 명법(名法)이라고 풀이했다.

112_ 육통사벽(六通四辟)은 천구잉이 육(六)은 육합(六合), 즉 상하사방의 공간이고, 사(四)는 사시(四時)의 시간을 가리킨다고 했다. 벽(辟)은 벽(闢)과 같은 의미이다.

에 여전히 많이 기록되어 있고, 그중에서 『시(詩)』·『서(書)』·『예(禮)』·『악(樂)』 속에 기록되어 있는 것은 추노(鄒魯) 지역의 선비들과 홀을 띠에 꽂은 선생들[114] 중에서 그 도술을 아는 사람이 많다. [이 도술을 가지고] 『시(詩)』는 사람의 뜻을 말하고, 『서(書)』는 정치의 일을 말하며, 『예(禮)』는 실천을 말하고, 『악(樂)』은 조화를 말하며, 『역(易)』은 음양(陰陽)을 말하고, 『춘추(春秋)』는 명분(名分)을 말했다.[115] 그러한 도술의 구체적인 법도가 천하에 흩어져서 중국 전역에 펼쳐진 것을 제자백가의 학파 중에서 때때로 혹 거론하면서 말하는 자가 있다.

古之人其備乎. 配神明, 醇天地, 育萬物, 和天下, 澤及百姓. 明於本數, 係於末度, 六通四辟, 小大精粗, 其運無乎不在. 其明而在數度者, 舊法世傳之史尙多有之, 其在於『詩』·『書』·『禮』·『樂』者, 鄒魯之士·搢紳先生多能明之. 『詩』以道志, 『書』以道事, 『禮』以道行, 『樂』以道和, 『易』以道陰陽, 春秋以道名分. 其數散於天下而設於中國者, 百家之學時或稱而道之.

천하가 크게 혼란스러워지자 현인과 성인이 그 모습을 드러내지 않았고, 도덕이 하나로 통일되지 못하여, 천하 사람들은 대부분 그중의 일부분만을 이해하고서 스스로 만족했다.[116] 이것은 비유하면 귀와 눈,

---

113_ 천구잉은 기(其)는 도술이고, 도수(數度)는 예악제도라고 했다.

114_ 추(鄒)는 맹자의 고향인데, 육덕명은 공자의 아버지가 봉해진 읍이라고 했다. 노(魯)는 공자의 고국인 노나라를 말한다. 천구잉은 추노지사(鄒魯之士)가 유가(儒家)를 통칭하는 말이라고 했다. 진신(搢紳)은 홀(笏)을 큰 띠에 꽂는 것으로, 선비나 사대부를 말하는데, 유사(儒士)를 가리키는 말이다.

115_ '詩以道志 … 春秋以道名分'의 6개 구절에 대해, 마서륜(馬敍倫)은 옛날 주석의 문장이 옮겨 적는 과정에서 본문으로 잘못 들어간 것이라고 했다. 천구잉도 이 구절은 후인들이 앞의 문장인 '시서예악(詩書禮樂)'에 주석을 단 문장이 본문으로 잘못 들어간 것이라고 하여 삭제했다.

116_ 옌링펑(嚴靈峯)은 다(多)가 각(各)이 되어야 한다고 했는데, 여기에서는 글자 그대로 해석했다. 일찰(一察)은 천구잉이 하나의 단면만을 잡는다고 풀이했다. 한편 왕염손은 이 문장을 '天下多得一察焉以自好'로 구두를 끊고, "그 하나의 단편만

코와 입이 모두 밝은 작용이 있지만, 서로 소통되지 못하는 것이 마치 수많은 기술자들의 다양한 기술과도 같다. 모두가 각각의 장점을 가지고 있어서 때때로 사용되기도 하지만, 비록 그렇더라도 도술을 두루 갖추고 있지 않기 때문에 한쪽 분야에만 치우친 선비이다.[117] 이들은 [조화로운] 천지의 아름다움을 [제멋대로] 갈라놓고, [통일된] 만물의 이치를 [억지로] 쪼개서 옛 사람들의 완전한 도술의 한쪽 분야만을 이해했으니,[118] 천지의 아름다움을 갖추고, 신묘하고 밝은 모습에 걸맞을 수 있는 자가 드물다. 이 때문에 안으로는 성인의 자질을 갖추고 밖으로는 왕도를 실천하는[內聖外王] 도리가 어둠에 가려진 채 밝혀지지 않고, 꽉 막힌 채 드러나지 않아서, 천하 사람들이 제각각 자기가 하고 싶은 대로 하고서 스스로 그것을 방술(方術)이라고 생각한다. 슬프구나! 제자백가들이 각자의 방향으로 전진해 갈 뿐 [근본으로] 되돌아올 줄을 모르니, 결코 도술과 합치될 수가 없을 것이다. 후세의 학자들은 불행하게도 천지의 순수한 아름다움과 옛 사람들의 도술의 전체적인 모습을 보지 못할 것이니,[119] 도술은 장차 천하 사람들 때문에 분열되어 버릴 것이다.

天下大亂, 賢聖不明, 道德不一, 天下多得一察焉以自好. 譬如耳目鼻口, 皆有所明, 不能相通, 猶百家衆技也. 皆有所長, 時有所用, 雖然, 不該不遍, 一曲之士也. 判天地之美, 析萬物之理, 察古人之全, 寡能備於天地之美, 稱神明之容. 是故內聖外王之道, 闇而不明, 鬱而不

---

을 살피고, 그 전체를 알지 못한다"라고 해석했다.

117_ 일곡(一曲)은 한쪽 분야를 말한다. 천구잉은 일단(一端)에 치우친 것으로, 앞 문장의 일찰(一察)과 같은 의미이며, 단지 도의 한 단면만을 알 뿐, 도의 전체를 알지 못하는 것이라고 풀이했다.

118_ 찰(察)은 앞에 나온 일찰(一察)의 찰(察)과 같은 의미이다. 기존의 해석서 중에서 안동림은 살펴본다고 해석했고, 안병주는 고인들이 체득했던 도술의 전체를 산산조각 낸다고 해석했다.

119_ 성현영은 천지지순(天地之純)은 무위(無爲), 고인지대체(古人之大體)는 박소(朴素)라고 했다.

發, 天下之人各爲其所欲焉以自爲方. 悲夫! 百家往而不反, 必不合矣. 後世之學者, 不幸不見天地之純, 古人之大體, 道術將爲天下裂.

후세 사람들에게 사치하지 않게 하고, 만물을 낭비하지 않게 하며,[120] 구체적인 법도를 화려하게 꾸미지 않게 하고, 규율로써 스스로를 엄격하게 규제하여[121] 세상의 위급한 상황에 대비하게 하니, 옛날의 도술 중에 이러한 방면에 속하는 학풍이 있었다. 묵적(墨翟)과 금골리(禽滑釐)는 그 학풍을 듣고서 기뻐하여, 실천을 너무 지나치게 했고, 절제를 너무 심하게 했다.[122] 「비악(非樂)」을 짓고, 「절용(節用)」이라고 명명하여,[123] 살아 있는 동안에는 노래를 부르지 않고, 죽었을 때는 상복이 없었다. 묵자는 널리 사람을 사랑하고 이익을 함께 나누고,[124] 전쟁을 반대했으며, 남에게 화내지 않는 것을 도리로 삼았다.[125] 또한 학문을 좋

---

120_ 미(靡)는 치(侈)와 같은 의미이다. 천구잉은 미(縻), 즉 낭비한다는 뜻, 성현영은 려(麗), 즉 화려하게 꾸미다는 뜻이라고 했다.

121_ 승묵(繩墨)은 직선을 그을 때 사용하는 먹줄로, 규칙이나 법도 등을 말한다. 교(矯)는 바로잡거나 규제하는 것으로, 곽상은 스스로에게 엄격하게 한다고 했고, 성현영은 인의(仁義)로 규제하고, 자신의 지행(志行)에 힘써 노력한다고 했다.

122_『장자금주금역』에 의하면, 대(大)는 태(太)와 통하며, 순(循)은 순(順)과 통한다. 이 구절은 두 가지의 해석이 있다. 첫째는 이(已)를 기(己)로 보고, "너무 자기식대로만 한다"라고 풀이하는 것이다. 둘째는 이(已)를 절지(節止), 대순(大循)을 태심(太甚)으로 보고, "절제하는 것이 너무 심하다"라고 풀이하는 것이다. 임희일은 이(已)를 억제하고 막는다는 의미로 보았고, 안동림은 순(順)을 준(踌)의 가차자로 보고, 그 방법이 세속 풍속에 등지는 것이라고 해석했다. 여기에서는『장자금주금역』의 두 번째 해석에 따랐다.

123_ 성현영은 비악(非樂)과 절용(節用)을『묵자』의 편명으로 보고, 살아 있을 때는 노래를 부르지 않기 때문에 비악(非樂)이며, 죽었을 때는 상복이 없기 때문에 절용(節用)이라고 한다고 했다.

124_ 범애교리(氾愛兼利)는『묵자』「겸애(兼愛)」편의 겸애교리(兼愛交利)와 같은 의미이다.

125_ 성현영은 자신의 사욕을 극복하고 근검절약하기 때문에 다른 사람을 원망하거나 화내지 않는다고 했고, 천구잉은 사람들에게 화내지 않도록 가르쳤다고 풀이했다.

아하면서 널리 배웠고, 특이한 이론을 내세우지는 않았다.[126] 그러나 선왕의 도와는 같지 않았고, 옛날의 예악을 비난했다.

不侈於後世, 不靡於萬物, 不暉於數度, 以繩墨自矯而備世之急, 古之道術有在於是者. 墨翟·禽滑釐聞其風而說之, 爲之大過, 已之大循. 作爲「非樂」, 命之曰「節用」, 生不歌, 死無服. 墨子氾愛兼利而非鬥, 其道不怒. 又好學而博, 不異. 不與先王同, 毁古之禮樂.

황제(黃帝)에게는 「함지(咸池)」라는 음악이 있었고, 요(堯)에게는 「대장(大章)」이라는 음악이 있었으며, 순(舜)에게는 「대소(大韶)」라는 음악이 있었다. 우(禹)에게는 「대하(大夏)」라는 음악이 있었으며, 탕(湯)에게는 「대호(大濩)」라는 음악이 있었고, 문왕(文王)에게는 「벽옹(辟雍)」이라는 음악이 있었으며, 무왕(武王)과 주공(周公)은 「무(武)」라는 음악을 지었다.[127] 옛날의 상례(喪禮)는 신분의 귀천에 따라서 [각각 정해진] 예법이 있었고, 지위의 상하에 따라서 [각각 정해진] 등급이 있었다. 천자는 내관[棺]과 외관[槨]이 일곱 겹이고, 제후는 다섯 겹이며, 대부는 세 겹이고, 사는 두 겹이다. 지금 유독 묵자만이 살아 있을 때는 노래를 부르지 않고, 죽었을 때는 상복을 입지 않으며, 오동나무 내관을 세 치의 두께로 만들면서 외관이 없는 것을 법식으로 삼고 있다. 이로써 사람을 가르친다면 아마도 사람을 사랑하지 않을 것이며, 이로써 스스로에게 실행

---

126_ 천구잉에 의하면, '好學而博不異'는 두 가지 독법이 있다. 하나는 '好學, 而博不異'이고, 다른 하나는 '好學而博, 不異'이다. 임희일은 박불이(博不異)를 상동(尙同)으로 해석하여, 묵자의 주장이 넓게는 상동(尙同)을 위주로 한 것이라고 했다. 장빙린은 두 번째 해석에 따라서 불이(不異)를 묵자가 구차하게 특이한 이론을 세우지 않았다고 해석했고, 임운명은 다른 사람에게 특이한 것을 요구하지 않았다고 해석했다. 천구잉은 『묵자』「귀의(貴義)」편의 "子墨子南遊使衛, 關中載書甚多."라는 문장이 묵자의 '好學而博'의 증거라고 했다. 여기서는 두 번째 독법에 따라 해석했다.

127_ 함지(咸池)부터 무(武)까지는 모두 고대 임금들의 음악 이름이다. 성현영은 오제삼왕(五帝三王)의 악명(樂名)이라고 했다.

한다면 자기 자신조차도 사랑하지 않을 것이다. [나는] 묵자의 도를 공격하려는 것이 아니다.[128] 비록 그렇지만, [즐거운 상황에서는] 노래를 불러야 하는데 노래를 비난하고, [슬픈 상황에서는] 곡을 해야 하는데 곡하는 것을 비난하며, [음악이 필요한 상황에서는] 음악을 연주해야 하는데 음악을 비난하니, 이것이 과연 인정에 가까운가?[129] 살아 있을 때는 힘들게 노동하고, 죽었을 때는 간략하게 장례를 치르니, 그 도가 너무 각박하다.[130] 사람들을 우울하게 하고 사람들을 슬프게 하니, 그 도의 실천은 실행되기 어려울 것이며, 아마도 성인의 도가 될 수 없을 것이다. 그리고 천하의 인심과 위배되니, 천하의 사람들이 감당하지 못할 것이다. 묵자가 비록 혼자서는 감당할 수 있다고 하더라도 천하 사람들을 [강제로 실천하도록] 할 수 있겠는가? 천하 사람들로부터 이반되어 있으니, 왕도와는 거리가 멀다.

黃帝有「咸池」, 堯有「大章」, 舜有「大韶」. 禹有「大夏」, 湯有「大濩」, 文王有「辟雍」之樂, 武王 · 周公作「武」. 古之喪禮, 貴賤有儀, 上下有等. 天子棺槨七重, 諸侯五重, 大夫三重, 士再重. 今墨子獨生不歌, 死不服, 桐棺三寸而無槨, 以爲法式. 以此敎人, 恐不愛人, 以此自行, 固不愛己. 未敗墨子道. 雖然, 歌而非歌, 哭而非哭, 樂而非樂, 是果類乎? 其生也勤, 其死也薄, 其道大觳. 使人憂, 使人悲, 其行難爲也, 恐其不可以爲聖人之道. 反天下之心, 天下不堪. 墨子雖獨能任, 奈天下何? 離於天下, 其去王也遠矣.

---

128_ 『장자금주금역』에 의하면, 이 구절에는 두 가지 해석이 있다. 첫째, 패(敗)를 훼(毁)로 보고, 이 글의 작자인 내가 묵자의 학설을 비난할 생각은 전혀 없다고 풀이하는 것이다. 둘째, 묵자의 도에는 손상이 없다는 의미로, 묵자의 도가 비록 가혹하지만 여전히 세상에 유행하여 그 학설에는 아무런 영향을 받지 않는다는 것이다. 여기에서는 첫 번째 입장에 따라 해석했다.

129_ 임희일은 류(類)를 근(近)으로 보고, 이와 같은 것이 과연 인정에 가까운 것인가라고 풀이했고, 천구잉도 과연 인정에 맞는가라고 해석했다.

130_ 각(觳)은 인정미가 없고 각박한 것을 말한다. 천구잉은 앞의 박(薄)자와 같이 각박하다는 의미로 보았고, 곽상은 척박하다고 풀이했다.

묵자는 다음과 같이 말한다.[131] "옛날 우(禹)가 홍수를 막고,[132] 양자강과 황하를 터서 사방 오랑캐와 중국의 구주(九州)를 소통시켰는데, 큰 강이 300개였고,[133] 작은 하천이 3,000개였으며, 작은 내는 셀 수 없이 많았다. 우는 직접 삼태기와 보습[134]을 손에 쥐고서 천하의 하천을 모아서 합쳤다.[135] 그의 장딴지와 정강이에는 털이 없어졌으며,[136] 장맛비에 온몸이 젖고 심한 바람에 머리를 흩날리면서,[137] 여러 나라[의 경계를] 정했다. 우는 큰 성인인데도 천하를 위해 육체노동을 한 것[138]이

---

131_ 도(道)는 안동림과 후쿠나가 미쓰지 등이 묵자의 도로 해석하기도 했다.

132_『상서』「주서(周書)·홍범(洪範)」편에 "箕子乃言曰, 我聞, 在昔, 鯀陻洪水, 汩陳其五行, 帝乃震怒, 不畀洪範九疇, 彝倫攸斁. 鯀則殛死, 禹乃嗣興, 天乃錫禹洪範九疇, 彝倫攸敘."라는 내용이 보인다. 곤이라는 인물이 치수에 실패하고, 그의 아들인 우가 부친의 사업을 이어서 완성했다는 내용이다. 인(湮)은 막는다는 의미로, 『서』에는 인(陻)자로 되어 있다.

133_『장자금주금역』에 의하면, 세덕당본(世德堂本)에는 명천(名川)이 명산(名山)으로 되어 있다. 유월은 이것은 오자이며, 대수(大水)와 소수(小水)를 말하는 것이라고 했다. 곽경번은 명(名)이 대(大)와 같다고 했다.

134_ 탁(橐)은 흙을 담아 나르는 삼태기이고, 사(耜)는 땅을 파는 보습이다.

135_ 구(九)는『논어』「헌문(憲問)」편의 '管仲九合諸侯'에서의 구(九)와 같이 모은다는 의미이고, 잡(雜)도 모으거나 합친다는 의미이다. 장빙린은 잡(雜)을 집(集)의 가차자라고 했다.

136_ 비(腓)는 장딴지, 경(脛)은 정강이이다. 발(胈)은 털이 없는 깨끗한 흰 살을 말한다.『한비자』「오두(五蠹)」편에도 "禹之王天下也, 身執耒臿以爲民先, 股無胈, 脛不生毛, 雖臣虜之勞不苦於此矣."라는 기록이 보인다.

137_『장자』의 원문과『공자개제고』에는 모두 '沐甚風, 櫛疾雨'라고 되어 있는데, 여기에서는 '沐甚雨, 櫛疾風'이 되어야 한다는 왕선겸의 주장에 따라 해석했다. 곽경번은 다음과 같이 말했다. "최선(崔譔)의 판본에 심(甚)이 음(湛)으로 되어 있는 것이 옳다. 음(湛)은 음(淫)과 같다.『논형(論衡)』「명우(明雩)」편에서 '오랫동안 내리는 비가 장마[湛]'라고 했으니, 음(湛)은 곧 장마[淫]이다." 목(沐)은 머리를 감는 것이고, 즐(櫛)은 머리를 빗는 것이다. 안병주는 장맛비에 얼굴을 씻고, 모진 바람에 빗질했다고 해석했는데, 여기에서는 몸이 비에 젖고 강풍에 머리가 날리면서 고생하는 모습을 묘사한 것으로 보는 것이 좋을 듯하다.

138_ 형로(形勞)는 힘들게 육체 노동을 하는 것을 말한다.『맹자』「등문공 상(滕文公上)」편의 기록에 의하면, 치수(治水)를 하는 동안, 우임금은 8년 동안 밖에 있으면서 세 번이나 자기 집의 문 앞을 지나갔는데, 한 번도 들어가지 못했다고 한다.[禹

이와 같았다.” 따라서 후세의 묵가들에게 대부분 거친 옷을 입고, 허름한 신발을 신으며,[139] 밤낮으로 쉬지 않고 노동하여, 스스로를 고생시키는 것이 최고라고 여기도록 했다. 그러면서 “이와 같이 할 수 없으면 우의 도가 아니니, 묵가라고 할 수 없다”라고 말했다.

> 墨子稱道曰, “昔禹之湮洪水, 決江河而通四夷九州也, 名川三百, 支川三千, 小者無數. 禹親自操槖耜而九雜天下之川. 腓無胈, 脛無毛, 沐甚風, 櫛疾雨, 置萬國. 禹大聖也而形勞天下也如此.” 使後世之墨者, 多以裘褐爲衣, 以跂蹻爲服, 日夜不休, 以自苦爲極. 曰“不能如此, 非禹之道也, 不足謂墨.”

상리근(相里勤)의 제자와 오후(五侯)의 무리, 남방의 묵가인 고획(苦獲)과 이치(已齒)와 등릉자(鄧陵子)의 부류들이 모두 묵가의 경전을 익혔지만, [그 이론이] 어긋나고 갈라져서 같지 않았고, 서로를 [정통이 아닌] 별개의 묵자라고 비난했다.[140] 견백(堅白)과 동이(同異)의 변론을 가지고 서로 비난하고, 맞지 않는 기우(奇偶)의 말을 가지고 서로 대응했다.[141] 거

---

八年於外, 三過其門而不入.]

139_ 구갈(裘褐)은 갖옷과 거친 모직물로 만들어 추위를 막는 옷으로, 거칠고 허름한 옷을 말한다. 극갹(跂蹻)은 나막신과 짚신으로, 허름한 신발을 말한다.

140_ 배휼(倍譎)은 서로 어긋나고 갈라지는 것이다. 상위별묵(相謂別墨)은 서로 묵자의 정통이 아니라 별파(別派)라고 비난하고 배척하는 것이다.

141_ 기우(觭偶)의 기(觭)는 기(奇)와 같고, 기우(奇偶)는 홀수와 짝수를 말한다. 불오(不仵)는 천구잉이 불합(不合)이라고 했고, 『경전석문』에서는 부동(不同), 성현영은 두서가 없는 것이라고 했다. 이 구절은 주석에 따라서 해석이 다양하다. 안병주는 견백론과 동이론으로 서로 비난하고, 기수(奇數)와 우수(偶數)처럼 짝이 맞지 않고 어긋나는 말로 서로 응수한다고 해석했고, 안동림은 견백동이(堅白同異)의 궤변을 써서 서로 헐뜯으며, 혹은 홀로 혹은 모여서 두서없는 수작을 서로 주고받는다고 해석했다. 한편 천구잉은 견백(堅白)·동이(同異)·기우(奇偶) 세 가지를 당시의 일상적인 변론의 주제라고 하고, 다음과 같은 량치차오(梁啓超)의 말을 인용했다. “당시에 일상적으로 사용되던 세 가지 변론의 제목을 예로 든 것으로, 첫째는 견백 문제, 둘째는 동이 문제, 셋째는 기우 문제이다. 이 세 가지 문제는 전국시대 중기 이후에 학자들이 가장 즐겨 말하던 것으로, 그 기원은 모두 묵

자(巨子)[142]를 성인이라고 여기고, 모두가 묵자의 주축이 되기를 원하고[143] 묵자의 후계자가 되기를 바라니, 지금까지도 분쟁이 해결되지 않고 있다. 묵적(墨翟)과 금골리(禽滑釐)의 의도는 옳지만, 그 행동은 잘못되었다. 장차 후세의 묵가들에게 기어코 장딴지와 정강이에 털이 없어지는 것으로 스스로를 고생시키면서 서로 경쟁하게 할 뿐이다.[144] 이것은 천하를 혼란시키는 최상의 방법이자 천하를 다스리는 최하의 방법이다.[145] 비록 그렇지만, 묵자는 진정으로 천하 사람들을 좋아했다.[146] 자신이 추구하는 것을 얻지 못하면 비록 몸이 고목처럼 말라 죽을지라도 그만두지 않았으니, 뛰어난 선비로다.

相里勤之弟子·五侯之徒, 南方之墨者苦獲·已齒·鄧陵子之屬, 俱誦墨經, 而倍譎不同, 相謂別墨. 以堅白同異之辯相訾, 以觭偶不仵之辭相應. 以巨子爲聖人, 皆願爲之尸, 冀得爲其後世, 至今不決. 墨翟·禽滑釐之意則是, 其行則非也. 將使後世之墨者, 必自苦以腓無

---

경(墨經)에서 나왔다. 후세의 묵자들은 「절용(節用)」·「비공(非攻)」 등의 여러 교리에 뜻을 두는 경우는 거의 없었고, 다만 묵경 중의 이러한 문제들만을 주워 모아 서로 비난함으로써 서로 어긋나고 갈라져서 같지 않는 상황을 초래했다." 여기에서는 천구잉의 주장에 따라 해석했다.

142_ 거자(巨子)는 묵가 집단의 우두머리로, 거자(鉅子)로 된 판본도 있다. 량치차오는 거자의 이름이 옛날 책 속에 보이는 것이 세 명이라고 했는데, 『여씨춘추』「상덕(上德)」편의 맹승(孟勝)과 전양자(田襄子), 「거추(去秋)」편의 복돈(腹䵍)이다.

143_ 시(尸)는 주관하거나 또는 주인노릇을 하는 것으로, 곽상과 천구잉은 주(主)와 같다고 했다.

144_ 상진(相進)은 천구잉과 장시창은 서로 경쟁하다[競]는 의미라고 했는데, 안병주는 마서룬과 후쿠나가 미쓰지 등이 소진하다[盡]라고 주석한 것에 따라서 '서로 생명을 다 소진할 뿐'이라고 해석했다.

145_ 선영은 천하를 어지럽히는 죄는 크고, 천하를 다스리는 공적은 적다고 해석했다. 임희일은 묵자의 도를 전하는 자들이 스스로를 고생시키는 것을 서로 숭상하고 그로써 천하를 다스리고자 하지만, 그 다스림을 보기 전에 반드시 먼저 혼란을 초래하게 된다고 해석했다. 안병주는 천하를 어지럽히는 데는 상책이요, 천하를 편안히 다스리는 데는 하책이라고 해석했다.

146_ 유월은 진정으로 천하 사람들을 좋아한 것이니, 묵자의 겸애(兼愛)를 말한다고 했다. 천구잉은 천하에서 가장 아름답고 착한 사람이라고 해석하기도 했다.

胈脛無毛相進而已矣. 亂之上也, 治之下也. 雖然, 墨子眞天下之好也. 將求之不得也, 雖枯槁不舍也, 才士也夫.

세속에 얽매이지 않고, 외부 대상에 맞추어 꾸미지 않으며, 다른 사람에게 구차하게 굴지 않고,[147] 대중에게 거스르지 않는다.[148] 천하가 안정됨으로써 백성들의 생명이 활기차고, 남과 자신의 생활이 모두 풍족하기를 원할 뿐이다. 이러한 것으로 자신의 마음을 깨끗하게 만들었으니,[149] 옛날의 도술 중에 이러한 방면에 속하는 학풍이 있었다. 송견(宋鈃)과 윤문(尹文, B.C.360~B.C.280)[150]은 그 학풍을 듣고서 기뻐하여, 위와 아래의 폭이 균등한 관[華山之冠][151]을 만들어 [자신의 입장을] 스스로 표명하고, 만물과 접할 때는 선입견의 배제[別宥]를 출발점으로 삼았다.[152]

---

147_ 구(苟)는 천구잉이 가(苛)의 오자로 보았고, 성현영은 구차(苟且)로 풀이했다. 여기에서는 글자 그대로 해석했다.

148_ 기(忮)는 해친다는 의미로, 거스르거나 거역하다는 뜻도 있다. 임희일과 천구잉 등은 거스르다[逆]는 의미로 풀이했고, 사마표(司馬彪)와 최선(崔譔) 등은 해치다[害]는 의미로 해석했다.

149_ 백심(白心)은 최선(崔譔)이 그 마음을 분명하게 한다고 풀이했고, 후쿠나가 미쓰지는 정신을 정화한다고 해석했다.

150_ 윤문(尹文)은 전국시대 제(齊)나라 사람으로, 윤문자(尹文子)라고도 하며, 『윤문자(尹文子)』를 지었다. 『한서』「예문지」와 『수서』「경적지」 등의 주를 참조하면, 주나라의 처사로서 송견과 함께 직하(稷下)에서 유학했다고 한다.

151_ 화산(華山)은 오악(五嶽)의 하나인 서악(西嶽)이다. 화산지관(華山之冠)은 육덕명이 "화산은 위와 아래가 균평한데, 관을 만들면서 그것을 본뜸으로써 자기 마음의 균평함을 표명했다"라고 했고, 장시창이 "송견은 화산지관으로 스스로를 표명했는데, 아마도 인류 생활의 평등을 제창한 뜻이 있는 듯하다"라고 했다. 량치차오는 전국시대 사람들이 기이한 복장을 만들어 상징화하기를 좋아했다고 했다.

152_ 유(宥)는 유(囿)와 같은 글자로, 선입견이나 고정관념에 얽매이는 것이다. 별유(別宥)는 이러한 선입견을 배제한다는 의미이다. 장시창은 다음과 같이 풀이했다. "일반적으로 가려지는 것이 있어서 전체를 보지 못하는 것을 유(囿)라고 한다. 유(囿)는 곧 각 개인들이 지식의 측면에서 가려진 바가 있는 것을 가리켜 말한 것이다. 별유(別宥)의 의미는 대체로 『순자』의 '해폐(解蔽)'와 『여씨춘추』의 '거유(去宥)'와 같다. 따라서 이 구절은 만물을 접하면서 그 진실된 모습을 알고자 한다면 반드시 가려진 것을 제거하는 것[去蔽]으로 시작을 삼아야 한다는 뜻이다." 가려

마음이 [만물을] 포용하는 것을 말하면서 그것을 '마음의 행위[心之行]'라고 명명했다.[153] 부드럽고 조화로운 태도로 [다른 사람들과] 기쁨을 함께 함으로써[154] 온 천하를 조화롭게 만들되, '마음의 행위'를 그 중심에 두기를 요구했다.[155] 모욕을 당해도 욕되게 여기지 않음으로써 백성들을 싸움으로부터 멀어지게 하려 했고, 공격을 금지하고 군대를 종식시킴으로써[156] 세상을 전쟁으로부터 벗어나게 하려 했다. 이러한 주장을 가지고 천하를 두루 돌아다니면서 위로는 [군주를] 설득하고 아래로는

진 것[蔽]은 바로 만물을 접할 때 가지고 있는 선입견이나 고정관념을 말한다.

153_ 심지용(心之容)은 천구잉이 '마음이 만물을 포용하는 것'이라고 해석했다. 장시창은 다음과 같이 풀이했다. "송견은 마음의 문제에 매우 집중했다. 첫째, 마음은 행위의 주체이기 때문에 정당한 행위를 하고자 한다면 반드시 먼저 정당한 마음을 가지고 있어야 한다. 예를 들어 '이러한 것으로 자신의 마음을 깨끗하게 만들었다[以此白心]'는 것이 그것이다. 둘째, 행위는 마음의 표출이기 때문에 정당한 마음을 밝히고자 한다면 반드시 먼저 정당한 행위가 있어야 한다. 예를 들어 '위와 아래의 폭이 균등한 관을 만들어 스스로 표명했다[作爲華山之冠以自表]'는 것이 그것이다. 셋째, 행위의 정당성 여부는 마음의 정당성 여부에 따라 결정되며, 마음의 정당성 여부는 또한 선입견 배제[別宥]의 여부가 올바른지에 따라 결정된다. 따라서 '만물과 접할 때는 선입견의 배제를 출발점으로 삼았다[接萬物以別宥爲始]'고 한 것이다."

154_ 이(聏)는 조화를 이룬다는 의미이다. 천구잉은 부드럽고 조화로운 태도라고 했고, 사마표는 얼굴색이 돈후한 모양, 최선은 조화라고 풀이했다. 합환(合驩)은 다른 사람의 즐거운 마음에 합치시키는 것으로, 남들과 기쁨을 함께한다는 의미이다.

155_ 지(之)는 여러 가지 해석이 있는데, 마음의 행위[心之行]로 해석했다. 천구잉은 마음이 만물을 포용하는 모습[心之容]으로 보고, "마음이 만물을 포용하는 것을 행위의 주체로 삼기를 모두에게 요구했다"라고 해석했다. 한편 선영은 사람들이 모두 이러한 마음을 최상으로 삼기를 원한다고 풀이했고, 마기창(馬其昶)은 기쁨을 함께하는 마음을 두어 행도(行道)의 주체로 삼는다고 해석했다. 그리고 쉬푸꽌(徐復觀)은 지(之)를 마음의 행위[心之行]로 이해하여, "마음이 만물을 포용하는 행위를 편안히 하여, 그것을 자기 행위의 주체로 삼는다"라고 해석했다. 안병주는 청욕(請欲)을 사람들의 청원(請願)으로, 치(置)를 줄인다는 의미로 풀이하여, "사람들의 청원을 적게 줄이는 것을 중심 주장으로 삼는다"라고 해석했다.

156_ 침병(寢兵)의 침(寢)은 그치거나 중지하다는 의미이다. 성현영도 식(息)으로 풀이했다.

[백성들을] 가르치니, 비록 천하 사람들이 [그 주장을] 취하지 않더라도 억지로 떠들면서 그만두지 않는 자들이다.[157] 따라서 [그들에 대해] '위와 아래[군자와 백성들]에게 모두 냉대를 받고도 억지로 그들을 만나려고 한다'[158]라고 말한다.

不累於俗, 不飾於物, 不苟於人, 不忮於衆. 願天下之安寧以活民命, 人我之養畢足而止. 以此白心, 古之道術有在於是者. 宋鈃·尹文聞其風而悅之, 作爲華山之冠以自表, 接萬物以別宥爲始. 語心之容, 命之曰'心之行'. 以聏合驩, 以調海內, 請欲置之以爲主. 見侮不辱, 救民之鬬, 禁攻寢兵, 救世之戰. 以此周行天下, 上說下敎, 雖天下不取, 强聒而不舍者也. 故曰'上下見厭而强見也.'

비록 그렇지만, 그 사람됨이 다른 사람을 위한 일은 너무 많고, 자신을 위한 일은 너무 적었다.[159] 그리고 "[나는 하루에] 다섯 되 정도의 밥만을 두기를 요구하니, [그것이면] 충분하다"라고 말한다. [송견과 윤문] 선생도 아마도 배부르게 먹을 수가 없었으니, 제자들은 비록 배가 고프더라도 천하 사람들을 잊지 않고, [그들을 위해] 밤낮으로 쉬지 않으면서, "우리들은 기어코 백성들의 생명을 활기차게 살릴 것이다"라고 하니,[160] 도모함이 크구나,[161] 세상을 구제할 선비로다! 그리고 "군자는

157_ 강괄(强聒)은 힘써 억지로 떠드는 것으로, 쉬지 않고 계속 떠드는 것을 말한다.

158_ 견염(見厭)은 남으로부터 배척이나 냉대를 받는 것이다. 강견(强見)은 천구잉이 "아래 위의 사람들이 모두 싫어하는데도 여전히 그들과 만나기를 억지로 요구한다"고 풀이했다 안동림과 안병주는 억지로 설득하려고 든다고 해석했다.

159_ 천구잉이 다음과 같이 풀이했다. "그들은 다른 사람을 위한 일은 너무 많고, 자기를 위한 일은 너무 적었다."

160_ 장시창이 다음과 같이 풀이했다. "그들은 자신감에 넘쳐서, 천하 사람들이 만약 자신들의 도를 실천하면 백성들의 생명은 반드시 활기차게 살 것이라고 여겼다."

161_ 도오(圖傲)는 성현영과 곽상이 높고 큰 모양[高大之貌]이라고 했다. 안병주는 도(圖)를 도모하다[謀]로 풀이한 임희일의 주장에 따라, 도모함이 크다고 풀이했다. 여기서는 안병주의 해석에 따랐다.

각박하게 따지는 짓을 하지 않고, 자기 몸을 외부 대상에 의해 부림을 받도록 하지 않는다"[162]라고 하여, 천하에 무익한 일은 그것을 밝히는 것이 그만두는 것만 못하다고 생각했다. 그들은 공격을 금지하고 군대를 종식시키는 것을 외부의 일로 삼고, 정욕(情欲)의 절제를 내부의 일로 삼았으니,[163] 그들의 [주장이] 크고 작든 [이론이] 정밀하든 거칠든, 그들의 행동은 바로 여기에 이르러서야 그친다.

> 雖然, 其爲人太多, 其自爲太少. 曰"請欲固置五升之飯足矣." 先生恐不得飽, 弟子雖飢, 不忘天下, 日夜不休, 曰"我必得活哉." 圖傲乎, 救世之士哉! 曰"君子不爲苛察, 不以身假物." 以爲無益於天下者, 明之不如已也. 以禁攻寢兵爲外, 以情欲寡淺爲內, 其小大精粗, 其行適至是而止.

공정하면서 한쪽으로 치우치지 않고,[164] 쉬우면서 사사로움이 없으며,[165] 개방적이면서 자기만을 주장함이 없고,[166] 사물에 나아가 접하

---

162_ 불이신가물(不以身假物)는 량치차오가 "이러한 자신의 몸을 외물에 빌려주려고 하지 않는다는 의미로, 외물에 사역되지 않는다고 말한 것과 같다"라고 했다. 이 해석에 따라 천구잉은 자신의 몸을 외물에 의해 사역되지 않게 한다고 풀이했다. 안병주는 가(假)를 하(瑕)로 보고, 내 몸 때문에 외물을 해치지 않는다고 해석했다.

163_ 장시창의 의하면, 정욕과천(情欲寡淺)의 이론이 권력과 재산이 있는 소수의 사람에 대해 말한 것이지, 그것이 없는 다수의 백성들에 대해 말한 것이 아니다. 즉 전자에 속하는 군주와 관료 계층은 정욕이 넘치기 때문에 다른 나라를 침략하고, 백성들의 재산을 탈취하여 자신의 향락에 사용한다. 후자에 속하는 백성들은 단지 의식의 부족을 해결하는 것만으로도 급급하다. 따라서 송견의 이 주장은 노자의 무위(無爲)나 묵자의 절용(節用)과도 같은 의미라고 했다.

164_ 당(當)은 최선이 지극히 공평하여 한쪽으로 기울지 않는다고 풀이했고, 성현영은 공정하여 편당을 짓지 않는다고 했다.

165_ 이(易)는 까다롭지 않고 쉽다는 뜻으로, 성현영은 평이하면서 편벽되거나 사사로움이 없다고 풀이했다. 안병주는 평등하다는 의미로 해석하기도 했다.

166_ 결연(決然)은 어떠한 주장도 포용하는 개방적인 모습이다. 결(決)은 임희일이 사사로운 뜻을 제거하여 편벽된 바가 없는 것이라고 했고, 량치차오는 주관적인

면서 [나의 입장으로] 구분하지 않으며,[167] 사려를 통해 상황을 생각하지 않고, 지혜를 통해 계획을 꾸미지 않으며, 사물에 대해 [주관적 기준에 따라] 선택하지 않고, 사물과 함께 행동하니, 옛날의 도술 중에 이러한 방면에 속하는 학풍이 있었다. 팽몽(彭蒙)과 전병(田駢)과 신도(愼到)는 그 학풍을 듣고서 기뻐하여 만물을 동등하게 여기는 것을 최우선으로 삼았다. "하늘은 만물을 덮을 수는 있지만 실을 수는 없고, 땅은 만물을 실을 수는 있지만 덮을 수는 없다. 큰 도는 만물을 포괄할 수는 있지만 [하나하나 나누어] 변론할 수는 없다"라고 하니, 만물에 대해서는 가능한 일도 있고 불가능한 일도 있음을 안 것이다. 따라서 "[나의 주관으로] 선택해 버리면 두루 포괄할 수 없고, [나의 주관으로] 가르치면 완전한 가르침에 이를 수 없으니, 도는 [만물 전체를 포괄하여] 남겨 두지 않는다"[168]라고 했다.

> 公而不當, 易而無私, 決然無主, 趣物而不兩, 不顧於慮, 不謀於知, 於物無擇, 與之俱往, 古之道術有在於是者. 彭蒙·田駢·愼到聞其風而悅之, 齊萬物以爲首. 曰"天能覆之而不能載之, 地能載之而不能覆之, 大道能包之而不能辯之." 知萬物皆有所可, 有所不可. 故曰"選則不遍, 敎則不至, 道則無遺者矣."

이 때문에 신도(愼到)는 지혜를 버리고 자기 주관을 제거했으며, 자기

---

선입견을 제거하는 것이라고 했다.

167_ 취물이불량(趣物而不兩)은 사물을 접할 때 그 사물의 입장을 있는 그대로 받아들이지, 자신의 입장에서 판단하여 구분하지 않는다는 의미이다. 천구잉은 사물의 변화에 따라 가면서 다른 뜻을 일으키지 않는다고 해석했고, 안병주는 사물을 대할 때 둘로 나누어 차별하지 않는다고 해석했다.

168_ 장시창이 다음과 같이 풀이했다. "나의 견해로 어떤 사물을 선택하면 반드시 버려지는 것이 있어서 두루 포괄하지 못하는 상황을 초래하며, 만약 나의 견해로 어떤 사물에 대해 가르치면 반드시 빠뜨리는 것이 있어서 완전한 가르침에 이르지 못하는 상황을 초래한다. 오직 도는 자연 그대로 맡겨두어야 비로소 만물 일체를 포괄하여 빠뜨리는 것이 없게 된다."

로서는 어쩔 수 없는 만물의 이치에 따라서 사물에 그대로 맡겨 버리는 것[169]을 도리로 삼았으니, "알지 못하는 것을 [억지로] 알려고 하면 장차 그 앎에 억눌려서 다시 손상을 받을 것이다"[170]라고 했다. 올바르지 못하고 무책임하면서[171] 천하에서 존경하는 현자를 비웃으며, 일탈하여 제멋대로 행동하면서 천하의 큰 성인을 비난한다. 원만하고 모나지 않게 행동하여 사물과 함께 변화하고,[172] 옳음과 그름을 버려둠으로써 진실로 얽매임에서 벗어날 수 있었으며,[173] 지혜와 사려를 따르지 않고, 일의 앞뒤도 모른 채 우뚝하게 홀로 서 있을 뿐이다.[174] 뒤에서 민 이후에야 나아가고, 앞에서 끈 이후에야 전진하는데, [사물의 변화에 따르는 것이] 마치 회오리바람이 돌듯이, 떨어지는 깃털이 선

---

169_ 영태(泠汰)는 자연에 맡기고 방임하는 것이다. 한편 임희일은 깨끗하게 벗어나서 사물에 구애되지 않는 것이라고 풀이했고, 안동림은 사물에 대해 냉정하게 행동하는 것이라고 해석했다

170_ 『장자금주금역』의 여러 주석을 참조해서 보면, 박(薄)은 핍박하다[迫]는 의미, 후(後)는 부(復)의 오자, 린(鄰)은 해친다[害]는 의미의 린(躪)이다. 장시창은 다음과 같이 풀이했다. "이것은 사람이 알지 못하는 것을 알고자 하면 장차 지(知)에 의해 핍박을 받아 다시 손상을 받게 된다는 것을 말한다. 이것은 아래 문장에 말한 '용지지누(用知之累)'이다." 여기에서는 장시창의 해석에 따랐다. 한편 량치차오는 "스스로 안다고 여기는 것이 실제로는 알지 못하는 것이다. 하나의 사물에 가까이 접근하여 알고자 하면 바로 그 때문에 손상을 받을 뿐이다"라고 풀이했다.

171_ 혜과(謑髁)는 삐뚤어지고 바르지 못한 모양이다. 성현영은 정해지지 않은 모양, 천구잉은 맡겨서 따른다는 의미라고 했다. 무임(無任)은 천구잉이 전문적으로 맡음이 없는 것이라고 했고, 안병주가 일정한 책임을 지는 일이 없는 것이라고 풀이했다.

172_ 추박(椎拍)은 망치로 쳐서 둥글게 만드는 것으로, 맞지 않는 것을 두드려서 맞게 하는 것이며, 완단(輐斷)은 모난 곳을 깎아내어 둥글게 하는 것이다. 이것은 모나지 않게 사물의 변화에 적응하는 것을 말한다. 완전(宛轉)은 사물에 따라 원만하게 변한다는 뜻이다.

173_ 면(免)은 시비 판단을 유보함으로써 어느 쪽에도 얽매이지 않는 자세를 지닐 수 있었다는 의미로 풀이된다. 안병주는 재앙을 면할 수 있었다고 풀이했고, 안동림은 가능한 한 모든 일이라고 해석했다.

174_ 위연(魏然)은 홀로 우뚝하게 서 있는 모습이다.

회하듯이,[175] 맷돌이 회전하듯이 하여[176] 완전무결하여 잘못이 없고, 움직이거나 멈추는 어떠한 행동도 과오가 없어서 일찍이 죄를 지은 적이 없다. 이것은 무슨 까닭인가? 대체로 지혜가 없는 사물은 자기의 입장을 내세우는 근심이 없고,[177] 지혜를 사용하는 번거로움이 없으며, 움직이거나 멈추는 어떠한 행동도 자연의 이치에서 벗어나지 않기 때문에 평생토록 명예를 얻을 일이 없다. 따라서 [신도가] "지혜가 없는 사물과 같은 상태에 이르면 그만일 뿐, 현인이나 성인은 필요가 없다. 저 흙덩어리도 도를 잃는 일이 없다"라고 했다. 그러자 호걸들이 함께 비웃으면서, "신도(愼到)의 도는 살아 있는 사람이 할 수 있는 행동이 아니라 죽은 사람의 도리에 이르렀다"라고 했다. 이것은 사람들이 괴이하게 여기기에 딱 알맞은 학설이다.

是故愼到棄知去己, 而緣不得已, 泠汰於物以爲道理, 曰"知不知, 將薄知而後鄰傷之者也." 謑髁無任而笑天下之尙賢也, 縱脫無行而非天下之大聖. 椎拍輐斷, 與物宛轉, 舍是與非, 苟可以免, 不師知慮, 不知前後, 魏然而已矣. 推而後行, 曳而後往, 若飄風之還, 若羽之旋, 若磨石之隧, 全而無非, 動靜無過, 未嘗有罪. 是何故? 夫無知之物, 無建己之患, 無用知之累, 動靜不離於理, 是以終身無譽. 故曰"至於若無知之物而已, 無用賢聖. 夫塊不失道." 豪桀相與笑之曰, "愼到之道, 非生人之行而至死人之理." 適得怪焉.

전병(田騈)도 마찬가지이니, 팽몽(彭蒙)에게 배워서 말로 가르치지 않은 것을 깨달았다.[178] 팽몽의 스승은 "옛날 도를 깨달았던 사람은 어떤 것

---

175_ 약우지선(若羽之旋)은 성현영이 마치 떨어지는 깃털이 선회하듯이 한다[如落羽之旋]고 했는데, 천구잉은 여기에 근거하여 락(落)자를 보충해서 기록했다.

176_ 수(隧)는 앞의 선(還)이나 선(旋)과 마찬가지로 돈다는 의미이다. 성현영은 전(轉)의 뜻으로 풀이했다.

177_ 건기(建己)는 자기 자신의 입장을 내세우는 것이다. 장시창은 사사로운 지혜의 사용을 좋아한다는 의미라고 했다.

을 옳다고 여기지 않고 어떤 것을 그르다고 여기지 않는 경지에 이르렀을 뿐이다. 그 학풍은 고요하여 파악할 수 없으니,[179] 어찌 말로 전달할 수 있겠는가?"라고 했다. 항상 세상 사람들의 뜻과 위배되어 환영받지 못하고[180] 원만하고 모나지 않게 행동한 것에 지나지 않는다.[181] 그가 말한 도는 참된 도가 아니며, 그가 말한 옳음[182]도 그름에 지나지 않는다. 팽몽과 전병, 신도는 도를 알지 못했다. 비록 그렇지만, 대체로 모두 도에 대해 들은 적은 있는 자들이다.

> 田騈亦然, 學於彭蒙, 得不敎焉. 彭蒙之師曰, "古之道人, 至於莫之是莫之非而已矣. 其風窢然, 惡可而言?" 常反人, 不見觀, 而不免於鯇斷. 其所謂道非道, 而所言之韙不免於非. 彭蒙·田騈·愼到不知道. 雖然, 概乎皆嘗有聞者也.

근본의 도[183]를 정미하다고 여기고, [유형의] 만물을 조잡하다고 여기며, [유형의 사물을] 축적하는 것을 충분하지 않다고 여겨서[184] 담담하게 홀로 신명한 조화와 함께 머무니, 옛날의 도술 중에 이러한 방면에 속하는 학풍이 있었다. 관윤(關尹)[185]과 노담(老聃)은 그 학풍을 듣고서

---

178_ 득불교(得不敎)는 선영이 불언지교(不言之敎)라고 했다. 임희일은 처음 배울 때 서로 딱 들어맞아서 가르치지 않고도 알 수 있는 것이라고 했다.

179_ 혁연(窢然)은 고요한 모양이다. 임운명이 고요함[寂]이라고 했다. 한편 성현영은 신속한 모양, 곽상은 역풍(逆風)의 소리라고 했다.

180_ 장시창은 관(觀)을 환(歡)자의 오자로 보고, 세상 사람들에게 환영받지 못한다는 의미로 풀이했다. 안병주는 사람들의 눈길을 끌려고도 하지 않았다라고 해석했고, 안동림은 사람들의 이목을 모으려고 하지 않았다고 해석했다.

181_ 환단(鯇斷)은 모서리가 닳아서 없는 모양이다. 곽상은 모서리가 없는 것이라고 했고, 마기창은 사물과 함께 변화한다고 풀이했다. 이것은 앞에 나온 추박완단(椎拍輐斷)과 같은 의미로 볼 수 있다.

182_ 위(韙)는 곽상과 성현영 등이 옳음[是]의 의미라고 했다.

183_ 임희일은 본(本)이 도(道)라고 했고, 성현영은 본(本)은 무(無)이고 물(物)은 유(有)라고 했다.

184_ 성현영은 "탐욕해서 축적하는 것은 마음으로는 항상 부족하다"라고 풀이했다.

기뻐하여 상무(常無)와 상유(常有)의 이론을 세우고,[186] 태일(太一)[187]을 핵심으로 삼았으며, 유약(柔弱)과 겸하(謙下)를 외형적 도리로 삼고, 마음을 비워서 만물을 훼손시키지 않는 것을 실질적 도리로 삼았다.

以本爲精, 以物爲粗, 以有積爲不足, 澹然獨與神明居, 古之道術有在於是者. 關尹・老聃聞其風而悅之, 建之以常無有, 主之以太一, 以濡弱謙下爲表, 以空虛不毁萬物爲實.

관윤이 다음과 같이 말했다. "자기 주관에 집착하지 않으면[188] 유형의 사물이 자연스럽게 그 모습을 드러낸다.[189] 움직일 때는 마치 물과 같이 [만물의 변화에 따르고], 고요할 때는 마치 거울과 같이 [만물의 모습 그대로 비추고], 반응할 때는 마치 메아리와 같이 [만물에 맞추어 호응한다]. 어렴풋하게 마치 없는 듯하고,[190] 고요하게 마치 맑은 물과 같다. 이러한 경지에 동화되면 조화를 이룰 수 있고, 이러한 경지를 [억지로] 얻으려고 하면 [오히려] 잃어버리게 된다." [그는] 일찍이 다른 사

185_ 관윤(關尹)은 『사기』「노장신한열전(老莊申韓列傳)」에 의하면, 함곡관(函谷關)의 영윤(令尹)으로, 성은 윤(尹), 이름은 희(喜), 자는 공도(公度)이며, 노자의 제자이다.

186_ 상무유(常無有)는 안병주에 의하면, 세 가지 견해가 있다. 상무(常無)와 상유(常有), 상(常)・무(無)・유(有), 상무(常無)이다. 천구잉과 안병주는 첫 번째 해석에 따랐고, 안동림은 항상 아무것도 없는 허무라고 해석하여, 세 번째 견해를 따랐다. 첫 번째 견해와 관련하여, 『노자』 제1장의 "常無, 欲觀其妙, 常有, 欲觀其徼."와 제40장의 "反者道之動, 弱者道之用. 天下萬物生於有, 有生於無."라는 구절이 있다.

187_ 태일(太一)은 천구잉이 절대유일의 도라고 했고, 성현영이 태는 광대함, 일은 둘이 아님이라고 했다.

188_ 재기무거(在己無居)는 임희일이 사사로운 주관이 없다고 했고, 천구잉이 스스로 사사로운 뜻을 두지 않는다고 했다.

189_ 안동림은 인간의 입장에서 이 문장 전체를 해석하여, "나에게는 일정한 입장이 없고 외물에 따라 응하면서 스스로를 드러낸다"라고 했다.

190_ 홀(芴)은 흐릿하고 어렴풋하다는 뜻이다. 천구잉은 홀(惚)과 통한다고 했고, 성현영은 홀(忽)과 같다고 했다.

람보다 앞서 나간 적이 없었고, 항상 다른 사람에 맞추어 따라갔다.[191]

關尹曰, "在己無居, 形物自著. 其動若水, 其靜若鏡, 其應若響. 芴乎若亡, 寂乎若淸. 同焉者和, 得焉者失." 未嘗先人而常隨人.

노담은 다음과 같이 말했다. "수컷의 강함을 알면서 암컷의 유약함을 지키면 [만물이 모이는] 천하의 계곡이 되며, 순결함을 알면서 더러움을 지키면 [만물을 포용하는] 천하의 골짜기가 된다."[192] 따라서 사람들이 모두 남보다 앞서려고 다투는데, 자기만이 홀로 뒤에서 따라간다.[193] "천하의 더러움을 받아들인다"[194]라고 하니, 사람들은 모두 가득 채우기를 추구하는데,[195] 자기만이 홀로 공허함을 추구한다. 저장함이 없기 때문에 남아돌고,[196] 홀로 우뚝하게 여유가 있다.[197] 몸을 움직여서 행동할 때는 천천히 여유가 있으면서[198] 힘을 소비하지 않고, 인위

---

191_ 천구잉은 '未嘗先人而常隨人'이라는 구절도 관윤의 말로 해석했다.

192_ 『노자』 28장에 이 내용이 보인다. "知其雄, 守其雌, 爲天下蹊. 爲天下蹊, 常德不離, 復歸於嬰兒. 知其白, 守其黑, 爲天下式. 常得不忒, 復歸於無極. 知其榮, 守其辱, 爲天下谷. 爲天下谷, 常得乃足, 復歸於朴. 朴散爲器, 聖人用爲官長. 是以大制無割." 천구잉은 현행본 『노자』의 내용 중에 '守其黑, 爲天下式. 常得不忒, 復歸於無極. 知其榮.'이라는 여섯 구절 23글자는 후인들이 덧보태 넣은 것이므로 삭제해야 한다고 했다.

193_ 『노자』 제67장에 "我有三寶, 持而寶之. 一曰慈, 二曰儉, 三曰不敢爲天下先."이라는 구절이 보인다.

194_ 『노자』 제78장에 "故聖人云, 受國之垢, 是謂社稷主. 受國不祥, 是謂天下王."이라는 구절이 보인다.

195_ 취실(取實)은 성현영이 자화(資貨)를 탐한다고 풀이했다.

196_ 이와 유사한 내용으로 『노자』 제44장의 "是故甚愛必大費, 多藏必厚亡. 故知足不辱, 知止不殆, 可以長久."라는 구절과 제81장의 "聖人不積, 旣以爲人, 己愈有, 旣以與人, 己愈多."라는 구절이 있다.

197_ 귀연(巋然)은 우뚝하게 홀로 선 모습으로, 곽상은 독립하여 자족하는 모습이라고 했다. 한편 천구잉은 '巋然而有餘'라는 구절이 연문이라고 하여 삭제했다.

198_ 서(徐)는 천천히 여유가 있는 모습으로, 선영은 안서(安徐)로 풀이했다. 곽상은 "백성들이 이롭게 여기는 것에 따라서 행동하고, 사계절의 변화에 따라서 완성하여, 항상 도리에 맞추어 함께 행동한다. 따라서 빨리 하지도 힘을 소비하지도 않

적인 작위를 하지 않으면서 교묘한 행동을 비웃는다.[199] 사람들은 모두 행복을 추구하는데, 자기만이 홀로 몸을 굽혀서 온전함을 추구하여,[200] "진실로 허물에서 벗어나려고 한다"[201]라고 말한다. 깊은 것을 근본으로 삼고, 간략함을 행동의 기강으로 삼았으며,[202] "견고하면 파괴되고 날카로우면 부러진다"[203]라고 하여, 항상 사물에 대해 관대하게 대하고, 다른 사람에게 모질게 굴지 않으니, 최상의 지극한 경지라고 할 만하다. 관윤과 노담이여, 옛날의 넓고 큰 진인(眞人)이로다!

老聃曰, "知其雄, 守其雌, 爲天下谿, 知其白, 守其辱, 爲天下谷." 人皆取先, 己獨取後. 曰"受天下之垢", 人皆取實, 己獨取虛. 無藏也故有餘, 巋然而有餘. 其行身也, 徐而不費, 無爲也而笑巧. 人皆求福, 己獨曲全, 曰"苟免於咎". 以深爲根, 以約爲紀, 曰"堅則毁矣, 銳則挫矣." 常寬容於物, 不削於人, 可謂至極. 關尹・老聃乎, 古之博大眞人哉!

어렴풋하고 아득하여 형체가 없으며,[204] 끊임없이 변화하여 일정한 모

---

는다"라고 풀이했다.

199_ 교(巧)는 천구잉이 지교(智巧) 또는 기교(機巧)라고 했다.

200_ 곡전(曲全)은 『노자』 제22장에 "曲則全."이라는 구절이 있다. 곽상은 "지극한 이치에 그대로 맡기면 항상 온전할 수 있다. 따라서 복을 추구하지 않더라도 복이 이미 충분하다"라고 풀이했다.

201_ 『노자』 제46장에 "罪莫大於可欲, 禍莫大於不知足, 咎莫大於欲得. 故知足之足, 常足."이라고 구절이 있다. 행복을 추구하는 것은 곧 지족(知足)을 모르고, 무엇인가를 얻으려고 욕심을 내기 때문에 재앙을 초래하게 된다. 따라서 욕심을 버리고 몸을 낮추어 처세하는 것이 곧 허물에서 벗어나는 방법이라는 것이다.

202_ 『노자』 제59장의 "뿌리를 깊고 단단하게 한다[深根固柢.]"라는 말과 "성인은 심함과 사치함과 교만함을 버린다[聖人去甚, 去奢, 去泰.]"라는 말에 근거하면, 이 문장은 근본을 깊이 간직하고, 행동의 기강을 간략하게 한다는 의미로 풀이할 수 있다.

203_ 『노자』 제76장의 "堅强者死之徒, 柔弱者生之徒."라는 구절과 제9장의 "揣而銳之, 不可長保."라는 구절과 비슷한 의미이다.

204_ 홀막(芴漠)은 어렴풋하고 아득하여 일정한 형태가 없는 모습이다. 천구잉은 홀

양이 없다. 죽었는가 살아 있는가, 천지와 함께 존재하고 있는가 신명의 조화와 함께 가고 있는가? 어렴풋하게 어디로 가며,[205] 아득하게 어디로 가는가? 만물이 거기에 모두 망라되어 있지만, [무엇으로도 그 존재를] 정의할 수가 없으니, 옛날의 도술 중에 이러한 방면에 속하는 학풍이 있었다. 장주(莊周)는 그 학풍을 듣고서 기뻐하여, 터무니없고 공허한 이론[206]과 황당하여 종잡을 수 없는 말과 밑도 끝도 없는 이야기로,[207] 항상 제멋대로 지껄이면서 구속받지 않았고,[208] 한쪽의 견해만을 견지하지도 않았다.[209] [그는] 천하가 침체되고 혼탁하여 그들과는 올바른 이야기를 함께 나눌 수 없다고 여겨서,[210] 앞뒤가 맞지 않는 말[卮言]로 자연의 무궁한 변화[211]를 묘사하고, 세상에서 존경받는 사람의 말[重言]로 진실을 깨닫게 했으며, 다른 사물에 가탁한 말[寓言]로 진리를

(芴)은 홀(惚), 막(漠)은 망막(茫漠)과 통한다고 했다.

205_ 천구잉이 망호(芒乎)는 홀호(忽乎)와 같으며, 어렴풋하여 아득한 모습을 형용한 것이라고 했다. 그리고 하지(何之)는 하적(何適)과 같은 뜻이라고 했다. 임희일은 하지(何之)와 하적(何適)을 모두 움직이되 자취가 없다고 풀이했다.

206_ 유유(謬悠)는 터무니없고 아득하다는 말로, 성현영은 공허하고 현실과 거리가 멀다고 풀이했다.

207_ 단애(端崖)는 사물의 끝을 의미하며, 무단애지사(無端崖之辭)는 밑도 끝도 없는 이야기를 말한다.

208_ 자종(恣縱)은 제멋대로 행동하는 것으로, 천구잉이 방종(放縱)이라고 했다. 당(儻)은 한쪽으로 치우치는 것으로, 성현령이 편당(偏黨)이라고 했고, 천구잉이 집착하지 않는다고 풀이했다.

209_ 기(觭)는 홀로 한쪽으로 기운 것으로, 한쪽이나 하나의 단면을 의미한다. 성현영은 불우(不偶)라고 했고, 임희일은 견해가 한쪽만을 위주로 하지 않는다고 했다.

210_ 침탁(沈濁)은 혼탁함에 빠지는 것, 또는 침체되고 혼탁하다는 의미로 풀이된다. 장어(莊語)는 바른 말이나 엄정한 이론으로, 성현령은 대언(大言), 왕선겸은 정론(正論)이라고 했다. 한편 곽상은 장(莊)을 장주(莊周)로 풀이하기도 했다.

211_ 만연(曼衍)은 『장자』「제물론(齊物論)」편에 나오는 말로, "和之以天倪, 因之以曼衍, 所以窮年也."라는 말이 보인다. 도의 유행과 변화가 무궁한 모습, 또는 구속을 받지 않고 속박에서 벗어난 경지 등을 의미한다. 성현영은 무심(無心), 왕선겸은 무궁(無窮)이라고 했다.

폭넓게 설명했다.[212] 홀로 천지의 [변화무궁한] 정신과 왕래하면서도 오만하게 만물을 경시하지 않고,[213] 시비를 따져서 꾸짖지도 않으며,[214] 그러한 자세로 세속과 함께 어울렸다.

芴漠無形, 變化無常. 死與, 生與, 天地並與, 神明往與? 芒乎何之, 忽乎何適? 萬物畢羅, 莫足以歸, 古之道術有在於是者. 莊周聞其風而悅之, 以謬悠之說, 荒唐之言, 無端崖之辭, 時恣縱而不儻, 不以觭見之也. 以天下爲沈濁, 不可與莊語, 以卮言爲曼衍, 以重言爲眞, 以寓言爲廣. 獨與天地精神往來而不敖倪於萬物, 不譴是非, 以與世俗處.

그의 책은 비록 기이하고 독특하지만, 원만하고 조화롭게 서술되어 [사물의 이치를] 해침이 없으며,[215] 그 말은 비록 왔다갔다 맞지 않지만, 매우 기발하여 볼만하다.[216] 그는 마음에 가득 채우기를 그만둘 수 없어서, 위로는 사물의 창조자와 함께 노닐고, 아래로는 삶과 죽음을 초월하고 처음과 끝이 없는 자와 함께 벗했다. 그가 도의 근본에 대해 [말한 것은] 넓고 크게 열려 있고, 깊고 크게 펼쳐져 있으며, 도의 핵심

---

**212**_ 치언(卮言)은 앞뒤가 맞지 않고 지리멸렬하여 종잡을 수 없는 말이고, 중언(重言)은 세상 사람들이 소중히 여기는 자의 말이며, 우언(寓言)은 다른 사물을 빌려서 가탁한 말이다. 이에 대해서는 『장자』 「우언(寓言)」편에서 자세하게 다루고 있다.

**213**_ 오예(敖倪)는 오만하게 흘겨보면서 경시하는 것이다.

**214**_ 견(譴)은 성현영이 견책한다고 풀이했고, 임희일과 천구잉은 시비에 얽매이지 않는다고 풀이했다.

**215**_ 괴위(瑰瑋)는 진귀하고 기이하다는 뜻이다. 『경전석문』에서는 기이하고 독특하다[奇特]고 했고, 성현영은 홍장(弘壯)이라고 했다. 연변(連犿)은 조화를 이루는 모양으로, 임희일이 조화롭게 융합된다고 풀이했다.

**216**_ 참치(參差)는 들쭉날쭉하여 서로 맞지 않는 모양이다. 성현영은 혹은 텅비고 혹은 꽉찬다고 했고, 임희일은 혹은 저것이고 혹은 이것이며, 혹은 억누르고 혹은 발양하여 일정하지 않다고 했다. 숙궤(諔詭)는 기이하고 신기하다는 뜻이다. 천구잉은 「제물론」편의 "是其言也, 其名爲吊詭."에서의 적괘(吊詭)와 같은 의미로, 매우 기이하다는 뜻이라고 했다.

에 대해 [말한 것은] 조화롭고 적절하여 최상의 상태에 도달했다고 할 수 있다.[217] 비록 그렇지만, 그는 변화에 적응하고 사물[의 구속]에서 해방되어, 그[가 말하는] 이치는 다함이 없고, 그 [말이 나온 것이] 도에서 벗어나지 않으니, 그윽하고 아득하여 다 드러난 적이 없다.[218]

其書雖瑰瑋而連犿無傷也, 其辭雖參差而諔詭可觀. 彼其充實不可以已, 上與造物者遊, 而下與外死生無終始者爲友. 其於本也, 弘大而辟, 深閎而肆, 其於宗也, 可謂稠適而上遂矣. 雖然, 其應於化而解於物也, 其理不竭, 其來不蛻, 芒乎昧乎, 未之盡者.

혜시(惠施)는 여러 방면의 학술을 연구했으며,[219] 그가 소장한 책은 수레 다섯 대의 분량이 될 만큼 많았지만,[220] 그 도리는 어긋나고 뒤섞여 있고, 그 말도 또한 이치에 맞지 않았다. 사물의 의미를 다음과 같이 연구 분석했다.[221] "① 지극히 커서 밖이 없는 것을 대일(大一)이라 하고,

---

217_ 본(本)은 근본이 되는 도(道)를 말한다. 벽(辟)은 벽(闢)과 같으며, 성현영은 개(開)의 의미라고 했다. 사(肆)는 널리 퍼진다는 뜻이다. 성현영은 퍼진다[申], 천구잉은 광활하여 한계가 없는 것을 형용하는 것이라고 했다. 종(宗)은 천구잉이 도의 핵심이라고 했다. 조적(稠適)은 조화롭고 적절하다는 의미이고, 수(遂)는 이르다는 뜻이다.

218_ 천구잉이 불갈(不竭)은 그 도리가 무궁한 것이고, 불세(不蛻)는 도에서 벗어나지 않는 것이라고 했다. 그리고 망호매호(芒乎昧乎)는 장자의 책이 오묘하고 심원하다는 뜻이라고 했다. 한편 미지진자(未之盡者)는 그 책의 내용이 깊고 그윽하다는 의미이다. 이러한 기존 해석과는 달리 안병주는 이케다 도모히사(池田知久)의 견해를 받아들여 다음과 같이 해석하기도 했다. "비록 그러하나 변화에 대응하여 만물을 해명할 때에는 사물의 조리를 다 하지는 못했으며, 사물이 올 때 다 벗어나지 못했으며, 아득하고 어두울 뿐이기 때문에 아직 극진하지 못한 자이다."

219_ 다방(多方)은 여러 방면의 학술을 말한다. 천구잉은 혜시의 학술이 널리 다방면에 박학했다고 풀이했다.

220_ 오거(五車)는 그가 소장했던 책의 분량이 많았다는 의미이다. 임희일은 그의 저서가 많았다는 의미로 풀이했다.

221_ 『경전석문』에 의하면, 력(厤)은 력(歷)의 옛 글자로, 력(歷)으로 된 판본도 있다. 천구잉은 사물의 이치를 연구하고 분석한다고 풀이했고, 성현영은 사물을 일일이 살펴서 변별한다고 풀이했다.

지극히 작아서 안이 없는 것을 소일(小一)이라 한다.[222] ② 두께가 없는 것은 쌓을 수는 없지만, 그 크기는 천리의 넓이가 된다.[223] ③ 하늘은 땅과 마찬가지로 낮고 산은 연못과 마찬가지로 평평하다.[224] ④ 해는

---

222_ 대일(大一)과 소일(小一)에 대해, 곽상은 "대일(大一)은 끝이 없이 큰 우주를 가리킨다. 그런데 그것을 세분하여 지극히 작은 것에 이르게 하여, 마침내 다시는 나눌 수 없는 가장 작은 질점(質點)에 이를 수 있다. 소일(小一)은 곧 이러한 질점(質點)을 가리키는 말이다"라고 했다. 그리고 천구잉은 끝도 없이 큰 덩어리의 공간과 끝도 없이 작은 공간 단위라고 했고, 안동림은 대일(大一)은 시간적 · 공간적으로 가장 광대한 공간이며, 소일(小一)은 시간적 · 공간적으로 가장 축소된 단위로, 대일과 함께 시간과 공간의 양을 초월한 것이라고 했다. 또한 성현영은 다음과 같이 풀이했다. "더 이상 포괄할 것이 외부에 없는 것을 대(大)라고 하고, 더 이상 끼어들 사이가 없는 것을 소(小)라고 한다. 비록 명칭은 다르지만 도리는 두 가지로 귀착되지 않기 때문에 일(一)이라고 한다." 전체의 내용에 대해서는 장시창이 다음과 같이 말했다. "무외(無外)는 어떤 사물도 그것의 밖에 있을 수 없다는 것으로, 「추수(秋水)」편의 '지극히 큰 것은 밖에서 에워쌀 수 없다[至大不可圍]'와 같은 말이다. 무내(無內)는 어떤 사물도 그것의 안에 있을 수 없다는 것으로, 무외(無外)와는 정반대이다. 대일(大一)은 상상할 수 있는 가장 최대의 단위로, 이것은 육합(六合) 또는 우(宇), 지금의 공간(空間)을 가리킨다. 소일(小一)은 상상할 수 있는 가장 작은 단위로, 이것은 지금의 분자(分子)의 체적(體積)을 가리켜서 한 말이다." 『장자』에도 비슷한 말이 보이는데, 「추수」편의 '至精無形, 至大不可圍.'라는 말과 「즉양(則陽)」편의 '精至於無倫, 大至於不可圍.'라는 말이다.

223_ 이것은 두께의 측면에서는 쌓을 수 없을 정도로 얇은 것도 만약 넓이의 측면에서는 무한하게 넓게 펼칠 수 있다는 말이다. 즉 두께가 없는 것은 체적은 없지만 면적은 있기 때문에 무한한 넓이가 될 수 있다는 의미이다. 장시창은 다음과 같이 풀이했다. "불가적(不可積)이라는 것은 그 체적(體積)이 '소지미(小之微)'에 이를 정도로 얇은 것이다. 혹은 단지 분자(分子) 하나의 두께만이 있어서, 그 위에 다시 분자를 더해서 쌓을 수 없는 것이다. 이 말의 뜻은 앞 조목의 '지극히 작아서 안이 없는 것을 소일(小一)이라 한다'라는 말에 근거하여 나온 것이다. 기대천리(其大千里)는 무수한 하나하나의 분자의 두께가 만든 평면을 만약 펼친다면 그 크기가 천리에 이를 수 있다는 것이다." 그리고 곽상은 "무후(無厚)는 곧 공간의 크기[dimension]가 없는 것이다. 다만 공간의 크기가 없다는 말은 단지 나눈다[分析]는 측면에서 말한 것이지 쌓는 상태의 측면에서 말한 것이 아니다. 만약 쌓는 측면이라고 한다면 비록 소일(小一)이라도 또한 끝없이 쌓을 수 있다." 종합하면, 아무리 얇더라도 끊임없이 쌓으면 결국은 천리만큼 크게 쌓을 수 있다는 말로, 크기[大]라는 것은 넓이가 아니라 두께를 의미한다.

224_ 비교의 기준을 어디에 두느냐에 따라서 기존의 차이는 큰 의미가 없을 수도 있

막 중천에 떠오르자마자 곧 기울기 시작하고, 사물은 막 생기자마자 곧 죽어간다.[225] ⑤ 크게 같은 것[大同]은 작게 같은 것[小同]과 다르니, 이것을 작은 분별[小同異]이라고 하며, 만물은 완전히 같으면서 완전히 다르니, 이것을 큰 분별[大同異]이라고 한다.[226] ⑥ 남쪽은 끝이 없으면서

---

다는 것이다. 즉 하늘보다 더 높은 대상을 기준으로 보면 하늘과 땅은 그 높이에 차이가 없으며, 산보다 더 높은 대상을 기준으로 보면 산과 연못이 똑같이 평평하다는 것이다. 「제물론」편의 "하늘과 땅도 하나의 손가락과 같고, 만물도 모두 한 마리의 말과 같다[天地一指也, 萬物一馬也.]"라는 말도 유사한 의미이다. 천구잉은 다음과 같이 말했다. "『순자』 「불구(不苟)」편에 '산과 연못은 똑같이 평평하고, 하늘과 땅은 똑같이 낮다[山淵平, 天地卑.]'라고 되어 있다. 이것은 기준점이 서로 다르기 때문에 서로 다른 판단이 나올 수 있다는 것이다. 우리의 상식 세계에서 보면 하늘과 땅, 산과 연못은 고저의 구분이 있지만, 무한하게 큰 우주 공간의 측면에서 보면 구분이 없다. 이 명제의 요점은 높낮이는 단지 상대적이라는 것이다." 한편 곽상은 철학적 의미에서 이 명제를 다음과 같이 평가하고 있다. "하늘과 땅, 산과 연못은 외형적으로는 비록 고저의 구분이 있지만, 질점(質點)인 소일(小一)의 측면에서 말하면 똑같이 무후(無厚)이다. 따라서 산과 연못이 똑같이 평평하고, 하늘과 땅이 똑같이 평평하다. 이 조목은 바로 옛날부터 존재하던 천존지비(天尊地卑)의 이론을 논파한 것으로, 혁명의 정신을 내포하고 있는 것이 적지 않다."

225_ 시점을 어디에 두느냐에 따라서 사물의 활동은 전혀 다르게 해석될 수 있다. 즉 일몰의 시점에서 보면 해가 어디에 있든지 모두 일몰로 향해 가는 것이며, 죽음의 시점에서 보면 탄생부터 시작되는 삶의 전체 과정이 죽음으로 향해 가는 과정이다. 「제물론」편에도 '막 생기자마자 죽어간다[方生方死.]'라는 표현이 있다. 이에 대해 장시창은 다음과 같이 말했다. "살펴보건대, 보통의 입장에서는 해가 중천에 있는 것과 기운 것, 사물이 살아 있는 것과 죽은 것은 모두 하나의 정지된 상태의 단위로, 단편으로 나눌 수가 있다고 생각한다. 혜시는 진정한 시간은 영원히 이동하고 있는 상태이며, 진정한 물체는 영원히 변동하고 있는 상태라고 여겼기 때문에 해가 막 중천에 떠오르면 곧 이미 기울고 있는 것이고, 물체가 막 생겨나면 곧 이미 죽어가고 있는 것이라고 말했다." 그리고 성현영은 "살아 있는 자의 입장에서는 죽음을 죽음으로 생각하지만, 죽은 자의 입장에서는 삶을 죽음으로 여긴다"라고 했다.

226_ 이것은 소동이(小同異)와 대동이(大同異)의 개념에 대한 설명으로, 여기에서 동이(同異)는 같고 다름의 분별로 해석했다. 『장자금주금역』에 인용한 후스(胡適)의 말이 비교적 정확하게 이 문장을 해설하고 있다. "혜시는 '크게 같은 것[大同]은 작게 같은 것[小同]과 다르니, 이것을 작은 분별[小同異]이라고 한다'라고 말한다.

끝이 있다.[227] ⑦ 오늘 월나라에 가서 어제 도착했다.[228] ⑧ 이어진 고리는 풀 수 있다.[229] ⑨ 나는 천하의 중앙을 알고 있으니, 연나라의 북쪽

---

예를 들어 소나무[松]와 측백나무[栢]는 '대동(大同)'이고, 소나무와 장미꽃은 '소동(小同)'인데, 이것은 모두 '소동이(小同異)'이다. 일체의 과학적인 분류는 단지 이러한 '소동이'일 뿐이다. 철학적 측면에서 보면, 곧 혜시가 말한 '만물은 완전히 같으면서 완전히 다르다'는 어떻게 설명할 수 있는가? '만물은 완전히 다르다'는 무슨 의미인가? 원래 만물은 각각 그 자체의 모습[自相]을 가지고 있다. 예를 들어 하나의 태내 속에서는 완전히 동일한 두 명의 형제가 생겨날 수 없고, 한 뿌리의 나무 위에서는 완전히 동일한 두 송이의 꽃이 생겨날 수 없으며, 한 송이의 꽃 위에서는 완전히 동일한 두 개의 꽃잎을 찾을 수 없고, 하나의 모형틀 속에서는 완전히 동일한 두 개의 동전을 주조해낼 수 없다. 이것이 곧 만물의 그 자체의 모습[自相]이다. 그 자체의 모습이 있기 때문에 '만물은 완전히 다르다.' 다만 만물이 비록 각각 그 자체의 모습이 있지만, 또한 모두가 하나의 공통의 모습[共相]을 가지고 있다. 예를 들어 남자와 여자가 비록 구별이 있지만, 똑같이 인간이다. 인간과 금수가 비록 구별이 있지만, 똑같이 동물이다. 동물과 식물이 비록 구별이 있지만, 똑같이 생물이다. 이것이 곧 만물의 공통된 모습[共相]이다. 공통된 모습이 있기 때문에 만물은 '완전히 같다'고 말할 수 있다. 완전히 같으면서 완전히 다르다는 것이 곧 대동이(大同異)이니, 일체의 분별[同異]이 모두 절대적인 구별이 아님을 알 수 있다."

227_ 안병주는 이 명제를 "방향을 지칭하는 남쪽은 끝이 없지만, 남쪽이라는 특정 지역을 지칭하는 경우에는 끝이 있다는 뜻이다"라고 풀이했다. 천구잉은 "공간의 상대성이라는 측면에서 말한 것"이라고 하면서, "이것은 땅이 둥글기 때문에 남쪽은 끝이 있다고 말할 수도 있고 끝이 없다고 말할 수도 있으니. 이것이 땅의 진짜 형태이다. 남쪽은 끝이 있다는 것은 실제상의 가정이다"라는 후스의 말과 "보통 사람의 눈으로 보면 이것은 끝이 없는 것이지만, 지대무외(至大無外)의 관점에서 보면 끝이 있는 것이다"라는 판수캉(范壽康)의 말을 인용했다.

228_ 「제물론」편의 '오늘 월나라에 갔다가 어제 도착했다[今日適越而昔至.]'와 같은 내용이다. 천구잉은 시간의 상대성이라는 측면에서 말한 것이라고 했고, 안동림은 시간을 절대적인 입장에서 본다면 오늘도 옛날도 그 사이에 차별이 없어진다고 풀이했다. 또한 장시창은 다음과 같이 말했다. "진정한 시간은 영원히 움직이고 있기 때문에 결코 '오늘'이라는 하나의 단계를 나누어서 그것을 잠시라도 머물게 할 수는 없다. 만약 우리들이 억지로 '오늘 월나라에 갔다'고 말한다면 여기에서의 '오늘'은 이미 과거가 되어 '내일 도착했다'가 된다."

229_ 천구잉은 "이것은 사물이 끊임없이 변화하는 관점에서 논의한 것으로, 이 명제는 앞의 '사물은 막 생기자마자 곧 죽어간다'와 같은 종류이다"라고 했다. 이것은 다음과 같은 장시창의 이론을 수용한 것이다. "이어진 고리가 완성된 이후에 결국

과 월나라의 남쪽이 바로 그곳이다.[230] ⑩ 만물을 두루 사랑하면 하늘도 땅도 한 덩어리가 된다."[231]

惠施多方, 其書五車, 其道舛駁, 其言也不中. 厤物之意曰, "至大無外, 謂之大一. 至小無內, 謂之小一. 無厚, 不可積也, 其大千里. 天與地卑, 山與澤平. 日方中方睨, 物方生方死. 大同而與小同異, 此之謂小同異. 萬物畢同畢異, 此之謂大同異. 南方無窮而有窮. 今日適越而昔來. 連環可解也. 我知天下之中央, 燕之北越之南是也. 氾愛萬物, 天地一體也."

---

은 끊어지는 날이 있을 것이다. 일반인들이 보기에는 단지 어느 날 갑자기 끊어진 것만을 보고 점진적으로 끊어지는 것을 보지 못한다. 우리는 이어진 고리가 처음 완성된 그 시점부터 어느 날 갑자기 끊어진 시점까지를 가정하여, 이러한 일련의 전 과정을 '해(解)'라고 통칭할 수 있다. 해(解)는 곧 끊어지는 것[毁]이다. 이것은 이어진 고리가 완성된 이후에는 곧 '해'의 과정 중에 있지 않은 때가 없기 때문에 '풀어질 수 있다[可解]'라고 말한 것이다." 한편 안병주는 "이어진 고리는 고리가 서로 붙어 있지 않고 비어 있는 공간으로 연결되어 있기 때문에 관념적으로는 얼마든지 풀 수 있다는 뜻이다"라고 했고, 안동림도 "고리는 서로 그 빈틈으로 연결되어 있어서 자유로이 움직일 수가 있으므로 고리의 입장에서는 풀려나 있다고 할 수 있다"라고 해석했다.

230_ 중국에서 연나라는 북쪽에, 월나라는 남쪽에 있기 때문에 상식적으로는 북쪽의 북쪽과 남쪽의 남쪽은 만나지 않는다. 이에 대해 안병주는 "천하의 크기는 무한하기 때문에 연나라 북쪽이건 월나라 남쪽이건 모두 중앙이 될 수 있다"라고 풀이했다. 또 사마표(司馬彪)는 다음과 같이 해석했다. "연나라와 월나라의 거리는 일정한 수치가 있지만, 남쪽과 북쪽의 거리는 한이 없다. 한이 없는 쪽에서 일정한 수치가 있는 쪽을 보면 연나라와 월나라 사이는 구분이 없다. 천하에는 일정한 방향이 없기 때문에 자신이 있는 곳 어디든지 중앙이 될 수 있고, 순환하여 끝이 없기 때문에 자신이 있는 곳 어디든지 시작이 될 수 있다." 후스는 다음과 같이 풀이했다. "연나라는 북쪽에 있고, 월나라는 남쪽에 있다. 땅은 둥글기 때문에 그 지점이 북쪽 나라의 북쪽이든 남쪽 나라의 남쪽이든 모두 중앙이 될 수 있다."

231_ 두루 사랑한다는 것은 어떠한 사물에 대해서도 차별 없이 똑같이 대한다는 의미로, 하늘과 땅도 예외가 아니다. 안병주와 안동림 모두 만물을 두루 사랑하면 사물에 차별을 두지 않기 때문에 천지까지도 하나가 된다고 해석했다. 「제물론」편에 '만물은 나와 하나[萬物與我爲一]'라는 말이 나온다.

혜시는 이러한 명제를 대단한 것으로 여겨서, 천하에 드러내 보여서 변론자들을 설득했으며,[232] 천하의 변론가들도 함께 그것을 즐기면서 변론했다. ① 알에 털이 있다.[233] ② 닭에는 세 개의 발이 있다.[234] ③ [초나라 서울인] 영(郢) 안에 천하가 있다.[235] ④ 개는 양이 될 수 있다.[236] ⑤

232_ 이것과는 다르게 구두를 끊는 경우도 있는데, 임희일은 '惠施以此爲大觀於天下, 而曉辯者.'라고 구두를 끊고, 대관(大觀)을 이 명제를 가지고 자기 홀로 천하에서 위대하다고 생각하는 것이라고 풀이하기도 했다. 『경전석문』도 이와 같이 구두가 끊어져 있다.

233_ 새나 닭이 깃털을 가지고 있는 것은 외부의 조건이 아니라 그 내부에 이미 그러한 가능성이 존재하고 있기 때문에 알 속에 이미 깃털이 내재해 있다고 할 수 있다. 안병주는 "닭이나 새에는 깃털이 있는데, 알에 털이 없다면 닭이나 새의 깃털이 어디에서 생겼겠느냐는 반론적 논리에 근거한 주장이다"라고 하여, 논리적인 측면에서 파악했다. 안동림은 변화 속에서 시간의 관념을 없앴을 때 이러한 논법이 나온다고 하면서, "알에서 나오는 새끼 새의 몸에 털이 있는 이상 알 속에는 털이 있다"라고 했다. 한편 천구잉은 생물학적인 측면에서 "알은 깃털이 있는 동물이 될 가능성을 함유하고 있다는 의미이다. 생물학적인 관점에서 말하면, 모든 생물의 성장은 잠재능력(Potentiality)으로부터 현실(Actuality)에 이르는 과정이다"라고 말하고, 또한 다음과 같은 후스의 말을 인용했다. "이 명제는 생물학적으로 중요한 문제이다. … 생물진화의 전1단계에는 곧 후1단계의 '가능성'을 내포하고 있다. 따라서 '알에 털이 있다'고 말할 수 있다. 예를 들어 계란 속에 이미 닭의 모습을 내포하고 있는 것과 같다. 만약 알에 털이 없으면 어떻게 털이 있는 닭이 될 수 있겠는가?"

234_ 닭의 다리는 실제로 두 개이지만, '다리'라는 말 또는 개념이 합쳐지면 세 개가 된다는 의미이다. 「제물론」편의 "하나[一]와 [하나라는] 말[言]이 합쳐져서 둘이 된다[一與言爲二.]"라는 말과 같다. 천구잉은 다음과 같은 왕디엔지(汪奠基)의 말을 인용하고 있다. "이 명제에 대해 혜시가 어떻게 해석했는지는 모르지만, 공손룡자(公孫龍子)가 이에 대해 논증한 내용이 있다. 즉 '닭의 발이라고 말하면 [그 말 자체가] 하나이고, 발의 숫자를 세면 둘이니, 둘과 하나를 합치기 때문에 셋이다. 소와 양의 발이라고 말하면 [그 말 자체가] 하나이고, 발의 숫자를 세면 넷이니, 넷과 하나를 합치기 때문에 다섯이다. 소와 양의 발은 다섯이고, 닭의 발은 셋이다.' [『공손룡자』「명실(名實)」] 이것은 개념 경계의 측면에서 완전한 궤변이다." 한편 사마표는 "닭은 다리가 두 개이지만, 그것으로는 갈 수가 없다. 다리를 움직이게 하는 정신이 있다. 정신이 있어야 갈 수 있기 때문에 다리가 세 개라고 했다"라는 특이한 해석을 하기도 했다.

235_ 영(郢)은 천하의 한 부분에 속하지만, 우주 전체에서 보면 천하나 영이나 모두

말은 알을 낳는다.[237] ⑥ 개구리에 꼬리가 있다.[238] ⑦ 불은 뜨겁지 않다.[239] ⑧ 산은 입에서 나온다.[240] ⑨ 수레바퀴는 땅에 붙어 있지 않

---

대소를 따질 수 없이 작은 한 부분에 지나지 않기 때문에 영 안에 천하가 있다고 말할 수 있다. 천구잉은 이 명제가 앞에서 나온 '만물은 완전히 같다[畢同]'는 관점에서 나온 말이라고 했다.

236_ 개와 양은 서로 다른 동물이지만 동물이라는 관점에서는 같을 수 있고, 또 개와 양이라는 명칭은 절대적인 것이 아니라 인간에 의해 임의적으로 붙여진 것이기 때문에 서로 바꾸어 불러도 무관하다는 의미로 이해된다. 천구잉도 "개와 양은 똑같이 네 발 달린 동물에 속하니, 이 명제는 공통의 모습[共相]이라는 측면에서 나온 논리이다"라고 했다. 『장자』「덕충부(德充符)」편의 "동일한 점으로부터 보면 만물이 모두 하나이다[自其同者視之, 萬物皆一也.]"와 같은 논리로, 앞의 명제와 마찬가지로 '만물은 완전히 같다[畢同]'는 관점이라고 할 수 있다.

237_ 말이 비록 태생(胎生) 동물이지만, 동물이라는 측면에서는 난생(卵生) 동물과 동일하다는 논리이다. 앞의 명제들과 마찬가지로 '만물은 완전히 같다[畢同]'는 관점으로 파악할 수 있다. 「즉양(則陽)」편의 "다른 것을 합하여 같은 것이 된다[合異以爲同.]"도 같은 의미이다.

238_ 올챙이에게는 꼬리가 있고, 개구리에게는 없다. 다만 올챙이를 거쳐서 개구리가 되는 과정은 일정하게 정해진 시점이 있는 것이 아니라, 무한한 변화의 과정 중에 있기 때문에 이와 같은 논리가 가능하다. 왕디엔지(汪奠基)는 다음과 같이 말한다. "이 명제는 올챙이가 막 꼬리가 있다가 막 꼬리가 없는 전화(轉化) 과정을 말하는데, 이것은 형체를 바꾸어 화생(化生)하는 과정 또는 유무(有無)가 함께 존재하는 모습을 표현한 것이다. 다시 말해서 올챙이가 화생하는 과정에 대해서는 꼬리가 있는 올챙이라고 말하더라도 꼬리가 없는 올챙이도 존재한다. 그리고 꼬리가 없는 올챙이라고 말하더라도 꼬리가 있는 올챙이 또한 존재한다. 이것은 양쪽이 서로 완전히 같거나 완전히 다른 것[畢同畢異], 또는 상반상생(相反相生)이다." 한편 성현영에 의하면, 초나라 사람들은 개구리를 정자(丁子)라고 부른다고 한다.

239_ 불이 뜨겁다고 느끼는 것은 인간의 주관적인 감각 작용이기 때문에 불 자체는 뜨겁지 않다고 말할 수 있다. 천구잉은 "이것은 마치 머리에 돌을 맞으면 통증은 인간에게 있지 돌에 있지 않는 것과 같다"라고 비유하고, "지각의 측면에서 말하면 불을 느끼면 열을 알게 된다. 그러나 개념의 측면에서 말하면 불이라는 명칭은 알지만, 불 속에 있는 열은 결코 느끼지 못한다"는 왕디엔지의 말을 인용했다.

240_ 여기에 대해서는 다양한 주장들이 있는데, 성현영은 "산은 본래 이름이 없는데, 산이라는 명칭은 사람의 입으로부터 나온다"라고 하여, 사람의 입을 통해 산이라는 말이 나온다고 보았다. 한편 선영은 "텅빈 계곡에서 소리가 나온다"라고 하고, 안동림은 "산에 메아리가 있으니 입이 있는 셈이다"라고 하여, 사람의 입에서 소

다.[241] ⑩ 눈은 [사물을] 보지 못한다.[242] ⑪ 일에 대해 지목하는 것은 사물의 실제에 도달할 수 없고, 비록 도달하더라도 절대적인 궁극의 모습에까지는 도달할 수 없다.[243] ⑫ 거북이는 뱀보다 길다.[244] ⑬ 곱자는

---

리가 나듯이, 산에서도 메아리가 나온다는 의미로 풀이했다. 천구잉이 인용한 왕디엔지의 말도 참고할 만하다. "이 명제는 '산과 연못은 평평하다[山淵平.]'는 명제와 함께 보아야 하는데, 두 명제는 정반대의 측면에서 동일한 증명을 보여준다. '구(口)'라는 공통된 모습[共相] 혹은 명칭에서 보면, 산에는 요해지가 있어서 그곳을 산구(山口) 또는 관구(關口)라고 부른다. 강에는 들고나는 곳이 있어서 그곳을 하구(河口) 또는 항구(港口)라고 부른다. 바닷가에는 교통하는 곳이 있어서 그곳을 해구(海口) 또는 안구(岸口)라고 부른다. 또한 무한하게 변천하는 산의 필동(畢同)의 측면에서 말하면 '산과 연못은 평평하다'고 말할 수 있고, 변동 과정 중에 있는 산의 필이(畢異)의 개념에서 말하면 '산은 구(口)를 낸다'고 말할 수 있다. 즉 산에는 계곡이 험준하거나 평평해지는 현상이 있다."

241_ 안병주는 "만약 수레바퀴가 땅에 붙어 있다면 바퀴가 굴러갈 수 없을 것이라는 주장이다"라고 말하고, "지면에 접한 어느 순간(점)과 다음의 같은 순간(점)까지의 사이에는 중간 상태, 곧 땅에 붙지 않는 상태가 존재한다. 따라서 전후의 접점을 무시하고 중간적인 상태만을 문제로 삼는다면 수레바퀴가 지면에 접하지 않는다는 명제가 성립한다"라는 성현영과 후쿠나가 미쓰지의 말을 인용했다. 사마표는 "땅은 평평하고 수레바퀴는 둥글기 때문에 수레바퀴가 땅에 붙지 않는다"라고 했다. 장시창은 "수레바퀴는 전체의 수레바퀴이다. 그 중에 땅에 붙은 수레바퀴는 수레바퀴의 한 점에 지나지 않는다. 전체의 수레바퀴는 결코 동시에 땅에 붙을 수 없다. 따라서 '수레바퀴는 땅에 붙어 있지 않다'라고 했다"라고 했다. 안동림도 "수레바퀴가 구를 때 한꺼번에 땅에 닿지 않고 그 일부가 닿을 뿐이다. 전부가 동시에 닿았다고 보이는 것은 자국에 지나지 않는다"라고 했다.

242_ 눈이 사물을 보는 것은 눈 자체만이 아니라 다른 조건이 함께 충족되어야 한다. 이에 대해 천구잉은 "단지 눈만으로는 사물을 볼 수 없으며, 사람이 볼 수 있는 것은 눈과 빛, 그리고 정신 작용을 통해야만 한다"라고 풀이했고, 곽상은 "눈이 보는 것은 단지 사물에서 반사된 빛이지 사물의 본체는 아니다"라고 했다. 한편 천구잉이 인용한 후스는 "만약 마음의 지각이 없으면 비록 불이 있더라도 열을 느끼지 못하고, 비록 눈이 있더라도 사물을 볼 수 없다"라고 했다.

243_ 이 명제에 대해서는 의견이 분분하고 해석도 서로 차이가 많이 나는데, 여기서는 천구잉의 견해에 따라 해석했다. 천구잉은 후스나 왕디엔지 등의 말을 인용하여, 지(指)를 '어떤 일을 가리켜서 지목하다[指事]'는 의미로 보고, "일에 대해 지목하는 것은 사물의 실제에 도달할 수 없고, 비록 도달하더라도 절대적인 궁극의 모습에까지는 도달할 수 없다"라고 해석했다. 안병주는 지(指)를 손가락으로 가리킨다는 의미로 이해하고, "손가락으로 가리키는 곳에 도달할 수 없으니, 손가락으

네모를 그릴 수 없고 그림쇠는 원을 그릴 수 없다.[245] ⑭ 장부를 꽂아 넣는 구멍은 장부를 완전히 둘러싸지 않는다.[246] ⑮ 나는 새의 그림자는 움직인 적이 없다.[247] ⑯ 빠르게 날아가는 화살이라도 가지도 않고

---

로 가리키는 곳까지의 길이는 끊어지지 않는다"라고 해석했다. 즉 "손가락으로 가리키는 방향은 어느 한 지점에서 끝나는 것이 아니므로 무한하다. 따라서 결코 그곳에 도달할 수 없고, 지시하는 것이 무한히 이어지므로 결코 끊어지지 않는다는 뜻이다"라고 부연 설명했다. 한편 안병주의 인용에 의하면, 마서륜은 『열자(列子)』「중니(仲尼)」편의 "有指不至, 有物不盡."에 근거하여 '至不絶'이 '物不盡'의 잘못이라고 했다. 안동림은 이 주장에 근거하여, "특정한 사물의 이름은 모든 것을 다 나타낼 수가 없고, 사물은 무(無)라고 할 수도 없다"라고 해석했는데, 의미가 명확하지 않다.

244_ 두 사물간의 비교는 상대적일 수밖에 없으며, 절대적인 차이는 없다는 명제이다. 따라서 천구잉은 "이것은 사물의 장단과 대소는 상대적인 것이지 절대적인 것이 아님을 설명했다"라고 했다. 「제물론」편의 "세상에서 가을 짐승의 털끝보다 큰 것은 없고, 태산은 오히려 작다. 어려서 죽은 아이보다 장수한 자는 없고, 팽조(彭祖)보다 일찍 죽은 자가 없다"라는 말도 절대적인 관점에서 보면 상대적인 평가는 무의미함을 보여준다. 사마표는 "뱀은 형태는 비록 길지만 수명이 오래가지 않고, 거북은 형태는 비록 짧지만 수명이 매우 길다"라고 하여, 수명의 길고 짧음으로 풀이했다.

245_ 아무리 정확하게 네모나 동그라미를 그리더라도 그것은 완전한 형태의 그것이 될 수는 없다. 즉 천구잉의 말처럼 "현실에 존재하는 개체의 원과 동그라미는 결코 절대적인 원과 동그라미의 형상이 될 수 없다." 안동림은 "개념으로서의 네모나 동그라미는 곱자나 그림쇠로 그릴 수 없다"라고 풀이했다.

246_ 장부를 구멍에 맞추어서 꽉 끼우지만, 장부와 구멍 사이에는 반드시 빈틈이 있기 때문에 완전히 둘러싸지는 못한다. 착(鑿)은 연장으로 뚫은 구멍을 말하고, 예(枘)는 장부 또는 순자라고 하는데, 한쪽 끝을 다른 쪽 구멍에 맞추기 위해 얼마쯤 가늘게 만든 부분을 말한다. 천구잉은 "이것은 개체의 독특성에 대해 말한 것이다. 세상에는 두 개의 개체가 완전히 절대적으로 서로 들어맞는 것이 없다"라고 했다. 개체와 개체는 완전히 하나로 결합될 수 없으며, 그 사이에는 반드시 공간이 있다는 것이다.

247_ 시간을 무한하게 분할하면 땅에 새의 그림자가 비치는 순간은 하나의 정지된 상태라고 할 수 있다. 천구잉은 "이 명제는 형이상학적 관점에서 운동을 설명한 것이다. 만약 하나의 운동에 대해 경과하는 시간 및 공간을 분할하면 수많은 점으로 나눌 수 있고, 공간의 점과 시간상의 점 하나하나는 서로 배합되므로, 나는 새의 그림자는 어떤 한 시간과 어떤 한 공간에 정지해 있다는 것을 알 수 있다. 따라서 '일찍이 움직인 적이 없는 것'이다"라고 했다. 한편 안병주는 "그림자는 결코 그

멈추지도 않은 시점이 있다.[248] ⑰ 강아지는 개가 아니다.[249] ⑱ 노란 말과 검은 소는 합해서 셋이다.[250] ⑲ 흰 개는 검다.[251] ⑳ 어미가 없는 망

---

자체로는 움직이지 않는 의존적인 존재이므로 움직인다고 할 수 없다. 새는 움직여도 그림자는 전혀 움직이지 않는다. 그림자는 빛에 의해 생기므로 빛에 의해 지면에 투사되는 새의 그림자는 한 순간 한 순간 지면에서 떨어져 정지하는 것일 뿐이다"라고 풀이했다.

248_ 무한한 시간 속에서 화살은 한 순간 한 순간은 멈추는 것 같지만, 그 과정에서도 화살은 분명히 날아가고 있다. 따라서 가지도 않고 멈추지도 않은 시점이 있다고 할 수 있다. 안동림은 "빠르다고 해도 가는 데에는 시간이 걸리는 이상 멈추는 때가 있고, 가는 이상 멈추지 않는 때가 있다"라고 풀이했다. 천구잉은 "이 명제는 운동은 곧 하나의 물체가 동일한 시간에 하나의 장소에 있기도 하고, 또 하나의 장소에 있지 않기도 하다는 것을 인식한 것이다. 하나의 장소에 있다는 말에 입각하면 그것은 곧 '가지 않는 것'이며, 하나의 장소에 있지 않다는 말에 입각하면 그것은 곧 '멈추지 않은 것'이다"라고 했다. 안병주는 가나야 오사무(金谷治)와 이케다 도모히사(池田知久)의 말을 인용하여, "빠르다고 해도 가는 데는 시간이 걸린다. 그러나 가는 것은 분명하다. 촉시(鏃矢)의 움직임을 세밀하게 분할하면 움직임이라고도 정지라고도 할 수 없는 때가 있다"라고 했다. 촉시(鏃矢)는 날카롭고 가벼운 화살을 말한다.

249_ 명실(名實)의 측면에서 보면, 강아지와 개는 명칭이 다르기 때문에 같다고 할 수 없다. 천구잉은 다음과 같이 판쇼우캉(范壽康)의 말을 인용했다. "소진함(邵晉涵)이 '개가 태어나서 긴 털이 아직 생기기 않은 것을 강아지[狗]라고 한다'라고 했다. 강아지는 개[犬]의 일부이지 개와 완전히 같은 것이 아니다. 따라서 강아지는 개가 아니라고 말했다." 『예기』「곡례 상(曲禮 上)」편의 "效犬者, 左牽之."에 대한 공영달(孔穎達)의 소(疏)에서는 다음과 같이 말했다. "통틀어서 말하면 구(狗)와 견(犬)은 통용되는 명칭인데, 만약 나누어서 말하면 큰 것은 견(犬), 작은 것은 구(狗)이다. 『이아(爾雅)』에서는 '아직 다 성장하지 않은 개를 강아지[狗]라고 한다'라고 했다."

250_ 여우(驪牛)는 검은색의 소를 말한다. 천구잉은 "노란 말과 검은 소를 합쳐서 둘이 되는데, 거기에 노란 말과 검은 소라는 하나의 개념을 합치면 셋이 된다. 이것은 앞에 나온 '닭은 다리가 셋이다'라는 것과 동일한 성격의 명제이다"라고 했다. 이에 비해 안병주는 노란 말과 검은 소가 각각 하나의 단위, 그리고 둘 다 동물이라는 의미에서 하나의 개념, 이것을 합쳐서 셋이 된다고 했다. 사마표는 셋이라는 숫자를 여러 가지 의미로 풀이한다. "우(牛), 마(馬), 우마(牛馬)는 세 개의 형태이다. 노란색, 검은색, 노란검은색은 세 가지 색이다. 노란 말, 검은 소, 노란 말과 검은 소는 형태와 색이 세 가지가 된다."

251_ 흰 개와 검은 개는 색이라는 측면에서는 같고, 또 개라는 측면에서도 같기 때문

아지는 일찍이 어미가 있었던 적이 없다.[252] ㉑ 한 자 길이의 채찍을 매일 반씩 자른다면 영원히 다 자를 수 없다.[253] 변론자들은 이러한 명제를 가지고 혜시와 서로 대응했는데, 평생 동안 논쟁이 다 끝나지 않았다.

惠施以此爲大, 觀於天下而曉辯者, 天下之辯者相與樂之. 卵有毛. 雞三足. 郢有天下. 犬可以爲羊. 馬有卵. 丁子有尾. 火不熱. 山出口. 輪不蹍地. 目不見. 指不至, 至不絶. 龜長於蛇. 矩不方, 規不可以爲圓. 鑿不圍枘. 飛鳥之景未嘗動也. 鏃矢之疾而有不行不止之時. 狗非犬. 黃馬·驪牛三. 白狗黑. 孤駒未嘗有母. 一尺之捶, 日取其半, 萬世不竭. 辯者以此與惠施相應, 終身無窮。

---

에 흰 개는 곧 검은 개라고 할 수 있다. 천구잉은 두 가지 이론을 소개하고 있는데, 첫째는 "사마표는 '흰 개의 검은 눈이면 또한 검은 개라고 할 수 있다'라고 했다. 즉 흰 개가 희다는 것은 털색으로 말한 것으로, 털색이 희다는 것에 근거하여 그것이 희다고 한 것이다. 만약 그 눈의 색에 입각하여 말한다면, 눈의 색이 검은 것에 근거하여 검은 것이 되니, 흰 개도 또한 검은 것이라고 말할 수 있다." 둘째는 "개가 비록 흰색과 검은색의 다름이 있지만, '개'와 '얼굴'이라는 공통의 개념에 따라서 보면 서로 같다. 똑같이 개이고 똑같이 얼굴이기 때문에 흰 개가 검다는 것도 가능하다. 이것은 대동이(大同異)를 가장 잘 적용하기는 했지만, 소동이(小同異)를 무시한 착오판단이다." 안동림은 형체로 본다면 흰 개와 검은 개가 같다고 말했다.

252_ 고(孤)라는 개념은 어미가 없을 경우에 사용하는 개념이므로 고구(孤駒)라고 쓴 이상 그것은 어미가 없는 것이 당연하다는 것이다. 이런 의미에서 천구잉은 "이것은 호칭[名號]의 문제이다. 고구(孤駒)의 의미는 곧 어미가 없는 망아지이니, 이 명제는 '고(孤)'와 '미상유모(未嘗有母)'를 명칭은 다르지만 뜻은 같은 것으로 간주했다"라고 했다. 한편 안동림은 "구(駒)와 고구(孤駒)를 연속된 존재로 보지 않고 별개의 개념으로 본 것으로, 고구(孤駒)가 된 순간에 그 전의 구(駒)였던 상태와는 단절되는 것이다"라고 했다.

253_ 공간은 무한 분할이 가능하다는 논리가 있듯이, 물질의 무한 분할 가능성에 입각하면 채찍을 아무리 자르더라도 없어지지 않고 무한하게 자를 수 있다. 이에 대해 천구잉은 "오늘 그 반을 자르고, 내일 그 반의 반을 자르고, 모레 그 반의 반의 반을 자른다면, 결국은 그 반이 남아 있기 때문에 영원히 다 자를 수 없다. 한 자 길이의 채찍은 하나의 유한한 물체이지만, 그것은 무한하게 작은 단위로 구성되어 있기 때문에 무한 분할이 가능하다"라고 했다.

환단(桓團)[254]과 공손룡(公孫龍)은 변론자의 무리이다. 사람의 마음에 맞추어 꾸며서 사람들의 뜻을 바꾸게 하여 말로는 다른 사람을 이길 수는 있었지만, 마음으로는 그 사람을 복종시키지 못했으니, 이것이 변론자들의 한계이다.[255] 혜시는 날마다 자신의 지혜를 이용하여 다른 사람과 변론하면서 독자적으로 천하의 변론자들과 괴이한 이론을 만들었으니, 이것이 그의 대략적인 모습이다.[256]

桓團 · 公孫龍辯者之徒. 飾人之心, 易人之意, 能勝人之口, 不能服人之心, 辯者之囿也. 惠施日以其知與人之辯, 特與天下之辯者爲怪, 此其柢也.

그런데 혜시의 말재주는 자기 스스로 가장 뛰어나다고 생각하여, "천지는 장대하구나!"라고 했다.[257] 혜시는 웅대한 뜻을 가지고 있었지만 [구체적인 실천] 방법이 없었다.[258] 남쪽 지방에 기이한 사람이 있었는데,[259] 황료(黃繚)라고 하였다. [그가 혜시에게] 하늘과 땅이 추락하지도 무너지지도 않는 이유와 바람, 비, 천둥이 일어나는 이유를 물었다. 혜시는 사양하지도 않고 응하고, 숙고하지도 않고 대답했는데, 만물에 대해 두루 설명하면서 쉴새없이 이야기하고 끊임없이 많은 말을 했는

254_ 환단(桓團)은 전국시대 조(趙)나라 사람으로, 공손룡과 함께 조나라의 평원군(平原君)의 문객이었다고 한다. 『열자』「중니(仲尼)」편에는 한단(韓檀)으로 되어 있다.

255_ 유(囿)는 국한되거나 제한을 받는 것으로, 한계라는 의미이다. 성현령은 역(域)이라고 풀이했다.

256_ 저(柢)는 천구잉이 대략(大略)의 의미라고 했고, 안병주가 본질 또는 근본의 의미라고 했다.

257_ 사마표가 "혜시는 자신의 변설을 과시하여, 오직 천지만이 자기보다 장대하다고 생각했다"라고 했다.

258_ 사마표가 "혜시는 남을 이기는 데에만 뜻을 두었으며, 도리를 실천할 방법이 없었다"라고 했다. 성현영은 방도[道]라고 했고, 천구잉은 도술(道術)이라고 했다.

259_ 의인(倚人)은 『석문』에는 약인(略人)으로 되어 있는데, 천구잉은 기인(奇人), 곽경번은 이인(異人)으로 풀이했다.

데도 오히려 부족하다고 여겨서 괴이한 말까지 덧붙였다. 인정과는 위배되는 것을 진실로 삼아서, 다른 사람을 이기는 것으로 명성을 세우려고 했다. 이 때문에 많은 사람들과 서로 어울리지 못했다. 덕[의 수양]에는 약하고, 사물[에 대한 분석]에는 강했으니, 그가 추구한 길은 좁고 구불구불했다.[260] 천지의 도를 기준으로 혜시의 재능을 살펴보면, 그것은 마치 한 마리의 모기나 등에처럼 애쓰고 있는 것일 뿐이다. 사물에 대해서 또한 무슨 쓸모가 있겠는가? [도술의] 하나의 분야를 담당하는 것이 여전히 가능하기 때문에 도술을 더욱더 귀하게 만들었다고 말하는 것이 거의 사실에 가까울 것이다.[261] 그러나 혜시는 스스로 이러한 도술에 편안하게 만족하지 못하고, 만물[의 연구 분석]에 정신을 분산시키되 지칠 줄을 몰랐으며, 마침내 뛰어난 변론으로 명성을 얻었으니, 애석하구나! 혜시의 재능은 제멋대로 떠들어대면서[262] 터득한 것은 없고, 만물을 좇아서 연구하면서 되돌아오지 않으니, 이것은 소리를 질러 메아리를 그치게 하거나,[263] 형체가 그림자와 떨어지려고 경주하는 것과 같으니, 슬프구나!(『장자』「천하」)

---

260_ 오(隩)는 『경전석문』에서 이이(李頤)가 깊다[深]는 의미라고 했고, 천구잉은 B. Watson의 영역본 번역에 따라 굽었다[曲折]는 의미로 풀이했다.

261_ 천구잉은 일(一)이 하나의 단면[一端] 또는 하나의 기술[一技]을 가리키지, 도(道)를 가리키는 것이 아니라고 하고, "그가 하나의 기술의 장점을 발휘한 것이 그런대로 괜찮았으며, 만약 대도를 한층 더 존중했다고 말한다면 거의 그럴 것이다"라고 긍정적으로 풀이했다. 반면 임희일은 "충(充)은 족하다[足]는 뜻이다. 만약 한 사람의 사사로운 견해로 자족하면 그래도 괜찮다"라고 풀이했다. 기(幾)에 대해 성현영은 거의 가깝다[近]로, 임운명은 위태롭다[危]로 풀이했다. 안병주는 "도의 일단(一端)에 충당하는 것은 그래도 괜찮지만, 만일 도를 더욱 존귀하게 했다고 말한다면 위험하다"라고 해석했고, 선영은 "하나의 분야를 담당하는 것을 통해서 도술을 더욱더 존중했으니, 거의 사실에 가까울 것이다"라고 풀이했다.

262_ 태탕(駘蕩)은 구속받지 않고 제멋대로 행동하는 모습으로, 성현영은 태(駘)를 방종[放]이라고 풀이했다.

263_ 궁(窮)은 다하거나 끝마친다는 뜻이다. 궁향이성(窮響以聲)은 되돌아오는 메아리를 그치게 하기 위해서 다시 소리를 지르는 것이다. 소리를 지르면 그것이 다시 메아리가 되어 돌아온다는 것을 모르는 행동이다.

然惠施之口談, 自以爲最賢, 曰"天地其壯乎!" 施存雄而無術. 南方有倚人焉曰黃繚. 問天地所以不墜不陷, 風雨雷霆之故. 惠施不辭而應, 不慮而對, 遍爲萬物說, 說而不休, 多而無已, 猶以爲寡, 益之以怪. 以反人爲實而欲以勝人爲名. 是以與衆不適也. 弱於德, 强於物, 其塗隩矣. 由天地之道觀惠施之能, 其猶一蚊一虻之勞者也. 其於物也何庸? 夫充一尙可, 曰愈貴道, 幾矣. 惠施不能以此自寧, 散於萬物而不厭, 卒以善辯爲名, 惜乎! 惠施之才, 駘蕩而不得, 逐萬物而不反, 是窮響以聲, 形與影競走也, 悲夫!(『莊子』「天下」)

## 2-1-3[264]

이에 여섯 학파[六家]의 [학술의] 핵심을 다음과 같이 논술했다. "『역(易)』「대전(大傳)」[265]에서 이르기를 '천하의 이치는 한 가지이지만 생각은 다양하며, 귀착점은 같지만 가는 길은 다르다'[266]라고 했으니, 대체로 음양가, 유가, 묵가, 명가, 법가, 도덕가는 모두 정치에 힘쓰는 자들이지만, 단지 근거로 삼아서 말하는 것이 서로 다르기 때문에 [각 학술에 대한] 이해의 깊이에 차이가 있을 뿐이다.[267] 일찍이 음양가의 학술을

---

264_ 이하의 내용 전체는 사마천의 부친인 사마담(司馬談, ?~B.C.110)이 지은 「논육가요지(論六家要旨)」이다. 사마담은 하양(夏陽) 사람으로, 천문학과 『역』, 도가사상 등을 두루 섭렵했고, 한나라 무제(武帝) 때 태사령(太史令)을 역임했다. 아들인 사마천과 함께 『사기』를 지었으며, 음양가(陰陽家)·유가(儒家)·묵가(墨家)·명가(名家)·법가(法家)·도덕가(道德家) 등 여섯 개 학파의 주요 학술에 대해 논설한 것이 바로 「논육가요지」이다.

265_ 『역(易)』「대전(大傳)」은 「계사전(繫辭傳)」을 말한다.

266_ 『역』「계사 하(繫辭 下)」편에 "子曰, '天下何思何慮? 天下同歸而殊塗, 一致而百慮, 天下何思何慮?'라는 구절이 있는데, 「함괘(咸卦)」 구사효(九四爻)의 '憧憧往來, 朋從爾思.'를 해석한 것이다.

267_ 『사기색은』에서 "육가(六家)가 모두 올바름[正]으로 귀결되지만, 각자가 따르는 도가 다르며, 배우는 과정에서 혹은 전해져서 깊이 이해한 경우도 있고, 혹은 올바로 이해하지 못한 경우도 있을 뿐이다"라고 했다.

살펴본 적이 있는데, 길흉에 앞서 나타나는 조짐[祥]을 중시하고[268] 꺼리거나 피하는 일이 많아서, 사람들로 하여금 거기에 구애되어 두려워하는 것이 많도록 만들었다.[269] 그러나 그들이 사계절의 큰 순환 법칙을 차례대로 정해놓은 것은 잃어버려서는 안 되는 부분이다. 유가는 폭넓기는 하지만 요점이 적고, 힘써 노력하지만 성과가 적기 때문에 유가의 일을 다 그대로 따르기는 어렵다. 그러나 그들이 군신(君臣)과 부자(父子)의 예법을 차례대로 정해놓고, 부부(夫婦)와 장유(長幼)의 구별을 배열하여 정해놓은 것은 바꾸어서는 안 되는 부분이다. 묵가는 검약(儉約)[을 지나치게 숭상하여] 그대로 따르기가 어렵기 때문에 묵가의 일을 두루 실천할 수가 없다. 그러나 그들이 근본에 노력하고 재용(財用)을 절약한 것은 폐기해서는 안 되는 부분이다. 법가는 엄격하면서 은혜가 적다. 그러나 그들이 군신과 상하의 본분을 바로잡은 것은 고쳐서는 안 되는 부분이다. 명가는 사람들이 [명칭에] 제한을 받아서 진실을 잘 잃어버리도록 만든다.[270] 그러나 그들이 명칭[名]과 실제[實]의 관계를 바로잡은 것은 잘 살펴보지 않으면 안 될 부분이다. 도가는 사

---

268_ 대상(大祥)에 대해서는 여러 가지 해석이 있다. 『사기집해』에서 서광(徐廣)은 "상(祥)이 상(詳)으로 되어 있는 판본도 있다"라고 했고, 『사기색은』에서는 "『한서』에는 대상(大詳)으로 되어 있으니, '내가 음양가 학술의 큰 요점[大詳]을 살펴본다'라는 말이다. 그런데 지금 여기에는 상(祥)으로 되어 있으니, 의미상 엉성하다"라고 말했다. 그리고 『사기정의』에서 고야왕(顧野王)은 "상(祥)은 선(善)이니, 길흉에 앞서서 나타나는 조짐이다"라고 했다. 여기에서는 『사기정의』의 고야왕의 주장을 따랐으며, 대(大)는 『공양전』 「은공」 원년의 '대일통(大一統)'의 '대'자와 같은 의미로 해석했다.

269_ 『사기정의』에서 "날짜와 시간[日時]에 구속되어, 사람들로 하여금 꺼리거나 두려워하는 것이 있도록 했다"라고 풀이했다.

270_ 『사기색은』에서 "유향(劉向)의 『별록(別錄)』에서는 '명가의 부류는 예관(禮官)에서 나왔다. 옛날에는 명칭과 지위가 같지 않고, 예법도 또한 등급을 달리했으니, 공자가 반드시 명칭을 바로잡겠다고 했다'라고 했는데, 명가가 예법도 또한 등급을 달리함을 안 것이 바로 명칭을 제한한 것[儉]이며, 명은 받지만 사령(辭令)은 받지 않기 때문에 혹 그 진실을 잃어버린다"라고 풀이했다.

람으로 하여금 정신을 하나로 집중하고, 행동을 무형(無形)[의 도]와 합치되게 하여, 만물에 대해 편안하게 만족하도록 만든다.[271] 그들의 학술은 음양가가 사계절의 큰 순환 법칙[을 차례대로 정해놓은 것]을 그대로 따르고, 유가와 묵가의 좋은 점을 발췌하며, 명가와 법가의 요점을 가려내어, 때와 함께 옮겨가고, 사물에 호응하여 변화하며, 풍속을 확립하여 일에 시행하니, 적절하지 않는 것이 없다. 가리키는 핵심이 간단하면서 실행하기가 쉬우니, 일은 적지만 성과는 많다. 그러나 유가는 그렇지 않다. 군주는 천하의 모범이기 때문에 군주가 외치면 신하는 화답하고, 군주가 앞서서 가면 신하는 뒤에서 따라야 한다고 생각한다. 이와 같다면 군주는 수고롭지만 신하는 편안하다. 심지어 큰 도의 요점은 힘과 탐욕을 버리고,[272] 총명함을 배척하는 것인데,[273] [유가는] 이것을 버려두고 술수를 부린다. 대체로 정신은 너무 사용하면 고갈되고, 육체는 너무 수고롭게 부리면 쇠약해진다. 정신과 육체가 [안정되지 않고] 요동치면서, 천지와 함께 오래 살기를 바라는 것은 들어본 적이 없다.

---

271_ 『사기색은』에 의하면, 섬(贍)은 『한서』에 담(澹)으로 되어 있으며, 고금이 글자가 서로 다르다고 한다. 담(澹)은 욕심이 없이 마음이 깨끗하고 편안하다는 의미이다.

272_ 건(健)은 남성의 강건함 또는 힘을 말하는데, 『역』「계사 하」편에서 "夫乾, 天下之至健也, 德行恒易以知險, 夫坤, 天下之至順也, 德行恒簡以知阻."라고 했다. 『노자』에서 숭상하는 여성의 유순함[順]과는 반대가 되는 행동이다. 선(羨)은 탐욕이나 욕심을 말하니, 과욕(寡欲)을 주장하는 『노자』의 주장과는 반대이다. 『사기집해』에서 여순(如淳)은 "[『노자』 제28장의] '수컷의 도리를 알고서 암컷의 도리를 지킨다[知雄守雌]'는 것이 '힘을 버리는 것[去健]'는 것이고, [『노자』 제3장의] '욕심낼 만한 것을 보이지 않으면 마음을 어지럽히게 하지 않는다[不見可欲, 使心不亂]'는 것이 '탐욕을 버리는 것[去羨]'이다"라고 했다. 한편 『노자』 제19장에서는 "사사로운 마음을 적게 하고, 욕심을 적게 해야 한다[少私寡欲]"라고도 했다.

273_ 『사기집해』에서 여순은 "[『노자』 제3장의] '현명함을 숭상하지 않는다[不尙賢]'와 [『노자』 제19장의] '성스러움을 끊고 지혜를 버린다[絶聖棄智]'를 말한다"라고 했다.

乃論六家之要指曰, “『易』「大傳」‘天下一致而百慮, 同歸而殊塗.’ 夫陰陽·儒·墨·名·法·道德, 此務爲治者也, 直所從言之異路, 有省不省耳. 嘗竊觀陰陽之術, 大祥而衆忌諱, 使人拘而多所畏. 然其序四時之大順, 不可失也. 儒者博而寡要, 勞而少功, 是以其事難盡從. 然其序君臣父子之禮, 列夫婦長幼之別, 不可易也. 墨者儉而難遵, 是以其事不可遍循. 然其彊本節用, 不可廢也. 法家嚴而少恩. 然其正君臣上下之分, 不可改矣. 名家使人儉而善失眞. 然其正名實, 不可不察也. 道家使人精神專一, 動合無形, 贍足萬物. 其爲術也, 因陰陽之大順, 采儒墨之善, 撮名法之要, 與時遷移, 應物變化, 立俗施事, 無所不宜. 指約而易操, 事少而功多. 儒者則不然. 以爲人主天下之儀表也, 主倡而臣和, 主先而臣隨. 如此則主勞而臣逸. 至於大道之要, 去健羨, 絀聰明, 釋此而任術. 夫神大用則竭, 形大勞則敝. 形神騷動, 欲與天地長久, 非所聞也.

대체로 음양가는 4계절, 8괘(八卦)의 위치, 12별자리, 24절기[274]마다 각각 금기 규정[敎令][275]을 두었는데, 그것을 잘 따르는 자는 번창하고, 그것을 거스르는 자는 죽지 않으면 곧 망한다고 한다.[276] 그러나 반드시 그렇지는 않기 때문에 ‘사람들로 하여금 거기에 구애되어 두려워하는

274_ 『사기집해』의 장안(張晏)에 의하면, 팔위(八位)는 팔괘(八卦)의 자리이고, 십이도(十二度)는 십이차(十二次)이다. 이십사절(二十四節)은 24절기이다. 팔위는 복희씨(伏羲氏)가 지었다고 전하는 팔괘의 방위로, 진괘(震卦, 東), 태괘(兌卦, 西), 이괘(離卦, 南), 감괘(坎卦, 北), 손괘(巽卦, 東南), 간괘(艮卦, 東北), 곤괘(坤卦, 西南), 건괘(乾卦, 西北)이다. 십이차는 춘분점(春分點)을 기점으로 하여 황도(黃道)의 주위에 분배된 12성좌(星座)로, 고대에 해와 달, 행성의 위치와 운동을 측량하기 위해 별자리를 나눈 것이다.

275_ 교령(敎令)은 각 절기마다 반드시 따라야 하는 일종의 금기(禁忌) 사항에 대한 규정을 말한다.

276_ 이 말은 『맹자』 「이루 상」편의 “順天者存, 逆天者亡.”에서 나온 말이다. 유가에서 말하는 천(天)은 『맹자집주』에서 “天者, 理勢之當然也.”라고 했듯이, 음양가가 말하는 자연의 순환법칙이라기보다는 인간 사회의 법칙이나 질서를 말한다.

것이 많도록 만들었다'라고 했다. 대체로 봄에 생겨나고 여름에 성장하며, 가을에 거두어들이고 겨울에 저장하니, 이것이 천도(天道)의 큰 법칙이다. 여기에 따르지 않으면 천하의 벼리를 세울 방법이 없기 때문에 '사계절의 큰 순환 법칙을 차례대로 정해놓은 것은 잃어버려서는 안 되는 부분이다'라고 했다.

夫陰陽四時・八位・十二度・二十四節各有敎令, 順之者昌, 逆之者不死則亡. 未必然也. 故曰'使人拘而多畏.' 夫春生夏長, 秋收冬藏, 此天道之大經也. 弗順則無以爲天下綱紀. 故曰'四時之大順, 不可失也.'

유가는 육예(六藝)[277]를 법도로 삼는다. 육예에 대한 경전(經傳)[278]이 수없이 많기 때문에 몇 세대에 걸쳐도 그 학문을 다 통달할 수 없고, 한 시대 동안 그 예법을 다 연구할 수도 없다. 따라서 '폭넓기는 하지만 요점이 적고, 힘써 노력하지만 성과가 적다'라고 했다. 그러나 군신과 부자의 예법을 차례대로 정해놓고, 부부와 장유의 구별을 배열하여 정해놓은 것은 비록 어떤 학파라도 바꿀 수 없다.

夫儒者以六藝爲法. 六藝經傳以千萬數, 累世不能通其學, 當年不能究其禮. 故曰'博而寡要, 勞而少功.' 若夫列君臣父子之禮, 序夫婦長幼之別, 雖百家弗能易也.

묵가도 요(堯)・순(舜)의 도를 숭상하여, 그들의 덕행에 대해서 다음과

---

277_ 육예(六藝)는 보통 예(禮)・악(樂)・사(射)・어(御)・서(書)・수(數)를 말하는데, 여기서는 유가의 기본 경전인 육경(六經), 즉 예(禮)・악(樂)・서(書)・시(詩)・역(易)・춘추(春秋)를 말한다.

278_ 경전(經傳)은 유가의 책 중에서 성인의 저작을 경(經)이라고 하는데, 일반적으로 육경(六經)을 말한다. 그리고 경에 대한 주석서 또는 해설서로 후대의 현인이 지은 것을 전(傳)이라고 했다. 장화(張華)의 『박물지(博物志)』에서 "聖人制作曰經, 賢者著述曰傳."이라고 했다.

같이 말한다.[279] '집 마루의 높이는 3척(尺)이고, 흙으로 만든 계단은 3개뿐이며, 띠로 인 지붕의 끝을 다듬지도 않았고,[280] 서까래의 통나무를 깎아서 손질하지도 않았다.[281] 흙으로 만든 밥그릇에 밥을 담아 먹고, 흙으로 만든 국그릇에 국을 담아 마셨는데,[282] 현미나 기장으로 만든 거친 밥과 명아주잎과 콩잎으로 만든 보잘것없는 국이었다.[283] 여름에는 갈포로 만든 거친 옷을 입고, 겨울에는 사슴 가죽으로 만든 옷을 입었다.' 그들은 죽은 사람을 장례지낼 때, 오동나무 내관을 세 치의 두께로만 만들면서 [외관이 없었고], 곡소리를 내면서 자신의 슬픔을 다 표출하지는 않았다. 상례에 대해 가르치면서 반드시 이러한 형식을 모든 백성들의 표준으로 삼았다. 만약 천하 사람들이 이와 같은 것을 본받는다면 존귀함과 비천함에 차별이 없을 것이다. 대체로 시대가 변하여 바뀌면 사람의 일도 반드시 다 같을 수는 없기 때문에 '검약(儉約)[을 지나치게 숭상하여] 그대로 따르기가 어렵다'라고 말했다.

---

279_ 『사기색은』에서 이하의 내용은 한비자가 한 말이라고 한다. 『사기』 「이사열전(李斯列傳)」에 다음과 같은 내용이 보인다. "李斯數欲請間諫, 二世不許, 而二世責問李斯曰, '吾有私議, 而有所聞於韓子也. 曰堯之有天下也, 堂高三尺, 采椽不斲, 茅茨不翦, 雖逆旅之宿, 不勤於此矣. 冬日鹿裘, 夏日葛衣, 粢糲之食, 藜藿之羹, 飯土匭, 啜土鉶, 雖監門之養, 不觳於此矣.'" 그리고 '당고삼척(堂高三尺)'부터 '거음부진기애(擧音不盡其哀)'까지의 구절은 『묵자』 「일문(佚文)」편에 보인다.

280_ 모자(茅茨)는 띠로 인 지붕을 말한다. 『사기정의』에 의하면, 자(茨)는 집의 지붕으로, 띠로 지붕을 덮는 것이다. 모자부전(茅茨不翦)은 띠로 지붕을 이고 그 끝을 가지런하게 자르지 않은 것으로, 검소하여 꾸미지 않은 모습을 말한다.

281_ 채연(采椽)은 상수리나무로 만든 서까래이다. 채연불괄(采椽不刮)은 서까래를 깎아서 손질하지 않은 채 통나무 그대로 사용했다는 뜻이다. 『한서』 「예문지」에도 묵자 집단에 대해 "墨家者流, 蓋出于淸廟之守, 茅屋采椽, 是以貴儉."이라고 했다.

282_ 토궤(土簋)는 흙으로 만든 밥그릇이다. 토형(土刑)은 토형(土形)이라고도 하며, 흙으로 만든 국그릇이다. 『사기정의』에서는 "궤(簋)는 밥을 담는 것이고, 형(刑)은 국을 담는 것이다. 토(土)는 흙을 구워서 만드는데, 곧 질그릇[瓦器]이다"라고 했다.

283_ 여량지식(糲粱之食)은 현미나 기장으로 만든 거친 밥을 말하고, 여곽지갱(藜藿之羹)은 명아주잎과 콩잎으로 만든 보잘것없는 국을 말한다.

그러나 결국 '근본에 노력하고 재용(財用)을 절약한다'라고 한 것은 백성들의 생활이 풍족해지는 방법이다.[284] 이것은 묵가의 장점이니, 비록 [다른 학파의] 어떠한 장점이 있더라도 폐기할 수 없다.

墨者亦尚堯·舜道, 言其德行曰, '堂高三尺, 土階三等, 茅茨不翦, 采椽不刮. 食土簋, 啜土刑, 糲粱之食, 藜藿之羹. 夏日葛衣, 冬日鹿裘.' 其送死, 桐棺三寸, 擧音不盡其哀. 教喪禮, 必以此爲萬民之率. 使天下法若此, 則尊卑無別也. 夫世異時移, 事業不必同, 故曰'儉而難遵'. 要曰'彊本節用', 則人給家足之道也. 此墨子之所長, 雖百長弗能廢也.

법가는 친한 이와 소원한 이를 구분하지 않고, 귀한 이와 천한 이를 구별하지 않으며, 일률적으로 법에 의해 결단하니, 친한 이를 친애하고 존귀한 이를 존중하는 은혜가 단절되어 버린다.[285] 이것으로 일시적인 계획을 실행할 수는 있지만, 장기적으로 시행할 수는 없기 때문에 '엄격하면서 은혜가 적다'라고 말했다. 그러나 군주를 높이고 신하를 낮추며, 직분을 분명하게 나누어 서로 월권할 수 없도록 한 것은 비록 어떤 학파라도 고칠 수 없다.

法家不別親疏, 不殊貴賤, 一斷於法, 則親親尊尊之恩絶矣. 可以行一時之計, 而不可長用也. 故曰'嚴而少恩'. 若尊主卑臣, 明分職不得相踰越, 雖百家弗能改也.

명가는 엄밀하게 살피고 논리가 매우 복잡해서,[286] 사람들이 그 뜻을

---

284_ 인급가족(人給家足)은 사람마다 넉넉하고 집집마다 풍족한 것으로, 백성들의 생활이 넉넉해진다는 의미이다.

285_ 『사기색은』에서 "예(禮)에 의하면, 친친(親親)에서는 아버지가 으뜸이고, 존존(尊尊)에서는 군주가 으뜸이다"라고 했다.

286_ 가찰(苛察)은 가혹하고 엄격하게 살피는 것이며, 교요(繳繞)는 복잡하게 뒤엉킨 것이다. 『사기집해』에서 여순은 "교요(繳繞)는 뒤엉킨 것[纏繞]과 같으며, 대체(大

반추할 수 없도록 만들며, 오로지 명칭에 의해서만 결단하여 인간 사회의 실정을 잃어버리게 만든다. 따라서 '명가는 사람들이 [명칭에] 제한을 받아서 진실을 잘 잃어버리도록 만든다'라고 말했다. 그러나 대체로 명칭을 끌어와서 실재에 맞도록 요구하여, 명실이 어긋나지 않고 잘 융합되니,[287] 이러한 점을 잘 살피지 않을 수 없다.

名家苛察繳繞, 使人不得反其意, 專決於名而失人情. 故曰'使人儉而善失眞.' 若夫控名責實, 參伍不失, 此不可不察也.

도가는 인위적인 작위를 하지 않는 것[無爲][을 주장하면서], 또한 '하지 않는 것이 없다[無不爲]'라고 말하니,[288] 그 실제의 내용은 실행하기 쉽지만, 그 말은 알기 어렵다.[289] 그 학술은 허(虛)와 무(無)를 근본으로 삼고, 자연 그대로 맡기는 것[因循][290]을 작용으로 삼는다. 일정하게 고정된 형세도 없고,[291] 항상 일정한 형상도 없기 때문에 만물의 상태를 연구할 수 있다. 사물에 앞서지도 않고, 사물에 뒤처지지도 않기 때문에 사물의 주인이 될 수 있다.[292] 법칙이 있지만 [일정하게 고정된] 법칙은 없

---

體)가 통하지 않는 것이다"라고 했다.

287_ 공명책실(控名責實)은 명칭을 끌어와서 실재에 맞도록 요구하는 것으로, 명실이 서로 부합되도록 하는 것을 말한다. 참오불실(參伍不失)은 명실이 서로 어긋나지 않고 잘 융합되는 것을 말한다. 『사기집해』에서 진작(晉灼)은 "명칭을 끌어와서 실재에 맞도록 요구하여 명실이 서로 잘 융합되니, 일의 실정을 명확하게 안다"라고 했다.

288_ 『노자』 제37장에서 "道常無爲而無不爲."라고 했다. 『사기정의』에서 "무위(無爲)라는 것은 청정(淸淨)을 지키는 것이며, 무불위(無不爲)라는 것은 만물을 생육하는 것이다"라고 했다.

289_ 『사기정의』에서 "실제의 내용은 각각 자신의 본분을 지키는 것이기 때문에 실행하기 쉽다. 그 말은 깊고 은미하기 때문에 알기 어렵다"라고 했다.

290_ 인순(因循)은 사물의 변화에 그대로 순응하는 것으로, 『사기정의』에서는 자연 그대로 맡기는 것[任自然]이라고 풀이했다.

291_ 세(埶)는 세(勢)와 같은 글자로, 성세(成埶)는 일정하게 고정된 형세를 말한다.

292_ 『사기집해』에서 위소는 "사물에 따라서 제어한다[因物爲制]"라고 했다. 즉 먼저 앞서거나 뒤처지지 않고, 사물의 상황에 맞추어 제어하기 때문에 사물의 주인이

으며, 때에 따라서 일을 한다. 법도가 있지만 [일정하게 고정된] 법도는 없으며, 사물에 맞추어 합치시킨다. 따라서 '성인의 가르침이 영원히 없어지지 않는 것은 때에 따라서 변화하는 자세를 지키기 때문이다.[293] 허(虛)라는 것은 도의 법칙[常]이며, 자연 그대로 맡기는 것[因]은 군주의 [정치] 핵심[綱]이다'[294]라고 말했다.[295] 많은 신하들이 함께 이르러 오면 각자가 스스로 [직분을] 밝히도록 한다. 그 실상이 그 명성에 들어맞는 것을 단정하다[端]고 하고, 그 실상이 그 명성에 들어맞지 않는 것을 텅비었다[窾]고 한다.[296] 텅빈 말을 듣지 않으면 간사한 일이 이에 생기지 않고, 현명한 자와 어리석은 자가 자연스럽게 구분되면 흑백이 이에 드러난다. [정치는] 신하를 등용하려는 의지에 달려 있을 뿐, 무슨 일이든 이루어지 않겠는가? 이에 큰 도와 합치되어 혼돈스럽고 깜깜하게 서로 하나로 융합된 상태가 되며,[297] 천하에 밝게 빛나서 다시 무명(無名)의 상태[298]로 돌아간다. 대체로 사람이 살아가는 생명은 정신이며, 가탁하고 있는 것은 육체이다. 정신은 너무 사용하면 고갈

---

될 수 있다는 의미이다.

293_ 『사기정의』에서 "성인의 가르침의 자취가 영원히 없어지지 않는 것은 때에 따른 변화에 순응하기 때문이다"라고 했다.

294_ 『사기정의』에서는 인(因)을 백성을 다스리는 것과 관련지어, "백성의 마음을 그대로 따라서 교화하고, 오직 그 핵심만을 붙잡을 뿐이다"라고 풀이했다.

295_ 『사기색은』에서 이 내용이 『귀곡자(鬼谷子)』에 나온다고 했는데, 현행본 『귀곡자』에는 보이지 않는다.

296_ 관(窾)은 속이 텅빈 것으로, 『사기집해』에서 서광은 공(空)으로 풀이했다. 『사기색은』에서도 "관(窾)은 『한서』에 관(款)으로 되어 있고, 관(款)은 공(空)이다. 따라서 『신자(申子)』에서 '款言無成'이라고 한 것이 그것이다. 성(聲)은 명성[名]이니, 말이 명성에 걸맞지 않기 때문에 공(空)이라고 했으니, 헛된 명성이 있는 것이다"라고 했다.

297_ 혼혼명명(混混冥冥)은 음양의 두 기운이 나누어지기 이전의 뒤섞이고 어두운 상태로, 여기에서는 큰 도와 서로 뒤섞여서 일체가 된 상태를 표현한 말이다. 『사기정의』에서는 "혼혼(混混)은 원기(元氣), 즉 신(神)의 모습"이라고 했다.

298_ 『노자』 제1장에서 "無名, 天地始, 有名, 萬物母."라고 했다. 무명(無名)은 천지가 막 생기기 시작할 때 아직 만물의 형체가 구분이 없던 상태를 말한다.

되고, 육체는 너무 수고롭게 부리면 쇠약해지며, 육체와 정신이 분리되면 죽는다. 죽은 사람은 다시 살아날 수 없고, 분리된 것은 다시 원상태로 되돌아오지 않기 때문에 성인은 그것을 중시한다. 이로써 볼 때, 정신은 생명의 근본이며, 육체는 생명을 담은 그릇이다. 그 정신[299]을 먼저 바르게 안정시키지 않고서 '나는 천하를 다스릴 방법이 있다'라고 말하니, 무슨 연유로 [그렇게 말하는가]?(『사기』「태사공자서」)

道家無爲, 又曰'無不爲', 其實易行, 其辭難知. 其術以虛無爲本, 以因循爲用. 無成埶, 無常形. 故能究萬物之情. 不爲物先, 不爲物後, 故能爲萬物主. 有法無法, 因時爲業. 有度無度, 因物與合. 故曰'聖人不朽, 時變是守. 虛者道之常也, 因者君之綱也.' 群臣並至, 使各自明也. 其實中其聲者謂之端, 實不中其聲者謂之窾. 窾言不聽, 姦乃不生, 賢不肖自分, 白黑乃形. 在所欲用耳, 何事不成? 乃合大道, 混混冥冥, 光燿天下, 復反無名. 凡人所生者神也, 所託者形也. 神大用則竭, 形大勞則敝, 形神離則死. 死者不可復生, 離者不可復反, 故聖人重之. 由是觀之, 神者生之本也, 形者生之具也. 不先定其神, 而曰'我有以治天下', 何由哉?"(『史記』「太史公自序」)

## 2-1-4

노자(老子)가 상용(商容)[300]에게 배울 때는 [상용의] 혀[의 부드러움]을 보고 부드러움을 지킬 줄 알았으며,[301] 열자(列子)가 호자(壺子)에게 배울

---

299_ 『한서』「사마천전(司馬遷傳)」에는 신(神)자 뒤에 형(形)자가 있다. 여기서는 신(神)자만 해석했다.

300_ 상용(商容)은 신인(神人)이라고도 하고, 노자의 스승인 은(殷)나라의 현인이라고도 한다. 여기에서 참조한 주석서는 하녕(何寧)이 고유(高誘)의 주를 저본으로 엮은 『회남자집석(淮南子集釋)』이다.

301_ 고유는 "상용이 혀를 빼서 노자에게 보여주자, 노자가 혀는 부드럽고 이는 강하다는 것을 알았다"고 풀이했다. 『설원(說苑)』「경신(敬愼)」편에도 상창(常摐)이라

때는 그림자를 재는 기구를 보고 [남보다] 뒤처지는 자세를 지킬 줄 알았다.[302] 따라서 성인은 사물에 앞서지 않으면서 그것을 제어하니, 그것은 마치 땔나무를 쌓을 때 뒤의 땔나무가 위에 있는 것과 같다.(『회남자』「무칭훈」)

老子學商容, 見舌而知守柔矣, 列子學壺子, 觀景柱而知持後矣. 故聖人不爲物先, 而常制之, 其類若積薪樵, 後者在上.(『淮南子』「繆稱訓」)

## 2-1-5

어떤 사람이 "장주(莊周)의 주장에서 취할 만한 것이 있습니까?"라고 묻자, "욕심을 줄이는 것이다[少欲]"[303]라고 대답했다. "추연(鄒衍)의 주장에서 취할 만한 것이 있습니까?"라고 묻자, "스스로를 지키는 것이다.[自持][304] 그러나 장주가 군신의 의리를 없애버리고,[305] 추연이 하늘과 땅

---

는 인물과 노자의 대화가 기록되어 있다. 상창이 혀는 그대로 있고 이는 빠져서 없어진 까닭을 물었을 때, 노자가 "대체로 혀가 그대로 있는 것은 아마도 그것이 부드럽기 때문이 아니겠습니까? 이가 없는 것은 아마도 그것이 강하기 때문이 아니겠습니까?"라고 대답했다고 한다. 여기의 상용(商容)은 상창(常摐)과 동일 인물인 듯하다.

302_ 『열자』「설부(說符)」편에 의하면, 열자는 그림자의 모양을 보고 처신하는 방법을 배우라는 스승 호자의 가르침에 따라 앞서지도 뒤처지지도 않는 처신을 알았다고 한다. 영주(景柱)는 영주(影柱), 즉 해의 그림자를 재는 기구를 말한다. 고유는 "먼저 형체가 있은 이후에 그림자가 있으며, 형체는 없어질 수 있지만 그림자는 상해를 입지 않는다"라고 했다. 한편 하녕(何寧)은 앞 문장 '見舌而知守柔矣.'와의 대구에 의해 주(柱)자가 연문이라고 했다.

303_ 『법언의소(法言義疏)』의 소(疏)에서, 『장자』「천하」편의 "홀로 천지의 변화무궁한 정신과 왕래하면서도 오만하게 만물을 경시하지 않고, 시비를 따져서 꾸짖지도 않으며, 그러한 자세로 세속과 함께 어울렸다"라는 장주의 말이 곧 삶과 죽음, 부귀와 귀천을 동일시한 것이기 때문에 소욕(小欲)을 취한 것이라고 했다.

304_ 『법언의소』의 소에서, 『한서』「맹순전(孟荀傳)」에서 "추연의 귀결처를 요약하면 반드시 인의(仁義)와 절검(節儉)에서 그친다"라고 말했기 때문에 그의 자지(自持)를 취한 것이라고 했다.

305_ 장주는 기본적으로 자연의 법칙에 순응하면서 삶과 죽음의 문제를 깊이 파고들

사이[인간 사회의 실정]에 무지한 것[306]에 대해서는 비록 친한 이웃이라고 하더라도 그들을 보려고 하지 않을 것이다"[307]라고 대답했다."(『법언』「문도」)

或曰"莊周有取乎?" 曰"少欲." "鄒衍有取乎?" 曰"自持. 至周罔君臣之義, 衍無知於天地之間, 雖鄰不覿也."(『法言』「問道」)

## 2-1-6

객이 다음과 같이 말했다. "장차 태자를 위하여 도술의 선비 중에서 지혜와 재주가 뛰어난 자[308]를 상주한다면, 장주(莊周)·위모(魏牟)·양주(楊朱)·묵적(墨翟)·편연(便蜎)[309]·첨하(詹何)[310]와 같은 무리들이 있습니

었지만, 인간관계의 규범에 대해서는 부정적으로 보았기 때문에 군신간의 의리도 인정하지 않는다는 뜻이다. 따라서 『순자』「해폐(海蔽)」편에서 "莊子蔽於天而不知仁."이라고 했다.

306_ 추연은 천지의 오묘한 법칙에 대해서는 깊이 있게 연구했지만, 인간 사회의 실상에 대해서는 올바로 알지 못했다는 뜻이다. 『법언의소』의 소에서 인용한 『염철론』「논추(論鄒)」편에서는 "추연은 성인을 비난하고 괴상하고 잘못된 이론을 만들어, 6국의 군주를 미혹시켜 자신의 주장을 받아들이게 했다. … 추연은 가까이 인간의 일도 제대로 이해하지 못하는데, 어찌 넓고 큰 바다에 대해서 알 수 있겠는가?"라고 평가했다.

307_ 『법언의소』에서 "이것은 단지 그들의 그러한 주장을 취하지 않을 뿐만 아니라, 그것을 매우 깊이 싫어한다는 것을 말한다"라고 풀이했다.

308_ 자략(資略)은 지혜와 재주를 말한다. 『문선』에서 이선은 "공안국(孔安國)의 『논어』 주에서 '방(方)은 도(道)'라고 했고, 진작(晉灼)의 『한서』 주에서 '자(資)는 재량(材量)'이라고 했다"라고 했다.

309_ 편연(便蜎)은 연현(蜎蠉) 또는 연자(蜎子)라고도 한다. 『회남자』「원도훈(原道訓)」편의 고유 주에는 연현(娟嬛)으로 되어 있다. 첨하(詹何)와 함께 옛날에 낚시를 잘한 사람이라고 한다. 『칠략(七略)』에서는 연자(蜎子)라고 하고, 이름은 연(淵)이며, 초(楚)나라 사람이라고 한다. 『한서』「예문지」에 『연자(蜎子)』 13편이 수록되어 있다.

310_ 첨하(詹何)는 『여씨춘추』「심위(審爲)」편에서 고유가 옛날에 도를 체득한 사람이라고 했다. 「심위」편의 내용 중에 첨하가 중산공자(中山公子) 모(牟)라는 사람과 대화하면서 한 말이 실려 있는데, 그의 사상의 단면을 엿볼 수 있다. "생명을

다.[311] 그들에게 천하 [인간 사회의] 정미한 이치를 논의하고, 만물의 시비를 바로잡게 한 다음, 공자와 노자가 그것을 잘 살펴보고, 맹자가 그 논리의 타당성을 잘 따져본다면[312] 결코 잘못될 일이 없을 것이니,[313] 이것은 또한 천하의 핵심적인 말이자 오묘한 도리이기 때문입니다."(매승 「칠발」)[314]

客曰, "將爲太子奏方術之士有資略者, 若莊周·魏牟·楊朱·墨翟·便蜎·詹何之倫. 使之論天下之精微, 理萬物之是非, 孔·老覽觀, 孟子持籌而算之, 萬不失一, 此亦天下之要言妙道也."(枚乘「七發」)

---

중히 여기면 명리(名利)를 가볍게 여기게 될 것이다"라고 하거나, "자신의 정욕을 이겨낼 수 없으면 육체가 가고자 하는 대로 그대로 두어라. 그래야만 정신에 증오하는 것이 없어진다. 자신의 정욕을 이겨내지도 못하고서 이를 억제하여 육체가 하고자 하는 대로 놓아두지 않으면 이것을 '두 번 다치는 일'이라고 한다. 두 번 다치는 사람 중에서 오래 사는 사람이 없다"라고 했다.

311_ 『여씨춘추』「중언(重言)」편에 "성인은 소리가 없는 가운데에서 소리를 듣고, 형상이 없는 가운데에서 형상을 보니, 첨하(詹何)·전자방(田子方)·노담(老聃)이 바로 그들이다"라는 구절이 보인다.

312_ 주(籌)는 숫자를 세는 도구인 산가지이다. 산가지를 쥐고 계산한다는 것은 곧 그 이론의 논리나 타당성을 세밀하게 분석하고 따지는 것을 말한다.

313_ 만불실일(萬不失一)은 만무실일(萬無失一)과 같은 말이다. 만에 하나도 실수나 틀림이 없다는 뜻이다.

314_ 매승(枚乘, ?~B.C.140)은 전한시대의 문인으로, 강소성(江蘇省) 회음(淮陰) 사람이며, 자는 숙(叔)이다. 『한서』「예문지」에 의하면, 매승의 작품으로 부(賦) 9편이 있는데, 현재 전하는 것은 3편이다. 그중에 「칠발」은 『문선(文選)』에 보이고, 「유부(柳賦)」는 『서경잡기(西京雜記)』에, 「양왕토원부(梁王菟園賦)」는 『고문원(古文苑)』에 보인다. 현재 「칠발」 한 편만 그의 작품으로 인정받고 있고, 뒤의 두 편은 위작으로 의심받고 있는 상태이다. 『수서』「경적지」에는 『매승집(枚乘集)』 2권이 있다고 기록되어 있는데, 지금은 전하지 않는다. 「칠발(七發)」은 산문과 운문의 중간형식의 작품으로, 『문선』 권30에 보인다. 이선의 주에 의하면, 칠발(七發)이란 7가지 일을 말하여 초나라 태자를 계발시킨 것으로, 오(吳)나라 객(客)과 초(楚)나라 태자(太子) 사이의 대화를 문답 형식으로 만든 것이다. 이것은 나중에 사마상여(司馬相如) 등의 사부문학(辭賦文學)에 크게 영향을 끼쳤다고 한다.

## 2-1-7

제자백가의 서로 다른 주장은 각각 나오는 근원이 있다. 저 묵적(墨翟)·양주(楊朱)·신불해(申不害)·상앙(商鞅)[의 주장]은 정치의 도리라는 측면에서, [그 주장이 없는 것은] 마치 수레덮개에 뼈대 하나가 없거나 수레바퀴에 바퀴살 하나가 없는 것과 같다.[315] 그것들이 있어야 [수레덮개와 수레바퀴가] 완전한 숫자를 갖출 수 있지만, 그것들이 없어도 사용하는 데는 지장이 없다. 그런데 [제자백가들은] 자신들이 정치의 도리를 혼자서 독단하고 있다고 생각하니, 천지의 실정과는 통하지 않는다.(『회남자』「숙진훈」)

百家異說, 各[316]有所出. 若夫墨·楊·申·商之於治道, 猶蓋之無一橑, 而輪之無一輻.[317] 有之可以備數, 無之未有害於用也. 己自以爲獨擅之, 不通之于天地之情也.(『淮南子』「俶眞訓」)

## 2-1-8

양주와 묵적의 말이 천하에 가득하니, 천하의 말이 양주[의 주장으로] 귀결되지 않으면 묵적[의 주장으로] 귀결된다.[318](『맹자』「등문공 하」)

楊朱·墨翟之言盈天下, 天下之言不歸楊, 則歸墨.(『孟子』「滕文公 下」)

---

315_ 개(蓋)는 수레덮개이고 로(橑)는 수레덮개의 뼈대이며, 륜(輪)은 수레바퀴이고 복(輻)은 수레바퀴의 살이다.

316_ 각(各)이 『공자개제고』에는 명(名)으로 되어 있는데, 『회남자』 원문에 따라 고쳤다.

317_ 폭(輻)이 『공자개제고』에는 폭(幅)으로 되어 있는데, 『회남자』 원문에 따라 고쳤다.

318_ 맹자는 당시의 상황을 성왕이 나오지 않아서 제후들이 전횡하고, 공자의 인의(仁義)의 유학이 쇠퇴하여 부정한 학설들이 횡행하고 있다고 개탄했다. 따라서 초야의 선비들이 제멋대로 토론하는 과정에서 당시의 모든 이론들이 양주와 묵적과 같은 잘못된 주장으로 귀결된다는 위기의식을 표출했다.

## 2-1-9

따라서 성인은 소리가 없는 가운데에서 소리를 듣고, 형상이 없는 가운데에서 형상을 보니,[319] 첨하(詹何) · 전자방(田子方)[320] · 노담(老聃)이 바로 그들이다.(『여씨춘추』「중언」)

故聖人聽于無聲, 視于無形, 詹何 · 田子方 · 老聃是也.(『呂氏春秋』「重言」)

## 2-1-10

인(仁)을 쓸데없이 주장하는 자는[321] 타고난 본래의 덕성을 제거하고 자연적인 본성을 막아 버림으로써[322] 명성(名聲)을 얻으려고 하여 천하 사람들에게 정신없이 떠들면서 현혹되어[323] [그들의 능력으로는] 미칠 수 없는 법도를 받들게 하니, [그렇지] 않는가? 증삼(曾參)과 사추(史鰌)가 바로 그런 사람이다. 변론에 쓸데없이 지나친 자는[324] 기왓장을 겹겹이

---

319_ 『장자』「천지(天地)」편에 "此謂王德之人. 視乎冥冥, 聽乎無聲. 冥冥之中, 獨見曉焉. 無聲之中, 獨聞和焉. 故深之又深而能物焉. 神之又神而能精焉."이라는 말이 보이고, 『노자』 제41장에도 "大方無隅, 大器晩成, 大音希聲, 大象無形."이라는 구절이 있다.

320_ 전자방(田子方)은 고유에 의하면, 자공(子貢)에게서 배웠고, 현명한 사람과 어진 사람을 숭상하고 예의를 귀하게 여겼으며, 위문후(魏文侯)와 교유했다고 한다. 『장자』「전자방」편에서는 동곽순자(東郭順子)를 스승으로 삼았다고 기록되어 있다.

321_ 지(枝)는 갈라져 나온 곁가지로, 쓸모없는 군더더기를 말한다. 이 편의 첫머리에서 말한 '지지(枝指)'에서의 '지(枝)'자를 말하는데, 지지(枝指)는 손가락 하나가 더 붙어 있는 육손이를 말한다. 천구잉은 인의를 표방하는 자라고 했고, 안병주는 인이라고 하는 군더더기의 규범을 떠매고 다니는 자, 즉 쓸데없이 인의를 내세우는 자라고 했다.

322_ 탁(擢)은 뽑아내어 제거하는 것이고, 색(塞)은 막아버리는 것이다. 덕(德)과 성(性)은 자연 그대로의 타고난 덕행과 본성을 말한다.

323_ 황(簧)은 피리 또는 피리 속에 있는 떨림판을 말하고, 고(鼓)는 불거나 연주하는 것이다. 황고(簧鼓)는 피리의 떨림판을 떨게 하여 소리를 내는 것으로, 시끄럽게 떠들어서 사람들을 정신없게 만드는 것, 교묘한 말로 사람들을 현혹하는 것을 말한다.

쌓고 새끼의 매듭을 만들 듯이 [쓸데없는 말을 더하고][325] 문장을 제멋대로 천착하여,[326] 견백(堅白)이나 동이(同異)와 같은 변론[327]에 푹 빠져서,[328] 눈앞의 일시적인 명예와 쓸데없는 말에 정신이 피폐해지니,[329] [그렇지] 않는가? 양주(楊朱)와 묵적(墨翟)이 바로 그런 사람이다.(『장자』「변무」)

枝于仁者, 擢德塞性, 以收名聲, 使天下簧鼓以奉不及之法, 非乎? 而曾・史是已. 駢于辯者, 纍瓦結繩竄句, 游心于堅白・同異之間, 而敝

---

324_ 변(駢)은 이어져서 하나로 연결되었다는 의미로, 이 편의 첫머리에서 말한 변무(駢拇)에서의 변(駢)을 말한다. 변무(駢拇)는 엄지발가락과 둘째발가락이 붙어서 네 발가락이 된 것을 말한다. 안병주는 발가락의 군더더기 살이라고 해석했다. 앞의 지(枝)와 같은 의미이다.

325_ 루(纍)는 루(累)와 같고, 루와(纍瓦)는 기왓장을 겹겹이 쌓아올린다는 뜻이다. 결승(結繩)은 새끼의 매듭을 만드는 것이다. 천구잉은 최선의 말을 인용하여, "쓸데없는 말을 모으는 것이 마치 기왓장을 쌓고 새끼의 매듭을 만드는 것과 같다"라고 했다. 임희일은 "변론가들은 말이 많아서 끊이지 않고 이어져서 무궁무진하지만, 아무런 의미가 없다. 따라서 쌓아올린 기왓장이나 매듭을 한 새끼로 비유했다"라고 풀이했다. 안병주는 "쓸데없는 기교를 부린다"라고 했고, 안동림은 "기왓장은 겹겹이 쌓을수록 무너지기 쉽고, 밧줄은 매듭을 만들면 쓰기 거북하다"라고 했다.

326_ 찬구(竄句)는 문장을 제멋대로 고치거나 어렵게 꾸미는 것이다. 사마표는 문구를 천착하는 것이라고 했고, 임희일은 문구를 고쳐서 화려하게 만드는 것이라고 했다. 한편 천구잉은 왕수민(王叔岷)의 『장자교석(莊子校釋)』의 주장에 따라 찬구(竄句) 뒤에 '추사(棰辭)'라는 두 글자를 보충하여 기록했다. 추사는 찬구(竄句)와 같은 의미이다. 왕수민은 당나라 필사본 『경전석문』에 '찬구추사(竄句棰辭)'라고 되어 있는데, 그것이 '루와결승(纍瓦結繩)'과 대구가 되고, 또 『후한서』「장형열전(張衡列傳)」의 주에 '찬구적사(竄句籍辭)'라고 되어 있는 것도 그 증거가 된다고 했다. 여기에서는 따르지 않고 원본 그대로 해석했다.

327_ 『장자』「천하」편에서 묵가집단에 대해 평가하면서 "견백(堅白)과 동이(同異)의 변론을 가지고 서로 비난하고, 서로 맞지 않는 기우(奇偶)의 말을 가지고 대응했다"라고 말했다. 견백론은 공손룡(公孫龍)의 변론이고, 동이론은 혜시(惠施)의 변론이다. 두 변론에 대한 자세한 내용은 『장자』「추수(秋水)」편에 보인다.

328_ 유심(游心)은 마음을 두거나 거기에 마음이 빠지는 것이다. 선영은 마음을 멋대로 방탕하게 구는 것이라고 풀이했다.

329_ 폐(敝)는 천구잉과 궈충다오(郭嵩燾) 등이 정신이 피폐해진다는 의미로, 육덕명이 얽매이거나 가려진다는 의미로 풀이했다. 규(跬)는 반걸음, 또는 가깝다는 뜻으로, 규예(跬譽)는 눈앞의 일시적인 명예를 말한다.

跬譽無用之言, 非乎? 而楊·墨是已.(『莊子』「騈拇」)

## 2-1-11

주나라가 쇠퇴한 말기에 전쟁을 일삼는 국가들이 제멋대로 날뛰면서,[330] 무력으로 강대국이 되려고 경쟁함으로써 서로 침략하고 탈취했다. 당시 선비의 등용에 권모술수를 급선무로 삼는 자를 가장 뛰어난 인재로 여기니, 선왕의 도가 쇠퇴하여 무너지고,[331] 이단의 학설이 모두 함께 흥기했다. 양주와 묵적과 같이 방탕한 말로 시세에 영합하고[332] 대중을 현혹시키는 자들이 한둘이 아니었다.(『맹자제사』)[333]

周衰之末, 戰國縱橫, 用兵爭强, 以相侵奪. 當世取士, 務先權謀, 以爲上賢, 先王大道, 陵遲隳廢, 異端並起. 若楊朱墨翟放蕩之言, 以干時惑衆者, 非一.(『孟子題辭』)

## 2-1-12

따라서 오자(吳子, B.C.440~B.C.381)[334]는 법(法)으로 초(楚)나라와 위(魏)나라

---

330_ 종횡(縱橫)은 천자를 무시하고 제멋대로 날뛰는 것을 말한다. 이것은 합종연횡을 의미하기도 하는데, 당시에 소진(蘇秦)은 6개국(齊·趙·韓·魏·燕·楚)이 남북으로 연합하여 진나라와 대항하자는 합종책을 주장했고, 장의(張儀)는 6개국이 함께 진나라를 섬기자는 연횡책을 주장했다.

331_ 릉지(陵遲)는 비스듬한 언덕이 완만하게 이어지는 것으로, 점점 쇠퇴한다는 의미이다. 추폐(隳廢)는 무너지고 없어지는 것을 말한다.

332_ 간시(干時)는 시세에 영합하는 것을 말한다.

333_ 『맹자제사(孟子題辭)』는 후한의 조기(趙岐, 109~201)가 지은 『맹자주(孟子注)』의 「서문」에 해당하는 글이다. 조기는 "『맹자제사』는 『맹자』의 전체 요지와 문장 표현을 기록한 것"이라고 했다.

334_ 오자(吳子)는 춘추시대 위(衛)나라의 병법가인 오기(吳起)를 말한다. 증자(曾子)를 스승으로 삼았고, 처음에는 노(魯)나라 임금을 섬겼다. 그러나 뒤에 위문후(魏文侯) 밑에서 장군이 되어 진(秦)나라를 공격하여 5개의 성을 빼앗는 공적을 세웠

를 다스렸고, 신불해(申不害)와 상앙(商鞅)은 법으로 진(秦)나라와 한(韓)나라를 부강하게 했다.(『염철론』「신한」)

故吳子以法治楚·魏, 申·商以法强秦·韓也.(『鹽鐵論』「申韓」)

## 2-1-13

옛날에 양주(楊朱)와 묵적(墨翟), 신불해(申不害)와 한비(韓非), 전병(田駢)과 공손룡(公孫龍)이 선왕(先王)의 도를 어지럽히고, 전국(戰國)의 시대를 기만했다.[335](『중론』[336]「고위」)

昔楊朱·墨翟·申不害·韓非·田駢·公孫龍汨亂乎先王之道, 譸張乎戰國之世.(『中論』「考僞」)

## 2-1-14

묵자(墨子)는 실용에만 가려져서 [예법의 형식을] 꾸미는 것을 알지 못했고,[337] 송자(宋子)는 과욕(寡欲)에만 가려져서 물질 경제를 알지 못했으

---

으나, 위나라 공주의 미움을 사서 위나라를 떠났다. 그 후 초(楚)나라 도왕(悼王) 밑에서 재상으로서 개혁을 단행하여 초나라를 강대국으로 만들었으나, 도왕이 죽은 뒤 초나라 귀족들에 의해 살해되었다. 저서로는 『오자(吳子)』라는 병법서가 있다.

335_ 골란(汨亂)은 어지럽히고 교란시키는 것이고, 주장(譸張)은 속이고 기만하는 것이다.

336_ 『중론(中論)』은 후한의 서간(徐幹, 170~217)이 지은 책이다. 서간은 북해(北海) 사람이며, 자는 위장(偉長)이다. 뛰어난 문장력으로 헌제(獻帝) 시기에 건안칠자(建安七子)의 한 사람으로 불린다. 이 책은 상하 2권이고, 매 권마다 각각 10편으로 구성되어 있다. 상권에는 치학(治學)·법상(法象)·수본(修本)·허도(虛道)·귀험(貴驗)·귀언(貴言)·예기(藝紀)·복변(覆辨)·지행(智行)·작록(爵祿), 하권에는 고위(考僞)·견교(譴交)·역수(曆數)·논수요(論壽夭)·심대신(審大臣)·신소종(愼所從)·망국(亡國)·상벌(賞罰)·민수(民數) 등의 편이 있다.

337_ 문(文)은 예악과 제도 등의 문화를 포괄하는 예법을 말한다. 이운구는 문식(文飾), 즉 예(禮)를 가리키는 것으로, 질서를 유지하기 위한 일종의 형식이라고 했

며,[338] 신자(愼子)는 법에만 가려져서 현명한 이[를 높이는 것]을 알지 못했고,[339] 신자(申子)는 권세[의 획득]에만 가려져서 재능과 지혜를 알지 못했으며,[340] 혜자(惠子)는 변론에만 가려져서 실질을 알지 못했고,[341] 장자는 하늘에만 가려져서 인간을 알지 못했다.[342] 따라서 실용의 추구를 도라고 말한다면 이익에만 매진하게 되고, 과욕의 추구를 도라고

---

다. 양경은 "윗사람이나 아랫사람 모두 노동을 하게 하여 정강이에 털이 없어질 정도였으니, 귀천 등급의 문식(文飾)을 모른 것이다"라고 했다. 『한서』「예문지」에서도 "墨家者流, … 及蔽者爲之, 見儉之利, 因以非禮, 推兼愛之意, 而不知別親疏."라고 하여 묵자의 폐단을 비판했다.

338_ 『장자』「천하」편에서 송견(宋鈃)과 윤문(尹文)에 대해 평가하면서, "그들은 공격을 금지하고 군대를 종식시키는 것을 외부의 일로 삼고, 정욕(情欲)의 절제를 내부의 일로 삼았다"라고 한 것에서 알 수 있듯이, 여기에서의 욕(欲)은 욕심을 줄이는 과욕(寡欲)을 의미한다. 득(得)은 인간의 욕구에 의해 창출되는 재화나 생산물 등의 구체적인 물질 경제를 말하는데, 이운구는 삶을 윤택하게 할 재화 획득, 즉 생산 측면에서의 소득의 가치라고 풀이했다. 한편 유월은 옛날에 득(得)과 덕(德)이 통용되었으므로 여기에서도 바꾸어 해석해야 한다고 주장했다.

339_ 양경에 의하면, 신도(愼到)의 학문은 황로학에 근본하고 형명(刑名)으로 귀결된다. 따라서 단지 법률만 이해하면 비록 현명하지 않고 능력이 없더라도 정치를 잘 할 수 있다고 생각했다.

340_ 세(勢)는 정치적 권세나 권력을 말한다. 양경에 의하면, 신불해(申不害)는 단지 권세 획득만 귀하게 여기고, 형법으로 아래 사람을 통제했다. 그러나 권세가 있더라도 재능과 지혜가 있은 다음에야 잘 다스릴 수 있다는 것을 알지 못한 것이라고 했다.

341_ 『장자』「천하」편에서는 혜시에 대해 평가하면서, "괴이한 이론 연구와 기이한 말장난을 좋아하며, 심도 있게 살피기는 하지만 긴요하지는 않고, 변론은 잘하지만 쓸모가 없으며, 일은 많이 하지만 공효가 적기 때문에 정치의 기강으로 삼을 수가 없다"라고 했고, 그의 대표적인 변론으로 '역물십사(歷物十事)'를 소개했다. 양경은 사(辭)와 실(實)을 공허한 말[虛辭]과 실제 이치[實理]로 풀이했다.

342_ 『장자』「천하」편에서 장자에 대해 "그는 마음에 가득 채우기를 그만둘 수 없어서, 위로는 사물의 창조자와 함께 노닐고, 아래로는 삶과 죽음을 초월했으며, 처음과 끝이 없는 자와 함께 벗한다"라고 평가했다. 이처럼 장자는 천지의 작용인 무위자연(無爲自然)을 자기 학문의 핵심으로 삼았기 때문에 인간의 문제에 대해서는 초탈한 모습을 보인다. 양경은 "천(天)은 무위자연의 도를 말한다. 장자는 다만 하늘에서 치란의 이치를 추론할 뿐, 그것이 사람에게 달려 있다는 것을 알지 못했다"라고 했다.

말한다면 자기 만족에만 매진하게 되며,[343] 법의 추구를 도라고 말한다면 술수(術數)에만 매진하게 되고, 권세의 추구를 도라고 말한다면 [순간의] 편의에만 매진하게 되며,[344] 변론의 추구를 도라고 말한다면 논변에만 매진하게 되고, 하늘[의 이치] 추구를 도라고 말한다면 [자연에 대한] 순응에만 매진하게 된다.[345] 그러나 이 몇 가지 방법들은 모두 도의 한쪽 부분에 지나지 않는다.(『순자』「해폐」)

墨子蔽于用而不知文, 宋子蔽于欲而不知得, 愼子蔽于法而不知賢, 申子蔽于勢而不知知, 惠子蔽于辭而不知實, 莊子蔽于天而不知人. 故由用謂之道, 盡利矣, 由欲謂之道, 盡嗛矣, 由法謂之道, 盡數矣, 由勢謂之道, 盡便矣, 由辭謂之道, 盡論矣, 由天謂之道, 盡因矣. 而此數具者, 皆道之一隅也.(『荀子』「解蔽」)

## 2-1-15

수많은 하천들이 근원을 달리하지만 모두 바다로 모이고, 제자백가들이 일을 달리하지만 모두 정치에 힘쓴다.[346](『회남자』「범론훈」)

百川異源而皆歸于海, 百家殊業而皆務于治.(『淮南子』「泛論訓」)

**<이상 제자백가의 흥기와 교설 창립에 대한 종합적 의미: 右諸子幷起創敎總義>**

---

343_ 욕(欲)은 『순자』 원문에는 속(俗)자로 되어 있는데, 양경이 욕(欲)이 되어야 한다고 했다. 여기에서도 욕(欲)으로 해석했다. 겸(嗛)은 만족한다는 의미로, 겸(慊) 또는 쾌(快)와 같다.

344_ 편(便)은 편의(便宜)를 말하는데, 그 순간에 권세를 위해 필요한 것에만 노력한다는 의미이다. 양경은 "권세만을 추구하고 지혜를 버린다면 순간의 편의를 쫓는 데만 매진할 뿐, 다시 닦아서 세우는 일은 없다"라고 했다.

345_ 인(因)은 순응하고 따르는 것으로, 자연 그대로 내맡긴 채 어떤 인위적인 작위도 가하지 않는 것이다.

346_ 『회남자집해』에서 고유는 바다를 종주로 삼고, 정치를 요체로 삼는 것이라고 풀이했다.

## 2. 자상백자가 교설을 창립하다 [子桑伯子創教]

### 2-2-1

중궁(仲弓)이 자상백자(子桑伯子)[347]에 대해 물었는데, 공자가 "괜찮은 편이다. 간단명료하다"[348]라고 대답했다.(『논어』「옹야」)

仲弓問子桑伯子, 子曰"可也簡."(『論語』「雍也」)

### 2-2-2

공자가 자상백자(子桑伯子)를 만났는데, 자상백자는 의관도 제대로 갖추지 않고 거처하고 있었다. 제자들이 "선생님께서는 어찌하여 이런 사람을 만납니까?"라고 말하자, 공자는 "그는 바탕은 아름답지만 겉의 형식을 꾸미지 않으니, 나는 그를 설득해서 겉의 형식을 꾸미도록 하고자 한다"라고 대답했다. 공자가 떠나자, 자상백자의 문인들도 불쾌하게 여기면서, "어찌하여 공자와 같은 사람을 만납니까?"라고 말하자, 자상백자는 "그는 바탕이 아름다우면서 겉의 형식도 화려하다. 나는 그를 설득해서 겉의 형식을 없애도록 하고자 한다"라고 대답했다. 따라서 다음과 같이 논평할 수 있다. "겉의 형식과 바탕이 모두 잘 닦인 자를 군자(君子)라고 하며, 바탕만 있고 겉의 형식이 없는 것을 경박하고 촌스럽다[易野]고 한다. 자상백자는 경박하고 촌스러워서, 사람의 도

---

347_ 자상백자(子桑伯子)는 노(魯)나라 사람으로, 은둔한 현자이다. 『장자』「산목(山木)」편에는 자상호(子桑雽)로 되어 있다. 성이 상(桑)이고 이름은 호(雽)이며, 「대종사(大宗師)」편의 자상호(子桑戶)와 동일 인물이다.

348_ 간(簡)은 일의 처리가 간단명료하고 까다롭지 않은 것이다. 『논어집주』에서는 번거롭지 않다[不煩]라고 풀이했다.

리를 소나 말과 마찬가지로 [꾸밈이 없이] 만들려고 한다. 따라서 중궁(仲弓)이 '너무 경박하고 촌스럽다'라고 말한 것이다."[349](『설원』「수문」)

孔子見子桑伯子, 伯子不衣冠而處. 弟子曰, "夫子何爲見此人乎?" 曰, "其質美而無文, 吾欲說而文之." 孔子去, 子桑伯子門人不說曰, "何爲見孔子乎?" 曰, "其質美而文繁, 吾欲說而去其文." 故曰"文質修者, 謂之君子, 有質而無文, 謂之易野. 子桑伯子易野, 欲同人道于牛馬. 故仲弓曰'太簡'."(『說苑』「修文」)

## 2-2-3

공자가 자상호(子桑雽)에게 물었다.[350] "나는 노(魯)나라에서 두 번이나 쫓겨났고,[351] 송(宋)나라에서는 [환퇴(桓魋)가] 나무를 뽑아서 [죽이려 했으며],[352] 위(衛)나라에서는 정착하지 못하고 쫓겨났고,[353] 상(商)나라[의

349_ 여기의 간(簡)은 앞의 『논어집주』에서 풀이한 것과는 다소 차이가 난다. 『설원』에서는 이 글의 앞에서 간(簡)의 의미를 풀이하면서, "간(簡)이라는 것은 경솔하고 촌스러운 것[易野]이니, 경솔하고 촌스러운 것은 예(禮)의 형식이 없는 것이다"라고 했다.

350_ 이 내용은 『장자』「천운(天運)」편에도 보인다.

351_ 『사기』「공자세가」에 공자의 인생에 대해 다음과 같이 기록되어 있다. "사공(司空)의 직책에 발탁되었으나, 얼마 후에 노나라를 떠나게 되었다. 제(齊)나라에 갔으나 배척받고, 이어서 송(宋)나라와 위(衛)나라에 차례로 갔으나 모두 쫓겨났다. 진(陳)나라와 채(蔡)나라 사이에서 난관에 빠졌고, 다시 노나라로 돌아왔다." 공자는 사공(司空)의 직책을 맡은 얼마 후에 한 번 노나라를 떠났다. 그리고 정공(定公) 14년(B.C.496) 56세 때 대사구(大司寇)를 맡아 노나라의 정치가 안정되었는데, 제나라가 무희와 말을 보내 노나라의 정치가 문란해졌을 때 다시 한 번 노나라를 떠났다.

352_ 『사기』「공자세가」에 다음과 같이 기록되어 있다. "공자가 조나라를 떠나 송나라로 가서, 제자들과 함께 큰 나무 밑에서 예에 대해 강론했다. 송나라의 사마 환퇴(桓魋)가 공자를 죽이려고 그 나무를 뽑아 버리자, 공자가 송나라를 떠났다. 제자들이 '빨리 떠나는 것이 좋겠습니다'라고 하자, 공자는 '하늘이 나에게 덕을 부여했는데, 환퇴가 나를 어찌 하겠는가?'라고 했다." 이때가 B.C.492년, 공자 나이 52세 때이다. 이 내용은 『논어』「술이」편과 『맹자』「만장 상」편에도 보인다.

후손 나라]와 주(周)나라에서는 뜻을 얻지 못해 곤경에 빠졌으며,[354] 진(陳)나라와 채(蔡)나라 사이에서 포위를 당하기도 했습니다.[355] 내가 이와 같이 여러 번의 환난을 당하여,[356] 친한 사람과의 교류가 더욱더 소원해지고, 제자와 벗들이 더욱더 떠나가 버렸으니, 무엇 때문입니까?" 자상호가 대답했다. "당신만이 유독 가(假)나라[357] 사람이 도망친 이야기를 듣지 못한 것인가? 임회(林回)라는 사람이 천금이나 되는 보석을 버리고, 갓난아기를 업고 도망쳤다. 어떤 사람이 '금전적 가치 때문인가? 갓난아기의 금전적 가치가 더 적다. 부담이 되기 때문인가? 갓난아기의 부담스러움이 더 많다.[358] 그런데도 천금이나 되는 보석을 버

---

353_ 공자가 위나라에 잠시 머물렀는데, 참소에 의해 위(衛) 영공(靈公)의 의심을 받아서 열 달 만에 떠난 것을 말한다. 『사기』「공자세가」에 의하며, 위나라에서 진(陳)나라로 가면서 위나라의 광(匡)이라는 땅에서 양호(陽虎)라는 사람으로 오인을 받아 5일 동안 포위를 당했다. 이때 제자들은 모두 두려워했지만, 공자는 "문왕이 이미 죽었으니, 그 문화가 나에게 있지 않겠는가? 하늘이 장차 이 문화를 없애려 한다면 뒤에 죽는 사람이 이 문화에 참여할 수 없지만, 하늘이 장차 이 문화를 없애지 않는다면, 광 땅 사람들이 나를 어찌 하겠는가?"라고 말했다고 한다. 『논어』「자한」편에도 비슷한 기록이 보인다. 그 이후에도 여러 번 위나라에 가서 영공 밑에서 벼슬할 기회가 있었지만, 결국은 정착하지 못하고 떠났다.

354_ 궁(窮)은 뜻을 얻지 못해서 곤궁했다는 뜻이다. 천구잉은 상(商)을 은나라의 후손들이 사는 땅, 주(周)를 송(宋)나라와 위(衛)나라라고 풀이했는데, 당시 주나라는 존재하고 있었기 때문에 은나라의 후손국인 송나라와 주나라로 보는 것이 타당할 듯하다. 『사기』「공자세가」에는 "제(齊)나라에 갔으나 배척받고, 이어서 송(宋)나라와 위(衛)나라에 차례로 갔으나 모두 쫓겨났다"라는 기록이 보인다.

355_ 진(陳)나라와 채(蔡)나라 사이에서 포위를 당해 죽을 고비를 넘긴 일을 말한다. 『사기』「공자세가」에 의하면, 당시 식량도 떨어지고 제자들 중에 병이 든 자도 있었는데, 공자는 태연하게 거문고를 타면서 노래를 불렀다. 이때 자로가 화를 내면서 "군자도 또한 곤경에 빠질 때가 있습니까?"라고 하자, 공자는 "군자는 본디 곤궁한 것이니, 소인은 곤궁하면 절제를 잃어버린다"라고 대답했다고 한다. 『논어』「위령공」편에도 비슷한 내용이 보인다.

356_ 범(犯)은 장빙린의 『장자해고(莊子解故)』에서 봉(逢)의 가차자로, 「대종사(大宗師)」편의 '범인지형(犯人之形)'과 같은 사례라고 했다.

357_ 가(假)는 천구잉이 나라 이름이라고 했고, 손이양이 은(殷)의 오자라고 했다.

358_ 포(布)는 돈이나 재화, 금전적 가치를 말한다. 누(累)는 짐이나 부담이 되거나

리고 갓난아기를 업고 도망친 것은 무엇 때문인가?' 임회는 '저 보석은 [나와] 이익으로 맺어진 사이이지만, 이 갓난아기는 [나와] 천륜으로 맺어진 사이이다'라고 대답했다. 대체로 이익으로 맺어진 사이는 몹시 곤궁하거나 재해를 당하면 서로 버리게 되지만, 천륜으로 맺어진 사이는 몹시 곤궁하거나 재해를 당하면 서로 거두어 감싸주니, 서로 거두어 감싸주는 것과 서로 버리는 것은 또한 차이가 크다. 또 군자의 교제는 담백하기가 물과 같고, 소인의 교제는 달기가 단술과 같다. 군자는 담백하기 때문에 관계가 친해지고, 소인은 달기 때문에 관계가 단절되니,[359] 저들처럼 아무런 이유 없이 맺어진 것은 아무런 이유 없이 흩어져 버린다." 공자는 "가르침을 삼가 받들겠습니다"라고 말하고, 한가로이 만족하면서 되돌아간 후,[360] 학문을 끊고 책을 내버렸다. 제자들도 공자의 앞에서 허리를 굽혀 인사하는 형식적인 태도는 없어졌지만,[361] 공자에 대한 사랑은 더욱더 더해졌다. 다른 날에 자상호가 또 말했다. "순(舜)임금이 죽을 때, 우(禹)에게 다음과 같이 진정으로 명령했다.[362] '너는 경계해야 할 것이다! 육체는 타고난 그대로 자연스럽게 따르는 것보다 더 좋은 것이 없고, 감정은 표출되는 그대로 자연스럽게 따르

거추장스러운 것을 말한다. 금전적 가치나 부담스러움이라는 측면에서 비교하더라도 갓난아기보다는 보석을 가지고 가는 것이 더 낫다는 의미이다.

359_ 『예기』「표기(表記)」편에는 "君子之接如水, 小人之接如醴. 君子淡以成, 小人甘以壞."라는 문장이 보인다.

360_ 상양(翔佯)은 왔다갔다 배회하는 것을 말한다. 천구잉은 한가하게 자득한 모습을 형용한 것이라고 했다.

361_ 읍(挹)은 두 손을 마주잡고 허리를 굽혀 인사하는 것이다. 성현영은 읍양(揖讓)의 예법이 없어졌다고 했고, 임운명은 허례 의식이 없어지고 진실된 뜻이 전해졌다고 풀이했다.

362_ 령(泠)은 령(令)과 같은 글자로, 훈계하거나 명령한다는 뜻이며, 진령(眞泠)은 참되게 또는 진정으로 명령한다는 의미이다. 진령(眞泠)에 대해, 천구잉은 왕인지의 주장에 따라 내명(乃命)으로 고쳤고, 임운명은 기명(其命)의 오자라고 했다. 그 외 여러 학자들의 주장은 안병주의 책에서 인용한 주석 참조. 판본마다 글자의 차이는 있지만, 내용면에서는 크게 다르지 않기 때문에 글자 그대로 해석했다.

는 것보다 더 좋은 것이 없다.[363] 타고난 육체 그대로 따르면 현실과 괴리되지 않고, 표출되는 감정 그대로 따르면 수고롭게 애쓰지 않는다. 현실과 괴리되지도 않고 수고롭게 애쓰지도 않으니, [인의(仁義)와 같은] 겉치레의 형식을 구하여 육체를 꾸미려고 하지 않는다. 겉치레의 형식을 구하여 육체를 꾸미려고 하지 않으니, 진실로 바깥 사물에 의존하지 않는다.'"(『장자』「산목」)

孔子問子桑雽曰, "吾再逐于魯, 伐樹于宋, 削迹于衛, 窮于商·周, 圍于陳·蔡之間. 吾犯此數患, 親交益疏, 徒友益散, 何與?" 子桑雽曰, "子獨不聞假人之亡與? 林回棄千金之璧, 負赤子而趨. 或曰'爲其布與? 赤子之布寡矣. 爲其累與? 赤子之累多矣. 棄千金之璧, 負赤子而趨, 何也?' 林回曰'彼以利合, 此以天屬也.' 夫以利合者, 迫窮禍患害, 相棄也, 以天屬者, 迫窮禍患害, 相收也, 夫相收之與相棄, 亦遠矣. 且君子之交, 淡若水, 小人之交, 甘若醴. 君子淡以親, 小人甘以絶, 彼無故以合者, 則無故以離." 孔子曰"敬聞命矣." 徐行翔佯而歸, 絶學捐書. 弟子無挹于前, 其愛益加進. 異日, 桑雽又曰, "舜之將死, 眞泠禹曰, '汝戒之哉! 形莫若緣, 情莫若率. 緣則不離, 率則不勞. 不離不勞, 則不求文以待形. 不求文以待形, 固不待物.'"(『莊子』「山木」)

<이상 자상백자가 교설을 창립하다: 右子桑伯子創教>

363_ 연(緣)과 솔(率)은 모두 자연스럽게 따른다는 의미인데, 임희일은 둘 모두 자연스러움을 따르는 것이라고 풀이했다. 타고난 형체와 감정 그대로 자연스럽게 따른다는 뜻이다. 천구잉은 솔(率)을 진솔함이라고 풀이했다.

## 3. 원양이 교설을 창립하다 [原壤創敎]

2-3-1

공자에게 오랜 친구가 있었는데, 이름이 원양(原壤)이었다. 그의 어머니가 죽자, 공자가 그를 도와서 관을 손질했다.[364] 원양이 나무 관[365] 위에 올라앉아서, "오래되었구나, 내가 음악에 마음을 맡기지 못한 지도"라고 하면서, [관을 두드리면서] 노래하기를,[366] "[관의 무늬가] 살쾡이의 머리처럼 얼룩얼룩하구나. [관의 결이] 연약한 여자의 손을 잡는 것처럼 매끄럽구나"[367]라고 했다. 공자가 듣지 못한 척하고 그곳을 지나갔다.[368](『예기』「단궁 하」)

孔子之故人, 曰原壤. 其母死, 夫子助之沐椁. 原壤登木曰, "久矣, 予之不托于音也." 歌曰"貍首之斑然. 執女手之卷然." 夫子爲弗聞也者而過之.(『禮記』「檀弓 下」)

<이상 원양이 교설을 창립하다: *右原壤創敎*>

---

364_ 곽(椁)은 외관이고, 목(沐)은 『예기정의』에서 정현이 손질하는 것[治]이라고 했다. 목곽(沐椁)은 관의 재료를 손질하는 것이다.

365_ 목(木)은 정현이 나무 관의 재료[木椁材]라고 했는데, 여기서는 나무로 만든 관으로 풀이했다.

366_ 탁(托)은 의지한다는 의미로, 정현이 마음을 붙이는 것으로, 관을 두드려서 소리를 낸 것이라고 풀이했다.

367_ 리수(貍首)는 살쾡이의 머리이고, 반연(斑然)은 무늬가 얼룩얼룩한 것이며, 권연(卷然)은 유약한 모양이다.

368_ 정현이 모르는 척하는 것이라고 풀이했다.

## 4. 극자성이 교설을 창립하다 [棘子成創敎]

### 2-4-1

극자성(棘子成)[369]이 말했다. "군자는 바탕[質]일 뿐이니, 형식[文]을 어디에 사용하겠는가?"[370](『논어』「안연」)

棘子成曰, "君子質而已矣, 何以文爲?"(『論語』「顔淵」)

### 2-4-2

극자성이 [예의의] 형식을 중지하려고 했는데,[371] 자공(子貢)이 그것을 비난했으니,[372] 예의의 형식을 중요하게 여기지 않는 것이 바로 극자성의 무리임을 말한 것이다.[373](『논형』「서해」)

---

369_ 극자성(棘子成)은 자세한 사적은 보이지 않고, 위(衛)나라의 대부로 알려져 있다.

370_ 질(質)은 질박한 바탕이나 본질을 말하고, 문(文)은 예의와 문채 등의 외형적인 형식을 말한다. 『논어집주』에서 "당시 사람들이 형식에만 치우친 것을 싫어했기 때문에 이러한 말을 했다"라고 풀이했다.

371_ 미(彌)는 끝내거나 그치는 것으로 미(弭)와 같은 뜻이다. 문(文)은 예의와 문채 등의 외형적인 형식을 말한다. 『논형주석(論衡注釋)』에서 "극자성은 단지 예의를 준수하는 사상이 있으면 그만이지, 형식적인 예의가 반드시 필요한 것은 아니라고 생각했다"라고 풀이했다.

372_ 『논어』「안연」편에서 극자성이 "군자는 바탕일 뿐이니, 형식을 어디에 사용하겠는가?"라고 하자, 자공이 "안타깝구나, 그대가 군자에 대해 해석함이여! 네 마리의 말로도 이미 내뱉은 말을 따라가기 어렵다. 형식이 바탕과 같으며, 바탕이 형식과 같다고 하는 것은 호랑이나 표범의 가죽[鞹]이 개나 양의 가죽[鞹]과 같다는 것이다"라고 비판했다. 여기에서 곽(鞹)은 가죽에서 털을 제거한 것이다. 호랑이와 개가 구별되는 것은 바로 가죽에 붙은 털의 문채가 다르기 때문이다.

373_ 기(奇)는 알아주거나 중시하는 것이다. 극자성의 무리들은 예의의 형식을 중요

棘子成欲彌文, 子貢譏之, 謂文不足奇者, 子成之徒也.(『論衡』「書解」)

<이상 극자성이 교설을 창립하다: 右棘子成創教>

## 5. 관자가 교설을 창립하다 [管子創教]

### 2-5-1

제(齊)나라 환공(桓公) 때는 천자의 지위가 낮아지고 힘이 약해져서, 제후들이 무력으로 정벌하고, 남쪽과 북쪽의 오랑캐들이 서로 번갈아가면서 중국을 침략하니, 중국은 가는 실이 끊어질 듯 말 듯하는 위태로운 상황이었다.[374] 제나라의 땅은 동쪽으로는 바다를 등지고 북쪽으로는 황하가 가로막고 있으며, 땅이 협소하고 밭이 적지만 백성들은 지혜와 기술이 많았다. 환공은 중국의 우환을 걱정하고 오랑캐의 난리를 괴로워하여, 멸망해가는 나라를 존속시켜주고 왕조가 끊어진 나라를 이어주며,[375] 천자의 지위를 높이고 문왕(文王)과 무왕(武王)의 사업을 확대하려고 했다. 따라서 관자(管子)의 책이 나오게 되었다.(『회남자』「요략」)

齊桓公之時, 天子卑弱, 諸侯力征, 南夷・北狄交伐中國, 中國之不絕

---

하게 생각하지 않는다는 뜻이다.

374_ 선(線)은 『회남자집해』에서 고유가 가는 실[細絲]이라고 했다. 부절여선(不絕如線)은 부절여루(不絕如縷)・부절약선(不絕若線) 등과 같은 말이다. 가는 실이나 머리털처럼 끊어질 듯하면서도 겨우 지탱하는 것으로, 매우 위태로운 상황을 가리킨다. 『공양전』「희공」 4년에 "南夷與北狄交, 中國不絕若線, 桓公救中國, 而攘夷狄."이라는 기록이 보인다.

375_ 존망계절(存亡繼絶)은 멸망해가는 나라를 존속시켜주고, 왕조가 끊어진 나라를 이어준다는 의미이다. 『공양전』「희공」 17년에 "桓公嘗有繼絶存亡之功."이라는 기록이 있다.

如線. 齊國之地, 東負海而北障河, 地狹田少而民多智巧. 桓公憂中國之患, 苦夷狄之亂, 欲以存亡繼絶, 崇天子之位, 廣文·武之業. 故管子之書生焉.(『淮南子』「要略」)

## 2-5-2

관자(管子)가 말했다. "[나라를 유지하는] 네 가지 원칙[四維]. 첫째는 예법[禮], 둘째는 의리[義], 셋째는 청렴[廉], 넷째는 염치[恥]이다. 네 가지 원칙이 널리 시행되지 않으면 나라는 곧 멸망한다."[376](『신서』[377] 「속격」)

管子曰, "四維. 一曰禮, 二曰義, 三曰廉, 四曰耻. 四維不張, 國乃滅亡."(『新書』「俗激」)

## 2-5-3

관자(管子)가 말했다. "창고가 가득차면 예절을 알고, 의식이 풍족하면 영예와 치욕[의 구별]을 안다."[378](『신서』「무축」)

---

376_ 사유(四維)는 나라를 유지하는 네 가지의 큰 강령 또는 원칙을 말한다. 이 내용은 『관자』「목민(牧民)」편에 보인다. "나라에는 네 가지의 큰 원칙이 있으니, 그중에 하나가 끊어지면 나라가 기울고, 두 가지가 끊어지면 나라가 위태로워지며, 세 가지가 끊어지면 나라가 전복되고, 네 가지가 끊어지면 나라가 멸망한다"라고 했다. 그리고 예의염치(禮義廉恥)에 대해서는 "예는 절도를 넘지 않는 것이고, 의는 온갖 수단으로 스스로 나아가지 않는 것이며, 염은 잘못을 숨기지 않는 것이고, 치는 옳지 않는 것을 따르지 않는 것이다"라고 했다.

377_ 『신서(新書)』는 전한의 문인이자 정치가인 가의(賈誼, B.C.200~B.C.168)가 한나라의 폐단을 지적한 책이다. 가의는 하남성(河南省) 낙양(洛陽) 사람으로, 한 문제(文帝)의 총애를 받아 약관의 나이에 최연소 박사가 되었고, 1년 만에 태중대부(太中大夫)가 되었다. 당시 정치적인 문제로 장사왕(長沙王)의 태부(太傅)로 좌천되기도 했다. 문제의 막내아들 양왕(梁王)의 태부가 되었으나, 왕이 갑자기 죽자 애도한 나머지 1년 후에 33세로 죽었다. 저서로는 『신서(新書)』 10권과 「과진론(過秦論)」·「복조부(鵩鳥賦)」·「조굴원부(弔屈原賦)」 등이 있다.

管子曰, “倉廩實, 而知禮節, 衣食足, 而知榮辱.”(『新書』「無蓄」)

<이상 관자가 교설을 창립하다: 右管子創敎>

## 6. 안자가 교설을 창립하다 [晏子創敎]

### 2-6-1

안평중(晏平仲)이 자기 선조를 제사지내면서 [올린] 돼지의 어깨가 제기[豆]를 덮어 가리지 못할 [정도로 크기가 작았으니],[379] 그가 어진 대부라고 하더라도 아랫사람을 힘들게 만들었다. 군자는 위로는 윗사람을 범하지 않고, 아래로는 아랫사람을 핍박하지 않는다.(『예기』「잡기」)

晏平仲祀其先人, 豚肩不掩豆, 賢大夫也而難爲下也. 君子上不僭上, 下不逼下.(『禮記』「雜記」)

### 2-6-2

안평중(晏平仲)이 자기 선조를 제사지내면서 [올린] 돼지의 어깨가 제기를 덮어 가리지 못할 [정도로 크기가 작았고], 여러 번 세탁한 옷과 관을

---

378_ 이 내용도 역시 『관자』「목민(牧民)」편에 보인다.

379_ 두(豆)는 굽이 달린 나무 그릇으로, 제기로 사용된다. 제기를 덮어 가리지 못한다는 것은 올린 고기가 제기 속에 다 들어갈 정도로 크기가 작다는 말로, 지나치게 절약했다는 의미이다. 『예기정의』의 공영달에 의하면, 이것은 안평중의 절약이 예법에 맞지 않다는 것을 논한 것이다. 즉 대부는 제사에 소뢰(少牢), 즉 양과 돼지를 사용하고, 사(士)는 돼지[特豚]를 사용하는데, 안평중은 대부이면서도 지금 돼지를 사용했고, 거기다가 돼지가 또한 너무 작아서 돼지의 양 어깨를 다 합쳐도 제기를 덮어 가리지 못한 것이다.

입고 조회에 나가니,[380] 군자가 그를 비루하다고 여겼다.[381](『예기』「예기」)

晏平仲祀其先人, 豚肩不揜豆, 浣衣濯冠以朝, 君子以爲隘矣.(『禮記』「禮器」)

<이상 안자가 교설을 창립하다: 右晏子創敎>

## 7. 소정묘가 교설을 창립하다 [少正卯創敎]

### 2-7-1

문하의 제자가 [공자에게] 나아가서,[382] "저 소정묘(少正卯)[383]라는 사람은 노(魯)에서 명성이 있고 유명한 인물입니다.[384] 선생님께서 정치를 하면서 가장 먼저 그를 죽였으니, 실수한 것이 아니겠습니까?"라고 물

380_ 완의탁관(浣衣濯冠)은 여러 번 빤 옷과 관을 말하는데, 지나치게 검소하고 절약하는 모습을 말한다.

381_ 애(隘)는 식견이나 도량이 좁거나, 또는 비루한 것을 말한다. 『맹자』「공손추상」편에 "隘與不恭, 君子不有由也."라는 말이 있다. 『예기정의』에서 정현이 "제사에 소뢰(少牢)를 사용하지 않는 것은 밭이 없는 자와 마찬가지로 예를 충실하게 다하지 못한 것이다. 대부와 선비는 밭이 있으면 희생을 갖춘 제사[祀]를 지내고, 밭이 없으면 희생이 없이 제사[薦]를 지낸다"라고 풀이했다.

382_ 이 내용의 앞에 "공자가 노나라의 재상을 섭정하면서, 7일 만에 소정묘를 죽였다"라는 구절이 있는데, 문인이 이 사건과 관련하여 공자에게 질문한 것이다. 이 내용은 『순자』「유좌(宥坐)」편에도 보인다.

383_ 소정묘(少正卯)는 노나라의 대부로, 노나라에서 무리들을 모아 강학하면서 자신의 개인 학파를 이룬 사람이다. 『논형』「강서(講瑞)」편에 의하면, 당시 공자와 견줄 만한 명망을 지니고 있었기 때문에 학생들이 한 스승을 정하지 못하고 두 사람 사이를 왔다갔다 하면서 공부했다고 한다.

384_ 문인(聞人)은 명성이 있고 유명한 사람을 말한다.

었다. 공자는 다음과 같이 대답했다. "앉아라. 내가 너에게 그 까닭을 말해주겠다. 사람에게 악행이 다섯 가지 있는데, 도둑질과 간사하고 이기적인 것은 거기에 포함되지 않는다. 첫째는 마음이 사리에 통달하면서도 음흉한 것을 말하고,[385] 둘째는 행동이 편벽되면서도 아집이 센 것을 말하며,[386] 셋째는 말이 거짓되면서 달변인 것을 말하고, 넷째는 [추악한 일을] 잘 기억하면서도 박학다식한 것을 말하며,[387] 다섯째는 나쁜 짓을 마음대로 하면서도 즐거워하는 것을 말한다.[388] 이 다섯 가지 중에 사람에게 하나라도 있으면 군자에 의해 죽임을 면할 수 없다. 그런데 소정묘는 이것들을 모두 함께 가지고 있다. 따라서 그가 있는 곳에서는 무리들을 모아서 작당할 수 있고, 그의 말주변은 사악함을 치장하여 대중을 현혹할 수 있으며, [추악한 일을] 잘 기억하는 것은 옳은 것을 뒤집어서 자신의 입장을 확고하게 세울 수 있으니,[389] 이와 같이 그는 소인 중에서도 걸출한 영웅이다."(『윤문자』「대도」)

門人進問曰, "夫少正卯, 魯之聞人也. 夫子爲政而先[390]誅, 得無失乎?" 孔子曰, "居. 吾語汝其故. 人有惡者五, 而竊盜奸私[391]不與焉.

---

385_ 달(達)은 사리에 통달한 것이다. 이운구는 깊이 파고들기를 좋아한다는 의미에서 활달하다고 해석했다. 험(險)은 음흉한 것이다.

386_ 벽(僻)은 편벽되거나 괴격한 것이며, 견(堅)은 단단히 굳어진 것으로, 아집이나 고집이 세다는 의미이다.

387_ 강기이박(强記而博)은 기억력이 뛰어나면서도 박학다식한 것인데, 이것은 악행이라고 볼 수는 없다. 『순자』 원문에 '기추이박(記醜而博)'으로 기록된 것에 따라, 추악하고 괴이한 일을 잘 기억하면서도 박학다식한 것이라고 해석하는 것이 좋을 것이다.

388_ 순(順)은 제멋대로 하는 것을 말하며, 비(非)는 나쁜 행동을 말한다. 택(澤)은 윤(潤)이나 역(懌)과 같은 의미로, 즐거워하거나 기뻐한다는 뜻이다. 윤이 나게 꾸며서 합리화한다는 의미로도 해석이 가능하다.

389_ 강기(强記)는 강퍅(剛愎)한 기질이나 기세라는 의미이다. 반시(反是)는 옳은 것은 뒤집어서 그르다고 하는 것이다. 이운구는 정론(正論)을 뒤집는 이단이나 모반으로 해석했다. 독립(獨立)은 자신의 논리나 입장을 확고하게 세운다는 뜻으로, 양경은 다른 사람이 그를 무너뜨리지 못하는 것이라고 해석했다.

390_ 선(先)이 『순자』 원문에는 시(始)로 되어 있다.

一曰心達而險, 二曰行僻而堅, 三曰言僞而辯, 四曰强記而博, 五曰順非而澤. 此五者有一于人, 則不免君子之誅. 而少正卯兼有之. 故居處足以聚徒成群, 言談足以飾邪熒[392]衆, 强記[393]足以反是獨立, 此小人雄桀也."(『尹文子』「大道」)

### 2-7-2

소정묘는 노나라에서 공자와 어깨를 나란히 할 정도로 명망이 있었으니, 공자의 문하에는 제자들이 가득 차기도 하고, 또 [소정묘에게 가버려서] 텅 비기도 하는 일이 여러 번 반복되었다.[394](『논형』「강서」)

少正卯在魯, 與孔子幷, 孔子之門, 三盈三虛.(『論衡』「講瑞」)

<이상 소정묘가 교설을 창립하다: 右少正卯創敎>

## 8. 허행이 교설을 창립하다 [許行創敎]

### 2-8-1

신농씨(神農氏)[395]의 말을 주장하는[396] 허행(許行)이 초(楚)나라로부터 등

---

391_ 간사(奸私)가 『순자』 원문에는 없다.

392_ 형(熒)이 『순자』 원문에는 영(營)으로 되어 있다.

393_ 강기(强記)가 『순자』 원문에는 강(强)으로 되어 있다.

394_ 『논형주석』에 의하면, 병(幷)은 명망이 서로 비슷한 것이고, 삼(三)은 여러 번이라는 뜻이다. 삼영삼허(三盈三虛)는 공자가 강학할 때, 제자들이 여러 번 강의실에 가득 찼고, 또 여러 번은 모두 다 나가서 소정묘가 있는 곳으로 가버려서 텅 비었다는 뜻이다.

(滕)나라로 갔는데, 문공(文公)을 방문하여 고하기를,[397] "먼 지방에 있던 제가 군주께서 어진 정치를 행한다는 소문을 들었는데, 살 터전을 받아서 [등나라의] 백성이 되기를 원합니다"[398]라고 했다. 문공이 그에게 거처를 주니, 그의 무리 수십 명이 모두 베로 만든 거친 옷을 입고, 짚신을 두드려서 만들고 깔자리를 짜서[399] 그것을 팔아 양식을 공급했다.[400] 진량(陳良)[401]의 학생인 진상(陳相)이 자신의 아우인 진신(陳辛)과 함께 쟁기[402]를 지고 송(宋)나라로부터 등나라로 가서, "군주께서 성인의 정치를 행한다는 소문을 들었는데, 이것도 또한 성인이시니, 성인의 백성이 되기를 원합니다"라고 말했다. 진상이 허행을 보고 크게 기뻐하여, 자신이 배운 것을 다 버리고 그에게 배웠는데, 진상이 맹자를 보고 허행이 한 말을 다음과 같이 전했다. "등나라 군주는 진실로 어진 군주인데, 비록 그렇기는 하지만 아직 [성인의] 도에 대해서는 듣지 못했습니다. 어진 자는 백성들과 함께 밭을 갈아서 식량을 공급하고, 직접 밥을 지어 먹으면서[403] 정치를 하는데, 지금 등나라에는 [군주의] 곡

---

395_ 신농씨(神農氏)는 고대 중국의 제왕인 삼황(三皇) 중의 한 사람이다. 사람의 몸에 소의 머리를 했다고 하며, 화덕(火德)을 가지고 있었기 때문에 염제(炎帝)라고도 한다. 처음으로 쟁기와 같은 농기구를 만들어 백성들에게 농사 기술을 가르쳤다고 전해진다.

396_ 『맹자집주』에서 신농씨의 말을 주장한다는 것은 곧 사마천이 말한 농가의 부류라고 했다.

397_ 종문(踵門)은 문에 다다른다는 뜻으로, 방문한다는 의미이다.

398_ 전(廛)은 집터로, 평민 한 집이 성 안에 거주할 수 있는 2.5묘(畝)의 택지이다. 『맹자집주』에서는 백성이 사는 집이라고 했다. 맹(氓)은 백성을 말한다.

399_ 갈(褐)은 거친 베로 만든 옷으로, 천한 사람이 입는 옷이다. 곤구(綑屨)는 짚신을 삼을 때 죄고 두드려서 단단하게 하는 것이며, 직석(織席)은 깔자리를 짜는 것이다.

400_ 『맹자집주』에서 "그것을 팔아서 양식을 공급했다"라고 풀이했다.

401_ 진량(陳良)은 자세한 사적은 보이지 않고, 초나라의 유자로 알려져 있다.

402_ 뇌사(耒耜)는 쟁기를 말한다. 뇌(耒)는 쟁기의 자루, 사(耜)는 쟁기의 날이다. 이것을 신농씨가 처음으로 만들어 농사에 사용했다고 전해진다.

403_ 옹손(饔飧)은 아침밥과 저녁밥인데, 밥이나 음식을 만든다는 뜻이다.

식 창고와 물건 창고가 있으니,[404] 이것은 백성들을 괴롭혀서[405] 그로써 스스로 배를 불리는 것으로, 어찌 어질 수 있겠습니까?"(『맹자』「등문공 상」)

有爲神農之言者許行, 自楚之滕, 踵門而告文公曰, "遠方之人, 聞君行仁政, 願受一廛而爲氓." 文公與之處, 其徒數十人, 皆衣褐, 捆屨織席, 以爲食. 陳良之徒陳相, 與其弟辛, 負耒耜而自宋之滕曰, "聞君行聖人之政, 是亦聖人也, 願爲聖人氓." 陳相見許行, 而大悅盡棄其學而學焉, 陳相見孟子, 道許行之言曰, "滕君則誠賢君也, 雖然, 未聞道也. 賢者, 與民幷耕而食, 饔飧而治, 今也, 滕有倉廩府庫, 則是厲民而以自養也, 惡得賢."(『孟子』「滕文公 上」)

<이상 허행이 교설을 창립하다: 右許行創敎>

## 9. 자막이 교설을 창립하다 [子莫創敎]

### 2-9-1

자막(子莫)[406]은 [양주와 묵적의] 중간 입장을 선택했으니,[407] 중간 입장

404_ 창름(倉廩)은 곡식을 저장하는 창고이고, 부고(府庫)는 물건을 보관하는 창고이다.

405_ 려(厲)는 해치거나 괴롭히는 것으로, 백성들의 노동으로 생산된 곡식이나 물품을 군주가 자신의 창고에 보관하면서 사용하는 것이다.

406_ 자막(子莫)은 자세한 사적은 보이지 않고, 노나라의 현자로 알려져 있다.

407_ 중간[中]이란 양주와 묵적이 주장하는 것의 중간을 말한다. 즉 이 내용 앞에서 맹자는 "양주는 위아(爲我)를 취했으니, 머리털 하나를 뽑아서 천하가 이롭게 되더라도 하지 않았다. 묵적은 겸애(兼愛)했으니, 이마를 갈아 없애서 발꿈치에 이를 정도로 노동을 하더라도 천하에 이로우면 그것을 실천했다"라고 했다. 『맹자

을 선택하는 것이 도에는 가깝지만, 중간 입장을 선택하면서 권도(權道)[408]가 없는 것은 한쪽 입장을 선택하는 것과 같다. 한쪽 입장을 선택하는 것을 싫어하는 것은 그것이 도를 해치기 때문이니, 한 가지를 들어서 실행하고 백 가지를 폐기하는 것이다.[409](『맹자』「진심 상」)

子莫執中, 執中爲近之, 執中無權, 猶執一也. 所惡執一者, 其賊道也, 擧一而廢百也.(『孟子』「盡心 上」)

<이상 자막이 교설을 창립하다: *右子莫創敎*>

## 10. 백규가 교설을 창립하다 [白圭創敎]

### 2-10-1

백규(白圭)는 주(周)나라 사람이다. 위문후(魏文侯)[410] 때, 이극(李克)[411]은 토지의 생산력을 극대화하는 데 힘썼으나, 백규는 시세의 변화를 잘

---

집주』에서는 "양주와 묵적이 중도(中道)를 잃었다는 것을 알았기 때문에 둘 사이에서 판단하여 그 중간을 잡은 것이다"라고 했다.

**408_** 권(權)은 물건의 경중을 재는 저울로, 상황에 따라 그에 맞게 대처하는 권도(權道)를 말한다.

**409_** 『맹자집주』에서 "위아(爲我)는 인(仁)을 해치고, 겸애(兼愛)는 의(義)를 해치며, 중간 입장을 선택하는 것은 시중(時中)을 해치니, 모두 한 가지를 들어서 실행하고 백 가지를 폐기하는 것이다"라고 풀이했다.

**410_** 위문후(魏文侯, ?~B.C.396)는 전국시대 위나라를 세운 사람이다. 성은 위(魏)이고, 이름은 사(斯)이다. 개혁을 통해 위나라를 부강하게 만들었으며, 서쪽으로는 진(秦)나라의 영토를 빼앗고, 북쪽으로는 중산(中山)을 무너뜨렸다.

**411_** 이극(李克)은 전국시대 초기의 정치가로, 자하(子夏)의 제자이다. 중산(中山)의 재상을 역임했고, 위문후에게 정치의 도리를 가르쳤다. 일설에는 법가로서 변법을 시행했던 위문후의 재상 이회(李悝)를 가리킨다고도 한다.

관찰했다. 따라서 남들이 버리면 자신은 사들이고, 남들이 취하면 자신은 팔았다.[412] 음식은 변변찮게 먹고, 하고 싶은 것을 참고 견디며, 의복을 검소하게 입으면서 자기 밑에서 일하던 하인들[413]과 고락을 함께했는데, 기회를 놓치지 않고 잡는 것은 사나운 짐승이나 새[414][가 먹이를] 낚아채듯이 했다. 따라서 "내가 생산 활동을 하는 것은 마치 이윤(伊尹)과 여상(呂尙)의 정치 계획, 손자(孫子)와 오자(吳子)의 군대 운용, 상앙(商鞅)의 법률 시행과 같다"라고 했다.(『사기』「화식열전」)

白圭, 周人也. 當魏文侯時, 李克務盡地力, 而白圭樂觀時變. 故人棄我取, 人取我與. 能薄飮食, 忍嗜欲, 節衣服, 與用事僮僕同苦樂, 趨時若猛獸摯鳥之發. 故曰"吾治生産, 猶伊尹·呂尙之謀, 孫·吳用兵, 商鞅行法是也."(『史記』「貨殖列傳」)

## 2-10-2

백규(白圭)가 말했다. "나는 20분의 1[의 조세]를 시행하고자 하는데, 어떻습니까?" 맹자가 말했다. "그대의 방법은 맥국(貉國) 오랑캐의 방법이다."[415](『맹자』「고자 하」)

白圭曰, "吾欲二十而取一, 何如?" 孟子曰, "子之道, 貉道也."(『孟子』

---

412_ 이것은 백규가 장사를 하는 방법이다. 그는 시세의 변화에 따른 물가의 변동을 잘 파악하여 부를 축적했다고 한다. 『사기』「화식열전」의 기록을 보면, 풍년이 들면 곡식을 사들이는 대신 실과 옻을 팔고, 흉년이 들면 비단과 솜을 사들이는 대신 곡식을 파는 방법으로 막대한 이윤을 챙겼다고 한다.

413_ 동복(僮僕)은 종이나 하인을 말한다.

414_ 지조(摯鳥)는 지조(鷙鳥)와 같은 말로, 사나운 맹금류를 말한다.

415_ 맥(貉)은 북쪽 지방에 거주하는 오랑캐의 나라이다. 맹자는 맥국(貉國) 오랑캐 지역은 오곡이 자라지 않고, 여러 가지 예법이 없으며, 또 제후들과의 교류도 없고, 관료들도 없기 때문에 20분의 1의 조세가 가능하지만, 중국은 상황이 그렇지 않다고 했다. 맹자가 주장하는 조세는 요·순이 시행했던 10분의 1[什一]이기 때문에 그것보다 세금을 경감하거나 무겁게 하는 것은 오랑캐나 걸왕과 같다고 했다.

「告子 下」)

<이상 백규가 교설을 창립하다: 右白圭創教>

## 11. 진중자가 교설을 창립하다 [陳仲子創教]

### 2-11-1

[광장(匡章)[416]이 말했다.] "진중자(陳仲子)[417]는 어찌 참으로 청렴한 선비가 아니겠는가? 오릉(於陵)에 거처할 때, 3일 동안 먹지 못하여 귀에는 들리는 것이 없고, 눈에는 보이는 것이 없었는데, [남에게 구차하게 구걸하지 않고] 우물가에 굼벵이가 반 이상을 파먹은 오얏 열매가 있자, 엉금엉금 기어가서 그것을 먹었는데, 세 번 삼킨 이후에야 귀에 들리는 것이 있었고, 눈에 보이는 것이 있었다."[418] 맹자가 말했다. "제(齊)나라의 선비 중에서 나는 반드시 진중자를 최고로 여긴다.[419] 비록 그렇지만, 진중자가 어찌 청렴할 수 있겠는가? 진중자의 지조를 충족시키려면 지렁이가 된 이후에야 가능할 것이다."[420](『맹자』「등문공 하」)

---

416_ 광장(匡章)은 제나라 사람으로, 맹자의 친구이다. 『여씨춘추』「불굴(不屈)」편에 광장과 위(魏)나라 혜왕(惠王)과의 대화 장면이 나온다. 『맹자』「이루 하」편에서는 당시 불효자로 소문이 난 인물로 묘사되고 있다.

417_ 진중자(陳仲子)는 자세한 사적은 보이지 않고, 제(齊)나라 사람인 전중(田仲), 또는 진중자(陳仲子)를 말한다.

418_ 조(螬)는 굼벵이이고, 포복(匍匐)은 엉금엉금 기어가는 것이며, 인(咽)은 삼키는 것이다.

419_ 거벽(巨擘)은 엄지손가락인데, 가장 뛰어난 인물을 의미한다.

420_ 인(蚓)은 지렁이이다. 『맹자집주』에서 "진중자는 청렴하다고 할 수 없으니, 만일 반드시 그의 지조를 충족시키려고 한다면 오직 지렁이처럼 세상에 요구하는

"陳仲子, 豈不誠廉士哉? 居于陵, 三日不食, 耳無聞, 目無見也, 井上有李螬食實者過半矣, 匍匐往將食之, 三咽然後, 耳有聞, 目有見." 孟子曰, "于齊國之士, 吾必以仲子爲巨擘焉. 雖然, 仲子惡能廉? 充仲子之操, 則蚓而後可者也."(『孟子』「滕文公 下」)

### 2-11-2

맹자가 말했다. "진중자는 의롭지 못한 방법으로 그에게 제나라를 준다면 받지 않을 것임을 사람들이 모두 믿고 있다."[421](『맹자』「진심 상」)

孟子曰, "仲子, 不義, 與之齊國而弗受, 人皆信之."(『孟子』「盡心 上」)

<이상 진중자가 교설을 창립하다: 右陳仲子創敎>

---

것이 없은 뒤에야 청렴하다고 할 수 있다"라고 평가했다. 즉 진중자가 집에 거처하고 곡식을 먹는 것은 모두 다른 사람에게 의지한 것이며, 혹시 그것들이 의리에 맞지 않는 경우가 있으면 결코 청렴하다고 할 수 없다는 것이다.

421_ 맹자는 진중자의 이러한 의리를 단지 밥 한 그릇과 국 한 그릇을 버리는 의리[是舍簞食豆羹之義也], 즉 작은 청렴함이라고 비판했다. 「등문공 하」편의 기록에 의하면, 진중자는 제나라에서 대대로 이어져온 세경(世卿) 집안 사람인데, 형의 집과 어머니가 해 준 밥은 불의한 것이라고 하여 일체 거절하면서 자신의 지조를 지켰다. 그러나 자신의 아내가 사온 곡식과 오릉 지역에 있던 거처에 대해서는 불의를 따지지 않고, 그대로 먹고 거처했다. 이에 대해 맹자는 지렁이처럼 남에게 의지하지 않고 자족해야만 진정으로 청렴하다고 할 수 있기 때문에 그는 결코 청렴하다고 할 수 없으며, 또한 군주의 봉록을 먹지 않고 어머니와 형을 떠나 인륜이 없는 것은 큰 죄가 되니, 그처럼 작은 청렴을 큰 절개라고 믿어 그를 어질다고 할 수 없다고 강하게 비판했다.

## 12. 묵가가 교설을 창립하다 [墨家創教]

### 2-12-1

묵가의 부류는 대체로 사당[淸廟]을 지키는 관리 출신이다.[422] 띠로 인 지붕과 상수리나무로 만든 서까래로 집을 지었으니,[423] 이로써 검소함을 귀하게 여김[을 알 수 있다.] 삼로(三老)와 오경(五更)[424]을 봉양하니,

---

422_ 청묘(淸廟)는 본래 "於穆淸廟, 肅雝顯相."으로 시작되는 『시』 「주송(周頌)」의 편명이다. 『시경집전』에서 "주공(周公)이 이미 낙읍(洛邑)을 완성하여 제후에게 조회를 받고, 따라서 그들을 거느리고서 문왕에게 제사지내는 음악 노래"라고 했다. 일반적으로는 주나라 문왕을 제사지내던 사당을 말하는데, 여기에서는 선조에 대한 제사뿐만 아니라 상제(上帝)의 제사와 제후의 조회, 양노(養老)와 존현(尊賢)의 예법 등 정치와 교육 전반을 시행하던 곳이다. 이러한 장소를 하(夏)나라에서는 세실(世室), 은(殷)나라에서는 중옥(重屋), 주(周)나라에서는 명당(明堂) 또는 청묘(淸廟)라고 했다. 주나라의 사관(史官)인 윤씨(尹氏), 즉 사일(史佚)이 이 직책을 맡고 있었는데, 그는 묵가의 시조로 일컬어진다. 그리고 『여씨춘추』 「당염(當染)」편에서 "노나라 혜공(惠公)이 재양(宰讓)으로 하여금 천자에게 천지에 지내는 교제(郊祭)와 조상에 지내는 묘제(廟祭)의 거행을 요청하도록 했는데, 평왕(平王)은 사각(史角)을 사신으로 보냈다. 그러자 혜공이 그를 노나라에 머물도록 하여 그의 후손이 노나라에 있게 되었으며, 묵자는 이들에게서 배웠다"라고 했다. 이 기록에 따르면 묵자는 사일의 자손인 사각(史角)의 후예에게 학문을 배웠다.

423_ 모옥(茅屋)은 띠로 인 지붕이고, 채연(采椽)은 상수리나무로 만든 서까래이다. 검소하여 꾸미지 않는 모습을 말한다. 『한서』에서 안사고는 질박하고 소박함을 의미한다고 했다. 한편 『사기』 「태사공자서」에 실려 있는 「논육가요지(論六家要指)」에서도 묵가를 다음과 같이 묘사했다. "집 마루의 높이는 3척(尺)이고, 흙으로 만든 계단은 3개뿐이며, 띠로 된 지붕의 끝을 다듬지도 않았고, 서까래의 통나무를 깎아서 손질하지도 않았다. 흙으로 만든 밥그릇에 밥을 담아 먹고, 흙으로 만든 국그릇에 국을 담아 마셨는데, 현미나 기장으로 만든 거친 밥과 명아주잎과 콩잎으로 만든 보잘것없는 국이었다. 여름에는 갈포로 만든 거친 옷을 입고, 겨울에는 사슴 가죽으로 만든 옷을 입었다."

424_ 삼로(三老)와 오경(五更)은 주나라 때 나이가 많고 벼슬을 그만둔 사람들 중에 경험이 많고 덕이 있는 원로에게 주던 칭호이다. 천자는 그들을 부형(父兄)과 같

이로써 사람을 두루 사랑함[을 알 수 있다.] 선비를 선발하면서 활쏘기 의식을 거행하니,[425] 이로써 현명한 사람을 높임[을 알 수 있다.] 자신의 부친을 높이 받들어 제사지내니, 이로써 귀신을 존중함[을 알 수 있다.][426] 사계절[의 순환]에 따라서 행동하니, 이로써 운명을 부정함[을 알 수 있다.] 효도로써 천하에 모범을 보여주니, 이로써 윗사람과 뜻을 함께 함[을 알 수 있다.] 이것이 묵가의 뛰어난 점이다. 그런데 꽉 막힌 자가 이 학문을 하면 검소함이 이익이 된다는 것만 보기 때문에 예법을 비난하고,[427] 두루 사랑한다는 뜻만을 미루어나가서 친한 이와 소원한 이의 구별을 알지 못한다.(『한서』「예문지」)

墨家者流, 蓋出于淸廟之守. 茅屋采椽, 是以貴儉. 養三老五更, 是以兼愛. 選士大射, 是以上賢. 宗祀嚴父, 是以右鬼. 順四時而行, 是以非命. 以孝視天下, 是以上同. 此其所長也. 及蔽者爲之, 見儉之利, 因以非禮, 推兼愛之意, 而不知別親疏.(『漢書』「藝文志」)

## 2-12-2

묵자는 유자(儒者)의 일을 배우고 공자의 학술을 전수했지만, 그 예법

---

이 예우함으로써 효제(孝悌)의 모범을 보였다. 이 중에서 삼로에 대해서는 삼덕(三德), 즉 정직(正直)·강(剛)·유(柔)를 아는 늙은이의 의미라고도 하고, 또는 상수(上壽, 100세)·중수(中壽, 90세)·하수(下壽, 80세)의 세 늙은이라고도 한다. 『예기』「문왕세자(文王世子)」편에 "遂設三老五更群老之席位焉."이라는 기록이 보인다.

425_ 대사(大射)는 대사례(大射禮)를 말하는데, 고대에 임금이 교사(郊祀)와 묘사(廟祀)에 참여할 선비를 뽑기 위해 시행하던 활쏘기 의식이다.

426_ 우귀(右鬼)는 귀신의 존재를 밝힌 『묵자』의 「명귀(明鬼)」편을 말하는데, 우(右)는 존중한다는 의미이다. 『한서』에서 여순이 귀신을 믿는 것이라고 했다. 한편 『회남자』「범론훈(氾論訓)」편에서도 "두루 사람을 사랑하고, 현명한 이를 숭상하며, 귀신을 존중하고, 운명을 부정하는 것은 묵자가 세운 주장이다"라고 했다.

427_ 『순자』「해폐(解蔽)」편에서도 "묵자는 실용에만 가려져서 예법의 형식을 꾸미는 것을 알지 못했다. … 따라서 실용만을 따라서 그것을 도라고 한다면 이익만을 최선으로 추구하게 된다"라고 비판했다.

은 번거롭고 난잡하여 쉽지가 않고,[428] 장례를 후하게 치르는 것은 재물을 탕진하여 백성들을 가난하게 만들며, 상복을 오랫동안 입는 것은 살아 있는 사람을 해치고 일에 해를 끼친다고 생각했다. 따라서 주(周)나라 [유학의] 도를 배척하고 하나라 [우임금의] 정치를 채용했다. 우임금 때 천하에 큰 홍수가 났는데, 우임금은 직접 삼태기와 가래를 손에 쥐고 백성들의 앞에 서서,[429] 황하를 준설하여 아홉 갈래의 물길을 인도했고,[430] 양자강을 준설하여 아홉 갈래의 수로를 소통시켰으며, 오호(五湖)[431]를 터서 동해(東海)를 안정시켰다. 이 당시에 [우임금은] 얼굴이 까맣게 그을러도 벗겨낼 틈이 없었고, 비에 온몸이 젖어도 닦아낼 겨를이 없었으며,[432] 구릉에서 죽은 자는 구릉에 장례지내고, 늪지에서 죽은 자는 늪지에 장례지냈다. 따라서 재용을 절약하고 장례를 간소화하고 상복을 3개월만 입자는 주장[433]이 나오게 되었다.(『회남자』「요략」)

墨子學儒者之業, 受孔子之術, 以爲其禮煩擾而不說, 厚葬靡財而貧民, 復傷生而害事. 故背周道而用夏政. 禹之時, 天下大水, 禹身執虆[434]垂, 以爲民先, 剔河而道九岐, 鑿江而通九路, 闢五湖, 而定東海.

---

428_ 번요(煩擾)는 너무 번거롭고 난잡하다는 뜻이다. 열(說)은 열(悅)과 같고, 손쉽고 간단하다는 뜻이다.

429_ 류(虆)는 흙을 담는 삼태기이고, 수(垂)는 삽(臿)과 같은 말로, 밭을 가는 가래이다.

430_ 척(剔)은 준설하여 물길을 내는 것이며, 도(道)는 물길을 인도하는 것이다. 구기(九岐)는 황하의 물줄기를 아홉 갈래로 나눈 것인데, 이 물길들이 각각 바다로 흘러 들어간다.

431_ 오호(五湖)는 양자강 남쪽의 오대호(五大湖)를 말한다.

432_ 소(燒)는 햇볕에 얼굴이나 몸이 까맣게 그을린 것을 말하고, 궤(攢)는 털어서 제거한다는 뜻이다. 유(濡)는 비에 온몸이 젖은 것을 말하고, 골(扢)은 문질러서 닦는다는 뜻이다.

433_ 한복(閑服)은 간복(閒服)과 같은 의미로, 3개월간 상복을 입는 가벼운 상례 제도를 말한다.

434_ 류(虆)가 『회남자』 원문에는 류(蘽)로 되어 있다.

當此之時, 墝不暇擿, 濡不給扢, 死陵者葬陵, 死澤者葬澤. 故節財·薄葬·閑服生焉.(『淮南子』「要略」)

2-12-3

두루 사람을 사랑하고, 현명한 이를 숭상하며, 귀신을 존중하고, 운명을 부정하는 것은 묵자가 세운 주장이다.[435](『회남자』「범론훈」)

兼愛, 尙賢, 右鬼, 非命, 墨子之所立也.(『淮南子』「氾論訓」)

<이상 묵가가 교설을 창립하다: 右墨家創敎>

## 13. 도가가 교설을 창립하다 [道家創敎]

2-13-1

도가의 부류는 대체로 사관(史官) 출신이다.[436] 역사의 성패(成敗), 존망(存亡), 화복(禍福), 옛날과 지금의 도리를 일일이 기록한 다음, 그 요점을 파악하고 근본을 포착하여,[437] 깨끗하고 텅 빈 마음으로 스스로를 지키고, 자신을 낮추고 약하게 하여 스스로를 유지할 줄 알았다. 이것이

435_ 여기에 열거된 것은 모두 『묵자』의 편명인데, 이 중에서 '우귀(右鬼)'는 귀신의 존재를 밝힌 「명귀(明鬼)」편을 말하다.

436_ 도가의 시조로 일컬어지는 노자(老子)는 『사기』 「노자한비열전」에 의하면, 춘추시대 말기 주나라의 장서실(藏書室)을 관리하는 사관(史官)이었으며, 당시에 공자가 그에게 예에 대해 가르침을 받았다는 기록이 보인다.

437_ 병요집본(秉要執本)은 요점을 파악하고 근본을 포착한다는 것으로, 핵심을 포착한다는 의미이다.

바로 군주가 된 사람이 국가를 다스리는 방법이다. 요(堯)임금의 겸양[438]과 한 번 겸손하여 네 가지가 이로운 『역(易)』의 겸손하고 겸손함과 부합되니,[439] 이것이 도가의 뛰어난 점이다. 그런데 방탕한 자[440]가 이 학문을 하면 예학(禮學)을 끊어 버리고, 인의(仁義)까지도 내팽개치고서, "오직 깨끗하고 텅 빈 마음에 맡겨야만 정치를 할 수 있다"라고 말한다.(『한서』「예문지」)

道家者流, 蓋出于史官. 暦記成敗·存亡·禍福·古今之道, 然後知秉要執本, 淸虛以自守, 卑弱以自持. 此君人南面之術也. 合于堯之克攘, 『易』之嗛嗛, 一謙而四益, 此其所長也. 及放者爲之, 則欲絶去禮學, 兼棄仁義, 曰"獨任淸虛, 可以爲治."(『漢書』「藝文志」)

## 2-13-2

노자(老子)는 초(楚)나라 고현(苦縣) 여향(厲鄕) 곡인리(曲仁里) 사람이다. 성은 이씨(李氏)이고,[441] 이름은 이(耳)이며, 자는 백양(伯陽)이고, 시호는 담(聃)이다. 주(周)나라의 장서실(藏書室)을 관리하는 사관이었다.[442] 공자가

---

438_ 극양(克攘)은 극양(克讓)과 같은 말로, 겸양하다는 뜻이다. 『서』「요전(堯典)」편에 "진실로 공손하고 겸양하여, 광채가 천하에 미치고 상하에 이르렀다[允恭克讓, 光被四表, 格于上下.]"라는 말이 보인다.

439_ 겸겸(嗛嗛)은 겸손하다는 뜻으로, 겸(嗛)은 겸(謙)과 같은 의미이다. 사익(四益)은 겸손함의 네 가지 이익인데, 『역』「겸괘(謙卦)·단전(彖傳)」에서 "하늘의 도는 가득찬 것을 이지러지게 하고 겸손한 것을 더해주며, 땅의 도는 가득찬 것을 변화시키고 겸손한 데로 흐르게 하며, 귀신은 가득찬 것에 해를 주고 겸손한 것에 복을 주며, 사람의 도는 가득찬 것을 싫어하고 겸손한 것을 좋아한다"라고 했다. 여기에서 익겸(益謙)·유겸(流謙)·복겸(福謙)·호겸(好謙)이 네 가지 장점인데, 이 중에서 익겸(益謙)의 익(益)자만을 따서 사익(四益)이라고 했다.

440_ 방(放)은 『한서』에서 안사고가 방탕함[蕩]이라고 했다.

441_ 『사기색은』에서 갈현(葛玄)이 "이씨(李氏) 집안의 여자가 낳았기 때문에 어머니의 성을 따랐다"라고 했고, 또 "태어나면서 오얏나무를 손가락으로 가리켰기 때문에 성으로 삼았다"라고도 했다.

주(周)나라에 갔을 때, 노자에게 예(禮)에 대해서 물었는데, 노자는 다음과 같이 대답했다. "그대가 말하는 [성인은] 그 사람과 육신이 이미 모두 썩어서 없어져 버렸고, 오직 그 말만 남아 있을 뿐이다. 또한 군자는 때를 제대로 만나면 관직에 나아가 일을 하지만,[443] 때를 제대로 만나지 못하면 정처 없이 이리저리 떠돌아다니게 된다.[444] 내가 들으니, 뛰어난 장사꾼은 [보물을] 깊이 숨겨두고 마치 아무것도 없는 것처럼 하고, 군자는 덕은 훌륭하지만 형색은 마치 어리석은 것처럼 한다고 한다.[445] 그대의 교만한 기색과 탐욕스러움, 그리고 방자한 태도와 지나친 욕심을 버려야 하니,[446] 이것은 모두 그대의 신상에 전혀 도움이 되지 않는다. 내가 그대에게 말해줄 수 있는 것은 단지 이와 같은 것뿐이다." 공자는 그곳을 떠나서 돌아와 제자들에게 다음과 같이 말했다. "새에 대해서는 그것이 날 수 있다는 것을 나는 알고, 물고기에 대해서는 그것이 헤엄칠 수 있다는 것을 나는 알며, 짐승에 대해서는 그것이 달릴 수 있다는 것을 나는 안다. 따라서 달리는 짐승은 그물로 잡을 수

---

442_ 『사기색은』에서 말했다. "장실사(藏室史)는 주나라 장서실(藏書室)의 사관이다. 또 「장창열전(張蒼列傳)」에서는 '노자는 주하사(柱下史)'라고 했는데, 이곳이 장서실의 기둥 아래이기 때문에 그것을 관명으로 삼은 것이다."

443_ 가(駕)는 수레를 모는 것으로, 등용되어 관직에 진출하는 것을 말한다. 『사기색은』에서 "만약 현명한 군주를 만나면 수레를 타고 조복을 입고 면류관을 쓴다"라고 했다.

444_ 봉루(蓬累)는 쑥이 바람 부는 대로 굴러다니는 모습으로, 정처 없이 이리저리 떠돌아다니는 것을 말한다. 『사기정의』에서 "때를 만나지 못하면 마치 쑥처럼 이리저리 옮겨 다닌다"라고 했고, 『사기색은』에서는 봉(蓬)을 가려서 숨긴다는 의미로, 루(累)를 이리저리 제멋대로 돌아다닌다는 의미로 보고, "스스로를 덮어 감추고 이리저리 떠나갈 뿐"이라고 해석했다.

445_ 『사기색은』에서 말했다. "심장(深藏)은 보물을 감추어두는 것을 말하며, 사람들이 보지 못하도록 하기 때문에 아무것도 없는 것처럼 한다고 말했다. 그리고 군자라는 사람은 훌륭한 덕을 몸에 가지고 있지만, 그 용모는 겸손하여 마치 어리석은 사람과 같다."

446_ 『사기정의』에서 태색(態色)은 방자한 태도의 모습이고, 음지(淫志)는 지나치게 욕심을 가진 의지라고 했다.

있으며, 헤엄치는 물고기는 낚시로 낚을 수 있으며, 나는 새는 주살로 잡을 수가 있다.[447] 그러나 용의 경우는 그것이 바람과 구름을 타고 하늘로 올라갈 수 있다는 것을 나는 잘 모른다. 오늘 나는 노자를 만나보았는데, 그는 마치 용과 같은 사람이었다!"

老子者, 楚苦縣厲鄕曲仁里人也. 姓李氏, 名耳, 字伯陽, 謚曰聃. 周守藏室之史也. 孔子適周, 將問禮于老子, 老子曰, "子所言者, 其人與骨皆已朽矣, 獨其言在耳. 且君子得其時則駕, 不得其時則蓬累而行. 吾聞之, 良賈深藏若虛, 君子盛德, 容貌若愚. 去子之驕氣與多欲, 態色與淫志, 是皆無益于子之身. 吾所以告子, 若是而已." 孔子去, 謂弟子曰, "鳥, 吾知其能飛, 魚, 吾知其能游, 獸, 吾知其能走. 走者可以爲罔, 游者可以爲綸, 飛者可以爲矰. 至于龍, 吾不知其能乘風雲而上天. 吾今日見老子, 其猶龍邪!"

노자는 도덕(道德)을 닦았고, 그의 학문은 스스로를 감추고 이름이 없는 것을 주요한 일로 삼았다. 주나라에 거처한 지 오래되었는데, 주나라가 쇠퇴하는 것을 보고는 마침내 그곳을 떠났다. 국경의 관문에 이르렀는데,[448] 관문 수비책임자[449]인 윤희(尹喜)가 "그대가 장차 은거하려고 하니, 저를 위해 억지로라도 책을 지어 주십시오"라고 했다. 이에

---

447_ 망(罔)은 그물, 륜(綸)은 낚시줄, 증(矰)은 주살을 말한다. 달리기 때문에 그물로, 헤엄치기 때문에 낚시줄로, 날아다니기 때문에 주살로 잡을 수 있다는 것이다.

448_ 『사기색은』에서 "이우(李尤)의 「함곡관명(函谷關銘)」에 '함곡관의 관리인 윤희(尹喜)가 노자에게 두 편의 저서를 남겨달라고 요청했다'라는 기록이 보인다. 그러나 최호(崔浩)는 윤희를 산관(散關) 지역의 관리라고 여겼는데, 이 말이 옳다"라고 했다. 『사기정의』에서는 "『포박자(抱朴子)』에서 '노자는 서쪽으로 유람을 떠났다가 관문의 관리인 이윤을 산관(散關)에서 만났고, 그를 위해 『도덕경』 1권을 지어주었는데, 그 책을 『노자』라고 부른다'라고 했다. 어떤 이들은 이때의 관문을 함곡관(函谷關)이라고 여겼다"라고 했다.

449_ 관령(關令)은 국경 관문의 수비책임자이다. 후대에는 윤희(尹喜)를 가리키는 말로도 사용되었다.

노자는 상하 두 편의 책을 지어서, 도덕(道德)의 의미에 대해 5,000여 글자를 기록하고서 떠나 버렸는데, 그의 최후를 아는 사람이 아무도 없었다. 어떤 사람은 노래자(老萊子)[450] 또한 초(楚)나라 사람으로, 15편의 글을 지어서 도가(道家) 사상의 운용에 대해 말했는데, 공자와 같은 시대 사람이라고 한다. 대체로 노자는 160여 세 혹은 200여 세[까지 살았다]고 하는데, 도를 닦아 보양하여 장수했기 때문이다.

> 老子修道德, 其學以自隱無名爲務. 居周久之, 見周之衰, 乃遂去. 至關, 關令尹喜曰, "子將隱矣, 强爲我著書." 于是, 老子乃著書上下篇, 言道德之意五千餘言而去, 莫知其所終. 或曰, 老萊子, 亦楚人也, 著書十五篇, 言道家之用, 與孔子同時云. 蓋老子百有六十餘歲, 或言二百餘歲, 以其修道而養壽也.

공자가 죽은 지 129년이 지난 후에,[451] 역사 기록에 주나라 태사(太史)인 담(儋)이 진(秦)나라 헌공(獻公)을 알현하여, "처음에 진(秦)나라는 주(周)나라와 합쳐 있다가 분리되었는데, 500년을 분리되어 있다가 다시 합쳐지고, 70년을 합쳐 있다가 패왕이 출현할 것이다"고 말했다고 한다. 어떤 사람은 담(儋)이 바로 노자라고 하고, 어떤 사람은 아니라고 하는데, 세상에서 그것의 사실 여부를 아는 사람이 아무도 없으니, 노자는 은둔한 군자이다. 노자의 아들은 이름이 종(宗)인데, 종(宗)은 위(魏)나라의 장수가 되어, 단간(段干)에 봉해졌다. 종의 아들은 주(注)이고, 주(注)의 아들은 궁(宮)이며, 궁(宮)의 현손(玄孫)은 가(假)인데, 가(假)는 한(漢)나라 효문제(孝文帝)에게서 관직 생활을 했다. 가(假)의 아들 해(解)는 교서왕(膠西王) 앙(卬)의 태부(太傅)였기 때문에 제(齊)나라에 정착했다. 세상에서 노자의 학문을 배우는 사람은 유학을 배척하고, 유학은 또한 노자를

---

450_ 노래자(老萊子)는 『열선전(列仙傳)』에 보이는데, 노자와 동일 인물인지는 알 수 없다.

451_ 『사기집해』에서 서광(徐廣)은 실제로 따져보면 119년이라고 했다.

배척한다. 도가 같지 않으면 서로 일을 도모하지 않는다고 하는데,[452] 어찌 이러한 상황을 말하는 것이겠는가? 이이(李耳)는 인위적인 작위가 없어서 [백성들이] 저절로 교화되고, 깨끗하고 고요하여 [백성들이] 저절로 바르게 되었다.[453](『사기』「노자한비열전」)

自孔子死之後百二十九年, 而史記周太史儋見秦獻公曰, "始秦與周合而離, 離五百歲而復合, 合七十歲而霸王者出焉." 或曰, 儋, 卽老子, 或曰, 非也, 世莫知其然否, 老子, 隱君子也. 老子之子名宗, 宗爲魏將, 封于段干. 宗子注, 注子宮, 宮玄孫假, 假仕于漢孝文帝. 而假之子解爲膠西王卬太傅, 因家于齊焉. 世之學老子者則絀儒學, 儒學亦黜老子. 道不同不相爲謀, 豈謂是邪? 李耳無爲自化, 淸靜自正.(『史記』「老子韓非列傳」)

## 2-13-3

남영주(南榮趎)[454]가 말했다. "마을 사람 중에 병이 난 사람이 있어서 마을 사람이 문병을 갔는데, 병자가 자신의 병에 대해 말할 수 있다면 병을 병으로 여기는 자는 아직 병이 난 것이 아닙니다.[455] 예를 들어 제가 [선생님께] 큰 도에 대해 들은 것은 비유하면 약을 먹고 병이 더 심해진 것과 같습니다. 저는 원컨대 생명을 보호하는 도리를 듣고 싶을 뿐입니다." 노자가 말했다. "생명을 보호하는 도리는 다음과 같다. 하나의 도를 끌어안고 전념할 수 있는가? 그것을 잃어버리지 않고 지킬 수

---

452_ 『논어』「위령공(衛靈公)」편에 보인다.

453_ 『노자』 제57장의 "我無爲而民自化, 我好靜而民自正, 我無事而民自富, 我無欲而民自樸."이라는 구절에 근거하여 해석했다.

454_ 남영주(南榮趎)는 성현영에 의하면, 성이 남영(南榮)이고, 이름이 주(趎)이며, 경상(庚桑)의 제자이다.

455_ 『노자』 제71장에도 "知不知, 上, 不知知, 病, 夫唯病病, 是以不病. 聖人不病, 以其病病, 是以不病."이라는 구절이 있다.

있는가?[456] 점을 쳐보지 않고 길흉을 알 수 있는가?[457] [만족하여] 그칠 줄 아는가?[458] [집착하지 않고] 포기할 줄 아는가?[459] 외부 사물을 내버려두고 자기에게서 [생명을 보호하는 도리를] 구할 줄 아는가?[460] 얽매이지 않고 무욕할 줄 아는가? 텅 비운 채 무지할 줄 아는가?[461] 어린아이처럼 될 수 있는가?[462] 어린아이가 하루 종일 울어도 목이 쉬지 않는 것은 조화가 지극하기 때문이며,[463] 하루 종일 주먹을 쥐고 있어도 손

---

456_ 포일(抱一)은 도에 전념하여 그 도를 잃지 않고 굳게 지키는 것을 말한다. 『노자』 제10장에 "載營魄抱一, 能無離乎."라는 구절과 제22장에 "聖人抱一爲天下式."이라는 구절이 있다. 영백(營魄)은 수고롭게 활동하는 육체를 말한다. 일(一)는 도(道)를 가리키는데, 천구잉은 정신과 육체의 합일이라고 했다.

457_ 『관자』 「내업(內業)」편에도 "摶氣如神, 萬物備存. 能摶乎? 能一乎? 能無卜筮而知吉凶乎? 能止乎? 能已乎? 能勿求諸人而得之己乎? 思之思之, 又重思之. 思之而不通, 鬼神將通之."라는 기록이 보인다.

458_ 지(止)는 만족하여 그칠 줄 아는 것이다. 『노자』 제44장에 "知足不辱, 知止不殆, 可以長久."라는 구절이 보인다. 만족할 줄 알아서 적당한 때에 그치면 치욕이나 위태로움이 없어서 오랫동안 지속될 수 있다는 뜻이다. 한편 안동림은 "자기가 놓인 처지에 편히 머물면서 모든 일을 자연에 맡긴다"라고 풀이했다.

459_ 이(已)는 집착하지 않고 포기할 줄 아는 것이다. 『노자』 제9장에 "持而盈之, 不如其已."라는 구절이 보인다. 그릇에 물을 가득 채워 가지고 있으면 오래 지탱할 수 없으므로, 차라리 적당한 때에 그만두는 것이 더 낫다는 뜻이다.

460_ 외부의 사물에서 생명을 보호하는 도리를 구하지 말고 자기를 반성하여 스스로 찾아야 한다는 의미이다. 그런데 『논어』 「위령공」편에서 "君子, 求諸己, 小人, 求諸人."이라고 했고, 『맹자』 「공손추 상」편에서도 "仁者如射, 射者, 正己而後發, 發而不中, 不怨勝己者, 反求諸己而已矣."라고 했다. 두 문장은 어떤 행동의 결과에 대해 남을 탓하지 말고 스스로를 반성하라는 뜻으로, 『장자』의 내용과는 다소 차이가 있다.

461_ 소연(翛然)은 어디에도 얽매이지 않고 초탈한 무욕의 상태를 말한다. 성현영은 아무런 구애가 없이 오고가는 것이라고 했고, 천구잉은 구속이 없는 모습이라고 했다. 통연(侗然)는 무지한 모습이다.

462_ 『노자』에서는 어린아이와 같은 마음과 행동이 곧 도를 실천하는 모습, 덕을 지닌 사람의 모습으로 비유된다. 제10장의 "專氣致柔, 能嬰兒乎?"와 제28장의 "知其雄, 守其雌, 爲天下谿, 爲天下谿, 常德不離, 復歸於嬰兒.", 제55장의 "含德之厚, 比於赤子." 등의 구절이 있다. 임희일은 『맹자』 「이루 하」편의 "大人者, 不失其赤子之心者也."라는 문장을 인용하여, "어린아이의 마음을 잃어버리지 않는 것"이라고 풀이했다.

에 쥐가 나지 않는 것[464]은 본성 그대로에 합치되기 때문이며,[465] 종일토록 눈을 뜨고 보아도 깜박이지 않는 것[466]은 집중하는 것이 외부에 있지 않기 때문이다. 길을 가도 가는 곳을 알지 못하고, 머물러 있어도 무엇을 해야 할지 모르며, 다른 사물에 자연스럽게 따르면서[467] 그 변화와 함께하는 것이 바로 생명을 보호하는 도리일 뿐이다."(『장자』「경상초」)

南榮趎曰, "里人有病, 里人問之, 病者能言其病, 然其病病者猶未病也. 若趎之聞大道, 譬猶飮藥以加病也. 趎願聞衛生之經而已矣." 老子曰, "衛生之經, 能抱一乎? 能勿失乎? 能無卜筮而知吉凶乎? 能止乎? 能已乎? 能舍諸人而求諸己乎? 能翛然乎? 能侗然乎? 能兒子乎? 兒子終日嗥而嗌不嗄, 和之至也, 終日握而手不掜, 共其德也, 終日視而目不瞚, 偏不在外也. 行不知所之, 居不知所爲, 與物委蛇, 而同其波, 是衛生之經已."(『莊子』「庚桑楚」)

## 2-13-4

상창(常摐)[468]이 자신의 입을 벌려서 노자에게 보여 주면서, "내 혀가 있

---

463_ 호(嗥)는 우는 것이고, 익(嗌)은 목구멍 또는 목이 메는 것이며, 사(嗄)는 목이 쉬거나 잠기는 것을 말한다. 『노자』 제55장에서 덕이 두터운 사람을 어린아이에 비유하면서, "終日號而不嗄, 和之至也."라고 했다.

464_ 『노자』 제55장에서 "어린아이는 뼈는 약하고 힘줄은 부드럽지만, 움켜쥐는 힘은 견고하다[骨弱筋柔而握固]"라고 했다. 예(掜)는 쥐가 나서 힘줄이 땅기는 것을 말한다.

465_ 공기덕(共其德)은 자기의 본성과 같다는 뜻으로, 자신의 본성을 그대로 따라서 행동한다는 뜻이다. 임희일은 그 본성과 같다고 했고, 천구잉은 본성을 지킨다고 했다.

466_ 순(瞚)은 눈을 깜박이는 것으로, 순(瞬)과 같은 글자이다.

467_ 위이(委蛇)는 순순하게 따르는 모양이다. 성현영은 사물을 무심하게 접하면서 있는 그대로 순순히 따라가는 것이라고 했고, 천구잉은 사물의 자연스러움을 따르는 것이라고 했다.

느냐?"라고 물었다. 노자가 "그렇습니다"라고 대답했다. "내 이는 있느냐?"라고 물으니, 노자가 "없습니다"라고 대답했다. 상창이 "그대는 그 이유를 아는가?"라고 묻자, 노자는 다음과 같이 대답했다. "대체로 혀가 그대로 있는 것은 아마도 그것이 부드럽기 때문이 아니겠습니까? 이가 없는 것은 아마도 그것이 강하기 때문이 아니겠습니까?" 그러자 상창은 "아! 옳은 말이다. 천하의 일을 이미 다 터득했으니, 그대에게 다시 말해줄 것이 없구나"라고 했다.(『설원』「경신」)

常摐張其口而示老子曰, "吾舌存乎?" 老子曰, "然." "吾齒存乎?" 老子曰, "亡." 常摐曰, "子知之乎?" 老子曰, "夫舌之存也, 豈非以其柔耶? 齒之亡也, 豈非以其剛耶?" 常摐曰, "嘻! 是已. 天下之事, 已盡矣, 無[469]以復語子哉."(『說苑』「敬愼」)

## 2-13-5

공자가 온백설자(溫伯雪子)[470]를 만나보고 나서는 말을 하지 않고 나왔다. 자공(子貢)[471]이 "선생님은 온백설자를 너무나 만나보고 싶어했는데, 지금 그를 만나보고 나서는 말을 하지 않으니, 그 까닭이 무엇입니까?"라고 물었다. 공자는 "그 사람과 같은 경우는 눈으로 직접 보고서 그에게 도가 있다[는 것을 알았으니], 그가 하는 말을 들을 필요가 없었다"라고 했다. 따라서 그 사람을 보지 않고서도 그의 뜻을 알았고, 그

---

468_ 상창(常摐)은 『회남자』「무칭훈(繆稱訓)」편에서 "노자가 상용(商容)에게 배울 때, 상용의 혀의 부드러움을 보고 부드러움을 지킬 줄 알았다"라고 한 구절의 상용(商容)이라는 인물과 일치하는 듯하다. 『회남자집석』의 고유에 의하면, 상용(商容)은 신인(神人)이라고도 하고, 은(殷)나라의 현인으로 노자의 스승이라고도 한다.

469_ 무(無)가 『설원』 원문에는 하(何)로 되어 있다.

470_ 온백설자(溫伯雪子)는 고유가 도를 체득한 사람이라고 했다.

471_ 『장자』「전자방」편에는 자공(子貢)이 자로(子路)로 되어 있다.

사람을 보고나서는 그의 마음과 뜻을 모두 보았으니, 하늘이 준 부절(符節)이 서로 딱 들어맞는 것[과 같다].[472] 성인들은 서로를 알아보니, 어찌 말이 필요하겠는가?(『여씨춘추』「정유」)

孔子見溫伯雪子, 不言而出. 子貢曰, "夫子之欲見溫伯雪子好矣, 今也見之而不言, 其故何也?" 孔子曰, "若夫人者, 目擊而道存矣, 不可以容聲矣." 故未見其人而知其志, 見其人而心與志皆見, 天符同也. 聖人之相知, 豈待言哉?(『呂氏春秋』「精諭」)

## 2-13-6

천성(天性)을 온전히 유지하고 천진(天眞)을 그대로 보존하며, 외부 사물 때문에 육체에 피해를 끼치지 않는 것[473]은 양자(楊子)가 세운 주장이다.(『회남자』「범론훈」)

全性保眞, 不以物累形, 楊子之所立也.(『淮南子』「氾論訓」)

## 2-13-7

양주(楊朱)가 말했다. "백성자고(伯成子高)[474]는 머리카락 하나[로 남을 이

---

472_ 부(符)는 고유가 도(道)라고 했고, 진기유가 부신(符信)이라고 했다. 마치 하늘이 준 부절(符節)이 서로 딱 들어맞듯이, 두 사람이 만나는 순간 서로 통했다는 의미이다.

473_ 전성보진(全性保眞)은 고유가 "머리카락을 뽑아서 천하가 이롭게 되더라도 하지 않으며, 사물 때문에 자신의 신체에 누를 끼치게 하지 않는 것"이라고 했다. 『맹자』「진심 상」편에 "楊子, 取爲我, 拔一毛而利天下, 不爲也."라는 기록이 보인다.

474_ 백성자고(伯成子高)는 요임금 때의 제후로, 우임금이 천자가 되자 제후를 사양하고 은둔하여 밭을 갈았다고 한다. 『여씨춘추』「장리(長利)」편에 백성자고와 우임금의 대화가 실려 있다. 『장자』「천지(天地)」편과 『신서(新序)』「절사(節士)」편에도 보인다.

롭게 할 수 있더라도] 남을 이롭게 하지 않고, 나라를 버리고서 은둔하여 농사를 지었다. 대우(大禹)는 자기 한 몸[으로 남을 이롭게 할 수 있으면] 자기 자신을 이롭게 하지 않고, 몸 전체가 반신불수가 될 정도로 노동했다.[475] 옛날의 사람들은 머리카락 하나를 뽑아내어 천하가 이롭게 된다고 하여도 주지 않았고, 온 천하가 다 자기 한 몸을 받든다고 하더라도 받지 않았다. 사람마다 모두 머리카락 하나를 뽑지 않고, 사람마다 모두 천하를 이롭게 여기지 않으면 천하는 다스려질 것이다." (『열자』「양주」)

楊朱曰, "伯成子高不以一毫利物, 舍國而隱耕. 大禹不以一身自利, 一體偏枯. 古之人損一毫利天下不與也, 悉天下奉一身不取也. 人人不損一毫, 人人不利天下, 天下治矣."(『列子』「楊朱」)

## 2-13-8

장자(莊子)는 몽(蒙) 지역 사람이며, 이름은 주(周)이다. 장주는 일찍이 몽 지역의 칠원(漆園)의 관리를 역임했는데, 양(梁)나라 혜왕(惠王)·제(齊)나라 선왕(宣王)과는 동시대의 인물이다. 그의 학문은 섭렵하지 않은 것이 없었지만, 그 요점은 노자의 말로 귀결된다. 따라서 그의 저서 10여만 마디의 말은 대체로 다른 사물에 가탁한 말[寓言]의 형식으로 되어 있다. 「어부(漁父)」·「도척(盜跖)」·「거협(胠篋)」[476] 등을 지어서 공자의 무리들을 비난했고, 노자의 학술을 드러내 밝혔다. 「외루허(畏累虛)」와

475_ 편고(偏枯)는 한쪽이 시들어서 반신불수가 되었다는 말로, 남을 위해 노동하면서 자신을 희생시켰다는 뜻이다. 『장자』「천하」편에 "그의 장딴지와 정강이에는 털이 없어졌으며, 장맛비에 온몸이 젖고 심한 바람에 머리를 흩날리면서 여러 나라의 경계를 정했다. 우는 큰 성인인데도 천하를 위해 육체노동을 한 것이 이와 같았다"라는 기록도 같은 의미로 볼 수 있다.

476_ 세 편의 글은 모두 『장자』의 편명인데, 그 내용을 살펴보면 모두 고대의 성군(聖君)이나 현신(賢臣), 그리고 공자의 무리에 대한 비판으로 구성되어 있다.

「경상자(亢桑子)」[477]와 같은 부류는 모두 가상의 이야기이지 사실이 아니다. 그러나 글을 짓고 말을 분석하는 것을 잘하고,[478] 구체적인 사례를 실정에 맞게 잘 거론하여,[479] 그것을 가지고 유가와 묵가를 공격했으니, 비록 당시의 뛰어난 학자[480]라고 하더라도 스스로는 [그 공격에서] 벗어날 수 없었다.[481] 그의 말은 끝없이 넓고 제멋대로 자유롭게 지껄이는 것으로 스스로 만족하게 여겼기 때문에[482] 왕공대인(王公大人)으로부터는 대접을 받지 못했다.

莊子者, 蒙人也, 名周. 周嘗爲蒙漆園吏, 與梁惠王 · 齊宣王同時. 其學無所不窺, 然其要本歸于老子之言. 故其著書十余萬言, 大抵率寓言也. 作「漁父」·「盜跖」·「胠篋」, 以詆訾孔子之徒, 以明老子之術. 「畏累虛」·「亢桑子」之屬, 皆空語無事實. 然善屬書離辭, 指事類情, 用剽剝儒 · 墨, 雖當世宿學, 不能自解免也. 其言洸洋自恣以適己, 故自王公大人不能器之.

초(楚)나라 위왕(威王)은 장주가 현명하다는 소문을 듣고, 사신을 보내 후한 예물을 주고 그를 맞이하여, 재상으로 받들어 모시려고 했다. 장주는 웃으면서 초나라 사신에게 다음과 같이 말했다. "천금(千金)은 큰

---

477_ 이 두 편은 『장자』의 편명인데, 현행본에는 보이지 않는다. 현재 잡편(雜篇)으로 분류된 「경상초(庚桑楚)」 이하의 편들을 가리키는 것으로 보인다. 경상자(亢桑子)는 노자의 제자인 경상초(庚桑楚)로, 북쪽의 외루(畏累) 또는 외루(畏壘)라는 산에서 살았다고 한다.

478_ 촉서(屬書)는 촉사(屬辭)와 같은 뜻으로, 글을 짓는다는 의미이다. 리사(離辭)는 그 말을 분석하는 것이다.

479_ 지사류정(指事類情)은 어떤 일에 대해 실정에 맞게 종류별로 잘 가리켜서 말하는 것이다.

480_ 숙학(宿學)은 학문이 깊고 인망이 높은 사람으로, 숙유(宿儒)라고도 한다.

481_ 표박(剽剝)은 공격하는 것이고, 해면(解免)은 모면하거나 벗어난 것이다.

482_ 광양(洸洋)은 물이 끝없이 넓은 모양으로, 학설이나 주장 등이 심원하고 광대함을 비유한다. 자자(自恣)는 제멋대로이면서 자유분방한 것이고, 적기(適己)는 스스로 만족하게 여겨서 자득하는 것이다.

이익이 되는 돈이며, 재상은 존귀한 자리이다. 그런데 그대는 유독 교제(郊祭)에서 사용하는 희생 소를 보지 못했단 말인가? 몇 년 동안 그 소를 기르고 사육해서, 화려하게 수놓은 옷[483]을 입혀서 태묘(太廟)로 들여보낸다. 이때에는 비록 작은 돼지[484]가 되고자 하더라도 어찌 그렇게 될 수 있겠는가? 그대는 빨리 물러가서 나를 욕되게 하지 마라. 나는 차라리 더러운 시궁창 속에 뒹굴면서 스스로 만족할지언정 나라를 소유한 군주들에게 구속되지는 않을 것이다. 죽을 때까지 벼슬을 하지 않고서 내가 하고 싶은 대로 할 것이다."[485](『사기』「노자한비열전」)

楚威王聞莊周賢, 使使厚幣迎之, 許以爲相. 莊周笑謂楚使者曰, "千金, 重利, 卿相, 尊位也. 子獨不見郊祭之犧牛乎? 養食之數歲, 衣以文繡, 以入太廟. 當是之時, 雖欲爲孤豚, 豈可得乎? 子亟去, 無汚我. 我寧游戲汚瀆之中自快, 無爲有國者所羈. 終身不仕, 以快吾志焉."(『史記』「老子韓非列傳」)

## 2-13-9

정(鄭)나라의 신령스러운 무당이 호자림(壺子林)[486]의 관상을 보고, [죽음의] 징조를 발견하고서 열자에게 알렸다. 열자는 가서 울면서 호자에게 알렸는데, 호자는 하늘과 땅[의 일부로 돌아간다는 자세]를 견지하면서 명예와 실리를 마음을 두지 않고, [죽음이] 바로 앞에 닥쳤는데도 [두려워하지 않았다.][487] 호자는 죽음과 삶이 또한 동일한 것이라고 여

483_ 문수(文綉)는 화려하게 수놓은 직물이나 의복을 말한다.

484_ 고돈(孤豚)은 작은 돼지로, 희생에는 쓰이지 않는 것이다.

485_ 기(羈)는 구금되거나 억류되어 구속을 받는 것이며, 쾌지(快志)는 쾌의(快意)와 같고, 자기가 하고 싶은 대로 제멋대로 하는 것이다.

486_ 호자림(壺子林)은 열자(列子)의 스승인 호자(壺子)이다. 『회남자』「무칭훈(繆稱訓)」편에 열자가 호자에게 배울 때, 그림자를 재는 기구를 보고 뒤처지는 자세를 지킬 줄 알았다는 기록이 보인다.

긴 것이다. 자구(子求)[488]는 54세의 나이에 곱사등이 병이 걸려서[489] 척추가 머리보다 더 높이 솟았고, 가슴 밑의 명치가 아래로 턱과 맞닿아 있었으며, 양쪽 넓적다리가 위로 올라와 있었고, 항문이 하늘을 가리키고 있었다.[490] 그는 우물로 엉금엉금 기어가서 스스로의 모습을 보고서, "위대하도다, 조물주여! 나를 이렇게 아름다운 모습[491]으로 만들었구나!"라고 했다. 이것은 변화가 또한 같은 것이라고 여긴 것이다. 따라서 요임금의 도를 보면 곧 천하의 가벼움을 알 수 있고,[492] 우임금의 뜻을 보면 곧 천하 [사물]의 하찮음을 알 수 있으며,[493] 호자의 논리를 추론하면 곧 죽음과 삶이 동일하다는 것을 알 수 있고, 자구의 행동을 보면 곧 [모든] 변화는 같다는 것을 알 수 있다.(『회남자』「정신훈」)

鄭之神巫相壺子林, 見其徵, 告列子. 列子行泣報壺子, 壺子持以天壤, 名實不入, 機發于踵. 壺子之視死生亦齊矣. 子求行年五十有四, 而病傴僂, 脊管高于頂, 腸下迫頤, 兩脾在上, 燭營指天. 匍匐自窺于

---

487_ 고유가 "명(名)은 작호(爵號)의 명예이며, 실(實)은 재화와 재물의 실리이다. 불입(不入)은 마음에 두지 않는 것이다. 기(機)는 신속하다는 뜻으로, 생명이 위태로워 발꿈치를 돌릴 틈도 없이 이르렀는데도 그래도 두려워하지 않는다는 뜻이다"라고 했다.

488_ 자구(子求)는 자세한 사적은 보이지 않고, 초나라 사람이라고 한다. 『장자』「대종사(大宗師)」편에는 자래(子來)로 되어 있다.

489_ 구루(傴僂)는 등이 굽는 병으로, 곱사등이를 말한다.

490_ 척관(脊管)은 척추이고, 정(頂)은 머리의 정수리이다. 예(腸)는 가슴 밑의 명치이고, 이(頤)는 턱이다. 비(脾)는 넓적자리이고, 촉영(燭營)은 항문이다.

491_ 구구(拘拘)는 굽어서 펴지지 않는 모양으로, 곱사등이의 모습을 표현한 말이다. 고유는 아름다운 모습이라고 했다. 아름답거나 웅장한 모습을 비유적으로 형용한 것이다.

492_ 고유가 "순임금에게 왕위를 선양했기 때문"이라고 했다. 『회남자』「정신훈(精神訓)」편에도 이 내용 앞에 순임금이 천하를 선양하면서 천하를 무용지물처럼 가볍게 여겼다는 기록이 보인다.

493_ 고유가 "용을 보기를 마치 도롱뇽을 보듯이 했기 때문"이라고 했다. 『회남자』「정신훈」편의 기록에 의하면, 우임금은 만물을 하찮게 보았기 때문에 용을 마치 도롱뇽 보듯이 하여 낯빛이 변하지 않았으며, 오히려 용이 겁을 내고 도망갔다고 한다.

井, 曰“偉哉, 造化者! 其以我爲此拘拘邪!” 此其視變化亦同矣. 故睹堯之道, 乃知天下之輕也, 觀禹之志, 乃知天下之細也, 原壺子之論, 乃知生死之齊也, 見子求之行, 乃知變化之同也.(『淮南子』「精神訓」)

## 2-13-10

저 열자(列子)는 바람을 타고 날아다녔는데,[494] 사뿐하게[495] 잘 날면서 15일 이후에 [땅 위로] 되돌아온다. 그는 복을 추구하는 것에 대해서도 급급해 한 적이 없다.[496] 그러나 이것은 비록 보행[의 불편]에서는 벗어났지만, 여전히 의존하는 것[有所待]이 있는 것이다.[497](『장자』「소요유」)

夫列子御風而行, 泠然善也, 旬有五日而後反. 彼于致福者, 未數數然也. 此雖免乎行, 猶有所待者也.(『莊子』「逍遙游」)

## 2-13-11

열어구(列禦寇)가 백혼무인(伯昏無人)[498]에게 활쏘기 기술을 보여주면서,

---

494_ 『열자』「황제(黃帝)」편에도 ‘乘風而歸.’라는 말이 보인다.

495_ 령연(泠然)은 가볍고 사뿐한 모양이다. 임희일은 이리저리 날리는 모양이라고 했고, 곽상은 경쾌하고 교묘한 모양이라고 했다.

496_ 치복(致福)은 복을 받는다는 뜻도 되고, 복을 구한다는 뜻도 된다. 안동림은 바람을 타고 걷지 않고도 갈 수 있는 것을 복(福)으로 보고, “편하게 복을 갖다 주는 바람을 좇아서 허둥지둥하지 않는다”고 해석했다. 임희일과 천구잉 등은 복을 구하는 것[求福]이라고 풀이했다. 삭삭(數數)은 급박하고 급급한 모양이다.

497_ 유소대(有所待)는 의지하거나 의존하는 것이 있다는 말이다. 왕선겸은 보행을 면했지만 아직 바람에 의지하는 것이라고 했고, 천구잉은 속박된 것이 있어서 정신이 주체적이고 못하고 마음이 편안하지 못한 상태를 초래한 것이라고 했다. 한편 천구잉은 쉬푸꽌(徐復觀)의 말을 인용하여 대(待)자를 다음과 같이 풀이했다. “인생이 압박을 받아 자유롭지 못한 것은 자기가 자기 자신을 지배하지 못하고, 외부의 힘에 속박되기 때문이다. 외부의 힘에 속박되면 곧 외부의 힘에 의해 제한을 받거나 지배를 받게 된다. 이러한 속박을 대(待)라고 한다.”

활시위를 화살촉이 있는 곳까지 힘껏 잡아당겼는데,[499] 물을 담은 잔을 팔꿈치 위에 올려놓아도 [전혀 쏟아지지 않았다.][500] 화살을 발사했는데, 지금 막 화살이 날아가자마자 다시 다음 화살이 이어서 날아가고,[501] 방금 화살이 날아가자마자 다시 다음 화살이 활시위에 걸려 있으니,[502] 활을 쏘는 이때의 그는 마치 나무로 만든 인형과 같았다.[503] 그런데 백혼무인이 다음과 같이 말했다. "이것은 [활쏘기를 잘 하려는] 의도가 담긴 활쏘기이지 무심한 경지의 활쏘기는 아니다.[504] 시험 삼

---

498_ 백혼무인(伯昏無人)은 「덕충부(德充符)」편에서 신도가(申徒嘉)와 정나라 자산의 스승이라고 했다. 성현영은 스승을 높여서 부른 호칭으로, 덕이 사물 중에는 으뜸이면서 그 빛을 감추어 어둠과 같고, 깨끗하게 물아(物我)의 차별을 잊어버렸기 때문에 백혼무인이라고 한다고 했다. 『열자』「황제」편에는 백혼무인(伯昏瞀人)으로 되어 있다.

499_ 인지영관(引之盈貫)은 활시위를 화살촉이 있는 곳까지 힘껏 잡아당긴다는 뜻이다.

500_ 배수(杯水)는 물을 담은 잔이고, 주(肘)는 팔꿈치이다. 조배수기주상(措杯水其肘上)은 물을 담은 잔을 팔꿈치 위에 올려놓는 것으로, 자세가 전혀 흔들림이 없이 반듯하게 고정되어 그 물이 전혀 쏟아지지 않았다는 뜻이다.

501_ 답(沓)은 중복해서 계속되는 것으로, 화살을 이어서 계속 쏜다는 뜻이다. 임희일은 화살이 막 떠났는데 화살이 또 활시위 위에 있는 것이라고 했고, 천구잉은 막 화살 하나를 쏘았는데, 또 하나의 화살이 연이어서 발사되는 것을 형용했다고 했다.

502_ 우(寓)는 걸려 있는 것으로, 활시위에 화살이 걸려 있다는 뜻이다. 선영과 천구잉은 두 번째 화살이 막 발사되어 나갔는데, 세 번째 화살이 또 활시위에 걸려 있는 것이라고 했고, 임희일은 하나의 화살에 또 하나의 화살이 이어지는 것으로, 이와 같이 그의 활쏘기가 귀신같이 빠르다는 것을 말한 것이라고 했다. 한편 안병주는 나란히 날아가는 화살이 다시 앞의 화살에 바짝 다가가 몸을 붙이는 것과 같은 것으로, 화살과 화살이 꼬리를 문 것처럼 이어짐을 표현한 대목이라고 풀이했다.

503_ 상인(象人)은 사람을 본떠서 만든 인형을 말하는데, 나무로 만든 인형처럼 전혀 흐트러짐이 없이 기계처럼 정확하게 활을 쏘았다는 뜻이다.

504_ 어떤 의도를 가지고 활쏘기를 하는 것이지 활쏘기 자체를 초월한 활쏘기는 아니라는 말이다. 성현영은 여전히 의도를 가진 활쏘기이지 모든 것을 잊어버린 무심의 경지가 아니라고 했고, 임운명은 교묘한 기술을 사용할 수는 있어도 신묘한 기술을 사용하지는 못함을 말한 것이라고 했다. 한편 천구잉은 의도가 있는 활쏘기이지 무심의 활쏘기는 아니라고 했다.

아 너와 함께 높은 산에 올라, 높고 큰 바윗돌을 밟고 서서, 백 길이나 되는 깊은 연못을 내려다보고 있다면 너는 활쏘기를 잘 할 수 있겠는가?" 이에 백혼무인이 마침내 [열어구와 함께] 높은 산에 올라, 높고 큰 바윗돌을 밟고 서서, 백 길이나 되는 깊은 연못을 내려다보았다. 그리고 못을 등지고 뒤로 물러나서[505] 발의 3분의 2가 허공에 떠 있는 상태에서[506] 열어구에게 읍을 하면서 앞으로 나와 활쏘기를 요청했는데, 열어구는 땅에 엎드린 채 땀을 흘린 것이 발꿈치까지 이르렀다. 백혼무인이 말했다. "대체로 지인(至人)이라는 사람은 위로는 푸른 하늘을 살펴보고, 아래로는 황천 속까지 잠겨서 [들여다보며], 끝없는 우주를 자유롭게 날아다면서도[507] 신묘한 기운이 전혀 변하지 않는데, 지금 너는 벌벌 떨면서 눈앞이 깜깜해질 정도의 심지를 가지고 있을 뿐이니,[508] 네가 활쏘기를 명중시키는 것은 아마도 어려울 것이다."(『장자』「전자방」)

列禦寇爲伯昏無人射, 引之盈貫, 措杯水其肘上. 發之, 適矢復沓, 方矢復寓, 當是時, 猶象人也. 伯昏無人曰, "是射之射, 非不射之射也. 嘗與汝登高山, 履危石, 臨百仞之淵, 若能射乎?" 于是, 無人遂登高山, 履危石, 臨百仞之淵. 背逡巡, 足二分垂在外, 揖禦寇而進之. 禦寇伏地, 汗流至踵. 伯昏無人曰, "夫至人者, 上窺青天, 下潛黃泉, 揮

---

505_ 준순(逡巡)은 뒤로 물러선다는 말로, 「추수(秋水)」편에도 보인다. 성현영은 배준순(背逡巡)을 연못을 등지고 뒤로 물러서는 것이라고 했다.

506_ 족삼분수재외(足二分垂在外)는 천구잉에 의하면 두 가지 해석법이 있다. 하나는 이분(二分)을 10분의 2로 보는 것으로, 발아래에 10분 2가 허공에 떠 있다는 의미이다. 다른 하나는 이분(二分)을 3분의 2로 보는 것으로, 그 발을 삼등분하여 3분의 1은 바윗돌에 있고, 3분의 2는 허공에 떠 있다는 의미이다.

507_ 휘척(揮斥)은 자유분방한 모습으로, 곽상은 제멋대로 돌아다는 것이라고 했고, 천구잉은 정신이 자유분방한 것을 형용한 것이라고 했다. 팔극(八極)은 팔방(八方), 또는 팔방의 끝인 팔황(八荒)으로, 끝없는 우주를 말한다. 팔방은 사방(四方)과 사우(四隅), 즉 동서남북과 동북·동남·서북·서남을 말한다.

508_ 출연(怵然)은 두려워서 벌벌 떠는 모양이고, 순목(恂目)은 무서워서 눈을 깜박이거나 또는 눈앞이 깜깜해지는 것을 말한다.

斥八極, 神氣不變, 今女怵然有恂目之志, 爾于中也殆矣夫."(『莊子』「田子方」)

## 2-13-12

열자(列子)가 관윤(關尹)에게 물었다. "지인(至人)은 물속을 잠수해서 가더라도 숨이 막히지 않고,[509] 불을 밟고 걸어도 뜨거워하지 않으며, [높은 곳에서] 만물의 위를 걸어 다녀도 두려워하지 않는데,[510] 어떻게 이러한 경지에 이를 수 있는지 묻고 싶습니다." 관윤이 대답했다. "이것은 순수한 기운을 지키고 있기 때문이니,[511] 지혜와 기교, 과감함과 용감함의 부류가 아니다."(『장자』「달생」)

子列子問關尹曰, "至人, 潛行不窒, 蹈火不熱, 行乎萬物之上而不慄, 請問何以至于此." 關尹曰, "是純氣之守[512]也, 非知巧果敢之列."(『莊子』「達生」)

## 2-13-13

사건이 일어나기 전에 먼저 행동하고, 이치가 드러나기 전에 먼저 움

---

509_ 잠행(潛行)은 물속에 잠수하여 가는 것이고, 질(窒)은 숨이 막혀서 통하지 않는 것이다. 그런데 성현영은 세상에 숨어서 행동하지만, 자신의 자취를 세상의 티끌과 뒤섞어서 함께하면서 외부 환경에 장애를 받지 않는 것이라고 했고, 임운명은 금석(金石)에 들어가도 가로막는 것이 없다고 했다.

510_ 만물이 내려다보이는 높은 곳에 올라가서 걸어 다닌다는 뜻이다. 선영은 "높은 산에 올라서, 높고 큰 바윗돌을 밟고 서서, 백 길이나 되는 깊은 연못을 내려다본다"는 「전자방(田子方)」편의 말과 같은 뜻이라고 했다.

511_ 순기지수(純氣之守)는 성현영이 순수하고 조화로운 기운을 보존하여 지키는 것이라고 했다.

512_ 순기지수(純氣之守)가 『공자개제고』에는 절기지수(絶氣之守)로 되어 있는데, 『장자』 원문에 따라 고쳤다.

직이는 것[513]을 미리 아는 것[前識][514]이라고 한다. 미리 아는 것이란 아무런 근거도 없이 제멋대로 억측하여 헤아리는 것이다.[515] 무슨 이유로 그렇게 말하는가? 첨하(詹何)가 앉아 있고, 제자가 옆에서 모시고 있었는데, 문 밖에서 소가 우는 소리가 들렸다. 제자가 "이것은 검은색의 소이면서 이마가 흰색입니다"[516]라고 했다. 첨하가 "그렇다. 이것은 검은색의 소이다. 그러나 흰색은 그 뿔에 있다"라고 했다. 사람을 시켜서 그것을 살펴보도록 했는데, 과연 검은색의 소이면서 [흰색] 천으로 그 뿔을 감싸고 있었다. 첨하의 술수를 가지고 일반 대중들의 마음을 끌어당긴다면 [미리 안 것은] 화려하게 보이지만, 위태로울 것이다.[517] 따라서 '도(道)의 [겉치레의] 화려함'이라고 한다. 만약 시험삼아 첨하의 예측 능력을 내버려둔 채,[518] 어리석은 어린아이[519]를 시켜서 그것을 살펴보도록 하더라도, 또한 그것이 검은색의 소이면서 흰색 천으로 그 뿔을 감싸고 있다는 것을 알 수 있을 것이다. 따라서 첨하의 예측 능력을 가지고 마음을 쓰고 정신을 괴롭히더라도 나중에는 [결과적으로] 어리석은 어린아이와 똑같은 효과일 뿐이다. 이 때문에 '어리석음의

---

513_ 진기유가 "일이 행해지기에 앞서 행하고, 이치가 움직이기 전에 움직이는 것"이라고 했다.

514_ 전식(前識)은 이운구가 경험하기 이전에 미리 아는 선견(先見) 또는 예지(豫智)라고 했다.

515_ 망(忘)은 왕선신이 망(妄)과 같다고 했다. 의(意)는 진기유가 억(億)과 같다고 했다.

516_ 제(題)는 진기유가 인용한 『설문』에서는 액(額), 즉 머리의 이마를 뜻한다고 했다.

517_ 영(嬰)은 진기유가 접촉하는 것이라고 했고, 이운구는 일반 대중들의 마음을 끌어당기는 것이라고 풀이했다. 화언태의(華焉殆矣)는 진기유가 "일을 헤아려서 적중하니, 이것을 미리 아는 것은 꽃처럼 화려하지만, 위태로울 것"이라고 했고, 이운구는 겉은 화려하지만 위태로울 것이라고 했다.

518_ 석(釋)은 내버려둔다는 뜻으로, 미래를 미리 아는 예측의 능력을 잠시 보류해둔다는 의미이다.

519_ 오척(五尺)은 키가 아직 작은 것으로, 오척지동(五尺之童)은 아직 성인이 되지 않은 어리고 무지한 아이를 말한다.

시초'라고 한다. 따라서 '미리 아는 것은 도의 [겉치레의] 화려함이고, 어리석음의 시초이다'[520]라고 했다.(『한비자』「해로」)

先物行先理動之謂前識. 前識者, 無緣而忘意度也. 何以論之? 詹何坐, 弟子侍, 有牛鳴于門外. 弟子曰, "是黑牛也, 而白題." 詹何曰, "然. 是黑牛也. 而白在其角." 使人視之, 果黑牛而以布裹其角. 以詹子之術, 嬰衆人之心, 華焉殆矣. 故曰'道之華也.' 嘗試釋詹子之察, 而使五尺之愚童子視之, 亦知其黑牛而以布裹其角也. 故以詹子之察, 苦心傷神, 而後與五尺之愚童子同功. 是以曰'愚之首也.' 故曰'前識者, 道之華也, 而愚之首也.'(『韓非子』「解老」)

## 2-13-14

선표(單豹)[521]는 신선술(神仙術)을 좋아하여, 세속과 떨어져서 세상을 등지고 살았는데,[522] 오곡을 먹지 않고,[523] 따뜻한 옷을 입지 않았으며,[524] 산속의 바위 굴 속에서 살면서 자신의 삶을 온전하게 보존하려고 했

---

520_ 『노자』 제38장에 "前識者, 道之華, 而愚之始."라는 기록이 보인다. 『노자』에는 수(首)가 시(始)로 되어 있다.

521_ 선표(單豹)는 노(魯)나라의 은둔자이다. 『장자』「달생(達生)」편에 다음과 같은 기록이 보인다. "노나라에 선표라는 자가 있었는데, 산중의 바위 굴 속에서 살면서 골짜기의 물을 마시면서 백성들과는 이익을 함께 다투지 않았다. 나이가 70세였는데 여전히 어린아이와 같은 얼굴을 하고 있었다. 그러나 불행하게도 굶주린 호랑이를 만나 잡아먹히고 말았다." 『회남자』「인간훈(人間訓)」편에도 선표와 관련된 기록이 보인다.

522_ 기진(棄塵)은 세상을 버리고 떠난다는 뜻이다. 진기유에 의하면, 옛 판본 중에 기세(棄世)로 된 것도 있고, 『회남자』「인간훈」편에는 배세리속(倍世離俗)으로 되어 있다.

523_ 곡실(穀實)은 오곡의 열매, 즉 곡식이나 음식을 말한다. 불식곡실(不食穀實)은 도인술(導引術)을 하면서 벽곡(辟穀)하는 것을 말한다.

524_ 예(芮)는 솜이나 솜옷을 말한다. 불의예온(不衣芮溫)은 따뜻한 옷을 입지 않는다는 뜻이다.

다. 그러나 자기의 수명을 다 채우지도 못했는데, 호랑이가 그를 잡아먹어 버렸다.(『여씨춘추』「필기」)

單豹好術, 離俗棄塵, 不食穀實, 不衣芮溫, 身處山林巖堀以全其生. 不盡其年而虎食之.(『呂氏春秋』「必己」)

## 2-13-15

어떤 사람이 물었다. "덕을 가지고 원한을 갚는 것은 어떻습니까?"[525] 공자가 대답했다. "무엇을 가지고 덕을 갚을 것인가? 정직함을 가지고 원한을 갚고, 덕을 가지고 덕을 갚아야 한다."(『논어』「헌문」)

或曰, "以德報怨, 何如?" 子曰, "何以報德? 以直報怨, 以德報德."(『論語』「憲問」)

## 康2-1

'덕을 가지고 원한을 갚는 것[以德報怨]'은 그 학문이 『노자(老子)』로부터 나왔다.

以德報怨, 其學出于老子.

<이상 도가가 교설을 창립하다: 右道家創教>

525_ 『논어집주』에서는 "어떤 사람이 말한 것은 현재 『노자』에 보인다. 덕(德)은 은혜(恩惠)를 말한다"라고 했다. 『노자』 제63장에 "大小多少, 報怨以德."라는 구절이 보인다.

## 14. 법가가 교설을 창립하다 [法家創教]

2-14-1

법가의 부류는 대체로 재판관[理官][526] 출신이다. 공적이 있으면 반드시 상을 주고, 죄가 있으면 반드시 벌을 줌으로써[527] 예법 제도를 보좌했다. 『역(易)』에서 "선왕이 [서합(噬嗑)의 상(象)을 관찰하여] 형벌을 밝히고 법령을 정비했다"[528]라고 하니, 이것이 법가의 뛰어난 점이다. 그런데 각박한 사람이 이 학문을 하면 교화(教化)를 없애고, 인애(仁愛)를 제거하며, 오로지 형벌과 법률에만 맡김으로써 정치를 다하고자 하니, 지극히 친한 가족까지 해치거나, 은혜를 저버리고 후하게 잘 대해야 할 대상을 야박하게 대하는 지경에까지 이르게 된다.[529](『한서』「예문지」)

法家者流, 蓋出于理官. 信賞必罰, 以輔禮制. 『易』曰, "先王以明罰飭

---

526_ 이관(理官)은 옥송(獄訟)에 관한 일이나 형벌을 관장하는 벼슬로, 재판관이나 사법관을 말한다.

527_ 신상필벌(信賞必罰)은 상벌이 엄중하면서도 공정한 것을 말한다. 『한비자』「외저설 우상(外儲說 右上)」편에 "信賞必罰, 其足以戰."이라는 구절과 『회남자』「병략훈(兵略訓)」편에 "所謂人事者, 慶賞信而刑罰必."이라는 구절이 보인다.

528_ 『역』「서합(噬嗑)·상전(象傳)」에서 "우레와 번개가 서합이니, 선왕이 이것을 본받아서 형벌을 밝히고 법령을 정비했다[雷電, 噬嗑, 先王以明罰勅法.]"라고 했다. 원문에는 칙(飭)이 칙(勅)으로 되어 있는데, 같은 의미이다. 『주역전의(周易傳義)』에서 정자(程子)는 "번개는 밝고 우레는 위엄이 있다. 선왕이 우레와 번개의 상을 관찰하여, 그 밝음과 위엄을 본받아 형벌을 밝히고 법령을 정비했으니, 법은 사리를 밝혀서 미리 방비하는 것이다"라고 했다.

529_ 박후(薄厚)는 후하게 잘 대해야 할 대상에게 야박하게 대하는 것이다. 『대학』「경(經)」 제1장의 "其本亂而末治者, 否矣. 其所厚者薄, 而其所薄者厚, 未之有也."라는 문장에서 '후하게 잘 해야 할 것을 박하게 한다[其所厚者薄]'는 것과 마찬가지 의미이다.

法." 此其所長也. 及刻者爲之, 則無敎化, 去仁愛, 專任刑法, 而欲以致治, 至于殘害至親, 傷恩薄厚.(『漢書』「藝文志」)

## 2-14-2

진(秦)나라의 풍속은 탐욕스럽고 사나우면서[530] 힘이 강하며, 의리는 적고 이익만을 추구하니, 형벌로써 위협할 수는 있지만 선(善)으로써 교화할 수는 없으며, 상(賞)으로써 권장할 수는 있지만 명분으로써 권면할 수는 없었다. 그리고 요새지를 의지하고 강이 둘러쳐 있어서,[531] 사방의 요해지로[532] 견고하게 방비했으며, 지리적 여건이 좋고 편리하고, 풍부한 재물을 축적했다. 진나라 효공(孝公)은 탐욕스럽고 사나운 기세[533]로 제후들을 병탄하고자 했기 때문에 상앙(商鞅)의 법이 생겨났다.(『회남자』「요략」)

秦國之俗, 貪狼强力, 寡義而趨利, 可威以刑, 而不可化以善, 可勸以賞, 而不可厲以名. 被險而帶河, 四塞以爲固, 地利形便, 畜積殷富. 孝公欲以虎狼之勢, 而呑諸侯, 故商鞅之法生焉.(『淮南子』「要略」)

## 2-14-3

옛날 상군(商君)[534]이 진(秦)나라의 재상[535]이 되었을 때, 안으로는 법도

---

530_ 탐랑(貪狼)은 탐욕스럽고 사납다는 뜻이다.

531_ 피험대하(被險帶河)는 험준한 지역에 의지하고 강이 띠처럼 사방을 둘러싸고 있는 지형을 말한다.

532_ 사색(四塞)은 사방이 산이나 강으로 둘러싸인 천험(天險)의 요새나 요해지를 말한다.

533_ 호랑(虎狼)은 호랑이와 이리로, 욕심이 많고 잔인한 것을 비유한다. 『전국책』「서주책(西周策)」에 "今秦者虎狼之國也, 兼有呑周之意."라는 말과 『설원(說苑)』「정간(正諫)」편에 "今秦四塞之國也, 有虎狼之心."이라는 말이 보인다.

534_ 상군(商君)은 상앙(商鞅)을 말하며, 공손앙(公孫鞅)이라고도 한다. 진(秦)의 부

를 바로 세우고, 형벌을 엄격하게 시행하여 정교(政敎)를 정비하니, 간악하고 거짓된 무리들이 발붙일 곳이 없었다.[536] 밖으로는 [다른 일보다] 백배의 이익이 되는 일을 시행하고,[537] 산림과 늪지대의 세금도 거두어들이니, 국가는 부유해지고 백성들은 강해졌으며, 국가 기구들도 잘 갖추어지고 비축 물품에도 여유가 있었다. 이로써 적국을 정벌하여,[538] 땅을 빼앗고 국경을 넓혔는데, 백성들에게 세금을 부과하지 않고도 군대[539]에 군수품이 넉넉하게 공급되었다. 따라서 사용되는 재용은 끝이 없이 필요한데도 백성들은 그것을 알지 못했다.[540](『염철론』「비앙」)[541]

---

국강병에 큰 공을 세워서 상(商)이라는 땅에 봉해졌기 때문에 상군(商君)이라고 호칭되었다.

535_ 상(相)은 『염철론교주』에서 왕선겸이 "『통전(通典)』 권10에는 상(相)이 리(理)로 되어 있으니, 원래는 치(治)자"라고 했다. 왕리치는 『문헌통고』 권15에도 리(理)자로 되어 있으니, 이것은 당나라 사람들이 피휘하여 고친 것이라고 했다.

536_ 『한비자』「간겁시신(姦劫弑臣)」편에서 "상군(商君)이 진(秦)나라 효공(孝公)을 설득하여, 변법(變法)을 가지고 풍속을 바꾸고 공공의 도리를 밝혀서, 간악한 일을 고발하는 자에게 상을 주고, 상업을 억제하여 농사일을 유리하게 하도록 했다"라고 한 것이 그 내용이다.

537_ 백배지리(百倍之利)는 다른 일보다 100배, 즉 엄청난 이익을 가져올 수 있는 사업을 시행한다는 의미이다. 『염철론교주』에 의하면, 『여씨춘추』「지충(至忠)」편의 "又爲王百倍之臣."에 대해, 고유가 "자배(子培)의 현명함이 다른 사람보다 백배나 낫다[子培之賢, 百倍於人.]"라고 한 말과 여기의 백배(百倍)가 같은 의미이다.

538_ 정적벌국(征敵伐國)은 『염철론교주』에 의하면, 『통전』 권10과 『문헌통고』 권15에는 모두 정벌적국(征伐敵國)으로 되어 있다.

539_ 『염철론교주』에 의하면, 이사(而師)가 『통전』 권10과 『문헌통고』 권15에는 군사(軍師)로 되어 있다.

540_ 전쟁을 위해서 여러 가지 물품이나 비용 등이 끊임없이 조달되었지만, 백성들에게는 부역이나 세금 등을 부과하지 않았기 때문에 백성들이 전혀 고통을 느끼지 못했다는 의미이다. 『통전』 권10에는 용(用)자 앞에 리(利)자가 있는데, 『염철론교주』에서는 『통전』에 따라 용(用)을 리용(利用)으로 고쳐서 기록했다.

541_ 『염철론』은 어사대부로 대표되는 법가 노선과 문학으로 대표되는 유가 노선의 이념 대결을 보여주는 내용이다. 이 편은 상앙(商鞅)을 비난한다[非鞅]는 의미인데, 현재 『공자개제고』에서 인용한 부분은 상앙의 정책을 찬양하는 어사대부의 주장이다.

昔商君相秦也, 內立法度, 嚴刑罰, 飾政敎, 奸僞無所容. 外設百倍之利, 收山澤之稅, 國富民强, 器械完飾, 蓄積有餘. 是以征敵伐國, 攘地斥境, 不賦百姓而師以贍. 故用不竭而民不知.(『鹽鐵論』「非鞅」)

## 2-14-4

지금 신불해(申不害)는 권술[術]을 말하고, 공손앙(公孫鞅)은 법률[法]을 주장한다.[542] 권술이란 일을 담당할 능력에 따라서 관직을 주고, [관직의] 명분에 따라서 실적을 따지며,[543] 신하를 죽이고 살리는 권력을 틀어쥐고, 여러 신하들의 능력을 고과(考課)하는 것이다.[544] 이것이 바로 군주가 장악하는 것이다.(『한비자』「정법」)

今申不害言術, 而公孫鞅爲法. 術者, 因任而授官, 循名而責實, 操殺生之柄, 課群臣之能者也. 此人主之所執也.(『韓非子』「定法」)

## 2-14-5

신불해는 경읍(京邑)[545] 사람이며, 옛 정(鄭)나라의 하급 신하였다. 법술

---

542_ 일반적으로 법가의 통치술을 법(法) · 술(術) · 세(勢)라고 한다. 즉 상앙의 법과 신불해의 술, 신도의 세라는 세 가지 논리이다. 여기에서 법은 성문화된 법을 말하고, 술은 군주가 신하를 다스리고 통제하는 권술(權術)에 해당되며, 세는 법과 술을 시행할 수 있도록 해주는 권력을 말한다.

543_ 임(任)은 일을 맡을 수 있는 능력을 말한다. 진기유는 『장자』「추수(秋水)」편의 '任士之所勞'에 대한 『경선석문』의 주에서 임(任)은 능력[能]이라는 해석에 따라서, "능력이 있어서 그 일을 맡을 수 있으면 그 일을 맡긴다"라고 해석했다. 순명이책실(循名而責實)은 이운구가 "일을 하겠다고 내건 말 그대로의 결과, 즉 명분에 따라서 실적을 추궁한다"라고 풀이했다.

544_ 『한서』「공손홍전(公孫弘傳)」에서는 술(術)의 의미에 대해 다음과 같이 기록하고 있다. "죽이고 살리는 권력을 장악하고, 막혀 있는 길을 소통시키며, 일의 경중의 도리를 저울질하고, 일의 득실의 도리를 논하여, 원근의 신하들로 하여금 실정과 거짓을 반드시 군주에게 드러내 보이도록 하는 것을 술(術)이라고 한다."

(法術)[546]을 배워서 한(韓) 소후(昭侯)에게 [벼슬자리를] 구하니, 소후가 재상으로 등용했다. 안으로는 정교(政敎)를 다듬고, 밖으로는 제후들과 대응한 것이 15년이었다. 신불해가 죽을 때까지 나라는 잘 다스려지고 군대는 강성하여, 한나라를 침입하는 자가 없었다. 신불해의 학문은 황로학(黃老學)을 근본으로 삼고, 형명(刑名)[547]을 위주로 했다. 두 편의 책을 지었는데,[548] 『신자(申子)』라고 한다.(『사기』「노자한비열전」)

> 申不害者, 京人也, 故鄭之賤臣. 學術以干韓昭侯, 昭侯用爲相. 內修政敎, 外應諸侯, 十五年. 終申子之身, 國治兵强, 無侵韓者. 申子之學, 本于黃老, 而主刑名. 著書二篇, 號曰『申子』.(『史記』「老子韓非列傳」)

## 2-14-6

신자(申子)는 한(韓)나라 소공(昭公)[549]의 보좌관이었다. 한나라는 진(晉)나

---

545_ 『사기정의』에 의하면, 경현(京縣)의 옛 성은 정주(鄭州) 형양현(滎陽縣) 동남쪽 20리에 있으며, 정(鄭)나라의 경읍(京邑)이라고 한다.

546_ 『사기색은』에서 술(術)은 곧 형명(刑名)의 법술(法術)이라고 했다. 즉 법가의 학문을 연구했다는 의미이다.

547_ 형명(刑名)은 전국시대의 신불해(申不害)를 필두로 한 학파를 지칭하거나, 그들의 학문적 요지를 뜻하는 용어이다. 신불해는 명분이 실질에 부합되어야 한다고 주장하면서, 상을 신중히 주고 형벌을 명백하게 시행해야 한다고 했다. 후대에는 이것을 형명지학(刑名之學)이라고 했는데, 형명(刑名)이라고 약칭하여 부른다. 한편 『사기』「만석장숙열전(萬石張叔列傳)」의 『사기집해』에서 위소(韋昭)는 "형명(刑名)의 서적에서는 명분(名分)과 실리(實理)가 서로 일치하는 것을 추구했다"라고 했다. 그리고 『사기색은』에서 인용한 유향(劉向)의 『별록(別錄)』에서는 신불해(申不害)의 학문을 형명가(刑名家)라고 부르는 것은 명분에 따라 실리를 추구했기 때문이라고 했다.

548_ 『사기정의』에서 인용한 완효서(阮孝緖)의 『칠략(七略)』에서는 '『신자(申子)』 3권'이라고 했다.

549_ 한소리(韓昭釐)는 전국시대 한(韓)나라의 소공(昭公)이다. 진광충(陳廣忠)의 『회남자역주(淮南子譯注)』에 의하면, 리(釐)는 오자라고 한다.

라에서 갈라져 나온 나라인데,[550] 땅이 척박하고 백성들은 음험하며,[551] 큰 나라들 사이에 끼어 있었다. 진(晉)나라의 옛 예법이 아직 없어지지 않은 상황에서 한(韓)나라의 새로운 법이 겹쳐서 나오고, 앞 군주의 명령이 아직 철회되지 않았는데 뒷 군주의 명령이 또 하달되었다. 새 법과 옛 법이 서로 상반되고, 앞의 명령과 뒤의 명령이 서로 모순되니, 모든 관리들도 의견이 맞지 않고 혼란스러워서 사용할 방법을 몰랐다. 따라서 형명(刑名)의 책이 생겨났다.(『회남자』「요략」)

申子者, 韓昭釐之佐. 韓, 晋別國也, 地墝民險, 而介于大國之間. 晋國之故禮未滅, 韓國之新法重出, 先君之令未收, 後君之令又下. 新故相反, 前後相繆, 百官背亂, 不知所用. 故刑名之書生焉.(『淮南子』「要略」)

## 2-14-7

한비(韓非)는 한(韓)나라의 여러 공자(公子) 중의 한 사람이었다. 형명(刑名)과 법술(法術)의 학문을 좋아했는데,[552] 그것의 귀결처는 황로학에 근본을 둔다. 한비는 사람됨이 말을 더듬어서[553] 이야기는 잘 못했지만, 저술에는 뛰어났다. 이사(李斯)와 함께 순경(荀卿)을 스승으로 섬겼는데, 이사는 자신이 한비보다 못하다는 것은 스스로 인정했다. 한비는 한

---

550_ 춘추시대의 진(晉)는 위(魏)·조(趙)·한(韓)의 세 나라로 분리되었는데, 일반적으로 이 시기를 전국시대의 시작으로 본다.

551_ 요(墝)는 척박한 땅을 말하고, 험(險)은 사악하고 음험하다는 말이다.

552_ 『사기집해』에서 인용한 『신서(新序)』에 다음과 같이 기록되어 있다. "신자(申子)의 책에서는, 군주는 마땅히 권술[術]을 장악하고 형벌을 직접 시행함이 없으며, 상황에 따라서 신하를 감독하고 문책해야 한다고 했는데, 그 문책이 매우 혹독하기 때문에 술(術)이라고 불렀다. 상앙(商鞅)이 지은 책은 법(法)이라고 부른다. 두 가지 모두 형명(刑名)이라고 하기 때문에 '형명법술(刑名法術)'이라고 부른다." 이 내용은 현행본 『신서』에는 보이지 않는다.

553_ 구흘(口吃)은 구눌(口訥)이라고도 하며, 말을 더듬는 것이다.

나라의 쇠퇴함을 보고서 여러 차례 글을 올려 한왕(韓王)에게 간언했지만, 한왕은 그의 의견을 채용하지 않았다. 이에 한비는 한왕이 국가를 다스리면서 법제를 정비하여 밝히고, 권력을 장악하여 신하들을 통제하며, 국가를 부유하게 하고 군대를 강성하게 함으로써 인재를 구하고 현명한 자를 임용하는 것에는 힘쓰지 않고, 도리어 경박하고 실속 없는 좀벌레 같은 인간들[554]을 등용하여, 공업의 실적이 있는 사람들 위에 두는 것을 근심했다. 그리고 유학자들은 문장으로 법을 어지럽히고, 협객들은 무력으로 금령(禁令)을 위반하고 있다고 생각했다. 그런데 [지금 군주는] 평상시에는 명성이 있는 사람을 총애하고, 위급할 때는 갑옷과 투구로 무장한 선비를 등용하니, 지금 군주가 양성하는 자는 [위급할 때] 쓸모가 없고, 쓸모가 있는 자는 [평상시에] 양성되지 않는다고 생각했다. 그는 청렴하고 곧은 선비가 사악하고 굽은 신하들에게 배척되는 것을 슬퍼하고, 과거 정치의 득실의 변화를 관찰했다. 따라서 「고분(孤憤)」·「오두(五蠹)」·「내·외저(內·外儲)」·「세림(說林)」·「세난(說難)」 등 10여 만 글자의 글을 지었다.(『사기』「노자한비열전」)

韓非者, 韓之諸公子也. 喜刑名法術之學, 而其歸本于黃老. 非爲人口吃, 不能道說, 而善著書. 與李斯俱事荀卿, 斯自以爲不如非. 非見韓之削弱, 數以書諫韓王, 韓王不能用. 于是, 韓非疾治國不務修明其法制, 執勢以御其臣下, 富國强兵而以求人任賢, 反擧浮淫之蠹, 而加之于功實之上. 以爲儒者用文亂法, 而俠者以武犯禁. 寬則寵名譽之人, 急則用介冑之士, 今者所養非所用, 所用非所養. 悲廉直不容于邪枉之臣, 觀往者得失之變. 故作「孤憤」·「五蠹」·「內·外儲」·「說林」·「說難」十余萬言.(『史記』「老子韓非列傳」)

---

554_ 부음(浮淫)은 배를 타고 고기를 잡으면서 즐기는 것으로, 경박하고 방탕한 것, 또는 비현실적인 것을 말한다. 두(蠹)는 나무의 속을 파먹는 좀벌레로, 나라나 백성을 해치는 기생충과 같은 사람을 비유한 것이다.

## 2-14-8

등석(鄧析)은 모순되는 두 입장을 모두 용인하는 주장[兩可][555]을 견지하면서, 끝도 없는 궤변을 늘어놓았다. 자산(子産)이 정치를 할 때, 그가 죽형(竹刑)을 만들자 정(鄭)나라가 그것을 사용했고,[556] 그가 자산의 정치를 자주 비난하자 자산은 그에게 굴복당하고 말았다.(『열자』「역명」)

鄧析操兩可之說, 設無窮之辭. 當子産執政, 作竹刑, 鄭國用之, 數難子産之治, 子産屈之.(『列子』「力命」)

## 2-14-9

자산(子産)이 정(鄭)나라를 다스릴 때, 등석(鄧析)은 그를 비판하는 데 힘을 쏟았다. 그래서 백성들 중에 소송이 있는 자와 약속하여, 큰 소송에는 웃옷 한 벌, 작은 소송에는 저고리와 바지 한 벌[을 받고 소송 방법을 알려주었다].[557] 백성들 중에 웃옷과 저고리, 바지를 바치고 소송 방법을 배우려는 자가 이루 헤아릴 수 없을 정도로 많았다. [등석은] 틀린 것을 옳다고 하고, 옳은 것을 틀리다고 하여, 옳고 그름이 일정한 표준이 없었으니, 그렇게 해도 되는 옳은 일과 그렇게 해서는 안 되는

---

555_ 양가(兩可)는 서로 모순되는 두 가지 명제를 동등하게 용인하는 등석의 이론을 말한다.

556_ 죽형(竹刑)은 죽간에 새긴 형법에 관한 책인데, 등석이 왕명을 받지 않고 자기 마음대로 형법을 만들어 죽간(竹簡)에 적어둔 책이다. 『좌씨전』「정공(定公)」 9년의 기사에 의하면, 당시 정나라의 재상이던 사천(駟歂)이 등석을 죽이면서, 등석이 만든 죽형을 거기에 적용했다. 이에 대해 『좌씨전』의 작자는 사천이 이 사건을 잘못 처리했다고 비판했다. 나라에 이로운 자가 있으면 그의 잘못을 그냥 지나칠 수도 있다는 것이다. 그러면서 "하물며 어떤 사람의 견해를 채택하면서 그를 돌보지 않을 수 있겠는가? 사천은 현능한 인재를 권면할 줄 모르는 사람이다"라고 하여, 등석의 죽음을 안타까워했다.

557_ 의(衣)는 윗도리에 입는 윗옷이고, 유고(襦袴)는 저고리와 바지이다. 이것들을 대가로 받고서 소송에 이길 수 있는 방법을 알려주었다는 뜻이다.

틀린 일이 날마다 변했다.[558] 재판에서 이기고자 하면 곧 그것[등석의 말] 때문에 이겼고, 형벌을 주고자 하면 곧 그것[등석의 말] 때문에 형벌을 주었다.[559](『여씨춘추』「이위」)

子産治鄭, 鄧析務難之. 與民之有獄者約, 大獄一衣, 小獄襦袴. 民之獻衣襦袴而學訟者, 不可勝數. 以非爲是, 以是爲非, 是非無度, 而可與不可日變. 所欲勝因勝, 所欲罪因罪.(『呂氏春秋』「離謂」)

<이상 법가가 교설을 창립하다: 右法家創教教>

## 15. 명가가 교설을 창립하다 [名家創教]

### 2-15-1

명가의 부류는 대체로 예관(禮官) 출신이다. 예전에는 관직의 명칭과 지위가 같지 않으면 예법도 또한 등급을 달리했다.[560] 공자가 "반드시

558_ 『여씨춘추』에서 진기유는 "오늘은 옳다고 한 것이 내일은 또 틀리다고 하고, 오늘은 틀리다고 한 것이 내일은 또 옳다고 했기 때문에 그렇게 해도 되는 일과 그렇게 해서는 안 되는 일이 날마다 변했다"라고 풀이했다.

559_ 이 기록은 등석 때문에 정나라 전체가 소송에 휘말리자, 자산이 결국 등석을 주살하여 정나라의 안정을 도모한 것으로 결론이 난다. 등석이 주살을 당한 사실은 『좌씨전』「정공」 9년에 "鄭駟歂殺鄧析, 而用其竹刑."이라는 기록이 보인다. 김근의 『여씨춘추』 번역본에서는 『좌씨전』의 사천(駟歂)은 당시의 집정자인 자연(子然)의 자(字)이기 때문에 『여씨춘추』에 기록된 자산(子産)은 자연(子然)으로 고쳐야 한다고 주장했다.

560_ 명위(名位)는 관명(官名)과 관위(官位)를 말한다. 수(數)는 예법의 등급을 말한다. 천자와 제후, 대부 등이 각각의 지위에 따라 예법의 등급이 정해지고, 제후 중에서도 공(公)과 후(侯)의 예법에는 차별이 있다. 『좌씨전』「장공」 18년에 "十八年春, 虢公·晉侯朝王. 王饗醴, 命之宥. 皆賜玉五瑴, 馬三匹, 非禮也. 王命諸侯, 名位

명분을 바로잡을 것이다. 명분이 바르지 않으면 말이 이치에 맞지 않고, 말이 이치에 맞지 않으면 일이 이루어지지 않는다"[561]라고 했으니, 이것이 명가의 뛰어난 점이다. 그런데 남의 약점을 들추어내는 사람[562]이 이 학문을 하면 다만 [약점을] 샅샅이 찾아내어 파괴하고 혼란스럽게 할 뿐이다.[563](『한서』「예문지」)

名家者流, 蓋出于禮官. 古者, 名位不同, 禮亦異數. 孔子曰, "必也正名乎. 名不正則言不順, 言不順則事不成." 此其所長也. 及警者爲之, 則苟鉤釽析亂而已.(『漢書』「藝文志」)

## 2-15-2

공손룡(公孫龍)은 전국(戰國)시대[564]의 변론가이다.[565] 명칭과 실제[名實]가 뒤섞여 어지러운 것을 싫어하여, 변론에 뛰어난 자신의 재능에 근거하여 수백론(守白論)[566]을 주장했다. 그는 사물을 빌어서 비유를 취하고,

---

不同, 禮亦異數, 不以禮假人."이라는 기록이 보인다. 괵나라 임금과 진나라 임금이 주나라 천자를 조회했는데, 천자가 단술을 대접하고 그들에게 폐물을 내리라고 명령하여, 두 사람 모두에게 옥(玉) 다섯 쌍과 말 세 필씩을 하사했는데, 그것이 예법이 아니라는 것이다. 천왕이 제후에게 내린 작명(爵命)에서 공(公)과 후(侯)는 그 명칭과 지위가 같지 않기 때문에 예법에도 등급을 달리해야 한다. 즉 후(侯)에게 공(公)과 똑같은 예우를 한 것은 신분에 맞지 않는 예법을 행한 것이다.

561_ 『논어』「자로(子路)」편에 보이는 기록이다.

562_ 교(警)는 남의 비밀이나 약점을 들추어내는 것으로, 알(訐)과 같은 의미이다.

563_ 구(鉤)는 찾고 탐색하는 것, 벽(釽)은 나누고 분석하는 것, 구벽((鉤釽)은 샅샅이 찾아내는 것이다. 석난(析亂)은 파괴하고 혼란스럽게 하는 것이다.

564_ 육국(六國)은 전국시대를 말하는데, 전국칠웅(戰國七雄) 중에서 진(秦)나라를 제외한 여섯 나라, 즉 제(齊)・초(楚)・연(燕)・한(韓)・위(魏)・조(趙)이다.

565_ 변사(辯士)는 말을 잘하고 변론에 능통한 선비로, 변론가 또는 궤변론자이다.

566_ 수백론(守白論)은 공손룡이 주장한 백마비마(白馬非馬)의 명제를 말한다. '흰 말은 말이 아니다'는 것은 '흰 말'이라는 개념과 '말'이라는 일반 개념이 서로 일치하지 않는다는 명제이다. 희다는 것은 색깔[色]이고, 말이라는 것은 형체[形]이기 때문에 색깔과 형체가 결합된 '흰 말'이라는 개념은 색깔도 아니고 형체도 아니다.

수백론으로 변론했다.(『공손룡자』「적부」)[567]

公孫龍, 六國時辯士也. 疾名實之散亂, 因資材之所長, 爲守白之論. 假物取譬, 以守白辯.(『公孫龍子』「迹府」)

## 2-15-3

어떤 사람이 물었다. "공손룡(公孫龍)은 수많은 궤변을 만들어 법도로 삼았는데, 법도가 맞는가?"[568](『법언』「오자」)

或問, "公孫龍詭辭數萬以爲法, 法歟?"(『法言』「吾子」)

## 2-15-4

송견(宋鈃)이 말했다.[569] "성인(聖人)과 성인의 법도[聖法]가 어떻게 다릅니까?" 팽몽(彭蒙)이 다음과 같이 대답했다. "그대가 명칭을 어지럽히는 것이 심하구나! 성인이라는 것은 한 사람의 개인[己]의 측면에서 나온 개념이고, 성인의 법도라는 것은 이치[理]의 측면에서 나온 개념이다.

---

따라서 단지 형체만을 나타내는 '말'이라는 개념과는 같을 수 없다는 것이다. 이 내용은 「적부(迹府)」편에서 "白馬爲非馬者, 言白所以名色, 言馬所以名形也. 色形, 非形非色也."라고 간단하게 다루었고, 『공손룡자』「백마론(白馬論)」편에서 구체적으로 다루고 있다.

567_ 이 편은 공손룡의 제자들이 공손룡의 사적을 모아서 편집한 전기이다.

568_ 이에 대해 『법언』의 저자인 양웅(揚雄)은 "나무를 잘라서 바둑을 만들고 가죽을 문질러서 공을 만드는 것도 또한 모두 법도가 있다. 선왕의 법도에 맞지 않으면 군자는 법도로 삼지 않는다"라고 대답했다.

569_ 이 내용은 전병·송견·팽몽 세 사람이 대화하는 과정에서 나온 말이다. 전병이 책을 읽다가 "요임금의 시대는 태평시대였다"라고 하자, 송견이 "성인의 다스림이 이러한 경지에 이르도록 한 것입니까?"라고 응답했다. 옆에 있던 팽몽이 순서를 뛰어넘어 "성법(聖法)의 다스림이 이러한 경지에 이르도록 한 것이지, 성인의 다스림이 그렇게 한 것이 아니다"라고 대답했다. 여기의 내용은 이상의 대화에 이어지는 부분이다.

이치는 한 사람의 개인으로부터 나오지만, 개인[의 견해]가 곧 이치는 아니다. 개인[의 견해]는 이치를 낼 수 있지만, 이치가 곧 개인[의 견해]는 아니다. 따라서 성인의 다스림은 독자적으로 자기 나라만 다스려지지만, 성인의 법도로 다스릴 경우에는 다스려지지 않는 국가가 없다. 이러한 성인의 법도는 모든 세상에 이익이 되는 것인데, 오직 성인만이 그것을 갖추어 제정할 수 있다." 송견이 여전히 의문이 풀리지 않아서 전병에게 질문하니, 전병이 "팽몽의 말이 옳다"라고 했다.(『윤문자』「대도 하」)

宋子曰, "聖人與聖法, 何以異?" 彭蒙曰, "子之亂名甚矣! 聖人者, 自己出也, 聖法者, 自理出也. 理出于己, 己非理也. 己能出理, 理非己也. 故聖人之治, 獨治者也, 聖法之治, 則無不治矣. 此萬世[570]之利, 唯聖人能該之." 宋子猶惑, 質于田子, 田子曰, "蒙之言然."(『尹文子』「大道 下」)

## 2-15-5

혜시(惠施)가 말했다. "삶을 연장하려고 보양하지 않으면 어떻게 그 몸을 보존할[571] 수 있겠는가?" 장자가 대답했다. "[자연의] 도가 인간에게 얼굴 모습을 주고, 하늘이 인간에게 몸의 형체를 주었으니, 좋아하고 싫어하는 감정 때문에 안으로 자신의 본성을 해쳐서는 안 되네. 그런데 지금 그대는 그대의 정신을 밖으로 향하게 하고, 그대의 정력을 수고롭게 소비하면서 나무에 기대서 신음하고, 마른 오동나무 책상에 기대어 졸고 있네.[572] 하늘이 그대에게 육체를 베풀어 주었는데,[573] 그대

570_ 만세(萬世)는 『윤문자전역(尹文子全譯)』에는 만물(萬物)로 되어 있는데, 『윤문자교정(尹文子校正)』·『윤문자직해(尹文子直解)』·『윤문자약주(尹文子略注)』 등에는 모두 만세(萬世)로 되어 있다.

571_ 유(有)는 천구잉이 보존하다는 의미라고 했다.

는 견백론(堅白論)[574]이라는 변론으로 떠들어대고나 있다네."(『장자』「덕충부」)

惠子曰, "不益生, 何以有其身?" 莊子曰, "道與之貌, 天與之形, 無以好惡內傷其身. 今子, 外乎子之神, 勞乎子之精, 倚樹而吟, 據槁梧而瞑. 天選子之形, 子以堅白鳴."(『莊子』「德充符」)

<이상 명가가 교설을 창립하다: *右名家創敎*>

## 16. 음양가가 교설을 창립하다 [陰陽家創敎]

### 2-16-1

음양가의 부류는 대체로 천문학[羲和][575]의 관직 출신이다. 공손하게 하

---

572_ 고오(槁梧)는 마른 오동나무로 만든 작은 책상인데, 『경전석문』에서 최선은 거문고[琴]로 풀이하기도 했다. 명(瞑)은 면(眠)과 같은 글자로, 책상에 기대서 조는 것이다. 한편 천구잉은 왕수민의 주장에 따라, 고오(槁梧)에서의 고(槁)자를 빼고 해석했다. 왕수민은 『예문류취』와 『사문류취』 등에서 이 문장을 인용할 때 고(槁)자가 없고, 곽상의 판본에도 원래 이 글자가 없으며, 「제물론」편의 '惠子之據梧也'의 주에서도 '或據梧而瞑'이라는 이 문장을 인용했는데, 역시 고(槁)자가 없다고 했다. 여기에서는 글자대로 해석했다.

573_ 선(選)은 성현영과 천구잉이 모두 준다[授]의 의미로 풀이했고, 안병주는 손(巽)의 가차자라는 주석에 따라서 갖추다[具]는 의미로 해석했다. 안동림은 하늘이 만물을 만들 때 만물 속에서 특히 가려내어 혜시라는 인간을 만든 것이라고 풀이했다.

574_ 견백론(堅白論)은 공손룡이 주장한 명제이다. '단단하다'는 것은 손의 감촉이고, '희다'는 것은 눈의 감각이기 때문에 '단단하고 흰 돌[堅白石]'이라는 것이 동시에 성립할 수 있는 개념이 아니라는 것이다. 『공손룡자』「견백론(堅白論)」편에서 자세하고 다루고 있다.

575_ 희화(羲和)는 희씨((羲氏)와 화씨(和氏)를 말한다. 요·순 시대에 천문학을 관

늘[576]을 따라서 해와 달과 별자리를 기록하고 관찰하여,[577] 공경스럽게 백성들의 농사철[578]을 규정해 주었으니, 이것이 음양가의 뛰어난 점이다. 그런데 한쪽에만 얽매인 사람이 이 학문을 하면 금기(禁忌)에 구속되고, 작은 기예(技藝)[579]에 빠져서 인간의 일을 버려두고 귀신에게 맡겨버린다.(『한서』「예문지」)

陰陽者流, 蓋出于羲和之官. 敬順昊天, 曆象日月星辰, 敬授民時, 此其所長也. 及拘者爲之, 則牽于禁忌, 泥于小數, 舍人事而任鬼神.(『漢書』「藝文志」)

## 2-16-2

음양(陰陽)이라는 것은 때에 잘 맞추어 [병법(兵法)을] 발휘하고,[580] 형(刑)

---

장한 벼슬 이름이다. 『서』「요전(堯典)」에서 "이에 희씨와 화씨에게 명하여, 하늘을 공손하게 따라서 해와 달과 별자리를 기록하고 관찰하여, 공경스럽게 백성들의 농사철을 규정해주도록 했다[乃命羲和, 欽若昊天, 曆象日月星辰, 敬授人時.]"라는 기록이 보인다.

576_ 호(昊)는 광대하다는 뜻으로, 호천(昊天)은 넓고 큰 하늘을 말한다.

577_ 역상(曆象)은 책력으로 기록하고 하늘을 관찰하는 기구로 관찰하는 것이다. 『서경집전』에서 다음과 같이 설명했다. "역(曆)은 숫자를 기록하는 책이고, 상(象)은 하늘을 관찰하는 기구이니, 선기옥형(琁璣玉衡)과 같은 것이 이것이다. 해는 양(陽)의 정기이니, 하루에 땅을 한 바퀴를 돌고, 달은 음(陰)의 정기이니, 한 달에 한 번 해와 만난다. 별자리는 경성(經星)인 28수(宿)와 여러 별 및 위성(緯星)인 금(金)·목(木)·수(水)·화(火)·토(土) 5성(星)이 모두 이것이다. 진(辰)은 해와 달이 만나는 곳이다"라고 했다.

578_ 민시(民時)는 『서』에는 인시(人時)로 되어 있는데, 백성들의 농사철을 말한다. 『서경집전』에서는 "밭을 갈고 수확하는 기후를 말하는데, 모든 농사의 이르고 늦음과 관계되는 것"이라고 했다.

579_ 소수(小數)는 소술(小術)이라고도 하는데, 작은 기능이나 하찮은 기예 또는 술수를 말한다. 『맹자』「고자 상」편에서 "今夫奕之爲數, 小數也, 不專心致志."라고 했는데, 『맹자집주』에서 수(數)는 기예[技]라고 풀이했다.

580_ 이 부분은 『한서「예문지·병서략(兵書略)」 중에서 '병음양가(兵陰陽家)'에 대한 해설이다. 따라서 여기에서 발(發)을 때에 잘 맞추어 병법을 발휘한다는 의미

과 덕(德)을 [잘 배분하여] 미루어나가며,[581] 북두칠성의 자루가 가리키는 방향을 따르고,[582] 오행(五行)이 상승(相勝)하는 이치를 따르며,[583] 귀신을 빌어서 도움을 받는 것이다.(『한서』「예문지」)

---

로 해석했다.

581_ 형(刑)은 음(陰)에 속하고, 덕(德)은 양(陽)에 속하는데, 이 두 가지는 서로 대립되면서도 보완이 되어야 하는 관계이기 때문에 병법에서도 상황에 따라서 잘 조화시켜서 사용해야 한다는 의미이다. 예를 들어 『회남자』「천문훈(天文訓)」편에서 형덕(刑德)의 관계를 다음과 같이 설명했다. "음양의 형덕(刑德)에는 칠사(七舍)가 있다. 무엇을 칠사라고 하는가? 방·마루·뜰·문·골목·길·들을 말한다. 11월에는 덕이 방으로 드는데 30일간이며, 동지 전 15일, 동지 후 15일이다. 그 후에는 다른 곳으로 옮겨가서 각각 30일씩 있다. 덕이 방안에 있으면 형은 들에 있고, 덕이 마루에 있으면 형은 길에 있으며, 덕이 뜰에 있으면 형은 골목에 있고, 음양이 서로 덕을 베풀면 형과 덕은 문에서 만난다. 8월과 2월에는 음양의 기운이 같고 주야가 균등하다. 따라서 형과 덕이 문에서 만난다고 한다. 덕이 남쪽으로 향하면 살아나지만, 형이 남쪽으로 향하면 죽는다. 따라서 2월에는 형과 덕이 만나서 만물이 생겨나고, 8월에는 만나서 초목이 죽는다. … 북두(北斗)의 신에는 자웅(雌雄)이 있다. 12월에 시작해서 자(子)로부터 출발하여 매월 일진(一辰)씩 옮겨가는데, 웅은 왼쪽으로 돌고 자는 오른쪽으로 돌아서, 5월에 오(午)에서 만나 형(刑)을 도모하고, 11월에 자(子)에서 만나 덕(德)을 도모한다." 즉 자웅(雌雄)은 11월과 5월에 회합하는데, 동지(冬至)가 든 11월은 일양래복(一陽來復)의 때이므로 양(陽), 즉 덕(德)을 도모하고, 하지(夏至)에 해당하는 5월에는 음(陰), 즉 형(刑)을 도모한다는 것이다. 그리고 「병략훈(兵略訓)」편에서는 "큰 도끼를 오동나무 위에 얹어만 놓고 인력을 들이지 않으면, 비록 소요(招搖)를 따르고 형덕(刑德)을 낀다고 하더라도 파괴하지 못하는 것은 파괴할 기세가 없기 때문이다"라고 했다. 『회남자집석』에서 고유가 "소요(招搖)는 북두칠성의 자루인 제5·6·7성[斗杓]을 말하고, 형(刑)은 12진(辰), 덕(德)은 10일(日)"이라고 풀이했다. 여기에서 '소요(招搖)를 따르고 형덕(刑德)을 낀다'는 것은 병법에 이롭거나 좋은 날을 말한다.

582_ 두격(斗擊)은 북두칠성의 자루가 가리키는 방향이다. 『회남자』「천문훈」편에서 "북두칠성의 자루가 가리키는 방향은 그 무엇도 대적할 수 없다"라고 했다.

583_ 오승(五勝)은 음양오행설 중의 오행상승(五行相勝) 또는 오행상극(五行相剋)을 말하는데, 예를 들어 목극토(木剋土) 등의 상승의 이치를 잘 따르라는 것이다. 『회남자』「천문훈」편에서 "오승(五勝)은 제1진(辰)에서 생겨나고, 제5진에서 장성했다가 제9진에서 끝이 난다"라고 했는데, 예를 들면 목(木)은 제1진인 해(亥)에서 생겨나고, 제5진인 묘(卯)에서 장성했다가 제9진인 미(未)에서 끝이 나는 것을 잘 파악해서 운용해야 한다는 의미이다.

陰陽者, 順時而發, 推刑德, 隨斗擊, 因五勝, 假鬼神而爲助者也.(『漢書』「藝文志」)

## 2-16-3

천문(天文)이라는 것은 28수(宿)[584]의 순서를 정하고, 오성(五星)[585]과 일월(日月)을 추산하여,[586] 이로써 길흉(吉凶)의 형상을 기록하니, 성인은 이것을 가지고 정치에 참여한다. 『역(易)』에서 "천문을 관찰함으로써 사계절의 변화를 살핀다"[587]라고 했다. 그러나 별자리를 관찰하는 일은 험하고 거친 일이기 때문에 침착하고 꼼꼼한 자가 아니면 이용할 수가 없다.[588] 대체로 그림자[천문]를 관찰하여 형상[정치]을 비판하는 것[589]은 밝은 군주가 아니면 또한 순순히 따르지 않는다. 천문을 이용할 수

---

584_ 이십팔수(二十八宿)는 옛날 천문학에서 해와 달, 여러 별의 위치를 밝히기 위해서 황도(黃道)에 따라서 천구(天球)를 28개의 구역으로 나누어 놓은 별자리를 말한다. 동·북·서·남의 방위에 따라 사방의 신이 7개씩의 별자리[宿]를 주관한다. 각 별자리의 해당 영역에는 또한 여러 별자리들이 속해 있다.

585_ 오성(五星)은 목성(木星, 歲星, 東), 화성(火星, 熒惑星, 南), 금성(金省, 太白星, 西), 수성(水星, 辰星, 北), 토성(土星, 辰星, 中央) 등 5개의 행성을 말한다. 『사기』「천관서(天官書)」에서 "天有五星, 地有五行."이라고 했다.

586_ 보(步)는 살펴서 재거나 추산하는 것으로, 천문을 보고 일월성신의 운행을 헤아리는 것이다.

587_ 『역』「분괘(賁卦)·단전(彖傳)」에서 "觀乎天文, 以察時變."이라고 했는데, 『역전(易傳)』에서 "천문은 일월성신이 뒤섞여서 나열된 것과 한서(寒暑)와 음양이 교대로 변화되는 것을 말하니, 그 운행을 관찰함으로써 사계절의 변천을 살피는 것이다"라고 했다.

588_ 『한서』에서 안사고가 "흉(殉)은 흉(凶), 침(湛)은 침(沈), 유(由)는 용(用)의 의미"라고 했다. 흉한(凶悍)은 험하고 거칠다는 뜻이고, 침밀(湛密)은 침착하고 꼼꼼한 자세를 말한다.

589_ 경(景)은 그림자[影]를 말하는데, 천문의 변화를 관찰하는 것이다. 형(形)은 형상을 말하는데, 인문(人文)에 해당하는 정치이다. 천문을 통해 관찰한 결과를 인간사에 적용하여 정치에 직접 반영함으로써 정치의 득실을 따져서 비판한다는 의미이다.

없는 신하의 입장에서 순순히 따르지 않는 군주에게 간언하는 것, 이것이 바로 양쪽에게 모두 환란이 생기는 이유이다.(『한서』「예문지」)

天文者, 序二十八宿, 步五星日月, 以紀吉凶之象, 聖王所以參政也. 『易』曰, "觀乎天文, 以察時變." 然星事殉悍, 非湛密者, 弗能由也. 夫觀景以譴形, 非明王亦不能服聽也. 以不能由之臣, 諫不能聽之主, 此所以兩有患也.(『漢書』「藝文志」)

## 2-16-4

역보(曆譜)라는 것은 사계절의 위치를 정하고, 춘분(春分)과 추분(秋分), 하지(夏至)와 동지(冬至)[590] 등의 절기를 바로잡으며, 일월(日月)과 오성(五星)의 별이 만나는 것을 잘 이해하여,[591] 이로써 한서(寒暑)와 살생(殺生)의 실체를 고찰하는 것이다. 따라서 성왕(聖王)은 반드시 역수(歷數)[592]를 바로잡아서 삼통(三統)의 복색(服色) 제도를 제정한다. 또 그로써 오성(五星)과 일월(日月)이 만나는 것과 흉하고 나쁜 우환과 길하고 융성한 기쁨을 탐구하여 알아낸다. 그 도술은 모두 여기에서 나온다. 이것은 성인이 천명을 아는 도술이니, 천하의 지극한 재능이 아니라면 누가 거기에 참여할 수 있겠는가? 도(道)가 혼란스러워지니, 다음과 같은 근심이 생겨났다. 즉 소인(小人)이면서도 하늘의 도를 억지로 알려고 하는 자가 커다란 도술을 파괴하여 작게 만들어 버렸고, 심원한 도술을 분해하여 천박하게 만들어 버렸기 때문에 도술이 자잘하게 파괴되어 알

590_ 분지(分至)는 춘분(春分)과 추분(秋分), 하지(夏至)와 동지(冬至)의 절기를 말한다.

591_ 신(辰)은 일월성신의 총칭으로, 해와 달이 만나는 곳을 의미하기도 한다. 『좌씨전』「소공(昭公)」 7년에 "公曰, '何謂六物?' 對曰, '歲·時·日·月·星·辰, 是謂也.' 公曰, '多語寡人辰而莫同, 何謂辰?' 對曰, '日月之會是謂辰, 故以配日.'"이라는 기록이 보인다.

592_ 역수(歷數)는 세시(歲時)의 절기를 추산하는 방법을 말한다.

기 어렵게 되었다.(『한서』「예문지」)

曆譜者, 序四時之位, 正分至之節, 會日月五星之辰, 以考寒暑殺生之實. 故聖王必正歷數, 以定三統服色之制. 又以探知五星日月之會, 凶厄之患, 吉隆之喜. 其術皆出焉. 此聖人知命之術也, 非天下之至材, 其孰與焉. 道之亂也, 患出于小人而强欲知天道者, 壞大以爲小, 削遠以爲近, 是以道術破碎而難知也.(『漢書』「藝文志」)

## 2-16-5

추연(鄒衍)은 하늘의 일에 대해 소리 높여 이야기했기 때문에 [당시 사람들이] 그를 '담천(談天)'이라고 불렀다.[593](『오경통의』)[594]

鄒衍大言天事, 謂之'談天'.(『五經通義』)

## 2-16-6

정(鄭)나라에 신령스러운 무당이 있었는데, 계함(季咸)이라고 한다.[595] 사람들의 사생(死生)과 존망(存亡), 화복(禍福), 장수와 요절에 대해 알았고, 연월과 날짜까지[596] 마치 귀신처럼 예측했다. 정나라 사람들은 그

---

593_ 이 내용은 『태평어람(太平御覽)』 권2 「천부 이(天部 二)」에 보이는 것을 『옥함산방집일서(玉函山房輯佚書)』에서 인용한 것이다.

594_ 『오경통의(五經通義)』는 한나라 유향(劉向, B.C.77~B.C.6)이 지은 책인데, 현재는 전하지 않는다. 청나라 마국한(馬國翰)이 없어진 책들을 모아서 집일(輯佚)한 『옥함산방집일서(玉函山房輯佚書)』 권3 「경편오경총류(經編五經總類)」에 1권이 남아 있고. 종조붕(鍾肇鵬)이 편찬한 『고적총잔휘편(古籍叢殘彙編)』 제6책 『한위유서초(漢魏遺書鈔) 4』에 일부분이 수록되어 있다.

595_ 『열자』 「황제(黃帝)」편에 "신령스러운 무당이 제(齊)나라로부터 와서 정나라에 거처했는데, 계함(季咸)이라고 한다"라는 기록이 있고, 『회남자』 「정신훈(精神訓)」편에도 "정(鄭)나라의 신령스러운 무당이 호자림(壺子林)의 관상을 보고, 죽음의 징조를 알고서 열자에게 알렸다"라는 기록이 보인다.

596_ 기(期)는 예언 또는 예측하는 것이고, 순일(旬日)은 10일을 말한다. 천구잉이나

를 보면 모두 피해서 도망갔는데,[597] 열자(列子)는 그를 보고서 심취하여, 돌아와서 호자(壺子)에게 다음과 같이 고했다. "처음에 저는 선생님의 도를 최고라고 여겼는데, 선생님보다 더 뛰어난 사람이 또 있습니다."(『장자』「응제왕」)

鄭有神巫, 曰季咸. 知人之死生存亡, 禍福壽夭, 期以歲月旬日若神. 鄭人見之皆棄而走, 列子見之而心醉, 歸以告壺子曰, "始吾以夫子之道爲至矣, 則又有至焉者矣."(『莊子』「應帝王」)

<이상 음양가가 교설을 창립하다: 右陰陽家創敎>

## 17. 종횡가가 교설을 창립하다 [縱橫家創敎]

### 2-17-1

종횡가의 부류는 대체로 외교관[行人][598]의 관직 출신이다. 공자는 "『시』 300편을 외우면서도 사방에 사신으로 나가서, 독자적인 판단으로 일을 처리하지 못한다면,[599] 비록 『시』를 많이 외운다고 하더라도 또한

---

안동림 등은 날짜라고 풀이했고, 안병주는 상순과 하순 등의 날짜라고 풀이했다.

597_ 성현영과 천구잉 등은 정나라 사람들이 자신에게 흉화(凶禍)의 일이 있다는 것을 미리 듣기를 두려워했기 때문에 모두 버리고 도망쳤다고 풀이했다. 여기서의 기(棄)자가 『열자』「황제」편에는 피(避)자로 되어 있기 때문에 피해서 도망갔다는 해석이 가능하다. 그런데 안병주는 『장자』「산목(山木)」편에 "임회(林回)라는 사람이 천금이나 되는 보석을 버리고, 갓난아기를 업고 도망쳤다"는 말이 있기 때문에 여기서의 기(棄)를 "모두 가지고 있던 물건을 버리고 도망쳤다"라고 해석해야 한다고 했다. 여기에서는 피(避)의 의미로 해석했다.

598_ 행인(行人)은 조근(朝覲)과 빙문(聘問) 등 군주의 명령을 받고 외국에 사신으로 가는 외교관을 통칭하는 말이다.

어디에 사용하겠는가?"라고 했다.[600] 또 "훌륭한 사신이로다, 훌륭한 사신이로다!"라고 했으니,[601] 그 사신이 일을 잘 헤아려서 마땅하게 처리하고, 사신[으로 가라는] 군주의 명령만을 받았지 구체적인 사령(辭令)은 받지 않았으니,[602] 이것이 종횡가의 뛰어난 점이다. 그런데 간사한 사람이 이 학문을 하면 상대를 속이거나 거짓을 꾸미는 것[603]을 높이고, 신뢰는 버리게 된다.(『한서』「예문지」)

縱橫家者流, 蓋出于行人之官. 孔子曰, "誦『詩』三百, 使于四方, 不能顓對, 雖多, 亦奚以爲?" 又曰, "使乎, 使乎!" 言其當權事制宜, 受命而不受辭, 此其所長也. 及邪人爲之, 則上詐諼而棄其信.(『漢書』「藝文志」)

## 2-17-2

말세[604]의 [전국(戰國)] 시대에 6국의 제후들은 계곡과 골짜기로 경계를 구분하고, 강과 산으로 경계를 나누어, 각자 그 영토를 다스리고, 그

599_ 전(顓)은 전(專)과 같고, 전대(專對)는 사신으로 가서 자신의 독자적인 판단으로 일을 처리하는 것을 말한다.

600_ 『논어』「자로(子路)」편에 "子曰, 誦詩三百, 授之以政, 不達, 使於四方, 不能專對, 雖多, 亦奚以爲?"라는 기록이 보인다.

601_ 『논어』「헌문(憲問)」편에 "蘧伯玉使人於孔子. 孔子與之坐而問焉, 曰, '夫子何爲?' 對曰, '夫子欲寡其過而未能也.' 使者出. 子曰, '使乎! 使乎!'"라는 기록이 보인다. 거백옥이 사람을 보내 공자에게 문안 인사를 드렸는데, 공자가 사신에게 거백옥이 어떻게 지내는지 물었다. 사신이 "허물을 적게 하려고 하지만, 아직 잘하지 못합니다"라고 대답하자, 공자가 그 사신의 훌륭함을 칭찬했다. 『논어집주』에서는 사신의 겸손함이 주인의 훌륭함을 더욱 드러내었고, 군자의 마음을 깊이 알고 사신의 말을 잘하는 자라고 할 수 있기 때문에 두 번 반복하여 칭찬했다고 했다.

602_ 명(命)은 사신으로 가는 군주의 명령을 말하고, 사(辭)는 외교 회담에서 사신이 사용하는 말[辭令]이다. 사신으로 갈 때는 사신으로 가서 해야 할 일만을 왕명으로 받지, 그 왕명을 수행하는 과정에서 사신이 해야 할 행동이나 말 등은 사신이 독자적으로 판단해서 해야 한다.

603_ 사훤(詐諼)은 교활한 수단으로 속이거나 허위로 꾸미는 것을 말한다.

604_ 만세(晩世)는 말세(末世)로, 전국(戰國)시대의 혼란기를 말한다.

분할 영지를 지키며, 그 나라의 권력을 장악하여, 그 나라의 정치를 제멋대로 시행했다. 아래로는 제후의 우두머리[方伯]가 없고, 위로는 천자가 없으니, 무력으로 정벌하고 권력을 다투어, 승리하는 자가 지위가 높은 자가 되었다.[605] 동맹국을 믿고서 기대고,[606] 많은 맹약을 체결하며,[607] 맹약의 징표를 나누어 가지고, 먼 나라와의 원조를 결성함으로써 자기의 국가를 지키고 자기의 사직을 지탱했다. 따라서 합종(合縱)과 연횡(連橫)의 장단점에 대한 주장이 생겨났다.[608](『회남자』「요략」)

晩世之時, 六國諸侯, 溪異谷別, 水絶山隔, 各自治其境內, 守其分地, 握其權柄, 擅其政令. 下無方伯, 上無天子, 力征爭權, 勝者爲右. 恃連與國, 約重致, 剖信符, 結遠援, 以守其國家, 持其社稷. 故縱橫修短生焉.(『淮南子』「要略」)

## 2-17-3

장의(張儀)[609]와 소진(蘇秦)[610]은 귀곡선생(鬼谷先生)[611]의 학술을 배우고,

605_ 우(右)는 지위나 권력이 높은 것을 말한다. 고대에는 오른쪽이 높다고 여겨서 지위나 계급이 높거나 귀한 것을 우(右)라고 했다.

606_ 연여(連與)는 연합한다는 뜻으로, 연합국 또는 동맹국을 말한다. 『한서』「무오자전(武五子傳)」에 "群臣連與成朋."이라는 말이 보인다. 『회남자집석』에서 왕염손은 이 글의 뒷 구절이 모두 3글자로 이루어진 것과 『한서』의 문장을 근거로 연여국(連與國)에서 국(國)자가 없어야 한다고 했는데, 의미상으로는 큰 차이가 없다.

607_ 치(致)는 서치(書致)라고도 하며, 일종의 증명서나 계약서를 말한다. 여기서는 국가 간의 맹약서를 의미한다. 『회남자집해』에서는 옛날에 치(致)와 질(質)이 통용되었고, 중치(重致)는 질치(質致)가 되어야 한다고 했다. 그런데 두 단어 모두 같은 의미이다.

608_ 수단(修短)은 장점과 단점을 말한다. 합종설과 연횡설의 장점이나 단점에 대한 다양한 주장들이 쏟아져 나왔다는 의미로 볼 수 있다.

609_ 장의(張儀)는 『사기』「장의열전(張儀列傳)」의 『사기색은』에서 "진(晉)나라 대부 중에는 장로(張老)라는 사람이 있었고, 또한 하동(河東) 지역에는 장성(張城)이란 곳이 있으니, 장씨(張氏)는 분명히 위(魏)나라 사람이다. 『여씨춘추』에서 장의를

종횡가(縱橫家)의 말을 익혀서, 중국을 안정시킨 것이 각각 10여 년이었다.(『법언』「연건」)

儀·秦學乎鬼谷術, 而習乎縱橫言, 安中國者, 各十餘年.(『法言』「淵騫」)

## 2-17-4

문학(文學)이 말했다. "소진(蘇秦)은 합종책(合縱策)[612]으로 조(趙)나라에서 유명해졌고, 장의(張儀)는 연횡책(連橫策)[613]으로 진(秦)나라에서 등용되었다."(『염철론』「포현」)

---

위씨(魏氏)의 서자라고 했으니, 아마도 위나라의 왕실 종가에서 분가된 서자 집안의 아들일 것"이라고 했다. 『한서』「예문지」에 『장자(張子)』 10편이 종횡가의 서적으로 분류되어 있다.

610_ 『사기』「소진열전(蘇秦列傳)」의 『사기색은』에서 "소진(蘇秦)의 자(字)는 계자(季子)이다. 소분생(蘇忿生)의 후손으로, 성(姓)은 기(己)이다. 초주(譙周)는 '소진의 형제는 다섯 명이었는데, 소진이 가장 어렸다. 큰형은 소대(蘇代)이고, 소대 밑으로 소려(蘇厲)·소벽(蘇辟)·소곡(蘇鵠)이 있었으니, 이들은 모두 유세를 하며 돌아다녔던 학자들'이라고 했다"라고 했다. 또 『사기정의』에서는 "『전국책』에는 '소진(蘇秦)이 낙양(雒陽)의 승헌리(乘軒里) 사람'이라고 했다. 「예문지」에는 『소자(蘇子)』 31편이 있다고 했는데, 이것을 종횡가의 서적에 분류해 놓았다"라고 했다.

611_ 귀곡선생(鬼谷先生)은 『사기』「소진열전」의 『사기집해』에 의하면, 영천(潁川)의 양성(陽城)에 귀곡(鬼谷)이라는 지명이 있는데, 이 사람이 그곳에 거처했기 때문에 귀곡선생이라는 칭호가 생겼다고 한다. 그리고 『풍속통의(風俗通義)』에서는 귀곡선생이 육국(六國)시대의 종횡가라고 했다. 또한 『사기색은』에서는 다음과 같이 설명했다. "귀곡(鬼谷)은 지명이다. 부풍(扶風)의 지양(池陽)이라는 곳과 영천(潁川)의 양성(陽城)이라는 곳에는 모두 귀곡허(鬼谷墟)라는 곳이 있으니, 아마도 이 사람이 이 둘 중의 한 곳에 살았기 때문에 귀곡선생이라는 명칭이 생긴 듯하다. 또 악일(樂壹)의 『귀곡자』 주석에서 '소진은 자신의 학문을 신비롭게 보이게 하기 위해서 귀곡(鬼谷)이라는 이름을 가탁하여 저술했다'라고 했다."

612_ 종(從)은 종(縱)과 마찬가지로 남북(南北)을 의미하며, 소진이 주장했던 합종책(合縱策)을 말한다.

613_ 횡(衡)은 횡(橫)과 마찬가지로 동서(東西)를 의미하며, 장의가 주장했던 연횡책(連橫策)을 말한다.

文學曰, "蘇秦以從顯于趙, 張儀以衡任于秦."(『鹽鐵論』「褒賢」)

2-17-5

경춘(景春)이 말했다. "공손연(公孫衍)과 장의(張儀)가 어찌 진실로 대장부가 아니겠습니까? 그들이 한 번 화내면 제후들이 두려워하고, 조용히 거처하면 천하가 잠잠합니다."[614](『맹자』「등문공 하」)

景春曰, "公孫衍·張儀, 豈不誠大丈夫哉? 一怒而諸侯懼, 安居而天下熄."(『孟子』「滕文公 下」)

<이상 종횡가가 교설을 창립하다: 右縱橫家創敎>

## 18. 병가가 교설을 창립하다 [兵家創敎]

2-18-1

병가는 대체로 옛날 사마(司馬)[615]의 직책으로, 군비를 담당하는 왕의 직속 관리 출신이다. [『서』의] 홍범(洪範) [구주(九疇)]의 팔정(八政) 중에서 여덟 번째가 '군대[師]'이다.[616] 공자가 "국가를 다스리는 자는 양식을 풍

614_『맹자집주』에서는 "경춘(景春)은 사람 이름이고, 공손연(公孫衍)과 장의(張儀)는 모두 위(魏)나라 사람이다. 이들이 화를 내면 제후들을 설득하여 서로 공격하고 정벌하게 했기 때문에 제후들이 두려워했다"라고 했다.

615_ 사마(司馬)는 주나라 때 군정(軍政)을 담당하던 관리이다. 무비(武備)는 군비(軍備)를 말한다.

616_『서』「홍범(洪範)」편에 의하면, 홍범(洪範) 구주(九疇)의 영역 중에서 세 번째가 '농사에 팔정(八政)을 사용함[農用八政]'인데, 팔정은 백성의 생활을 풍족하게 하

족하게 하고, 군대를 풍족하게 해야 한다"라고 했고,[617] "가르치지 않은 백성으로 전쟁하는 것, 이것을 백성을 버리는 것이라고 한다"라고 했으니,[618] 군대의 중요성을 밝힌 것이다. 『역(易)』에서 "옛날에는 나무에 활시위를 매어서 활을 만들고, 나무를 깎아서 화살을 만들어서, 활과 화살의 이로움으로써 천하를 두렵게 했다"라고 하니,[619] 활과 화살의 사용이 최상의 방법이었다. 후세에는 쇠붙이를 녹여서[620] 칼을 만들고, 가죽을 잘라서 갑옷을 만들어서, 전투 장비가 매우 잘 갖추어졌다. 이후 [상(商)나라의] 탕왕(湯王)과 [주(周)나라의] 무왕(武王)이 천명을 받았을 때는 군대를 가지고 난리를 평정하고, 백성들을 구제했다. 군대의 동원은 인의(仁義)로써 했고, 군대의 출동은 예의와 겸양으로써 했으니, 『사마법(司馬法)』[621]이 바로 그러한 일들이 남아 있는 책이다. 춘추시대부터 전국시대까지는 [전쟁에서] 기이한 계책을 내거나 매복을 설치하고, 임기응변으로 교묘하게 적을 속이는 군대까지도 함께 일어났다.[622] 한(漢)나라가 흥성하여, 장량(張良)과 한신(韓信)이 병법(兵法)을 차

는 것을 말한다. 팔정의 첫 번째는 먹는 것, 두 번째는 재물, 세 번째는 제사, 네 번째는 사공, 다섯 번째는 사도, 여섯 번째는 사구, 일곱 번째는 외교관, 여덟 번째는 군사[師]이다.[三, 八政, 一曰食, 二曰貨, 三曰祀, 四曰司空, 五曰司徒, 六曰司寇, 七曰賓, 八曰師.]

617_ 『논어』「안연(顏淵)」편에 "子貢問政. 子曰, 足食, 足兵, 民信之矣."라는 구절이 보인다.

618_ 『논어』「자로(子路)」편에 "子曰, 以不敎民戰, 是謂棄之."라는 구절이 보인다.

619_ 『역』「계사 하」편에 보이는 문장이다. 현(弦)은 활시위를 매는 것이고, 호(弧)는 활을 말한다. 섬(剡)은 깎아서 만드는 것이다.

620_ 요(耀)는 빛난다는 뜻이다. 『한서』에서 안사고는 녹인다는 의미의 삭(鑠), 또는 소(銷)와 같다고 했다.

621_ 『사마법(司馬法)』은 무경칠서(武經七書)의 하나로, 사마의 병법을 말한다. 원래는 주나라의 대사마(大司馬)가 남긴 병법과 B.C.6세기 제나라의 대사마였던 전양저(田穰苴)가 남긴 병법 두 가지가 있었는데, 현재는 전하지 않는다. 현존하는 책은 5~6세기 무렵에 새로 제작된 것으로 추정되며, 「인본(仁本)」·「천자지의(天子之義)」·「정작(定爵)」·「엄위(嚴位)」·「용중(用衆)」 등 5편으로 구성되어 있다.

622_ 출기(出奇)는 기이한 계책이나 기묘한 병법을 내는 것이고, 설복(設伏)은 매복

례대로 정리하니, 모두 182개 학파였다. 그중에 핵심적이고 쓸모 있는 것을 가려 뽑아서 35개 학파로 확정했는데, 여씨(呂氏)들이 반란을 꾸미면서 훔쳐가 버렸다.[623] 한(漢) 무제(武帝) 때, 군정(軍政)[624]이었던 양복(楊僕)이 남아 있거나 없어진 기록을 모아 정리하여,[625] 군대의 [병법 관련] 기록을 적어서 상주했는데, 여전히 완전하지는 않았다. 효성제(孝成帝)에 이르러 임굉(任宏)에게 명하여, 병서(兵書)를 네 가지 종류로 분류했다.[626](『한서』「예문지」)

兵家者, 蓋出古司馬之職, 王官之武備也. 洪範八政, 八曰'師'. 孔子曰, "爲國者, 足食, 足兵", "以不敎民戰, 是謂棄之", 明兵之重也. 『易』曰, "古者, 弦木爲弧, 剡木爲矢, 弧矢之利, 以威天下", 其用上矣. 後世耀金爲刃, 割革爲甲, 器械甚備. 下及湯·武受命, 以師克亂, 而濟百姓. 動之以仁義, 行之以禮讓, 『司馬法』是其遺事也. 自春秋至于戰國, 出奇設伏, 變詐之兵幷作. 漢興, 張良·韓信序次兵法, 凡百八十二家. 刪取要用, 定著三十五家, 諸呂用事而盜取之. 武帝時, 軍政楊僕, 捃摭遺逸, 紀奏兵錄, 猶未能備. 至于孝成, 命任宏, 論次兵書爲四種.(『漢書』「藝文志」)

---

을 설치하는 것이다. 변사(變詐)는 임기응변으로 교묘하게 적을 속이는 것이다.

623_ B.C.180년에 여태후(呂太后)가 죽자, 조왕(趙王) 여록(呂祿)과 양왕(梁王) 여산(呂産) 등 여태후의 일족들이 병권을 장악하고 정변을 기도한 사건을 말한다. 여씨의 반란은 당시의 승상 진평(陳平)과 태위 주발(周勃) 등에 의해 진압되었다.

624_ 군정(軍政)은 군정(軍正)이라고도 하는데, 군대의 법을 집행하는 군대의 법관을 말한다.

625_ 군척(捃摭)은 흩어지거나 없어진 자료를 주어모아서 정리하는 것이다.

626_ 전한 성제(成帝) 때 유향(劉向)이 궁중의 비서(秘書)를 정리하면서 병서(兵書)를 임굉(任宏)에게 맡겼다고 한다. 현재 『한서』「예문지」의 「병서략(兵書略)」 속에 수록된 책들이 임굉에 의해 병권모(兵權謀)·병형세(兵形勢)·병음양(兵陰陽)·병기교(兵技巧)의 네 분야로 분류되었다.

## 2-18-2

제(齊)나라의 전단(田單), 초(楚)나라의 장교(莊蹻), 진(秦)나라의 위앙(衛鞅), 연(燕)나라의 목기(繆蟣)는 모두 세속에서 말하는 용병술(用兵術)이 뛰어난 자들이다.[627](『순자』「의병」)

齊之田單, 楚之莊蹻, 秦之衛鞅, 燕之繆蟣, 是皆世俗之所謂善用兵者也.(『荀子』「議兵」)

## 2-18-3

오기(吳起)가 무력을 숭상하고 [다른 나라를] 공격하여 정벌하니,[628] 초(楚)나라 사람들이 소란스럽고 불안해하면서[629] 서로 함께 도왕(悼王)을 원망하며 울었다.[630](『염철론』「비앙」)

吳起長兵攻取, 楚人騷動, 相與泣悼王.(『鹽鐵論』「非鞅」)

<이상 병가가 교설을 창립하다: 右兵家創敎>

---

627_ 『순자집해』의 양경에 의하면, 전단(田單)은 제나라 양왕(襄王)의 신하인 안평군(安平君)이고, 장교(莊蹻)는 초나라 장왕(莊王)의 후손으로, 초나라 위왕(威王) 때의 장군이다. 목기(繆蟣)는 누구인지 알 수 없다고 한다. 한편 위앙(衛鞅)은 상앙(商鞅)을 말한다. 『여씨춘추』「장견(長見)」편에서 고유는 "앙(鞅)은 위나라의 공손(公孫)이었기 때문에 공손앙(公孫鞅), 혹은 위앙(衛鞅)이라고 했다"라고 했다.

628_ 장병(長兵)은 군대 또는 무력을 중시하고 숭상하는 것이다. 「비앙(非鞅)」편의 이 문장 앞에 나오는 "상앙이 법을 엄격하게 하고, 이익을 숭상했다[商鞅峭法長利]"에서의 '장(長)'과 같은 의미이다. 공취(攻取)는 적을 공격하여 정벌하는 것으로, 수성(守成)과 반대의 의미이다.

629_ 소동(騷動)은 소란스럽고 불안한 모습을 말한다.

630_ 오기가 초나라 도왕(悼王)을 도와서 시행한 것이 강력한 변법(變法)이었기 때문에 초나라 사람들이 원망했다. 나중에 도왕이 죽자 오기는 그에게 원한을 가진 귀족들에 의해 살해되었다.

## 19. 제자백가의 교설 창립에 대한 남은 논의 [諸家創教緒論]

### 2-19-1

제자(諸子)에 속하는 10개의 학파 중에서 볼 만한 것은 9개 학파뿐이다.[631] 모든 학파는 왕도(王道)가 이미 쇠약해지고, 제후들이 무력으로 정벌하며,[632] 당시 군주들의 호오(好惡)의 방향이 서로 다른 상황[633]에서 발생했다. 따라서 9개 학파의 학술이 한꺼번에 함께 일어나서,[634] 각각이 [도술의] 한쪽 단면을 끌어들여 그 중에 뛰어난 점을 숭상하고, 그 학설을 가지고 유세하러 다니면서[635] 제후들과의 영합을 추구했다. 그 말들이 비록 서로 다르지만, 비유하면 물과 불의 관계처럼 서로 없애기도 하고 또한 서로 만들어내기도 한다.[636] 인(仁)과 의(義)의 관계, 경

---

631_ 10개 학파란 「제자략」에 소개되어 있는 유가 · 도가 · 음양가 · 법가 · 명가 · 묵가 · 종횡가 · 잡가 · 농가 · 소설가를 말하는데, 이 중에서 제외된 것은 소설가(小說家)이다. 「소설가략(小說家略)」에서, 소설가 부류는 기록하여 세상에 전하기는 하지만, 그 속에서 취할 만한 내용은 없다고 단정한다. 만약 한마디라도 취할 만한 점이 있다고 하더라도 그것은 꼴베고 나무하는 어리석은 사람의 이야기에 지나지 않는다고까지 말하고 있다.

632_ 역정(力政)은 역정(力征)과 같은 의미로, 무력으로 정벌한다는 의미이다. 『한서』 「동방삭전(東方朔傳)」에서 "諸侯不朝, 力政爭權."이라고 했다. 또는 무력으로 다스리는 무단정치를 의미하기도 하는데, 『묵자』 「천지 상(天志 上)」편에 "順天意者, 義政也, 反天意者, 力政也."라는 말이 보인다.

633_ 시군세주(時君世主)는 당시의 군주를 말하며, 수방(殊方)은 방법이나 방향 또는 취지를 달리하는 것을 말한다. 『한서』 「동중서전(董仲舒傳)」에 "百家殊方, 指意不同."이라는 말이 보인다.

634_ 봉출(蜂出)은 벌떼 같이 들고 일어나는 것으로, 한꺼번에 많이 배출된다는 의미이다. 제자백가가 시대의 상황에 맞추어 한꺼번에 함께 일어난다는 것이다.

635_ 치세(馳說)는 쫓아다니면서 제후들에게 유세하는 것이다.

636_ 오행상극(五行相剋)의 관계에서는 '물이 불을 이기는 관계[水剋火]'인데, 오행상

(敬)과 화(和)의 관계는 서로 상반되면서도 모두가 서로를 이루어주는 관계이다. 『역(易)』에서 "천하가 귀착점은 같지만 길이 서로 다르고, 이치는 하나이지만 생각은 백 가지로 다양하다"[637]라고 했다. 지금 학파를 달리하는 자들 각각이 자신의 뛰어난 점을 미루어나가서, 지혜를 다하고 사려를 탐구함으로써 그 학파의 지향점을 밝히니, 비록 폐단이나 단점이 있다고 하더라도 그들의 요점과 결론을 종합하면, 또한 육경(六經)의 한 갈래나 분야가 된다.[638] 만약 그 사람들이 밝은 왕과 성스러운 군주를 만나서 자신들의 학설을 잘 절충하여 조화시킬 수 있다면[639] 모두가 훌륭한 신하가 될 재목들이다.[640] 공자가 "예법이 [도시에서] 없어지면 시골에서 그것을 구하면 된다"[641]라고 했다. 현재는 성인과의 거리가 한참 멀고, 도술도 불완전하거나 폐기되어 다시 찾을 수가 없지만, 저 9개 학파가 그래도 시골보다는 낫지 않겠는가?[642] 만약 육경[六藝]의 도술을 잘 닦고, 이 9개 학파의 말을 잘 관찰하여 단점을 버리고 장점을 취한다면, 다양한 방면의 [학술의] 요점에 통할 수 있을

---

생(五行相生)의 관계에서는 '물이 나무를 만들어내고, 나무가 불을 만들어내는 관계[水生木, 木生火]'이다.

637_ 『역』「계사전 하」에 "易曰, '憧憧往來, 朋從爾思.' 子曰, '天下何思何慮? 天下同歸而殊塗, 一致而百慮, 天下何思何慮?"라는 구절이 보인다.

638_ 지(支)는 근본에서 갈라져 나온 말류를 말하고, 유예(流裔)는 물의 하류와 옷의 끝자락으로, 이것도 말단의 갈래를 말한다.

639_ 절중(折中)은 절충(折衷)과 같은 말로, 어느 한편으로 치우지지 않고 둘을 조화시켜 알맞은 것을 얻는 것이다.

640_ 고굉(股肱)은 넓적다리와 팔을 말하는데, 군주를 보좌하는 신하를 의미한다. 『서』「익직(益稷)」편에 "帝曰, 臣作朕股肱耳目."이라는 구절이 보인다.

641_ 이 말은 출전은 알 수 없고, 『한서』「예문지」에 처음 나온 듯하다. 이후 많은 책에서 '官失而學諸夷' 또는 '天子失官, 學在四夷'라는 말과 동일한 의미로, 대구의 형태로 사용되고 있다. 안사고는 "도읍에 예법이 없어지면 시골에서 그것을 구하면 또한 얻는 것이 있을 것이다"라고 해석했다.

642_ 유(愈)는 『한서』 원문에는 유(瘉)로 되어 있는데, 안사고가 유(瘉)는 유(愈)와 같고, 낫다[勝]의 의미라고 했다. 이 문장은 9개의 학파에서 육경을 다시 찾는 것이 시골에서 예법을 다시 찾는 것보다 더 낫다는 의미이다.

것이다.(『한서』「예문지」)

諸子十家, 其可觀者, 九家而已. 皆起于王道旣微, 諸侯力政, 時君世主, 好惡殊方. 是以九家之術, 蜂出幷作, 各引一端, 崇其所善, 以此馳說, 取合諸侯. 其言雖殊, 辟猶水火, 相滅亦相生也. 仁之與義, 敬之與和, 相反而皆相成也. 『易』曰, "天下同歸而殊塗, 一致而百慮." 今異家者, 各推所長, 窮知究慮, 以明其指, 雖有蔽短, 合其要歸, 亦六經之支與流裔. 使其人遭明王聖主, 得其所折中, 皆股肱之材已. 仲尼有言, "禮失而求諸野." 方今去聖久遠, 道術缺廢, 無所更索, 彼九家者, 不猶愈于野乎? 若能修六藝之術, 而觀此九家之言, 舍短取長, 則可以通萬方之略矣.(『漢書』「藝文志」)

<이상 부록-제자백가의 교설 창립에 대한 남은 논의: 右附錄諸家創教緒論>

# 제3권 | 제자백가가 교설을 창립하고 제도를 개혁하다

諸子創敎改制考

An Annotated Translation of "Confucius as a Reformer"

## 제3권 머리글

공자의 제도 개혁의 이론은 금문학(今文學)이 [학관에서] 폐기되어 없어지고, 고문학(古文學)이 성행한 이후에는 사람들의 마음을 혼란스럽게 하여, 사람들이 대부분 그것을 의심했다. 나는 지금 공자에 대해 직접 말하지 않고, 제자백가들[의 제도 개혁]에 대해 고찰해보고자 한다. 제자백가들이 어찌 한 학파라도 제도를 개혁하지 않았겠는가? 후세의 풍속은 법이 마치 그물망처럼 조밀하여, 천하 사람들이 모두 자세를 낮추어서[1] 법을 받들고, 감히 제멋대로 행동하는 자가 없었다.

孔子改制之說, 自今學廢沒, 古學盛行後, 迷惑人心, 人多疑之. 吾今不與言孔子, 請攷諸子. 諸子何一不改制哉? 後世風俗, 法密如網, 天下皆俛首奉法, 無敢妄作者.

그러나 강충(江充, ?~B.C.91)[2]이 무제(武帝)를 만날 때는 얇고 주름진 비단으로 만든 홑옷을 입고, 한 겹의 머리띠로 된 관을 착용해서 걸을 때마다 흔들렸으며, 새의 깃으로 만든 갓끈을 맸다.[3] 준불의(雋不疑)[4]가 포승

---

1_ 면수(俛首)는 고개를 숙인다는 뜻으로, 두려워서 몸을 굽혀 자세를 낮추는 것이다.

2_ 강충(江忠)은 전한시대 조국(趙國)의 감운(邯鄲) 사람으로, 자는 차천(次倩)이고, 본명은 제(齊)이다. 조국의 태자 단(丹)에게 죄를 지어 서쪽 관중으로 들어와서 충(充)으로 개명했다. 엄격한 법 집행으로 무제(武帝)에게 중용되었지만, 흑주술(黑呪術)로 태자를 모함한 죄로 태자에게 살해당했다.

3_ 이 내용은 『한서』 「괴오강식부열전(蒯伍江息夫列傳)」에 다음과 같이 기록되어 있다. "初, 充召見犬臺宮, 自請願以所常被服冠見上. 上許之. 充衣紗縠襌衣, 曲裾後垂交輸, 冠襌纚步搖冠, 飛翮之纓." 사곡단의(紗縠襌衣)는 얇고 주름진 비단으로 만든 홑옷을 말한다. 사(紗)는 얇고 가벼운 비단이고, 곡(縠)은 주름이 잡혀 있는 비단이다. 사곡(紗縠)은 안사고가 실을 뽑아서 짜는 것이라고 했다. 단의(襌衣)는 홑옷이고, 단사(襌纚)는 한 겹으로 된 머리띠이다. 비핵(飛翮)은 관의 이름인데, 복건(服虔)이 새의 깃으로 갓의 끈을 만든 것이라고 했다.

4_ 준불의(雋不疑)는 전한시대 발해(勃海) 사람이며, 자는 만천(曼倩)이다. 『춘추』를

지(暴勝之, ?~B.C.91)[5]를 만날 때는 진현관(進賢冠)[6]을 쓰고 품이 큰 옷에 폭이 넓은 띠를 맸다.[7] 송나라 때의 사마광(司馬光, 1019~1082)[8]과 주자(朱子, 1130~1200)는 스스로 심의(深衣)[9]를 만들어서 입었다. 명나라의 장봉익(張鳳翼, 1527~1613)[10]은 국화꽃으로 수놓은 옷을 입고 순무(巡撫)를 알현했다. 유학자들이 복장을 만든 것이 어떻게 이처럼 다르단 말인가? 그 이외에 공허한 이론을 늘어놓고서 후대의 왕을 기다린다고 하는 책들, 예를 들어 황종희(黃宗羲, 1610~1695)의 『명이대방록(明夷待訪錄)』이나 고염무(顧炎武, 1613~1682)의 『일지록(日知錄)』과 같은 책들이 있는데, 어찌 다시 거론할 필요가 있겠는가?

然江充之見武帝, 紗穀禪衣, 禪纚步搖, 飛翮之纓.[11] 雋不疑之見暴勝之, 冠進賢冠, 褒衣博帶. 宋世司馬公・朱子, 尙自製深衣. 明張鳳翼

---

연구하여 군(郡)의 문학(文學)이 되었다. 무제 말기에 청주자사(靑州刺史)와 소제(昭帝) 때 경조윤(京兆尹)을 역임했다. 위태자(衛太子)를 사칭했던 성방수(成方遂)를 체포하여 소제로부터 상을 받기도 했다.

5_ 포승지(暴勝之)는 전한시대 하동(河東) 사람이며, 자는 공자(公子)이다. 무제 말기에 국군(國郡)에 도적이 창궐하자 직지사자(直指使者)로 크게 활약하여 어사대부(御史大夫)로 승진했다. 후에 여태자(戾太子) 사건에 연루되어 자살했다.

6_ 진현관(進賢冠)은 황제를 알현할 때 쓰는 예모의 한 가지이다. 원래 유생이 쓰던 것으로 당나라 때에는 모든 백관이 이 관을 썼다.

7_ 이 내용은 『한서』 「준소우설평팽열전(雋疏于薛平彭列傳)」에 다음과 같이 기록되어 있다. "勝之素聞不疑賢, 至勃海, 遣吏請與相見. 不疑冠進賢冠, 帶櫑具劍, 佩環玦, 褒衣博帶, 盛服至門上謁." 포의박대(褒衣博帶)는 품이 큰 옷에 폭이 넓은 띠로, 유생의 옷차림이다.

8_ 사마공(司馬公)은 북송시대의 사마광(司馬光)을 말한다. 태사온국공(太師溫國公)에 추증되었기 때문에 사마온공(司馬溫公) 또는 사마공(司馬公)이라고도 한다.

9_ 심의(深衣)는 제후나 대부, 사 등이 집에서 입던 옷이다. 두 사람은 직접 임의대로 자신의 옷을 제작하여 입었다는 말이다.

10_ 장봉익(張鳳翼)은 명나라 장주(長州) 사람이며, 자는 백기(伯起)이다. 저술로는 『허실당집(虛實堂集)』・『문선찬주(文選纂注)』・『점몽류고(占夢類考)』가 있고, 『홍불기(紅拂記)』・『호부기(虎符記)』 등의 희곡이 있다. 그에 관한 사적은 『명사』 「문원전(文苑傳)」의 「황보효전(皇甫涍傳)」의 가장 뒷부분에 간단하게 보인다.

11_ 비핵지영(飛翮之纓)이 『공자개제고』에는 비핵지영(飛翮之英)으로 되어 있는데, 『한서』 원문에 따라 고쳤다.

尙以菊花繡衣謁巡撫. 則儒服之創何異哉? 其他懸爲虛論, 待之後王, 則有若黃梨州之『明夷待訪錄』, 顧亭林之『日知錄』, 更何足言乎?

이제 제자백가의 제도 개혁에 대한 이론을 제시해 보겠다. 제자백가들이 제도를 개혁한 것이 분명한데, 하물며 위대한 성인으로 문물제도를 만든[12] 공자가 혼란한 세상을 가만히 좌시한 채, 어찌 제도를 개혁하여[13] [난리를] 바로잡아서 올바른 상태로 되돌리려고[14] 하지 않을 수 있었겠는가? 나를 알아주거나 나를 벌주는 것은 오직 의리에 달려 있다고 했으니,[15] 결코 천박한 선비나 견문과 지식이 좁은 사람[16]이 알 수

---

12_ 제작(制作)은 제례작악(制禮作樂)을 말하는데, 예법과 음악 등의 문물제도를 제작하고 정비하는 제도 개혁을 의미한다. 이것은 새롭게 천명을 받아 임금이 된 자가 시행하는 것이다. 공양학에서는 공자가 『춘추』를 통해서 이러한 제도 개혁을 시도했다고 주장한다. 공양학을 대표하는 동중서의 『춘추번로』 「삼대개제질문(三代改制質文)」편에서 이와 관련된 구체적인 제도 개혁의 내용을 밝히고 있다. 예를 들어 새롭게 임금이 된 자는 "모두 국호를 새로 짓고, 궁실과 도읍을 옮기며, 관직명을 바꾸고, 예악을 새로 제정한다[咸作國號, 頡宮邑, 易官名, 制禮作樂.]"라고 했다.

13_ 손익(損益)은 문화나 제도 등의 단점을 덜어내고 장점을 더한다는 말로, 공자의 제도 개혁의 방법론을 말한다. 『논어』 「위정(爲政)」편에 "子曰, 殷因於夏禮, 所損益, 可知也, 周因於殷禮, 所損益, 可知也. 其或繼周者, 雖百世, 可知也."라는 기록이 보인다.

14_ 공양학에서는 발란반정(撥亂反正), 즉 '난세를 바로잡아서 올바른 도리로 되돌리는 것'은 공자가 『춘추』를 통해서 추구하고자 했던 정치의 최종 목표라고 말한다. 『공양전』 「애공(哀公)」 14년에 "군자는 무엇 때문에 『춘추』를 지었는가? 난세를 바로잡아서 올바른 도리로 되돌리는 것은 『춘추』보다 더 가까운 것이 없다[君子曷爲爲『春秋』? 撥亂世, 反諸正, 莫近諸『春秋』.]"라고 한 것이 그것이다. 그리고 『사기』 「태사공자서(太史公自序)」에서도 "『춘추』는 의리를 말하고 있기 때문에 어지러운 세상을 수습하여 올바른 세상으로 되돌려놓는 데는 『춘추』보다 더 가까운 것이 없다[『春秋』以道義. 撥亂世反之正, 莫近於『春秋』.]"라고 했다.

15_ 이 말은 공자가 자신을 알아주거나 혹은 죄를 주는 것은 오직 『춘추』때문이라고 한 말에 빗대어 말한 것이다. 『맹자』 「등문공 하」편에 "孔子懼, 作『春秋』. 『春秋』, 天子之事也. 是故孔子曰, 知我者, 其惟『春秋』乎. 罪我者, 其惟『春秋』乎."라는 기록이 보인다.

있는 것이 아니다.

今揭諸子改制之說. 諸子之改制明, 況大聖制作之孔子, 坐睹亂世, 忍不損益, 撥而反之正乎? 知我罪我, 惟義所在, 固非曲士夏蟲所能知矣.

## 1. 묵자가 제도를 개혁하다 [墨子改制]

3-1-1

묵자(墨子)는 장례에서 매장하는 법을 다음과 같이 제정했다. "관의 두께는 세 치면 안치한 유골이 충분히 썩을 수 있고,[17] 수의는 세 벌이면 안치한 시체가 충분히 썩을 수 있다. 무덤을 파는 깊이는 아래로는 습기가 차서 축축하지 않으면 되고, 위로는 시체가 썩는 냄새가 새어 나오지 않으면 된다.[18] 무덤의 봉분 높이는 그 장소[가 무덤이라는 것]을 알아볼 수 있으면 그만이다.[19] 장지(葬地)로 가면서 곡을 하고 돌아오면서 곡을 할 뿐, 집으로 되돌아와서는 곧 입고 먹는 재화의 생산에 종사하고, 제사를 잘 이어서 빠뜨리지 않고 지냄으로써[20] 부모에 대한 효도

16_ 곡사(曲士)는 천박하고 보잘것없는 선비를 말하고, 하충(夏蟲)은 여름철에만 사는 벌레로 견문이 좁고 지식이 모자라는 사람을 비유한다.

17_ 관(棺)은 오동나무로 된 내관[桐棺]을 말한다. 『좌씨전』「애공」 2년에서 "桐棺三寸, 不設屬辭, 下卿之罪也."라고 했다. 후골(朽骨)은 안치한 시체가 썩는 것을 말하며, 후육(朽肉)·후체(朽體)와 같은 의미이다.

18_ 저루(菹漏)는 습하여 축축하게 젖은 것을 말하고, 기(氣)는 시체가 썩는 냄새를 말한다.

19_ 롱(壟)은 무덤의 봉분이고, 기(期)는 그 장소가 무덤이라는 것을 알아볼 수 있는 것을 말한다.

20_ 이(佴)는 서로 이어나가는 것으로, 손이양은 차례대로 나란히[次比], 즉 빼거나

를 다한다."[21] 따라서 '묵자의 장례지내는 법은 죽은 사람과 산 사람에게 모두 이롭지 않음이 없다'라고 한 것이 바로 이것이다.(『묵자』「절장 하」)

子墨子制爲葬埋之法曰, "棺三寸, 足以朽骨, 衣三領, 足以朽肉. 掘地之深, 下無菹漏, 氣無發泄于上. 壟足以期其所則止矣. 哭往哭來, 反從事乎衣食之財, 佴乎祭祀, 以致孝于親." 故曰, '子墨子之法, 不失死生之利'者此也.(『墨子』「節葬 下」)

## 3-1-2

따라서 옛날의 성왕(聖王)이 장례에서 매장하는 법을 다음과 같이 제정했다. "관의 두께는 세 치면 안치한 시체가 충분히 썩을 수 있고, 수의와 이불은 세 벌이면 충분히 [보기에 흉한] 시체를 덮어 가릴 수 있다.[22] 장례를 치를 경우에는 아래로는 [깊은] 지하수까지 이르지 않아야 하고,[23] 위로는 [너무 얕게 파서] 시체가 썩는 냄새가 나서는 안 된다. 무덤의 봉분은 세 번 밭갈이를 한 이랑 정도[넓이 세 자, 깊이 한 자]면 그만이다.[24] 죽은 자에 대해 이미 장례를 치렀으면 살아 있는 자

---

빠뜨리지 않은 것을 의미한다고 했다. 즉 제사를 잘 이어서 때에 맞추어 빠뜨리지 않고 지낸다는 뜻이다.

21_ 『묵자한고(墨子閒詁)』에서 손이양(孫詒讓)은 『송서(宋書)』「예지(禮志)」에서 『시자(尸子)』의 "우임금이 치수를 하면서 상례법을 만들었는데, 만약 구릉에서 죽으면 구릉에서 장사지내고, 늪에서 죽으면 늪에서 장사지냈다. 오동나무로 된 내관의 두께는 세 치이고, 상례 기간은 3일이다"라는 것을 참조하여, 『묵자』에서 서술한 내용이 혹 하(夏)나라의 장례법일 가능성이 있다고 추측했다. 『한비자』「현학(顯學)」편에도 "墨子之葬也, 冬日冬服, 夏日夏服, 桐棺三寸, 服喪三月."이라는 기록이 보인다.

22_ 오(惡)는 시체를 말하는데, 『묵자한고』에서 필원(畢沅)은 죽은 사람을 사람들이 싫어하기 때문에 싫어하는 것을 덮어 가리는 것이라고 했다.

23_ 천(泉)은 지하수로, 지하수가 있는 곳까지 파서 매장을 너무 깊게 하는 것을 말한다.

24_ 삼경지무(參耕之畝)는 세 번 밭갈이를 해서 경작한 밭이랑이다. 『묵자한고』에

는 반드시 오랫동안 곡을 하지 말고,[25] 빨리 본업에 종사하여, 사람마다 각자 자신의 능력을 발휘함으로써 상호간에 서로 이롭게 해야 한다."(『묵자』「절장 하」)

故古聖王制爲葬埋之法曰, "棺三寸, 足以朽體, 衣衾三領, 足以覆惡. 以及其葬也, 下無及泉, 上無通臭. 隴若參耕之畝則止矣. 死者既以葬矣, 生者必無久哭, 而疾而從事, 人爲其所能, 以交相利也."(『墨子』「節葬 下」)

## 康3-1

오랫동안 곡을 하지 않고 빨리 본업에 종사해야 한다고 하니, 맹자가 [묵자는] 매정하여 부모가 없다고 여긴 것이 마땅하다.[26] 그리고 순자는 [묵자가] 실용만 알지 [예법의 형식을] 꾸미는 것을 알지 못한다고 여겼으니,[27] 진실로 그 결점을 정확하게 지적한 것이다.

---

의하면, 『주례』「고공기(考工記) · 장인(匠人)」편에서 "한 번 밭갈이를 할 때 넓이가 한 자, 깊이가 한 자인 것이 밭이랑'이라고 했다. 따라서 세 번 밭갈이를 한 밭이랑은 그 넓이는 세 자[尺]이고, 깊이가 한 자가 된다. 한 자는 지금의 22.5cm 정도이다.

25_ 앞의 문장에서 "장지로 가면서 곡을 하고, 돌아오면서 곡을 할 뿐이다[哭往哭來.]"라고 한 말과 같은 의미이다. 『사기』「태사공자서」에서는 "그들은 죽은 사람을 장례지낼 때, 오동나무 내관을 세 치의 두께로만 만들면서 [외관이 없었고], 곡소리를 내면서 자신의 슬픔을 다 표출하지는 않았다"라고 했다. 그런데 『묵자한고』에서 왕염손(王念孫)은 『묵자』「절용(節用)」편에 "死者既葬, 生者毋久喪用哀."라는 문장이 있는 것을 근거로, 여기의 구곡(久哭)은 구상(久喪)이 되어야 한다고 주장했다. 여기에서는 원문에 따라 해석했다.

26_ 『맹자』「등문공 하」편에 "墨氏兼愛, 是無父也."라는 말이 보인다. 『맹자집주』에서는 "묵자는 사랑에 차등이 없어서 자신의 부모를 대하는 것이 일반 대중과 다름이 없었기 때문에 부모가 없다고 한 것이다"라고 풀이했다.

27_ 『순자』「해폐(解蔽)」편에서 "묵자는 실용에만 가려져서 예법의 형식을 꾸미는 것을 알지 못했다. … 따라서 실용만을 따라서 그것을 도라고 한다면 이익만을 최선으로 추구하게 된다"라고 했다. 『한서』「예문지」에서도 묵가 부류를 평가하면

不久哭而疾從事，宜孟子以爲薄而無父矣. 荀子以爲知用而不知文，誠切中其病.

## 3-1-3

묵자가 유세하러 갈 때, 위월(魏越)[28]이 "사방의 군주들을 만날 수 있게 된다면 선생님은 가장 먼저 무엇을 말하겠습니까?"라고 물었다. 묵자가 대답했다. "대체로 [어떤] 나라에 들어가면 반드시 급선무를 선택하여 [거기에 맞추어] 유세해야 한다. 나라가 혼란스러우면 군주에게 현명한 이를 높일 것[尙賢]과 윗사람과 뜻을 함께할 것[尙同]을 이야기하고, 나라가 가난하면 군주에게 재용을 절약할 것[節用]과 장례를 간소화할 것[節葬]을 이야기해야 한다. 그리고 나라가 음악을 좋아하여 너무 깊이 빠져 있으면[29] 군주에게 음악에 대한 비판[非樂]과 운명론에 대한 비판[非命]을 이야기하고, 나라가 음란하고 방탕하여[30] 예의가 없으면 하늘을 존중할 것[尊天]과 귀신을 섬길 것[事鬼]을 이야기해야 한다.[31] 또한 나라가 [다른 나라를] 빼앗고 침략하는 것에만 힘쓴다면 군주에게 다른 사람을 두루 사랑할 것[兼愛]과 전쟁에 대한 비판[非攻]을 이야기해야 한다. 따라서 '급선무를 선택하여 [거기에 맞추어] 유세해야 한다'라고 말

---

서, "꽉 막힌 자가 이 학문을 하면 검소함이 이익이 된다는 것만 보기 때문에 예법을 비난하고, 두루 사랑한다는 뜻만을 미루어나가서 친한 이와 소원한 이의 구별을 알지 못한다"라고 했다.

28_ 위월(魏越)은 『묵자한고』에 묵자의 제자라고만 기록되어 있다.

29_ 희(憙)는 희(喜)와 같은 글자로, 좋아한다는 뜻이다. 희음(憙音)은 음악을 좋아하는 것이다. 침면(湛湎)은 깊이 빠진다는 뜻으로, 『관자』 「사칭(四稱)」편에 "湛湎於酒, 行義不從."이라는 말이 보인다.

30_ 음벽(淫僻)은 음벽(淫辟)과 같은 말로, 음란하고 방탕한 것이다.

31_ 존천(尊天)은 『묵자』의 「천지(天志)」편에 해당한다. 이 편은 하늘이 천하의 지배자이기 때문에 하늘의 뜻은 인간이 따르고 본받아야 할 규범이자 정의라는 내용이다. 사귀(事鬼)는 「명귀(明鬼)」편에 해당되며, 여기에서는 귀신의 존재를 믿는 것이 천하의 이익과 합치된다고 하여, 그 존재를 밝힌다는 내용이다.

한 것이다."(『묵자』「노문」)

子墨子游, 魏越曰, "旣得見四方之君子, 則將先語?" 子墨子曰, "凡入國, 必擇務而從事焉. 國家昏亂, 則語之尙賢·尙同, 國家貧, 則語之節用·節葬. 國家憙音湛湎, 則語之非樂·非命, 國家淫僻無禮, 則語之尊天·事鬼. 國家務奪侵凌, 則語之兼愛·非攻. 故曰, '擇務而從事焉.'"(『墨子』「魯問」)

## 3-1-4

공맹자(公孟子)[32]가 묵자에게 "그대는 삼년상이 잘못된 것이라고 하는데, 그대가 주장하는 3일상도 또한 잘못된 것이다"라고 했다.〈원주: 삼일(三日)은 삼월(三月)이 되어야 한다.〉[33] 묵자가 대답했다. "그대가 삼년상을 가지고 3일상을 비판한 것은 마치 벌거벗은 사람이 옷을 걷어 올린 사람에게 공손하지 못하다고 말하는 것과 같다."[34](『묵자』「공맹」)

公孟子謂子墨子曰, "子以三年之喪爲非, 子之三日之喪, 亦非也."〈三日, 當爲三月.〉 子墨子曰, "子以三年之喪非三日之喪, 是猶果謂撅者不恭也."(『墨子』「公孟」)

---

32_ 공맹자(公孟子)는 『묵자한고』에서 혜동(惠棟)이 공자의 제자인 공명자(公明子)라고 했다. 송상봉(宋翔鳳)은 『맹자』에 나오는 공명의(公明儀)와 공명고(公明高)는 모두 증자(曾子)의 제자이기 때문에 묵적과 동시대 사람인 이 사람은 아니라고 했다. 한편 손이양은 『설원(說苑)』「수문(修文)」편에 나오는 공자의 70명 제자 중의 한 사람인 공맹자고(公孟子高)라고 했다.

33_ 『묵자한고』에서 필원은 『한비자』「현학」편의 "墨子之葬也, 冬日冬服, 夏日夏服, 桐棺三寸, 服喪三月."이라는 구절과 『회남자』「제속(齊俗)」편의 "三月之服, 是夏后氏之禮."라는 구절에 근거하여, 여기의 삼일(三日)은 삼월(三月)이 되어야 한다고 했다. 여기에서는 그대로 삼일(三日)로 해석했다.

34_ 라(果)는 판본에 따라 라(倮) 또는 라(裸)로 되어 있는데, 모두 옷을 벌거벗는다는 뜻이다. 필원은 라(裸)로 바꾸어야 한다고 했다. 궤(撅)는 옷을 걷어올리는 것[揭衣]이다.

3-1-5

[성대한 장례식과 삼년상은][35] 위로 요(堯)·순(舜)·우(禹)·탕(湯)·문(文)·무(武)의 법도에 견주어 따져보면 딱 정반대가 되고,[36] 아래로 걸왕(桀王)·주왕(紂王)·유왕(幽王)·여왕(厲王)의 사적에서 조사해보면 마치 부절이 합치되듯이 꼭 들어맞는다. 만약 이로써 살펴본다면 성대한 장례식과 삼년상은 성왕의 법도가 아니다. 지금 성대한 장례식과 삼년상을 주장하는 자들은 다음과 같이 말한다. "성대한 장례식과 삼년상이 확실히 성왕의 법도가 아니라면 중국의 군자들이 [지금까지] 그것을 실행하면서 그만두지 않고, 꽉 붙잡아 지키면서 버리지 않는 것[37]을 어떻게 설명할 것인가?"[38] 묵자는 다음과 같이 대답했다. "그것은 그 습관에 익숙해져서 그러한 풍속을 마땅하게 여긴 것이라고 말할 수 있다.[39] 옛날 월(越)나라 동쪽에 해목(輆沐)이라는 나라가 있었는데, 그 나라에서는 맏아들이 태어나면 그 아이를 찢어서 [그 어미에게] 먹였으니,[40] 그것을 '동생에게 좋은 일[宜弟]'[41]이라고 한다. 그리고 아버지가 죽으면 어머니를 업어다 버렸으니,[42] '죽은 귀신의 아내, 즉 어머니

---

35_ 이 내용은 성대한 장례식과 오랜 기간 동안의 상례, 즉 삼년상이 옛 성왕의 법이 아니라는 주장에 이어지는 부분으로, 역사적 사실을 통해 그것을 논증하고 있다.

36_ 정(政)은 손이양이 정(正)과 통한다고 했다.

37_ 택(擇)은 버리고 포기한다는 뜻으로, 『묵자』「경설 상(經說 上)」에 '取此擇彼'라는 구절이 보인다. 필원은 석(釋)과 같다고 했고, 손이양은 사(舍)와 같다고 했다.

38_ 호(胡)는 어떻게[何]라는 뜻이며, 호설(胡說)은 그러한 상황을 '어떻게 설명할 수 있는가'라는 의미이다.

39_ 편(便)은 편리하게 여기면서 익숙해지는 것이다. 의(義)는 마땅하다고 여기는 것이다. 유월은 좋게 여기다[善]라고 했고, 손이양은 마땅하게 여기다[宜]라고 했다.

40_ 『묵자한고』에 의하면, 『신론(新論)』에 "장자가 태어나면 몸을 찢어서 그 어미에게 먹였다[其長子生, 則解肉而食其母.]"라는 기록이 있다.

41_ 의제(宜弟)는 동생에게 좋은 일, 즉 나중에 태어날 동생을 보호하기 위하여 그렇게 한다는 것이다.

42_ 대부(大父)와 대모(大母)는 조부모를 말하는데, 여기에서는 손이양의 주장에 따

와는 함께 살 수 없다'라고 한다. 윗사람은 이것을 정치[의 법규]로 삼고, 아랫사람은 이것을 풍속으로 삼아서, 그것을 실행하면서 그만두지 않고, 꽉 붙잡고 지키면서 버리지 않은 것이니, 이것이 어찌 진실로 인의(仁義)의 도리이겠는가? 그것은 그 습관에 익숙해져서 그러한 풍속을 마땅하게 여긴 것이라고 말할 수 있다."

上稽之堯·舜·禹·湯·文·武之道, 而政逆之, 下稽之桀·紂·幽·厲之事, 猶合節也. 若以此觀, 則厚葬久喪, 其非聖王之道也. 今執厚葬久喪者言曰, "厚葬久喪, 果非聖王之道, 夫胡說中國之君子, 爲而不已, 操而不擇哉." 子墨子曰, "此所謂便其習而義其俗者也. 昔者, 越之東有輆沐之國者, 其長子生則解而食之, 謂之'宜弟'. 其大父死, 負其大母而棄之, 曰'鬼妻不可與居處'. 此上以爲政, 下以爲俗, 爲而不已, 操而不擇, 則此豈實仁義之道哉? 此所謂便其習而義其俗者也."

초(楚)나라의 남쪽에 염인국(炎人國)이라는 나라가 있었는데, 이 나라에서는 부모[43]가 죽으면 그 육신의 살을 발라내어 버리고 난 다음에[44] 그 뼈를 매장했으니, 그래야만 효자가 될 수 있었다. 그리고 진(秦)나라의 서쪽에 의거(儀渠)라는 나라가 있었는데, 이 나라에서는 부모가 죽으면 땔나무를 모아서 그 시신을 불태우고, 그 태운 연기가 위로 올라가는 것을 '멀리 하늘로 올라간다[登遐]'[45]라고 하니, 그런 다음에야 효자가 될

---

라 부모의 의미로 해석했다. 즉 손이양은 『박물지(博物志)』에서 이 문장을 인용하여 "父死則負其母而棄之."라고 했고, 『신론(新論)』에서는 "其人父死, 卽負其母而棄之."라고 했기 때문에 굳이 조부모라고 해석할 필요가 없다고 했다.

43_ 친척(親戚)은 여기에서는 부모(父母)로 해석했다. 손이양은 부모의 의리라고 했고, 『묵자전역(墨子全譯)』에서는 "선진시대의 친척(親戚)이라는 말의 함의는 부모와 형제와 처자를 가리킬 수 있는데, 여기에서는 부모를 가리킨다"라고 했다.

44_ 후(朽)는 원래 썩힌다는 의미인데, 여기서는 살을 발라내다는 의미로 해석했다. 『태평어람』 권790에서 인용한 『박물지』에 도려낸다는 의미의 고(刳)자로 되어 있다고 한 손이양의 고증에 따랐다.

수 있었다. 윗사람은 이것을 정치[의 법규]로 삼고, 아랫사람은 이것을 풍속으로 삼아서, 그것을 실행하면서 그만두지 않고, 꽉 붙잡고 지키면서 버리지 않은 것이니, 이것이 어찌 진실로 인의(仁義)의 도리이겠는가? 그것은 그 습관에 익숙해져서 그러한 풍속을 마땅하게 여긴 것이라고 말할 수 있다. 만약 이 세 나라와 같은 사례를 놓고 본다면 또한 [부모에 대한 장례식이] 오히려 너무 야박하고, 만약 중국의 군자를 놓고 보면 또한 오히려 너무 성대하다. 저것과 같이 하면 너무 성대하고, 이것과 같이 하면 너무 야박하니, 그렇다면 장례식을 치르는 데에도 일정한 절도가 있는 것이다. 따라서 입고 먹는 것은 살아 있는 사람에게 이로운 것으로, 또한 여전히 일정한 절도가 있는데, 장례식을 치르는 것은 죽은 사람에게 이로운 것인데도 어찌 유독 여기에는 일정한 절도가 없을 수 있겠는가?(『묵자』「절장 하」)

楚之南有炎人國者, 其親戚死, 朽其肉而棄之, 然後埋其骨, 乃成爲孝子. 秦之西有儀渠之國者, 其親戚死, 聚柴薪而焚之, 燻上謂之'登遐', 然後成爲孝子. 此上以爲政, 下以爲俗, 爲而不已, 操而不擇, 則此豈實仁義之道哉? 此所謂便其習而義其俗者也. 若以此若三國者觀之, 則亦猶薄矣, 若中國之君子觀之, 則亦猶厚矣. 如彼則大厚, 如此則大薄, 然則葬埋之有節矣. 故衣食者, 人之生利也, 然且猶尙有節, 葬埋者, 人之死利也, 夫何獨無節于此乎?(『墨子』「節葬 下」)

## 3-1-6

집 마루의 높이는 3척(尺)이고, 흙으로 만든 계단은 3개뿐이며, 띠로 된 지붕의 끝을 다듬지도 않았고,[46] 서까래의 통나무를 깎아서 손질하지

45_ 등하(登遐)는 멀리 하늘로 올라간다는 뜻으로, 일반적으로는 임금이 죽는 것을 말하며, 승하(昇遐) 또는 등하(登霞)라고도 한다.

46_ 모자(茅茨)는 띠로 인 지붕을 말한다. 『사기정의』에 의하면, 자(茨)는 집의 지붕

도 않았다.[47] 흙으로 만든 밥그릇에 밥을 담아 먹고, 흙으로 만든 국그릇에 국을 담아 마셨는데,[48] 현미나 기장으로 만든 거친 밥과 명아주잎과 콩잎으로 만든 보잘것없는 국이었다.[49] 여름에는 갈포로 만든 거친 옷을 입고, 겨울에는 사슴 가죽으로 만든 옷을 입었다. 그들은 죽은 사람을 장례지낼 때, 오동나무 내관을 세 치의 두께로만 만들면서 [외관이 없었고], 곡소리를 내면서 자신의 슬픔을 다 표출하지는 않았다.[50] (『묵자』「일문」)

堂高三尺, 土階三等, 茅茨不剪, 采椽不刮. 食土簋, 啜土刑, 糲粱之食, 藜藿之羹. 夏日葛衣, 冬日鹿裘. 其送死, 桐棺三寸, 擧音不盡其哀.(『墨子』「佚文」)

## 3-1-7

두루 사람을 사랑하고, 현명한 이를 숭상하며, 귀신을 존중하고, 운명

---

으로, 띠로 지붕을 덮는 것이다. 모자부전(茅茨不翦)은 띠로 지붕을 이고, 그 끝을 가지런하게 자르지 않은 것으로, 검소하여 꾸미지 않은 모습을 말한다.

47_ 채연(采椽)은 상수리나무로 만든 서까래이다. 채연불괄(采椽不刮)은 서까래를 깎아서 손질하지 않은 채 통나무 그대로 사용했다는 뜻이다. 『한서』「예문지」에도 묵자 집단에 대해 "墨家者流, 蓋出于淸廟之守, 茅屋采椽, 是以貴儉."이라고 했다.

48_ 토궤(土簋)는 흙으로 만든 밥그릇이고, 토형(土刑)은 토형(土形)이라고도 하는데, 흙으로 만든 국그릇이다. 『사기정의』에서는 "궤(簋)는 밥을 담는 것이고, 형(刑)은 국을 담는 것이다. 토(土)는 흙을 구워서 만드는데, 곧 질그릇[瓦器]이다"라고 했다.

49_ 여량지식(糲粱之食)은 현미나 기장으로 만든 거친 밥을 말하고, 여곽지갱(藜藿之羹)은 명아주잎과 콩잎으로 만든 보잘것없는 국을 말한다.

50_ 이상의 내용은 『사기』「태사공자서」에도 그대로 보인다. 『사기색은』에서는 이 내용이 한비자(韓非子)가 한 말이라고 했다. 『사기』「이사열전(李斯列傳)」에 다음과 같은 내용이 보인다. "李斯數欲請間諫, 二世不許, 而二世責問李斯曰, '吾有私議, 而有所聞於韓子也. 曰堯之有天下也, 堂高三尺, 采椽不斲, 茅茨不翦, 雖逆旅之宿, 不勤於此矣. 冬日鹿裘, 夏日葛衣, 粢糲之食, 藜藿之羹, 飯土匭, 啜土鉶, 雖監門之養, 不觳於此矣."

을 부정하는 것은 묵자가 세운 주장이다.(『회남자』「범론훈」)

兼愛, 尙賢, 右鬼, 非命, 墨子之所立也.(『淮南子』「氾論訓」)

### 3-1-8

옛날 성왕이 다음과 같이 법도를 제정했다. "남자는 20살에 장가들지 않으면 안 되고,[51] 여자는 15살에 시집가지 않으면 안 된다."[52] 이것이 성왕의 법도이다.[53] 성왕들이 돌아가시고 나자, 백성들에게 자기들이 하고 싶은 대로 하도록 내버려두니,[54] 일찍 장가들고 싶어하는 자는 어떤 때는 20살에 장가들었으며,[55] 늦게 장가들고 싶어하는 자는 어떤 때는 40살에 장가들었다. 장가드는 나이의 빠르고 늦음을 평균적으로 계산해보면,[56] 성왕의 법도보다 10년이나 늦다. 만약 모두가 3년 만에 아이를 낳아 기른다면 [10년 동안] 자식을 낳는 것이 두세 명이 될 수 있다.[57] 이러한 성왕의 법도는 백성들에게 일찍 장가들도록 할 뿐만 아

---

51_ 처가(處家)는 장가들어 집안을 이루는 것[成家]을 말한다. 『주례』「대사도(大司徒)」편에서 정현이 "남편이 있고 부인이 있은 이후에 집[家]이 된다[有夫有婦, 然後爲家.]"라고 했다.

52_ 사인(事人)은 남편을 섬긴다는 의미로, 시집가는 것이다.

53_ 『한비자』「외저설 우(外儲說 右)」편과 『설원』「귀덕(貴德)」편에도 "齊桓公下令於民曰, 丈夫二十而室, 婦人十五而嫁."라는 기록이 있고, 『국어』「월어(越語)」편에도 "女子十七不嫁, 其父母有罪. 丈夫二十不娶, 其父母有罪."라는 기록이 있다. 손이양은 이 기록들에 근거하여, 제(齊)나라와 월(越)나라의 법령도 성왕의 법도를 근본으로 한 것이 아닌가 추측했다.

54_ 차(次)는 손이양이 자(恣)와 통하고, 백성들이 하고 싶은 대로 내버려둔다는 뜻이라고 했다.

55_ 유소(有所)는 왕염손이 유시(有時)와 같다고 했다.

56_ 천(踐)은 빼서 제한다는 뜻이다. 『묵자한고』에 의하면, 『예기』「옥조(玉藻)」편에서 정현이 전(剪)의 의미라고 했고, 『여씨춘추』「제악(制樂)」편에서 고유가 빼는 것[除]이라고 했다.

57_ 순(純)은 모두라는 의미이다. 『주례』「고공기(考工記)·옥인(玉人)」편에 "諸侯純九, 大夫純五."라는 구절이 있는데, 그 주에서 순(純)은 개(皆)와 같다고 했다. 자

니라 인구를 두 배로 늘릴 수 있는 것이다.(『묵자』「절용 상」)

昔者聖王爲法曰, “丈夫年二十, 毋敢不處家, 女子年十五, 無敢不事人.” 此聖王之法也. 聖王旣沒, 于民次也, 其欲蚤處家者, 有所二十年處家, 其欲晚處家者, 有所四十年處家. 以其蚤與其晚相踐, 後聖王之法十年. 若純三年而字, 子生可以二三年矣. 此不惟使民蚤處家, 而可以倍與.(『墨子』「節用 上」)

## 3-1-9

묵자는 “음악을 연주하는 것은 잘못된 것이다”라고 했다. 무슨 근거로 그렇다는 것을 알 수 있는가? 대답했다. 선왕의 책 중에 탕(湯)임금의 『관형(官刑)』[58]이라는 책이 있는데, 다음과 같은 내용이 있다. “궁중에서 항상 춤을 추면서 노래하는 것을 무당의 풍속이라고 한다.[59] 그에 대한 형벌은, 군자는 160올짜리 실뭉치 2개를 내게 했고,[60] 소인은 형

---

(字)는 아이를 낳아 기르는 것을 말한다. 이삼년(二三年)에서의 년(年)자는 『묵자한고』에서 인용한 주석들에서 자(子)자의 잘못이라고 한 것에 따라 자식이라고 해석했다.

58_ 『관형(官刑)』은 상(商)나라 탕임금이 제정한 형법을 말한다. 『묵자한고』에 의하면, 『좌씨전』「소공(昭公)」 6년의 “叔向曰, 商有亂政, 而作湯刑.”이라는 내용과 『죽서기년(竹書紀年)』의 “祖甲二十四年重作湯刑.”이라는 기록이 있다. 그리고 『여씨춘추』「효행람(孝行覽)」편에 “商書曰, 刑三百, 罪莫重於不孝.”라는 말이 있는데, 고유가 상나라 탕왕이 제정한 법이라고 했다.

59_ 항무(恒舞)는 항상 춤을 추면서 노래하는 것이다. 『서』「이훈(伊訓)」편에 “관부(官府)의 형벌을 만들 지위에 있는 자들을 경계하기를, ‘감히 궁중에서 항상 춤을 추고, 집에서 술에 취하여 노래함이 있으면 이것은 무풍(巫風)이라고 하며, 감히 재화와 여색에 빠지고 유람과 사냥을 일상적으로 함이 있으면 이것을 음풍(淫風)이라고 한다”라는 기록이 있다. 『서경집전』에서 “무풍은 항상 노래하고 항상 춤을 추어 무당과 같은 것이다”라고 풀이했다.

60_ 위(衛)는 필원이 위(緯)의 음을 빌어온 것이라고 했다. 위(緯)는 실묶음을 말한다. 한편 손이양은 위(衛)를 술(術)로 보고, 술(術)은 옛날에 수(遂)와 통했으며, 수(遂)는 수(緣)의 뜻이라고 했다. 실을 세는 단위는 기본적으로 실 다섯 올을 녑(纑)

벌이 없었다."[61] 그리고 「대서(大誓)」에서 다음과 같이 말했다.[62] "오호라! 춤이 너울너울하고,[63] 그 음악 소리가 크게 울려 퍼지는구나.[64] 상제(上帝)가 가상하게 여기지 않아서[65] 중국[66]이 이 때문에 멸망했고, 상제가 편안하게 여기지 않아서 온갖 재앙을 내리니, 그 집이 반드시 무너질 수밖에 없었다." 중국이 망한 이유를 살펴보면 단지 음악을 지나치게 장식했기 때문이다. 『무관(武觀)』[67]에서는 다음과 같이 말했다.

---

이라고 하는데, 수(繸)는 160올의 실뭉치를 말한다. 여기에서는 손이양의 주장에 따라 해석했다.

61_ 부(否)는 손이양이 "소인은 형벌이 없었다는 말인 것 같다. 이것은 관직에 있는 사람에 대한 형벌[官刑]이기 때문에 벼슬아치인 군자에게는 엄하지만, 소인에게는 관대했다"라고 해석했다. 그리고 "이것은 린(吝)자가 되어야 하고, 린(吝)은 배(倍)를 줄여서 쓴 것이니, 소인의 형벌은 군자보다 두 배이다"라는 해석도 가능하다고 했다. 여기에서는 전자의 입장을 따랐다.

62_ 사이백황경(似二伯黃徑)은 오탈자가 있다는 손이양의 말에 따라 해석하지 않고 그대로 두었다. 송정희의 『묵자』 번역본에는 '누런 피륙의 날실 이백'이라고 해석했는데, 그 근거를 밝히지 않고 있다. 그리고 내언왈(乃言曰)은 손이양이 대서왈(大誓曰)이 되어야 한다고 했다. 대서(大誓)는 『서』의 「태서(泰誓)」편을 말하는데, 이 내용은 현행본 『서』에는 보이지 않는다.

63_ 양양(佯佯)은 『묵자한고』에 의하면, 양양(洋洋)과 같은 말로, 매우 많고 성대한 모양이다. 『시』 「노송(魯頌)·비궁(閟宮)」편의 "온갖 춤들이 너울너울하니, 효성스러운 자손에게 경사가 있도다[萬舞洋洋, 孝孫有慶.]"라는 말과 같은 의미이다.

64_ 황(黃)은 『묵자한고』에서 기(其)자가 되어야 한다고 했다. 이것은 「비명 하(非命下)」편에서 「대서」편을 인용한 '기행심장(其行甚章)'이라는 말과 같은 의미라고 한다. 공(孔)은 매우 크다는 뜻이고, 장(章)은 그 소리가 드러나서 크게 울려 퍼진다는 의미이다.

65_ 불상(弗常)은 가상하게 여기지 않는 것이다. 왕인지는 옛날에는 상(尙)이 상(常)과 통했으며, 돕는다[右]는 뜻이라고 했다. 『시』 「대아(大雅)·억(抑)」편에 "그러므로 황천이 가상히 여기지 않는다[肆皇天弗尙.]"는 말이 있는데, 『시경집전』에서 "불상(弗尙)은 싫어해서 버리는 것, 즉 가상하게 여기지 않는 것[弗尙, 厭棄之也.]"이라고 풀이했다.

66_ 구유(九有)는 중국을 말한다. 『시』 「상송(商頌)·현조(玄鳥)」편에 "사방으로 그 제후들에게 명령하여, 문득 구유(九有)를 소유했다[方命厥后, 奄有九有.]"라는 구절이 있는데, 『시경집전』에서 구유(九有)를 구주(九州)라고 했다. 구주는 곧 중국 전체를 말한다.

67_ 무관(武觀)은 혜동이 무관(武觀)의 일을 기록한 일서(逸書)라고 했다. 무관은 하

"계(啓)[68]는 방탕하게 즐기고 편안하게 놀았는데, 야외에서 술과 음식을 먹으면서[69] 삐릭삐릭 딸랑딸랑 피리소리와 경쇠소리가 함께 어울려 울려 퍼지는 가운데[70] 술독에 빠져 있었으며,[71] 야외에서 구차하게 먹고 마시면서[72] 온갖 춤들이 다 차례대로 공연되니,[73] 하늘에까지 분명하게 들렸다.[74] 하늘은 그것을 법도로 여기지 않았다." 따라서 [음악

---

(夏)나라 임금 계(啓)의 아들인 오관(五觀)을 말한다.

68_ 계내(啓乃)는 혜동이 계자(啓子)의 잘못이라고 했고, 강성(江聲)이 "계의 아들은 오관(五觀)이다. 계는 어진 왕이었는데, 어찌 방탕하게 노는데 이를 수 있겠는가? 『국어』「초어(楚語)」편에서 사미(士亹)가 오관(五觀)을 단주(丹朱)·상균(商均)·관숙(管叔)·채숙(蔡叔)과 비교했으니, 오관은 음란한 사람이다. 따라서 이 문장은 당연히 계자(啓子)가 되어야 하고, 내(乃)는 잘못이다"라고 했다. 그런데 손이양은 "이것은 계(啓)의 만년에 덕을 상실했을 때의 일을 가리키는 것으로, 내(乃)는 자(子)의 잘못된 글자가 아니다"라고 하고, 계가 방탕하게 노는 일을 기록한 고서들을 인용했다. 여기에서는 손이양의 주장에 따라 해석했다.

69_ 야우(野于)는 필원이 우야(于野)가 되어야 한다고 했다. 즉 야외에서 술과 음식을 먹으면서 방탕하게 놀았다는 의미이다.

70_ '장장명(將將銘) 현경이력(莧磬以力)'은 『묵자한고』에서 오탈자가 있어 그 의미가 불명확하다고 했다. 『묵자한고』에서는 여러 가지 해석을 소개했는데, 여기에서는 손이양의 주장에 따라 해석했다. 손이양은 『시』「주송(周頌)·집경(執競)」편에 "종소리와 북소리가 쿵쾅쿵쾅 어우러지고, 경쇠소리와 피리소리가 한데 모여 어우러진다[鐘鼓喤喤, 磬筦將將.]"라는 구절을 근거로, 이 문장이 "將將鍠鍠, 筦磬以方."이 되어야 한다고 주장했다. 굉굉(鍠鍠)은 황황(喤喤)과 같은 말로, 『시경집전』에서 소리가 조화를 이루는 것[和]이라고 했다. 장장(將將)은 여러 악기가 서로 어울려서 나는 소리를 형용한 것이다. 력(力)은 앞 문장과 운은 맞는데 의미가 통하지 않고, 뒷 문장과는 운이 맞지 않는다. 방(方)은 굉(鍠)과 운이 맞고, 또 력(力)과 방(方)은 글자 형태가 서로 비슷하기 때문에 글자가 잘못 기록되었다. 방(方)은 『의례』「향사례(鄉射禮)」편에서 정현이 병(併)과 같다고 했으니, 피리소리와 경쇠소리가 함께 어울려서 소리가 난다[管磬併作]는 뜻이라고 했다.

71_ 침탁(湛濁)은 무엇인가에 빠지는 것으로, 여기서는 술에 지나치게 빠진 것을 말한다.

72_ 유(渝)는 손이양이 투(偷)와 같고, 구차하다[苟且]는 뜻이라고 했다. 즉 야외의 연회 장소에서 구차하게 먹고 마신다는 뜻이다.

73_ 익익(翼翼)은 행렬이 잘 정돈되고 질서정연한 모습이다. 손이양은 『시』「상송(商頌)·나(那)」편의 "온갖 춤이 질서 정연하다[萬舞有奕.]"에서의 혁(奕)과 같은 의미라고 했다.

은] 위로는 하늘과 귀신이 법도로 여기지 않고,[75] 아래로는 모든 백성들이 이익으로 여기지 않는다.(『묵자』「비악 상」)

子墨子曰, "爲樂非也." 何以知其然也? 曰先王之書, 湯之『官刑』有之曰, "其恒舞于宮, 是謂巫風. 其刑君子出絲二衛, 小人否. 似二伯黃徑." 乃言曰, "嗚呼! 舞佯佯, 黃言孔章. 上帝弗常, 九有以亡, 上帝不順, 降之百殃, 其家必壞喪." 察九有之所以亡者, 徒從飾樂也. 于『武觀』曰, "啓乃淫溢康樂, 野于飮食, 將將銘, 莧磬以力, 湛濁于酒, 渝食于野, 萬舞翼翼, 章聞于天. 天用弗式." 故上者天鬼弗戒, 下者萬民弗利.(『墨子』「非樂 上」)

## 3-1-10

또한[76] 우(虞)나라와 하(夏)·상(商)·주(周) 삼대의 성왕들은 모두 처음 나라를 세우고 도읍을 건설한 날에, 반드시 나라의 한가운데 터를 골라서[77] 종묘(宗廟)를 배치하고, 수목이 크고 무성한 곳을 골라서 사당(祠堂)을 세웠다.[78] 그리고 나라의 부형(父兄) 중에서 자애와 효성이 있고 정숙하고 선량한 사람을 골라서 태축(太祝)과 종백(宗伯)으로 삼았다.[79]

---

74_ 장문우천(章聞于天)이 『묵자』 원문에는 장문우대(章聞于大)로 되어 있는데, 혜동과 필원 등이 천(天)자가 되어야 한다고 했다. 『공자개제고』에도 천(天)자로 되어 있어서 그대로 해석했다.

75_ 불계(弗戒)는 손이양이 앞 문장의 불식(弗式)을 인용한 것이 잘못 기록되었다고 했다.

76_ 또한[且]이라고 한 것은 이 문장의 앞에서 옛날 성왕의 사적 중에서 귀신의 존재를 증명할 자료가 많다는 점을 이야기했는데, 여기에서 다시 거기에 더해 요·순과 삼대 시대 성왕의 일을 통해 귀신의 존재를 증명하고 있기 때문이다.

77_ 단(壇)은 터[場]이며, 정단(正壇)은 한가운데의 집터를 말한다.

78_ 수무(修茂)는 수무(脩茂)와 같은 말로, 크고 무성하다는 의미이다. 추위(菆位)는 왕인지가 추(菆)는 총(叢), 위(位)는 사(社)의 잘못이라고 했다. 총사(叢社)는 총사(叢祠)와 같은 말로, 수목이 우거진 곳에 있는 사당을 말한다.

79_ 축종(祝宗)은 태축(太祝)과 종백(宗伯)을 말한다. 태축(太祝)은 대축(大祝)이라

또한 여섯 종류의 가축[六畜][80] 중에서 몸집이 풍성하고 살찌고 털 색깔이 순수한 것을 고르고,[81] [그중에서도] 털 색깔[이 순수한 것]을 잘 선택하여 희생으로 삼았다.[82] 제사에 사용하는 여러 종류의 옥[83]은 [자신이 가진] 재물에 걸맞게 기준을 정하고, 오곡 중에서 향이나 맛이 좋고 빛깔이 좋은 것[84]을 골라서 술과 단술, 그리고 제기에 담는 음식을 만들었다.[85] 그러므로 술과 단술, 제기에 담는 음식은 한 해 농사의 풍년과 흉년에 맞추어서 준비했다. 따라서 옛날 성왕들이 천하를 다스릴 때는 본래[86] 반드시 귀신[과 관련된 일]을 먼저 하고, 사람[과 관련된 일]을 뒤에 했던 것이 이것이다. 그러므로 관부에서 갖추어서 구비해 두는 것은[87] 반드시 제기(祭器)와 제복(祭服)을 가장 먼저 창고에 다 갖추어 보관했고, 태축과 종백 등의 제사 담당 관리들은 모두 조정[의 신하 반열]에 세웠으며, 제사에 바치는 희생은 보통의 다른 짐승들과는 함께 모아두고 기르지 않았다고 한다. 따라서 옛날 성왕의 정치는 이와

---

고도 하는데, 신에게 기도하는 일을 맡은 벼슬이다. 종백(宗伯)은 종묘의 제사 등을 맡은 벼슬이다.

80_ 육축(六畜)은 여섯 종류의 가축으로, 육요(六擾)라고도 하며, 소 · 말 · 돼지 · 양 · 닭 · 개를 말한다.

81_ 승(勝)은 풍성한 것이고, 돌(腯)과 비(肥)는 살찐 것이다. 졸(倅)은 순수한 것으로, 털의 색깔에 다른 색깔이 섞이지 않은 순수한 것을 말한다.

82_ 모(毛)는 필원이 앞 구절에 붙여 구두를 끊어야 한다고 했다. 그런데 손이양은 그렇게 되면 앞 구절의 승(勝)이 연문이 되기 때문에 그대로 뒤로 붙여 구두를 끊는 것이 옳다고 했다. 모(毛)는 『주례』「소종백(小宗伯)」편에서 정현이 털을 선택하는 것이라고 했다.

83_ 규벽(圭璧)은 제후가 천자를 알현하거나 제사를 지낼 때 지니던 옥을 말한다. 종황(琮璜)은 옥의 명칭인데, 종(琮)은 팔각형이고, 황(璜)은 벽(璧)을 반으로 쪼갠 모양이다.

84_ 방(芳)은 향이나 맛이 좋은 것이고, 황(黃)은 빛깔이 좋은 것이다.

85_ 주례(酒醴)는 술과 단술을 말하고, 자성(粢盛)은 제기에 담긴 곡식을 말한다.

86_ 고(故)는 『묵자한고』에서 고(固)의 의미라고 했다.

87_ 『묵자한고』에 의하면, 선(選)은 구비하거나 비치하는 것으로, 선(僎)과 같은 의미이다. 효(效)도 『광아(廣雅)』「석고(釋詁)」편에서 갖추어둔다[具]는 의미라고 했다.

같았다.(『묵자』「명귀 하」)

> 且惟昔者虞·夏·商·周三代之聖王, 其始建國營都日, 必擇國之正壇, 置以爲宗廟, 必擇木之修茂者, 立以爲菆位. 必擇國之父兄慈孝貞良者, 以爲祝宗. 必擇六畜之勝腯肥倅, 毛以爲犧牲. 圭璧琮璜, 稱財爲度, 必擇五穀之芳黃, 以爲酒醴粢盛. 故酒醴粢盛, 與歲上下也. 故古聖王治天下也, 故必先鬼神而後人者此也. 故曰官府選效, 必先祭器祭服, 畢藏于府, 祝宗有司畢立于朝, 犧牲不與昔聚群. 故古者聖王之爲政若此.(『墨子』「明鬼 下」)

## 康3-2

살펴보건대, 이상의 『묵자』 여러 편은 모두 묵자가 독창적으로 만든 의리이니, 곧 묵자가 개혁한 제도이다. 그렇다면 "반드시 급선무를 선택하여 [거기에 맞추어] 유세해야 한다"[88]라고 말한 것은 또한 시대의 상황을 깊이 관찰하고, 자세하게 따져서 헤아린 것이지, 한쪽으로 치우친 이론을 붙잡고서 대충 한 말이 아니다. 『장자』에서 "묵자는 진정으로 천하 사람들을 좋아했는데, 천하 사람들에게 요구하는 것이 없었다"라고 하니,[89] 진실하도다, 그 말이여! 다만 여러 편의 요지를 종합해 보면, 「절장(節葬)」·「비명(非命)」·「비악(非樂)」·「비유(非儒)」편은 모두 공자의 학문과는 분명히 대치된다. 또한 묵자 학파의 유명한 많은 제

---

88_ 『묵자』「노문(魯問)」편에서 "대체로 어떤 나라에 들어가면 반드시 급선무를 선택하여 거기에 맞추어 유세해야 한다[凡入國, 必擇務而從事焉.]"라고 했다.

89_ 『장자』「천하(天下)」편에서 "묵자는 진정으로 천하 사람들을 좋아했다. 자신이 추구하는 것을 얻지 못하면 비록 몸이 고목처럼 말라 죽을지라도 그만두지 않았으니, 뛰어난 선비로다[墨子眞天下之好也. 將求之不得也, 雖枯槁不舍也, 才士也夫.]"라고 했다. '구지부득야(求之不得也)'를 '구지천하무유(求之天下無有)'로 바꾸어 인용했는데, 여기에서는 천하 사람들을 좋아하여 그들을 위해 노동했지, 그들로부터 무엇인가를 요구하거나 원하는 것이 없었다는 의미로 이해했다.

자들이 공자와 서로 비교되기 때문에 공자를 계승하여 조술하는 자들은 반드시 묵자 학파를 강력하게 공격한다. [공자 제자들의 태도는] 다만 공자의 의리가 순수하기 때문만이 아니라 또한 '자식이 자기 부모를 개인적으로 사랑하지 않으면 자식이 될 수 없고, 신하가 자기 임금을 개인적으로 사랑하지 않으면 신하가 될 수 없다'라는 것이다.[90] 한유(韓愈, 768~824)[91]가 "공자[의 학파]는 반드시 묵자[의 이론]을 채용해야 하며, 묵자[의 학파]는 반드시 공자[의 이론]을 채용해야 하는데, 두 학파가 서로 공격하니, 두 스승의 도가 본래 그러한 것이 아니다"라고 하니,[92] 실없는 소리이다. 비록 그렇지만, 한유는 뛰어난 문인(文人)의 한 사람일 뿐이니, 어찌 큰 도의 원류를 가지고 따져서 책망할 수 있겠는가?

按, 此墨子諸篇, 皆墨子特創之義, 即墨子所改之制也. 然曰"擇務而從事", 則亦深觀時勢, 曲有斟酌, 非持偏論而概施之. 『莊子』謂"墨子

---

90_ 『의례』 「상복(喪服)」편에 "子不私其父, 則不成爲子."라는 기록이 보인다. 그리고 『후한기(後漢紀)』 「효헌황제기(孝獻皇帝紀)」에 "古人據正重慎, 不敢私其君父, 如此其至者也."라는 구절과 송나라 가현옹(家鉉翁)이 지은 『춘추집전상설(春秋集傳詳說)』 「은공 하(隱公 下)」편에 "子不得以私其父, 臣不得以私其君."이라는 구절이 보인다. 즉 자식과 신하가 부모와 군주를 개인적으로 사사로이 사랑하는 것은 인정의 측면에서는 당연한 이치라는 말이다.

91_ 한유(韓愈)는 당나라의 문학가이자 사상가로, 회주(懷州) 수무현(修武縣) 사람이다. 자는 퇴지(退之)이고, 시호는 문공(文公)이다. 감찰어사(監察御使)·형부시랑(刑部侍郎)·이부시랑(吏部侍郎) 등을 역임했다. 그는 문학 분야에서 이전까지의 대구(對句) 중심의 변문(騈文)에 반대하고, 자유로운 형식의 고문(古文)을 만들어 송대 이후 중국 산문 문체의 표준이 되었다. 사상 분야에서는 유가의 입장에서 도교와 불교를 배격했다. 저서로는 『창려선생집(昌黎先生集)』이 있다.

92_ 송나라 위중거(魏仲擧)가 편찬한 『오백가주창려문집(五百家注昌黎文集)』 권11의 「독묵자(讀墨子)」에 "孔子必用墨子, 墨子必用孔子, 不相用, 不足爲孔墨."이라는 내용이 보인다. 그 주석에서 "공자의 학문을 하는 자는 반드시 묵자의 이론을 채용하여, 그중에서 공자와 합치되는 것을 취할 뿐이다. 묵자의 학문을 하는 자는 반드시 공자의 이론을 채용하여, 성인의 말에서 절충하여야만 그 학문이 가능하다[爲孔子之學者, 必用墨子, 取其與孔子合者而已. 爲墨子之學者, 必用孔子, 折衷于聖人之言, 其可也.]"라고 했다.

眞天下之好, 求之天下無有", 誠哉, 是言! 但總諸篇之旨, 「節葬」·「非命」·「非樂」·「非儒」, 皆顯與孔子之學爲敵. 又其聲名徒衆與孔子相比. 故述孔子者必力攻之. 非獨孔子義理之粹, 亦所謂'子不私其父, 則不成爲子, 臣不私其君, 則不成爲臣也.' 若韓愈謂"孔子必用墨子, 墨子必用孔子, 二家交攻, 非二師之道本然", 則譽言也. 雖然, 退之一文人之雄耳, 安足責以大道之源流哉?

## 3-1-11[93]

후세 사람들을 사치하지 않게 하고, 만물을 낭비하지 않게 하며, 구체적인 법도를 화려하게 꾸미지 않게 하고, 규율로써 스스로를 엄격하게 규제하여 세상의 위급한 상황에 대비하게 하니, 옛날의 도술 중에 이러한 방면에 속하는 학풍이 있었다. 묵적(墨翟)과 금골리(禽滑釐)는 그 학풍을 듣고서 기뻐하여, 실천을 너무 지나치게 했고, 절제를 너무 심하게 했다. 「비악(非樂)」을 짓고, 「절용(節用)」이라고 명명하여, 살아 있는 동안에는 노래를 부르지 않고, 죽었을 때는 상복이 없었다. 묵자는 널리 사람을 사랑하고 이익을 함께 나누고, 전쟁을 반대했으며, 남에게 화내지 않는 것을 도리로 삼았다. 또한 학문을 좋아하면서 널리 배웠고, 특이한 이론을 내세우지는 않았다. 그러나 선왕의 도와는 같지 않았고, 옛날의 예악을 비난했다.

不侈於後世, 不靡於萬物, 不暉於數度, 以繩墨自矯而備世之急, 古之道術有在於是者. 墨翟·禽滑釐聞其風而說之, 爲之大過, 已之大循. 作爲「非樂」, 命之曰「節用」, 生不歌, 死無服. 墨子氾愛兼利而非鬥, 其道不怒. 又好學而博, 不異. 不與先王同, 毁古之禮樂.

---

93_ 이하에서 인용한 『장자』「천하」편의 내용은 이 책의 제2권 제1절〈2-1-2〉에서 이미 인용했다. 자세한 주석은 앞의 내용을 참조 바람.

황제(黃帝)에게는 「함지(咸池)」라는 음악이 있었고, 요(堯)에게는 「대장(大章)」이라는 음악이 있었으며, 순(舜)에게는 「대소(大韶)」라는 음악이 있었다. 우(禹)에게는 「대하(大夏)」라는 음악이 있었으며, 탕(湯)에게는 「대호(大濩)」라는 음악이 있었고, 문왕(文王)에게는 「벽옹(辟雍)」이라는 음악이 있었으며, 무왕(武王)과 주공(周公)은 「무(武)」라는 음악을 지었다. 옛날의 상례(喪禮)는 신분의 귀천에 따라서 [각각 정해진] 예법이 있었고, 지위의 상하에 따라서 [각각 정해진] 등급이 있었다. 천자는 내관[棺]과 외관[槨]이 일곱 겹이고, 제후는 다섯 겹이며, 대부는 세 겹이고, 사는 두 겹이다. 지금 유독 묵자만이 살아 있을 때는 노래를 부르지 않고, 죽었을 때는 상복을 입지 않으며, 오동나무 내관을 세 치의 두께로 만들면서 외관이 없는 것을 법식으로 삼고 있다. 이로써 사람을 가르친다면 아마도 사람을 사랑하지 않을 것이며, 이로써 스스로에게 실행한다면 자기 자신조차도 사랑하지 않을 것이다. [나는] 묵자의 도를 공격하려는 것이 아니다. 비록 그렇지만, [즐거운 상황에서는] 노래를 불러야 하는데 노래를 비난하고, [슬픈 상황에서는] 곡을 해야 하는데 곡하는 것을 비난하며, [음악이 필요한 상황에서는] 음악을 연주해야 하는데 음악을 비난하니, 이것이 과연 인정에 가까운가? 살아 있을 때는 힘들게 노동하고, 죽었을 때는 간략하게 장례를 치르니, 그 도가 너무 각박하다. 사람들을 우울하게 하고 사람들을 슬프게 하니, 그 도의 실천은 실행되기 어려울 것이며, 아마도 성인의 도가 될 수 없을 것이다. 그리고 천하의 인심과 위배되니, 천하의 사람들이 감당하지 못할 것이다. 묵자가 비록 혼자서는 감당할 수 있다고 하더라도 천하 사람들을 [강제로 실천하도록] 할 수 있겠는가? 천하 사람들로부터 이반되어 있으니, 왕도와는 거리가 멀다.

黃帝有「咸池」, 堯有「大章」, 舜有「大韶」. 禹有「大夏」, 湯有「大濩」, 文王有「辟雍」之樂, 武王·周公作「武」. 古之喪禮, 貴賤有儀, 上下有等. 天子棺槨七重, 諸侯五重, 大夫三重, 士再重. 今墨子獨生不歌,死不服, 桐棺三寸而無槨, 以爲法式. 以此敎人, 恐不愛人, 以此自行, 固不愛己. 未敗墨子道. 雖然, 歌而非歌, 哭而非哭, 樂而非樂, 是果類乎? 其生也勤, 其死也薄, 其道大觳. 使人憂, 使人悲, 其行難爲也, 恐其不可以爲聖人之道. 反天下之心, 天下不堪. 墨子雖獨能任, 奈天下何? 離於天下, 其去王也遠矣.

묵자는 다음과 같이 말한다. "옛날 우(禹)가 홍수를 막고, 양자강과 황하를 터서 사방 오랑캐와 중국의 구주(九州)를 소통시켰는데, 큰 강이 300개였고, 작은 하천이 3,000개였으며, 작은 내는 셀 수 없이 많았다. 우는 직접 삼태기와 보습을 손에 쥐고서 천하의 하천을 모아서 합쳤다. 그의 장딴지와 정강이에는 털이 없어졌으며, 장맛비에 온몸이 젖고 심한 바람에 머리를 흩날리면서, 여러 나라[의 경계를] 정했다. 우는 큰 성인인데도 천하를 위해 육체노동을 한 것이 이와 같았다." 따라서 후세의 묵가들에게 대부분 거친 옷을 입고, 허름한 신발을 신으며, 밤낮으로 쉬지 않고 노동하여, 스스로를 고생시키는 것이 최고라고 여기도록 했다. 그러면서 "이와 같이 할 수 없으면 우의 도가 아니니, 묵가라고 할 수 없다"라고 말했다.

墨子稱道曰, "昔禹之湮洪水, 決江河而通四夷九州也, 名川三百, 支川三千, 小者無數. 禹親自操橐耜而九雜天下之川. 腓無胈, 脛無毛, 沐甚風, 櫛疾雨, 置萬國. 禹大聖也而形勞天下也如此." 使後世之墨者, 多以裘褐爲衣, 以跂蹻爲服, 日夜不休, 以自苦爲極. 曰"不能如此, 非禹之道也, 不足謂墨."

상리근(相里勤)의 제자와 오후(五侯)의 무리, 남방의 묵가인 고획(苦獲)과 이치(已齒)와 등릉자(鄧陵子)의 부류들이 모두 묵가의 경전을 익혔지만, [그 이론이] 어긋나고 갈라져서 같지 않았고, 서로를 [정통이 아닌] 별개의 묵자라고 비난했다. 견백(堅白)과 동이(同異)의 변론을 가지고 서로 비난하고, 서로 맞지 않는 기우(奇偶)의 말을 가지고 대응했다. 거자(巨子)를 성인이라고 여기고, 모두가 묵자의 주축이 되기를 원하고 묵자의 후계자가 되기를 바라니, 지금까지 분쟁이 해결되지 않았다. 묵적(墨翟)과 금골리(禽滑釐)의 의도는 옳지만, 그 행동은 잘못되었다. 장차 후세의 묵가들에게 기어코 장딴지와 정강이에 털이 없어지는 것으로 스스로를 고생시키면서 서로 경쟁하게 할 뿐이다. 이것은 천하를 혼란시키는 최상의 방법이자 천하를 다스리는 최하의 방법이다. 비록 그렇지만, 묵자는 진정으로 천하 사람들을 좋아했다. 자신이 추구하는 것을 얻지 못하면 비록 몸이 고목처럼 말라 죽을지라도 그만두지 않았으니, 뛰어난 선비로다.(『장자』「천하」)

相里勤之弟子·五侯之徒, 南方之墨者苦獲·已齒·鄧陵子之屬, 俱誦墨經, 而倍譎不同, 相謂別墨. 以堅白同異之辯相訾, 以觭偶不仵之辭相應. 以巨子爲聖人, 皆願爲之尸, 冀得爲其後世, 至今不決. 墨翟·禽滑釐之意則是, 其行則非也. 將使後世之墨者, 必自苦以腓無胈脛無毛相進而已矣. 亂之上也, 治之下也. 雖然, 墨子眞天下之好也. 將求之不得也, 雖枯槁不舍也, 才士也夫.(『莊子』「天下」)

## 3-1-12

묵자의 법에서는 '사람을 죽인 자는 사형에 처하고, 사람에게 상해를 입힌 자는 형벌을 준다'라고 했으니, 이것은 사람을 죽이거나 상해를 입히는 것을 금지하기 위해서이다. 대체로 사람을 죽이거나 상해를 입히는 것을 금지하는 것은 천하의 큰 의리이다.[94](『여씨춘추』「거사」)

94_ 이것은 묵가의 거자(鉅子)인 복돈(腹䵍)이라는 사람의 이야기이다. 복돈이 진(秦)나라에 살고 있을 때, 그의 아들이 살인을 했다. 진나라 혜왕(惠王)이 복돈은 나이도 많고 외아들이기 때문에 선처를 해주겠다고 하자, 그것에 대해 대답한 말이다.

墨者之法曰, '殺人者死, 傷人者刑.' 此所以禁殺傷人也. 夫禁殺傷人者, 天下之大義也.(『呂氏春秋』「去私」)

## 3-1-13[95]

묵가도 또한 요(堯)·순(舜)의 도를 숭상하여, 그들의 덕행에 대해서 다음과 같이 말한다. '집 마루의 높이는 3척(尺)이고, 흙으로 만든 계단은 3개뿐이며, 띠로 인 지붕의 끝을 다듬지도 않았고, 서까래의 통나무를 깎아서 손질하지도 않았다. 흙으로 만든 밥그릇에 밥을 담아 먹고, 흙으로 만든 국그릇에 국을 담아 마셨는데, 현미나 기장으로 만든 거친 밥과 명아주잎과 콩잎으로 만든 보잘것없는 국이었다. 여름에는 갈포로 만든 거친 옷을 입고, 겨울에는 사슴 가죽으로 만든 옷을 입었다.' 그들은 죽은 사람을 장례지낼 때, 오동나무 내관을 세 치의 두께로만 만들면서 [외관이 없었고], 곡소리를 내면서 자신의 슬픔을 다 표출하지는 않았다. 상례에 대해 가르치면서 반드시 이러한 형식을 모든 백성들의 표준으로 삼았다.(『사기』「태사공자서」)

墨者亦尙堯·舜道, 言其德行曰, '堂高三尺, 土階三等, 茅茨不翦, 采椽不刮. 食土簋, 啜土刑, 糲粱之食, 藜藿之羹. 夏日葛衣, 冬日鹿裘.' 其送死, 桐棺三寸, 擧音不盡其哀. 敎喪禮, 必以此爲萬民之率.(『史記』「太史公自序」)

<이상 묵자가 제도를 개혁하다: 右墨子改制>

---

95_ 이하에서 인용한 『사기』「태사공자서」편의 내용은 이 책의 제2권 제1절〈2-1-3〉에서 이미 인용했다. 자세한 주석은 앞의 내용을 참조 바람.

## 2. 관자가 제도를 개혁하다 [管子改制]

### 3-2-1

관자(管子)는 제기에 조각을 장식하여 화려하게 꾸미고,[96] 면관에 붉은 색의 끈을 달았으며,[97] 기둥머리 두공(斗栱)에 산(山) 모양을 조각하고, 들보 위의 동자기둥에 마름풀을 그려 넣었으니,[98] 군자가 그것을 신분에 맞지 않는 행동이라고 했다.[99](『예기』「예기」)

管仲鏤簋朱紘,[100] 山節藻梲, 君子以爲濫矣.(『禮記』「禮器」)

### 3-2-2

공자가 말했다. "관자는 제기에 조각을 장식하여 화려하게 꾸미고, 면

---

96_ 루(鏤)는 새기는 것이고, 궤(簋)는 그릇으로 고대에 제사 때 서직(黍稷)을 담던 제기이다. 루궤(鏤簋)는 제기에 조각을 하여 화려하게 꾸미는 것을 말한다.

97_ 굉(紘)은 관을 매는 끈으로, 신분에 따라서 그 색깔을 다르게 한다. 천자는 붉은 색, 제후는 푸른 색, 대부와 사는 검은색이다. 『예기』「제의(祭義)」편에 "昔者, 天子爲藉千畝, 冕而朱紘, 躬秉耒. 諸侯爲藉百畝, 冕而靑紘, 躬秉耒."라는 기록이 보인다.

98_ 절(節)은 기둥머리의 두공[柱頭斗栱]으로, 산절(山節)은 집의 기둥머리 두공에 산 모양을 조각하는 것이다. 조(藻)는 수초(水草)의 이름으로, 마름풀이라고 한다. 절(梲)은 들보 위의 동자기둥[梁上短柱]이다. 조절(藻梲)은 들보 위의 동자기둥에 마름풀을 그려 넣은 것이다. 『논어』「공야장(公冶長)」편에도 "子曰, 臧文仲, 居蔡, 山節藻梲, 何如其知也."라는 기록이 보인다.

99_ 이것은 모두 천자의 묘당에만 사용하는 장식이기 때문에 대부인 관자가 사용할 수 없는 것이다. 『예기』「명당위(明堂位)」편에 "山節藻梲, 復廟重檐, 刮楹達鄉, 反坫出尊, 崇坫康圭, 疏屛, 天子之廟飾也."라는 기록이 보인다.

100_ 굉(紘)이 『공자개제고』에는 현(弦)으로 되어 있는데, 『예기』 원문에 따라 고쳤다.

관에 붉은색의 끈을 달았으며, 문으로 들어가는 길에 병풍을 세워 가렸고, 술잔을 되돌려 놓는 잔대를 설치했으며,[101] 기둥머리 두공(斗栱)에 산(山) 모양을 조각하고, 들보 위의 동자기둥에 마름풀을 그려 넣었다. [그가 비록] 현명한 대부라고 하더라도 위의 군주를 힘들게 만들 것이다."(『예기』「잡기 하」)

孔子曰, "管仲鏤簋而朱紘, 旅樹而反坫, 山節而藻梲. 賢大夫也而難爲上也."(『禮記』「雜記 下」)

## 3-2-3

관자가 국가의 운용 자금을 회계 결산했는데,[102] 그중의 3분의 2의 자금이 외국의 사신 접대에 사용되었고,[103] 3분의 1만이 국내 비용에 충당되었다.(『관자』「중광」)

管仲會國用, 三分二在賓客, 其一在國.(『管子』「中匡」)

---

101_ 려수(旅樹)는 문으로 들어가는 길에 세워놓은 병풍을 말하는데, 병풍을 문에 설치하여 안과 밖을 가리는 것이다. 점(坫)은 술잔을 올려놓는 잔대를 말하는데, 반점(反坫)은 제후들이 회맹을 할 때 술잔을 주고받으면서 다 마시고 난 뒤 술잔을 두 기둥 사이에 있는 잔대 위에 되돌려 놓는다. 이것은 모두 제후의 예법이기 때문에 대부인 관자가 사용할 없는 것이다. 『논어』「팔일(八佾)」편에도 관자에 대해 다음과 같은 기록이 보인다. "或曰, 管仲儉乎. 曰, 管氏有三歸, 官事不攝, 焉得儉. 然則管仲知禮乎. 曰, 邦君, 樹塞門, 管氏亦樹塞門, 邦君, 爲兩君之好, 有反坫, 管氏亦有反坫, 管氏而知禮, 孰不知禮."

102_ 회(會)는 회계하여 통계를 내는 것이며, 국용(國用)은 국가의 운용에 필요한 세입과 세출의 자금을 말한다.

103_ 빈객(賓客)은 춘추전국시대에 주로 다른 나라에서 파견한 사신, 즉 외교관을 말한다. 『논어』「공야장(公冶長)」편에 "子曰, 赤也, 束帶立於朝, 可使與賓客言也, 不知其仁也."라는 구절이 보인다.

## 3-2-4

환공(桓公)이 관자에게 물었다. "백성들이 군대의 일에 잘 대처할 수 있으니, [나는 무도한 대국들을 공격하여 주살하려고 하는데] 가능하겠는가?"[104] 관자가 대답했다. "불가능합니다. 갑옷과 무기가 아직 부족하기 때문입니다. [죄인들의] 형벌을 감면해줌으로써 갑옷과 무기를 보충하기를 요청합니다." 이에 사형에 해당하는 죄는 죽이지 않고, 그 다음의 중형에 해당하는 죄는 처벌하지 않고, 그들에게 갑옷과 무기를 바치고 죄를 면제받도록 했다.[105] 사형에 해당하는 죄는 무소 가죽으로 만든 갑옷과 쌍지창 한 개를 바치게 하고,[106] 그 다음의 중형[107]에 해당하는 죄는 방패[108]와 쌍지창 한 개를 바치게 했다. 그리고 과실에 대한 벌은 금속 30근[109]을 바치게 하고, 억울한 일이 없는데도 소송을 제기한 사람[110]은 화살 한 묶음[111]으로 가능하도록 했다.[112](『관자』「중광」)

---

104_ 궈모뤄(郭沫若)의 『관자집교(管子集校)』에서 인용한 장패륜(張佩綸)이 이 문장은 앞 문장을 이은 것이 아니기 때문에 착간이 아니면 궐문이라고 했다. 도홍경(陶鴻慶)은 다음과 같이 말했다. "환공의 질문이 무엇을 가리키는지 알 수 없으니, '즉가호(則可乎)' 앞에 당연히 빠진 구절이 있다. 아래 문장에서 '公曰, 甲兵旣足矣, 吾欲誅大國之不道者可乎.'라고 했으니, 아마도 '吾欲誅大國之不道者'라는 9글자가 본래 이 사이에 있었던 것 같다. 따라서 관자가 갑병(甲兵)이 부족하다는 이유로 대답하여 바로잡은 것이다." 여기에서는 도홍경의 주장에 따라 해석을 보충했다.

105_ 속(贖)은 재물을 바치고 죄를 면하는 것이다. 여기서는 갑옷이나 무기를 내고, 그 대가로 죄를 면제해준 것을 말한다.

106_ 서갑(犀甲)은 무소 가죽으로 만든 갑옷이고, 극(戟)은 양쪽에 날이 있는 쌍지창이다.

107_ 형벌(刑罰)은 『관자집교』에서 왕인지가 형죄(刑罪)가 되어야 한다고 했는데, 그에 따라 고쳐서 해석했다.

108_ 협순(脅盾)은 방패[盾]의 별칭이다. 방패가 갈비뼈 쪽에 닿기 때문에 이렇게 불렀다. 『관자』「유관(幼官)」편에도 "旗物尙黑, 兵尙脅盾."이라는 구절이 보인다.

109_ 균(軍)은 왕인지가 균(鈞)이 되어야 한다고 하면서 「소광(小匡)」편의 '小罪入以金鈞'을 그 증거로 제시했다. 여기에서는 왕인지의 주장에 따라 고쳐서 해석했다. 균(鈞)은 무게의 단위로, 30근(斤)을 말한다. 금(金)은 동(銅)이나 철(鐵) 등의 금속을 통칭하는 말이다.

公曰, “民辦軍[113]事矣, 則可乎?” 對曰, “不可. 甲兵未足也. 請薄刑罰, 以厚甲兵.” 于是, 死罪不殺, 刑罪不罰, 使以甲兵贖. 死罪以犀甲一戟, 刑罰以脅盾一戟. 過罰以金軍, 無所計而訟者成以束矢.(『管子』「中匡」)

## 3-2-5

환공(桓公)이 “서울의 조직[國][114]을 세 개의 구역으로 나누는 것은 어떻게 해야 하는가?”라고 물었다. 관자가 대답했다. “서울의 조직을 21개의 향(鄕)[115]으로 만듭니다. 상인(商人)과 공장(工匠)의 향(鄕)이 6개, 사인(士人)과 농민(農民)의 향이 15개이며, 군주가 5개의 향을 통솔하고,[116] 고

---

110_ 무소계(無所計)는 소여(蘇輿)가 무소억(無所抑)이 되어야 한다고 했다. 즉 억울한 일이 없이 소송을 거는 사람을 말한다

111_ 속시(束矢)는 12개로 된 한 묶음의 화살을 말한다. 『회남자』「범론훈(氾論訓)」편의 “訟而不勝者, 出一束箭.”에 대한 고유 주에서 화살[箭] 12개가 속(束)이라고 했다.

112_ 『회남자』「범론훈(氾論訓)」편에도 이와 비슷한 기록이 보인다. “齊桓公將欲征伐, 甲兵不足, 令有重罪者出犀甲一戟, 有輕罪者贖以金分, 訟而不勝者出一束箭. 百姓皆說, 乃矯箭爲矢, 鑄金而爲刃, 以伐不義而征無道, 遂霸天下, 此入多而無怨者也.”

113_ 군(軍)이 『공자개제고』에는 군(君)으로 되어 있는데, 『관자』 원문에 따라 고쳤다.

114_ 국(國)은 국도(國都), 즉 서울을 말한다. 도성 안을 국(國)이라고 하고, 도성 밖 교외지역을 비(鄙)라고 한다.

115_ 향(鄕)은 12,500가(家)로 이루어진 주나라의 행정 구역인데, 제나라에서는 2,000가로 이루어져 있었다. 1향(鄕)은 10연(連)이고, 1연은 200가(家)이다. 한나라 때는 1,000호(戶)로 구성된 행정 구역을 가리켰다.

116_ 『관자집교』에서 손촉승(孫蜀丞)이 다음과 같이 말했다. “십일향(十一鄕)은 『국어』「제어(齊語)」편에 의거하면 오향(五鄕)이 되어야 한다. 상공(商工)의 향은 전쟁에 나갈 수 없으니, 여기에서 말한 3군은 군주 · 고자 · 국자가 각각 통솔하는 5개씩의 향으로, 대체로 사농(士農)의 향만을 가리키다. 후인들이 21개의 향이라는 숫자에 억지로 맞추려고 했기 때문에 공의 향을 11개로 고쳤는데, 사실은 잘못된 것이다.” 여기에서는 손촉승의 주장에 따라 고쳐서 해석했다.

자(高子)가 5개의 향을 통솔하며, 국자(國子)가 5개의 향을 통솔합니다.[117] 서울의 조직을 셋으로 나누었기 때문에 3군(軍)이 됩니다. 사향(士鄕)에 3개 관청의 관리를 세우고,[118] 시장[이 있는] 상향(商鄕)에 3개 관청의 관리[鄕][119]를 세우며, 공향(工鄕)에 3개 관청의 관리[族]를 세우고, 연못이 있는 향에 3개 관청의 관리[虞]를 세우며, 산이 있는 향에 3개 관청의 관리[衡]를 세웁니다. [앞의] 5가(家)를 묶어서 궤(軌)를 만들고, 궤에는 궤장(軌長)을 두며, 10궤를 묶어서 리(里)를 만들고, 리에는 리사(里司)를 둡니다. 4개의 리를 묶어서 연(連)을 만들고, 연에는 연장(連長)을 두며, 10개의 연을 묶어서 향(鄕)을 만들고, 향에는 양인(良人)을 둡니다. 5개의 향(鄕)[120]이 1수(帥)입니다." 환공이 "교외의 조직[鄙][121]을 다섯 개의 구역으로 나누는 것은 어떻게 해야 하는가?"라고 물었다. 관자가 대답했다. "5가(家)를 묶어서 궤(軌)를 만들고, 궤에는 궤장(軌長)을 두며, 6궤를 묶어서 읍(邑)를 만들고, 읍에는 읍사(邑司)를 둡니다. 10개의 읍을 묶어서 졸(卒)을 만들고, 졸에는 졸장(卒長)을 두며, 10개의 졸을 묶어서 향(鄕)을 만들고, 향에는 양인(良人)을 둡니다. 3개의 향(鄕)을 묶어서 속(屬)

---

117_ 고자(高子)와 국자(國子)는 모두 제나라에서 역대로 이름난 귀족 집안으로, 제나라의 상경(上卿)의 명칭이다.

118_ 공립삼관(公立三官)은 『관자집교』에서 유적(劉績)이 "관(官)은 관부(官府)이다. 이것은 사(士)의 향을 말한다"라고 했다. 궈모뤄는 "유적(劉績)의 말이 옳다. 그런데 이 문장 다음의 '市立三鄕, 工立三族, 澤立三虞, 山立三衡.' 등의 예와 마찬가지로 여기의 공(公)은 궁(宮)이 되어야 한다. 「대광(大匡)」편에서 '凡仕者近宮, 不仕與耕者近門, 工賈近市.'라고 했는데, 여기의 근궁(近宮)의 궁(宮)자가 송나라 판본에는 공(公)으로 되어 있는 것이 그 증거가 될 수 있다. 『국어』「제어(齊語)」편의 '以爲三官, 臣立三宰.'는 오자와 연문이 있는 것 같다"라고 했다. 여기에서는 궈모뤄의 주장에 따라 해석했다.

119_ 왕인지가 향(鄕)은 뒤의 족(族)·우(虞)·형(衡)과 마찬가지로 모두 관직의 이름이라고 했다. 즉 행정 구역을 나타내는 상향(商鄕)의 향과는 다르다.

120_ 『관자집교』에 의하면, 삼향(三鄕)은 옛 판본과 『국어』「제어」편에는 오향(五鄕)으로 되어 있다. 그리고 이 문장 다음에도 "五鄕一帥. 故萬人爲一軍, 五鄕之帥率之."라고 되어 있다. 여기에서는 『관자집교』에 따라 해석했다.

121_ 비(鄙)는 앞의 국(國), 즉 도성 안의 서울과 대비되는 도성 밖의 교외를 말한다.

을 만들고, 속에는 대부(大夫)를 두니, 5개의 속에 5명의 대부를 둡니다.[122] 군사 방면의 일은 속(屬)에 맡겨서 다스리고, 문치(文治) 방면의 일은 향(鄕)에 맡겨서 다스리는데, 각각이 잘 지키면서 맡아 다스려서, 방탕하게 노는 사람이 없도록 해야 합니다."(『관자』「소광」)

桓公曰, "參國奈何?" 管子對曰, "制國以爲二十一鄕. 商工之鄕六, 士農之鄕十五, 公帥十一鄕, 高子帥五鄕, 國子帥五鄕. 參國, 故爲三軍. 公立三官之臣, 市立三鄕, 工立三族, 澤立三虞, 山立三衡. 制五家爲軌, 軌有長, 十軌爲里, 里有司. 四里爲連, 連有長, 十連爲鄕, 鄕有良人. 三鄕一帥." 桓公曰, "五鄙奈何?" 管子對曰, "制五家爲軌, 軌有長, 六軌爲邑, 邑有司. 十邑爲率, 率有長, 十率爲鄕, 鄕有良人. 三鄕爲屬, 屬有帥, 五屬一大夫. 武政聽屬, 文政聽鄕, 各保而聽, 毋有淫佚者."(『管子』「小匡」)

## 3-2-6

관자가 대답했다.[123] "옛 법도를 정비하여, 그 중에서 좋은 것을 가려서, 그것을 시행하되 삼가 조심해서[124] 사용하면 됩니다."[125](『관자』「소광」)

---

122_ 십읍위솔(十邑爲率)의 솔(率)은 왕염손에 의하면, 『국어』「제어」편에 졸(卒)로 되어 있기 때문에 졸(卒)이 되어야 한다. 즉 예서(隸書)에 두 글자의 모양이 비슷하여 잘못 기록되었다고 한다. 그리고 또 속유수(屬有帥)의 수(帥)도 대부(大夫)가 되어야 한다. 앞의 문장인 연유수(連有帥)와 관련되어 잘못 기록한 것이다. 오속일대부(五屬一大夫)의 일(一)자도 오(五)가 되어야 한다. 이 문장의 뒤에 "正月之朝, 五屬大夫復事, 公擇其寡功者而譙之."라는 기록에서 보듯이, 매 속(屬)마다 한 명씩의 대부가 있다. 『국어』「제어」편에도 "五大夫各治一屬."이라고 기록되어 있다. 여기에서는 이상의 주석에 따라 해석했다.

123_ 환공이 천하 제후들과 회맹을 하고자 했는데, 관자가 백성들의 마음이 아직 자신들이 베푼 시책을 편안하게 여기지 않는다는 이유로 불가능하다고 했다. 이에 환공이 그 방법을 묻자 관자가 대답한 내용이다.

124_ 엄(嚴)은 삼가고 조심하는 것[敬]이다. 『관자집교』에서 유적(劉績)은 『국어』「제어」편에 업(業)으로 되어 있는데, 모두 경(敬)의 의미라고 했다.

管子對曰, "修舊法, 擇其善者, 擧而嚴用之."(『管子』「小匡」)

## 3-2-7

관자가 대답했다.[126] "국내 정치를 시행하면서 군령(軍令)에 맡겨서 처리하십시오.[127] 고자(高子)가 관리하는 리(里)를 만들고, 국자(國子)가 관리하는 리(里)를 만들며, 군주가 관리하는 리(里)를 만들어서, 제나라의 서울[의 조직]을 세 개의 구역으로 나누어 3군(軍)으로 만듭니다.[128] 현명한 백성을 선발하여, 리군(里君)을 맡도록 합니다. 향(鄕)에는 군대 조직을 두고,[129] 졸장(卒長)에게는 제도와 법령[의 시행권]을 가지도록 하고,[130] 또 사냥으로 [군사 훈련을 하고],[131] 그것을 통해서 상벌(賞罰)을 시행하면, 백성들이 군대의 일을 잘 익히게 됩니다." 환공이 "좋다"라고 말했다. 이에 관자가 5가(家)를 묶어서 궤(軌)를 만들고,[132] 궤에는 궤

---

125_ 관자의 대답은 여기에서 끝나지 않고, 다음의 내용이 이어진다. "백성들을 사랑하여 재물이 없는 빈곤한 사람들을 구제하고, 정벌과 부역을 너그럽게 하여 백성들을 공경하면 나라가 부유해지고 백성들이 편안해집니다[慈於民, 予無財, 寬政役, 敬百姓, 則國富而民安矣.]"

126_ 관자가 환공에게 천하 제후들의 뜻을 얻고자 한다면 일은 숨기는 것이 있어야 하고, 군대의 정치는 가탁하는 것이 있어야 한다고 말했다. 즉 군대의 일은 드러내놓고 익히지 않기 때문에 숨기는 것이 있고, 군대의 정사는 사냥을 통해서 하기 때문에 가탁하는 것이 있다는 것이다. 이하의 내용은 그 방법을 구체적으로 말한 것이다.

127_ 우(寓)는 『관자집교』에 의하면, 『국어』「제어」편과 『관자』를 인용한 여러 가지 책에 기(寄)로 되어 있는 것이 많다. 맡겨서 처리한다는 의미이다. 즉 군령을 국내 정치를 시행하는 데 필요한 법률로 삼아서 사용하라는 뜻이다.

128_ 『관자집교』의 임포(林圃)에 의하면, 『통전(通典)』 제148에서 인용한 『관자』에는 '삼분제국(三分齊國)'이라는 4글자가 없다.

129_ 항오(行伍)는 고대의 군대 편제로, 5인을 오(伍)라고 하고, 5오, 즉 25인을 항(行)이라고 했다. 따라서 이것은 군대나 군대 조직을 가리키는 말로 사용된다.

130_ 기제령(其制令)은 『관자집교』에서 손성연(孫星衍)이 『통전』 148권에는 기(其)가 유(有)로 되어 있다고 했다. 여기에서도 유(有)자로 해석했다.

131_ 전렵(田獵)은 사냥을 하는 것으로, 사냥을 통해서 군사 훈련을 한다는 말이다.

장(軌長)을 두었으며, 10궤를 묶어서 리(里)를 만들고, 리에는 리사(里司)를 두었다. 4리를 묶어서 연(連)을 만들고, 연에는 연장(連長)을 두었으며, 10연을 묶어서 향(鄕)을 만들고, 향에는 양인(良人)을 두었다. 이것으로 군령(軍令)을 삼아 시행했다. 이 때문에 5가(家)가 1궤(軌)가 되기 때문에 5인이 1오(伍)가 되며, 궤장(軌長)이 그것을 통솔했다. 10궤(軌)가 1리(里)가 되기 때문에 50인이 1소융(小戎)이 되며,[133] 리사(里司)[134]가 그것을 통솔했다. 4리(里)가 1연(連)이 되기 때문에 200인이 1졸(卒)이 되며, 연장(連長)이 그것을 통솔했다. 10연(連)이 향(鄕)이 되기 때문에 2,000인이 1여(旅)가 되며, 향(鄕)의 양인(良人)이 그것을 통솔했다. 5향(鄕)이 1수(帥)[135]가 되기 때문에 10,000인이 1군(軍)이 되며,[136] 5향(鄕)의 수(帥)가 그것을 통솔했다. 3군(軍)이기 때문에 중군(中軍)[137][의 명령을 전달하는] 북[138]이 있고, 고자(高子)[의 명령을 전달하는] 북이 있으며, 국자(國子)[의

132_ 오가이위궤(五家以爲軌)에서 이(以)는 손성연이 위와 아래의 문장에 모두 없는 글자이기 때문에 잘못 들어간 글자라고 했다.

133_ 소융(小戎)은 『관자집교』의 동증령(董增齡)에 의하면, 72인으로 구성된 대융(大戎)과 상대해서 사용하는 말이다. 앞에서 길을 여는 병거(兵車)를 대융이라고 하고, 뒤에서 따라가는 병거를 소융이라고 한다. 그리고 금악(金鶚)은 50인을 소융으로 한 것은 25인으로 구성된 주나라의 제도를 관자가 바꾼 것이라고 했다. 다만 두 배로 바꾼 것은 제도를 바꾸면서도 관자가 옛날의 제도는 알고 있었다는 것을 의미한다고 했다.

134_ 『관자집교』에서 도홍경이 리유사(里有司)는 리사(里司)가 되어야 한다고 했다. 앞의 내용에 근거하면 리사(里司)가 되는 것이 옳다.

135_ 일사(一師)는 왕염손이 『국어』 「제어」편과 『통전』에 근거하여 당연히 일수(一帥)가 되어야 한다고 하고, 앞 문장의 '삼향일수(三鄕一帥)'를 증거로 제시했다. 여기에서도 왕염손의 주장에 따라 해석했다. 뒤에 나오는 오향일사(五鄕一師)도 마찬가지이다.

136_ 왕염손이 인(人)자 뒤에 위(爲)자가 빠져 있다고 했다.

137_ 중군(中軍)은 군주가 통솔하는 군대를 말한다. 춘추시대 대국에는 대부분 3군을 설치했는데, 중군(中軍)·상군(上軍)·하군(下軍) 또는 중군(中軍)·좌군(左軍)·우군(右軍)을 말한다. 이 중에서 중군에게 통수권이 있었다.

138_ 고(鼓)는 군대에서 명령을 내리는 데 사용하는 전고(戰鼓)를 말한다. 고거(鼓車)에 북을 싣고 다니면서 통수권자의 명령을 전달할 때 사용한다.

명령을 전달하는] 북이 있었다. 봄에 사냥하는 것을 수(蒐)라고 하여 군대를 정돈하며, 가을에 사냥하는 것을 선(獮)이라고 하여 군대를 훈련했다.[139] 이 때문에 졸오(卒伍)의 정사는 리(里)에서 정하고, 군려(軍旅)의 정사는 교외[郊]에서 정했다. 내부의 훈련이 이미 이루어지면 군령(軍令)은 바꿀 수가 없었다.(『관자』「소광」)

管子對曰, "作內政而寓軍令焉. 爲高子之里, 爲國子之里, 爲公里, 三分齊國, 以爲三軍. 擇其賢民, 使爲里君. 鄕有行伍, 卒長則其制令, 且以田獵, 因以賞罰, 則百姓通于軍事矣." 桓公曰, "善." 于是乎, 管子乃制五家以爲軌, 軌爲之長, 十軌爲里, 里有司. 四里爲連, 連爲之長, 十連有鄕, 鄕有良人. 以爲軍令. 是故五家爲軌, 五人爲伍, 軌長率之. 十軌爲里, 故五十人爲小戎, 里有司率之. 四里爲連, 故二百人爲卒, 連長率之. 十連爲鄕, 故二千人爲旅, 鄕良人率之. 五鄕一師, 故萬人一軍, 五鄕之師率之. 三軍, 故有中軍之鼓, 有高子之鼓, 有國子之鼓. 春以田, 曰蒐, 振旅, 秋以田, 曰獮, 治兵. 是故卒伍政定于里, 軍旅政定于郊. 內敎旣成, 令不得遷徙.(『管子』「小匡」)

---

139_ 수(蒐)는 봄 사냥, 선(獮)은 가을 사냥을 말한다. 진려(振旅)는 군대를 정돈하는 것이고, 치병(治兵)은 군대를 훈련하는 것이다. 『좌씨전』「은공」 5년에 "春蒐, 夏苗, 秋獮, 冬狩. 皆於農隙以講事也. 三年而治兵, 入而振旅. 歸而飮至, 以數軍實."이라는 기록이 보인다. 이 문장에 대한 두예(杜預)의 주에서는 다음과 같이 풀이했다. "수(蒐)는 찾는 것[索]이니, 아직 새끼를 배지 않은 짐승을 골라서 잡는 것이다. 묘(苗)는 곡식의 싹을 위해 해로운 동물을 제거하는 것이다. 선(獮)은 죽이는 것[殺]이니, 죽인다는 것으로 이름을 붙인 것은 가을의 기운을 따른 것이다. 수(狩)는 포위해서 지키는 것이니, 겨울에는 동물이 모두 성장하기 때문에 잡히는 대로 취하고, 따로 골라서 잡지 않는다." 또 진려(振旅)에 대해서는 "계절마다 군대의 일을 강습했으나, 다시 3년마다 한 차례씩 대대적으로 훈련했다. 나가는 것을 치병(治兵)이라고 하니, 비로소 그 일을 다스리는 것이다. 들어오는 것을 진려(振旅)라고 하니, 치병(治兵)의 예(禮)를 마치고 군대를 정돈하여 돌아오는 것이다. 진(振)은 정돈하는 것[整]이고, 려(旅)는 군사[衆]이다"라고 했다. 한편 『공양전』「환공(桓公)」 4년에는 "春曰苗. 秋曰蒐. 冬曰狩."라고 기록되어 있다.

3-2-8

관자가 대답했다.[140] "다음과 같이 제도를 규정합니다. 무거운 죄는 병기와 갑옷, 무소 가죽으로 만든 협구[犀脅],[141] 쌍지창 두 개를 바치게 하고, 가벼운 죄는 무기걸이와 방패, 가죽으로 만든 화살막이[142]와 쌍지창 두 개를 바치게 합니다.[143] 그리고 작은 죄는 금속 45근[144]을 바치게 하고, 용서할 만한 경미한 죄는 금속 15근을 바치게 합니다. 억울한 일이 없는데도 소송을 제기한 사람[145]은 그의 잘못을 바로잡아서 세 번 금지시켰는데도 바로잡지 않으면[146] 화살 한 묶음을 바치는 벌을 줍니다. 질이 좋은 금속으로는 창과 칼, 자루가 긴 창과 쌍지창[147]을 주조하여 개나 말에게 사용해 보고, 질이 나쁜 금속으로는 도끼와 호미, 가래와 괭이[148]를 주조하여 나무를 베거나 땅을 가는 데 사용해 봅니다."

---

140_ 이 부분은 제나라에 갑옷과 무기[甲兵]가 부족하여, 죄인들의 죄를 갑병(甲兵)으로 대신하려고 했는데, 그에 대한 구체적인 방법을 제시한 것이다. 앞의 「중광」에서 나온 내용과 비슷하다.

141_ 협(脅)은 협구(脅驅), 즉 말의 가슴걸이와 연결시켜 말과 수레를 모는 기구를 말한다. 「중광」편에는 '무소 가죽으로 만든 갑옷[犀甲]'이라고 했는데, 여기와는 다른 것 같다. 『시』「소융(小戎)」편에 '움직이는 고리와 말을 모는 옆구리의 가죽끈[游環脅驅]'이라는 구절이 보인다.

142_ 란(蘭)은 병가(兵架), 즉 병기를 거는 무기걸이를 말하며, 협(鞈)은 가슴을 보호하기 위해 가죽으로 만든 화살막이를 말한다.

143_ 앞 문장과 비교해보면, 입(入)자 다음에 이(以)자가 빠져 있다. 『관자집교』에서 유율(維遹)은 이(以)를 생략해서는 안 되며, 『국어』「제어」편에도 이 글자가 그대로 있는 것이 그 증거라고 했다.

144_ 균분(鈞分)은 1균 반인데, 1균은 30근이므로 총 45근을 말한다.

145_ 무좌억이송옥자(無坐抑而訟獄者)는 「중광」편에 나온 무소계이송자(無所計而訟者)와 같은 의미이다.

146_ 『좌씨전』「양공(襄公)」 7년에서 "正直爲正, 正曲爲直."이라고 했는데, 정(正)과 직(直)은 모두 잘못을 바로잡는다는 의미이다.

147_ 과창모극(戈劍矛戟)은 창과 칼, 자루가 긴 창과 쌍지창으로, 모두 전쟁용 무기이다.

148_ 근부(斤斧)는 도끼, 서(鉏)는 호미, 이(夷)는 가래, 거(鋸)와 촉(欘)은 괭이 등으

(『관자』「소광」)

管子對曰, "制重罪, 入以兵甲犀脅二戟, 輕罪, 入蘭盾鞈革二戟. 小罪, 入以金鈞分, 宥薄罪, 入以半鈞. 無坐抑而訟獄者, 正三禁之而不直, 則入束矢以罰之. 美金以鑄戈劍矛戟, 試諸狗馬, 惡金以鑄斤斧鉏夷鋸欘, 試諸木土."(『管子』「小匡」)

### 3-2-9

그때[149] 이후 제나라가 중간에 한때 쇠퇴했지만, 관자가 [태공망(太公望)의 정책을] 정비하여, [물자와 화폐를 관장하는] 경중구부(輕重九府)[150]를 설치했다.(『사기』「화식열전」)

其後, 齊中衰, 管子修之, 設輕重九府.(『史記』「貨殖列傳」)

### 3-2-10

관중부(管仲父)[151]가 외출할 때는 자줏빛 덮개의 수레를 타고 푸른 색 옷을 입었으며, 북을 진열해놓고 치면서 식사를 했다.[152] 마당에는 진열

---

로 모두 농기구를 말한다.

149_ 제나라의 태공망(太公望)이 상공업을 진흥시켜 부흥을 누리던 시기를 말한다. 당시에 제나라는 주위의 제후들이 그 이익을 좇아서 조회를 올 정도로 물질적 풍요를 누리고 있었다고 한다.

150_ 경중구부(輕重九府)는 『사기정의』에서 다음과 같이 말했다. "관자가 말하는 경중(輕重)은 화폐를 말한다. 대체로 백성을 다스리는 데는 경중(輕重)의 법이 있으니, 주나라에 있는 대부(大府)·옥부(玉府)·내부(內府)·외부(外府)·천부(泉府)·천부(天府)·직내(職內)·직금(職金)·직폐(職幣)는 모두 물자와 화폐를 관장하는 관부였다. 따라서 구부(九府)라고 했다."

151_ 관중부(管仲父)는 관자를 말하는데, 제나라 환공이 관자를 중부(仲父)라고 불렀다. 「외저설 좌하(外儲說 左下)」편에 "曰, '臣尊矣, 然而臣疏.' 乃立爲仲父."라는 기록이 보인다.

152_ 치고이귀(置鼓而歸)는 북을 진열해놓고 그것을 치면서 흥을 돋우어 식사를 하

된 세발솥이 있었고,[153] 집안[家]에는 조세의 3할을 거두어들인 재물[三歸][154]이 있었다고 한다.(『한비자』「외저설 좌하」)

管仲父出, 朱蓋靑衣, 置鼓而歸. 庭有陳鼎, 家有三歸.(『韓非子』「外儲說 左下」)

<이상 관자가 제도를 개혁하다: 右管子改制>

## 3. 안자가 제도를 개혁하다 [晏子改制]

### 3-3-1

증자(曾子)가 말했다. "안자(晏子)는 예(禮)를 안다고 말할 수 있으니, 공경함을 지니고 있구나." 유약(有若)이 말했다. "안자는 여우의 털가죽 옷

---

는 것을 말한다. 『한비자신교주』에서 장초백(蔣超伯)이 "옛날의 귀(歸)자는 궤(饋)자와 통한다. 치고이귀(置鼓而歸)는 북을 치고 연주하면서 흥을 돋우어 식사를 하는 것이다"라고 했다.

153_ 정유진정(庭有陳鼎)은 진기유가 마당에 진열된 솥이 있는 것이라고 하고, 『여씨춘추』「귀직(貴直)」편의 "殷之鼎陳於周之廷."과 "無使齊之大呂陳之廷."을 증거로 제시했다. 대여(大呂)는 제나라의 큰 솥 이름이다.

154_ 『한비자신교주』의 궈충다오(郭嵩燾)에 의하면, 삼귀(三歸)에 대해서는 세 가지 주장이 있다. 첫째, 세 성씨(姓氏)의 여자를 아내로 맞이하는 것. 이것은 포함(包咸)의 『논어』 주석에서 풀이한 것으로, 『사기』『관자열전』의 주석 및 『한서』에서 안사고가 이 이론을 채용했다. 둘째, 관자가 지은 대(臺)의 이름이라는 주장. 『설원(說苑)』에 나오며, 『논어』「팔일」편의 "管氏有三歸."에 대해, 『논어집주』에서는 "삼귀(三歸)는 대(臺)의 이름으로, 그 일이 『설원(說苑)』에 보인다"라고 했다. 셋째, 조세법(租稅法). 김인산(金仁山)의 주장인데, 궈충다오와 진기유 등이 모두 이 주장을 따랐다. 이운구도 귀(歸)는 조세 징수율이고, 삼귀(三歸)는 세수 3할에 해당되는 재화라고 풀이했다. 가(家)는 진기유가 「애민(愛民)」편의 "君曰國, 大夫曰家."에서의 가(家)와 같은 의미라고 했다.

한 벌을 30년 동안 입었으며,[155] [장례식의] 희생(犧牲)을 싣는 수레는 1승(乘)만을 사용했고,[156] 하관이 끝나자 곧바로 돌아왔다.[157] 나라의 군주는 희생의 고기를 나누어 포장한 것이 7개이고,[158] 희생을 싣는 수레가 7승(乘)이며, 대부는 희생의 고기를 나누어 포장한 것이 5개이고, 희생을 싣는 수레가 5승(乘)이니, 안자가 어찌 예를 안다고 할 수 있겠는가?" 증자가 말했다. "나라에 도가 없으면 군자는 예를 갖추어 시행하는 것[159]을 부끄럽게 여기니, 나라가 사치하면 검소함을 보여주고, 나라가 검소하면 예를 갖추어 시행하는 것을 보여준다."[160](『예기』「단궁 하」)

曾子曰, "晏子可謂知禮也已, 恭敬之有焉." 有若曰, "晏子一狐裘三十年, 遣車一乘, 及墓而反. 國君七个, 遣車七乘, 大夫五个, 遣車五乘, 晏子焉知禮?" 曾子曰, "國無道, 君子恥盈禮焉, 國奢, 則示之以儉, 國

---

155_ 호구(狐裘)는 여우의 털가죽으로 만든 옷을 말한다. 안자는 대부이면서도 신분에 맞지 않은 옷을 입었을 뿐만 아니라 옷 한 벌을 30년 동안 입은 것은 지나치게 검소하여 예에 맞지 않는다는 것이 유약의 주장이다.

156_ 견거(遣車)는 장례식 때 희생(犧牲)을 싣는 수레이다. 안자는 대부이고, 그의 부친인 안환자(晏桓子)도 대부이기 때문에 장례식 때 5승을 사용해야 하는데도 1승만을 사용했으니, 지나치게 검소할 뿐만 아니라 예에도 맞지 않는다는 말이다. 『예기정의』에서 정현은 "그의 지나친 검소함이 아랫사람을 핍박하기 때문에 비난한 것이다"라고 했다.

157_ 급묘(及墓)는 하관을 하는 것이다. 『예기정의』에서 정현은 "그가 하관을 하자마자 곧바로 돌아와 버리고, 찾아온 빈객에게 해야 할 일을 하지 않았다"라고 했다. 공영달은 장례식에 찾아온 빈객들에게 송별을 해야 하는데, 안자가 하관 후에 곧바로 가버리니, 빈객들도 모두 그냥 가버렸다. 이것은 검소함 때문에 예법을 잃은 것이라고 했다.

158_ 개(个)는 『예기정의』에서 정현이 발인할 때 지내는 제사에 사용하는 희생(犧牲)을 포장한 숫자라고 했다. 공영달은 "희생을 7단이나 5단으로 잘라서 7승과 5승의 견승(遣乘)에 싣는다. 그런데 지금 안자는 예법에 맞는 숫자를 따르지 않았으니, 그것은 예를 모르는 것이다"라고 했다.

159_ 영(盈)은 일정한 정도에 미치는 것이며, 영례(盈禮)는 예를 갖추어 예법에 맞게 그대로 시행하는 것을 말한다.

160_ 『예기정의』에서 정현은 당시에 제나라가 사치가 심해지고 있었기 때문에 그것을 바로잡은 것이라고 했고, 공영달은 안자가 고의로 비례(非禮)를 시행하여 제나라를 바로잡은 일을 논한 것이라고 했다.

儉, 則示之以禮."(『禮記』「檀弓 下」)

### 3-3-2[161]

안평중(晏平仲)이 자기 선조를 제사지내면서, [올린] 돼지의 어깨가 제기를 덮어 가리지 못할 [정도로 크기가 작았고], 여러 번 세탁한 옷과 관을 입고 조회에 나가니, 군자가 그를 비루하다고 여겼다.(『예기』「예기」)

晏平仲祀其先人, 豚肩不揜豆, 浣衣濯冠以朝, 君子以爲隘矣.(『禮記』「禮器」)

### 3-3-3[162]

안평중(晏平仲)이 자기 선조를 제사지내면서 [올린] 돼지의 어깨가 제기를 덮어 가리지 못할 [정도로 크기가 작았으니], 그가 어진 대부라고 하더라도 아랫사람을 힘들게 만들었다.(『예기』「잡기」)

晏平仲祀其先人, 豚肩不掩豆, 賢大夫也而難爲下也.(『禮記』「雜記」)

<이상 안자가 제도를 개혁하다: *右晏子改制*>

161_ 이하에서 인용한 『예기』「예기」편의 내용은 이 책의 제2권 제6절〈2-6-2〉에서 이미 인용했다. 자세한 주석은 앞의 내용을 참조 바람.

162_ 이하에서 인용한 『예기』「잡기」편의 내용은 이 책의 제2권 제6절〈2-6-1〉에서 이미 인용했다. 자세한 주석은 앞의 내용을 참조 바람.

## 4. 극자성 · 원양 · 노자가 제도를 개혁하다 [棘子成 · 原壤 · 老子改制]

### 3-4-1

극자성(棘子成)[163]이 말했다. "군자는 바탕[質]일 뿐이니, 형식[文]을 어디에 사용하겠는가?"[164](『논어』「안연」)

棘子成曰, "君子質而已矣, 何以文爲?"(『論語』「顔淵」)

### 3-4-2

원양(原壤)이 두 다리를 뻗고 걸터앉아서 [공자를] 기다렸다.[165](『논어』「헌문」)

原壤夷俟.(『論語』「憲問」)

### 3-4-3

공자에게 오랜 친구가 있었는데, 이름이 원양(原壤)이었다. 그의 어머니가 죽자, 공자가 그를 도와서 관을 손질했다.[166] 원양이 나무 관[167]

163_ 극자성(棘子成)은 자세한 사적이 보이지 않고, 위(衛)나라 대부로 알려져 있다.

164_ 질(質)은 질박한 바탕이나 본질을 말하고, 문(文)은 예의와 문채 등의 외형적인 형식을 말한다. 『논어집주』에서 "당시 사람들이 형식에만 치우친 것을 싫어했기 때문에 이러한 말을 했다"라고 풀이했다.

165_ 이(夷)는 두 다리를 뻗고 걸터앉는 것이고, 사(俟)는 기다리는 것이다. 예법에 걸터앉는 것은 무례한 행동이기 때문에 그를 꾸짖으면서 "어려서는 공손하지 않고, 장성해서는 칭찬할 만한 일이 없으며, 늙어서도 죽지 않는 것이 바로 남을 해치는 사람이다"라고 하면서, 지팡이로 그의 정강이를 쳤다[子曰, "幼而不孫弟, 長而無述焉, 老而不死, 是爲賊." 以杖叩其脛.]"라고 한다.

166_ 곽(椁)은 외관이고, 목(沐)은 『예기정의』에서 정현이 손질하는 것[治]이라고 했

위에 올라앉아서, "오래되었구나, 내가 음악에 마음을 맡기지 못한 지도"라고 하면서, [관을 두드리면서] 노래하기를,[168] "[관의 무늬가] 살쾡이의 머리처럼 얼룩얼룩하구나. [관의 결이] 연약한 여자의 손을 잡는 것처럼 매끄럽구나"[169]라고 했다. 공자가 듣지 못한 척하고 그곳을 지나가니,[170] 수행하던 자가 "선생님은 [관의 손질을] 그만두어야 하지 않습니까?"[171]라고 하자, 공자가 말했다. "내가 들으니, 친족에 대해서는 [비록 비례(非禮)가 있더라도] 친족의 도리를 잃지 말아야 하며, 오랜 친구에 대해서는 [비록 비례가 있더라도] 오랜 친구의 도리를 잃지 말아야 한다고 하였다."(『예기』「단궁 하」)

孔子之故人, 曰原壤. 其母死, 夫子助之沐椁. 原壤登木曰, "久矣, 予之不托于音也." 歌曰"貍首之斑然. 執女手之卷然." 夫子爲弗聞也者而過之, 從者曰, "子未可以已乎?" 夫子曰, "丘聞之, 親者, 毋失其爲親也, 故者, 毋失其爲故也."(『禮記』「檀弓 下」)

## 3-4-4

어떤 사람이 물었다. "덕을 가지고 원한을 갚는 것은 어떻습니까?" 공

---

다. 목곽(沐椁)은 관의 재료를 손질하는 것이다.

167_ 목(木)은 정현이 나무 관의 재료[木椁材]라고 했는데, 여기서는 나무로 만든 관으로 해석했다.

168_ 탁(托)은 의지하는 것으로, 정현이 마음을 붙이는 것[寄]으로 관을 두드려서 소리를 내는 것이라고 했다.

169_ 리수(貍首)는 살쾡이의 머리이고, 반연(斑然)은 무늬가 얼룩얼룩한 것이며, 권연(卷然)은 유약한 모양이다.

170_ 정현이 모르는 척하는 것[佯不知]이라고 풀이했다.

171_ 이(已)는 정현이 그만두다[止]는 의미라고 했고, 공영달이 "수행하던 자가 그의 무례함을 보고 공자에게 '저 사람이 저토록 무례한데, 선생님은 관을 손질하는 것을 그만두어야 하지 않습니까?'라고 했다"라고 풀이했다. 한편 이상옥(李相玉)의 『예기』 번역서에서는 이(已)를 절(絕)의 의미로 보고, 친구 관계를 끊는 것으로 풀이하기도 했다.

자가 대답했다. "무엇을 가지고 덕을 갚을 것인가? 정직함을 가지고 원한을 갚고, 덕을 가지고 덕을 갚아야 한다."(『논어』「헌문」)

或曰, "以德報怨, 何如?" 子曰, "何以報德? 以直報怨, 以德報德."(『論語』「憲問」)

### 康3-3

『설원(說苑)』에서 '덕을 가지고 원한을 갚는다'는 말은 노자(老子)의 주장이라고 하니,[172] [노자는] 공자와 같은 시대에 제도를 개혁한 사람이다. 그러나 그 도가 사람의 실정과는 가깝지 않아서 자연히 실행하기가 어려웠다.

『說苑』謂'以德報怨'爲老子說，則與孔子幷時改制之人也．其道不近人情, 自難行.

<이상 극자성 · 원양 · 노자가 제도를 개혁하다: 右棘子成 · 原壤 · 老子改制>

## 5. 양자가 제도를 개혁하다 [楊子改制]

### 3-5-1

양주(楊朱)가 말했다. "옛날 말 중에 '살아 있을 때는 서로 아껴주고, 죽

---

172_ 현행본 『설원』「권모(權謀)」편에 "孔子曰, 聖人轉禍爲福, 報怨以德."이라는 구절이 보인다. 그러나 노자(老子)와 관련된 언급은 보이지 않는다. 『논어집주』에서는 "어떤 사람이 말한 것은 현재 『노자』에 보인다. 덕(德)은 은혜(恩惠)를 말한다"라고 했다. 『노자』 제63장에 "大小多少, 報怨以德."이라는 구절이 보인다.

었을 때는 서로 내버린다'[173]라는 말이 있는데, 이 말이 지극히 마땅하다. 서로 아껴주는 도는 단지 감정으로만 하는 것이 아니니, 고생하는 사람은 편안하게 만들어 주고, 굶주린 사람은 배부르게 만들어 주며, 추위에 떠는 사람은 따뜻하게 만들어 주고, 궁지에 몰린 사람은 그 뜻을 이루도록 만들어 준다. 서로 내버리는 도는 단지 서로 슬퍼하지 않는 것뿐만이 아니니, 죽은 사람의 입에 옥을 넣지 않고,[174] 무늬를 수놓은 비단 수의[175]를 입히지 않으며, 희생(犧牲)을 진열하지 않고, 부장품[明器][176]을 만들지 않는다."[177](『열자』「양주」)

楊朱曰, "古語有之, '生相憐, 死相捐', 此語至矣. 相憐之道, 非唯情也, 勤能使逸, 餓能使飽, 寒之能使溫, 窮能使達也. 相捐之道, 非不相哀也, 不含珠玉, 不服文錦, 不陳犧牲, 不設明器也."(『列子』「楊朱」)

## 康3-4

'죽었을 때는 서로 내버린다[死相捐]'는 것은 묵자의 장례식의 간소화[薄葬]와 의미가 같다. 양주와 묵자는 가는 길은 서로 달랐지만, 그 제도는 간간히 합치하니, 마치 삼통(三統)이 서로 영향을 미치면서 변천해 온

---

173_ 련(憐)은 서로 아껴주고 사랑하는 것이고, 연(捐)은 내버리는 것이다.

174_ 함주옥(含珠玉)은 함주(含珠) 또는 함옥(含玉)이라고도 하는데, 상례를 치를 때 죽은 사람의 입에 옥을 넣은 것을 말한다.

175_ 문금(文錦)은 무늬를 수놓은 비단으로 만든 수의를 말한다.

176_ 명기(明器)는 죽은 사람이 평소에 사용하던 물건을 본떠서 만들어서 함께 묻는 부장품이다.

177_『열자집석(列子集釋)』에서 양보쥔(楊伯峻)은 이 부분을 다음과 같이 해석했다. "서로 아껴주고 서로 내버리는 도가 지극히 옳은 말인지는 알지만, 사람들이 모두 그렇게 하지 못한다. 무엇 때문인가? 서로 아껴주는 도는 살아 있을 때 넉넉하게 구제해주는 데 있으며, 서로 내버리는 도는 육체에 구애받지 않도록 하는 데 있으니, 이것은 지극히 마땅하다. 그런데 만약 살아 있을 때 넉넉하게 구제하여 편안하게 해주지 못하고, 죽었을 때 단지 부장품을 매장하여 명분만을 화려하게 꾸민다면, 그것은 도적을 불러들여서 아픔을 더하는 것이니, 마땅함을 잃은 것이다."

과정[178]과 마찬가지이다.

'死相捐', 與墨子薄葬同. 楊 · 墨殊途, 其制間合, 猶三統之因革也.

### 3-5-2

계량(季梁)[179]이 죽었을 때는 양주(楊朱)가 그의 집 문을 바라보면서 노래를 불렀는데,[180] 수오(隨梧)가 죽었을 때는 양주가 그의 시신을 어루만지면서 울었다.[181](『열자』「중니」)

季梁之死, 楊朱望其門而歌, 隨梧之死, 楊朱撫其屍而哭.(『列子』「仲尼」)

### 康3-5

『논어』에서 "공자는 이날에 조문하여 곡을 했으면 [그날은] 노래를 부르지 않았다"[182]라고 하니, 상사(喪事)에 임해서 노래를 부르는 것은 결코 공자의 제도가 아니다. 『예기』「단궁 하(檀弓 下)」편에 계무자(季武子)의 상(喪)에 증점(曾點)[183]이 그 집 문에 기대어 노래를 불렀다는 기록이

---

178_ 인혁(因革)은 변천하여 온 내력, 즉 연혁을 말하는데, 서로 영향을 미치면서 변천해온 과정을 뜻한다.

179_ 계량(季梁)은 자세한 사적이 보이지 않는다. 『열자집석』에서 양보쥔은 『전국책』「위책(魏策)」에서 양왕(梁王)에게 간언한 인물로 계량이 나오는데, 그 사람인지는 정확하지 않다고 했다.

180_ 양보쥔은 "순리대로 살아가는 도를 다하고서 죽음에 이르렀기 때문에 슬퍼하지 않았다"라고 했다.

181_ 양보쥔은 "불행하게 살다가 죽었기 때문에 슬퍼할 만한 것이다"라고 했다.

182_ 『논어』「술이(述而)」편에 보인다. 『논어집주』에서는 "하루 안에는 남은 슬픔이 다 가시지 않아서 자연스럽게 노래를 부를 수 없는 것이다"라고 풀이했다.

183_ 증점(曾點)은 『사기』「중니제자열전(仲尼弟子列傳)」에 의하면, 자는 석(晳)이고, 아들인 증삼(曾參)과 함께 공자를 모셨다고 한다. 『논어』「선진(先進)」편에 증점이 공자로부터 칭찬을 받는 기록이 보인다. "點, 爾何如. 鼓瑟希, 鏗爾舍瑟而作, 對曰, 異乎三子者之撰. 子曰, 何傷乎. 亦各言其志也. 曰, 莫春者, 春服旣成, 冠者五

실려 있다.[184] 살펴보건대, 계무자는 소공(昭公) 7년(B.C.530)에 죽었는데, 당시 공자는 겨우 10세였다. 『논어』에 증석(曾晳), 즉 증점[이 대답한] 순서가 자로의 뒤인데, 자로는 공자보다 9살이 적었다. 당시에 증석은 아직 10살도 되지 않았는데, 어찌 문에 기대어 노래를 부르는 일이 있었겠는가?[185] 아마도 후세의 유학자들이 거짓으로 지어냈을 것이다. 양주와 원양의 경우에는 함께 노자로부터 배출되었으니, [양주가] '문을 바라본 것[望門]'과 [원양이] '나무 관 위에 올라탄 것[登木]'은 같은 시기의 일이다.[186] 후세의 「호리(蒿里)」와 「해로(薤露)」[와 같은 만가(輓歌)][187]

---

六人, 童子六七人, 浴乎沂, 風乎舞雩, 詠而歸. 夫子喟然嘆曰, 吾與點也."

184_ 계무자(季武子)는 노나라의 대부인데, 증점은 그와는 아무런 관계가 없었기 때문에 슬퍼할 이유가 없다는 것을 보여준 것이다. 『예기정의』에서 정현은 증점 자신이 상례에 참여하지 않는다는 뜻을 밝힌 것이라고 했다.

185_ 『논어』에서 공자의 물음에 대답한 제자는 모두 4명인데, 그 순서는 자로(子路)→염구(冉求)→공서화(公西華)→증점(曾點)이다. 이 중에서 자로의 나이가 가장 많고, 그 다음이 증점·염구·공서화의 순서이다. 이에 대해 『논어집주』에서는 "네 사람이 모시고 앉아 있을 때, 나이로 순서를 따지면 증점이 마땅히 두 번째로 대답해야 한다. 그러나 막 비파를 타고 있었기 때문에 공자가 염구와 공서화에게 먼저 묻고 난 뒤에, 증점에게 물은 것이다"라고 했다. 그 소주(小註)에서 장존중(張存中)은 다음과 같이 부연 설명했다. "『사기(史記)』 「중니제자열전」에 의하면, 중유(仲由)는 자가 자로(子路)이고, 변(卞) 땅 사람이며, 공자보다 9살이 적다. 증점은 자가 석(晳)이고, 아들인 증삼(曾參)과 함께 공자를 모셨다. 염구는 자가 자유(子有)이고, 중궁(仲弓)의 족속이며, 공자보다 29살이 적었다. 공서적(公西赤)은 자가 자화(子華)이고, 노(魯)나라 사람이며, 공자보다 42세가 적었다. 『사기』와 『공자가어』를 살펴보면, 증삼이 공자보다 46세가 적었다. 따라서 증점은 공자보다 10여 세는 적었으므로 바로 자로의 다음이다."

186_ 일철(一轍)은 같은 수레의 바퀴자국으로, 후선일철(後先一轍)은 같은 시대나 시기의 일이나 사람이라는 의미이다.

187_ 「호리(蒿里)」와 「해로(薤露)」는 모두 상여가 나갈 때 부르는 만가(輓歌)의 명칭이다. 호리는 원래 태산의 남쪽에 있는 산 이름으로, 죽은 사람을 장사지내던 곳이다. 해로는 백합과의 다년초인 염교 잎 위에 맺힌 이슬로, 인생이 이슬처럼 덧없이 사라진다는 뜻이다. 진(晉)나라 최표(崔豹)의 『고금주(古今注)』 권중(卷中) 「음악(音樂)」편에 다음과 같은 기록이 보인다. "「해로(薤露)」와 「호리(蒿里)」는 모두 상례의 노래인데, 전횡(田橫)의 문인에게서 나왔다. 전횡이 자살하자 문인들이 상심하여, 그를 위해 비가(悲歌)를 불렀는데, '사람의 생명이 염교 위의 이슬과 같

의 풍취가 본래부터 그 유래가 있었던 것이 아닐까?

『論語』“子于是日哭, 則不歌”, 臨喪而歌, 必非孔子之制. 「檀弓」載季武子喪, 曾點倚其門而歌. 案, 季武子卒于昭公七年, 是時孔子才十八歲. 『論語』序曾晳在子路後, 子路少孔子九歲. 是時曾晳尙未十歲, 安有倚門而歌事? 殆後儒僞竄耳. 若楊朱・原壤, 同出老子, ‘望門’・‘登木’, 後先一轍. 後世「蒿裏」・「薤露」, 此風固有自來歟?

<이상 양자가 제도를 개혁하다: 右楊子改制>

## 6. 송견・윤문・신도가 제도를 개혁하다 [宋鈃・尹文・愼到改制]

### 3-6-1[188]

세속에 얽매이지 않고, 외부 대상에 맞추어 꾸미지 않으며, 다른 사람에게 구차하게 굴지 않고, 대중에게 거스르지 않는다. 천하가 안정됨으로써 백성들의 생명이 활기차고, 남과 자신의 생활이 모두 풍족하기를 원할 뿐이다. 이러한 것으로 자신의 마음을 깨끗하게 만들었으니, 옛날의 도술 중에 이러한 방면에 속하는 학풍이 있었다. 송견(宋鈃)과 윤문(尹文, B.C.360~B.C.280)은 그 학풍을 듣고서 기뻐하여, 위와 아래의 폭

---

아서 쉽게 사라져 버린다. 또 사람이 죽으면 혼백이 호리산으로 돌아간다’라고 했다. 한나라 무제(武帝) 때 이연년(李延年)이 이것을 두 곡으로 나누어, 「해로」는 왕공(王公)이나 귀인(貴人)들에게 주고, 「호리」는 사대부와 서인들에게 주어, 상여를 끄는 사람들에게 부르도록 했는데, 세상에서는 그것을 만가(挽歌)라고 불렀다.”

188_ 이하에서 인용한 『장자』 「천하」편의 내용은 이 책의 제2권 제1절 〈2-1-2〉에서 이미 인용했다. 자세한 주석은 앞의 내용을 참조 바람.

이 균등한 관[華山之冠]을 만들어 [자신의 입장을] 스스로 표명하고, 만물과 접할 때는 선입견의 배제[別宥]를 출발점으로 삼았다. 마음이 [만물을] 포용하는 것을 말하면서, 그것을 '마음의 행위[心之行]'라고 명명했다. 부드럽고 조화로운 태도로 [다른 사람들과] 기쁨을 함께 함으로써 온 천하를 조화롭게 만들되, '마음의 행위'를 그 중심에 두기를 요구했다. 모욕을 당해도 욕되게 여기지 않음으로써 백성들을 싸움으로부터 멀어지게 하려 했고, 공격을 금지하고 군대를 종식시킴으로써 세상을 전쟁으로부터 벗어나게 하려 했다. 이러한 주장을 가지고 천하를 두루 돌아다니면서, 위로는 [군주를] 설득하고 아래로는 [백성들을] 가르치니, 비록 천하 사람들이 [그 주장을] 취하지 않더라도 억지로 떠들면서 그만두지 않는 자들이다.(『장자』「천하」)

不累於俗, 不飾於物, 不苟於人, 不忮於衆. 願天下之安寧以活民命, 人我之養畢足而止. 以此白心, 古之道術有在於是者. 宋鈃・尹文聞其風而悅之, 作爲華山之冠以自表, 接萬物以別宥爲始. 語心之容, 命之曰'心之行'. 以聏合驩, 以調海內, 請欲置之以爲主. 見侮不辱, 救民之鬥, 禁攻寢兵, 救世之戰. 以此周行天下, 上說下敎, 雖天下不取, 强聒而不舍者也.(『莊子』「天下」)

## 3-6-2

명칭[名]에는 세 가지 분류가 있고, 법칙[法]에는 네 가지 분류가 있다.[189] [명칭은] 첫째, 사물을 명명하는 명칭으로, 모나다[方]・둥글다[員]・희다[白]・검다[黑]가 그것이다. 둘째, 비난과 칭찬의 명칭으로, 선하다[善]・악하다[惡]・귀하다[貴]・천하다[賤]가 그것이다. 셋째, 사물에 대해 형용하는 명칭으로,[190] 현명하다[賢]・어리석다[愚]・사랑하다[愛]・미워하다

189_ 과(科)와 정(呈)은 모두 일의 조목이나 분류를 말한다.

190_ 황위(況謂)는 비유하거나 묘사하는 것으로, 사물에 대해 형용하는 것을 말한다.

[憎]가 그것이다. [법칙은] 첫째, 불변의 법칙으로, 임금[君] · 신하[臣] · 윗사람[上] · 아랫사람[下]이 그것이다. 둘째, 풍속을 통일하는 법칙으로,[191] [능력의] 뛰어남[能]과 비천함[鄙], [지위의] 같음[同]과 다름[異]이 그것이다.[192] 셋째, 대중을 다스리는 법칙으로,[193] 축하[慶]와 상(賞), 형(刑)과 벌(罰)이 그것이다. 넷째, 기준을 공평하게 하는 법칙으로,[194] [길이의] 법도와 표준 · [무게의] 법도와 표준이 그것이다.[195](『윤문자』「대도 상」)

名有三科, 法有四呈. 一曰命物之名, 方 · 員 · 白 · 黑是也. 二曰毁譽之名, 善 · 惡 · 貴 · 賤是也. 三曰況謂之名, 賢 · 愚 · 愛 · 憎是也. 一曰不變之法, 君 · 臣 · 上 · 下是也. 二曰齊俗之法, 能 · 鄙 · 同 · 異是也. 三曰治衆之法, 慶 · 賞 · 刑 · 罰是也. 四曰平準之法, 律 · 度 · 權 · 衡是也.(『尹文子』「大道 上」)

## 3-6-3

관리[196]가 다른 일을 겸직하지 않으면 직책[의 책임]이 적어지고, 직책

191_ 제속(齊俗)은 풍속을 가지런히 하여 통일시키는 것이다. 『윤문자전역(尹文子全譯)』에서는 교화하는 방법이라고 풀이했다.

192_ 능비동이(能鄙同異)는 『신역윤문자(新譯尹文子)』에 의하면, 능력의 유무에 따라 사회적 지위나 정치적 지위를 같거나 다르게 부여하는 것이라고 했다. 한편 『윤문자전역』에서는 능(能)과 비(鄙)를 한 사회의 풍속의 도덕성의 정도를 나타내는 말, 즉 도덕 품행의 수양의 정도로 풀이했다. 그리고 동(同)과 이(異)는 풍속에서 습관의 같음과 다름으로 풀이했다.

193_ 치중(治衆)은 상이나 형벌로 대중을 다스리는 것으로, 공적이 있는 자에게는 축하와 상을 내리고, 죄를 지은 자에게는 형벌을 내리는 것을 말한다.

194_ 평준(平準)은 관부에서 시장의 물가를 고르게 하는 것으로, 기준을 공평하게 하는 것을 말한다. 이것은 물자를 순환하고 물가를 조절하는 방법이다.

195_ 율도(律度)는 원래 황종률(黃鍾律)로 물건의 길이를 계산하는 것인데, 여기에서는 길이의 기준이 되는 법도와 표준을 뜻한다. 권형(權衡)은 원래 저울의 추와 저울대로 물건의 무게를 계산하는 것인데, 여기에서는 무게의 법도와 표준을 뜻한다.

196_ 여기에서 사(士)는 일정한 관직과 지위가 있는 관리를 의미한다.

[의 책임]이 적어지면 맡은 일을 담당하기 쉬워진다. 따라서 관리의 지위는 대대로 세습될 수 있다.[197](『신자』「위덕」)

士不兼官, 則職寡, 寡則易守. 故士位可世.(『愼子』「威德」)

## 康3-6

관직의 세습[世官][198]은 제자백가의 제도이니, [인재를] 선발해서 등용하는 것[選擧]은 공자가 처음으로 만든 제도임을 알 수 있다.

世官爲諸子之制, 可見選擧實爲孔子創制.

## 3-6-4

따라서 옛날에 나라를 다스린 자는 백성들이 자기 스스로의 힘에 의해 가난하거나 부유해지도록 만들지 않고, 가난함과 부유함이 모두 군주에 의해 좌우되도록 했으니, 군주만이 혼자 [가난함과 부유함을] 만들 수 있는 권한이 있어야 백성들이 귀의할 대상을 알게 된다.[199](『윤문자』「대도 하」)

故古之爲國者, 無使民自貧富, 貧富皆由于君, 則君專所制, 民知所歸矣.(『尹文子』「大道 下」)

---

197_ 가세(可世)는 대대로 이어져서 세습될 수 있는 것이다.

198_ 세관(世官)은 대대로 이어서 관직을 세습하는 것을 말한다.

199_ 백성이 가난하거나 부유한 것이 자신의 노력이나 다른 환경에 의해 이루어지는 것이 아니라, 모두 군주에 의해서만 좌우된다는 의미이다. 이 점에 대해 이 편의 앞부분에서는 다음과 같이 말했다. "만약 관직이나 봉록을 통해서만 부유해지도록 하면 사람들은 반드시 그 군주에게 앞 다투어 온 힘을 다할 것이다. 그리고 형벌을 통해서만 가난해지도록 하면 사람들은 모두 죄를 짓는 것을 두려워하고 선을 따를 것이다[今使由爵祿而後富, 則人必爭盡力于其君矣. 由刑罰而後貧, 則人咸畏罪而從善矣.]"

## 康3-7

군주만이 혼자 [가난함과 부유함을] 만들 수 있는 권한은 후세 군주들의 풍조를 연 것이다.

君專所制, 開後世君主之風.

## 3-6-5

밝은 군주는 정치를 하면서[200] 관직을 나눌 때는[201] 지혜를 통해서 실행하고, 상(賞)을 정하여 재물을 나눌 때는 법을 통해서 실행하며, 덕(德)을 실천하여 중도에 맞게 처리할 때[202]는 예를 통해서 실행한다.[203] 따라서 [군주의] 욕심은 시대의 추세를 거슬러서는 안 되고,[204] 사랑은 법을 어겨서는 안 되며, [현명한 사람을] 귀하게 여기는 것이 친족을 뛰어넘어서는 안 되고, 봉록을 주는 것이 지위를 뛰어넘어서는 안 된다.[205] 관리는 다른 일을 겸직할 수 없고, 공장(工匠)은 다른 일을 겸업할

---

200_ 동사(動事)는 일을 하는 것인데, 군주의 입장에서는 나라를 다스리는 일을 하는 것이다. 『사기』「진시황본기(秦始皇本紀)」에 "應時動事, 是維皇帝."라는 구절이 보인다.

201_ 분관(分官)은 관직을 적절하게 배치하는 것이다. 『신자전역(愼子全譯)』에는 분공(分功)으로 되어 있다. 『사고전서(四庫全書)』에는 그 글자가 빠져 있고, '결(缺)'로 되어 있어서 어느 것이 옳은 지 알 수 없다. 여기에서는 『공자개제고』 원문을 따라 해석했다.

202_ 제중(制中)은 중도에 맞게 처리하는 것을 말한다.

203_ 『신자전역』에는 유혜(由慧)·유법(由法)·유례(由禮) 앞에 모두 필(必)자가 있다. 『사고전서』에는 『공자개제고』와 마찬가지로 필(必)자가 없다.

204_ 우시(于時)는 『사고전서』와 『신자전역』에 모두 간시(干時)로 되어 있는데, 『공자개제고』가 오자인 듯하다. 간시(干時)는 시대의 추세를 거스르거나 위배하는 것이다.

205_ 군주의 욕심 때문에 시대의 추세를 놓쳐서 좋은 기회를 놓쳐서는 안 되고, 사랑 때문에 함부로 법을 어기거나 다른 사람을 친족보다 더 귀하게 여겨서도 안 된다. 그리고 신하에게 봉록을 내릴 때는 그 지위에 따라 정해진 대로 하사해야 한다는

수 없으며, 능력에 따라서 일을 분배해주고, 일에 따라서 이익을 분배해준다. 이와 같이 할 경우, 위의 군주는 상을 남용하지 않고, 아래의 신하는 재물을 지나치게 욕심내지 않는다.[206](『신자』「위덕」)

明君動事分官由慧, 定賞分財由法, 行德制中由禮. 故欲不得于時, 愛不得犯法, 貴不得逾親, 祿不得逾位. 士不得兼官, 工不得兼事, 以能受事, 以事受利. 若是者, 上無羨賞, 下無羨財.(『愼子』「威德」)

<이상 송견 · 윤문 · 신도가 제도를 개혁하다: 右宋鈃 · 尹文 · 愼到改制>

## 7. 혜자가 제도를 개혁하다 [惠子改制]

### 3-7-1

혜자(惠子)가 위(魏)나라 혜왕(惠王)을 위하여 법을 만들었다. 법의 제정이 다 완성되자 그것을 백성들[207]에게 보여주었는데, 백성들이 모두 좋게 여겼다. 그것을 혜왕에게 바쳤는데, 혜왕도 좋다고 여기고 적전(翟翦)[208]에게 보여주니, 적전이 "좋습니다"라고 말했다. 혜왕이 "실행해도 되겠는가?"라고 묻자, 적전이 "안 됩니다"라고 대답했다. 혜왕이 "좋

의미이다.

206_ 선(羨)은 넘치고 범람하는 것으로, 선상(羨賞)은 상을 남용하는 것이고, 선재(羨財)는 재물을 지나치게 욕심내는 것이다.

207_『여씨춘추교석』에 의하면, 민인(民人)이 양인(良人)으로 된 판본도 있다. 김근의 『여씨춘추』 번역본에서는 이것을 양인(良人)으로 바꾸어서, 사대부 계층의 인물이라고 해석했다.

208_ 적전(翟翦)은 『여씨춘추교석』에서 고유가 적황(翟黃)의 후손이라고 했고, 진기유가 위문후의 상경(上卿)이라고 했다. 이 사람에 대해서는 『여씨춘추』「하현(下賢)」편에 자세히 보인다. 한편 『회남자』에는 적전(翟煎)으로 되어 있다.

다면서 실행할 수가 없다고 하니, 무슨 까닭인가?"라고 물었다. 적전이 다음과 같이 대답했다. "지금 큰 나무를 옮겨서 나르는 사람들이 앞에서 '어여차, 어여차'하면서 노래를 부르면, 뒤에서도 또한 거기에 맞추어 노래를 부릅니다.[209] 이러한 노래는 큰 나무를 들어 옮길 경우에 좋아서 [부른 것이지], 어찌 정(鄭)나라와 위(衛)나라의 음악이 없어서겠습니까?[210] 그런데 이와 같이 딱 알맞은 것이 가장 좋습니다. 대체로 국가도 또한 나무 중에서 큰 것에 해당됩니다."[211](『여씨춘추』「음사」)

---

209_ 여후(輿謣)는 여러 사람이 힘을 합할 때 일제히 내는 소리로, '어여차'나 '영치기 영차' 등의 뜻이다. 고유가 "앞사람이 선창을 하면 뒷사람이 화답하여, 무거운 것을 들면서 힘을 쓰도록 권면하는 노래 소리"라고 했고, 진기유가 "힘을 쓰도록 권면하는 노래로 지금의 노동 구호"라고 했다.

210_ 진기유가 다음과 같이 해설했다. "정나라와 위나라의 음악은 노동 가요를 부르는 것에 비해 즐거울 뿐이다. 단 큰 나무를 들어 옮기는 자가 정나라와 위나라의 음악을 부르지 않고, 반드시 노동 가요를 부르는 것은 세간에 정나라와 위나라의 음악이 없어서가 아니라, 즉 노동 가요에 비해 더욱더 귀를 즐겁게 하는 곡조가 없어서가 아니라, 정나라와 위나라의 음악이 큰 나무를 들어 옮기는 자들에게 서로 노래를 부르면서 힘을 쓰도록 권면하는 데 적절하지 않기 때문이다. 이것은 정나라와 위나라의 음악이 귀를 즐겁게 하는 노래이지, 아악(雅樂)과 무관함을 가리키는 것이다." 한편『시』「정풍(鄭風)」의『시경집전』에서는 정나라와 위나라의 음악에 대해 다음과 같이 설명했다. "정나라와 위나라의 음악은 모두 음란한 음악이다. 그러나 시(詩)로써 고찰해 보면, 위나라의 시 39편 중에는 음탕한 시가 겨우 4분의 1정도인데, 정나라의 시는 21편 중에 음탕한 시가 7분의 5가 넘는다. 그리고 위나라의 시는 그나마 남자가 여자를 좋아하는 말인데, 정나라의 시는 모두 여자가 남자를 유혹하는 말이다. 또한 위나라 사람은 그나마 풍자하고 비난하거나 징계하는 뜻이 많은데, 정나라 사람은 거의 방탕하여 결코 부끄럽게 여기고 뉘우치는 싹이 없으니, 이것이 정나라 음악의 음탕함이 위나라보다 더 심한 이유이다."

211_ 나라의 정치도 큰 나무를 들어 옮기는 것과 같이 거기에 맞는 법이 있는데, 혜자의 법은 나라의 정치에는 적합하지 않다는 말이다. 고유는 "혜자의 법은 마치 정나라와 위나라의 음악과 같이 대중의 귀를 즐겁게 하는 데는 적합하지만, 나라를 다스리는 법에는 사용할 수가 없다. 따라서 좋기는 하지만 실행할 수가 없다고 말한 것이다"라고 풀이했다. 한편 진기유는 "『여씨춘추』에서는 혜시를 극단적으로 비난하는데, 여기에서도 또한 혜시의 논리를 비난했다. 정나라와 위나라의 음악을 세상에서 음란한 음악이라고 하는데, 여기에서는 혜자의 법을 정나라와 위나라의 음악에 비유했으니, 대체로 혜자의 법을 음란하여 속이는 말[淫辭]로 여긴

惠子爲魏惠王爲法. 爲法已成, 以示諸民人, 民人皆善之. 獻之惠王, 惠王善之, 以示翟翦, 翟翦曰, "善也." 惠王曰, "可行耶?" 翟翦曰, "不可." 惠王曰, "善而不可行, 何故?" 翟剪對曰, "今擧大木者, 前呼輿謣, 後亦應之. 此其于擧大木者善矣, 豈無鄭·衛之音哉? 然不若此其宜也. 夫國亦木之大者也."(『呂氏春秋』「淫辭」)

**康3-8**

살펴보건대, 혜자가 법을 만들었는데, 적전이 실행할 수 없다고 했으니, 이 법은 위(魏)나라[에서 직접 시행된] 옛날의 법이 결코 아니다.

按, 惠子爲法, 而翟剪以爲不可行, 此則必非魏之舊法矣.

<이상 혜자가 제도를 개혁하다: 右惠子改制>

## 8. 허자가 제도를 개혁하다 [許子改制]

**3-8-1**[212]

신농씨(神農氏)의 말을 주장하는 허행(許行)이 초(楚)나라로부터 등(滕)나

---

것이다. 따라서 여기의 「음사(淫辭)」편에 배치한 것이다"라고 했다. 한편 『회남자』 「도응훈(道應訓)」편에도 이와 비슷한 내용이 보인다. "惠子爲惠王爲國法, 已成而示諸先生, 先生皆善之. 奏之惠王, 惠王甚說之, 以示翟煎, 曰, '善.' 惠王曰, '善, 可行乎?' 翟煎曰, '不可.' 惠王曰, '善而不可行, 何也?' 翟煎對曰, '今夫擧大木者, 前呼邪許, 後亦應之. 此擧重勸力之歌也. 豈無鄭·衛「激楚」之音哉? 然而不用者, 不若此其宜也. 治國有禮, 不在文辯.' 故老子曰, '法令滋彰, 盜賊多有.' 此之謂也."

212_ 이하에서 인용한 『맹자』 「등문공 상」편의 내용은 이 책의 제2권 제8절 〈2-8-1〉에서 이미 인용했다. 자세한 주석은 앞의 내용을 참조 바람.

라로 갔는데, 문공(文公)을 방문하여 고하기를, "먼 지방에 있던 제가 군주께서 어진 정치를 행한다는 소문을 들었는데, 살 터전을 받아서 [등나라의] 백성이 되기를 원합니다"라고 했다. 문공이 그에게 거처를 주니, 그의 무리 수십 명이 모두 베로 만든 거친 옷을 입고, 짚신을 두드려서 만들고 깔자리를 짜서 그것을 팔아 양식을 공급했다. 진량(陳良)의 학생인 진상(陳相)이 자신의 아우인 진신(陳辛)과 함께 쟁기를 짊어지고 송(宋)나라로부터 등나라로 가서, "군주께서 성인의 정치를 행한다는 소문을 들었는데, 이 또한 성인이시니, 성인의 백성이 되기를 원합니다"라고 말했다. 진상이 허행을 보고 크게 기뻐하여, 자신이 배운 것을 다 버리고 그에게 배웠는데, 진상이 맹자를 보고 허행이 한 말을 다음과 같이 전했다. "등나라 군주는 진실로 어진 군주인데, 비록 그렇기는 하지만 아직 [성인의] 도에 대해서는 듣지 못했습니다. 어진 자는 백성들과 함께 밭을 갈아서 식량을 공급하고, 직접 밥을 지어 먹으면서 정치를 하는데, 지금 등나라에는 [군주의] 곡식 창고와 물건 창고가 있으니, 이것은 백성들을 괴롭혀서 그로써 스스로 배를 불리는 것으로, 어찌 어질 수 있겠습니까?"(『맹자』「등문공 상」)

有爲神農之言者許行, 自楚之滕, 踵門而告文公曰, "遠方之人, 聞君行仁政, 願受一廛而爲氓." 文公與之處, 其徒數十人, 皆衣褐, 捆屨織席, 以爲食. 陳良之徒陳相, 與其弟辛, 負耒耜而自宋之滕曰, "聞君行聖人之政, 是亦聖人也, 願爲聖人氓." 陳相見許行, 而大悅盡棄其學而學焉, 陳相見孟子, 道許行之言曰, "滕君則誠賢君也, 雖然, 未聞道也. 賢者, 與民幷耕而食, 饔飧而治, 今也, 滕有倉廩府庫, 則是厲民而以自養也, 惡得賢."(『孟子』「滕文公 上」)

### 3-8-2

[진상(陳相)이 말했다.] "허행의 도를 따르면 시장의 물건 가격이 서로

다르지 않아서, 나라 안에서 [물건의 가격이] 거짓이 없기 때문에 비록 어리석은 어린아이를 시켜 시장에 가서 [물건을 사도록 하더라도] 혹시라도 그를 속이지 못할 것이다. 베나 비단은 길이가 같으면 가격이 서로 같고, 삼과 실, 생사(生絲)와 솜은 무게가 같으면 가격이 서로 같으며, 오곡은 수량이 같으면 가격이 서로 같고, 신발은 크기가 같으면 가격이 서로 같다."(『맹자』「등문공 상」)

"從許子之道, 則市賈不貳, 國中無僞, 雖使五尺之童適市, 莫之或欺. 布帛長短同, 則賈相若, 麻縷絲絮輕重同, 則賈相若, 五穀多寡同, 則賈相若, 屨大小同, 則賈相若."(『孟子』「滕文公 上」)

<이상 허자가 제도를 개혁하다: 右許子改制>

## 9. 백규가 제도를 개혁하다 [白圭改制]

### 3-9-1

백규(白圭)가 "나는 20분의 1[의 조세]를 시행하고자 하는데, 어떻습니까?"라고 물으니, 맹자가 "그대의 방법은 맥국(貉國) 오랑캐의 방법이다.[213] 1만 가구가 있는 국가에서 한 사람이 질그릇을 생산하면 [모든 집이] 사용할 수 있는가?"라고 묻자, "사용할 수 없습니다. 그릇이 사용

213_ 맥(貉)은 북쪽 지방에 거주하는 오랑캐의 나라이다. 맹자에 의하면, 맥국(貉國) 오랑캐 지역은 오곡이 자라지 않고, 여러 가지 예법이 없으며, 또 제후들과의 교류도 없고, 관료들도 없기 때문에 20분의 1의 조세가 가능하지만, 중국은 상황이 그렇지 않다는 것이다. 맹자가 주장하는 조세는 요·순이 시행했던 10분의 1[什一]이기 때문에 그것보다 세금을 경감하거나 무겁게 하는 것은 오랑캐나 걸왕과 같다고 했다.

하기에 부족합니다"라고 대답했다. 맹자가 말했다. "저 맥국 오랑캐는 오곡이 자라지 않고, 오직 기장만이 생산되니,[214] 성곽(城郭)과 궁실(宮室), 종묘(宗廟)와 제사(祭祀)의 예법이 없고, 제후들과 예물을 주고받고 음식으로 대접하는 예법[215]이 없으며, 관료 조직[百官]이나 담당 관리[有司]가 없다. 따라서 20분의 1[의 조세]만 시행하여도 충분하다. 지금 중국에 살면서 인륜(人倫)을 버리고, 관료[君子]가 없다면 어떻게 가능하겠는가?[216] 질그릇[의 생산]이 적다는 이유만으로도 나라를 다스릴 수 없는데, 하물며 관료[君子]가 없다면 가능하겠는가? [세금을] 요순의 도보다 가볍게 하려는 것은 큰 맥국 오랑캐[에 대비하여] 작은 맥국 오랑캐이며, 요순의 도보다 무겁게 하려는 것은 걸왕(桀王)[에 비하면] 작은 걸왕이다."[217](『맹자』「고자 하」)

白圭曰, "吾欲二十而取一, 何如?" 孟子曰, "子之道, 貉道也. 萬室之國, 一人陶, 則可乎?" 曰, "不可. 器不足用也." 曰, "夫貉, 五穀不生, 惟黍生之, 無城郭·宮室·宗廟·祭祀之禮, 無諸侯幣帛·饔飧, 無百官·有司. 故二十取一而足也. 今居中國, 去人倫, 無君子, 如之何其可也? 陶以寡, 且不可以爲國, 況無君子乎? 欲輕之于堯舜之道者, 大

---

214_ 『맹자집주』에서 "북방의 땅은 한랭하여 오곡이 자라지 못하고, 기장은 일찍 익기 때문에 생산된다"라고 했다.

215_ 옹손(饔飧)은 원래 아침밥과 저녁밥이라는 뜻인데, 『맹자집주』에서 음식으로 손님을 대접하는 예법이라고 했다.

216_ 인륜(人倫)은 사람 및 국가 관계에서의 예법을 말하고, 군자(君子)는 관료 집단을 말한다. 따라서 『맹자집주』에서 "군신과 제사, 그리고 제후와 교제하는 예법이 없다면 이것은 인륜을 버리는 것이고, 관료 조직과 담당 관리가 없다면 이는 군자가 없는 것이다"라고 했다.

217_ 맹자가 주장하는 조세는 요·순이 시행했던 10분의 1[什一]이기 때문에 그것보다 적었던 것은 오랑캐이고, 많았던 것은 걸왕이다. 현재 조세를 줄이거나 늘이는 것은 그러한 오랑캐와 걸왕의 조세를 따르는 것이기 때문에 '작은 맥국 오랑캐', '작은 걸왕'이라는 표현을 사용했다. 『맹자집주』의 소주에서 신안(新安) 진씨(陳氏)가 "저 진짜 맥국 오랑캐와 진짜 걸왕은 큰 것[大]이고, 여기는 작은 것[小]이다"라고 풀이했다.

貉, 小貉也, 欲重之于堯舜之道者, 大桀, 小桀也."(『孟子』「告子 下」)

<이상 백규가 제도를 개혁하다: 右白圭改制>

## 10. 추자가 제도를 개혁하다 [騶子改制]

### 3-10-1

추연(騶衍)[218]은 나라를 소유한 자가 더욱더 음란하고 사치하여, 덕(德)을 숭상하기를 마치 「대아(大雅)」[의 군주들][219]과 같이, 자기 몸에 덕을 바르게 닦아서 혜택이 일반 백성들에게까지 미치지 못하는 것을 직접 보았다. 이에 음양(陰陽)이 사라지고 생겨나는 변화를 깊이 관찰하고, 괴이하고 황당한 변화 현상[220]을 기록했다. 『종시(終始)』와 『대성(大

218_ 『한서』「예문지」에 의하면, 추연(鄒衍)은 제(齊)나라 사람으로 연(燕)나라 소왕(昭王)의 스승이 되어 제나라의 직하(稷下)에 있었다. 그는 오덕종시(五德終始)와 적현신주(赤縣神州)의 이론을 주장하고, 하늘과 관련된 일을 말했기 때문에 당시 사람들이 그를 '담천연(談天衍)'이라고 불렀다고 한다. 저서로는 『추자(鄒子)』 49편과 『추자종시(鄒子終始)』 56편이 있는데, 현재 모두 전하지 않는다.

219_ 「대아(大雅)」는 『시』를 그 내용과 성질에 따라 분류한 사시(四始), 즉 풍(風)·소아(小雅)·대아(大雅)·송(頌) 중의 하나이며, 이것은 또 정대아(正大雅)와 변대아(變大雅)로 나눌 수 있다. 『시경집전』에 의하면, 아(雅)는 바르다는 뜻으로, 바른 음악의 노래라는 의미이다. 그 내용은 왕조의 흥성과 쇠퇴를 다루면서, 주나라 문왕(文王)과 주공(周公) 등 성군들이 덕을 닦고 교화를 베푸는 모습을 칭송하고 있다. 따라서 『시경집전』에서는 "어떤 시는 기뻐하고 즐거워하여, 그로써 아랫사람들의 심정을 다했고, 어떤 시는 공손하고 공경하며 단정하고 장엄하여, 그로써 선왕의 덕을 선양했다"라고 해설했다.

220_ 괴오지변(怪迂之變)은 괴이하고 황당하여 현실과는 거리가 먼 변화 현상을 말한다.

聖)』[221]이라는 책 10만여 글은 그 말이 너무 넓고 커서 황당하지만, 반드시 작은 사물에서 먼저 검증하고, 그것을 추론하고 확대시켜서 무한한 상태까지 이르렀다.[222] [시대에 대한 기록은] 먼저 현재[전국시대]에 대해 서술하여 위로 황제(黃帝) 시대까지 올라갔는데, [그 내용은] 학자들이 공통으로 서술한 것이며, 대체로 시대의 흥성과 쇠퇴에 따라서 [기록했다.][223] 그것을 통해서 [각 시대의] 길흉의 조짐[224]과 제도를 기재하고, 그것을 추론하고 멀리 확대시켜서 천지가 아직 생기기 전의 상태, 즉 고찰하여 근원을 찾을 수 없는 심원하고 오묘한 상태[225]에까지 이르렀다. [사물에 대한 기록은] 먼저 중국의 유명한 산과 큰 강, 유명한 계곡과 금수, 해상과 육상의 식물, 사물들 중에서 진귀한 것을 나열하여 기록하고, 그것을 통해 추론해나가서 사람들이 볼 수 없는 바다 밖의 사물에까지 이르렀다. 하늘과 땅이 나누어진 이후로, 오덕(五德)[226]이 순환하고, [각 왕조의] 정치는 각각 마땅함이 있었는데, [오덕

---

221_ 두 책은 현재 전하지 않기 때문에 어떤 책인지 알 수 없다. 다만 『한서』「예문지」에 『추자((鄒子)』 49편과 『추자종시(鄒子終始)』 56편이 수록되어 있고, 『사기』「봉선서(封禪書)」와 『한서』「교사지(郊祀志)」에 『종시오덕지운(終始五德之運)』이 추연의 저서라고 기록되어 있다. 이 책들은 지금 모두 전해지지 않기 때문에 여기에서 말한 두 책이 『사기』와 『한서』에서 말한 책들과 동일한 책이라고 짐작만 할 수 있을 뿐이다. 이 책들은 모두 오덕종시설(五德終始說)을 바탕으로 왕조의 순환에 대해 다루었다고 한다.

222_ 무은(無垠)은 일정한 정도나 경계가 없이 무한한 것으로, 한도 끝도 없는 것을 말한다.

223_ 『사기색은』에서 "대체로 시대의 흥성과 쇠퇴에 따라 시대를 관찰하고 일을 설명했다"라고 했다.

224_ 기상(禨祥)은 앙화(殃禍)와 상서(祥瑞)로, 신이 내린다는 길흉의 조짐을 말한다.

225_ 요명(窈冥)은 심원하고 오묘한 상태를 말한다.

226_ 오덕(五德)은 오덕종시설(五德終始說)에서 말하는 오행(五行)의 덕을 말한다. 추연을 중심으로 진한시대의 방사(方士)들이 오행의 상생(相生)과 상극(相剋)의 이치를 기초로 하여, 왕조의 흥망성쇠를 설명한 이론이다. 예를 들어 오행상극(五行相剋)의 이치를 왕조에 대입하여, 황제(黃帝)는 토덕(土德), 하(夏)나라는 목덕(木德), 은(殷)나라는 금덕(金德), 주(周)나라는 화덕(火德), 진(秦)나라는 수덕(水德)의 순서로 순환한다는 논리이다. 오덕을 각 왕조에 어떻게 배치하는가에 대해

의 순환과 왕조의 정치가] 이러저러하게 서로 부응한다는 것[227]을 증명했다. 그는 유학자들이 말하는 중국(中國)은 천하를 81개 부분으로 나누었을 때 그 중 1개 부분을 차지할 뿐이라고 했고,[228] 중국을 '적현신주(赤縣神州)'라고 명명했다. 적현신주 안에는 자체로 구주(九州)가 있으며,[229] 우(夏)임금이 정리한 구주(九州)가 바로 그것인데,[230] 이것은 주(州)의 숫자에는 포함되지 않는다. 중국 이외에도 적현신주와 같은 것이 [적현신주를 포함해서] 9개나 되는데, 그것이 바로 구주이다. 거기에는 작은 바다[231]가 [각각의 주를] 둘러싸고 있어서, 백성들과 금수가 서로 마주칠 수 없는 것이 마치 하나의 구역을 형성하고 있는 것과 같으니, 그것이 곧 하나의 주(州)이다. 이와 같은 것이 9개이며, 큰 바다가 그것의 밖을 둘러싸고 있는데, 그것이 하늘과 땅의 경계이다. 그가 기술한 내용은 모두 이와 같은 종류이다.(『사기』「맹자순경열전」)

騶衍睹有國者益淫侈, 不能尙德, 若「大雅」整之于身, 施及黎庶矣. 乃深觀陰陽消息, 而作怪迂之變. 『終始』·『大聖』之篇十余萬言, 其語

---

서는 한나라 때 여러 가지 주장이 공존하면서 서로 논쟁했다.

227_ 부응(符應)은 원래 하늘이 보여주는 상서(祥瑞)와 재이(災異)의 징조가 인간 세상의 길흉과 서로 호응한다는 말이다. 여기의 부응약자(符應若玆)는 오덕의 순환과 왕조의 정치가 서로 부응한다는 의미로 해석된다.

228_ 『사기색은』에서는 "환관(桓寬)과 왕충(王充)은 추연의 황당하고 거짓된 말이 6국의 군주들을 현혹시켰기 때문에 그러한 괴이한 이론을 받아들였다고 했는데, '필부이면서 제후들을 현혹시켰다[匹夫而營惑諸侯.]'는 말이 그것이다"라고 했다.

229_ 『염철론』「논추(論鄒)」편에도 이와 비슷한 내용이 보인다. "所謂中國者, 天下八十一分之一, 名曰赤縣神州, 而分爲九州."

230_ 구주(九州)는 중국 고대에 천하를 9개로 나눈 명칭으로, 일종의 행정구역이다. 공안국의 『상서정의』「우공(禹貢)」편의 「서(序)」에서 "우임금이 구주(九州)를 구분하여, 산을 따라서 하천을 준설하고, 땅을 따라서 공물(貢物)을 정했다"라고 했다. 우임금 때의 구주는 기주(冀州)·연주(兗州)·청주(青州)·서주(徐州)·양주(揚州)·형주(荊州)·예주(豫州)·양주(梁州)·옹주(雍州)인데, 그 뒤 은나라와 주나라 때에는 다소 차이가 있다.

231_ 비해(裨海)는 『사기색은』에 의하면, 작은 바다[小海]이다. 구주의 밖에 다시 큰 바다[瀛海]가 있기 때문에 이것이 작은 바다라는 것을 알 수 있다.

閎大不經, 必先驗小物, 推而大之, 至于無垠. 先序今, 以上至黃帝, 學者所共術, 大幷世盛衰. 因載其禨祥度制, 推而遠之, 至天地未生, 窈冥不可考而原也. 先列中國名山大川, 通谷禽獸, 水土所殖, 物類所珍, 因而推之, 及海外人之所不能睹. 稱引天地剖判以來, 五德轉移, 治各有宜, 而符應若茲. 以爲儒者所謂中國者, 于天下乃八十一分居其一分耳, 中國名曰'赤縣神州'. 赤縣神州內, 自有九州, 禹之序九州是也, 不得爲州數. 中國外如赤縣神州者九, 乃所謂九州也. 于是有裨海環之, 人民 · 禽獸莫能相通者, 如一區中者, 乃爲一州. 如此者九, 乃有大瀛海環其外, 天地之際焉. 其術皆此類也.(『史記』「孟子荀卿列傳」)

<이상 추자가 제도를 개혁하다: 右騶子改制>

## 11. 공손룡이 제도를 개혁하다 [公孫龍改制]

### 3-11-1

어떤 사람이 물었다. "공손룡(公孫龍)은 수많은 궤변을 만들어 법도로 삼았는데, 법도에 맞는가?" 대답했다. "나무를 잘라서 바둑판을 만들고, 가죽을 문질러서 공을 만드는 것[232]도 법도가 있다. 선왕의 법도에 맞지 않으면 군자는 법도로 삼지 않는다."[233](『법언』「오자」)

---

232_ 환혁(梡革)은 가죽을 문질러서 비비는 것이고, 국(鞠)은 가죽으로 만든 공이다.

233_ 『법언의소(法言義疏)』의 주에서는 "대장(大匠)이 사람을 가르치는 것은 반드시 그림쇠와 곱자[規矩]를 가지고 하고, 군자가 대상을 가르치는 것은 반드시 인의(仁義)를 가지고 한다"라고 풀이했다.

或問, "公孫龍詭辭數萬以爲法, 法歟?" 曰, "斷木爲棋, 梡革爲鞠, 亦皆有法焉. 不合乎先王之法者, 君子不法也."(『法言』「吾子」)

<이상 공손룡이 제도를 개혁하다: 右公孫龍改制>

## 12. 등석이 제도를 개혁하다 [鄧析改制]

### 3-12-1

세속에서 유세하는 자가 다음과 같이 말했다.[234] "옛날의 잘 다스려지던 시대[235]에는 육형(肉刑)[236]은 없었고, 상형(象刑)[237]이 있었다. 검은 묵

234_ 여기에서 캉유웨이가 세속에서 유세하는 자를 등석으로 본 이유는 다음의 인용문에서 말하고 있는 형벌을 등석이 만든 '죽형(竹刑)'으로 파악했기 때문이다. 『열자』「역명(力命)」편에서 "자산(子産)이 정치를 할 때, 자산이 죽형(竹刑)을 만들자 정(鄭)나라가 그것을 사용했다[當子産執政, 作竹刑, 鄭國用之.]"라고 했다. 죽형(竹刑)은 죽간에 새긴 형법에 관한 책으로, 등석이 왕명을 받지 않고 자기 마음대로 형법을 만들어 죽간(竹簡)에 적어둔 책이다. 『좌씨전』「정공(定公)」 9년의 기사에 의하면, 당시 정나라의 재상이었던 사천(駟歂)이 등석을 죽이면서, 등석이 만든 죽형을 거기에 적용했다. 이에 대해 『좌씨전』의 작자는 사천이 이 사건을 잘못 처리했다고 비판했다. 나라에 이로운 자가 있으면 그의 잘못을 그냥 지나칠 수도 있다는 것이다. 그러면서 "하물며 어떤 사람의 견해를 채택하면서 그를 돌보지 않을 수 있겠는가? 사천은 현능한 인재를 권면할 줄 모르는 사람이다"라고 해서, 등석의 죽음을 안타까워했다.

235_ 치고(治古)는 『순자집해』에서 양경이 옛날의 잘 다스려지던 시대[古之治世]라고 했다.

236_ 육형(肉刑)은 신체상에 직접 가해지는 형벌이다. 얼굴에 글씨는 새기는 묵형(墨刑), 코를 베는 의형(劓刑), 발뒤꿈치를 자르는 비형(剕刑), 거세하는 궁형(宮刑), 사형을 뜻하는 대벽(大辟) 등의 오형(五刑)이 대표적이다.

237_ 상형(象刑)은 양경에 의하면, 범인에게 다른 복장을 입혀서 그 모습에 치욕을 주는 형벌을 말한다. 『서』「익직(益稷)」편에 "皐陶方祇厥敍, 方施象刑惟明."이라

으로 얼굴에 물을 들이고,[238] 낡은 갓끈을 매게 했으며,[239] 궁형에는 회백색의 폐슬을 두르게 하고,[240] 짚신이나 삼신을 신겼으며,[241] 사형에는 적갈색에 가선을 두르지 않은 옷을 입혔다.[242] 옛날의 잘 다스려지던 시대는 이와 같았다."(『순자』「정론」)

世俗之爲說者曰, "治古, 無肉刑而有象刑. 墨黥, 慅嬰, 共, 艾畢, 菲,[243] 紂屨, 殺, 赭衣而不純. 治古如是."(『荀子』「正論」)

---

는 기록이 보이는데, 공안국은 상(象)을 본뜨는 것이라고 했다. 즉 실제의 형벌을 본떠서 복장을 다르게 하여 구별한다는 뜻이다.

238_ 묵경(墨黥)은 범죄자의 얼굴에 먹물로 자자(刺字)하는 묵형(墨刑)을 말한다. 양경이 다음과 같이 말했다. "세속에서는 옛날에는 중죄에 대해 묵으로 그 얼굴에 물을 들일 뿐, 그 외에 코나 발꿈치를 베는 형벌은 없었다고 생각했다. 혹자는 묵경(墨黥)은 당연히 묵몽(墨幪)이 되어야 하며, 단지 검은 수건으로 그 얼굴을 뒤집어씌우는 것일 뿐이라고 했다." 이운구도 묵형은 검정 수건을 씌우는 것이라고 해석했다.

239_ 소영(慅嬰)은 양경이 당연히 조영(澡嬰)이 되어야 하며, 그 천을 씻어서 관의 끈을 만든 것을 말한다고 했다. 즉 천을 여러 차례 세탁하여 낡게 만들어서 그것을 죄인의 관끈으로 사용하도록 했다는 의미이다. 이운구는 의소영(劓慅嬰), 즉 낡은 갓끈을 매게 하는 것이라고 풀이했다.

240_ 공(共)은 그 뜻을 알 수가 없고, 애필(艾畢)은 회백색[蒼白色]으로 된 앞치마를 두르는 형벌이다. 양경은 다음과 같이 말했다. "공(共)은 그 뜻을 알 수 없고, 혹자는 연문이라고 한다. 애(艾)는 회백색[蒼白色]이며, 필(畢)은 예복을 입을 때 두르는 폐슬[韠], 또는 불(紱)과 같다. 이것으로 앞부분을 가리는데, 군주는 붉은색, 대부는 흰색, 선비는 가죽으로 한다. 죄인에게 이것을 입혔기 때문에 회백색으로 된 폐슬을 만든 것이다." 한편 이운구는 공애필(共艾畢)을 궁애필(宮艾畢)로 기록하고, 궁형은 회백색의 앞치마를 걸치게 하는 것이라고 해석했는데, 여기에서는 이운구의 해석에 따랐다.

241_ 비(菲)는 상복을 입을 때 신는 짚신, 봉구(紂屨)는 삼으로 만든 신을 말한다. 『순자』의 원문에서는 대구(對屨)로 되어 있는데, 양경이 봉구(紂屨)로 되어야 한다고 한 것을 따랐다. 양경은 죄인이 짚으로 만든 신을 신거나 삼으로 만든 신을 신는 것이라고 했다. 이운구는 비봉구(菲紂屨)로 기록하고, 삼신을 신도록 한 것이라고 해석했다.

242_ 자의(赭衣)는 붉은 흙으로 물들인 적갈색의 옷으로, 옛날에 죄인들이 입던 수의(囚衣)이다. 준(純)은 옷이나 관의 가장자리에 가선을 두르는 것이다. 양경은 그를 죽이기 때문에 보통 사람들과는 복장을 달리한 것이라고 했다.

243_ 비(菲)가 『공자개제고』에는 봉(封)으로 되어 있는데, 『순자집해』의 교감에 따라

康3-9

순자는 옛날의 잘 다스려지던 시대에 그랬던 것이 아니라고 말했으니,[244] 이러한 상형(象刑)의 제도는 제자백가가 개혁하여 정한 것이 틀림없다.

荀子謂治古不然, 是象刑之制爲諸子所改定無疑.

<이상 등석이 제도를 개혁하다: 右鄧析改制>

## 13. 임기가 제도를 개혁하다 [林旣改制]

3-13-1

임기(林旣)가 거친 가죽옷[245]을 입고 제(齊)나라 경공(景公)을 조회했는데, 제나라 경공이 "이것은 군자의 복장입니까? 아니면 소인의 복장입니까?"라고 물었다. 임기가 머뭇거리다가[246] 얼굴빛을 바꾸면서, "대체로 옷을 입는 일로써 어찌 선비의 행동을 살펴서 판단할 수 있겠습니까?"라고 대답했다.[247](『설원』「선설」)

---

고쳤다.

244_ 이 내용과 바로 이어지는 부분에서 순자는 "이것은 그렇지 않다. 정말로 잘 다스려졌다고 생각하는가? 그렇다면 사람들은 본래부터 죄를 짓지 않았을 것이니, 단지 육형을 사용하지 않은 것만이 아니라, 또한 상형도 사용하지 않았을 것이다[是不然. 以爲治邪? 則人固莫觸罪, 非獨不用肉刑, 亦不用象刑矣.]"라고 했다.

245_ 위의(韋衣)는 다듬지 않은 가죽으로 만든 옷으로, 주로 시골의 미천한 백성들이 입었다.

246_ 준순(逡巡)은 머뭇거리면서 주저하는 모습이다.

247_ 임기는 형·제·월나라 등에서 옷을 입은 모습이 모두 천하게 보이지만, 그 나

林旣衣韋衣而朝齊景公, 齊景公曰, "此君子之服也? 小人之服也?" 林旣逡巡而作色曰, "夫服事何足以端士行乎?"(『說苑』「善說」)

## 康3-10

살펴보건대, 임금을 조회하여 알현할 때[248]의 복장은 본래 일정한 형식이 있는데, 임기가 거친 가죽옷을 입었기 때문에 경공이 군자의 복장인지 소인의 복장인지 의심했으니, 임기가 입은 옷은 자기 스스로 [복장] 제도를 개혁한 것으로, 일반 사람들과는 반드시 다르다는 것을 알 수 있다. 자화자(子華子)는 위와 아래의 폭이 균등한 관[華山之冠]을 만들어 [자신의 입장을] 스스로 표명했고, 장자(莊子)는 유생의 복장[儒服]을 입고 초(楚)나라 왕을 알현했으니,[249] 전국시대의 제자백가들이 각자가 다양한 방식으로 제도를 개혁한 것이 대체로 이와 같다.

按, 朝覲之服本有一定, 林旣衣韋衣, 而景公以君子·小人疑之, 可知林旣所衣之衣, 必自爲改制, 異于常人矣. 子華子作華山之冠以自表, 莊子衣儒服而見楚王, 戰國諸子紛紛改制, 大率如是.

<이상 임기가 제도를 개혁하다: 右林旣改制>

---

라에서 훌륭한 인물들이 많이 배출되었기 때문에 복장만을 가지고 사람을 판단해서는 안 된다고 대답했다.

248_ 조근(朝覲)은 신하가 임금을 조회하여 알현하는 것을 말한다.

249_ 『장자』「설검(說劍)」편에 "今夫子必儒服而見王, 事必大逆."이라는 내용이 보인다. 조(趙)나라 문왕(文王)이 검(劍)을 너무 좋아하여 나라가 쇠퇴하는 지경에까지 이르자, 태자가 왕을 설득하기 위해 장자를 초빙했다. 이 때 장자는 유복(儒服)을 입고 왔는데, 세자가 "지금 선생께서 유복을 입고 왕을 뵙는다면 일이 반드시 크게 어긋날 것이다"라고 하자, 장자가 검복(劍服)으로 갈아입고 왕을 만났다는 이야기이다. 장자가 만난 사람은 조(趙)나라의 문왕(文王)인데, 『공자개제고』에는 초왕(楚王)으로 되어 있다. 캉유웨이가 잘못 기록한 것 같다.

## 14. 상군 · 신자 · 한비자가 제도를 개혁하다
### [商君 · 申子 · 韓非子改制]

3-14-1

[진(秦)나라] 효공(孝公)이 위앙(衛鞅), 즉 상앙(商鞅)을 등용했는데, 상앙이 바로 법을 고치려고 하자, [효공은] 천하 사람들이 자기를 비방할까 걱정했다. 상앙이 다음과 같이 말했다. "망설이는 행동에는 명예가 없고, 망설이는 사업에는 공적이 없습니다.[250] 또한 남들보다 뛰어난 행동을 하는 자는 본래 세상 사람들에게 비난을 받으며,[251] 자기만이 아는 뛰어난 생각을 가진 자는 반드시 백성들에게 멸시를 받습니다.[252] 어리석은 자는 기존의 일도 잘 모르지만, 지혜로운 자는 일이 발생하기 전에 간파합니다. 백성들과는 일을 시작할 때 함께 의논하여 생각할 수는 없지만, 일이 완성되었을 때 함께 즐길 수는 있습니다. 지극한 덕에 대해 논하는 사람은 세속과는 타협하지 않고, 큰 공적을 이루는 자는 대중들과는 상의하지 않습니다. 따라서 성인이 진실로 나라를 강하게 할 수만 있다면 옛날 일을 본받지 않으며,[253] 진실로 백성들을 이롭게

---

250_ 의행(疑行)은 과감하게 결단하지 못하는 행위, 또는 일을 결정하지 못하고 망설이는 것이다. 의사(疑事)는 의심스러워 판단하기 어려운 일, 또는 결과가 의심스러워 주저하는 상황을 말한다.

251_ 『사기색은』에 의하면, 『상군서(商君書)』에는 비(非)가 부(負)로 되어 있다.

252_ 고인(高人)은 보통 사람과는 다르거나 또는 남보다 뛰어난 것을 말하고, 독지(獨知)는 남이 미처 알아 내지 못한 일을 뛰어난 지혜로 자기만이 아는 것이다. 오(敖)는 『사기색은』에 의하면, 『상군서』에는 "必見驁於人."으로 되어 있다. 오(驁)는 오(傲)자와 같은 의미로, 업신여김이나 멸시를 받는 것이다. 여기에서는 『상군서』에 따라 해석했다.

253_ 『사기색은』에 의하면, 폐단을 바로잡고 정치를 하는 방법은 하는 일이 진실로

할 수만 있다면 기존의 예법을 따르지 않습니다."(『사기』「상군열전」)

孝公既用衛鞅, 鞅欲變法, 恐天下議己. 衛鞅曰, "疑行無名, 疑事無功. 且夫有高人之行者, 固見非于世, 有獨知之慮者, 必見敖于民. 愚者, 暗于成事, 知者, 見于未萌. 民不可與慮始, 而可與樂成. 論至德者, 不和于俗, 成大功者, 不謀于衆. 是以聖人苟可以强國, 不法其故, 苟可以利民, 不循其禮."(『史記』「商君列傳」)

## 3-14-2

[상앙이 말했다.][254] "일반 사람들은 옛날의 습속에 안주하고, 학자들은 자기가 배운 것에만 매몰됩니다. 이러한 두 부류의 사람들은 관직에 앉혀서 법을 지키게 할 수는 있지만, 법 이외의 문제를 함께 논의할 대상들은 아닙니다. 삼대(三代)는 예제(禮制)가 서로 같지 않았지만 모두 왕노릇을 했고, 춘추시대 다섯 패자[五伯][255]는 법제(法制)가 서로 같지 않았지만 모두 패자가 되었습니다. 지혜로운 자는 법을 만들고, 어리석은 자는 법을 따르며, 현명한 자는 예를 고치고, 불초한 자는 예에 구속됩니다."[256](『사기』「상군열전」)

---

나라를 강하게 할 수 있다면 옛날 일을 굳이 본받을 필요가 없다는 의미이다.

254_ 이하의 내용에 앞서 상앙의 주장에 대해 진나라의 대신인 감룡(甘龍)이 반대하면서 "성인은 백성들의 풍속을 바꾸지 않고 교화하고, 지혜로운 자는 법을 고치지 않고 다스린다. 백성들의 풍속에 따라 교화하면 힘들이지 않고 성공할 수 있고, 현행법에 따라 다스리면 관리들은 익숙하게 일을 하고 백성들은 편안하게 여긴다"라고 주장했다. 이에 대해 상앙은 감룡의 의견은 세속적인 말이라고 반박하면서 이하의 내용을 주장했다.

255_ 오백(五伯)은 춘추시대의 오패(五霸)를 말한다. 일반적으로 제(齊)나라 환공(桓公), 진(晉)나라 문공(文公), 초(楚)나라 장왕(莊王), 오(吳)나라 합려(闔閭), 월(越)나라 구천(句踐)을 가리킨다.

256_ 제(制)는 따르는 것이고, 구(拘)는 구속을 받는 것이다. 『회남자』「범론훈(氾論訓)」편에 "夫聖人作法而萬物制焉, 賢者立禮而不肖者拘焉."이라는 구절에 대해, 『회남자집석』에서 제(制)는 종(從)과 같고, 구(拘)는 검(檢)과 같다고 했다.

“常人安于故俗, 學者溺于所聞. 以此兩者, 居官守法可也, 非所與論于法之外也. 三代不同禮而王, 五伯不同法而霸. 智者作法, 愚者制焉, 賢者更禮, 不肖者拘焉.”(『史記』「商君列傳」)

## 3-14-3

상앙이 말했다.[257] “세상을 다스리는 것은 하나의 도리만 있는 것이 아니다. 나라를 이롭게 할 수 있다면 옛것을 본받을 필요가 없다. 따라서 탕왕(湯王)과 무왕(武王)이 옛것을 따르지 않고 왕노릇을 했으며,[258] 하(夏)나라와 은(殷)나라는 예제(禮制)를 고치지 않아서 멸망했다.[259] 옛것에 반대하는 것을 비난해서는 안 되며, 기존의 예에 따르는 것을 칭찬할 것[260]도 못된다.”(『사기』「상군열전」)

衛鞅曰, “治世不一道, 便國不法古. 故湯·武不循古而王, 夏·殷不易禮而亡. 反古者不可非, 而循禮者不足多.”(『史記』「商君列傳」)

## 3-14-4

상앙이 위(衛)나라를 떠나 진(秦)나라로 가서, 자신의 학술을 잘 밝혀서 효공(孝公)을 강력한 패자로 만들었으니, 후세에는 그가 만든 법을 따랐다.(『사기』「태사공자서」)

鞅去衛適秦, 能明其術强霸孝公, 後世遵其法.(『史記』「太史公自序」)

---

257_ 이 부분은 앞의 상앙의 말에 대해, 또 두지(杜摯)라는 신하가 “이익이 백 배가 되지 않으면 법을 고치지 않으며, 효과가 십 배가 되지 않으면 그릇을 바꾸지 않는다. 옛것을 본받으면 과실이 없고, 기존의 예를 따르면 간사함이 없다”라고 주장했다. 이에 대해 상앙이 반박한 것이 아래의 내용이다.

258_ 『사기색은』에 의하면, 순고(循古)가 『상군서』에는 수고(脩古)로 되어 있다.

259_ 『사기색은』에서 은나라의 걸왕(紂王)과 하나라의 주왕(桀王)을 가리킨다고 했다.

260_ 다(多)는 칭찬하거나 훌륭하게 여기는 것이다. 『한비자』「오두(五蠹)」편에 “多其有勇也.”라는 구절이 보인다.

## 3-14-5

공손앙(公孫鞅), 즉 상앙의 법은 가벼운 죄를 무겁게 처벌하였다. 중죄는 사람이 범하기 어려운 것이며, 작은 과실은 사람이 쉽게 없앨 수 있는 것이다.[261](『한비자』「내저설 상」)

公孫鞅之法也, 重輕罪. 重罪者, 人之所難犯也, 而小過者, 人之所易去也.(『韓非子』「內儲說 上」)

## 3-14-6

[한비자가 대답했다.][262] "지금 신불해(申不害)는 권술을 말하고, 공손앙(公孫鞅)은 법률을 만들었다. 권술이라는 것은 담당할 수 있는 능력에 따라서 관직을 수여하고, 일의 명분에 따라 실적을 따져서 추궁하며,[263] 죽이고 살리는 권력을 틀어쥐고, 여러 신하들의 능력을 고과(考課)하는 것이니, 이것은 군주가 장악하는 것이다.[264] 법률이라는 것은 포고한 법령(法令)[265]이 관청에 분명하게 규정되고, 형벌은 백성들의 마음속에 반드시 각인되며, 상(賞)은 법을 신중하게 실행하는 자에게 있고, 벌(罰)은 명령을 간사하게 어기는 자에게 가해지니, 이것은 신하가

261_ 소역거(所易去)는 쉽게 없앨 수 없어서 다시 행하지 않는다는 뜻이다. 이운구는 일을 저지르지 않고 용이하게 제거할 수 있는 것이라고 풀이했다.

262_ 혹자가 "신불해와 공손앙 두 학파의 이론 중에서 어느 쪽이 나라에 더 긴요한가?"라고 물었는데, 한비자가 두 가지 모두 긴요하기 때문에 측정할 수 없다고 하면서, 아래와 같이 말한 것이다.

263_ 임(任)은 『한비자신교주』에서 태전방(太田方)이 능력[能]이라고 했다. 인임(因任)은 그 사람이 담당할 수 있는 능력에 따라 그에 합당한 관직을 수여하는 것이다. 순명(循名)은 자신이 수행하겠다고 내건 일의 명분에 따라서 그 실적을 따져서 추궁하는 것이다.

264_ 『회남자』「인간훈(人間訓)」편에서도 술(術)에 대해, "見本而知末, 觀指而睹歸, 執一而應萬, 握要而治詳, 謂之術."이라고 한 기록이 보인다.

265_ 헌령(憲令)은 군주가 포고한 명령으로, 법령(法令)을 말한다.

모범으로 삼는 것이다.[266] 군주에게 권술이 없으면 윗자리에서 가려지게 되고, 신하에게 법률이 없으면 아랫자리에서 혼란스럽게 되니, 이것은 하나도 없어서는 안 되며, 모두 제왕의 통치 도구이다."(『한비자』「정법」)

今申不害言術, 而公孫鞅爲法. 術者, 因任而授官, 循名而責[267]實, 操殺生之柄, 課群臣之能者也, 此人主之所執也. 法者, 憲令著于官府, 刑罰必于民心, 賞存乎愼法, 而罰加乎奸令者也, 此臣之所師也. 君無術, 則弊于上, 臣無法, 則亂于下, 此不可一無, 皆帝王之具也."(『韓非子』「定法」)

## 3-14-7

신불해의 학문은 황로학(黃老學)을 근본으로 삼고, 형명(刑名)을 위주로 했다.(『사기』「노자한비열전」)

申子之學, 本于黃老, 而主刑名.(『史記』「老子韓非列傳」)

## 3-14-8

은(殷)나라의 법[268]에 길거리에 재를 버린 자에게 형벌을 주었다. 자공

---

266_ 사(師)는 모범으로 삼아서 본받는 것이다. 『한비자신교주』에서 진기유는 사법(師法)이라고 했다. 『한비자』「설의(說疑)」편에 "法也者, 官之所以師也."라는 구절과 「오두(五蠹)」편에 "以法爲教, 以吏爲師."라는 구절이 보인다.

267_ 책(責)이 『공자개제고』에는 귀(貴)로 되어 있는데, 『한비자』 원문에 따라 고쳤다.

268_ 『한비자신교주』에서 동계신(董桂新)이 상앙의 법을 은나라의 법으로 여긴 것이라고 했다. 진기유는 이에 반대하면서 다음과 같이 말했다. "『염철론』「형덕(刑德)」편에서 '商君刑棄灰於道而秦民治.'라고 한 것이 동계신이 근거로 삼은 것이다. 그러나 내가 생각건대 동계신의 주장은 잘못되었다. 진나라 효공(孝公)이 상앙의 변법을 채용했을 때, 공자는 이미 죽은 지 120년 뒤이니, 자공이 어떻게 그

(子貢)이 지나치다고 여겨서 그것에 대해 공자에게 물었다. 공자가 다음과 같이 대답했다. "정치하는 방법을 잘 아는 것이다.[269] 대체로 길거리에 재를 버리면 [재가 날려서] 반드시 사람이 뒤집어쓰니,[270] 사람이 뒤집어쓰면 그 사람은 반드시 화를 낼 것이다. 화를 내면 싸우게 되고, 싸우면 반드시 두 집안 모두가 서로 해치게 된다.[271] 이것은 두 집안 모두를 해치는 방법이니, 비록 형벌을 주더라도 괜찮다. 또한 무거운 형벌은 사람이 싫어하는 것이고, 재를 버리지 못하게 하는 것은 사람이 쉽게 할 수 있는 것이다. 사람들에게 쉽게 할 수 있는 것을 실천하게 하여, 싫어하는 형벌에 걸려들지 않도록 하는 것,[272] 이것이 바로 정치의 도리이다. 일설에는 '은나라의 법에, 공공 도로에 재를 버리는 자는 그 손을 자른다'고 한다." 자공이 "재를 버린 죄는 가벼운데, 손을 자르는 형벌은 무거우니, 옛날 사람들이 지나치게 잔혹한[273] 이유가 무엇입니까?" [공자가] 대답했다. "재를 버리지 못하게 하는 것은 쉽게 할 수 있는 것이고, 손을 자르는 것은 싫어하는 것이다. 쉽게 할 수 있는 것을 실천하게 하여, 싫어하는 형벌에 걸려들지 않도록 하는 것[274]을 옛사람들은 쉬운 일이라고 생각했기 때문에 그것을 실행한 것이

---

법에 대해 공자에게 물어볼 수 있었겠는가? 은나라의 법을 지금은 고찰할 수 없지만, 혹 상앙이 이 형벌을 제정하면서 은나라의 법에 근본으로 삼았을지도 모른다. 따라서 한비자가 이런 말을 한 것이다."

269_ 이운구는 상과 벌을 가지고 사람 다스리는 방법을 충분히 터득한 것이라고 풀이했다.

270_ 엄인(掩人)은 『한비자신교주』에서 인용한 옛 주석에서 잿가루가 날려서 사람이 잘 덮어쓰는 것이라고 했다.

271_ 삼족(三族)은 싸움을 하는 두 집안 전체를 말한다.

272_ 『한비자집해』에서 왕선신이 지(之)는 기(其)와 같고, 리(離)는 리(罹), 즉 법에 걸려 형벌을 받는 것이라고 했다.

273_ 태의(太毅)는 너무 지나치게 잔혹하다는 뜻이다. 『한비자집해』에서 인용한 옛 주석에서 혹(酷)의 의미라고 했다.

274_ 관(關)은 받아들이는 것으로, 앞에서 나온 리(罹)와 같은 의미이다. 왕선신은 손을 자르는 형벌에 걸려들지 않는 것이라고 했다.

다."(『한비자』「내저설 상」)

殷之法, 刑棄灰于街者. 子貢以爲重, 問之仲尼. 仲尼曰, "知治之道也. 夫棄灰于街, 必掩人, 掩人, 人必怒. 怒則鬪, 鬪必三族相殘也. 此殘三族之道也, 雖刑之可也. 且夫重罰者, 人之所惡也, 而無棄灰, 人之所易也. 使人行之所易, 而無離所惡, 此治之道. 一曰, '殷之法, 棄灰于公道者, 斷其手.'" 子貢曰, "棄灰之罪輕, 斷手之罰重, 古人何太毅也?" 曰, "無棄灰, 所易也, 斷手, 所惡也. 行所易, 不關所惡, 古人以爲易, 故行之."(『韓非子』「內儲說 上」)

## 3-14-9[275]

따라서 현명한 군주의 나라에서는 책에 쓰인 글은 없고 법(法)을 가르침으로 삼으며, 선왕의 말은 없고 관리를 스승으로 삼으며,[276] 개인적인 이유로 칼을 휘두르는 횡포가 없고[277] [적의] 목을 베는 것을 용맹함으로 삼는다. 이 때문에[278] 나라 안의 백성들 중에, 담론하는 자는 반드시 법에 기준을 두고,[279] 일하는 자는 공적에 초점을 맞추며, 용맹함을 실행하는 자는 군대에서 최선을 다하게 된다. 그러므로 [전쟁의] 일이

---

275_ 이하에서 인용한 내용은 한비자가 "지혜를 다듬는 자가 많으면 법이 무너지고, 일을 하는 자가 적으면 나라가 가난해지기 때문에 그것이 바로 세상이 어지러워지는 원인[事智者衆則法敗, 用力者寡則國貧, 此世之所以亂也.]"이라고 파악하고 말한 것이다.

276_ 『사기』「이사열전(李斯列傳)」에도 "諸有文學詩書百家語者蠲除去之, 若有欲學者以吏爲師."라는 구절이 보인다.

277_ 사검(私劍)은 개인적인 일로 칼을 사용하는 것이고, 한(捍)은 사나운 횡포를 말한다. 진기유는 「육반(六反)」편의 "行劍攻殺, 暴憿之民也."에서 '검을 휘둘러서 남을 공격하고 죽이는 것[行劍攻殺]'을 사검(私劍)의 뜻으로 풀이했다.

278_ 『한비자신교주』에 의하면, 시(是) 다음에 이(以)를 보충해 넣은 학자들이 많은데, 여기에서도 그것에 따라 해석했다.

279_ 궤(軌)는 수레바퀴의 자국으로, 법도나 기준을 삼는다는 뜻이다. 즉 담론하면서 논리의 정당성의 기준을 법에서 찾는다는 말이다.

없으면 나라가 부유해지고, [전쟁의] 일이 있으면 군대가 강해지니, 이것을 군주의 토대[王資][280]라고 한다. 군주의 토대를 축적하면서 적국[이 혼란한] 틈을 타야 하니, 오제(五帝)를 뛰어넘고 삼왕(三王)과 대등하게 견주려면[281] 반드시 이러한 법을 실행해야 한다.(『한비자』「오두」)

故明主之國, 無書簡之文, 以法爲教, 無先王之語, 以吏爲師, 無私劍之捍, 以斬首爲勇. 是境內之民, 其言談者, 必軌于法, 動作者, 歸之于功, 爲勇者, 盡之于軍. 是故無事則國富, 有事則兵强, 此之謂王資. 既畜王資而承敵國之亹, 超五帝, 侔三王者, 必此法也.(『韓非子』「五蠹」)

## 3-14-10

따라서 현명한 군주가 법제(法制)를 시행하는 것은 하늘과 같이 [공평무사하며],[282] 사람을 쓰는 것은 귀신과 같이 [은밀하다].[283] 하늘과 같으면 비난받지 않고,[284] 귀신과 같으면 곤란을 당하지 않는다. 위세가 [아래에] 행사되고, [법의] 가르침이 엄격하면 배반하지 않으며,[285] [군주의]

---

280_ 왕자(王資)는 군주가 기초로 삼는 토대를 말한다. 『한비자신교주』에서 태전방은 군주의 일이 이것을 기초로 삼아서 흥성하는 것이라고 했고, 진기유는 자(資)라는 말이 지금의 자본(資本)이나 기초(基礎)와 같은 말이라고 했다.

281_ 모(侔)는 대등하게 견준다는 뜻이다. 진기유는 『설문해자』에 따라 모(侔)는 대등하다[齊等]는 뜻이라고 했다.

282_ 진기유는 "제(制)는 곧 군주가 죽이고 살리는 법제이니, 현명한 군주는 그 법제를 시행하는 것이 마치 하늘과 같이 공평무사하다"라고 해석했다.

283_ 귀(鬼)는 은밀하여 파악할 수 없다는 뜻이다. 진기유는 용인(用人)을 용술(用術)의 잘못이라고 했다. 여기에서는 용인(用人) 그대로 해석했다.

284_ 비(非)는 비난[誹]의 뜻이다. 진기유는 비(非)를 비난[誹]으로 풀이하면서 한편으로는 잘못[誤]이라고 해석하여, 들어맞지 않는 것이 없다는 뜻으로도 보았다.

285_ 『한비자신교주』에서 송고원(松皐圓)은 역(逆)을 위(違)와 글자 모양이 비슷하여 연문으로 들어간 것이라고 하여 삭제했다. 진기유도 뒷문장인 '毁譽一行而不議'와 대구가 되기 때문에 송고원의 주장이 옳다고 했다. 그리고 교(敎)는 「용인(用人)」편의 '기교이지(其敎易知)'의 교(敎)와 같이, 법(法)을 의미하고, 이(而)는 즉(則)과 같다고 했다. 따라서 진기유는 이 문장을 "위세가 아래에 실행되고, 또

비방과 칭찬이 일정하게 실행되면 비판하지 않는다.[286](『한비자』「팔경」)

故明主之行制也天, 其用人也鬼. 天則不非, 鬼則不因. 勢行敎嚴, 逆而不違, 毁譽一行而不議.(『韓非子』「八經」)

## 3-14-11

그러므로 현명한 군주가 그 신하를 길들일 때는 모두에게 동일하게 법을 적용하고,[287] 대비를 통해 미리 잘못을 바로잡는다.[288]〈원주: 공로에 대한 하사품을 박하게 하는 것을 말한다.〉[289] 따라서 죽을 죄를 용서하지 않으며, 형벌을 사면하지 않는다. 죽을 죄를 용서하거나 형벌을 사면하는 것을 권위의 상실이라고 말하며,[290] [그렇게 되면] 사직이 장차 위태

---

그 법교(法敎)를 엄격하게 하면, 사람들이 감히 그 군주를 배반하지 못한다"라고 풀이했다.

286_ 훼예(毁譽)는 신하에 대한 군주의 비방과 칭찬이다. 진기유는 악명(惡名)과 미명(美名)으로 보고, "현명한 군주가 악명과 미명을 실행함에 있어서, 죄가 있는 자는 악명을 주고, 공이 있는 자는 미명을 준다. 좋아하거나 미워하는 감정 때문에 그와 다른 경우가 없기 때문에 사람들이 비난하지 않는다"라고 풀이했다.

287_ 『한비자신교주』에서 인용한 옛 주석에는 "신하에게 비록 귀천의 차이가 있더라도 동일하게 법을 적용한다"라고 풀이했다.

288_ 왕선겸에 의하면, 질(質)은 바로잡는다[正]는 의미하고, 비(備)는 아직 이르지 않았을 때 설치하여 신하들의 사심(邪心)을 막는 것이라고 했다. 이운구는 이미 방비하여 잘못을 바로잡는 것이라고 해석했다. 그런데 진기유는 질(質)을 인질의 교환[交質]에서의 지(質)로 보고, 신하의 친척과 처자식을 인질로 하여, 변고에 대비한 것이라고 풀이했다. 여기에서는 왕선겸과 이운구의 견해를 따라 해석했다.

289_ 이것은 캉유웨이가 자주(自註)를 붙인 것인데, 『한비자신교주』에서 인용한 옛 주석의 내용이다.

290_ 이운구는 음(淫)을 도가 넘치고 동요하는 것으로 보고, 권위가 흔들리는 원인이라고 해석했다. 진기유는 이 문장은 음위(淫威)로 글자를 뒤집어야 하고, 또 음(淫)은 실(失), 즉 권위 또는 위엄의 상실이라고 해석했다. 그리고 「식사(飾邪)」편의 '嚴刑以威之'나 「내저설 상(內儲說 上)」편의 '必罰明威', 「난일(難一)」편의 '爲刑罰以威之' 등을 형벌과 권위의 관계를 나타내는 증거로 제시했다. 여기에서는 진기유의 견해를 따랐다.

로워지고 국가에서 권위가 신하에게로 편중될 것이다.[291] 그렇기 때문에 대신의 봉록이 비록 크다고 하더라도 큰 도시의 세금까지 징수하지 못하게 했으며,[292] 편당을 이룬 무리가 아무리 많다고 하더라도 국가의 병사들을 자신의 신하로 삼지는 못하게 했다.[293] 따라서 남의 신하된 자로 국정을 처리할 때는 사적으로 조정의 업무를 운영하지 못하고,[294] 군대를 맡았을 때는 [상대 국가와] 사적으로 교류하지 못하며,[295] 국가 재정을 관리할 때는 다른 사람에게 사적으로 대출해주지 못한다. 이것이 바로 현명한 군주가 신하의 부정을 막는 방법이다. 이 때문에 [신하는] 네 마리 말이 끄는 수레로 시종이 수행할 수 없고,[296] 비상용 무기를 수레에 실을 수도 없다.[297] 역참의 말이 전할 정도의 비상사

---

291_ 진기유는 「비내(備內)」편의 "偏借其權勢則上下易位矣."를 증거로 인용하여, 편위(偏威)는 권세가 신하의 손으로 편중되어 들어간다는 의미라고 했다.

292_ 자위성시(藉威城市)에 대한 해석은 크게 두 가지로 구분된다. 유월은 위(威)를 연문으로 보고, 자(藉)를 적(籍), 즉 부세와 세금의 징수라고 하여, "큰 도시 지역에서 세금을 거두어 취하지 못하게 했다"라고 풀이했다. 이운구도 이 견해를 따르고 있다. 한편 진기유는 자(藉)를 차(借)로 보고, "큰 도시를 배경으로 자신의 권위를 이루지 못하게 했다"라고 해석했다. 『좌씨전』 「은공」 원년에 공숙단(共叔段)이 경(京) 땅을 근거지로 삼아 자신의 권위를 이룬 것을 그 예로 들었다. 공숙단은 정나라 무공(武公)의 아들로, 경(京)이라는 땅을 배경으로 삼아, 스스로를 '경성대숙(京城大叔)'이라고 호칭하고, 반란을 일으킨 인물이다. 성시(城市)는 인구가 많고 상공업이 발달한 지역으로, 큰 도시를 말한다. 여기에서는 유월과 이운구의 주장을 따랐다.

293_ 당여(黨與)는 같은 당의 사람으로, 편당을 이룬 무리를 말한다. 신사졸(臣士卒)은 국가의 병사들을 자기 개인의 신하로 삼는 것이다.

294_ 사조(私朝)는 『한비자신교주』에서 인용한 옛 주석에서 "신하 스스로 개인적으로 조정의 업무를 처리하는 것"이라고 했다.

295_ 사교(私交)는 군주의 명령이 없이 사적으로 외국의 장수와 관계를 맺어 일을 처리하는 것을 말한다. 진기유는 「내저설 하(內儲說 下)」편에서 위(魏)나라 장수 송석(宋石)과 형(荊)나라 장수 위군(衛君)이 사적으로 서로 연락하여 전쟁을 피하여 싸우지 않는 것을 그 사례로 제시했다.

296_ 사종(四從)은 『한비자신교주』에서 인용한 손이양에 의하면, 사(四)는 사(駟), 즉 네 마리 말이 끄는 마차로, 네 명의 병사가 함께 타는 수레를 말한다. 종(從)은 종거(從車), 즉 시종이 따르면서 수행하는 수레를 말한다.

태[298]가 아닌데도 비상용 무기를 수레에 실으면[299] 사형죄로 사면하지 않는다. 이것이 바로 현명한 군주가 예상치 못한 비상사태에 대비하는 방법이다.(『한비자』「애신」)

是故明君之蓄其臣也, 盡之以法, 質之以備.〈謂薄其賞賜也.〉 故不赦死, 不宥刑. 赦死宥刑, 是謂威淫, 社稷將危, 國家偏威. 是故大臣之祿雖大, 不得藉威城市, 黨與雖衆, 不得臣士卒. 故人臣處國無私朝, 居軍無私交, 其府庫不得私貸于家. 此明君之所以禁其邪. 是故不得四從, 不載奇兵. 非傳非遽, 載奇兵革, 罪死不赦. 此明君之所以備不虞者也.(『韓非子』「愛臣」)

## 3-14-12

[군주의] 일곱 가지 술책은 다음과 같다.[300] 첫째, [신하의 언행에 보이는] 많은 단서를 비교하여 살펴보는 것이다.[301] 둘째, [죄를 지은 자에

---

297_ 기병(奇兵)은 뜻밖의 비상시에 사용하는 무기이다. 이것은 비상시가 아닐 경우에는 비상용 무기를 싣고서 군주를 따라서 나갈 수 없다는 뜻이다. 진기유는 여기의 기(奇)자 속에는 특출나다[奇詭]는 의미가 포함되어 있다고 보기도 했다. 즉 대체로 음모가 있는 사람이 수레에 무기를 싣고 군주를 따르기 때문에 그러한 의미가 있다는 것이다.

298_ 전(傳)과 거(遽)는 모두 역참에 있는 수레나 말을 뜻한다. 『예기』「옥조(玉藻)」편에 나오는 '전거지신(傳遽之臣)'은 역참에서 운송에 종사하는 관리를 말한다. 이운구는 역의 말이 전할 만큼 급박한 상황이라고 해석했다.

299_ 병혁(兵革)은 병기를 총칭하는 말이다. 『사기』「진시황본기」에 '不用兵革'이라는 말이 있다. 진기유는 기병혁(奇兵革)을 특수한 무기라고 풀이하여, 간사한 자들이 이러한 특수한 무기를 제작한 것은 숨기거나 모종의 용도에 사용하기 쉽기 때문이라고 했다.

300_ 한비자는 "군주가 사용해야 할 술책이 일곱 가지가 있으며, 살펴야 할 기미가 여섯 가지가 있다[主之所用也七術, 所察也六微.]"라고 주장했는데, 아래의 내용은 그 중에서 일곱 가지 술책에 해당하는 부분이다.

301_ 중단(衆端)은 여러 가지 많은 단서를 말하는데, 『한비자집해』에서 왕선신이 "일의 단서가 매우 많으니, 반드시 대조해서 살펴보아야 한다. 그렇지 않으면 진실로

게] 반드시 벌을 주어 위엄을 드러내 보이는 것이다. 셋째, [공적이 있는 자에게] 반드시 상을 주어 능력을 다 발휘하도록 하는 것이다. 넷째, [업무 보고를] 하나하나 다 듣고서 신하의 일에 책임을 따져 추궁하는 것이다.[302] 다섯째, 의심스러운 명령을 내려 거짓 속임수로 일을 시키는 것이다.[303] 여섯째, 안다는 사실을 감추고 질문하는 것이다.[304] 일곱째, 말을 반대로 뒤집어서 하거나 일을 실정에 상반되게 하는 것이다.[305](『한비자』「내저설 상」)

七術, 一曰衆端參觀. 二曰必罰明威. 三曰信賞盡能. 四曰一聽責下. 五曰疑詔詭使. 六曰挾知而問. 七曰倒言反事.(『韓非子』「內儲說 上」)

<이상 상군 · 신자 · 한비자가 제도를 개혁하다: 右商君 · 申子 · 韓非子改制>

---

들을 수가 없어서 신하들에게 막히게 된다"라고 했고, 진기유는 "한 사람의 말에는 하나의 단서가 있으니, 여러 가지 단서를 비교하여 살펴본다는 것은 여러 사람들의 말을 비교 검토하여 살펴본다는 말이다"라고 했다. 한편 이운구는 "많은 증거, 즉 언행을 통해 겉으로 드러난 여러 가지 일의 단서를 모아 대조해 보는 일"이라고 해석했다.

302_ 일청(一聽)은 『한비자신교주』에서 고형이 하나하나 듣는 것이라고 했다. 신하들이 맡은 일에 대해 하나하나 업무 보고를 듣는다는 의미이다. 책하(責下)는 신하들에게 책임을 따지는 것으로, 왕선신은 신하가 전담한 일에 대해 책임을 따져서 추궁하는 것이라고 했다.

303_ 의소(疑詔)는 의심스러운 명령이다. 태전방이 아랫사람에게 그 명령을 의심스럽게 만드는 것이라고 풀이했다. 궤사(詭使)는 거짓으로 속여서 일을 시키는 것이다.

304_ 협(挾)은 감춘다[藏]는 뜻이고, 협지(挾知)는 안다는 사실을 감추고 모르는 척하는 것이다. 『관자』「임법(任法)」편에 "人挾其私而幸其主."라는 구절이 보인다.

305_ 도언(倒言)은 반대의 사실을 말하는 것으로, 칭찬할 것을 비난하고 비난할 것을 칭찬하는 등 말을 반대로 뒤집어서 하는 것이다. 반사(反事)는 일을 실정에 상반되게 하는 것이다. 『한비자신교주』에서 인용한 옛 주석에서는 "혹은 그 말을 뒤집어서 하고, 혹은 그 일을 상반되게 하니, 신하의 간사한 실정을 다 알 수 있다"라고 풀이했다.

# 제4권 | 제자백가가 제도를 개혁하면서 옛것에 가탁하다

諸子改制託古考

An Annotated Translation of "Confucius as a Reformer"

## 제4권 머리글

옛날의 것을 찬양하고 지금의 것을 경시하며,[1] 가까운 것을 천시하고 먼 것을 귀하게 여기는 것이 인지상정이란 말인가! 귀와 눈으로 듣거나 본 것은 버려두고서 소홀히 대하고, 귀와 눈으로 듣거나 보지 않은 것은 존중하면서 신비스럽게 여기는 것이 인지상정이란 말인가! 혜능(慧能, 638~713)[2]의 '바로 자기의 마음을 가리킨다[直指本心]'[3][라는 교리]를 자신에게 드러내어 실천한 것은 염도인(捻道人, Mahākāśyapa)[4]과 서준명(徐遵明)[5]뿐이다. 마하가섭(摩訶迦葉)의 가르침[6]을 다섯 번째로 전한 달마(達

---

1_ 영고학금(榮古虐今)은 옛날의 것을 찬양하고, 지금의 것을 경시하는 태도를 말한다.

2_ 혜능(慧能)은 당나라 사람으로, 중국 선종(禪宗)의 제6조로서, 대조대사(六祖大師)라고도 불린다. 북종(北宗)의 점오(漸悟)에 대해 돈오(頓悟)를 제창하여, 남종선(南宗禪)의 시조가 되었다. 소주(韶州)의 보림사(寶林寺)를 거점으로 선종을 전파했으며, 그의 설법을 기록한 『육조단경(六祖壇經)』이 전해진다.

3_ 직지본심(直指本心)은 직지인심(直指人心)과 같은 말로, 자기의 마음을 곧바로 가리킨다는 말이다. 모든 중생은 불성을 가지고 있기 때문에 바깥으로 눈을 돌리지 말고, 자기 마음을 곧바로 잡아 수행하면 불성을 깨달아 누구나 부처가 될 수 있다는 말이다. 이것은 선종의 시조인 달마(達摩)의 가르침이라고 전해지며, 교외별전(教外別傳)·불립문자(不立文字)·견성성불(見性成佛)과 함께 선종의 4대 핵심 교리 중의 하나이다.

4_ 염도인(捻道人)은 석가의 10대 제자 중 한 사람인 마하카시아파(Mahā Kāsyapa, 摩訶迦葉波)를 말한다. 두타제일(頭陀第一) 또는 마하가섭, 가섭 등으로도 불린다. 석가가 영산(靈山)의 법회에서 꽃을 집어 군중에게 보였을 때, 이 사람만이 직관적으로 깨달았다고 하는 염화미소의 고사로 유명하며, 이심전심(以心傳心)의 묘법을 보여주는 좋은 사례로 인용된다. 이 기록은 『무문관(無門關)』·『오등회원(五燈會元)』·『인천보감(人天寶鑑)』 등에 보인다.

5_ 서준명(徐遵明)은 후위(後魏) 시대의 화음(華陰) 사람이며, 자는 자판(子判)이다. 저서로는 『춘추의초(春秋義草)』가 있다. 『북사(北史)』「서준명전(徐遵明傳)」에 의하면, 맹략(猛略)이라는 사람이 서준명이 학업을 완성하지 못할 것을 걱정하자, 서준명은 자신의 가슴을 가리키면서 "나는 지금 진정한 스승이 있는 곳을 알고 있다. 바로 여기에 있다"라고 말했다고 한다.

6_ 의발(衣鉢)은 승려의 가사(袈裟)와 바리때로, 불법을 전수하는 법기(法器)를 의미

磨)[7]에게 그러한 교리를 가탁하니, 사람들이 존중하면서 신비스럽게 여겼다. 존중하면서 신비롭게 여기면 후대에 전해진다. 원황(袁黃, 1533~1606)[8]이 공과격(功過格)[9]을 만들었는데, 그것을 자신에게 드러내어 실천한 것은 석분(石奮)[10]·등훈(鄧訓)[11]·유빈(柳玭)[12]뿐이다. 노자(老子)와 문창제군(文昌帝君)[13]에게 그것을 가탁하니, 사람들이 존중하면서 신비

---

한다. 스승에게 이어받은 학문과 기예 등의 가르침을 말하기도 한다.

7_ 달마(達摩)는 남인도 태생으로 5세기 말 무렵에 중국으로 넘어와 숭산(嵩山) 소림사(少林寺)에서 면벽(面壁) 9년이라는 좌선(坐禪) 수양을 하여, 선종의 시조가 되었다고 한다. 선종에서는 달마가 마하가섭 이후의 가사(袈裟)와 철발(鐵鉢)을 중국으로 가지고 와서, 그것이 달마로부터 인가를 받았던 제2조인 혜가(慧可)를 거쳐서, 제6조인 혜능까지 전해졌다고 한다.

8 _원황(袁黃)은 명나라 절강(浙江) 가선(嘉善) 사람으로, 이름은 황(黃)이고, 자는 곤의(坤儀)이며, 호는 료범(了凡)이다. 융경(隆慶) 3년(1569)에 운곡선사(雲谷禪師)가 원료범에게 공과격(功過格)을 주었다고 한다. 저서로는『역법신서(曆法新書)』·『황도수리(皇都水利)』·『군서비고(群書備考)』·『평주팔대문종(評注八代文宗)』 등이 있다.

9_ 공과격(功過格)은 날마다 공적과 허물, 선행과 악행을 나누어 기록하여, 수양의 거울로 삼던 일기 형식의 책이다. 도교 신자들은 선악의 대소경중에 따라 화와 복이 온다고 믿었으며, 경전으로도 활용되기도 했다. 송나라 시대에는 범중엄(范仲淹)과 소식(蘇軾)의 공과격이 유명했고, 명나라 시대에는 원황의 공과격이 유명했다.

10_ 석분(石奮)은 전한 시대 온(溫) 땅 사람이다. 15세 때 고조를 섬겼고, 문제(文帝) 때에는 태중대부(太中大夫), 경제(景帝) 때에는 구경(九卿)을 역임했다. 4명의 아들이 모두 이천석의 봉록을 받았기 때문에 만석군(萬石君)이라고 불렸다.『한서』「만석위직주장전(萬石衛直周張傳)」에 "만석군의 집안은 효도와 공손으로 군국에 소문이 났다[萬石君家, 以孝謹聞乎郡國.]"라는 말이 보인다.

11_ 등훈(鄧訓)은 후한시대 사람으로, 등우(鄧禹)의 여섯 번째 아들이며, 자는 평숙(平叔)이다. 중국 서쪽의 이민족인 강호(羌胡)에게 은혜와 신의로 교류하여, 그가 죽었을 때 매일 수천 명의 강호 사람들이 조문을 하러 왔다고 한다. 그리고 장제(章帝)에게 하천을 개보수하여 수운(水運)을 연결하는 사업의 중지를 요청하여, 태원(太原)의 백성 수천 명을 노역에서 구제하기도 했다. 자세한 내용은『후한서』「황후기(皇后紀)」에 보인다.

12_ 유빈(柳玭)은 당나라 사람으로, 중영(仲郢)의 아들이다.『신당서』「유공탁전(柳公綽傳)」에 의하면, 유빈은 항상 가훈을 쓰면서 자손들에게 경계의 말을 했다고 한다.

롭게 여겼다. 존중하면서 신비롭게 여기면 후대에 전해진다. 한(漢)나라 고조(高祖)의 신총(神叢)과 호명(狐鳴),[14] 마호메트(摩訶末, Mahomet)와 시나이(西奈, Sinai)의 천사(天使)[15] 등도 그렇지 않은 경우가 없었다. 장자(莊子)가 말했다. "그 말이 비록 [옛날의] 가르침이지만, 그 내용은 [그것에 가탁해서] 견책하는 것이다. [그 말은] 옛날부터 있었던 것이지, 내가 만들어낸 것이 아니다."[16] 옛날의 말 중에서 선왕(先王)[의 말]보다 더 좋은 것이 없다. 따라서 제자백가가 대부분 황제(黃帝)를 언급한 것이 오래되었으며, 그것은 그 당시 시대의 풍조였다. 주나라 말기에 제자백가들이 교설을 널리 펼칠 때, 가탁하는 말[寓言][17]을 얼마나 좋아했던가!

---

13_ 문창제군(文昌帝君)은 황제(黃帝)의 아들 휘(揮)를 가리킨다. 죽은 이후에 별이 되어 천제(天帝)에게 문창부(文昌府)를 관장하도록 명령을 받았다고 한다. 공명(功名)과 녹위(祿位)를 담당했고, 학문이나 문운(文運)의 신으로서 신앙의 대상이 되었다. 권선서(勸善書)에 해당되는 『태상감응편(太上感應篇)』에서는 태상노군(太上老君), 즉 신격화된 노자에게 가탁했고, 『문창제군음즐록(文昌帝君陰騭祿)』에서는 문창제군, 즉 신격화된 문창성(文昌星)에 가탁했다.

14_ 『사기』 「진섭세가(陳涉世家)」에 다음과 같은 기록이 보인다. "진승(陳勝)이 오광(吳廣)에게 주둔지의 수풀 속에 있는 신사(神祠)에 가서, 한밤중에 장작불을 피워 놓고 여우의 울음소리로 '위대한 초나라가 흥하고, 진승이 왕이 된다'고 외치도록 했다. 그러자 병졸들이 모두 한밤중에 놀라서 두려워하였다[又間令吳廣之次所旁叢祠中, 夜篝火, 狐鳴呼曰, '大楚興, 陳勝王.' 卒皆夜驚恐.]" 신총(神叢)은 신령이 가탁한 나무 수풀을 말하는데, 무성한 수풀 속에 신사(神祠)를 지었기 때문에 나온 말이다. 호명(狐鳴)은 여우의 울음소리를 내는 것이다. 이 이야기는 한 고조와는 관련이 없는데, 캉유웨이가 착각한 듯하다.

15_ 마하말(摩訶末)은 회교(回教)의 창시자인 마호메트(Mahomet)를 말하는데, 마호메트의 천사는 알라의 계시를 마호메트에게 전했던 천사 가브리엘과 『코란』에 등장하는 여러 천사를 말한다. 시나이(Sinai)의 천사는 『구약성서』 「출애굽기」 제3장 · 제14장 · 제23장 등에 등장하는 신(神)의 사자를 말한다.

16_ 이 말은 『장자』 「인간세(人間世)」편에 보인다. 이 말 앞에서 장자는 "자신의 견해를 내세울 때 옛사람의 가르침에 가탁하는 사람은 옛사람과 같은 무리이다"라고 했다.

17_ 우언(寓言)은 다른 사물을 빌려서 가탁한 말이다. 장자가 치언(卮言)이나 중언(重言)과 함께 자주 사용한 방법인데, 치언(卮言)은 앞뒤가 맞지 않고 지리멸렬하여 종잡을 수 없는 말이고, 중언(重言)은 세상 사람들이 소중히 여기는 자의 말이

榮古而虐今, 賤近而貴遠, 人之情哉! 耳目所聞覩, 則遺忽之, 耳目所不覩聞, 則敬異之, 人之情哉! 慧能之'直指本心'也, 發之於己, 則捡道人・徐遵明耳. 託之於達摩之五傳迦葉之衣鉢, 而人敬異矣. 敬異則傳矣. 袁了凡之創功過格也, 發之於己, 則石奮・鄧訓・柳玭耳. 託之於老子・文昌, 而人敬異矣. 敬異則傳矣. 漢高之神叢・狐鳴, 摩訶末・西奈之天使, 莫不然. 莊子曰, "其言雖教, 讁之實也, 古之有也, 非吾有也." 古之言莫如先王. 故百家多言黃帝, 尙矣, 一時之俗也. 當周末, 諸子振敎, 尤尙寓言哉!

## 1. 옛것에 가탁한 것의 요지 [託古要旨]

### 4-1-1

세속의 사람들은 대부분 옛날의 것을 존중하고 지금의 것을 천하게 여긴다. 따라서 도술을 행하는 자들은 반드시 신농(神農)이나 황제(黃帝)에게 그 도술을 가탁한 이후에야 그 주장을 [다른 사람에게] 설득시킬 수 있다.[18](『회남자』「수무훈」)

世俗之人, 多尊古而賤今. 故爲道者, 必託之于神農・黃帝, 而後能入說.(『淮南子』「修務訓」)

---

다.

18_ 『회남자집석(淮南子集釋)』에서 하녕(何寧)은 "두 성인에 의해서 만들어진 것이라야 다른 사람에게 그 주장을 설득시킬 수 있고, 다른 사람이 이에 그것을 받아들여 사용한다"라고 했다.

## 康4-1

『회남자』에서는 제자백가가 탁고하는 풍속을 분명히 알고 있었으니, 이 조목이 가장 명확하다. 대체로 당시의 제자백가들이 분분하게 교설을 창립하여, 경쟁적으로 [자기 학파의] 핵심 요지를 표방했는데, 그것을 탁고하지 않으면 다른 사람을 설득할 방법이 없었기 때문이다.

『淮南子』尙知諸子託古之風俗, 此條最爲明確. 蓋當時諸子紛紛創敎, 競標宗旨, 非託之古, 無以說人.

## 4-1-2

[내가 사용하는 말은][19] 다른 사물에 가탁한 말[寓言]이 10개 중에 9개이고, 세상에서 존경받는 사람의 말[重言]이 10개 중에 7개이며, 앞뒤가 맞지 않는 말[卮言]이 날마다 생겨나지만,[20] 자연의 이치[天倪][21]로 조화시킨다. 10개 중에서 9개의 말인 우언(寓言)은 외부[의 사람이나 사물]에서 빌려와서 논의하는 것이다.[22] 아버지는 자기 자식을 위해서 중매를 서지 않으니, 아버지가 [상대 집안에게] 자기 자식을 칭찬하는 것이 아버

---

19_ 『장자』「천하」편에서 장자에 대해 평가하면서, "앞뒤가 맞지 않는 말[卮言]로 자연의 무궁한 변화를 묘사하고, 세상에서 존경받는 사람의 말[重言]로 진실을 깨닫게 했으며, 다른 사물에 가탁한 말[寓言]로 진리를 폭넓게 설명했다[以卮言爲曼衍, 以重言爲眞, 以寓言爲廣.]"라고 했다.

20_ 일출(日出)은 곽상(郭象)이 날마다 새롭다[日新]라는 의미라고 했고, 안병주는 날마다 입에서 나오는 것이라고 했다. 여기에서는 날마다 생겨난다는 안동림의 해석에 따랐다.

21_ 천예(天倪)는 구별을 없애주는 자연의 이치 또는 작용을 말한다. 안동림은 시비를 초월한 자연의 경지라고 했다. 「제물론」편에서도 "何謂和之以天倪."라는 구절이 보인다.

22_ 곽상은 말이 자기에게서 나오면 세속 사람들은 대부분 수용하지 않기 때문에 밖에서 빌려온 것일 뿐이라고 했다. 즉 자신의 말을 믿어주지 않기 때문에 다른 사람이나 사물을 빌려와서 거기에 가탁하여 논의를 전개한다는 뜻이다.

지가 아닌 남이 칭찬하는 것만 못하기 때문이다. [우언의 사용은] 나의 잘못이 아니라 [나의 말을 믿지 못하는] 다른 사람의 잘못이다.[23] 사람들은 자기와 주장이 같으면 호응하고, 자기와 주장이 같지 않으면 반대한다. 자기와 주장이 같은 것을 옳다고 여기고, 자기와 주장이 다른 것을 그르다고 여긴다. 10개 중 7개의 말인 중언(重言)은 논쟁을 그치게 하는 방법이니,[24] 중언은 나이와 경륜이 많은 사람이 한 말이다.[25] 그러나 나이만 앞설 뿐, 그 말의 논리와 순서가 없이 나이 많은 것에만 기대는 사람은 앞선 사람이 아니다.[26] 나이만 먹었을 뿐 남들보다 뛰어난 점이 없으면[27] 사람의 도리를 다하지 못한 것이며,[28] 나이만 먹었을 뿐 사람의 도리를 다하지 못한 자를 진부한 늙은이라고 한다.[29] 날마다 생겨나는 치언(卮言)을 자연의 이치로 조화시키는 것은 무궁한 자연의 도를 따름으로써 천수를 다하며 사는 방법이다.[30](『장자』「우언」)

---

23_ 자신이 우언을 사용하는 것은 어떤 사실을 직접적으로 이야기하면 자신의 말을 믿지 않기 때문에 어쩔 수 없이 다른 사람이나 사물에 가탁한 것이다. 따라서 이것은 자신의 잘못이 아니라 세상 사람들이 그렇게 만든 것이라는 의미이다.

24_ 이(已)는 그만두는 것으로, 임희일은 그 논쟁을 그치는 것이라고 풀이했다.

25_ 기애(耆艾)는 장로(長老), 즉 늙은이나 노인을 말하는데, 보통 기(耆)는 60세, 애(艾)는 50세이다. 나이와 경륜이 많은 사람이 한 말을 자기 논리의 근거로 대면 상대를 설득시켜 논쟁을 끝낼 수 있다는 뜻이다. 안동림은 시위(是爲)의 시(是)를 동사로 보고, "노인의 말이면 무조건 옳다고들 한다"라고 해석했다.

26_ 경위(經緯)는 말의 논리, 본말(本末)은 말의 순서이다. 임희일은 학문에 소견이 없는 것이라고 했고, 천구잉은 일처리의 순서를 비유한 것이라고 했다. 기(期)는 거기에 기대어 믿는 것으로, 단지 나이가 많은 것에만 기대어 자기의 주장을 고집하는 것을 말한다. 한편 안병주는 "나이는 앞서 있지만 그 말의 줄거리와 순서가 연로자에 합당함이 없는 사람은 참다운 의미의 선인이 아니다"라고 해석했다.

27_ 선인(先人)은 남들보다 앞서는 것, 즉 덕이나 경험, 지식 등이 남들보다 뛰어난 점을 말한다. 임희일은 남보다 뛰어난 점이 없다고 풀이했다.

28_ 임희일은 사람됨의 도리를 다하지 못하는 것이라고 풀이했다.

29_ 진(陳)은 오래되거나 진부하다는 뜻으로, 진인(陳人)은 늙어서 쓸모없는 사람 또는 진부한 늙은이를 말한다.

30_ 만연(曼衍)은 도의 유행과 변화가 무궁한 모습이다. 「제물론」편에서도 "何謂和之以天倪, 因之以曼衍."이라고 했다. 궁년(窮年)은 천수를 다하여 수명대로 사는

寓言十九, 重言十七, 卮言日出, 和以天倪. 寓言十九, 藉外論之. 親父不爲其子媒, 親父譽之, 不若非其父者也. 非吾罪也, 人之罪也. 與己同則應, 不與己同則反. 同于己爲是之, 異于己爲非之. 重言十七, 所以已言也, 是爲耆艾. 年先矣, 而無經緯·本末以期年耆者, 是非先也. 人而無以先人, 無人道也, 人而無人道, 是之謂陳人. 卮言日出, 和以天倪, 因以曼衍, 所以窮年.(『莊子』「寓言」)

## 康4-2

『장자』라는 책에서 말한 황제(黃帝)·요(堯)·순(舜)·공자(孔子)·노담(老聃)[의 말]이 모두 우언(寓言)이다. 이미 장자 스스로 서술했기 때문에 사람들은 모두 그 사실을 안다. 그러나 이러한 우언은 실제로는 전국시대 제자백가들의 유행이었다. 단지 『장자』만이 그런 것이 아니라 제자백가들이 모두 그러했다. 이른바 '아버지는 자기 자식을 위해서 중매를 서지 않으니, 아버지가 [상대 집안에게] 자기 자식을 칭찬하는 것이 아버지가 아닌 남이 칭찬하는 것만 못하기 때문이다'라는 것이다. 따라서 반드시 다른 사람에게 가탁하여 우언을 말하는 것이다. 우언은 누구에게 [가탁하는가]? 어린 사람이 늙은 사람보다 못하고, 현재의 사람이 옛날의 사람보다 못하다. 늙은 사람과 옛날 사람의 말이 중시되고, 늙은 사람 중에는 황제나 요·순만한 사람이 없기 때문에 옛날 사람에게 가탁하는 것을 중시하니, 이것을 중언(重言)이라고 한다. 제자백가들이 탁고한 것은 모두 이와 같은 형태이다. 『장자』는 전체가 모두 우언이기 때문에 [여기에는] 전부 기록하지 않는다.

『莊子』一書所稱黃帝·堯·舜·孔子·老聃, 皆是寓言. 旣自序出, 人皆知之. 然此實戰國諸子之風. 非特莊子爲然, 凡諸子皆然. 所謂'親

---

것이다.

父不爲其子媒, 親父譽之, 不若非其父者也.' 故必託之他人而爲寓言. 寓言于誰? 則少年不如耆艾, 今人不如古人. 耆古之言, 則見重矣, 耆艾莫如黃帝 · 堯 · 舜, 故託于古人以爲重, 所謂重言也. 凡諸子託古皆同此. 『莊子』旣皆寓言. 故皆不錄.

## 4-1-3

지금[으로부터 거슬러 올라가서] 옛날 삼대(三代)의 성왕들이 이미 죽고, 천하에 의리가 상실된 이후로, 후세의 군자들 중에 어떤 사람은 성대한 장례와 삼년상을 인(仁)으로 여기고 의(義)로 여기며, 효자가 해야 할 일이라고 여겼다. 반면 어떤 사람은 성대한 장례와 삼년상을 인(仁)과 의(義)가 아니며, 효자가 해야 할 일이 아니라고 여겼다. 이 두 사람은 말만 하면 곧 서로 비난하고, 행동하면 곧 서로 상반되는데, 두 사람 모두 "내가 위로 요(堯) · 순(舜) · 우(禹) · 탕(湯) · 문(文) · 무(武)의 도를 계승한 사람이다"라고 말한다. 그런데도 말만 하면 곧 서로 비난하고, 행동하면 곧 서로 상반되니, 이 때문에 후세의 군자들이 모두 이 두 사람의 말에 의혹을 품는 것이다.(『묵자』「절장 하」)

今逮至昔者三代聖王旣沒, 天下失義後, 世之君子, 或以厚葬久喪以爲仁也, 義也, 孝子之事也. 或以厚葬久喪以爲非仁 · 義, 非孝子之事也. 曰二子者, 言則相非, 行卽相反, 皆曰, "吾上祖述堯 · 舜 · 禹 · 湯 · 文 · 武之道者也." 而言卽相非, 行卽相反, 于此乎後世之君子, 皆疑惑乎二子者言也.(『墨子』「節葬 下」)

## 康4-3

"두 사람 모두 '내가 위로 요(堯) · 순(舜) · 우(禹) · 탕(湯) · 문(文) · 무(武)의 도를 계승한 사람이다'라고 말했다"라고 하니, 당시의 제자백가들은 자주 탁고를 했던 것이다. 그런데 똑같이 요(堯)·순(舜)·우(禹)·탕(湯)·문(文)·무(武)에게 가탁했는데, 서로 반대되는 것이 어찌 이와 같은가! 『한비자』「현학(顯學)」편에서 "공자(孔子)와 묵자(墨子)는 모두 요(堯)·순(舜)에 대해 말하지만, [주장의] 취사선택이 같지 않으면서 모두가 스스로를 요·순의 정통이라고 말한다. 요·순은 다시 살아날 수 없으니, 장차 누구에게 [요·순에 대한] 유가와 묵가의 진실성을 판정하도록 할 수 있겠는가?"라고 말했으니, 당시에 똑같이 탁고한 것을 피차가 서로 알면서도 서로 공격하고 힐난했다는 것을 알 수 있다.

"皆曰, '吾上祖述堯·舜·禹·湯·文·武.'"云云, 則當時諸子紛紛託古矣. 然同託于堯·舜·禹·湯·文·武, 而相反若是與! 『韓非』「顯學」所謂"孔子·墨翟皆自以爲眞堯·舜, 堯舜不復生, 誰使定孔·墨之誠乎?" 可知當日同爲託古, 彼此互知, 以相攻難.

## 4-1-4[31]

공자(孔子)와 묵자(墨子)가 모두 요(堯)·순(舜)에 대해 말하지만, [주장의] 취사선택이 같지 않으면서 모두가 스스로를 요·순의 정통이라고 말한다. 요·순은 다시 살아날 수 없으니, 장차 누구에게 [요·순에 대한] 유가와 묵가의 진실성을 판정하도록 할 수 있겠는가?(『한비자』「현학」)

孔子·墨子俱道堯·舜, 而取舍不同, 皆自謂眞堯·舜. 堯·舜不復生, 將誰使定儒·墨之誠乎?(『韓非子』「顯學」)

## 康4-4

똑같이 요(堯)·순(舜)[을 가탁했는데], 공자와 묵자가 도를 말하는 것이

31_ 이하에서 인용한 『한비자』「현학」편의 내용은 이 책의 제1권〈1-9〉에서 이미 인용했다. 자세한 주석은 앞의 내용을 참조 바람.

같지 않다. 한비자가 활동하던 당시에는 자신의 저술이나 주장을 아직까지는 감히 근거로 삼을 수 없었으니,[32] 가탁하지 않으면 어떻게 할 수 있었겠는가? 요·순[에 대한 유가와 묵가의] 진실성을 판정해줄 수 없으니, 제자백가들이 모두 옛것을 가탁하여 교설을 세운 것은 의심할 여지가 없다.

同是堯舜, 而孔·墨稱道不同. 韓非當日著說猶未敢以爲據, 非託而何? 不能定堯·舜之眞, 則諸子皆託以立敎, 可無疑矣.

### 4-1-5

지금 유가와 묵가는 삼대(三代)의 문왕(文王)과 무왕(武王)을 찬양하면서도 실천하지는 않으니, 이것은 실천하지 않는 것을 말로만 떠드는 것이다.(『회남자』「범론훈」)

今儒·墨者稱三代文·武而弗行, 是言其所不行也.(『淮南子』「泛論訓」)

### 4-1-6

신농씨(神農氏)의 말을 주장하는 허행(許行)이라는 사람이 있었다.(『맹자』「등문공 상」)

---

32_ 앞의 내용에 이어 한비자는 계속해서 다음과 같이 그 논리를 피력하였다. "은(殷)나라와 주(周)나라는 700여 년, 우(虞)나라와 하(夏)나라는 2,000여 년이 지난 상황에서도 유가와 묵가의 진실성도 판정할 수 없는데, 지금에서야 3,000년 전의 요·순의 법도를 살피고자 하니, 아마도 불가능할 것이다. 참고하여 검증할 자료도 없는데 반드시 그렇다고 단정하는 것은 어리석은 일이며, 반드시 그렇다고 판정할 수도 없는데 그것을 근거로 삼는 것은 남을 속이는 일이다. 따라서 선왕(先王)을 드러내 밝히거나 근거로 삼아서, 요·순의 법도에 대해서 기어코 판정하는 것은 어리석은 것이 아니면 남을 속이는 것이다[殷·周七百餘歲, 虞·夏二千餘歲, 而不能定儒·墨之眞, 今乃欲審堯·舜之道於三千歲之前, 意者其不可必乎. 無參驗而必之者, 愚也, 弗能必而據之者, 誣也. 故明據先王, 必定堯·舜者, 非愚則誣也.]"

有爲神農之言者許行.(『孟子』「滕文公 上」)

**康4-5**

허행(許行)이 탁고했다는 사실은 사람들이 대부분 믿는 것인데, 맹자가 그것을 배격하지 않을 수 있었겠는가?[33] 그러나 이것을 믿고 저것을 의심하는 것, 이것은 또한 2×5=10라는 숫자는 알면서도 1×10=10이라는 숫자는 모르는 것이다.

許行託古, 人多信之者, 得無孟子闢之乎? 然信此而疑彼, 是亦知二五而不知一十之數也.

**4-1-7**

또한 세상의 어리석은 학자들은 모두 치란(治亂)의 실정[34]을 모르면서, 옛날의 책을 수다스럽게 쓸데없이[35] 많이 읊어댐으로써 당대의 정치를 어지럽힌다.(『한비자』「간겁시신」)

且夫世之愚學, 皆不知治亂之情, 讘詇[36]多誦先古之書, 以亂當世之治.(『韓非子』「姦劫弑臣」)

---

33_ 『맹자』「등문공 상」편에서 맹자는 "허행의 도를 따른다면 서로 이끌어서 거짓을 일삼을 것이니, 어떻게 국가를 다스릴 수 있겠는가?[從許子之道, 相率而爲僞者也, 惡能治國家.]"라고 하여, 허행의 주장을 배격했다.

34_ 왕선신은 정(情)을 실정[實]이라고 했다.

35_ 왕선신에 의하면, 『설문해자』에서 섭(讘)은 말이 많은 것[多言]이고, 겹(詇)은 쓸데없이 말하는 것[妄語]이라고 했다.

36_ 협(詇)이 『공자개제고』에는 담(談)으로 되어 있는데, 『한비자』 원문에 따라 고쳤다.

## 4-1-8

대체로 오랜 옛날의 [선왕의] 기록이나 그들을 기리는 이야기[傳頌][37]에 대해 말하면서도 말만 잘할 뿐 정성이 담겨 있지 않고,[38] 선왕의 인의(仁義)에 대해 말하면서도 나라를 바로잡지 못하는 것, 이것은 또한 놀이거리는 될 수 있어도 그것으로 정치를 할 수는 없기 때문이다.[39](『한비자』「외저설 좌상」)

夫稱上古之傳頌, 辯而不慤, 道先王仁義, 而不能正國者, 此亦可以戱, 而不可以爲治也.(『韓非子』「外儲說 左上」)

## 4-1-9

태사공(太史公)이 다음과 같이 말했다. "학자들이 오제(五帝)에 대해 많이 이야기한 것이 오래되었다.[40] 그러나 『상서(尙書)』에는 오직 요(堯)임금 이후의 일만이 기재되어 있고,[41] 제자백가들이 황제(黃帝)에 대해 말한 것은 그 문장이 근거가 있지도 않고 고상하지도 않아서[42] 지위와 학식

---

37_ 전송(傳頌)은 옛날부터 전해져 내려오는 것으로, 전(傳)은 성인이나 성군과 관련된 기록이고, 송(頌)은 그들을 기리는 노래나 이야기이다.

38_ 각(慤)은 성실하고 정성스럽다는 뜻이다.

39_ 이 글의 앞에서 한비자는 놀이와 현실의 관계를 아이들의 소꿉장난으로 비유하여 다음과 같이 말했다. "대체로 어린아이가 서로 장난치며 놀 때, 흙을 밥이라고 하고, 진흙을 국이라고 하며, 나무를 고기라고 한다. 그러나 저녁때가 되면 반드시 집에 돌아가 밥을 먹는 것은 흙밥과 진흙국을 가지고 놀 수는 있어도 먹을 수는 없기 때문이다[夫嬰兒相與戱也, 以塵爲飯, 以塗爲羹, 以木爲胾. 然至日晩必歸饟者, 塵飯塗羹可以戱而不可食也.]"

40_ 상(尙)은 오래 전부터 그랬다는 뜻이다. 『사기색은』에서는 상(上)과 같은 말로, 오래되었다[久遠]는 뜻이라고 했다.

41_ 『상서』는 가장 첫 부분이 「우서(虞書)」이며, 「우서」는 「요전(堯典)」과 「순전(舜典)」으로부터 시작된다. 요임금 이전의 삼황(三皇)이나 요·순을 제외한 오제(五帝)에 대한 기록은 보이지 않는다.

이 있는 학자들[43]은 그것에 대해 말하기를 꺼린다. 공자가 전한 「재여문오제덕(宰予問五帝德)」과 「제계성(帝繫姓)」은 유학자들이 혹 전수하지도 않았다.[44] 나는 일찍이 서쪽으로는 공동산(空桐山)[45]에 이르렀고, 북쪽으로는 탁록산(涿鹿山)[46]을 지나갔으며, 동쪽으로는 바다까지 도달했고, 남쪽으로는 장강(長江)과 회수(淮水)를 건넌 적이 있었다. 장로(長老)들이 황제와 요·순에 대해 자주 이야기하는 지역의 경우에는 풍속의 교화가 [다른 곳에 비해] 본래부터 남달랐으니, 결국 [앞의 책들과 같은] 옛 문장들에서 벗어나지 않는 것이 공자의 이야기와 가깝다.[47] 내가 『춘추(春秋)』와 『국어(國語)』를 살펴보고, 「오제덕(五帝德)」과 「제계성(帝繫姓)」을 더욱더 분명하게 드러내 밝혔는데,[48] 다만 깊이 고찰하지 않았을

---

42_ 아순(雅馴)은 우아하고 순수하다는 뜻으로, 그 문장이 전거(典據)가 있고 고상하여 천박하지 않다는 말이다. 『사기정의』에서는 순(馴)자를 가르침[訓]이라는 의미로 보고, "제자백가의 말은 모두 전거가 있고 고상한 가르침이 아니다"라고 풀이하기도 했다.

43_ 천신(薦紳)은 진신(縉紳)과 같은 말로, 사대부로서 관직에 있는 사람을 뜻한다. 여기에서는 일정한 지위와 학식이 있는 학자들을 말한다.

44_ 『사기색은』에 의하면, 「재여문오제덕」과 「제계성」은 모두 『대대례기(大戴禮記)』의 문장이고, 『공자가어(孔子家語)』의 편명이다. 두 글은 모두 정통 경전이 아니었다. 따라서 한나라 때 유학자들이 성인의 말이 아니라고 여겨 대부분 전수하여 배우지 않았다고 한다. 『대대례기』 13권은 한나라의 대덕(戴德)이 지은 책이며, 제7권 속에 「오제덕(五帝德)」편과 「제계(帝繫)」편이 보인다. 이 중에서 「오제덕」편은 오제(五帝), 즉 황제(黃帝)·전욱(顓頊)·제곡(帝嚳)·요(堯)·순(舜), 그리고 그 이후의 황제들에 대해 공자의 제자인 재아(宰我)가 묻고, 공자가 대답하는 형식으로 되어 있다.

45_ 『사기정의』에 의하면, 공동산(空桐山)은 원주(原州) 평고현(平高縣) 서쪽 100리에 있는데, 황제(黃帝)가 광성자(廣成子)에게 도(道)에 대해 질문한 장소이다.

46_ 『사기정의』에 의하면, 탁록산(涿鹿山)은 규주(嬀州) 동남쪽 50리에 있으며, 산의 옆에 탁록성(涿鹿城)이 있는데, 그곳이 바로 황제(黃帝)·요(堯)·순(舜)의 도읍지였다.

47_ 『사기색은』에 의하면, 고문(古文)은 곧 앞의 「오제덕」과 「제계성」 두 책을 말한다. 근시(近是)는 이러한 성인의 이야기에 가깝다는 것이다.

48_ 『사기색은』에서는 "태사공 자신이 『춘추』와 『국어』와 같은 옛 책을 가지고 널리 고증하여, 「오제덕」 등의 이야기를 더욱더 분명하게 드러내 밝혔다"라고 했다.

뿐, 그 책 속에 나오는 내용들은 모두가 허황된 것이 아니었다. 『상서』에는 중간에 빠진 내용이 있어서 [황제에 대한 이야기가 없는데],[49] 그 없어진 부분들이 종종 다른 책의 기록 속에 보인다. 배우기를 좋아하고 생각을 깊이 있게 해서 그 뜻을 마음속으로 파악한 사람이 아니라면, 견문이 얕고 적은 사람에게 말하기는 진실로 어려운 내용이다. 내가 [「본기」의] 차례를 논하여 정하면서, 옛 책 속의 말들 중에서 더욱더 근거가 있고 고상한 것을 선택했기 때문에 「본기(本紀)」의 가장 앞부분에 [「오제본기」를] 저술한 것이다.(『사기』「오제본기」)

太史公曰, "學者多稱五帝, 尙矣. 然『尙書』獨載堯以來, 而百家言黃帝, 其文不雅馴, 薦紳先生難言之. 孔子所傳「宰予問五帝德」及「帝繫姓」, 儒者或不傳. 余嘗西至空桐, 北過涿鹿, 東漸于海, 南浮江淮矣. 至長老皆各往往稱黃帝·堯·舜之處, 風敎固殊焉, 總之不離古文者近是. 予觀『春秋』·『國語』, 其發明「五帝德」·「帝繫姓」章矣. 顧弟弗深考, 其所表見皆不虛. 『書』缺有間矣, 其軼乃時時見于他說. 非好學深思, 心知其意, 固難爲淺見寡聞者道也. 餘幷論次, 擇其言尤雅者, 故著爲「本紀」書首.(『史記』「五帝本紀」)

## 康4-6

『대대례기』에 보이는데, 어찌 유자들이 혹 전수하지도 않았다고 말할 수 있는가? 그것은 『대대례기』와 옛 문장 중에서 공자의 이야기에 가까운 내용들은 모두 유흠(劉歆)이 제멋대로 고친 것이기 때문이다.[50] 제

---

49_ 『사기정의』에서 "『고문상서』에는 그 사이에 빠진 내용이 많아서 황제에 대해 이야기한 말이 없다"라고 했다.

50_ 『수서』「경적지」에 의하면, 한나라 때 유향과 유흠 부자가 경적을 교감하다가 『예기』 130편을 입수했고, 당시 대덕(戴德)이라는 사람이 그 책을 정리하여 85편으로 만들었는데, 그것이 바로 『대대례기』라고 한다. 그리고 대덕의 조카인 대성(戴聖)이 또 대덕의 책을 46편으로 만들었는데, 그것을 『소대례기』라고 하며, 이

자백가들이 황제(黃帝)에 대해 말하는 경우가 많으니, 탁고가 매우 유행했음을 알 수 있다.

見于『大戴』, 安得謂儒者或不傳? 此與古文近是, 皆劉歆竄改. 百家多稱黃帝, 可見託古之盛.

## 4-1-10[51]

공들은 저 담론가나 변론가들을 보지 못했는가?[52] 일을 생각하고 계획을 정하는 것은 반드시 이러한 사람들이다. 그러나 그들은 말 한마디로 군주의 뜻을 설득할 수는 없기 때문에 말할 때마다 반드시 선왕(先王)을 말하고, 말할 때마다 반드시 먼 옛날[上古]을 말한다. 일을 생각하고 계획을 정할 때는 선왕이 일을 성공한 사례로 포장하고, 그 실패와 해로움을 말함으로써 군주의 뜻을 두렵게 만들거나 기쁘게 만들어서, 자신의 욕망을 추구한다. 말이 많고 지나치게 과장하는 것이 이보다 더 큰 경우는 없다.(『사기』「일자열전」)

公見乎談士辯人乎? 慮事定計, 必是人也. 然不能以一言說人主意, 故言必稱先王, 語必道上古. 慮事定計, 飾先王之成功, 語其敗害, 以恐喜人主之志, 以求其欲. 多言誇嚴, 莫大于此矣.(『史記』「日者列傳」)

---

것이 바로 현재 전하는『예기』이다.

51_ 이 내용은 한나라 때 사마계주(司馬季主)라는 사람이 중대부(中大夫)였던 송충(宋忠)과 박사(博士)였던 가의(賈誼)에게 한 말이다. 사마계주는 초(楚)나라 사람으로, 당시 장안(長安)의 동시(東市)에서 점을 치던 사람이다.

52_ 이하에서 인용한 내용은 송충(宋忠)과 가의(賈誼)가 "점쟁이의 말은 미덥지 못하고, 행동은 검증되지 않으며, 부당한 것을 취하기 때문에 천박하다고 말합니다. 대체로 점이라는 것은 세속에서 천하게 여기는 것입니다"라고 말하자, 사마계주가 대답한 말이다. 그는 "선왕의 도도 때로는 존재하고 때로는 없어지니, 그대들이 점쟁이의 말은 반드시 믿을 만한 것이어야 한다고 문책하는 것은 또한 의혹되지 않는가?"라고 말하고, 담론가와 변론가를 예로 들어 이하와 같이 이어서 말한 것이다.

康4-7

전국시대 제자백가들은 모두 담론가나 변론가이니, 말할 때마다 반드시 선왕을 말하고, 선왕이 일을 성공한 사례로 포장했다. 한나라 때에 이르러 사람들은 대체로 그 사실을 알고 있었다.

戰國諸子皆談士辯人, 言必稱先王, 飾先王之成功. 至漢時人, 尙知之.

<이상 옛것에 가탁한 것의 요지: 右託古要旨>

## 2. 묵자가 옛것에 가탁하다 [墨子託古]

4-2-1

묵자가 말했다. "옛날의 현명한 군주나 성인들이 천하에서 왕노릇하고 제후들을 바로잡은 방법은 그들이 백성을 사랑하기를 진실로 충실하게 하고,[53] 백성을 이롭게 하기를 진실로 두텁게 하여, 충실함과 믿음이 서로 연결되어 있는데다가 또 그들에게 이익을 보여주는 것이었다. 이 때문에 평생토록 싫증내지 않았고, 죽을 때까지 게으름을 피우지 않았다.[54] 옛날의 현명한 군주나 성인들이 천하에서 왕노릇하고 제후들을 바로잡은 방법은 바로 이것이다." 그러므로 옛날의 성왕들은

53_ 근(謹)은 삼가고 신중하다는 뜻이다. 『묵자한고』에서는 진실되다[信]는 의미라고 했다.

54_ 권(卷)은 게으르다는 뜻이다. 『묵자한고』에서는 권(倦) 또는 권(券)자가 되어야 한다고 했는데, 의미는 마찬가지이다.

재용을 절약하는 법을 다음과 같이 제정했다. "천하의 수많은 장인들, 즉 수레를 만드는 장인, 가죽을 다루는 장인, 진흙을 다루는 장인, 금속을 다루는 장인, 나무를 다루는 장인들[55]로 하여금 각자 자기의 능력에 따라 일에 종사하도록 한다." 그리고 "백성들의 일용에 공급하기에 충분하면 그만이었다." 제반 비용을 사용하면서, 백성들의 이익에 사용되지 않는 비용을 성왕들은 사용하지 않았다.

> 子墨子言曰, "古者明王聖人所以王天下, 正諸侯者, 彼其愛民謹忠, 利民謹厚, 忠信相連, 又示之以利. 是以終身不饜, 歿世而不卷. 古者明王聖人其所以王天下, 正諸侯者, 此也." 是故古者聖王制爲節用之法曰, "凡天下群百工, 輪車·韗鞄·陶冶·梓匠, 使各從事其所事能." 曰, "凡足以奉給民用則止." 諸加費, 不加于民利者, 聖王弗爲.

옛날의 성왕들은 먹고 마시는 법을 다음과 같이 제정했다. "허기를 채우고 기운을 이어갈 수 있으며, 팔과 다리를 강하게 하고 귀와 눈을 밝게 할 수 있기에 충분하면 그만이었다." 다섯 가지 맛의 조화와 향기로운 냄새의 조화를 지극히 다 갖추지 않고,[56] 먼 나라의 기이하고 특이한 물건을 지극히 다 갖추지도 않는다.[57] 무엇으로 그랬다는 것을 알 수 있는가? 옛날 요임금이 천하를 다스릴 때, 남쪽으로는 교지(交址)[58]

---

55_ 궤포(韗鞄)는 가죽을 다루는 장인, 즉 혁공(革工)을 말한다. 『묵자한고』의 왕염손은 여기의 윤거(輪車)와 재장(梓匠)은 나무를 다루는 장인이고, 도(陶)는 흙, 야(冶)는 금속을 다루는 장인이라고 했다. 따라서 궤(韗)는 운(韗), 포(鞄)는 포(鮑)와 같은 글자로, 모두 가죽을 다루는 장인[革工]의 뜻이라고 했다. 재장(梓匠)은 나무를 다루는 목공을 말한다.

56_ 오미(五味)는 다섯 가지의 맛으로, 매운 맛, 신 맛, 짠 맛, 쓴 맛, 단 맛을 말한다. 분향(芬香)은 음식의 향기로운 냄새를 말한다.

57_ 회(恢)는 『묵자한고』에 의하면 괴(怪)로 된 판본이 있고, 손이양도 그 글자로 고쳤다. 여기에서도 괴(怪)로 해석했다. 진괴(珍怪)는 『공양전』 「소공(昭公)」 31년의 '有珍怪之食'에 대한 하휴(何休)의 주에서는 기이(奇異)와 같은 말이라고 했다.

58_ 교지(交址)는 『회남자』 「수무훈(脩務訓)」편에서 고유가 남방의 나라라고 했는데, 지금의 월남(越南)이다.

지역을 어루만졌고, 북쪽으로는 유도(幽都) 지역과 서로 이어져 있었으며,[59] 동서쪽으로는 해가 뜨고 지는 지역에 이르기까지 복종하지 않는 지역이 없었다.[60] 그런데도 요임금이 재용을 크게 아낀 경우[를 살펴보면],[61] 찰기장과 메기장 두 가지 곡식으로 밥을 짓지 않고,[62] 고깃국과 고기반찬 두 가지를 먹지 않았으며,[63] 토기 밥그릇에 밥을 담아 먹었고, 토기 국그릇에 국을 담아서 마셨으며, 국자로 [물이나 술을] 퍼서 마셨다.[64] 서로 인사하면서 교제하는 형식적인 절차의 예법을 성왕들은 하지 않았다.[65]

---

59_ 강(降)은 왕염손이 의미가 통하지 않으므로 당연히 제(際)가 되어야 한다고 했다. 『이아』의 "際, 接捷也."의 주에서 첩(捷)은 서로 이어져 있는 것이라고 했다. 유도(幽都)는 손이양의 의하면, 『회남자』「수무훈(脩務訓)」편에서 고유가 "음기(陰氣)가 있는 곳이기 때문에 유도(幽都)라고 한다. 지금의 안문(雁門) 북쪽이 그곳이다"라고 했다. 이곳은 유주(幽州) 지역으로, 중국의 북쪽 끝 지역이다.

60_ 필원이 양곡(暘谷)과 매곡(昧谷)을 말한다고 했다. 『한비자』「십과(十過)」편에도 "昔者堯有天下, 飯於土簋, 飮於土鉶. 其地南至交趾, 北至幽都, 東西至日月之所出入者, 莫不賓服."이라는 구절이 보인다. 빈복(賓服)은 복종하거나 귀순한다는 뜻이다.

61_ 손이양은 "莫不賓服, 逮至其厚愛."로 구두를 끊었다. 이럴 경우 "복종하여 크게 사랑하는 데까지 이르지 않음이 없었다"라는 해석도 가능하다.

62_ 서직(黍稷)은 찰기장과 메기장을 말하는데, 밥을 지을 때 두 가지 곡식을 사용하지 않는다는 말이다.

63_ 갱자(羹胾)는 고깃국과 고기반찬을 말한다. 『시』「노송(魯頌)·비궁(閟宮)」편에 "털을 제거하고 통째로 구운 돼지고기와 저민 고기와 국을 올린다"라는 구절이 있는데, 『시경집전』에서 "자(胾)는 저민 고기[切肉]이다. 갱(羹)은 대갱(大羹)과 형갱(鉶羹)이다. 대갱은 태고(太古)의 국이니, 육즙을 축축하게 지지고서 간을 맞추지 않고 그릇에 담으니, 그 질박함을 소중히 여기는 것이다. 형갱은 육즙에 채와 간을 맞추는 것이니, 이것을 국그릇에 담는다"라고 했다. 불중(不重)은 손이양이 하나의 품목에 그치는 것으로, 여러 가지를 하지 않는 것이라고 풀이했다.

64_ 토류(土塯)는 밥을 담는 질그릇이고, 토형(土形)은 국을 담는 질그릇이다. 두(斗)는 술이나 물을 떠낼 때 사용하는 자루 달린 용기, 즉 국자를 말한다.

65_ 부앙(俯仰)은 『묵자』 원문에는 면앙(俛仰)으로 되어 있다. 몸을 굽혔다 폈다 하면서 인사를 하는 것이다. 주선(周旋)은 이리저리 돌아다니면서 접대하고 교제하는 것을 말한다.

古者聖王制爲飮食之法曰, “足以充虛繼氣, 强股肱, 使耳目聰明則止.” 不極五味之調, 芬香之和, 不致遠國珍恢異物. 何以知其然? 古者堯治天下, 南撫交址, 北降幽都, 東西至日所出入, 莫不賓服. 逮至其厚愛, 黍稷不二, 羹胾不重, 飮于土塯, 啜于土形, 斗以酌. 俯仰周旋威儀之禮, 聖王弗爲.

옛날의 성왕들은 의복에 관한 법을 다음과 같이 제정했다. “겨울에는 감색과 자색으로 물들인 옷을 입으니 가볍고도 따뜻하며, 여름에는 가는 갈포와 굵은 갈포로 만든 옷을 입으니 가볍고도 시원하면 그만이었다.”[66] 제반 비용을 사용하면서, 백성들의 이익에 사용되지 않는 비용을 성왕들은 사용하지 않았다.[67]

古者聖王制爲衣服之法曰, “冬服紺緅之衣, 輕且暖, 夏服絺綌之衣, 輕且凊則止.” 諸加費, 不加于民利者, 聖王弗爲.

옛날 성인들은 사나운 새와 짐승들이 백성들을 해치기 때문에 이에 백성들에게 무기를 가지고 다니도록 가르쳤다. 칼을 차고 다니면서, 칼로 찌르면 [짐승의 몸속으로] 들어가고, 칼로 베면 [짐승의 몸통이] 끊어지며, 옆에서 베더라도 칼이 부러지지 않았다고 하니,[68] 이것이 칼의 이점이다. 갑옷은 입고 있을 때는 가볍고도 편리하고, 움직일 때는 사람의 몸에 맞추어 편리하게 변형되니,[69] 이것이 갑옷의 이점이다. 수

66_ 감추(紺緅)는 감색과 자색의 물을 들인 옷을 말하며, 치격(絺綌)은 가는 갈포와 굵은 갈포로 만든 옷을 말한다. 『논어』「향당(鄕黨)」편에도 “君子, 不以紺緅飾, 紅紫, 不以爲褻服. 當暑, 袗絺綌, 必表而出之.”라는 내용이 보인다.

67_『묵자』「사과(辭過)」편에도 이와 비슷한 내용이 보인다. “古之民, 未知爲衣服時, 衣皮帶茭, 冬則不輕而溫, 夏則不輕而凊. 聖王以爲不中人之情. 故作誨婦人, 治絲麻, 梱布絹, 以爲民衣. 爲衣服之法, ‘冬則練帛之中, 以爲輕且煖, 夏則絺綌之中, 輕且凊.’ 謹此則止.”

68_ 손이양이 일(日)은 왈(曰)이 되어야 한다고 했는데, 여기에서도 그에 따라 해석했다.

레는 무거운 짐을 싣고 멀리까지 가는 것으로, 그것을 타면 편안하고 그것을 끌면 편리한데, 편안하면서 사람을 상하게 하지 않고, 편리하면서 빨리 이를 수 있었다고 하니, 이것이 수레의 이점이다. 옛날의 성왕들은 큰 하천과 넓은 골짜기를 건너갈 수 없었기 때문에 이에 배와 노를 제작했는데,[70] 그것으로 건너가기에 충분하면 그만이었다.[71] 비록 윗자리에 있는 삼공(三公)이나 제후들이 오더라도 배와 노는 바뀌지 않았고, 뱃사공[72]은 [배를] 꾸미지 않았으니, 이것이 배의 이점이다.

古者聖人爲猛禽狡獸暴人害民, 于是, 敎民以兵行. 日帶劍, 爲刺則入, 擊則斷, 旁擊而不折, 此劍之利也. 甲爲衣, 則輕且利, 動則兵且從, 此甲之利也. 車爲服重致遠, 乘之則安, 引之則利, 安以不傷人, 利以速至, 此車之利也. 古者聖王爲大川廣谷之不可濟, 于是, 利爲舟楫, 足以將之則止.[73] 雖上者三公諸侯至, 舟楫不易, 津人不飾, 此舟之利也.

옛날 성왕들은 장례를 간소화하는 법을 다음과 같이 제정했다. "수의는 세 벌이면 안치한 유골이 충분히 썩을 수 있고, 관의 두께는 세 치면 안치한 시체가 충분히 썩을 수 있으며,[74] 무덤을 파는 깊이는 지하

---

69_ 병(兵)은 손이양이 변(弁)의 잘못이며, 변(弁)은 변(變)의 가차자라고 했다. 『주례』「고공기(考工記)」에서 정현은 "변(變)은 사람의 몸에 따라서 편리한 것"이라고 했다.

70_ 리(利)는 왕염이 제(制)가 되어야 한다고 했는데, 여기에서도 그에 따라 해석했다. 주즙(舟楫)은 배와 노를 말한다.

71_ 장(將)은 『묵자한고』에서 인용한 『광아(廣雅)』「석고(釋詁)」에서 행(行)의 뜻이라고 했다.

72_ 진인(津人)은 진부(津夫)와 마찬가지로 나룻배를 부리는 사공을 말한다.

73_ 지(止)가 『공자개제고』에는 상(上)으로 되어 있는데, 『묵자』 원문에 따라 고쳤다.

74_ 관(棺)은 오동나무로 된 내관[桐棺]을 말한다. 『좌씨전』「애공(哀公)」 2년에 "桐棺三寸, 不設屬辭, 下卿之罪也."라는 말이 보인다. 후해(朽骸)는 안치한 시체가 썩는 것을 말한다. 『묵자』에 나오는 후육(朽肉) · 후체(朽體) 등도 마찬가지 표현이다.

수까지는 통하지 않아야 하고,[75] 냄새[76]가 밖으로 새어나오지 않을 정도면 그만이었다.[77] 죽은 사람을 이미 장례지냈으면 산 사람은 오랫동안 상을 치르면서 슬퍼하지 말아야 한다."

古者聖王制爲節葬之法曰, "衣三領, 足以朽肉, 棺三寸, 足以朽骸, 堀穴深不通于泉, 流不發泄則止. 死者旣葬, 生者毋久喪用哀."

옛날에 사람이 처음으로 생겨나서 집이 없었을 때는 구릉을 이용하여 굴을 파고 거처했다. 성왕이 생각하기에 굴을 파고 사는 것이 겨울에는 바람과 추위를 피할 수는 있지만, 여름이 되면 아래에는 습기가 차고 위로는 무더운 열기가 내려와서[78] 백성들의 기운을 손상시킬까 걱정되었다. 이에 집을 지어 살기에 편리하게 했다. 그렇다면 집을 짓는 법은 어떻게 했는가? 묵자가 말했다. "옆의 외벽은 바람과 추위를 막을 수 있게 하고, 위의 지붕은 눈과 서리, 비와 이슬을 막을 수 있게 하며, 방 가운데의 깨끗한 곳[79]은 제사를 지낼 수 있게 하고, 집안의 내벽은 남녀[의 거처]를 구별하는 데 충분하면 그만이었다. 제반 비용을 사용하면서, 백성들의 이익에 사용되지 않는 비용을 성왕들은 사용하지 않았다."[80](『묵자』「절용 중」)

---

75_ 천(泉)은 지하수로, 지하수가 있는 곳까지 파서 매장을 너무 깊게 하는 것을 말한다.

76_ 류(流)는 필원이 「절장 하(節葬 下)」편의 '氣無發泄于上'이라는 내용에 근거하여, 기(氣)가 되어야 한다고 했는데, 이에 따라 해석했다. 기(氣)는 시체가 썩는 냄새를 말한다.

77_『묵자』「절장 하」편에도 비슷한 내용이 보인다. "子墨子制爲葬埋之法曰, '棺三寸, 足以朽骨, 衣三領, 足以朽肉. 掘地之深, 下無菹漏, 氣無發泄于上. 壟足以期其所則止矣.'"

78_ 윤습(潤濕)은 습기가 아래로부터 올라오는 것이고, 훈증(熏烝)은 무더운 열기가 위로부터 내려오는 것이다.

79_ 견결(蠲潔)은 깨끗하다는 뜻이다. 『묵자』「상동 중(尙同 中)」편에 "其事鬼神也, 酒醴粢盛不敢不蠲潔."이라는 구절이 보인다.

80_『묵자』「사과(辭過)」편에도 이와 비슷한 내용이 보인다. "子墨子曰, '古之民, 未知爲宮室時, 就陵阜而居, 穴而處, 下潤濕, 傷民. 故聖王作爲宮室. 爲宮室之法曰, 高

古者人之始生, 未有宮室之時, 因陵丘堀穴而處焉. 聖王慮之, 以爲堀穴曰, 冬可以辟風寒, 逮夏, 下潤濕, 上熏烝, 恐傷民之氣. 于是, 作爲宮室而利. 然則爲宮室之法將奈何哉? 子墨子言曰, "其旁可以圉風寒, 上可以圉雪霜雨露, 其中蠲潔可以祭祀, 宮墻足以爲男女之別則止. 諸加費, 不加民利者, 聖王弗爲."(『墨子』「節用 中」)

## 康4-8

『예기(禮記)』「내칙(內則)」편에서는 여덟 가지의 요리법[八珍][81]과 나무 제기와 대나무 제기[籩豆], 솥과 솟대[鼎俎][82]에 담는 음식[에 대해 기록했다.] 『춘추』에서는 천자는 40개의 그릇, 상공(上公)은 26개의 그릇[을 사용한다]고 설명했다.[83] 또한 옥으로 장식한 술 주전자[玉瓚]와 옥으로 장

---

足以辟潤濕, 邊足以圉風寒, 上足以待雪霜雨露, 宮墻之高足以別男女之禮. 謹此則止."

81_ 팔진(八珍)은 고대의 8가지의 요리법을 말한다. 첫째, 순오(淳熬)는 젓갈을 달여서 밭에서 나는 쌀로 지은 밥 위에 덮고 기름을 부어서 먹는 것. 둘째, 순모(淳母)는 젓갈을 달여서 기장으로 지은 밥 위에 덮고 기름에 적셔서 먹는 것. 셋째, 포돈(炮豚)은 돼지고기 구이. 넷째, 포장(炮牂)은 양고기 구이. 다섯째, 도진(擣珍)은 소, 양 등의 고기를 두들겨서 만드는 요리. 여섯째, 지(漬)는 새로 잡은 소고기를 얇게 썰어 좋은 술에 담가두었다가 하루 밤낮이 지난 후에 초와 젓갈로 먹는 것. 일곱째, 오(熬)는 고기를 불에 구어 말린 다음에 먹는 것. 여덟째, 간료(肝膋)는 개의 간에 개고기의 지방을 발라서 구워 먹는 것이다.

82_ 변두(籩豆)는 제사나 연회에서 쓰는 그릇으로, 변은 대나무로 만든 것이고, 두는 나무로 만든 것이다. 정조(鼎俎)는 제사나 연회에서 희생이나 음식을 담는 예기로, 솥과 적대이다. 이와 관련된 내용은 『예기』「교특생(郊特生)」편에 보인다. "정(鼎)과 조(俎)의 숫자는 홀수로 하고, 변(籩)과 두(豆)의 숫자는 짝수로 하는데, 음양의 뜻을 따른 것이다. 변두에 담는 것은 물이나 땅에서 나는 물품이다[鼎俎奇而籩豆偶, 陰陽之義也. 籩豆之實, 水土之品也.]"

83_ 『예기』「예기(禮器)」편에 "禮有以多爲貴者, … 天子之豆二十有六, 諸公十有六, 諸侯十有二, 上大夫八, 下大夫六."이라는 기록이 보인다. 『춘추』 관련 경전에는 이러한 내용이 보이지 않는다. 캉유웨이가 어떤 책에 근거하여 기록했는지는 알 수 없다.

식한 제기[玉豆][84]도 있다. 『서』에서는 해와 달과 별과 산과 용과 꿩[華蟲][을 그림으로 그리고], 마름과 불과 백미[粉米][를 수놓아서] 다섯 가지 채색으로 다섯 가지 색의 비단에 드러내어 베풀어서 옷을 만든다고 말했다.[85] 『의례(儀禮)』「사상례(士喪禮)」편에서는 수의와 염포(斂布)와 홑이불로 19번을 염하고, 관의 두께는 일곱 치이며, 천자는 일곱 겹으로 한다[고 기록했다].[86] 집은 명당(明堂)과 청묘(淸廟)[87]에 네 개의 기둥과 겹치마를 하고,[88] 붉은 칠을 한 가장자리에 요철 무늬가 있으며, 영대(靈台)와 영소(靈沼)[89]가 있다. 따라서 찰기장과 메기장 두 가지 곡식으로 밥을 짓지 않고, 고깃국과 고기반찬 두 가지를 먹지 않으며, 토기 밥그릇과 토기 국그릇[을 사용하고], 여름에는 단지 가는 갈포와 굵은 갈포로 만든 옷을 입고, 겨울에는 단지 감색과 자색으로 물들인 옷을 입으

---

84_ 옥찬(玉瓚)은 옥으로 장식한 술 주전자이고, 옥두(玉豆)는 옥으로 장식한 제기이다. 『예기』「명당위(明堂位)」편에 "울창주는 황목(黃目)에 담으며, 이것을 땅에 부을 때는 옥찬(玉瓚)과 대규(大圭)를 사용하고, 요리는 옥두(玉豆)나 조산(雕簒)에 담아서 권한다"라는 기록이 보인다. 『좌씨전』「소공(昭公)」 17년에는 "鄭裨竈言於子産曰, '宋·衛·陳·鄭將同日火. 若我用瓘斝玉瓚, 鄭必不火.' 子産弗與."라고 하여, 옥찬(玉瓚)에 대한 기록밖에 보이지 않는다.

85_ 『서』「익직((益稷)」편에 "予欲觀古人之象, 日·月·星·辰·山·龍·華蟲作會, 宗彝·藻·火·粉米·黼·黻絺繡, 以五采彰施于五色, 作服."이라는 기록이 보인다. 『서경집전』에 의하면, 화충(華蟲)은 꿩이고, 조(藻)는 수초인 마름, 분미(粉米)는 백미이다.

86_ 의금(衣衾)은 죽은 사람의 수의와 홑이불을 말하며, 교금(絞紟)은 죽은 사람을 묶는 데 사용하는 큰 띠인 염포(斂布)와 홑이불을 말한다. 습(襲)은 염을 하여 시체에 옷을 입히는 것이다. 이 내용은 『의례』 및 기타 경전에는 보이지 않는다.

87_ 명당(明堂)은 고대에 제왕이 정교를 시행하던 곳이다. 청묘(淸廟)는 종묘로, 원래는 문왕에게 제사지내는 시로, 『시』「주송(周頌)」편의 편명이다.

88_ 사아중옥(四阿重屋)은 네 개의 기둥과 겹치마로 된 집이고, 단칠조기(丹漆雕幾)는 붉은 칠을 한 집의 가장자리에 새긴 요철 무늬를 말한다. 『주례』「고공기(考工記)·장인(匠人)」편에 "殷人重屋, 堂脩七尋, 堂崇三尺, 四阿重屋."이라는 기록이 보인다.

89_ 영대(靈臺)는 주나라 문왕이 세운 누각이고, 영소(靈沼)는 연못이다. 『시』「대아(大雅)·영대(靈臺)」편에 "經始靈臺, 經之營之. … 王在靈沼, 於牣魚躍."이라는 기록이 보인다.

며, 수의는 세 벌만 하고, 관의 두께는 세 치로 하는 것은 모두 묵자가 개혁한 제도인데, 그것을 선왕에게 가탁했음을 알 수 있다.

「內則」八珍・籩豆・鼎俎之實. 『春秋』說天子四十豆, 諸公二十六豆. 又有玉瓚・玉豆. 『書』稱日・月・星辰・山・龍・華蟲・藻・火・粉米, 以五采章施于五色, 作服. 「士喪禮」衣衾絞紟十九襲, 棺椁七寸, 天子七重. 宮室則明堂・淸廟四阿重屋, 丹漆雕幾, 靈台・靈沼. 固知黍稷不二, 羹胾不重, 土簋・土形, 夏止絺綌, 冬止紺緅, 衣三領, 棺三寸, 皆墨子之制, 而託之先王也.

## 4-2-2

옛날의 성왕인 우왕(禹王)・탕왕(湯王)・문왕(文王)・무왕(武王)은 천하의 백성들을 모두 사랑했고, 그들을 이끌고서 하늘을 높이고 귀신을 섬겼으니, 그들이 사람들을 이롭게 한 것이 많았다. 따라서 하늘이 그들에게 복을 주고, 그들을 천자로 세웠다.(『묵자』「법의」)

昔之聖王禹・湯・文・武, 兼愛天下之百姓, 率以尊天事鬼, 其利人多. 故天福之, 使立爲天子.(『墨子』「法儀」)

## 康4-9

하늘을 높이고 귀신을 섬긴 것은 모두 묵자의 법인데, 그것을 선왕에게 가탁한 것이다.

尊天事鬼, 皆墨子之法, 而託之先王.

## 4-2-3

따라서 [『서』]「하서(夏書)」에는 "우(禹)임금 때는 7년 동안 홍수가 났다"

라고 했고, 「은서(殷書)」에는 "탕(湯)임금 때는 5년 동안 가뭄이 들었다"라고 했으니,[90] 이처럼 그들이 겪은 흉년과 기근이 심했다.[91] 그런데도 백성들이 얼어 죽거나 굶어 죽지 않은 것은 무엇 때문인가? 그들이 재용의 생산을 주도면밀하게 준비하고, 그것의 사용을 절약했기 때문이다.(『묵자』「칠환」)

故「夏書」曰, '禹七年水.' 「殷書」曰, '湯五年旱.' 此其離凶餓甚矣. 然而民不凍餓者, 何也? 其生財密, 其用之節也.(『墨子』「七患」)

## 康4-10

재용의 절약은 묵가의 법인데, 그것을 선왕에게 가탁한 것이다.

節用, 墨法, 而託之先王.

## 24-2-4

묵자가 말했다. "옛날 백성들이 집을 지을 줄 몰랐을 때는 구릉을 이용하여 살면서 굴을 파고 거처했는데, 아래에서 습기가 차서 백성들에게 해를 끼쳤기 때문에 성왕이 집을 지었다. 집을 짓는 법은 다음과 같았다. '집의 높이는 습기 차는 것을 피하기에 충분하게 하고, 옆의 외벽은 바람과 추위를 막기에 충분하게 하며, 위의 지붕은 눈과 서리, 비와 이슬을 막기에 충분하게 하고,[92] 집안의 내벽은 남녀의 예법을 구별하

---

90_ 「은서(殷書)」는 「상서(商書)」를 말한다. 두 내용 모두 현형본 『서』에는 보이지 않는 일서(逸書)이다. 주이존(朱彝尊)의 『경의고(經義考)』 권260 「일경(逸經)」에도 이 두 기록이 수록되어 있다.

91_ 리(離)는 좋지 않은 상황에 걸리거나 만나는 것을 말한다. 흉아(凶餓)는 흉년과 기근이다.

92_ 대(待)는 막는다[禦]는 뜻이다. 『묵자』「절용 중」편에는 어(圉)로 되어 있는데, 같은 의미이다.

기에 충분하게 한다.' 단지 이 정도면 그만이었다."[93](『묵자』「사과」)

子墨子曰, "古之民, 未知爲宮室時, 就陵阜而居, 穴而處, 下潤濕, 傷民, 故聖王作爲宮室. 爲宮室之法曰, '高足以辟潤濕, 邊足以圉風寒, 上足以待雪霜雨露, 宮墻之高足以別男女之禮.' 謹此則止."(『墨子』「辭過」)

## 康4-11

『예(禮)』에 명당(明堂)이라는 것이 있는데, 네 개의 기둥과 겹치마를 하고, 기둥에 붉은 칠을 하고 서까래를 조각했다.[94] [집은] 단지 습기 차는 것을 피하고, 바람과 추위를 막으며, 눈과 서리, 비와 이슬을 막기에 충분하게 하면 그만이라고 여긴 것은 묵자의 제도인데, 그것을 선왕에게 가탁한 것이다.

『禮』有明堂, 四阿重屋, 丹楹刻桷. 以爲僅足避潤濕, 圉風寒, 待雪霜雨露, 此墨子之制, 而託之先王.

## 4-2-5

"옛날 백성들이 의복을 만들 줄 몰랐을 때는 짐승의 가죽을 옷으로 입고 풀끈을 띠로 찼는데,[95] 겨울에는 가볍지도 따뜻하지도 않았고, 여름

---

93_ 『묵자』「절용 중」편에도 이와 비슷한 내용이 보인다. "古者人之始生, 未有宮室之時, 因陵丘堀穴而處焉. 聖王慮之, 以爲堀穴曰, 冬可以辟風寒, 逮夏, 下潤濕, 上熏烝, 恐傷民之氣. 于是, 作爲宮室而利. 然則爲宮室之法將奈何哉? 子墨子言曰, '其旁可以圉風寒, 上可以圉雪霜雨露, 其中蠲潔可以祭祀, 宮墻足以爲男女之別則止. 諸加費, 不加民利者, 聖王弗爲."

94_ 단영(丹楹)은 기둥에 붉은 칠을 하는 것이고, 각각(刻桷)은 서까래를 조각하는 것이다. 앞에 나온 캉유웨이의 〈康4-1〉에서는 '붉은 칠을 한 가장자리의 요철 무늬[丹漆雕幾]'라고 했다.

95_ 피(皮)는 짐승의 가죽이다. 교(茭)는 대나 갈대 껍질로 꼰 새끼로, 풀끈을 말한

에는 가볍지도 시원하지도 않았다.[96] 성왕은 그것이 사람들의 실정에 맞지 않는다고 생각했기 때문에 부인들을 가르쳐서 명주실과 삼실을 다루어 베와 비단을 짜서 백성들의 옷을 만들도록 했다.[97] 의복을 만드는 법은 다음과 같았다. '겨울에는 거친 실로 짠 견직물로 만든 속옷[98]을 입어서 가볍고도 따뜻하게 하며, 여름에는 가는 갈포와 굵은 갈포로 만든 속옷[99]을 입어서 가볍고도 시원하게 한다.'[100] 단지 이 정도면 그만이었다."[101](『묵자』「사과」)

"古之民, 未知爲衣服時, 衣皮帶茭, 冬則不輕而溫, 夏則不輕而凊. 聖王以爲不中人之情, 故作誨婦人, 治絲麻, 梱布絹, 以爲民衣. 爲衣服之法, '冬則練帛之中, 以爲輕且煖,[102] 夏則絺綌之中, 輕且凊.' 謹此則止."(『墨子』「辭過」)

## 康4-12

『예(禮)』에 다섯 가지 복색[五服][103]과 다섯 가지 문채[五章], 갖옷과 면류

---

다.

96_ 불경이온(不輕而溫)은 뒤에 나오는 가볍고도 따뜻하다[輕且暖]와 반대의 경우로 보고, 가볍지도 따뜻하지도 않았다라고 해석했다. 불경이청(不輕而凊)도 마찬가지이다.

97_ 치(治)는 실을 다루는 것이고, 사마(絲麻)는 명주실과 삼실이다. 곤(梱)은 피륙을 짜는 것이고, 포견(布絹)은 베와 비단이다.

98_ 련백(練帛)은 거친 실로 짠 견직물이다. 중(中)은 손이양이 중의(中衣)라고 했다. 중의(中衣)는 원래 제복(祭服)이나 조복(朝服)의 속에 받쳐 입는 옷으로, 속옷을 말한다.

99_ 치격(絺綌)은 가는 갈포와 굵은 갈포로 만든 옷을 말한다. 『논어』「향당(鄕黨)」편에도 "君子, 不以紺緅飾, 紅紫, 不以爲褻服. 當暑, 袗絺綌, 必表而出之."라는 내용이 보인다.

100_ 『묵자』 원문에는 '足以爲輕且凊'으로 되어 있다.

101_ 『묵자』「절용 중」편에도 이와 비슷한 내용이 보인다. "古者聖王制爲衣服之法曰, '冬服紺緅之衣, 輕且暖, 夏服絺綌之衣, 輕且凊則止.'

102_ 『묵자』 원문에는 '足以爲輕且煖'으로 되어 있다.

관[裘冕],[104] 수놓은 무늬[黼黻][105] 등이 있다. 이것[「사과(辭過)」편에서 말한 것]은 묵자의 법인데, 그것을 선왕에게 가탁한 것이다.

『禮』有五服五章, 裘冕, 黼黻. 此墨子法, 而託之先王.

## 4-2-6

[만물이 존재하는] 하늘과 땅 사이의 모든 공간과 중국 내의 모든 공간에서,[106] 하늘과 땅 [사이에 존재하는 만물]의 실정[107]과 음양의 조화는 있지 않는 곳이 없으니, 비록 지극한 성인이라고 하더라도 바꿀 수는 없다. 어떻게 그렇다는 것을 알 수 있는가? 성인이 다음과 같이 이치를 전해주었기 때문이다. 즉 하늘과 땅에 대해서는 상하(上下)라고 하고, 사계절에 대해서는 음양(陰陽)이라고 하며, 사람의 실정에 대해서는 남녀(男女)라고 하고, 금수에 대해서는 암컷과 수컷이라고 한다. 이것이 하늘과 땅 [사이에 존재하는 만물]의 진정한 실정이니, 비록 선왕이 있더라도 고칠 수가 없다. 비록 먼 옛날의 지극한 성인이라고 하더라도 반드시 사사로이 첩(妾)을 두기는 하되,[108] 그것으로 자신의 행실을 잘

---

103_ 오복(五服)은 다섯 가지 등급의 복색으로 천자·제후·경·대부·사의 복색을 말한다. 복장에서 존비를 구분하는 다섯 가지의 문채 또는 등급을 말한다. 『서』「고요모(皐陶謨)」편에 "天命有德, 五服五章哉."라는 말이 보인다.

104_ 구면(裘冕)은 갖옷을 입고 면류관을 쓰는 것이다. 『주례』「하관(夏官)·절복씨(節服氏)」편에 "郊祀裘冕, 二人執戈."라는 말이 보인다.

105_ 보불(黼黻)은 예복에 흑색과 백색을 섞어 수를 놓은 것으로, 도끼 모양의 무늬이다. 『서』「익직(益稷)」편에 "黼黻絺繡, 以五采彰施于五色."이라는 말이 보인다.

106_ 소시학은 회(回)가 동(同)이 되어야 한다고 했다. 여기에서의 회(回)자는 포(包)자와 마찬가지로, 포함 또는 포괄한다는 뜻이다. 만물이 존재하는 하늘과 땅 사이, 그리고 중국 내의 모든 공간을 말한다.

107_ 천양(天壤)은 천지(天地)와 마찬가지로 하늘과 땅을 말한다. 하늘과 땅의 실정[天壤之情]이란 하늘과 땅 사이에 존재하는 만물의 실정으로, 모든 만물은 그 자체로의 고유한 존재 방식이 있다는 뜻이다.

108_ 축사(蓄私)는 사적으로 첩을 둔다는 말이다. 사(私)는 손이양이 잉첩(媵妾)이나

못되게 하지 않았기 때문에 백성들 중에 원망하는 사람이 없었다. 궁중에는 갇혀서 [결혼을 못하는] 궁녀[109]가 없었기 때문에 천하에 홀아비가 없었다. 안으로는 갇혀 있는 궁녀가 없고, 밖으로는 홀아비가 없었기 때문에 천하의 백성들이 많아졌다.(『묵자』「사과」)

凡回于天地之間, 包于四海之內, 天壤之情, 陰陽之和, 莫不有也. 雖至聖, 不能更也. 何以知其然? 聖人有傳. 天地也, 則曰上下, 四時也, 則曰陰陽, 人情也, 則曰男女, 禽獸也, 則曰牡牝雄雌也. 眞天壤之情, 雖有先王, 不能更也. 雖上世至聖, 必蓄私不以傷行. 故民無怨. 宮無拘女, 故天下無寡夫. 內無拘女, 外無寡夫. 故天下之民衆.(『墨子』「辭過」)

## 康4-13

묵자는 오랜 기간 상례를 치르는 것이 남녀 사이의 교제를 망치기 때문에 짧은 장례식을 숭상했으니,[110] 그 뜻은 전적으로 백성들의 숫자를 불리고자 한 것이다.

墨子以久喪爲敗男女之交, 故尙短喪, 其意專欲繁民也.

## 4-2-7

정번(程繁)[111]이 묵자에게 물었다.[112] "선생님께서는 '성왕들은 음악을

개인적으로 부리는 가신(家臣)이라고 했는데, 남녀의 관계에 대해 말한 뒤의 문장에 맞춘다면 여기에서는 부인 이외에 따로 사사로이 둔 첩을 말한다.

109_ 구녀(拘女)는 궁중에 있으면서 결혼을 하지 못하는 궁녀를 말한다.

110_ 『묵자』「절장 하」편에도 "지금 성대한 장례식과 삼년상을 치르는 자로서 정치를 하게 하면, … 남녀의 교제를 망치는 경우가 많아질 것이다"라는 말이 보인다.

111_ 정번(程繁)은 전국시대의 학자이다. 필원에 의하면, 『태평어람』에는 정자(程子)로 표기되어 있다. 손이양은 정번이 유가와 묵가의 교리를 함께 배운 학자일 것이라고 했다.

112_ 왕염손이 "본문의 '묵자왈(墨子曰)'과 '성왕불위악(聖王不爲樂)' 사이에는 마땅

연주하지 않았다'라고 했는데, 옛날 제후들은 정치를 하다가 지치면[113] 종과 북으로 연주하는 음악을 들으면서 쉬었습니다. 사대부들은 정치를 하다가 지치면 피리와 거문고로[114] 연주하는 음악을 들으면서 쉬었습니다. 농부들은 봄에는 밭을 갈고 여름에는 김을 매며, 가을에는 거두어들이고 겨울에는 저장하는데, 옹기그릇과 질장구[115]로 연주하는 음악을 들으면서 쉬었습니다. 지금 선생님께서 '성왕들은 음악을 연주하지 않았다'라고 했는데, 그것은 비유하자면 말에 멍에를 메워 놓은 채 풀지 않거나[116] 활을 당긴 채 놓지 않는 것과 같으니, 혈기를 가진 사람이 이를 수 없는 상태가 아니겠습니까?"[117] 묵자가 대답했다. "옛날 요임금과 순임금은 띠로 지붕을 인 집[118]을 가지고 있었지만, 또한 그것을 예법으로 삼고 즐거움으로 삼았다. 탕왕(湯王)은 걸왕(桀王)을 바

---

히 '부자왈(夫子曰)'이라는 세 글자가 있어야 하며, 이 문장에서는 누락되었다. 문장 뒷부분에 '금부자왈(今夫子曰) 성왕불위악(聖王不爲樂)'이란 문장이 나오는 것이 그 증거가 된다"라고 주장하기도 했다.

113_ 청(聽)은 치(治)와 같은 뜻으로, 청치(聽治)는 정치를 하는 것이다. 권(倦)은 고달프고 지친다는 뜻이다.

114_ 우슬(竽瑟)은 피리와 거문고를 말한다.

115_ 필원이 "영(聆)자는 귀가 달린 옹이그릇을 뜻하는 영(瓴)자이고, 부(缶)자는 질장구를 뜻하는 요(䍃)자가 뭉그러져서 부(缶)자로 기록된 것"이라고 했다. 왕염손도 "영(聆)자는 영(瓴)자의 잘못이며, 영(瓴)과 부(缶)는 모두 악기의 일종"이라고 했다. 즉 영부(瓴缶)는 옹기그릇과 질장구로, 고대에는 그것을 두드려서 노래의 박자를 맞추는 타악기로 사용되었다.

116_ 가(駕)는 말에 멍에를 메우는 것이고, 세(稅)는 멍에를 풀어놓는 것이다. 손이양에 의하면, 『방언(方言)』에서 "세(稅)는 마차를 풀어놓는 것이다. 조(趙)·송(宋)·진(陳)·위(魏)나라 사이에서는 그것을 세(稅)라고 한다"라고 했는데, 곽박(郭璞)의 주에서 세(稅)는 탈(脫)과 같다고 했다. 필원도 『태평어람』을 근거로 세(稅)를 탈(脫)로 보았다.

117_ 유월은 비(非)를 연문으로 보았다.

118_ 모자(茅茨)는 띠로 지붕을 인 집을 말한다. 『묵자』「일문(佚文)」편에서 요임금이 거처했던 곳을 다음과 같이 묘사했다. "집 마루의 높이는 3척(尺)이고, 흙으로 만든 계단은 3개뿐이며, 띠로 인 지붕의 끝을 다듬지도 않았고, 서까래의 통나무를 깎아서 손질하지도 않았다[堂高三尺, 土階三等, 茅茨不剪, 采椽不刮.]"

다 밖의 땅으로 추방하고,[119] 온 천하[120]에서 자립하여 왕이 되었는데, 일이 완성되어 공적이 세워지고 큰 후환이 없게 되자, 선왕들의 음악을 그대로 따라서 연주하고, 또 스스로 음악을 지어서 「호(護)」[121]라고 명명하고, 또 「구소(九招)」[122]의 음악을 다듬었다. 무왕(武王)은 은(殷)나라를 이겨서 주왕(紂王)을 죽이고, 온 천하에서 자립하여 왕이 되었는데, 일이 완성되어 공적이 세워지고 큰 후환이 없게 되자, 선왕들의 음악을 그대로 따라서 연주하고, 또 스스로 음악을 지어서 「상(象)」이라고 명명했다. 주(周)나라 성왕(成王)은 선왕들의 음악을 그대로 따라서 연주하고, [또 스스로 음악을 지어서] 「추우(騶虞)」라고 명명했다.[123] 그런데 주나라 성왕이 천하를 다스린 것은 무왕보다 못했고, 무왕이 천하를 다스린 것은 탕왕보다 못했으며, 탕왕이 천하를 다스린 것은 요임금과 순임금보다 못했다. 따라서 그 음악이 번잡해질수록 그 정치[의 수준]은 더욱더 줄어들었다. 이로써 본다면 음악은 천하를 다스리는 방법이 아니다." 정번이 말했다. "선생님이 '성왕들은 음악이 없었다'라고 했는데, [선생님이 말한] 그것들 또한 음악입니다. 그런데도 어찌하여 '성왕들은 음악이 없었다'라고 말한 것입니까?" 묵자가 대답했다. "성왕들의 명령이라는 것은[124] 많은 것을 적게 만드는 것이다.[125]

---

119_ 대수(大水)는 『묵자한고』에 근거하여, 바다 밖의 땅으로 해석했다. 소시학(蘇時學)에 의하면, 『열녀전(烈女傳)』에 "걸왕을 바다로 추방했는데, 남소(南巢)의 산에서 죽었다"라고 했고, 진수기(陳壽祺)가 편집한 『상서대전(尙書大傳)』 권2하에서 "걸왕이 '나라는 임금의 소유이다. 내가 들으니 바다 밖에 사람들이 산다고 한다'라고 말하고, 500명과 함께 떠났다"라고 기록되어 있는데, 대수(大水)라는 말과 내용이 합치한다.

120_ 환(環)은 둘러싸는 것으로, 환천하(環天下)는 온 천하를 말한다.

121_ 호(護)는 탕임금이 지은 음악으로, 대호(大護) 또는 대호(大濩)라고도 한다.

122_ 구소(九招)는 순임금이 지은 음악으로, 구소(九韶)라고도 한다. 일설에는 우(禹)의 음악 또는 제곡(帝嚳)의 음악이라고도 한다.

123_ 왕염손이 『태평어람』에는 이 문장 앞에 '又自作樂'이라는 네 글자가 더 있다고 했다. 그리고 추우(騶虞)는 추오(騶吾)로 되어 있다고 했다.

124_ 손이양은 명(命)이 영(令)과 뜻이 같다고 했다. 이 부분은 의미가 잘 통하지 않

음식의 이로움이라는 것은 굶주림에 대해 알고나서 음식을 먹는 것이 지혜이기는 하지만, 그것은 진실로 지혜가 없는 것[과 마찬가지이다]. 지금 성왕들에게 음악이 있지만 [그 숫자가] 적으니, 이것도 또한 없는 것[과 마찬가지이다]."[126](『묵자』「삼변」)

程繁問于子墨子曰, "夫子曰, '聖王不爲樂.' 昔諸侯倦于聽治, 息于鐘鼓之樂. 士大夫倦于聽治, 息于竽瑟之樂. 農夫春耕・夏耘・秋斂・冬藏, 息于聆缶之樂. 今夫子曰, '聖王不爲樂.' 此譬之猶馬駕而不稅, 弓張而不弛, 無乃非有血氣者之所不能至邪?" 子墨子曰, "昔者堯・舜有茅茨者, 且以爲禮, 且以爲樂. 湯放桀于大水, 環天下自立以爲王, 事成功立, 無大後患, 因先王之樂, 又自作樂, 命曰「護」, 又修「九招」. 武王勝殷殺紂, 環天下自立以爲王, 事成功立, 無大後患, 因先王之樂, 又自作樂, 命曰「象」. 周成王因先王之樂, 命曰「騶虞」. 周成王之治天下也, 不若武王, 武王之治天下也, 不若成湯, 成湯之治天下也, 不若堯・舜. 故其樂逾繁者, 其治逾寡. 自此觀之, 樂非所以治天下也." 程繁曰, "子曰, '聖王無樂', 此亦樂已. 若之何其謂'聖王無樂'也?" 子墨子曰, "聖王之命也, 多寡之. 食之利也, 以知饑而食之者智也, 因爲無智矣. 今聖有樂而少, 此亦無也."(『墨子』「三辯」)

---

는데, 소시학이 이 문장 뒤에 빠진 문장이나 오자가 있다고 했다.

125_ 손이양은 이 문장이 '多者寡之'가 되어야 한다고 하고, "모든 사물은 너무 많은 것을 병통으로 여기니, 적게 만들려고 힘쓴다"라고 해석했다. 여기에서는 손이양의 해석에 따랐다.

126_ 손이양이 다음과 같이 말했다. "인(因)자는 당연히 고(固)자가 되어 하고, 금성(今聖) 뒤에 왕(王)자가 있어야 한다. 이 부분의 의미는 다음과 같다. 음식은 사람에게 이로운 것이지만, 사람이 굶주려서 음식에 대해 아는 것은 지혜라고 할 수 없다. 만약 굶주림을 통해 음식에 대해 알았다면, 그것을 지혜라고 하더라도 아는 수준이 매우 천박하기 때문에 진실로 지혜가 없는 것이나 마찬가지이다. 이로써 성왕이 비록 음악을 지었지만, 그것이 적었기 때문에 음악이 없는 것과 마찬가지임을 비유한 것이다." 여기에서는 손이양의 주장에 따라 해석했다.

### 康4-14

묵자는 요임금과 순임금의 즐거움이 띠로 지붕을 인 집이라고 했고, 「구소(九招)」를 탕왕[이 다듬은 것]이라고 했다. 묵자가 음악을 비판할 때 [음악의 작자를] 거짓으로 가탁한 것이 결코 아니며, 어떤 것은 옛날의 음악 이름이다. 「호(頀)」·「상(象)」·「추우(騶虞)」 또한 바로 옛날의 음악 이름이니, 공자가 그것을 근거로 삼아서 새로운 음악을 제작했을 뿐이다.

墨子以堯·舜之樂爲茅茨, 以「招」爲湯. 墨子非樂, 當非僞託, 或舊名也. 「頀」·「象」·「騶虞」, 亦卽舊名, 孔子因之而制新樂耳.

### 4-2-8

따라서 옛날 성왕들이 정치를 할 때는 덕이 있는 사람을 관직에 배치하고, 현명한 사람들을 존중했다. 비록 농업이나 상공업에 종사하는 사람[127]이라 하더라도 능력만 있으면 등용하여, 그에게 높은 작위를 주고 많은 봉록을 주었으며, 일을 맡겨서 명령을 결단할 수 있는 권한[128]을 부여했다.(『묵자』「상현 상」)

故古者聖王之爲政, 列德而尙賢. 雖在農與工肆之人, 有能則擧之, 高予之爵, 重予之祿, 任之以事, 斷予之令.(『墨子』「尙賢 上」)

---

127_ 열(列)은 차례대로 배치하는 것으로, 덕이 있는 사람을 관직에 배치하는 것이다. 공(工)은 공장(工匠)으로, 수공업을 말하고, 사(肆)는 물건을 파는 가게 또는 관청에서 물건을 만드는 곳인데, 상업을 말한다. 『논어』「자장(子張)」편에서 "子夏曰, 百工居肆以成其事, 君子學以致其道."라고 했는데, 『논어집주』에서 사(肆)는 관청의 물건을 만드는 곳이라고 했다.

128_ 단(斷)은 손이양이 그 명령이 반드시 실행되는 것을 말한다고 했다.

## 4-2-9

따라서 옛날 요임금은 복택(服澤)[129]의 북쪽에서 순임금을 찾아 등용하여, 그에게 정치를 맡기자 천하가 화평해졌다. 우임금은 음방(陰方)[130]에서 익(益)을 찾아 등용하여, 그에게 정치를 맡기자 구주(九州)가 완성되었다. 탕임금은 이윤(伊尹)을 부엌에서 찾아 등용하여, 그에게 정치를 맡기자 그의 계책이 성공했다.[131] 문왕은 물고기 잡는 곳에서 굉요(閎夭)와 태전(泰顚)을 찾아 등용하여,[132] 그들에게 정사를 맡기자 서쪽 땅의 나라들이 복종했다.(『묵자』「상현 상」)

故古者堯擧舜于服澤之陽, 授之政, 天下平. 禹擧益于陰方之中, 授之

---

129_ 복택(服澤)이 어느 지역인지는 확실하지 않다. 손이양이 다음과 같이 말했다. "『문선(文選)』「곡수시서(曲水詩序)」의 이선(李善)의 주에서 『제왕세기(帝王世紀)』의 '堯求賢而四嶽薦舜, 堯乃命于順澤.'을 인용했는데, 아마도 이 책에 근본한 것 같다. 『사기』「오제본기」에서 '就時於負夏'라고 했는데, 『사기집해』에서 인용한 정현(鄭玄)은 '부하(負夏)는 위(衛)나라 땅이다'라고 했다. 그리고 『맹자』「이루 하」편의 '舜生於諸馮, 遷於負夏.'에 대한 조기(趙岐)의 주에서 '제풍(諸馮)과 부하(負夏)는 모두 지명이니, 바다를 등지고 있다'라고 했다. 내가 보기에 복택은 곧 부하(負夏)인 것 같다."

130_ 음방(陰方)에 대한 근거 자료는 보이지 않는다. 필원도 그 땅이 어디인지 모르겠다고 했다.

131_ 이윤(伊尹)은 신국(莘國)이라는 나라의 이수(伊水)가에서 태어났는데, 유신국(有莘國)의 요리사로 있다가 궁중의 교사를 함께 하면서 유신국 왕의 딸에게도 학문을 가르쳤다. 유신국의 딸이 탕임금에게 시집을 가게 되자 솥과 도마를 짊어지고 함께 탕임금을 찾아갔는데, 탕임금의 주방에서 그의 실력을 발휘하여 발탁되었다고 한다. 이와 관련해서는 『사기』「은본기(殷本紀)」의 "伊尹名阿衡. 阿衡欲奸湯而無由, 乃爲有莘氏媵臣, 負鼎俎, 以滋味說湯, 致于王道."라는 기록과 『한비자』「난언(難言)」편의 "上古有湯, 至聖也, 伊尹, 至智也. 夫至智說至聖, 然且七十說而不受, 身執鼎俎爲庖宰, 昵近習親, 而湯乃僅知其賢而用之."라는 기록이 보인다.

132_ 저망(罝罔)은 물고기를 잡을 때 사용하는 그물이다. 소시학은 태전(泰顚)이 곧 태공망(太公望)이라고 했는데, 손이양은 별개의 사람이라고 했다. 『서』「군석(君奭)」편에 "惟文王尙克修和我有夏. 亦惟有若虢叔, 有若閎夭, 有若散宜生, 有若泰顚, 有若南宮括."이라는 기록이 보이고, 『묵자』「비공 하」편에도 '泰顚來賓.'이라는 문장이 보인다.

政, 九州成. 湯擧伊尹于庖廚之中, 授之政, 其謀得. 文王擧閎夭·泰顚置罔之中, 授之政, 西土服.(『墨子』「尙賢 上」)

## 4-2-10

따라서 묵자는 다음과 같이 말했다. "뜻을 얻었을 때에는 현명한 선비를 등용하지 않을 수가 없으며, 뜻을 얻지 못했을 때에도 현명한 선비를 등용하지 않을 수가 없다. 만약[133] 요·순·우·탕 임금의 도를 계승하여 따르려고 한다면 현명한 사람을 존중하지 않을 수 없다. 대체로 현명한 사람을 존중하는 것이 정치의 근본이다."(『묵자』「상현 상」)

是故子墨子言曰, "得意賢士不可不擧, 不得意賢士不可不擧. 尙欲祖述堯·舜·禹·湯之道, 將不可以不尙賢. 夫尙賢者, 政之本也."(『墨子』「尙賢 上」)

## 康4-15

[하(夏)·은(殷)·주(周)] 삼대의 시대에는 대대로 계승되는 작위[134]를 존중했다. 따라서 공자와 묵자는 모두 현명한 사람을 존중했는데, 그 의리를 옛 사람에게 가탁한 것이다.

三代時, 尙世爵. 故孔·墨皆尙賢, 而託其義于古人.

133_ 상(尙)은 왕인지가 만약[儻]의 의미라고 했고, 손이양은 「상현 하」편의 '上欲中聖王之道'에 근거하여, 상(上)의 의미라고 했다. 여기에서는 왕인지의 주장에 따라 해석했다.

134_ 세작(世爵)은 대대로 계승되는 작위를 말한다. 능력보다는 작위를 가지고 있는 사람을 존중했다는 의미이다.

## 4-2-11

또한 현명한 사람을 존중하는 것을 정치의 근본으로 삼은 것이 어찌 묵자 한 사람만의 말이겠는가? 그것은 성왕의 도이며, 선왕의 책 속에 있는 오래된 말이다.[135] [거기에는] "성스럽고 용맹하고[136] 명철한 사람을 구하여, 자신을 도와서 보좌하게 한다"라는 말이 전한다. [『서』] 「탕서(湯書)」에서도 "마침내 위대한 성인을 구하여, 그와 함께 힘을 합하고 마음을 함께함으로써 천하를 다스렸다"[137]라고 했다. 이것은 성왕[138]이 반드시 현명한 사람을 존중하고 능력 있는 사람을 부리는 것으로써 정치를 했다는 것을 말한다. 따라서 옛날의 성왕들은 오직 잘 살펴서 현명한 사람을 존중하고 능력 있는 사람을 부리는 것으로써 정치를 했지, 거기에 다른 사항은 뒤섞지 않았기 때문에 천하 사람들이 모두 자신들의 이익을 얻을 수 있었다. 옛날에 순임금은 역산(歷山)에서 농사를 짓고, 황하 근처에서 질그릇을 구웠으며, 뇌택(雷澤)에서 고기를 잡았다.[139] 요임금은 그를 복택(服澤)의 북쪽에서 찾아 등용하여 천자로

---

135_ 거년(距年)의 의미는 명확하지 않다. 『묵자한고』에서는 책으로 표시했으나, 별다른 언급이 없다. 다만 필원의 말을 인용하여, 「상현 하」편에는 수년(豎年)으로 되어 있고, 원년(遠年)이라는 말과 같다고만 했다. 여기에서는 책으로 해석하지 않고, 원년(遠年)이라는 의미로 풀이했다.

136_ 비보(裨輔)는 도와서 보좌한다는 말이다. 이(而)는 이(爾)와 같다. 『묵자한고』에 의하면, 이 내용은 「상현 하」편의 "於先王之書豎年之言然, 曰, '晞夫聖武知人, 以屏輔而身.' 此言先王之治天下也, 必選擇賢者以爲其群屬輔佐."라는 기록을 약술한 것이다. 따라서 도와서 보좌하는 사람 중에 성군(聖君)이 있을 수 없기 때문에 군(君)은 무(武)를 잘못 기록한 것이라고 했다. 여기에서도 『묵자한고』의 주장에 따라 해석했다.

137_ 이 내용은 「탕서」편에는 보이지 않고, 「탕고(湯誥)」편에 "聿求元聖, 與之戮力, 以與爾有衆請命."이라는 형태로 보인다. 「탕고」편은 고문(古文) 『상서』이다. 『서경집전』에서는 "율(聿)은 마침내[遂]라는 뜻이고, 원성(元聖)은 이윤(伊尹)"이라고 했다. 육력(戮力)은 서로 힘을 합한다는 뜻이다. 이 글은 이윤이 탕왕을 도와 하나라의 걸왕을 정벌하고 돌아와서 천하에 훈계한 글이다.

138_ 손이양이 성(聖)자 뒤에 왕(王)자가 있어야 한다고 했다.

삼고, 천하의 정치를 맡겨서 천하의 백성들을 다스리게 했다.[140] 이윤(伊尹)은 유신씨(有莘氏)의 딸의 개인 신하이며, 직접 주방장 노릇을 했는데, 탕임금이 그를 찾아 등용하여 자신의 재상으로 삼고, 천하의 정치를 맡겨서 천하의 백성들을 다스리게 했다.[141] 부열(傅說)은 누더기 옷을 입고 새끼줄을 허리에 두르고서 부암(傅巖)에서 건축 노역을 하고 있었는데, 무정(武丁)이 그를 찾아 등용하여 삼공(三公)으로 삼고, 천하의 정치를 맡겨서 천하의 백성들을 다스리게 했다.[142](『묵자』「상현 중」)

---

139_ 『사기』「오제본기(五帝本紀)」에 "舜耕歷山, 漁雷澤, 陶河濱, 作什器於壽丘, 就時於負夏."라는 기록이 보인다. 『사기집해』에서 인용한 정현은 역산이 하동(河東)에 있다고 했다. 『수경주(水經注)』에서는 "하동군(河東郡) 남쪽에 역산이 있는데, 그것을 역관(歷觀)이라고 부르며, 순임금의 우물이 있다. 규수(嬀水)와 예수(汭水)가 거기에서 나왔다"라고 했다. 이곳은 지금의 산서(山西) 영제현(永濟縣)이다. 도(陶)는 질그릇을 굽는 것이고, 빈(瀕)은 『사기』에 빈(濱)으로 되어 있다. 뇌택(雷澤)은 지명으로, 손이양이 지금 산서(山西) 영제현(永濟縣) 남쪽 40리 뇌수산(雷首山) 아래에 연못이 있는데, 순임금이 고기를 잡던 장소라고 전한다고 했다. 『산해경(山海經)』에 "뇌택에는 뇌신(雷神)이 있는데, 용의 몸에 사람의 머리를 하고 있으며, 그 배를 두드리면 우레가 생긴다"라는 내용도 보인다.

140_ 앞에서 인용한 「상현 상」편에도 "옛날 요임금은 복택(服澤)의 북쪽에서 순임금을 찾아 등용하여, 그에게 정치를 맡기자 천하가 화평해졌다[古者堯擧舜于服澤之陽, 授之政, 天下平.]"라는 기록이 보인다.

141_ 이윤(伊尹)과 유신국(有莘國)에 대해서는 앞에서 인용한 「상현 상」의 "湯擧伊尹于庖廚之中, 授之政, 其謀得."에 대한 주석에 자세하게 기록했으므로 참조 바람. 한편 『묵자한고』에 의하면, 이지(伊摯)는 이윤의 이름이다. 『시』「상송(商頌)·장발(長發)」편의 정현의 주에서 "이윤의 이름은 지(摯)인데, 탕왕이 그를 아형(阿衡)으로 삼아서, 천하를 다스리게[尹] 했다. 따라서 그를 이윤(伊尹)이라고 한다"라고 했다.

142_ 부열(傅說)은 은나라 고종(高宗)인 무정(武丁)의 재상이다. 『사기』「은본기」의 기록에 의하면, 무정이 자신을 보좌해줄 인물을 꿈속에서 만났는데, 이름이 열(說)이었다. 그를 부험(傅險)에서 찾았는데, 당시 부열은 죄를 짓고 그곳에서 노역을 하고 있었다. 무정은 그가 성인임을 알고, 등용하여 재상으로 삼아 은나라를 잘 다스렸다고 한다. 그리고 부험이라는 지명에서 성을 따서 그를 부열이라고 불렀다고 한다. 갈(褐)은 거친 베로 만든 옷을 말하는데, 천한 사람들이 입는 누더기 옷이다. 삭(索)은 새끼줄을 말한다. 용(庸)은 용(傭)과 같은 글자로, 남에게 고용되어 일을 하는 품팔이꾼이다. 부열은 당시 죄를 짓고 건축 노역을 하고 있었기 때

且以尙賢爲政之本者, 亦豈獨子墨子之言哉? 此聖人之道, 先王之書距年之言也. 傳曰, "求聖君哲人, 以裨輔而身." 「湯誓」曰, "聿求元聖, 與之戮力同心, 以治天下." 則此言聖之不失以尙賢使能爲政也. 故古者聖王唯能審以尙賢使能爲政, 無異物雜焉, 天下皆得其利. 古者舜耕歷山, 陶河瀕, 漁雷澤. 堯得之服澤之陽, 擧以爲天子, 與接天下之政, 治天下之民. 伊摯, 有莘氏女之私臣, 親爲庖人, 湯得之, 擧以爲己相, 與接天下之政, 治天下之民. 傅說被褐帶索, 庸築乎傅巖, 武丁得之, 擧以爲三公, 與接天下之政, 治天下之民.(『墨子』「尙賢 中」)

## 4-2-12

옛날부터 우리가 요·순·우·탕·문·무의 도를 귀중하게 여긴 것은 무슨 까닭인가? 그것은 오직[143] 그들이 백성들에게 임하여 정치를 시행하여 다스리면서, 천하에서 착한 행동을 하는 사람들을 권면할 수 있게 해주고, 포악한 짓을 하는 사람들을 저지할 수 있게 해주었기 때문이다.[144] 그렇다면 여기에서 현명한 사람을 존중한다는 것은 요·순·우·탕·문·무의 도와 같은 것이다.(『묵자』「상현 하」)

然昔吾所以貴堯·舜·禹·湯·文·武之道者, 何故以哉? 以其唯毋臨衆發政而治民, 使天下之爲善者可而勸也, 爲暴者可而沮也. 然則此尙賢者也, 與堯·舜·禹·湯·文·武之道同矣.(『墨子』「尙賢 下」)

---

문에 여기에서는 건축 노역을 했다고 풀이했다. 삼공(三公)은 재상을 말한다.

143_ 여기에서 무(毋)는 유(唯)와 마찬가지로 어조사로 사용되었다.

144_ 가이(可而)는 왕염손이 가이(可以)와 같다고 했다. 손이양도 「상동 하」편의 "尙用之天子, 可以治天下矣. 中用之諸侯, 可而治其國矣. 下用之家君, 可而治其家矣."라는 문장을 증거로 인용하여, 가이(可以)와 가이(可而)가 통용된다고 했다.

## 4-2-13

따라서 옛날의 성왕들이 잘 살펴서 현명한 사람을 존중하고 능력 있는 사람을 부리는 것으로써 정치를 한 것은 하늘에서 그 법도를 취한 것이다. 비록 하늘이라고 하더라도 빈부와 귀천, 멀거나 가깝고 친하고 소원한 관계를 분별하지는 않지만, 현명한 사람을 등용하여 존중하고, 어리석은 사람을 억눌러서 내쫓는다. 그렇다면 부귀하면서 현명하기 때문에 하늘의 상(賞)을 받은 사람은 누구인가? 옛날 삼대의 성왕인 요·순·우·탕·문·무와 같은 사람이 그들이다.(『묵자』「상현 중」)

故古聖王以審以尙賢使能爲政, 而取法于天. 雖天亦不辯貧富·貴賤·遠邇·親疏, 賢者擧而尙之, 不肖者抑而廢之. 然則富貴爲賢, 以得其賞者, 誰也? 曰, 若昔者三代聖王, 堯·舜·禹·湯·文·武者是也.(『墨子』「尙賢 中」)

## 4-2-14

따라서 옛날 요임금이 순임금을 등용하고, 탕임금이 이윤(伊尹)을 등용하고, 무정(武丁)이 부열(傅說)을 등용한 것이 어찌 뼈와 살을 나눈 친척이거나 아무런 이유 없이 부귀하게 된 사람이거나 얼굴이 아름다운 자였기 때문이겠는가? 오직 그들의 말을 법도로 삼고, 그들의 계책을 사용하며, 그들의 도를 실행하여, 위로는 하늘을 이롭게 할 수 있었고, 중간으로는 귀신을 이롭게 할 수 있었으며, 아래로는 사람을 이롭게 할 수 있었기 때문에 그들을 높여서 존중한 것이다.(『묵자』「상현 하」)

故昔者堯之擧舜也, 湯之擧伊尹也, 武丁之擧傅說也, 豈以爲骨肉之親·無故富貴·面目美好者哉? 惟法其言, 用其謀, 行其道, 上可而利天, 中可而利鬼, 下可而利人, 故推而上之.(『墨子』「尙賢 下」)

## 康4-16

묵자는 당시에 오로지 대대로 계승되는 작위를 가진 사람만을 등용하는 것을 싫어했다. 따라서 옛날 성왕들에게 가탁하여 현명한 사람을 존중해야 한다는 의리를 진술했다.

墨子惡時之專用世爵. 故託古聖以申尙賢之義.

## 4-2-15

따라서 묵자는 다음과 같이 말했다. "옛날의 성왕들은 다섯 가지 형벌[五刑][145]을 만들어, 진실로[146] 그것으로 백성들을 다스렸다. 비유하면 마치 실타래에 실마리가 있고, 그물에 벼리가 있는 것과 같아서,[147] 그것으로 천하의 백성들 중에 윗사람을 존중하여 따르지 않는 자를 연루시켜 단속했다."[148](『묵자』「상동 상」)

是故子墨子言曰, "古者聖王爲五刑, 請以治其民. 譬若絲縷之有紀, 罔罟之有綱, 所連收天下之百姓不尙同其上者也."(『墨子』「尙同 上」)

---

145_ 오형(五刑)은 중국 고대의 대표적인 다섯 가지 형벌로, 신체상에 직접 형벌을 가하는 육형(肉刑)이다. 묵형(墨刑)은 얼굴에 글씨는 새기는 것이고, 의형(劓刑)은 코를 베는 것이며, 비형(剕刑)은 발뒤꿈치를 자르는 것이고, 궁형(宮刑)은 거세하는 것이며, 대벽(大辟)은 사형을 말한다.

146_ 청(請)은 유월이 연문이라고 했는데, 손이양은 『묵자』에서는 성(誠)이 대부분 청(請)으로 되어 있다고 했다.

147_ 사루(絲縷)는 실의 가닥, 실타래이고, 망고(罔罟)는 그물이다. 기(紀)는 실의 첫머리인 실마리이고, 강(綱)은 그물의 코를 꿰어 잡아당기는 줄인 벼리이다. 두 가지 모두 어떤 일의 기준이나 규칙을 의미한다.

148_ 유월은 「상동 중」편에 "將以運役天下淫暴, 而一同其義也."라는 구절을 증거로 삼아서 소련수(所連收)는 소이련수(所以連收)가 되어야 한다고 했다. 여기에서도 유월의 주장에 따라 해석했다.

## 4-2-16

묵자가 말했다. "지금 상황에서, 옛날에 백성들이 처음으로 생겨나서 아직 우두머리가 없던 시절을 돌이켜 생각해보면,[149] '천하 사람들 [각각이 모두] 뜻을 달리했다'라고 말할 수 있다. 따라서 한 사람이 한 가지의 뜻을 가지고 있고, 열 사람이 열 가지 뜻을 가지고 있으며, 백 사람이 백 가지 뜻을 가지고 있어서, 그 사람의 숫자가 많아지면 많아질수록 이른바 뜻이라는 것도 더욱더 많아진다. 그러므로 사람들은 자기의 뜻을 옳다고 여기고, 남의 뜻을 그르다고 여기기 때문에 서로가 서로를 비난한다. 집안 내의 부자나 형제들도 서로 원수가 되어, 모두가 헤어지려는 마음을 가지고 있기 때문에 서로 화합할 수가 없다. 심지어는 남아도는 힘을 버려둔 채 서로 도와주려고 노력하지 않고, 좋은 방법을 숨겨둔 채 서로 가르쳐주지 않으며, 남아도는 재물을 썩혀둔 채 서로 나누어주지 않는다. 천하의 혼란함이 마치 금수와 같은 지경까지 이르게 되니, 임금과 신하, 윗사람과 아랫사람, 연장자와 연소자의 절도나 부자와 형제의 예의가 없어지기 때문에 천하가 혼란스럽게 되는 것이다."(『묵자』「상동 중」)

子墨子曰, "方今之時, 復古之民始生, 未有正長之時, 蓋其語曰, '天下之人異義.' 是以一人一義, 十人十義, 百人百義, 其人數玆衆, 其所謂義者亦玆衆. 是以人是其義, 而非人之義. 故相交非也. 內之父子·兄弟作怨仇, 皆有離散之心, 不能相和合. 至乎舍餘力, 不以相勞, 隱匿良道, 不以相敎, 腐死餘財, 不以相分. 天下之亂也, 至如禽獸然, 無君臣·上下·長幼之節, 父子·兄弟之禮, 是以天下亂焉."(『墨子』「尙同 中」)

---

149_ 복(復)은 돌이켜 생각해보는 것이다. 손이양은 『역』「잡괘전(雜卦傳)」의 "復, 反也."를 인용하여, "돌이켜서 옛날 백성들이 처음 생겨날 때를 고찰한다"라고 풀이했다.

## 康4-17

묵자는 비록 윗사람의 뜻에 따라야 한다고 주장하지만, 또한 임금과 신하, 윗사람과 아랫사람의 절도나 부자와 형제의 예의도 있어야 한다고 주장한다.

墨子雖尙同, 亦有君臣 · 上下之節, 父子 · 兄弟之禮矣.

## 4-2-17

따라서 옛날 성왕들은 하늘과 귀신이 원하는 것을 밝히고, 하늘과 귀신이 미워하는 것을 피함으로써 천하의 이익을 일으키고 천하의 재해를 제거하려고 추구했다. 따라서 천하의 백성들을 이끌고서 목욕재계하고, 술과 단술과 제물[150]을 깨끗하게 마련하여, 하늘과 귀신에게 제사를 지냈다. 귀신을 섬길 때 술과 단술과 제물은 감히 깨끗하지 않음이 없었고,[151] 희생의 제물은 감히 살찌지 않음이 없었으며,[152] 폐옥과 예물은 감히 정해진 규격에 맞지 않음이 없었다.[153] 봄과 가을의 제사는 감히 시기를 놓치는 일이 없었고, 재판은 감히 적절하게 처리되지 않음이 없었으며, 재물의 분배는 감히 균등하지 않음이 없었고, 거처함에는 감히 태만히 하는 일이 없었다. '우두머리가 된 자는 이와 같이 했다'라고 한다. 출정하여 정벌해서 승리하는 것은 무슨 까닭인가?[154]

---

150_ 자성(粢盛)은 제기에 담긴 서직(黍稷)으로, 제사에 쓰는 곡식이나 제물을 말한다.

151_ 견결(蠲潔)은 깨끗하다는 뜻이다. 『묵자(墨子)』 「절용 중(節用 中)」편에 "其中蠲潔, 可以祭祀."라는 구절이 보인다.

152_ 돌비(腯肥)는 짐승이 살찐 모습이다. 『좌씨전』 「환공(桓公)」 6년에 "吾牲牷腯肥."라는 구절이 보인다.

153_ 규벽(圭璧)은 제후가 천자를 알현하거나 제사를 지낼 때 지니던 폐옥을 말하며, 폐백(幣帛)은 제사 때 신에게 바치는 예물을 말한다.

154_ 출주승자(出誅勝者)의 앞부분에, 『묵자』의 원문 중에서 "是故上者天鬼有厚乎其

'오직 윗사람을 따르는 것으로써 정치를 했기 때문이다. 따라서 옛날 성왕들의 정치는 이와 같았다'라고 한다.(『묵자』「상동 중」)

故古者聖王, 明天鬼之所欲, 而[155]避天鬼之所憎, 以求興天下之利, 除天下之害. 是以率天下之萬民, 齊戒沐浴, 潔爲酒醴粢盛, 以祭祀天鬼. 其事鬼神也, 酒醴粢盛不敢不蠲潔, 犧牲不敢不腯肥, 圭璧幣帛不敢不中度量. 春秋祭祀不敢失時幾, 聽獄不敢不中, 分財不敢不均, 居處不敢怠慢. 曰, '其爲正長若此.' 是故出誅勝者, 何故之以也? 曰, '唯以尙同爲政者也. 故古者聖王之爲政若此.'(『墨子』「尙同 中」)

## 康4-18

묵자는 하늘을 존중하고 귀신을 섬긴 것을 모두 선왕에게 가탁했다.

凡墨子之尊天事鬼, 皆託之先王.

## 4-2-18

따라서 옛날 성인이 일을 완성하여 공적을 이루고, 후세에 이름을 날리는 것은 별다른 이유나 별다른 일[156]이 있었기 때문이 아니었다. '오

---

爲政長也, 下者萬民有便利乎其爲政長也. 天鬼之所深厚而能彊從事焉, 天鬼之福可得也. 萬民之所便利而能彊從事焉, 則萬民之親可得也. 其爲政若此, 是以謀事得, 擧事成, 入守固."라는 내용이 빠져 있다. 캉유웨이가 의도적으로 뺀 것인지, 실수로 빠뜨린 것인지는 알 수 없다. 여기에서는 『공자개제고』에 수록된 내용만을 해석했다.

155_ 이(而)가 『공자개제고』에는 불(不)로 되어 있는데, 『묵자한고』의 교정에 따라 고쳤다. 옛날 판본에는 불(不)로 되어 있는데, 『묵자한고』에서는 『도장(道藏)』의 판본에 근거하여 이(而)로 고쳤다.

156_ 이물(異物)은 손이양이 다른 일[異事]의 의미라고 했다. 『한비자』「우저설 상(右儲說 上)」편에도 "晉文公一擧而八有功, 所以然者, 無他故異物, 從狐偃之謀, 假顚頡之脊也."라는 구절이 보인다.

직 윗사람을 따르는 것으로써 정치를 했기 때문이었다'라고 한다. 그러므로 선왕의 책인 [『시』] 「주송(周頌)」에서 그것에 대해 "곧 천자를 알현하고서 그 법도를 구했다"[157]라고 말했으니, 이 말은 다음과 같은 의미이다. 즉 옛날 여러 나라의 군주나 제후들이 봄과 가을에 천자의 조정으로 와서 천자를 조회하고 빙문한 다음, 천자의 엄격한 가르침을 받는다. 물러나서 나라를 다스리고, 정치를 시행하면서 감히 천자에게 복종하지 않음[158]이 없었다. 이와 같은 시대에 감히 천자의 가르침을 어지럽히는 자는 본래부터 없었다. 『시』에서 "내 말은 가리온 말인데, 여섯 고삐가 윤이 나는 듯하구나. 말을 달리고 말을 몰아, 두루 이에 찾아서 자문하도다"[159]라고 했고, 또 "내 말은 검푸른 말인데, 여섯 고삐가 실 같도다. 말을 달리고 말을 몰아 두루 이에 찾아서 자문하도다"[160]라고 한 것이 바로 이 말이다. 옛날 여러 나라의 군주나 제후들이 선한 일이나 선하지 않은 일을 듣거나 보게 되면 모두 말을 타고 와서 천자에게 보고했다. 그러므로 상(賞)은 현명한 사람의 차지가 되고, 벌(罰)은 포악한 사람의 차지가 되며, 죄가 없는 사람을 죽이지 않고, 죄

---

157_ 이 시는 『시』「주송」의 「재현(載見)」편이다. 『시경집전』에 의하면, 제후가 무왕(武王)의 사당에 처음으로 와서 성왕(成王)을 알현하고 제사를 돕는 시라고 한다. 현행본 『시』에는 "載見辟王, 曰求厥章."으로 되어 있다. 『시경집전』에서는 "재(載)는 곧[則]의 의미로 발어사이며, 장(章)은 법도(法度)"라고 했다. 『모전(毛傳)』에서는 재(載)를 처음[始]의 의미로 풀이했다. 그리고 현행본의 왈(曰)이 여기에는 율(聿)로 되어 있는데, 손이양이 두 글자는 옛날에는 통용되었다고 했다. 벽왕(辟王)은 제사를 주관한 당시의 천자로, 성왕(成王)을 말한다.

158_ 빈(賓)은 복종한다는 뜻이다. 『서』「여오(旅獒)」편에 "嗚呼, 明王愼德, 四夷咸賓."이라는 구절이 보인다.

159_ 이 시는 『시』「소아(小雅)」의 「황황자화(皇皇者華)」편이다. 『시경집전』에 의하면, 군주가 사신을 보내는 것을 읊은 시이다. 락(駱)은 검은 갈기의 흰 말로, 가리온 말이라고 한다. 육비(六轡)는 네 마리의 말이 끄는 수레의 여섯 개의 고삐를 말한다. 옥약(沃若)은 윤기가 나는 모양이다. 자탁(咨度)은 찾아서 자문하는 것이다.

160_ 앞의 시와 같은 편이다. 기(騏)는 검푸른 말이다. 『시경집전』에서 여사(如絲)는 고르고 곧다[調忍]는 의미이며, 모(謀)는 자문한다[諏]의 뜻이라고 했다.

가 있는 사람을 놓치지 않았으니, 이것이 윗사람을 따르는 효과이다. (『묵자』「상동 중」)

故古者聖人之所以濟事成功, 垂名于後世者, 無他故異物焉. 曰, '唯能以尙同爲政者也.' 是以先王之書「周頌」之道之曰, "載來見辟[161]王, 聿求厥章." 則此語古者國君·諸侯之以春秋來朝聘天子之廷, 受天子之嚴敎. 退而治國, 政之所加, 莫敢不賓. 當此之時, 本無有敢紛天子之敎者. 『詩』曰, "我馬維駱, 六轡沃若. 載馳載驅, 周爰咨度", 又曰, "我馬維騏, 六轡若絲, 載馳載驅, 周爰咨謀",卽此語也. 古者國君·諸侯之聞見善與不善也, 皆馳驅以告天子. 是以賞當賢, 罰當暴, 不殺不辜, 不失有罪, 則此尙同之功也.(『墨子』「尙同 中」)

## 4-2-19

따라서 다음과 같이 말했다. "천하의 나라를 다스리는 것은 한 집안을 다스리는 것과 같고, 천하의 백성을 부리는 것은 한 남자를 부리는 것과 같다." 유독 묵자만이 이러한 주장을 하고, 선왕들에게는 이러한 주장이 없었는가?[162] [그들도] 또한 그렇게 주장했다. 성왕들은 모두 윗사람을 따르는 것으로써 정치를 했기 때문에 천하가 잘 다스려졌다. 어떻게 그렇다는 것을 알 수 있는가? 선왕의 책 중에 [『서』] 「대서(大誓)」의 말이 그렇다. "일반 백성들은 [누군가가] 간교한 짓을 하는 것을 보면 곧바로 보고해야 한다. 만약 말하지 않으면 그 죄는 [간교한 짓을 한 자와] 똑같다"라고 했다.[163] 이것은 사악하고 바르지 못한 짓을 보고

161_ 벽(辟)이 『공자개제고』에는 피(彼)로 되어 있는데, 『묵자』 원문에 따라 고쳤다.

162_ 손이양이 이 문장은 무유차야(無有此邪)가 되어야 하고, 기(其)는 연문이라고 했다.

163_ 「대서(大誓)」는 「태서(泰誓)」를 말한다. 현행본 『서』에는 이 내용이 보이지 않는다. 소시학은 발(發)이 궐(厥)로 되어야 한다고 했다. 「태서 상(泰誓 上)」편에서 "내가 하늘의 뜻을 순종하지 않으면 그 죄가 걸왕(桀王)과 같을 것이다[予弗順天,

도 보고하지 않는 자는 그 죄가 또한 사악하고 바르지 못한 짓을 한 자와 마찬가지라는 뜻이다. 따라서 옛날의 성왕들이 천하를 다스릴 때는 자신을 도와서 보좌하는 신하로 선택한 자들이[164] 모두 훌륭한 사람들이었고,[165] 그를 도와서 보거나 듣는 자들이 많았다. 따라서 다른 사람과 함께 일을 도모하면 남보다 먼저 뜻을 이루었고, 다른 사람과 일을 하면 남보다 먼저 성공했으며, 빛나는 명예와 아름다운 명성[166]이 남보다 먼저 드러났다. 오직 자기 자신을 진실되게 하여 일에 종사하였기 때문에 이익이 이와 같았던 것이다. 옛날에 다음과 같은 말이 있다. "한 눈으로 보는 것은 두 눈으로 보는 것만 못하고, 한 귀로 듣는 것은 두 귀로 듣는 것만 못하며, 한 손으로 잡는 것은 두 손[으로 잡는 것의] 강력함만 못하다." 대체로 자기 자신을 진실되게 하여 일에 종사할 수 있었기 때문에 이익이 이와 같았던 것이다. 따라서 옛날의 성왕들이 천하를 다스릴 때는 천리의 밖에 현명한 사람이 있으면, 그의 마을 사람들 모두는 듣거나 본 적이 없더라도 성왕은 그를 알아서 상을 주었다. 천리의 안에 포악한 사람이 있으면, 그의 마을 사람들 모두는 듣거나 본 적이 없더라도 성왕은 그를 알아서 벌을 주었다.(『묵자』「상동 하」)

故曰, "治天下之國, 若治一家, 使天下之民, 若使一夫." 意獨子墨子有此, 而先王無此, 其有邪? 則亦然也. 聖王皆以尙同爲政. 故天下治. 何以知其然也? 于先王之書也, 「大誓」之言然. 曰, "小人見奸巧乃

---

厥罪惟鈞.]"라고 되어 있는 것에 근거했다. 균(鈞)은 동(同)자의 의미이다. 『서집전』에서는 "형률(刑律)에 고의로 죄인을 놓아준 자도 그 죄인과 똑같이 처벌하는 것과 같다"라고 풀이했다. 발(發)을 발각되다는 뜻으로 풀이할 수도 있는데, 여기에서는 궐(厥)의 의미로 풀이했다.

164_ 차론(差論)은 골라서 선택하는 것이다. 『묵자』「비공(非攻)」편에도 "差論其爪牙之士, 比列其舟車之衆."이라는 표현이 보인다.

165_ 손이양이 외위(外爲) 두 글자는 잘못 들어간 글자라고 했다.

166_ 광예(光譽)는 빛나는 명예이고, 영문(令聞)은 아름다운 명성이다. 유월은 광(光)과 광(廣)이 옛날에는 통용되었다고 하고, 『맹자』의 '令聞廣譽施於身'이라는 구절을 인용했다. 여기에서는 글자 그대로 해석했다.

聞, 不言也, 發罪鈞." 此言見淫辟不以告者, 其罪亦猶淫辟者也. 故古之聖王治天下也, 其所差論以自左右羽翼者, 皆良外爲之人, 助之視聽者衆. 故與人謀事, 先人得之, 與人擧事, 先人成之, 光譽令聞, 先人發之. 唯信身而從事. 故利若此. 古者有語焉曰, "一目之視也, 不若二目之視也, 一耳之聽也, 不若二耳之聽也, 一手之操也, 不若二手之强也." 夫唯能信身而從事. 故利若此是. 故古之聖王之治天下也, 千里之外有賢人焉, 其鄕里之人皆未之均聞見也, 聖人得而賞之. 千里之內有暴人焉, 其鄕里未之均聞見也, 聖王得而罰之.(『墨子』「尙同 下」)

## 4-2-20

옛날 우임금이 천하를 다스릴 때, 서쪽으로는 서하(西河)와 어독(漁竇)[167][의 물길]을 다스려서 거손황(渠孫皇)[168]의 물을 터서 소통시켰다. 북쪽으로는 원수(原水)와 유수(泒水)[169]의 물길을 제방으로 막아서, 후지저(后之邸)와 호지(嘑池)의 큰 내[170]로 물이 흘러들게 하여, 저주산(底柱山)을 감싸고 나누어 흘러가게 하고, 용문산(龍門山)의 수로를 파서 물을 소통시킴으로써[171] 연(燕) · 대(代) · 서호(西胡) · 맥(貉)나라와 서하(西河) 지방의

---

167_ 『묵자한고』에 의하면, 『서』「우공(禹貢)」편에서 "黑水 · 西河惟雍州."라고 했고, 또 "浮于積石, 至於龍門西河, 會於渭汭."라고 했는데, 공안국이 용문(龍門)의 황하는 기주(冀州)의 서쪽에 있다고 했다. 필원은 "서하(西河)는 지금의 산서(山西)와 섬서(陝西)의 경계이고, 어두(漁竇)는 용문(龍門)인 것 같다"라고 했다.

168_ 거손황(渠孫皇)은 손이양이 옹주(雍州)의 큰 천택(川澤) 중의 하나라고 했다. 설(泄)은 물길을 터서 소통시키는 것을 말한다.

169_ 『묵자한고』에 의하면, 원수(原水)는 고증할 수 없다고 하고, 유수(泒水)는 손이양이 『설문해자』「수부(水部)」의 "유수(泒水)는 안문(鴈門) 준인(葰人)의 수부산(戍夫山)에서 생겨나서, 동북쪽으로 흘러 바다로 들어간다"라는 말을 인용하여, 호지(嘑池)의 근원이라고 했다.

170_ 독(竇)은 개천 또는 큰 내를 말한다.

171_ 쇄(洒)는 뒷 문장에 나오는 시(灑)와 마찬가지 뜻으로, 물길이 나누어져 흐르는 것을 말한다. 『묵자한고』에 의하면, 저주(底柱)는 「우공」편에는 지주(底柱)로 되

백성들을 이롭게 했다. 동쪽으로는 대륙(大陸)의 물을 빼서 흘러가게 하고,[172] 맹저(孟諸)의 연못에 제방을 막아서, 아홉 줄기의 강을 나누어 흘러가게 하여,[173] 동쪽 땅의 물을 막아서 차단함으로써[174] 기주(冀州)의 백성들을 이롭게 했다. 남쪽으로는 강수(江水)·한수(漢水)·회수(淮水)·여수(汝水)를 다스려서, 동쪽으로 흘러 보내 오호(五湖)의 지역으로 물이 흘러들어가게 함으로써 형(荊)·초(楚)와 월(越)·남이(南夷)의 백성들을 이롭게 했다. 이것은 우임금의 일을 말한 것인데, 나는 지금 함께 사랑하는 것[兼愛]을 실천하고 있다.

古者, 禹治天下, 西爲西河·漁竇, 以泄渠孫皇之水. 北爲防原泒, 注后之邸·嘑池之竇, 洒爲底柱, 鑿爲龍門, 以利燕·代·胡·貉與西河之民. 東方漏之陸, 防孟諸之澤, 灑爲九澮, 以楗東土之水, 以利冀州之民. 南爲江·漢·淮·汝, 東流之, 注五湖之處, 以利荊·楚與越·南夷之民. 此言禹之事, 吾今行兼矣.

옛날 문왕이 서쪽 땅을 다스릴 때, 마치 해와 달과 같이 사방에 밝음을 일으키고, 서쪽 땅에 [드러나는 것과 같았다.][175] 큰 나라라고 해서 작

---

어 있다. 공안국이 "지주(底柱)는 산 이름이다. 황하의 물이 나누어져 흘러 산을 감싸고 지나가니, 산이 물 가운데에 보이는 것이 마치 기둥과 같았다. 서쪽 괵(虢) 땅의 경계에 있다"라고 했다. 착(鑿)은 수로를 파서 물길이 소통되도록 하는 것이다.

**172**_ 『묵자한고』에서 동방(東方)의 방(方)은 위(爲)자가 되어야 하고, 루지륙(漏之陸)은 루대륙(漏大陸)이 되어야 한다고 했다. 여기에서는 『묵자한고』에 따라 해석했다.

**173**_ 시(灑)는 앞 문장에서 나온 쇄(洒)와 마찬가지로, 물길이 나누어져 흐르는 것을 말한다. 회(澮)는 필원이 『이아(爾雅)』의 "물이 구덩이로 흘러드는 것은 회(澮)라고 한다"는 것을 인용하여, 아홉 줄기의 강[九河]이라고 했다.

**174**_ 건(楗)은 막아서 차단하는 것이다. 동쪽 땅에 물이 흐르지 않도록 막아서 물이 마르게 하는 것이다.

**175**_ 「겸애 하」편에도 "「泰誓」曰, 文王若日若月乍照, 光于四方, 于西土."라는 기록이 보인다. 사(乍)는 밝음을 일으키거나 드러낸다는 뜻이다. 여기에서는 사(乍) 뒤의 조(照)가 빠져 있는데, 기록하면서 빠뜨린 것인지의 여부는 알 수 없다. 따라서 뒤

은 나라를 업신여기지 않고, 많은 무리라고 해서 홀아비나 과부를 업신여기지 않으며, 권세가 세다고 해서 농사를 짓는 사람의 곡식이나 가축을 빼앗지 않았다. 하늘이 문왕의 자애로움을 흡족하게 여기면서 내려다보시니, 그 때문에 늙어서 자식이 없는 사람도 자기의 수명대로 살 수가 있었고, 불쌍하고 외롭게[176] 형제가 없는 사람도 일반 사람들과 함께 뒤섞여서 살아갈 수 있었으며,[177] 어려서 부모를 여윈 사람도 의지하여[178] 성장할 수가 있었다. 이것은 문왕의 일을 말한 것인데, 나는 지금 함께 사랑하는 것[兼愛]을 실천하고 있다.

昔者, 文王之治西土, 若日若月, 乍光于四方, 于西土. 不爲大國侮小國, 不爲衆庶侮鰥寡, 不爲暴勢奪穡人黍稷狗彘. 天屑臨文王慈, 是以老而無子者, 有所得終其壽, 連獨無兄弟者, 有所雜于生人之間, 少失其父母者, 有所放依而長. 此文王之事, 則吾今行兼矣.

옛날에 무왕이 태산(泰山)의 지하도에서 제사를 지냈는데,[179] 그 글의

---

로 광(光)과 이어서 해석했다. 한편 현행본 『서』 「태서 하(泰誓 下)」편에 "嗚呼, 惟我文考, 若日月之照臨. 光于四方, 顯于西土, 惟我有周, 誕受多方."이라는 기록이 보인다. 『서경집전』에서 "해와 달이 비추고 임하는 것[日月照臨]은 그 덕이 빛남을 말한 것이고, 사방에 빛나는 것[光于四方]은 덕이 멀리까지 영향을 미치는 것을 말한다. 서쪽 땅에 드러나는 것[顯于西土]은 덕이 처음 표출된 곳에서 더욱 드러남을 말한 것이다"라고 했다.

176_ 연독(連獨)은 불쌍하고 외롭다는 뜻이다. 연(連)은 『묵자한고』에 의하면, 필원은 음이 서로 비슷한 환(鰥)과 같다고 했고, 왕인지는 탁(逴)이 되어야 한다고 했다. 탁(逴)은 독(獨)과 같은 뜻이다. 한편 손이양은 긍(矜)자가 되어야 한다고 했다. 여기에서는 손이양의 주장에 따라 해석했다.

177_ 잡(雜)은 뒤섞여서 함께 산다는 뜻이다. 그런데 『묵자한고』에서는 잡(雜)을 집(集)의 뜻으로 보고, 불쌍하고 외로운 사람들이 자신의 생업을 이룰 수 있었다는 의미라고 했는데, 여기에서는 따르지 않았다.

178_ 방의(放依)는 의지하여 기대는 것이다. 『예기』 「단궁(檀弓)」편에 "子貢曰, 哲人其萎, 則吾將安放."이라는 표현이 보인다.

179_ 장사(將事)는 일을 시행하는 것으로, 여기에서는 제사를 지내는 것을 말한다. 수(隧)는 지하에 판 지하도이다. 염약거(閻若璩)는 다음과 같이 해설했다. "그 뜻

내용이 다음과 같다. "태산이여! 도가 있는 사람의 증손(曾孫)인 주나라 왕[무왕]은 큰 일이 있었습니다. 큰 일이 이미 이루어졌으니, 어진 사람이 또한 일어나서 중국과 오랑캐를 구원해주길 [빕니다.][180] [주왕(紂王)이] 비록 지극히 친한 사람이 있지만, [주나라에] 어진 사람이 있는 것만 못합니다.[181] 이 세상에 죄가 있다면 오직 저 한 사람의 책임입니다." 이것은 무왕의 일을 말한 것인데, 나는 지금 함께 사랑하는 것[兼愛]을 실천하고 있다.(『묵자』「겸애 중」)

昔者, 武王將事泰山隧, 傳曰, "泰山! 有道曾孫周王有事. 大事旣獲, 仁人尙作, 以祗商夏蠻夷醜貉. 雖有周親, 不若仁人. 萬方有罪, 惟予一人." 此言武王之事, 吾今行兼矣.(『墨子』「兼愛 中」)

## 康4-19

[『묵자』에서] 우임금의 치수(治水)를 말한 것은 [『서』의] 「우공(禹貢)」편과

---

을 음미해보면, 이것은 무왕이 천하를 안정시킨 이후에 산천을 바라보며 제사를 지내거나 혹은 처음으로 대종(岱宗)을 순수하면서 귀신에게 기도한 말이지, 은나라의 주왕(紂王)을 정벌할 때의 일이 아니다."

180_ 『서』「무성(武成)」편에 "底商之罪, 告于皇天后土, 所過名山大川曰, 惟有道曾孫周王發, 將有大正于商. … . 予小子旣獲仁人, 敢祗承上帝, 以遏亂略, 華夏蠻貊罔不率俾."라는 기록이 보인다. 여기에서 주왕(周王)은 「무성」편에 보이는 발(發), 즉 무왕이다. 그리고 유사(有事)는 은나라 주왕을 정벌한 일을 말한다. 『서경집전』에 의하면, 유도(有道)는 아버지와 할아버지를 가리켜서 한 말이고, 주왕(周王)은 사신(史臣)이 추후에 더해서 기록한 것이라고 한다. 인인(仁人)은 공안국이 태공(太公)·주공(周公)·소공(召公)의 무리라고 했다. 하상(商夏)은 「무성」편에 화하(華夏)로 되어 있는데, 중국을 의미한다. 만이추맥(蠻夷醜貉)은 「무성」편의 만맥(蠻貊)과 마찬가지로 오랑캐를 의미한다. 지(祗)는 손이양이 구원하다[振]는 뜻이라고 했다.

181_ 주친(周親)은 가장 가까운 사람으로, 지친(至親)을 말한다. 「태서 중」편에 "雖有周親, 不如仁人. 天視自我民視, 天聽自我民德. 百姓有過, 在予一人."이라는 기록이 보인다. 『서경집전』에서 "주왕(紂王)이 비록 지극히 친한 신하가 있으나, 주나라에 인인(仁人)이 어질어서 믿을 수 있는 것만 못하다"라고 했다.

의미가 같고 명칭만 다르다. 그런데 문왕[과 관련된 『묵자』의 내용]은 [『서』의] 「강고(康誥)」편이나 『맹자』와 서로 같은 것도 있기는 하지만, 그 말은 매우 다르다. 이것은 묵자가 [인용한] 『서경』과 유교의 『서경』이 같지 않다는 것을 의미한다. '[주왕(紂王)이] 비록 지극히 친한 사람이 있지만, [주나라에] 어진 사람이 있는 것만 못합니다' 등의 네 마디 말은 『논어』의 내용과 같다.[182] 이 두 학파에서 고서(古書)를 모아서 수록한 것이 [그 내용이] 같은 경우, 그것은 고서의 말이라는 것이 확실하다.

言禹治水, 與「禹貢」同意異名. 文王則與「康誥」·『孟子』有相同者, 詞則逈異. 是墨子之『書經』與儒教之『書經』不同也. '雖有周親, 不如仁人'四語, 與『論語』同. 此二家采集古書幷同處, 必確爲古書語矣.

## 4-2-21

[묵자가 말했다.] "지금 예를 들어 함께 서로 사랑하고 이익을 서로 나누는 것은 옛날 성인인 네 명의 임금들[183]이 직접 실천한 일이다." "어떻게 옛날 성인인 네 명의 임금들이 그것을 직접 실천했다는 것을 알 수 있는가?" 묵자가 말했다. "나는 그들과 같은 시대 같은 때에 살면서 직접 그들의 목소리를 듣거나 그들의 얼굴을 본 것은 아니다. 죽간(竹簡)이나 백서(帛書)에 기록된 것, 금석(金石)에 새겨져 있는 것, 그릇에 새겨져 있는 것[184] 중에서 후세의 자손들에게 전해져 남겨진 것을 가지

182_ 『논어』 「요왈(堯曰)」편의 "雖有周親, 不如仁人. 百姓有過, 在予一人."을 말한다.

183_ 『묵자한고』에 의하면, 아래의 문장에서는 단지 네 명의 임금만이 있기 때문에 육(六)은 사(四)의 오자이다. 여기에서는 『묵자한고』에 따라 해석했다. 아래의 문장에 나오는 '육(六)'자도 마찬가지이다.

184_ 죽백(竹帛)은 죽간(竹簡)과 백서(帛書)에 기록된 글을 말하고, 금석(金石)은 종이나 비석 또는 쇠붙이로 된 그릇 등에 새긴 글자로 금석문(金石文)이라고 한다. 반우(槃盂)는 물을 담는 그릇과 음식을 담는 그릇인데, 여기에 잠언이나 공적을

고 알게 되었다. [『서』] 「태서(泰誓)」편에서 ‘문왕은 해와도 같고 달과도 같이 밝음을 드러내어, 사방에 빛나고 서쪽 땅에도 빛난다’라고 했다.[185] 곧 이것은 문왕이 넓고 크게 천하를 함께 사랑한 것이 마치 해와 달이 사사로움이 없이 천하를 함께 비추는 것과 같음을 말한 것이다.” 곧 이것이 문왕의 함께 사랑함이다. 묵자가 말한 함께 사랑함은[186] 문왕으로부터 법도를 취한 것이다.

“今若夫兼相愛交相利, 此自先聖六王者親行之.” “何知先聖六王之親行之也?” 子墨子曰, “吾非與之幷世同時, 親聞其聲, 見其色也. 以其所書于竹帛, 鏤于金石, 琢于槃盂, 傳遺後世子孫者知之. 「泰誓」曰, ‘文王若日若月乍照, 光于四方, 于西土.’ 卽此言文王之兼愛天下之博大也, 譬之日月兼照天下之無有私也.” 卽此文王兼也. 雖子墨子之所謂兼者, 于文王取法焉.

“또한 단지 「태서」편만이 그런 것이 아니라, [『서』] 「우서(禹誓)」편도 이와 같다. 우임금이 다음과 같이 말했다. ‘많은 군사들이여! 모두 나의 말을 들어라. 나 소자(小子)가 감히 군대를 동원하여 난을 일으키려는 것이 아니다. 무지한 저 유묘(有苗)[187]에게 하늘의 벌을 내리려는 것이니, 내가 너희들 많은 나라의 제후들을 이끌고 유묘를 정벌할 것이다.’[188] 우임금이 유묘를 정벌한 것은 부귀를 더하거나 복록(福祿)을 구

---

새겨서 경계로 삼았다. 『여씨춘추』 「구인(求人)」편에서 “功績銘乎金石, 著於盤盂.”라고 했는데, 고유가 “금(金)은 종이나 솥[鍾鼎]이고, 석(石)은 공덕을 기리어 세우는 큰 비석[豐碑]이다. 반우(盤盂)의 그릇에는 모두 그 사람의 공적을 새겨서 기록했다”라고 했다.

185_ 「겸애 중」편에도 “文王之治西土, 若日若月, 乍光于四方, 于西土.”라는 표현이 보인다. 두 문장이 약간 차이를 보이는데, 이에 대해서는 앞의 주석을 참조 바람.

186_ 『묵자한고』에서 수(雖)는 유(唯)와 통하며, 아래의 수(雖)도 마찬가지라고 했다. 발어사로 사용되어 특별한 의미가 없다.

187_ 유묘(有苗)는 요 · 순 · 우 임금 시대에 중국 남방에 있던 소수 민족이며, 삼묘(三苗)라고도 한다.

하거나 귀와 눈을 즐겁게 하려는 것이 아니라, 천하의 이익을 일으키고 천하의 해로움을 제거하려는 것이다." 곧 이것이 우임금의 함께 사랑함이다. 묵자가 말한 함께 사랑함은 우임금으로부터 구한 것이다.

"且不惟「泰誓」爲然, 雖「禹誓」卽亦猶是也. 禹曰, '濟濟有衆! 咸聽朕言. 非惟小子, 敢行稱亂. 蠢茲有苗, 用天之罰, 若予既率爾群對諸群, 以征有苗.' 禹之征有苗也, 非以求以[189]重富貴, 干福祿, 樂耳目也, 以求興天下之利, 除天下之害." 卽此禹兼也. 雖子墨子之所謂兼者, 于禹求焉.

"또한 단지 「우서(禹誓)」편만이 그런 것이 아니라, [『서』] 「탕설(湯說)」편도 이와 같다. 탕임금이 다음과 같이 말했다. '나 소자(小子) 리(履)는 검은색 희생을 사용하여 하늘과 토지의 신에게 감히 다음과 같이 고합니다. 지금 하늘이 큰 가뭄을 내리니, 나 자신 리(履)의 책임입니다. 하늘과 땅에 죄를 지을지도 모르지만, [백성들이] 선함이 있으면 감히 덮어두지 않을 것이고, [나에게] 죄가 있으면 감히 [스스로를] 용서하지 않

---

188_ 이 내용은 우임금이 순임금의 명령을 받아 유묘(有苗)를 정벌하기 전에 여러 제후들을 모아놓고 군사들에게 맹세한 말이다. 현행본 『서』 「대우모(大禹謨)」편에 보이는데, 그 내용에는 다소 차이가 있다. "禹乃會羣后, 誓于師曰, 濟濟有衆, 咸聽朕命. 蠢茲有苗, 昏迷不恭, 侮慢自賢, 反道敗德. … 肆予以爾衆士, 奉辭罰罪." 짐언(朕言)이 현행본에는 짐명(朕命)으로 되어 있다. 『서경집전』에 의하면, 제제(濟濟)는 조화롭게 정돈되고 많은 모양이다. 준(蠢)은 어리석고 무지한 모습이다. '非惟小子, 敢行稱亂'의 8글자는 현행본 「탕서(湯誓)」편에 '非台小子, 敢行稱亂.'이라는 형태로 보인다. 이(台)는 나[我]라는 뜻이고, 칭(稱)은 들어올린다[擧]는 뜻으로, 군대를 동원한다는 말이다. 용천지벌(用天之罰)은 현행본 『서』에는 보이지 않는다. '若予既率爾群對諸群, 以征有苗'는 「대우모」편에 '肆予以爾衆士, 奉辭罰罪.'라는 내용으로 보인다. 『묵자한고』에 의하면, 혜동은 뒤의 군(群)이 군(君)과 같다고 했고, 손이양은 봉(封)과 대(對)는 모양이 비슷하여 잘못되었다고 했다. 따라서 군대제군(群對諸群)은 당연히 군봉제군(群封諸君)이 되어야 하며, 군봉제군(群封諸君)은 많은 나라의 제후들[衆邦國諸君]을 말한다고 했다.

189_ 이(以)자는 『묵자한고』에서 연문이라고 했다.

을 것이니, 검열하는 것이 하늘의 마음에 달려 있습니다. 온 세상에 죄가 있으면 곧 나 자신의 책임이고, 나 자신에게 죄가 있으면 온 세상에 책임이 미치지 않을 것입니다.'[190] 곧 이것은 탕임금이 존귀하기로는 천자가 되고, 부귀하기로는 천하를 소유했지만, 또한 자기 자신을 희생하는 것을 꺼리지 않고, 하늘과 귀신에게 아뢴 것이다."[191] 곧 이것이 탕임금의 함께 사랑함이다. 묵자가 말한 함께 사랑함은 탕임금으로부터 법도를 취한 것이다.

"且不惟「禹誓」爲然, 雖「湯說」卽亦猶是也. 湯曰, '惟予小子履, 敢用玄牡, 告于上天后曰, 今天大旱, 卽當朕身履. 未知得罪于上下, 有善不敢蔽, 有罪不敢赦, 簡在帝心. 萬方有罪, 卽當朕身, 朕身有罪, 無及萬方.' 卽此言湯貴爲天子, 富有天下, 然且不憚以身爲犧牲, 以祠說于上帝鬼神." 卽此湯兼也. 雖子墨子之所謂兼者, 于湯取法焉.

"또한 단지 「서명(誓命)」편[192]과 「탕설(湯說)」편만 그런 것이 아니라, 「주시(周詩)」편도 이와 같다. 「주시」편에서 다음과 같이 말했다. '왕의 도는 넓고 멀어서 편벽되지도 않고 편당을 짓지도 않으며, 왕의 도는 평이

190_ 이 내용은 탕임금이 걸왕(桀王)을 정벌하고 수도인 박읍(亳邑)으로 돌아와서, 천하와 함께 새로운 출발을 다짐한 경계의 말이다. 현행본 『서』 「탕고(湯誥)」편에 보이는데, 그 내용에는 다소 차이가 있다. "肆台小子, 將天命明威, 不敢赦. 敢用玄牡, 敢昭告于上天神后. … 茲朕, 未知獲戾于上下. 慄慄危懼, 若將隕于深淵. … 爾有善, 朕弗敢蔽, 罪當朕躬, 弗敢自赦, 惟簡在上帝之心. 其爾萬方有罪, 在予一人, 予一人有罪, 無以爾萬方." 유여소자리(惟予小子履)는 현행본에 사태소자(肆台小子)로 되어 있다. 『서경집전』에 의하면, 탕임금의 이름은 리(履)이고, 성은 자씨(子氏)이며, 호 또는 시호는 탕(湯)이라고 한다. 현무(玄牡)는 검은색의 수컷 희생이다. 상천후(上天后)는 상천(上天)과 신후(神后)를 말하는데, 신후는 토지의 신인 후토(后土)이다. 그 다음의 '曰今天大旱, 卽當朕身履'의 10글자는 현행본 『서』에는 보이지 않는다. 간(簡)은 가려서 검열하는 것이다.

191_ 사설(祠說)은 사령(辭令)과 같은 뜻으로, 아뢰거나 고하는 말이다.

192_ 『묵자한고』에 의하면, 「서명(誓命)」은 앞 문장에 따르면 「우서(禹誓)」가 되어야 한다.

하여 편당을 짓지도 않고 편벽되지도 않는다.[193] 그 곧음이 화살과 같고, 그 공평함이 숫돌과 같으니, 군자가 실천하는 것이고, 소인이 우러러보는 것이다.'[194] 그렇다면 내가 말한 것이 [왕의] 도에 대해서 말한 것이 아닌가? 옛날에 문왕과 무왕이 정치[195]를 할 때는 현명한 사람에게 상을 주고 포악한 사람에게 벌을 주는 것을 균등하게 분배했고, 친척이나 형제를 두둔하지 않았다."[196] 곧 이것이 문왕과 무왕의 함께 사랑함이다. 묵자가 말한 함께 사랑함은 문왕과 무왕으로부터 법도를 취한 것이다.(『묵자』「겸애 하」)

"且不惟「誓命」與「湯說」爲然, 「周詩」卽亦猶是也. 「周詩」曰, '王道蕩蕩, 不偏不黨, 王道平平, 不黨不偏. 其直若矢, 其易若底, 君子之所履, 小人之所視.' 若吾言非語道之謂也? 古者, 文·武爲正, 均分賞賢罰暴, 勿有親戚弟兄之所阿." 卽此文·武兼也. 雖子墨子之所謂兼者, 于文·武取法焉.(『墨子』「兼愛 下」)

## 康4-20

「태서(泰誓)」·「우서(禹誓)」·「탕설(湯說)」·「주시(周詩)」편은 모두 묵자의 『시(詩)』·『서(書)』인데, 공자의 『시(詩)』·『서(書)』와 같은 책이지만, 가려서 뽑은 내용을 각각 달리함으로써 자신들의 이론을 주장했다. 지

---

193_ 이 내용은 현행본 『서』「홍범(洪範)」편에 "無偏無黨, 王道蕩蕩, 無黨無偏, 王道平平."으로 되어 있다. 『서경집전』에 의하면, 탕탕(蕩蕩)은 넓고 먼 모습이고, 평평(平平)은 평이한 모습이다.

194_ 이 내용은 『시』「소아(小雅)·대동(大東)」편에 "周道如砥, 其直如矢. 君子所履, 小人所視."로 되어 있다. 『시경집전』에서 "지(砥)는 숫돌이니, 판판함을 말한 것이고, 시(矢)는 곧음을 말한 것이다. 군자는 지위에 있는 자이고, 소인은 백성들을 말한다. 리(履)는 실천한다는 뜻이다"라고 했다.

195_ 정(正)은 손이양이 정(政)과 같다고 했다.

196_ 아(阿)는 두둔하는 것[徇私]이다. 『여씨춘추』「고의(高義)」편에서 "阿有罪, 廢國法, 不可."라고 했는데, 고유가 아(阿)는 사(私)의 뜻이라고 했다.

금 『위고문상서(僞古文尙書)』[197]에서 그것들을 채용하고 있는데, 사람들은 그 사실을 소홀히 하고 있다.

「泰誓」·「禹誓」·「湯說」·「周詩」, 皆墨子之『詩』·『書』也, 與孔子之『詩』·『書』同, 而刪定各異, 以行其說. 今僞古文采用之, 人忘之矣.

## 4-2-22

옛날 삼묘(三苗) 오랑캐들이 큰 난리를 일으키자, 하늘이 명하여 그들을 처벌하도록 했는데, 요괴가 밤마다 출현했고,[198] 피비가 삼일 동안

197_ 현행본 『서』는 고문(古文) 25편과 금문(今文) 33편 등 58편이 전해지고 있다. 『고문상서』는 원래 서진(西晉) 말기에 전부 없어졌고, 현재 전하고 있는 『고문상서』는 모두 당나라 때 공안국이 만든 『위고문상서』라는 것이 일반적인 견해이다. 즉 『고문상서』가 없어진 이후, 동진(東晉) 원제(元帝) 때의 매색(梅賾)이 『고문상서』를 조정에 상주했고, 당(唐)나라의 공영달(孔穎達)이 『상서정의』를 지어서 세상에 유통시켰다. 그 내용 중에 금문에는 없고 고문에만 있는 25편이 위작이라는 주장이 제기되었고, 송대의 주자와 오역(吳棫) 등이 금문과 고문의 문체의 차이를 지적하면서 고문을 위작으로 의심했다. 주자에 앞서 오역은 『서비전(書裨傳)』을 저술하여, 가장 먼저 『고문상서』가 위서라는 의문을 제기했다. 주자는 문체의 측면에서 금문과 고문의 문체가 너무 다름을 지적했다. "한나라 학자들은 복생(伏生)의 책이 금문이고, 공안국의 책이 고문이라고 말했다. 지금 이를 고찰해보면 금문은 대부분 거칠고 껄끄러운 말이지만, 고문은 오히려 평이하다."(『朱子全書』 권33, 「尙書 一·綱領」) 그 후 청대의 고증학, 그중에서도 특히 염약거(閻若璩)의 『상서고문소증(尙書古文疏證)』과 혜동(惠棟)의 『고문상서고(古文尙書考)』 등에서 그것이 위작임을 논증하여 밝힘으로써 『위고문상서』가 사실화되었다. 『사고전서총목제요』의 「서류(書類)」에 있는 『상서정의(尙書正義)』의 『제요』에서 그 전후 사정에 대해 다음과 같이 말했다. "옛 판본에는 '한나라 공안국전(孔安國傳)'이라고 적혀 있다. 이 책은 진(晉)나라의 예장내사(豫章內史)인 매색(梅賾)에 이르러 비로소 조정에 상주되었다. 당나라 정관(貞觀) 16년(642)에 공영달 등이 소(疏)를 달았으며, 영휘(永徽) 4년(653)에 장손무기(長孫無忌) 등이 또 교정했다. 공안국의 전이라고 해서 공안국이라는 이름에 가탁한 점에 대해서 주자 이래로 계속 논변이 있었는데, 청나라의 염약거가 『상서고문소증』을 저술하자 이 일은 더욱 분명해졌다." 그리고 『고문상서』가 공안국의 저서가 아니라는 점에 대해 여러 가지 근거를 제시하고 있다.

내렸으며, 용이 사당에 나타났고, 개가 시장에서 곡을 했으며, 여름에 얼음이 얼었고, 땅이 갈라져 지하수가 뿜어져 나왔고,[199] 오곡[의 성장 시기]가 변화되니, 백성들은 크게 동요했다. 순임금[高陽][200]이 현궁(玄宮)에서 [우임금에게] 명을 내리니, 우임금이 직접 하늘의 출전 명령 부절을 가지고 유묘(有苗)를 정벌했다.[201] 천둥과 번개가 일어나서 진동했고,[202] 사람의 얼굴에 새의 몸을 가진 신이 부절을 받들고서 시종했다.[203] 유묘의 장수에게 화살을 쏘아서 죽이니,[204] 유묘의 군대가 크게 혼란에 빠졌으며, 그들의 후손들도 마침내 쇠퇴했다.[205] 우임금은 삼

---

198_ 일(日)은 『묵자한고』에서 유(有)의 잘못이라고 했다.

199_ 탁(坼)은 갈라지는 것으로, 지진으로 땅이 갈라져서 지하수가 위로 올라왔다는 의미이다.

200_ 고양(高陽)은 필원이 순임금은 고양의 제6대손이기 때문에 그렇게 말한 것이라고 했다. 여기에서는 손이양이 인용한 현행본 『죽서기년(竹書紀年)』의 "帝舜三十五年, 帝命夏后征有苗, 有苗氏來朝."라는 문장에 근거하여, 고양을 순임금으로 풀이했다.

201_ 파(把)는 잡는다는 뜻이다. 서(瑞)는 군대를 일으킬 때 사용하던 부절이고, 영(令)은 명령이다. 서령(瑞令)은 출전 명령과 함께 받은 부절이다.

202_ 사전유지(四電誘祇)는 의미가 명확하지 않은데, 손이양이 다음과 같이 말했다. "뜻을 알 수 없지만, 아마 뇌전패진(雷電誖振)으로 되어야 할 것이다. 뇌(雷)는 전(田)자가 뭉개진 것이고, 사(四)자로 잘못 기록되기도 했다. 패(誖)와 유(誘), 진(振)과 지(祇)는 글자의 형태가 서로 비슷하고, 패(誖)는 발(勃), 진(振)은 진(震)과 글자가 서로 통한다. 『서』「무일(無逸)」편에서 '治民祇懼'라고 했고, 『사기』「노세가(魯世家)」에 지(祇)가 진(震)으로 되어 있는 것이 그 증거이다." 여기에서는 손이양의 주장에 따라 해석했다. 발진(勃震)은 크게 일어나서 진동하는 것이다.

203_ 약근(若瑾)은 의미가 명확하지 않은데, 손이양이 글자 형태가 비슷한 봉규(奉珪)의 잘못이라고 했다. 규(珪)는 제후들이 조회나 제사 등에 휴대하는 홀을 의미하기도 하고, 작위나 식읍을 봉할 때의 신표를 의미하기도 한다. 여기에서는 앞 문장의 서(瑞)와 같은 부절로 보는 것이 좋을 듯하다.

204_ 액시(搤矢)는 화살을 움켜잡는다는 뜻인데, 그 의미가 통하지 않는다. 손이양도 뜻을 알 수 없다고 했는데, 여기에서는 화살을 쏘아서 죽였다는 의미로 해석했다. 상(祥)은 손이양이 장(將)이 되어야 한다고 했는데, 그것에 따라 장수로 해석했다.

205_ 기(幾)는 손이양이 『설문해자』에서 기(幾)를 미(微)라고 한 것을 근거로, "삼묘의 후세들도 마침내 쇠미해졌다"라고 해석했다.

묘를 물리치자마자, 이에 산과 냇물[의 경계]를 구분하고,[206] [각 지방에서 나는] 산물의 등급을 구별했으며, 사방의 가장 먼 나라에도 제도를 베풀어서,[207] 신과 백성들이 어기지 않고 천하가 이에 안정되니, 이것이 바로 우임금이 유묘를 정벌한 방법이다.

昔者, 有三苗大亂, 天命殛之, 日妖宵出, 雨血三朝, 龍生廟, 犬哭乎市, 夏冰, 地坼及泉, 五穀變化, 民乃大振. 高陽乃命玄宮, 禹親把天之瑞令, 以征有苗. 四電誘祗, 有神人面鳥身, 若瑾以侍. 搤矢有苗之祥, 苗師大亂, 後乃遂幾. 禹旣已克有三苗, 焉磨爲山川, 別物上下, 卿制大極, 而神民不違, 天下乃靜, 則此禹之所以征有苗也.

다시[208] 하나라의 걸왕(桀王)에 이르러서도 하늘의 엄한 명령[209]이 있었다. 해와 달이 제때에 나타나지 않았고, 추위와 더위가 뒤바뀌어 이르렀으며,[210] 오곡이 말라 죽었고, 귀신들이 나라 안에서 울부짖었으며, 학[211]이 십여 일 동안 울었다. 하늘이 이에 표궁(鑣宮)에서 탕임금에게 명하여, 하나라의 큰 천명을 [대신하여] 받게 하고, 다음과 같이 말했다. "하나라의 덕이 크게 혼란스러워, 내가 이미 하늘로부터 하나라의 명을 거두어들였으니,[212] 가서 그들을 정벌하면, 반드시 네가 이기도

---

206_ 『묵자한고』에 의하면, 언(焉)은 어시(於是)의 뜻이고, 마(磨)는 력(歷)과 통하며, 구별한다는 뜻이다.

207_ 경제대극(卿制大極)은 의미가 분명하지 않다. 손이양이 향제사극(鄕制四極)이 되어야 하고, 향(鄕)은 향(饗)자를 줄여서 쓴 글자라고 했다. 사극(四極)은 『이아(爾雅)』「석지(釋地)」편의 "東至於泰遠, 西至於邠國, 南至於濮鉛, 北至於祝栗, 謂之四極."을 인용했는데, 사방의 가장 먼 나라를 말한다고 했다.

208_ 환(還)은 손이양이 체(逮)와 같고, 이르다[及]의 뜻이라고 했다. 여기에서는 단지 '다시 또는 재차'라는 뜻으로, 문장을 전환하는 말로 이해하면 될 것이다.

209_ 곡(軲)은 손이양이 곡(酷), 즉 엄한 명령[嚴命]이라고 했다.

210_ 잡(雜)은 손이양이 "추위와 더위가 뒤바뀌어 이르러서, 그 일정한 절기를 잃어버린 것이다"라고 했다.

211_ 학(鸖)은 학(鶴)과 같은 글자이다.

212_ 아래의 문장에도 이 문장과 중복되는 내용이 나오는데, 여(予)는 하늘로부터 명

록[213] 하겠다."[214] 탕임금이 과감하게 그의 민중들을 거느리고서 하나라 국경으로 향하자, 하늘이 사나운 재앙을 내려서 하나라의 성을 무너뜨렸다.[215] 조금 후에 어떤 신이 와서 다음과 같이 고했다. "하나라 덕이 크게 혼란스러워졌으니, 가서 그들을 공격하면 내가 반드시 당신으로 하여금 이기도록 하겠다. 내가 이미 하늘에서 명을 받았고, 하늘도 축융(祝融)에게 명하여 불을 내리도록 했는데,[216] 하나라의 성 사이 서북쪽 모퉁이이다." 탕임금은 걸왕의 민중들을 거느리고서 [하나라를] 물리치고,[217] 박(薄) 땅에 제후들을 불러 모아[218] 천명[을 받았다는 것을] 진술하여 밝힌 다음,[219] 사방에 모두 선포하니, 천하의 제후들 중에 감히 복종하지 않는 자가 없었다. 이것이 바로 탕임금이 걸왕을 주살한 방법이다.

還至乎夏王桀, 天有誥命. 日月不時, 寒暑雜至, 五穀焦死, 鬼呼國, 鶴鳴十夕餘. 天乃命湯于鑣宮, 用受夏之大命, "夏德大亂, 予旣卒其命

---

령을 받고 온 신을 말한다. 졸(卒)은 아래 문장에 수(受)로 되어 있는데, 여기에서는 졸(卒)의 의미를 그대로 살려서, '끝장을 내고 거두어들이다'는 뜻으로 풀이했다.

213_ 감(堪)은 일을 맡아서 잘 해내는 것으로, 필원이 『이아(爾雅)』를 인용하여 승(勝)의 의미로 풀이했다.

214_ 이 내용은 아래의 문장과 중복되는데, 손이양은 교감하는 자가 아래 문장과의 차이점에 대해 부록해서 기록한 내용이 본문과 잘못하여 뒤섞여 들어간 것이라고 추측했다. 여기에서는 빼지 않고 해석했다.

215_ 음(陰)은 『묵자한고』에서 강(降)의 오자라고 했고, 포(暴)는 사나운 벼락이나 폭풍 등의 자연 재앙을 말한다고 했다.

216_ 융(融)은 중국 전설에서 불을 관장하는 화신(火神)인 축융(祝融)을 말한다. 륭(隆)은 강(降)과 통한다.

217_ 소시학이 유(有) 다음에 하(夏)가 빠졌다고 했다.

218_ 촉(屬)은 불러 모은다[集]는 뜻이다. 『맹자』「양혜왕 하」편에 '乃屬其耆老而告之'라는 말이 보인다. 박(薄)은 탕임금이 세운 은나라의 도읍으로, 박(亳)으로도 쓴다.

219_ 천(薦)은 나열하여 진술하는 것이고, 장(章)은 밝히는 것이다. 천명을 받았다는 것을 제후들에게 진술하여 밝혔다는 뜻이다.

于天矣, 往而誅之, 必使汝堪之." 湯焉敢奉率其衆, 是以鄕有夏之境, 帝乃使陰暴毁有夏之城. 少少, 有神來告曰, "夏德大亂, 往攻之, 予必使汝大堪之. 予旣受命于天, 天命融隆火, 于夏之城間西北之隅." 湯奉桀衆以克有, 屬諸侯于薄, 薦章天命, 通于四方, 而天下諸侯莫敢不賓服. 則此湯之所以誅桀也.

다시 상나라의 주왕(紂王)에 이르러서도 하늘이 그의 덕을 받아들이지 않았다.[220] [주왕은] 제사를 때에 맞추어 지내지 않으니, 밤낮으로[221] 10일 동안 박(薄) 땅에 흙비가 내렸고, 구정(九鼎)[222]이 옮겨져서 자리를 잡았으며, 여자 요괴가 밤마다 나타났고, 귀신이 밤마다 울었으며, 어떤 여자가 남자로 변했고, 하늘에서 피비가 내렸으며,[223] 국가의 주요 도로[224]에 가시덤불이 생겨났고, 주왕은 더욱더 제멋대로 행동했다.[225] 붉은 새가 옥으로 된 신표를 입에 물고,[226] 주나라 기주(岐周)에 있는 토

---

220_ 서(序)는 왕염손이 순(順)으로 풀이했고, 유월은 향(享)의 오자라고 했다. 손이양은 「상현 중」편의 '天鄕其德'의 향(鄕)도 향(享)과 통한다고 하여, 유월의 주장이 옳다고 했다. 여기에서도 유월의 주장에 따라 흠향하지 않는 것, 즉 그의 덕을 받아들이지 않다는 의미로 해석했다.

221_ 『묵자한고』에서는 이 문장의 뒤에 오탈자가 있다고 하여 해석을 보류했는데, 여기에서는 뒷 문장과 연결지어 해석했다. 겸야중(兼夜中)은 밤낮을 가리지 않고 하루 종일이라는 의미로 볼 수 있다.

222_ 구정(九鼎)은 하(夏)나라 우왕(禹王) 때 구주(九州)로부터 구리를 모아서 주조한 솥으로, 하 · 은 · 주 삼대에는 천자를 상징하는 보물이었다.

223_ 『묵자한고』에 의하면, 『여씨춘추』 「신대(愼大)」편에서 은나라가 멸망할 때의 요사스러운 현상을 말하면서 "하늘에서 피비가 내렸다[天雨血.]"고 했는데, 여기의 우육(雨肉)도 같은 의미로 볼 수 있다.

224_ 국도(國道)는 도로 중에서도 국가에서 행정상 중요하다고 인정하는 주요 도로로, 동서남북으로 아홉 갈래씩 난 큰 도로를 말한다.

225_ 왕염손이 형(兄)은 황(況)과 같고, 황(況)은 익(益)과 같다고 했다. 주왕이 더욱더 제멋대로 행동했다는 뜻이다.

226_ 함(銜)은 입에 머금는다는 뜻이고, 규(珪)는 원래 작위나 식읍을 봉할 때 신표로 삼는 상징물로, 여기에서는 신표나 부서 등을 말한다.

지신의 사당으로 내려왔는데,[227] [그 신표에] "하늘이 주나라 문왕(文王)에게 명하여 은나라를 정벌하고 국가를 소유하게 했다"라고 기록되어 있었다. 태전(泰顚)이 찾아와서 신하가 되었고,[228] 하수(河水)에서는 「녹도(綠圖)」가 출현했으며,[229] 땅에서는 승황(乘黃)이 나타났다.[230] 무왕이 천자의 자리에 올랐는데,[231] 꿈에서 본 세 명의 신(神)이 다음과 같이 말했다. "내가 이미 은나라의 주왕을 술주정에 푹 빠지도록 했으니,[232] 출정하여 그를 공격하면 내가 반드시 너로 하여금 크게 승리하도록 만들겠다." 무왕이 이에 출정하여 그를 공격하고,[233] 상나라로부터 돌아와

---

227_ 기(岐)는 기산(岐山) 아래에 있는 주나라의 옛 고을인 기주(岐周)를 말하는데, 주나라 문왕이 태어난 곳이다. 사(社)는 토지의 신에게 제사를 지내는 사당이다.

228_『묵자』「상현 상(尙賢 上)」편에도 "문왕은 물고기 잡는 곳에서 굉요(閎夭)와 태전(泰顚)을 찾아 등용하여 그에게 정사를 맡기자, 서쪽 땅의 나라들이 복종했다[文王擧閎夭 · 泰顚置罔之中, 授之政, 西土服.]"라는 구절이 보인다. 소시학은 태전(泰顚)이 곧 태공망(太公望)이라고 했는데, 손이양은 별개의 사람이라고 했다. 『서』「군석(君奭)」편에도 "惟文王尙克修和我有夏. 亦惟有若虢叔, 有若閎夭, 有若散宜生, 有若泰顚, 有若南宮括."이라는 기록이 보인다. 래빈(來賓)은 손님처럼 와서 머무른다는 뜻인데, 찾아와서 신하가 되었다는 의미이다.

229_ 녹도(綠圖)는 세상의 길흉이나 화복을 예언한 도록(圖籙)으로, 참위(讖緯)와 같은 성격의 예언서이다. 『회남자』「숙진훈(淑眞訓)」편에서 "至德之世, 洛出丹書, 河出綠圖."라고 했고, 『역위 · 건착도(易緯 · 乾鑿度)』에도 "昌以西伯受命, 改正朔, 布王號於天下, 受籙應河圖."라는 기록이 보인다.

230_ 승황(乘黃)은 전설상의 동물 이름이다. 여우와 비슷하게 생겼고 등에 뿔이 있는데, 이것을 타면 2,000세의 수명을 얻는다고 한다. 또한 전설상의 신마(神馬)의 이름이라고 하기도 하는데, 정치를 잘하면 땅에서 나타나는 부서(符瑞)의 하나라고 한다.

231_ 천공(踐功)은 『묵자한고』에서 천조(踐阼)의 잘못이라고 했다. 동쪽 층계인 조계(阼階)를 밟고 올라간다는 뜻으로, 천자나 왕의 자리에 오른다는 말이다.

232_ 침지(沈漬)는 무엇인가에 깊이 빠진 것이며, 주덕(酒德)은 술을 마신 뒤에 나타내는 행위, 즉 술주정을 말한다. 『서』「미자(微子)」편에서도 미자가 주왕이 술에 빠져서 주정하는 것에 대해 "우리는 술에 빠져 주정하여 그 덕을 아래에서 어지럽히고 무너뜨린다[我用沈酗于酒, 用亂敗厥德于下.]"라고 했다. 『사기』「송세가(宋世家)」에도 "紂沈湎于酒."라는 기록이 보인다.

233_ 공광부(攻狂夫)는 『묵자한고』에서 왕공지(往攻之)가 되어야 한다고 한다. 여기에서는 이에 따라 해석했다.

서 주나라로 가는데, 하늘이 무왕에게 황조(黃鳥)의 깃발을 하사했다. 무왕은 상나라를 이기고, 하늘이 내린 명령[234]을 이룩하자마자 [은나라의] 여러 신들을 [제후들이] 나누어 주관하게 하고, 주왕(紂王)의 선왕들을 제사지내게 했으며,[235] 사방에 모두 선포하니,[236] 천하에서 감히 복종하지 않는 자가 없었다. [무왕은] 이에 탕임금의 왕업을 이어서 계승하니, 이것이 바로 무왕이 주왕을 주살한 방법이다.(『묵자』「비공 하」)

還至乎商王紂, 天不序其德. 祀用失時, 兼夜中, 十日雨土于薄, 九鼎遷止, 婦妖宵出, 有鬼宵吟, 有女爲男, 天雨肉, 棘生乎國道, 王兄自縱也. 赤鳥銜珪, 降周之岐社曰, "天命周文王伐殷有國." 泰顚來賓, 河出綠圖, 地出乘黃. 武王踐功, 夢見三神曰, "予旣沈漬殷紂于酒德矣, 往攻之, 予必使汝大堪之." 武王乃攻狂夫, 反商之周, 天賜武王黃鳥之旗. 王旣已克殷成帝之來, 分主諸神, 祀紂先王, 通維四夷, 而天下莫不賓焉. 襲湯之緖, 此卽武王之所以誅紂也.(『墨子』「非攻 下」)

## 康4-21

여기에서 말한 유묘(有苗)를 정벌한 일도 반드시 묵자의 『서경(書經)』[에 있는 말이다.] 틀림없이 옛날의 문장인데, 묵자가 자기의 뜻을 조금 덧붙인 것이다. 유가의 책에는 문왕이 은나라를 정벌한 일[에 대한 기록]이 없고, [천하를] 삼등분하여 [그 둘을 소유하고도 은나라에] 복종하여 섬겼기 때문에 공자는 문왕을 순실한 신하[純臣]라고 드러내 밝혔다.[237]

---

234_ 래(來)는 필원이 뢰(賚)가 되어야 한다고 했다. 뢰(賚)는 주거나 하사한다는 뜻으로, 여기에서는 하늘이 내린 명령으로 해석했다.

235_ 『묵자』「명귀 하(明鬼 下)」편에도 "昔者武王之攻殷誅紂也, 使諸使分其祭, 曰使親者受內祀, 疏者受外祀."라는 기록이 보인다.

236_ 『묵자한고』에서 앞 문장의 방우사방(通于四方)에 근거하면 여기의 유(維)는 당연히 우(于)자가 되어야 한다고 했다.

237_ 『논어』「태백(泰伯)」편에서 "문왕이 천하를 삼등분하여 그 둘을 소유하고도 은

『묵자』에 근거하면 [은나라를 정벌한 일이] 있으니, [『묵자』의 기록은] 반드시 한 학파가 탁고한 경우에 해당된다.

此言征有苗事, 亦必墨子之『書經』. 必是舊文, 而墨子稍附己意者. 儒書文王無伐殷事, 三分服事, 孔子所以發明文王爲純臣也. 據『墨子』則有之, 必有一家託古者.

## 4-2-23[238]

옛날 성왕이 다음과 같이 법도를 제정했다. "남자는 20살에 장가들지 않으면 안 되고, 여자는 15살에 시집가지 않으면 안 된다." 이것이 성왕의 법도이다. 성왕들이 돌아가시고 나자, 백성들에게 자기들이 하고 싶은 대로 하도록 내버려두니, 일찍 장가들고 싶어하는 자는 어떤 때는 20살에 장가들었으며, 늦게 장가들고 싶어하는 자는 어떤 때는 40살에 장가들었다. 장가드는 나이의 빠르고 늦음을 평균적으로 계산해보면, 성왕의 법도보다 10년이나 늦다. 만약 모두가 3년 만에 아이를 낳아 기른다면 [10년 동안] 자식을 낳는 것이 두세 명이 될 수 있다. 이와 같이 성왕의 법도는 백성들에게 일찍 장가들도록 할 뿐만 아니라, 인구를 두 배로 늘릴 수 있는 것이다.(『묵자』「절용 상」)

昔者聖王爲法曰, "丈夫年二十, 毋敢不處家, 女子年十五, 無敢不事人." 此聖王之法也. 聖王旣沒, 于民次也, 其欲蚤處家者, 有所二十年

---

나라에 복종하여 섬겼으니, 주나라 문왕의 덕은 지극한 덕이라고 할 만하다[三分天下, 有其二, 以服事殷, 周之德, 其可謂至德也已矣.]"라고 했다. 『논어집주』에서 "문왕이 상나라를 배반한 나라를 거느리고 주왕을 섬겼다"라고 풀이했다. 순신(純臣)은 충실하고 독실한 신하라는 의미인데, 『좌씨전』「은공」 4년에 "君子曰, 石碏, 純臣也. 惡州吁而厚與焉. 大義滅親, 其是之謂乎."라는 구절이 보인다. 문왕이 은나라 주왕을 정벌하지 않은 것은 천자에 대해 제후는 절대적으로 복종하는 순신(純臣)의 위치이기 때문이라고 공자는 생각했다는 것이다.

238_ 이하에서 인용한 『묵자』「절용 상」편의 내용은 이 책의 제3권 제1절〈3-1-8〉에서 이미 인용했다. 자세한 주석은 앞의 내용을 참조 바람.

處家, 其欲晩處家者, 有所四十年處家. 以其蚤與其晩相踐, 後聖王之法十年. 若純三年而字, 子生可以二三年矣. 此不惟使民蚤處家, 而可以倍與.(『墨子』「節用 上」)

## 康4-22

묵자는 사람들이 남녀의 교제를 망칠까 염려했기[239] 때문에 결혼 [시기]를 특별히 빨리 [규정했다.] 예법에 의하면, 남자는 30살이 되면 장가를 들고, 여자는 20살이 되면 시집을 간다.[240] 따라서 묵자의 [결혼] 제도 개혁은 선왕에게 가탁했음을 알 수 있다.

墨子恐人敗男女之交, 故婚嫁特早. 禮, 男子三十而娶, 女子二十而嫁. 故知爲墨子改制之託先王也.

## 4-2-24

따라서 옛날의 성왕(聖王)은 장례에서 매장하는 법을 다음과 같이 제정했다. "관의 두께는 세 치면 안치한 시체가 충분히 썩을 수 있고, 수의와 이불은 세 벌이면 충분히 [보기에 흉한] 시체를 덮어 가릴 수 있다. 장례를 치를 경우에는 아래로는 [깊은] 지하수까지 이르지 않아야 하고, 위로는 [너무 얕게 파서] 시체 썩는 냄새가 나서는 안 된다. 무덤의 봉분은 세 번 밭갈이를 한 이랑 정도[넓이 세 자, 깊이 한 자]면 그만이다. 죽은 자에 대해 이미 장례를 치렀으면 살아 있는 자는 반드시 오랫동안 곡을 하지 말고, 빨리 본업에 종사하여, 사람마다 각자 자신의 능

239_『묵자』「절장 하(節葬 下)」편에 "지금 성대한 장례식과 삼년상을 치르는 자로서 정치를 하게 하면, … 남녀의 교제를 망치는 경우가 많아질 것이다"라는 말이 보인다.

240_『예기』「내칙(內則)」편에 "三十而有室, 始理男事, 博學無方, 孫友視志. … 女子十年不出. … 十有五年而笄, 二十而嫁."라는 기록이 보인다.

력을 발휘함으로써 상호간에 서로 이롭게 해야 한다. 이것이 성왕의 법이다."[241]

故古聖王制爲葬埋之法曰, "棺三寸, 足以朽體, 衣衾三領, 足以覆惡. 以及其葬也, 下無及泉, 上無通臭. 隴若參耕之畝則止矣. 死者旣以葬矣, 生者必無久哭, 而疾而從事, 人爲其所能, 以交相利也. 此聖王之法也."

오늘날 성대한 장례식과 삼년상을 주장하는 사람들의 말은 다음과 같다. "성대한 장례식과 삼년상이 비록 가난을 부유하게 하고 적은 인구를 많게 만들거나, 위험을 안정시키고 혼란을 다스리게 만들 수는 없지만, 이것은 성왕의 법이다." 묵자가 다음과 같이 말했다. "그렇지 않다. 옛날 요임금은 북쪽의 여덟 부족의 오랑캐[242]를 교화하고, 돌아오는 도중에 죽자 공산(蛩山)의 북쪽에서 장례를 지냈다. 수의와 이불[243]이 세 벌이었고, 닥나무로 된 관[244]에 칡덩굴로 그것을 얽어매었다.[245] 하관을 하고 난[246] 이후에 곡을 하고, 무덤의 구덩이를 채우되 봉분을 만들지 않았으니,[247] 장례를 지낸 뒤에는 소나 말이 그 무덤을 밟고 다

241_ 이상에서 인용한 『묵자』 「절장 하」편의 내용은 이 책의 제3권 제1절 〈3-1-2〉에서 이미 인용했다. 자세한 주석은 앞의 내용을 참조 바람.

242_ 팔적(八狄)은 여덟 부족의 오랑캐로, 북방의 오랑캐를 상징하는 말이다. 여덟 개 부족의 구체적인 명칭은 알 수 없는데, 『묵자한고』에서 인용한 사례들을 보면 '육적(六狄)', '오적(五狄)' 등 여러 가지 형태로 사용되고 있다.

243_ 의금(衣衾)은 죽은 사람의 수의와 홑이불이다.

244_ 곡(穀)은 뽕나무과에 속하는 교목으로, 닥나무라고 한다. 손이양은 "예법에 천자의 관은 가래나무를 사용하는데, 여기에서는 닥나무를 사용했으니, 검소함을 숭상한 것이다"라고 했다.

245_ 갈(葛)은 칡덩굴이고, 함(緘)은 얽어매는 것이다. 옛날에 관에는 못을 사용하지 않기 때문에 관을 묶는 끈을 함(緘)이라고 했다. 손이양은 "예법에 관을 묶는 끈은 가죽을 사용하는데, 여기에서는 칡덩굴을 사용했으니, 이것 또한 검소함을 숭상한 것이다"라고 했다.

246_ 범(氾)은 관을 무덤 속에 내려서 묻는 것으로, 하관한다는 뜻이다.

녔다. 순임금도 일곱 부족의 오랑캐[248]를 교화하고, 돌아오는 도중에 죽자 남기(南己)의 시장에서 장례를 지냈다. 수의와 이불이 세 벌이었고, 가래나무로 된 관에 칡덩굴로 그것을 얽어매었다. 장례를 지낸 뒤에는 시장 사람들이 그 무덤을 밟고 다녔다. 우임금은 동쪽으로 아홉 부족의 오랑캐를 교화하고, 돌아오는 도중에 죽자 회계산(會稽山)에서 장례를 지냈다. 수의와 이불이 세 벌이었고, 오동나무 관의 두께는 세 치였으며, 칡덩굴로 그것을 얽어매었다. [수의와 이불 이외에는] 염포(斂布)를 더 사용하지 않았고,[249] 길에 무덤의 구덩이를 파지 않았으며,[250] 땅을 파는 깊이는 아래로는 [깊은] 지하수까지 이르지 않게 했고, 위로는 [너무 얕게 파서] 시체 썩는 냄새가 나지 않게 했다. 장례를 지낸 뒤에는 무덤 위에 남은 흙을 거두어 덮었는데, 봉분은 세 번 밭갈이를 한 이랑 정도[넓이 세 자, 깊이 한 자]면 그만이었다. 이러한 세 성왕의 경우를 가지고 살펴보면, 성대한 장례식과 삼년상은 확실히 성왕의 도가 아니다. 따라서 세 성왕은 모두 존귀하기로는 천자이고, 부유하기로는 천하를 소유했는데, 어찌 [장례에 필요한] 재용의 부족을 걱정했겠는가? 이와 같이 하는 것이 장례지내고 매장하는 법이라고 여긴 것이다."[251](『묵자』「절장 하」)

247_ 감(坎)은 무덤의 구덩이를 말하고, 봉(封)은 흙을 쌓아서 봉분을 만드는 것을 말한다. 『예기』「왕제(王制)」편에서 "봉분을 만들지도 않고 나무를 심지도 않는다[不封不樹.]"라고 했다.

248_ 칠융(七戎)은 일곱 부족의 오랑캐로, 서쪽의 오랑캐를 상징하는 말이다.

249_ 교(絞)는 시신을 묶을 때 사용하는 큰 띠로, 염포(斂布)라고 한다. 합(合)은 더 보태서 사용한 것이다.

250_『묵자한고』에 의하면, 『도장(道藏)』 판본과 오(吳) 필사본에는 통(通)이 모두 도(道)로 되어 있다.

251_『여씨춘추』「안사(安死)」편에도 요·순·우임금의 장례에 대해 다음과 같이 기록하고 있다. "요임금은 곡림(穀林)에서 장례를 지냈는데, 숲 전체를 묘막이 나무로 삼았다. 그리고 순임금은 기시(紀市)에서 장례를 지냈는데, 그 시장의 모습이 변화되지 않아서 백성들을 번거롭게 하지 않았다. 또한 우임금은 회계산(會稽山)에서 장례를 지냈는데, 사람들을 귀찮게 하지 않았다. 이 때문에 옛날의 선왕들은

今執厚葬久喪者之言曰, "厚葬久喪, 雖使不可以富貧衆寡定危治亂, 然此聖王之道也." 子墨子曰, "不然. 昔者堯北教乎八狄, 道死, 葬蛩山之陰. 衣衾三領, 穀木之棺, 葛以緘之. 既氾而後哭, 滿坎無封, 已葬而牛馬乘之. 舜西教乎七戎, 道死, 葬南己之市. 衣衾三領, 穀木之棺, 葛以緘之. 已葬而市人乘之. 禹東教乎九夷, 道死, 葬會稽之山. 衣衾三領, 桐棺三寸, 葛以緘之. 絞之不合, 通之不坎, 土地之深, 下毋及泉, 上無通臭. 既葬, 收餘壤其上, 壟若參耕之畝則止矣. 若以此若三聖王者觀之, 則厚葬久喪, 果非聖王之道. 故三王者, 皆貴爲天子, 富有天下, 豈憂財用之不足哉? 以爲如此葬埋之法."(『墨子』「節葬 下」)

## 康4-23

먼 옛날에는 사람의 영혼을 존중할 줄을 모르고, 오직 시체만을 존중했다. 이집트(Egypt) 고대 왕의 무덤이 지금까지 여전히 남아 있고, 미이라(mummy)도 또한 박물관에 남아 있다. '두 명의 하녀를 나의 양쪽에 끼워서 [순장하라]'라고 했고,[252] 세 명의 선량한 사람을 순장했으며,[253]

---

검소함과 절약으로 죽은 사람을 장례지냈다는 것을 알 수 있다."

252_ 『예기』「단궁 하(檀弓 下)」편에 "陳乾昔寢疾, 屬其兄弟而命其子尊己曰, '如我死, 則必大爲我棺, 使吾二婢子夾我.' 陳乾昔死, 其子曰, '以殉葬, 非禮也. 況又同棺乎.' 弗果殺."이라는 기록이 보인다. 즉 제나라 사람인 진간석(陳乾昔)이 죽기 전에 아들에게 "만일 내가 죽으면 반드시 관을 크게 만들어 나의 두 하녀를 나의 양쪽에 끼워서 순장하라"라고 했는데, 그의 아들은 순장하는 것이 예법이 아니라고 하여 따르지 않았다고 한다.

253_ 『좌씨전』「문공(文公)」 6년에 "秦伯任好卒, 以子車氏之三子奄息 · 仲行 · 鍼虎爲殉, 皆秦之良也. 國人哀之, 爲之賦黃鳥."라는 기록이 보인다. 진(秦)나라 목공(穆公)이 죽었을 때, 진나라 자거씨(子車氏)의 세 아들인 엄식(奄息) · 중행(仲行) · 침호(鍼虎)라는 세 명의 어진 신하를 함께 순장했다. 백성들이 그들의 죽음을 슬퍼하여 「황조(黃鳥)」라는 시를 지었다고 한다. 『좌씨전』에서는 이에 대해, 옛날의 선왕들은 죽으면서 후인들에게 법도를 남겼는데, 진나라 목공은 오히려 백성들로부터 선인(善人)을 빼앗아갔기 때문에 맹주가 되지 못한 것이 당연하다고 논평했

여산(驪山) [진시황(秦始皇)의 무덤]이 비록 정도가 지나치기는 하지만,[254] 여전히 오래된 풍속을 따랐기 때문에 한(漢)나라의 무덤도 그러한 제도를 그대로 따랐다. 따라서 공자의 [장례] 제도는 이미 최대한 [형식을] 줄인 것임을 알 수 있다.[255] 그리고 수의와 이불 세 벌과 오동나무 관의 두께 세 치를 장례의 제도로 삼은 것을 순자(荀子)는 비난하면서 죄인의 예법이라고 했는데,[256] 묵자는 그것을 제도로 삼았으니, 묵자가 탁고한 것이 분명하다. 한비자(韓非子)가 "공자(孔子)와 묵자(墨子)는 모두 요(堯)·순(舜)에 대해 말하지만, 요·순은 다시 살아날 수 없으니, 장차 누구에게 [요·순에 대한] 유가와 묵가의 진실성을 판정하도록 할 수 있겠는가?"라고 말한 것이 바로 그것이다.[257]

---

다. 「황조」시는 현재 『시』 「진풍(秦風)」에 보이는데, 「소서(小序)」에서 "「황조」시는 세 명의 어진 신하를 애도한 것이다. 나라 사람들이 목공이 산 사람을 따라서 죽게 한 것을 비난하여 이 시를 지었다"라고 했다. 그리고 주자는 "『사기』를 살펴보건대, 진나라 무공(武公)이 죽었을 때 처음으로 사람을 따라서 죽게 하여 죽은 사람이 66명이었는데, 목공(穆公)에 이르러서는 마침내 177명을 사용하여, 세 명의 선량한 사람도 거기에 참여하게 되었다. 대개 그 시초는 특히 오랑캐의 풍속에서 나왔는데, 밝은 왕자와 어진 패자가 그 죄를 토벌하지 못했으니, 이에 습관으로 일상화되어, 비록 목공처럼 어진 사람도 그러한 습관에서 벗어나지 못했다"라고 했다.

254_ 여산(驪山)은 섬서성(陝西省) 임동현(臨潼縣) 동남쪽에 있는 산으로, 진시황(秦始皇)의 무덤이 그 산에 있다. 『한서』 「초원왕전(楚元王傳)」에 의하면, 진시황을 여산의 모퉁이에서 장례를 지냈는데, 내부를 화려하게 장식하고, 수많은 부장품들을 함께 넣었으며, 그 일에 참여했던 공장(工匠) 수만 명을 생매장했다고 한다. 『한서』에서는 그 무덤이 항우에 의해 부장품들이 모두 도굴을 당하고, 목동의 실수로 불타버렸다고 기록하고 있다.

255_ 『한서』 「초원왕전(楚元王傳)」에 의하면, 공자는 묘지를 만들되 봉분을 높이 쌓지 않는 것이 예법이고, 또 시신이 썩어서 흙으로 돌아가는 것이 순리라고 여겼기 때문에 간소하게 장례식을 치렀다고 한다. 오왕(吳王) 합려(闔閭) 때부터 이러한 예법을 어기고 장례식을 성대하게 치렀다고 한다.

256_ 『순자』 「예론(禮論)」편에서 다음과 같이 말했다. "형벌을 받은 죄인의 상사(喪事)에는 혈족 일가도 모일 수 없고, 오직 처자만이 회장(會葬)한다. 내관과 외관의 두께는 세 치로 하고, 수의와 이불은 세 벌이며, 관을 장식할 수 없고, 낮에 관을 내갈 수도 없다[刑餘罪人之喪, 不得合族黨, 獨屬妻子. 棺槨三寸, 衣衾三領, 不得飾棺, 不得晝行.]"

太古不知重魂, 惟重屍體. 埃及古王陵至今猶在, 裹屍亦在博物院焉. 二婢夾我, 三良爲殉, 驪山雖暴, 尙是舊俗, 故漢陵尙沿其制. 乃知孔子之制已損之盡. 制衣衾三領, 桐棺三寸, 荀子攻之, 以爲刑徒之禮, 而墨子制之, 其爲託古猶明. 韓非所謂"孔子・墨翟同稱堯・舜, 堯・舜不可復生, 誰使定堯・舜之眞也."

## 4-2-25

따라서 옛날 삼대의 성왕인 우・탕・문・무왕은 하늘이 천자[의 위]에서 정치를 하고 있다는 사실을 천하의 백성들에게 분명하게 말하고자 했다. 따라서 소와 양을 기르고, 개와 돼지를 길러서 [희생으로 사용하고], 제기에 담는 음식과 술과 단술을 깨끗하게 준비하여,[258] 하늘의 상제와 귀신에게 제사를 지내서, 하늘에 복을 빌지 않음이 없었다. 나는 하늘이 천자에게 복을 빌었다는 말은 들어본 적이 없기 때문에[259] 하

257_ 『한비자』「현학(顯學)」편에 "孔子・墨子俱道堯・舜, 而取舍不同, 皆自謂眞堯・舜. 堯・舜不復生, 將誰使定儒・墨之誠乎?"라는 기록이 보인다. 한비자는 계속해서 다음과 같이 그 논리를 피력한다. "은(殷)나라와 주(周)나라는 700여 년, 우(虞)나라와 하(夏)나라는 2,000여 년이 지난 상황에서도 유가와 묵가의 진실성도 판정할 수 없는데, 지금에서야 3,000년 전의 요・순의 법도를 살피고자 하니, 아마도 불가능할 것이다. 참고하여 검증할 자료도 없는데 반드시 그렇다고 단정하는 것은 어리석은 일이며, 반드시 그렇다고 판정할 수도 없는데 그것을 근거로 삼는 것은 남을 속이는 일이다. 따라서 선왕(先王)을 드러내 밝히거나 근거로 삼아서, 요・순[의 법도에 대해서] 기어코 판정하는 것은 어리석은 것이 아니면 남을 속이는 것이다[殷・周七百餘歲, 虞・夏二千餘歲, 而不能定儒・墨之眞, 今乃欲審堯・舜之道於三千歲之前, 意者其不可必乎. 無參驗而必之者, 愚也, 弗能必而據之者, 誣也. 故明據先王, 必定堯・舜者, 非愚則誣也.]"

258_ 추(犓)는 풀을 먹는 소와 양 등의 가축을 기르는 것이고, 환(豢)은 곡식을 먹는 개와 돼지 등을 기르는 것이다. 결(潔)은 깨끗하게 준비한다는 뜻으로, 『묵자』「상동 중(尙同 中)」편에서는 "其事鬼神也, 酒醴粢盛不敢不蠲潔."이라고 해서, 견결(蠲潔)이라는 표현으로도 사용했다. 자성(粢盛)은 제기에 담긴 곡식을 말하고, 주례(酒醴)는 술과 단술을 말한다.

늘이 천자[의 위]에서 정치를 하고 있다는 사실을 알게 되었다. 따라서 천자란 천하에서 가장 존귀하고, 천하에서 가장 부유한 사람이다. 그러므로 부유하고 존귀하고자 하는 자[260]는 하늘의 뜻에 맞추어 따르지 않을 수 없다. 하늘의 뜻을 따르는 자는 함께 서로 사랑하고 함께 서로 이익을 나누니, 반드시 상을 받을 것이다. 하늘의 뜻을 위배하는 자는 서로 차별하여 미워하고, 서로가 서로를 해치니, 반드시 벌을 받을 것이다.

故昔三代聖王禹・湯・文・武, 欲以天之爲政于天子明說天下之百姓. 故莫不犓牛羊, 豢犬彘, 潔爲粢盛酒醴, 以祭祀上帝鬼神, 而求祈福于天. 我未嘗聞天下之所求祈福于天子者也, 我所以知天之爲政于天子者也. 故天子者, 天下之窮貴也, 天下之窮富也. 故于富且貴者, 當天意而不可不順. 順天意者, 兼相愛, 交相利, 必得賞. 反天意者, 別相惡, 交相賊, 必得罰.

그렇다면 누가 하늘의 뜻을 따라서 상을 받았으며, 누가 하늘의 뜻을 위배하여 벌을 받았는가? 묵자가 말했다. "옛날 삼대의 성왕인 우・탕・문・무왕이 하늘의 뜻을 따라서 상을 받았고, 옛날 삼대의 폭군인 걸(桀)・주(紂)・유(幽)・여왕(厲王)이 하늘의 뜻을 위배하여 벌을 받았던 자들이다." 그렇다면 우・탕・문・무왕이 하늘의 상을 받은 것은 무엇 때문인가? 묵자가 말했다. "그들이 한 일은 위로는 하늘을 존중하고, 가운데로는 귀신을 섬기며, 아래로는 사람들을 사랑하는 것이었기 때문이다."[261] 그렇다면 걸・주・유・여왕이 하늘의 벌을 받은 것은 무엇

---

259_ 『묵자한고』에 의하면, 「천지 중」편에 "吾未知天之祈福於天子也."라는 구절에 근거하면 여기의 하(下)는 연문이다.

260_ 우(于)자는 『묵자한고』에 의하면 오(吳)의 필사본에는 욕(欲)으로 되어 있다. 여기에서도 그에 따라 해석했다.

261_ 『묵자』 원문에는 이 문장 뒤에 다음과 같은 내용이 더 있다. "故天意曰, '此之我所愛, 兼而愛之. 我所利, 兼而利之. 愛人者此爲博焉, 利人者此爲厚焉.' 故使貴爲天子, 富有天下, 業萬世子孫, 傳稱其善, 方施天下, 至今稱之, 謂之聖王."

때문인가? 묵자가 말했다. "그들이 한 일은 위로는 하늘을 매도하고, 가운데로는 귀신들을 매도하며,[262] 아래로는 사람을 천시했기[263] 때문이다."(『묵자』「천지 상」)

然則是誰順天意而得賞者, 誰反天意而得罰者? 子墨子言曰, "昔三代聖王禹·湯·文·武, 此順天意而得賞也, 昔三代之暴王桀·紂·幽·厲, 此反天意而得罰者也." 然則禹·湯·文·武其得賞何以也? 子墨子言曰, "其事上尊天, 中事鬼神, 下愛人." 然則桀·紂·幽·厲得其罰何以也? 子墨子曰, "其事上詬天, 中詬鬼, 下賤人."(『墨子』「天志 上」)

## 4-2-26

"대체로 사람을 사랑하고, 사람에게 이익을 주며, 하늘의 뜻에 순종하여 하늘의 상을 받은 사람은 누구인가?" 대답했다. "옛날 삼대의 성왕과 같은 자들로, 요·순·우·탕·문·무가 그들이다." "요·순·우·탕·문·무는 어떤 일에 종사했는가?" 대답했다. "서로 사랑하는 일[兼愛]에 종사하고, 차별적인 사랑[別愛]에 종사하지 않았다."(『묵자』「천지 중」)

"夫愛人·利人·順天之意, 得天之賞者, 誰也?" 曰, "若昔三代聖王, 堯·舜·禹·湯·文·武者是也." "堯·舜·禹·湯·文·武焉所從事?" 曰, "從事兼, 不從事別."(『墨子』「天志 中」)

## 康4-24

묵자는 [실천의] 규칙을 최소화하여, 공자가 규칙을 많이 만든 것을 차

262_ 『묵자한고』에 의하면, 『도장』 판본이나 오(吳) 필사본에는 후(詬)가 무(誣)로 되어 있다. 여기에서는 그대로 해석했다.

263_ 『묵자한고』에서는 천(賤)이 적(賊)의 오자라고 하여 고쳐놓았다. 여기에서는 그대로 해석했다.

별적인 사랑이라고 생각했기 때문에 자신이 창립한 제도를 선왕에 가탁했던 것이다.

墨子少條理, 以孔子多條理爲別, 因以其制託于先王.

### 4-2-27

하늘이 백성을 사랑하는 것을 어떻게 알 수 있는가? 나는 현명한 군주가 반드시 선한 사람에게 상을 주고 포악한 사람에게 벌을 주는 것을 통해서 [그것을 알았다.] 현명한 군주가 반드시 선한 사람에게 상을 주고 포악한 사람에게 벌을 준다는 것을 어떻게 알 수 있는가? 나는 옛날 삼대의 성왕들을 통해서 그것을 알았다. 따라서 옛날 삼대의 성왕인 요·순·우·탕·문·무왕이 천하를 함께 사랑함에,[264] 그에 따라서 천하에 이익을 주었으며, 자기 백성들의 뜻을 변화시켜, [그들을] 이끌고서 하늘과 산천(山川)[의 신]과 귀신을 공경했다.(『묵자』「천지 하」)

何以知天之愛百姓也? 吾以賢者之必賞善罰暴也. 何以知賢者之必賞善罰暴也? 吾以昔者三代之聖王知之. 故昔也三代之聖王堯·舜·禹·湯·文·武之兼愛之天下也, 從而利之, 移其百姓之意焉, 率以敬上帝·山川·鬼神.(『墨子』「天志 下」)

### 4-2-28[265]

옛날 무왕(武王)이 은나라를 공격하여 주왕(紂王)을 죽이고, 제후들에게 [은나라의] 제사를 나누어 지내도록 했는데,[266] "친근한 동성(同姓) 제후

---

264_ 겸애지(兼愛之)의 지(之)는 『묵자한고』에 의하면, 오(吳) 필사본에는 본래 없는 연문이다.

265_ 이하에서 인용한 「명귀」편은 귀신의 존재를 밝히는 내용이다. 여기에서 인용한 부분은 귀신의 존재를 부정하는 주장에 대해, 옛날 성왕들의 사적 속에 보이는 증거를 통해서 반박하는 내용이다.

들에게는 종묘의 제사[內祀][267]를 받아서 지내도록 하고, 소원한 이성(異姓)의 제후들에게는 산천의 제사[外祀][268]을 받아서 지내도록 했다"라고 한다. 따라서 무왕은 반드시 귀신이 있다고 여겼기 때문에 은나라를 공격하여 주왕을 죽인 다음, 제후들에게 [은나라의] 제사를 나누어 지내도록 한 것이다. 만약 귀신이 없다면 무왕이 무엇 때문에 제사를 나누어 지내도록 했겠는가?

> 昔者, 武王之攻殷誅紂也, 使諸侯分其祭曰, "使親者受內祀, 疏者受外祀." 故武王必以鬼神爲有, 是故攻殷伐紂, 使諸侯分其祭. 若鬼神無有, 則武王何祭分哉.

오직 무왕의 일만이 그러한 것이 아니다. 옛날 성왕은 상을 줄 때는 반드시 종묘에서 행했고, 죄인을 죽일 때는 반드시 토지신에게 제사지내는 곳에서 했다. 종묘에서 상을 준 것은 무엇 때문인가? 상을 주는 것이 공평하다는 것을 고하기 위해서이다. 토지신에게 제사지내는 곳에서 죄인을 죽인 것은 무엇 때문인가? 재판의 판결이 합당하다는 것을 고하기 위해서이다. 오직 이와 같은 기록의 내용만이 그러한 것이 아니다. 또한 우(虞)나라와 하(夏) · 상(商) · 주(周) 삼대의 성왕들은 모두 처음 나라를 세우고 도읍을 건설한 날에, 반드시 나라의 한가운데 터를 골라서 종묘(宗廟)를 배치하고, 반드시 수목이 크고 무성한 곳을 골라

---

266_ 『묵자한고』에서 "무왕이 은나라를 정벌하고 제후들에게 나누어 명령하여, 은나라의 제사를 주관하도록 했다"라고 풀이했다. 「비공 하(非攻 下)」편에도 "王旣已克殷, 成帝之來, 分主諸神, 祀紂先王."이라는 구절이 보인다.

267_ 내사(內祀)는 내제(內祭)라고도 하며, 천자가 종묘에서 지내는 큰 제사이다. 『묵자한고』에서 동성(同姓)의 제후국은 조상의 사당을 세울 수가 있었다고 했다. 예를 들어 노(魯)나라는 주공(周公)이 봉해진 나라이기 때문에 제후국이면서도 문왕(文王)의 사당을 세울 수가 있었다.

268_ 외사(外祀)는 외제(外祭)라고도 하며, 나라 안의 산천 등에 지내는 제사이다. 『묵자한고』에서 이것은 이성(異姓)의 제후국이 사방의 산천(山川)에 제사를 지내는 것이라고 했다.

서 사당(祠堂)을 세웠다. 그리고 반드시 나라의 부형(父兄) 중에서 자애와 효성이 있고 정숙하고 선량한 사람을 골라서 태축(太祝)과 종백(宗伯)으로 삼았다. 또한 여섯 종류의 가축 중에서 몸집이 풍성하고 살찌고 털색깔이 순수한 것을 고르고, [그중에서도] 털색깔[이 순수한 것]을 잘 선택하여 희생으로 삼았다. 제사에 사용하는 여러 종류의 옥은 [자신이 가진] 재물에 걸맞게 기준을 정하고, 오곡 중에서 향이나 맛이 좋고 빛깔이 좋은 것을 골라서 술과 단술, 그리고 제기에 담는 음식을 만들었다. 그러므로 술과 단술, 제기에 담는 음식은 한 해 농사의 풍년과 흉년에 맞추어 준비했다. 따라서 옛날 성왕들이 천하를 다스릴 때는 본래 반드시 귀신[과 관련된 일]을 먼저 하고, 사람[과 관련된 일]을 뒤에 하였던 것이 이것이다. 그러므로 관부에서 갖추어 구비해두는 것은 반드시 제기(祭器)와 제복(祭服)을 가장 먼저 창고에 다 갖추어 보관했고, 태축과 종백 등의 제사 담당 관리들은 모두 조정[의 신하 반열]에 세웠으며, 제사에 바치는 희생은 보통의 다른 짐승들과는 함께 모아두고 기르지 않았다고 한다. 따라서 옛날 성왕의 정치는 이와 같았다.[269]

> 非惟武王之事爲然也. 故聖王其賞也必于祖, 其僇也必于社. 賞于祖者何也? 告分之均也. 僇于社者何也? 告聽之中也. 非惟若書之說爲然也. 且惟昔者虞·夏·商·周三代之聖王, 其始建國營都日, 必擇國之正壇, 置以爲宗廟, 必擇木之修茂者, 立以爲菆位. 必擇國之父兄慈孝貞良者, 以爲祝宗. 必擇六畜之勝腯肥倅, 毛以爲犧牲. 圭璧琮璜, 稱財爲度, 必擇五穀之芳黃, 以爲酒醴粢盛. 故酒醴粢盛, 與歲上下也. 故古聖王治天下也, 故必先鬼神而後人者此也. 故曰官府選效, 必先祭器祭服, 畢藏于府, 祝宗有司畢立于朝, 犧牲不與昔聚群. 故古者聖王之爲政若此.

---

269_ 이상에서 인용한 『묵자』「명귀 하」편의 내용은 이 책의 제3권 제1절〈3-1-10〉에서 이미 인용했다. 자세한 주석은 앞의 내용을 참조 바람.

옛날 성왕들은 반드시 귀신이 있다고 여겨,[270] 귀신을 성대하게 섬기려고 힘썼다. 또한 후세의 자손들이 [귀신의 존재를] 알지 못할까 염려했기 때문에 죽간(竹簡)과 백서(帛書)에 그것을 기록하여,[271] 후세의 자손들에게 전하여 남겨 주었다. 그리고 혹시[272] 그것이 썩거나 벌레를 먹어 완전히 사라져서, 후세의 자손들이 기억하지 못할까 염려했기 때문에 그것을 그릇[槃盂]에 새기거나 금석(金石)에 새김으로써[273] 중복해서 기록해 두었다. 또한[274] 후세의 자손들이 [귀신을] 공경하고 경외함으로써 상서로움을 취하지 못할까 염려했기 때문에[275] 선왕의 글이나 성인의 말,[276] 한 자[尺] 길이의 비단이나 한 편의 글 속에 귀신의 존재를 여러 번 말했고, 거듭 중복해서 기록해 두었다. 이것은 무엇 때문인가? 바로 성왕들이 [귀신을 섬기는 것에] 힘쓴 것이다. 지금 귀신이 없다고 주장하는 자들이 "귀신이란 본래부터 없다"라고 하니, 이것은 성왕들이 힘쓴 일과 위배된다. 성왕들이 힘쓴 일과 위배된다면 군자의 도가 될 수 없다.

---

270_ 『묵자한고』에 의하면 위(爲) 아래에 유(有)자가 있는데, 현재 판본에는 빠져 있다. 그리고 이 문장 아래에도 빠진 문장이 있는데, 고찰할 수 없다고 했다.

271_ 죽백(竹帛)은 고대에 종이가 없을 때 글자를 기록했던 죽간(竹簡)과 백서(帛書)를 말한다.

272_ 함(咸)은 왕인지가 혹(或)의 잘못이라고 했다.

273_ 반우(槃盂)는 물을 담는 그릇과 음식을 담는 그릇인데, 여기에 잠언이나 공적을 새겨서 경계로 삼았다. 금석(金石)은 종이나 비석 또는 쇠붙이로 된 그릇 등에 새긴 글자로 금석문(金石文)이라고 한다. 『여씨춘추』「구인(求人)」편에서 "功績銘乎金石, 著於盤盂."라고 했는데, 고유가 "금(金)은 종이나 솥[鍾鼎]이고, 석(石)은 공덕을 기리어 세우는 큰 비석[豐碑]이다. 반우(盤盂)의 그릇에는 모두 그 사람의 공적을 새겨서 기록했다"라고 했다.

274_ 유(有)는 오(吳) 필사본에는 우(又)로 되어 있는데, 글자가 서로 통용된다고 한다.

275_ 경군(敬碁)은 공경하고 경외하는 것이다. 양(羊)은 상(祥)과 통용되며, 상서롭다는 의미이다. 『묵자한고』에 의하면, 진한 시기의 금석문에서는 양(羊)자가 대부분 상(祥)자로 되어 있다고 한다.

276_ 왕염손이 성인(聖人)은 성인지언(聖人之言)이 되어야 한다고 했다.

古者聖王必以鬼神爲, 其務鬼神厚矣. 又恐後世子孫不能知也, 故書之竹帛, 傳遺後世之子孫. 咸恐其腐蠹絶滅, 後世之子孫不得而記, 故琢之盤盂, 鏤之金石, 以重之. 有恐後世子孫不能敬著以取羊, 故先王之書, 聖人一尺之帛, 一篇之書, 語數鬼神之有也, 重有重之. 此其故何? 則聖王務之. 今執無鬼者曰, "鬼神者, 固無有." 則此反聖王之務. 反聖王之務, 則非所以爲君子之道也.

지금 귀신이 없다고 주장하는 자들은 "선왕의 글이나 성인의 말,[277] 한 자[尺] 길이의 비단이나 한 편의 글 속에, 귀신이 있다는 말을 자주하고, 거듭 중복해서 기록해 두었다고 하는데, 어떤 책에 그러한 내용이 있는가?"라고 묻는다. 묵자가 대답했다. "『주서(周書)』「대아(大雅)」에 그러한 내용이 있다.[278] 「대아」에서 '문왕(文王)이 위에 계시어, 아아! 하늘에서 빛나시니, 주나라가 비록 옛 나라이지만, 그 천명이 새로워졌도다. 주나라가 나타나지 않겠는가? 하느님의 명령이 제때에 맞지 않겠는가? 문왕이 오르고 내려오는 것이 하느님의 좌우에 있도다. 노력하고 힘쓰는 문왕은 훌륭한 명예가 그치지 않도다'라고 했다.[279] 만약 귀신

277_ 신무(愼無)는 왕염손이 앞의 문장에 근거하여, 성인(聖人)이 되어야 한다고 했다.

278_ 『묵자한고』에 의하면, 옛날에는 『시』와 『서』가 서로 병칭되는 경우가 많다고 한다. 이하의 내용은 『시』「대아(大雅) · 문왕(文王)」편에 보인다. 여기에서의 『주서』는 『시』를 말한다.

279_ 『시경집전』에 의하면, 오(於)는 감탄사이고, 소(昭)는 밝다는 뜻이다. 명(命)은 천명(天命)이고, 불현(不顯)은 '어찌 나타나지 않겠는가[豈不顯]'와 같은 말이다. 목목(穆穆)은 현행본 『시』에는 미미(亹亹)로 되어 있는데, 노력하고 힘쓰는 모습이다. 영문(令聞)은 훌륭한 명예이다. 『시경집전』에서 다음과 같이 말했다. "문왕(文王)이 이미 돌아가셨는데, 그 신령이 위에 계시면서 하늘에서 빛났다. 이 때문에 주나라가 비록 후직(后稷)이 처음 봉해진 이후로 1,000여 년이 되었지만, 그 천명을 받은 것은 지금부터 시작이다. 문왕이 위에 계시면서 하늘에서 빛나니, 그 덕이 드러나게 되었고, 주나라가 비록 옛 나라이지만 천명이 새로워졌으니, 그 천명이 제 때에 맞은 것이다. 대체로 문왕의 신령은 하늘에 계시면서 한 번은 올라

이 없다면 문왕이 이미 죽었는데도 그가 어찌 하느님의 좌우에 있을 수 있겠는가? 이로써 나는 『주서(周書)』 속에 귀신[의 존재가 있다는 것]을 알았다."

今執無鬼者之言曰, "先王之書, 愼無一尺之帛, 一篇之書, 語數鬼神之有, 重有重之, 亦何書之有哉?" 子墨子曰, "『周書』「大雅」有之. 「大雅」曰, '文王在上, 于昭于天, 周雖舊邦, 其命維新. 有周不顯? 帝命不時? 文王陟降, 在帝左右. 穆穆文王, 令聞不已.' 若鬼神無有, 則文王既死, 彼豈能在帝之左右哉? 此吾所以知『周書』之鬼也."

"또한 『주서』에만 유독 귀신[의 존재]가 있고, 『상서(尙書)』에는 귀신[의 존재]가 없다면 법칙으로 삼을 수가 없다. 그렇다면 위로 『상서』를 살펴보면 다음과 같이 말한다.[280] '오호라! 옛날 하나라에 아직 재앙이 없었을 때에는 수많은 짐승들과 곤충 및 새들[281]이 각자의 길을 따르지 않는 것이 없었다.[282] 하물며 또한 사람의 얼굴을 하고서 어찌 감히 다른 마음을 품겠는가?[283] 산천의 귀신들 또한 [그것들을] 감히 편안하게

---

가고 한 번은 내려와 어느 때나 상제(上帝)의 좌우에 계시지 아니한 적이 없었다. 이 때문에 자손들이 그 복택을 받아 천하에서 임금 노릇하면서 천하를 소유하게 되었다."

280_ 이 내용은 현행본 『상서』에는 보이지 않는다.

281_ 정충(貞蟲)은 『묵자한고』에 의하면, 『회남자』 「지형훈(墬形訓)」편의 "萬物貞蟲, 各有以生."과 「원도훈(原道訓)」편의 "蚑蹺貞蟲."에 대해, 고유가 정충(貞蟲)은 나나니벌[細腰蜂]의 등속이라고 했다. 이에 대해 손이양은 정(貞)은 정(征)의 가차자로, 동물의 통칭이라고 했다. 여기에서는 손이양의 주장에 따라 정충(貞蟲)을 곤충으로 풀이했다. 윤(允)은 왕인지가 이(以)와 같다고 했다.

282_ 비방(比方)은 그 길이나 방향을 그대로 따른다는 뜻이다. 『장자』 「전자방(田子方)」편에 "日出東方而入於西極, 萬物莫不比方."이라는 내용이 보인다. 손이양도 비방(比方)은 길을 그대로 따른다[順道]는 말이라고 했다.

283_ 신유(矧隹)는 '또한, 다시 더'의 의미이다. 인면(人面)은 손이양이 "얼굴을 가지고 있는 사람으로, 수많은 짐승들과 곤충 및 새들과 비교할 바가 아니다"라고 했다.

해주지 않음이 없었다.[284] 만약 삼가고 정성스럽게 한다면[285] 천하를 통합하고 영토를 보존할 것이다.'[286] 산천의 귀신들이 감히 편안하게 해주지 않음이 없었던 까닭은 [하늘에 있는] 우임금의 계획을 돕기 위해서라는 것을 알 수 있다. 이로써 나는 『상서』 속에 귀신[의 존재가 있다는 것]을 알았다."

"且『周書』獨鬼, 而『商書』不鬼, 則未足以爲法也. 然則姑嘗上觀乎『商書』曰, '嗚呼! 古者有夏, 方未有禍之時, 百獸貞蟲, 允及飛鳥, 莫不比方. 矧隹[287]人面, 胡敢異心? 山川鬼神, 亦莫敢不寧. 若能共允, 隹天下之合, 下土之葆.' 察山川鬼神之所以莫敢不寧者, 以佐謀禹也. 此吾所以知『商書』之鬼也."

"또한 『상서』에만 유독 귀신[의 존재]가 있고, 『하서(夏書)』에는 귀신[의 존재]가 없다면 법칙으로 삼을 수가 없다. 그렇다면 위로 『하서』를 살펴보면, 「우서(禹書)」에 다음과 같이 말하고 있다.[288] '감(甘) 땅에서 크게

---

284_ 손이양이 모두 편안하게 해주었다[皆安之]라고 풀이했다.

285_ 『묵자한고』에서 강성(江聲)이 공(共)은 공(恭)자로 읽고 삼간다[恪]는 뜻이며, 윤(允)은 정성스럽다[誠]는 뜻이라고 했다.

286_ 보(葆)는 보(保)와 같은 뜻으로, 『시』 「대아(大雅)·숭고(崧高)」편에서 "남쪽 땅을 이에 보존하시오[南土是保]"라고 했다.

287_ 유(隹)가 『공자개제고』에는 가(佳)로 되어 있는데, 『묵자』 원문에 따라 고쳤다.

288_ 이 내용은 현행본 『서』 「감서(甘誓)」편에 보이는데, 그 내용은 조금 다르다. 현행본의 기록은 다음과 같다. "大戰于甘, 乃召六卿. 王曰, 嗟, 六事之人. 予誓告汝. 有扈氏威侮五行, 怠棄三正. 天用勦絶其命. 今予惟恭行天之罰. 左不攻于左, 汝不恭命, 右不攻于右, 汝不恭命, 御非其馬之正, 汝不恭命, 用命賞于祖, 弗用命戮于社, 予則孥戮汝." 공안국의 「서서(書序)」에서는 "계(啓)가 유호(有扈)와 감(甘) 땅의 들에서 전쟁하면서 「감서(甘誓)」를 지었다"라고 했다. 『서경집전』에 의하면, 감(甘)은 지명으로, 유호씨(有扈氏) 나라의 남쪽 교외이며, 부풍군(扶風郡) 호현(鄠縣)에 있다. 그리고 유호씨는 하(夏)나라와 동성의 나라인데, 『사기』에 "계(啓)가 즉위하자 유호씨가 복종하지 않았기 때문에 마침내 멸망시켰다"라고 했다. 채침은 『좌씨전』 「소공(昭公)」 원년에 "우(虞)나라에는 삼묘(三苗)가 있었고, 하(夏)나라에는 관(觀)·호(扈)가 있었으며, 상(商)나라에는 신(姺)·비(邳)가 있었고, 주(周)나라

전쟁할 때에, 왕이 좌우의 여섯 사람[289]에게 명령하여, 중군(中軍)에서 맹세를 듣도록 지시했는데, 그 내용은 다음과 같다. 『유호씨(有扈氏)가 오행(五行)을 함부로 버리고 소홀히 했으며,[290] 역법[三正][291]을 태만히 하고 버렸기 때문에 하늘이 그 천명을 끊어서 없애 버렸다.』'[292] 또 다음과 같이 말했다.[293] '한나절 동안,[294] 지금 내가 유호씨와 오늘 하루의 운명을 놓고 싸우려고 한다. 또한 너희들 경대부와 일반 백성들이여! 나는 너희들의 영토와 재물을 원하는 것이 아니라,[295] 나는 하늘의 벌

---

에는 서(徐)・엄(奄)이 있었다"라는 기록에 근거하여, 유호씨도 삼묘나 서・엄과 같은 무리일 것이라고 했다.

289_ 「감서」편에는 육경(六卿)으로 되어 있다. 『서경집전』에 의하면, 『주례』에서 경대부(卿大夫)는 각각 향(鄕)을 다스리는데, 모두 육향(六鄕)이므로 육경(六卿)이라고 한다. 이들은 평소에는 향의 정치를 담당하다가 전쟁이 나면 각각 12,500명을 거느리고 대사마(大司馬)에 소속된 장군이 된다고 한다. 한편 『묵자한고』에서 손성연(孫星衍)은 천자가 직접 전쟁을 나갈 때는 왕이 중군(中軍)이 되고, 육경(六卿)이 좌우에서 돕는다고 했다. 따라서 여기의 육인(六人)은 육경(六卿) 또는 여섯 명의 장군 등으로 해석이 가능하다.

290_ 위모(威侮)는 『서경집전』에서 "위(威)는 함부로 버리는 것이고, 모(侮)는 소홀하게 대하는 것이다"라고 했다. 『묵자한고』에 의하면, 『사기집해』 「하본기(夏本紀)」에서 인용한 정현이 "오행(五行)은 사시(四時)의 융성한 덕이 시행되는 정치이며, 위모(威侮)는 난폭하게 그것을 거스르는 것이다"라고 했다. 여기에서는 『시경집전』의 해석에 따랐다.

291_ 삼정(三正)은 하(夏)・은(殷)・주(周) 삼대의 역법으로, 건인[建寅, 歲首 1월, 夏] - 건축[建丑, 歲首 12월, 殷] - 건자[建子, 歲首 11월, 周]의 순서로 순환한다. 이것은 원래 하・은・주 삼대의 역법(曆法)의 차이를 설명하는 개념인데, 역사순환론에서는 그 의미를 흑통(黑統)・백통(白統)・적통(赤統)이라는 '삼통(三統)'의 개념으로 개제의 원리로까지 확대하여 삼통의 순환에 의한 왕조의 교체를 설명한다. 즉 세 가지 역법이 순환 반복되면서 역사가 진행되기 때문에 왕자는 이 세 가지 역법 중 하나를 채용하여 개제의 기준으로 삼아서 문물제도의 개혁을 단행하는데, 개제는 국호와 도읍, 관직, 제례작악(制禮作樂), 복색(服色) 등 왕조의 특색과 정통성을 드러낼 수 있는 모든 방면에서 진행된다.

292_ 초절(剿絶)은 끊어서 없애버리는 것으로, 멸망시킨다는 뜻이다.

293_ 『묵자한고』에서 유(有)는 우(又)로 읽어야 한다고 했다.

294_ 일중(日中)은 동이 틀 때부터 정오까지의 한나절 동안을 말한다.

295_ 전야(田野)는 전지(田地), 즉 영토를 말한다. 보사(葆士)는 유월이 보옥(寶玉)이

을 공손하게[296] 실행하는 것이다. 수레의 왼쪽에 있는 사람이 왼쪽을 다스리지 않고, 수레의 오른쪽에 있는 사람이 오른쪽을 다스리지 않으면 너희가 명령을 공손하게 받드는 것이 아니며, 마부가 너희 말을 바르게 몰지 않으면 너희가 명령을 공손하게 받드는 것이 아니다.[297] 따라서 [명령을 따르는 자는] 종묘에서 상을 내리고, [명령을 따르지 않는 자는] 토지신에게 제사지내는 곳에서 죽일 것이다.'[298] 종묘에서 상을 내린다는 것은 무슨 뜻인가? 상을 주는 명령이 공평함을 말한 것이다. 토지신에게 제사지내는 곳에서 죽인다는 것은 무슨 뜻인가? 재판의 판결이 합당함을 말한 것이다."[299]

"且『商書』獨鬼而『夏書』不鬼, 則未足以爲法也. 然則姑嘗上觀乎『夏書』,「禹誓」曰, '大戰于甘, 王乃命左右六人, 下聽誓于中軍曰,『有扈氏, 威侮五行, 怠棄三正, 天用剿絶其命.』' 有曰, '日中, 今予與有扈氏

---

라고 했다. 『사기』「주본기(周本紀)」에서 '展九鼎葆玉'이라고 했는데, 보(葆)가 보(寶)로 된 판본도 있다는 것이다. 여기에서는 유월의 주장에 따라 해석했다.

296_ 공(共)은 공손하다는 뜻이다.「감서」편에는 공(恭)으로 되어 있다.

297_ 『서경집전』에 의하면, 좌(左)는 수레의 왼쪽[車左]이고, 우(右)는 수레의 오른쪽[車右]이다. 공(共)은「감서」편에 치(治)로 되어 있다. 이에 대해 채침은 다음과 같이 설명했다. "옛날에 수레로 싸우는 법은 갑사(甲士)가 세 사람인데, 한 사람은 왼쪽에 있으면서 활쏘기를 주관하고, 한 사람은 오른쪽에 있으면서 적을 치고 찌르는 것을 주관하며, 말을 모는 자는 중앙에 있으면서 말이 달리는 것을 주관한다. 좌우가 그 일을 다스리지 않는 것과 마부가 말을 바르게 몰지 않는 것은 모두 실패를 초래할 수 있다. 따라서 각기 그 사람을 지적하여 그 일에 책임을 지워서 각기 직책을 다하여 감히 소홀히 하지 않게 하고자 한 것이다." 약(若)은 모두「감서」편에 여(汝)자로 되어 있고, 이마지정(爾馬之政)은 기마지정(其馬之正)으로 되어 있다.

298_ 『서경집전』에서 "조묘(祖廟)는 왼쪽에 있어서 양(陽)이므로 선조(先祖)의 사당(祠堂)에서 상을 주고, 사(社)는 오른쪽에 있어서 음(陰)이므로 사(社)에서 죽이는 것이다"라고 했다.

299_ 이 부분은 앞에서 나온 "賞于祖者何也? 告分之均也. 僇于社者何也? 告聽之中也."와 같은 의미라고 할 수 있다. 분명지균(分命之均)은 앞의 분지균(分之均)과 같고, 청옥지사(聽獄之事)는 청지중(聽之中)과 같다. 따라서 손이양은 사(事)가 전문(篆文)의 충(衷)과 형태가 비슷하고, 충(衷)은 중(中)의 의미라고 했다.

爭一日之命. 且爾卿大夫庶人! 予非爾田野葆士之欲也, 予共行天之罰也. 左不共于左, 右不共于右, 若不共命, 禦非爾馬之政, 若不共命. 是以賞于祖, 而僇于社.' 賞于祖者何也? 言分命之均也. 僇于社者何也? 言聽獄之事也."

"따라서 옛날 성왕들은 귀신이 반드시 현명한 사람에게 상을 주고 포악한 사람에게 벌을 준다고 여겼기 때문에 상을 줄 때는 반드시 종묘에서 행했고, 죄인을 죽일 때는 반드시 토지신에게 제사지내는 곳에서 했다. 이로써 나는 『하서』 속에 귀신[의 존재가 있다는 것]을 알았다. 따라서 이전의[300] 『하서』와 그 다음의 『상서』와 『주서』에서 귀신의 존재를 여러 번 말했고, 거듭 중복해서 기록해 두었다. 이것은 무엇 때문인가? 바로 성왕들이 [귀신을 섬기는 것에] 힘썼기 때문이다. 이와 같은 기록의 내용으로 살펴본다면 귀신의 존재를 어찌 의심할 수 있겠는가? 옛날에 다음과 같은 말이 있다. '길한 날인 자유(子酉)일[301]에, 대대로 토지신과 사방의 신에게 제사를 지내고,[302] 돌아가신 조부 및 아버

300_ 상서(尙書)는 왕염손에 의하면, 상(尙)은 상(上)과 같고, 서(書)는 자(者)가 되어야 한다고 했다. 여기에서는 이에 따라 해석했다.

301_ 정묘(丁卯)에 대해 손이양은 다음과 같이 말했다. "주나라는 자묘(子卯)를 꺼리는 날[忌日]로 여기기 때문에 여기의 묘(卯)자는 유(丣), 즉 유(酉)자가 되어야 한다. 글자 형태가 비슷하여 잘못된 것이다. 『한서』 「익봉전(翼奉傳)」에서 '동방(東方)의 감정은 노여움인데, 노여움은 음적(陰賊)을 행하며, 해묘(亥卯)가 그것을 주관하기 때문에 왕자는 자묘(子卯)를 싫어한다. 서방(西方)의 감정은 즐거움인데, 즐거움은 관대(寬大)를 행하며, 기유(己酉)가 그것을 주관하기 때문에 왕자는 오유(午酉)를 길하게 여긴다'라고 했으니, 이것이 유(酉)를 길하게 여기는 뜻이다." 즉 자묘(子卯)는 갑자(甲子)일과 을묘(乙卯)일로, 옛사람들이 불길한 날이라 하여 꺼리던 날이다. 은나라 주왕(紂王)이 갑자일에 죽고, 하나라 걸왕(桀王)이 을묘일에 망한 것에서 온 말이라고 한다. 그리고 『좌씨전』 「소공」 9년에 "辰在子卯, 謂之疾日."이라는 내용이 보인다. 여기에서는 손이양의 주장에 따라 해석했다.

302_ 주대축사방(周代祝社方)은 의미가 잘 통하지 않는다. 손이양은 주(周)와 용(用), 축(祝)과 사(祀)가 글자 형태가 비슷하여 잘못되었다고 하고, 이 문장이 용대사사방(用代祀社方)이 되어야 한다고 했다. 여기에서는 이에 따라 해석했다. 사(社)는

지에게 해마다 제사를 올림으로써 수명을 연장했다.'[303] 만약 귀신이 없다면 저들이 어찌 수명을 연장할 수 있었겠는가?"(『묵자』「명귀 하」)

"故古聖王必以鬼神爲賞賢而罰暴, 是故賞必于祖, 而僇必于社. 此吾所以知『夏書』之鬼也. 故尙書『夏書』, 其次『商』·『周』之書, 語數鬼神之有也, 重有重之. 此其故何也? 則聖王務之. 以若書之說觀之, 則鬼神之有豈可疑哉? 于古曰, '吉日丁卯, 周代祝社方, 歲于社者考, 以延年壽.' 若無鬼神, 彼豈有所延年壽哉?"(『墨子』「明鬼 下」)

## 4-2-29

무마자(巫馬子)[304]가 묵자에게 "귀신과 성인은 누가 더 밝고 지혜롭습니까?"라고 물었다. 묵자가 대답했다. "귀신이 성인보다 밝고 지혜로운 것은 마치 총명한 눈과 귀를 가진 사람과 귀머거리나 장님의 관계와 같다. 옛날 하나라의 임금 개(開)[305]가 비렴(蜚廉)[306]을 시켜 산천(山川)에

---

토지신에 대한 제사이고, 방(方)은 사방의 신에 대한 제사이다. 『시』「소아(小雅)·보전(甫田)」편에서 "以我齊明, 與我犧羊, 以社以方."이라고 했는데, 『시경집전』에서 "사(社)는 후토(后土)이니, 구룡씨(句龍氏)를 배양한다. 방(方)은 가을에 사방에 제사하여, 만물을 이루어줌에 보답하는 것이다"라고 했다.

303_ 손이양이 세(歲)자 앞에는 빠진 문장이 있고, 사자(社者)는 조약(祖若)으로 되어야 한다고 하고, "돌아가신 조부 및 아버지에게 해마다 제사를 올린다"라고 풀이했는데, 여기에서는 손이양의 해석에 따랐다.

304_ 무마자(巫馬子)는 소시학이 노나라의 유자로서 공자의 제자인 무마기(巫馬期)가 아니면 그의 후손일 것이라고 했다. 손이양은 무마자가 공자보다 30여 살이 어리다는 『사기』의 기록에 근거하여, 그 나이를 따져보면 묵자보다는 50~60살이 많기 때문에 서로 문답할 수가 없었을 것이다. 따라서 여기의 무마자는 무마시의 자식뻘 정도가 될 뿐이라고 했다.

305_ 개(開)는 하나라 우임금의 아들 계(啓)이다. 소시학은 한나라 사람들이 이름을 피휘했기 때문에 계(啓)자를 개(開)자로 고쳤다고 했다.

306_ 비렴(蜚廉)은 『묵자한고』에 의하면 『예문류취』·『후한서』·『태평어람』 등의 주석에는 모두 비렴(飛廉)으로 되어 있다. 비렴(飛廉)은 은나라 주왕(紂王)에게 아첨한 간신으로, 『맹자』「등문공 하」편에 "周公相武王, 誅紂, 伐奄三年, 討其君,

서 금속을 캐서,[307] 곤오(昆吾)[308]에서 그것을 주조하도록 했다.[309] 그리고 그때 백익(伯益)을 시켜 꿩을 죽여서 목약(目若)의 거북에 피를 칠하여 점을 치게 했는데,[310] 그 점치는 말이 다음과 같았다.[311] '솥이 네 개의 발에 네모난 형태로 완성되었으니,[312] 불을 때지 않아도 스스로 [끓어서 음식이] 익고,[313] 들어서 움직이지 않아도 스스로 몸을 감추며,[314]

---

驅飛廉於海隅而戮之, 滅國者五十."이라는 구절이 보인다. 『맹자집주』에서 "비렴(飛廉)은 주왕의 총애하는 신하"라고 했다. 여기의 비렴은 하나라 초기의 인물인데, 두 인물이 서로 일치하는지는 알 수 없다.

307_ 채금(採金)은 금속을 캐는 것이다. 『묵자한고』에 의하면, 옛 판본에는 절금(折金)으로도 되어 있다. 산천(山川)은 『후한서』와 『문선』 등의 인용문에는 천(川)자가 없다고 한다. 여기에서는 있는 글자 그대로 해석했다.

308_ 곤오(昆吾)는 옛날의 곤오국(昆吾國)으로, 지금의 하남(河南) 복양현(濮陽縣) 남쪽에 있다고 한다. 손이양이 인용한 『여씨춘추』 「군수(君守)」편에는 "昆吾作陶."라고 되어 있는데, 고유가 "곤오(昆吾)는 전욱(顓頊)의 후손으로, 오회(吳回)의 손자이자 육종(陸終)의 아들이며, 성이 기(己)이다. 하나라 임금을 위해 질그릇과 금속을 만들었다"라고 하여, 사람의 이름으로 보기도 한다.

309_ 왕염손은 금속에 대해서는 주(鑄)라고 말할 수는 있지만 도(陶)라고 말할 수 없기 때문에 이 문장은 본래 "鑄鼎於昆吾."로 되어 있었다고 주장했다. 이 문장은 의미상으로는 금속을 주조하여 구정(九鼎)의 솥을 만든 것으로 이해할 수 있다.

310_ 『묵자한고』에서는 『옥해(玉海)』에 근거하여, 난(難)과 을(乙) 사이에 치(雉)자를 더해 넣었는데, 여기에서도 그것에 따라 해석했다. 목약지구(目若之龜)는 판본에 따라서 백약지구(白若之龜) 또는 목고지구(目苦之龜) 등으로 되어 있는 것도 있다. 또 손이양은 옹(翁)은 익(益)이 되어야 하고, 난(難)은 착(斮)이 되어야 한다고 했다. 착치(斮雉)는 꿩을 죽인다는 뜻으로, 꿩이나 양의 피를 거북에 칠해서 점을 치는 것이라고 한다. 그리고 을(乙)은 이(已)가 되어야 한다고 했다. 이(已)는 이(以)와 같은 의미이다. 손이양은 이상의 고증을 종합하여, 계(啓)가 백익(伯益)을 시켜서 꿩을 죽여 거북에 피를 칠해 점을 쳤다는 뜻으로 해석했다.

311_ 구왈(龜曰)의 왈(曰)을 왕염손이 "백익이 이미 점을 치고 나서, 그 점사(占辭)를 말한 것이다"라고 풀이했다.

312_ 삼족(三足)은 왕염손에 의하면, 본래는 사족(四足)으로 되어 있으며, 『예문류취』·『옥해』 등에도 모두 '사족'으로 되어 있다고 한다. 후대 사람들이 습관적으로 솥의 다리가 3개라는 이야기를 듣고, 옛날의 솥은 다리가 4개인 것을 몰랐기 때문에 제멋대로 고친 것이라고 한다. 방(方)은 네모난 모양으로, 왕인지는 『좌씨전』의 '莒之二方鼎'에 대해 복건(服虔)이 "솥에 다리가 3개인 것은 둥글고, 다리가 4개인 것은 네모나다[鼎三足者圓, 四足者方.]"라는 말을 인용했다.

옮기지 않아도 스스로 움직여서 가기를 [바랍니다.] 이 솥을 가지고 곤오의 옛 성터에서 제사를 지내니, 흠향하기를 바랍니다.'[315] 점을 치자 점괘에서,[316] '흠향했다! 무성한[317] 흰 구름이 동서남북 사방으로 [옮겨 가니], 구정(九鼎)이 완성되자마자 세 나라로 옮겨갈 것이다'라고 했다. 하나라 임금이 그 솥을 잃어버리자 은나라 사람이 그것을 받았으며, 은나라 사람이 잃어버리자 주나라 사람이 그것을 받았다.[318] 하나라와 은나라, 주나라가 서로 전해준 것이 수백 년 동안 이어졌다. 가령 성인이 훌륭한 신하와 뛰어난 재상을 모아서 도모하더라도 어찌 수백 년 이후의 일을 알 수 있겠는가?[319] 그런데 귀신은 그것을 알기 때문에 '귀신이 성인보다 밝고 지혜로운 것은 마치 총명한 눈과 귀를 가진 사람과 귀머거리나 장님의 관계와 같다'라고 말한 것이다."(『묵자』「경주」)

巫馬子謂子墨子曰, "鬼神孰與聖人明智?" 子墨子曰, "鬼神之明智于聖人, 猶聰耳明目之與聾瞽也. 昔者夏后開使蜚廉採金于山川, 而陶鑄之于昆吾. 是使翁難乙卜于目若之龜, 龜曰, '鼎成三足而方, 不炊

---

313_ 취(炊)는 불을 때는 것이고, 팽(烹)은 음식을 삶는 것이다. 불을 때지 않아도 스스로 물이 끓어서 음식이 익는 것을 말한다.

314_ 거(擧)는 들어서 움직이는 것이고, 장(臧)은 자기 스스로 숨어서 몸을 감추는 것이다.

315_ 상향(上鄉)은 필원이 상향(尙饗)과 같은 의미라고 했다. 상향(尙饗)은 신령이 제물을 흠향(歆饗)하기를 바란다는 뜻으로, 제사지내는 축문(祝文)의 끝에 쓰는 말이다.

316_ 손이양이 을(乙)은 이(已)가 되어야 하고, 유(由)는 주(繇)와 통한다고 했다. 조지주(兆之繇)는 거북점을 쳐서 나온 점괘를 말한다.

317_ 봉(逢)은 『묵자한고』에 의하면, 봉(蓬)과 같은 의미이다. 『시』「소아(小雅)·채숙(采菽)」편에서 "維柞之枝, 其葉蓬蓬."이라고 했는데, 『시경집전』에서 "봉봉(蓬蓬)은 무성한 모양"이라고 했다.

318_ 이와 관련해서는 『한서』「교사지(郊祀志)」에 "禹收九牧之金, 鑄九鼎, 象九洲, 皆嘗鬺亨上帝鬼神. 其空足曰鬲, 以象三德, 饗承天祜. 夏德衰, 鼎遷于殷, 殷德衰, 鼎遷于周."라는 기록이 보인다.

319_ 걸(桀)은 손이양이 걸(傑)과 같다고 했고, 간(諫)은 왕인지가 모(謀)의 잘못이라고 했다.

而自烹, 不舉而自臧, 不遷而自行. 以祭于昆吾之墟, 上鄕.' 乙又言兆之由曰, '饗矣! 逢逢白雲, 一南一北, 一西一東, 九鼎旣成, 遷于三國.' 夏後氏失之, 殷人受之, 殷人失之, 周人受之. 夏後·殷·周之相受也, 數百歲矣. 使聖人聚其良臣與其桀相而謀, 豈能智數百歲之後哉? 而鬼神智之. 是故曰, '鬼神之明智于聖人也, 猶聰耳明目之與聾瞽也.'"(『墨子』「耕柱」)

## 康4-25

점을 쳐서 귀신의 밝고 지혜로움을 밝힌 것에 가탁한 이후에야 [묵자는] 귀신의 존재를 밝히는 자신의 주장을 진술할 수 있었다.

託卜以明鬼神之明智, 然後能申其明鬼之說.

## 4-2-30[320]

이 때문에 묵자는 "음악을 연주하는 것은 잘못된 것이다"라고 했다. 무슨 근거로 그렇다는 것을 알 수 있는가? 대답했다. 선왕의 책 중에 탕(湯)임금의 『관형(官刑)』이라는 책이 있는데, 다음과 같은 내용이 있다. "궁중에서 항상 춤을 추면서 노래하는 것을 무당의 풍속이라고 한다. 그에 대한 형벌은, 군자는 160올짜리 실뭉치 2개를 내게 했고, 소인은 형벌이 없었다." 그리고 「대서(大誓)」에서 다음과 같이 말했다. "오호라! 춤이 너울너울하고, 그 음악 소리가 크게 울려 퍼지는구나. 상제(上帝)가 가상하게 여기지 않아서 중국이 이 때문에 멸망했고, 상제가 편안하게 여기지 않아서 온갖 재앙을 내리니, 그 집이 반드시 무너질 수밖에 없었다." 중국이 망한 이유를 살펴보면 단지 음악을 지나치게 장식

320_ 이하에서 인용한 『묵자』「비악 상」편의 내용은 이 책의 제3권 제1절〈3-1-9〉에서 이미 인용했다. 자세한 주석은 앞의 내용을 참조 바람.

했기 때문이다. 『무관(武觀)』에서는 다음과 같이 말했다. "계(啓)는 방탕하게 즐기고 편안하게 놀았는데, 야외에서 술과 음식을 먹으면서 삐릭삐릭 딸랑딸랑 피리소리와 경쇠소리가 함께 어울려 울려 퍼지는 가운데 술독에 빠져 있었으며, 야외에서 구차하게 먹고 마시면서 온갖 춤들이 다 차례대로 공연되니, 하늘에까지 분명하게 들렸다. 하늘은 그것을 법도로 여기지 않았다." 따라서 [음악은] 위로는 하늘과 귀신이 법도로 여기지 않고, 아래로는 모든 백성들이 이익으로 여기지 않는다.(『묵자』「비악 상」)

是故子墨子曰, "爲樂非也." 何以知其然也? 曰, 先王之書, 湯之『官刑』有之曰, "其恒舞于宮, 是謂巫風. 其刑君子出絲二衛, 小人否. 似二伯黃徑." 乃言曰, "嗚呼! 舞佯佯, 黃言孔章, 上帝弗常, 九有以亡, 上帝不順, 降之百殃, 其家必壞喪." 察九有之所以亡者, 徒從飾樂也. 于『武觀』曰, "啓乃淫溢康樂, 野于飮食, 將將銘, 莧磬以力, 湛濁于酒, 渝食于野, 萬舞翼翼, 章聞于天. 天用弗式." 故上者天鬼弗戒, 下者萬民弗利.(『墨子』「非樂 上」)

## 康4-26

육대(六代)의 음악이 어찌 선왕[의 음악]이 아니겠는가? 그런데도 묵자는 무엇 때문에 그것을 인용하여 [비판하지] 않았는가? 따라서 탁고하여 자신의 주장을 진술했다는 것을 알 수 있다.[321]

六代之樂, 豈非先王者乎? 墨子何不引之? 故知託古以申其說.

---

321_ 육대(六代)는 황제(黃帝)·당(唐)·우(虞)·하(夏)·은(殷)·주(周)를 말한다. 『진서(晉書)』「악지 상(樂志 上)」에 "周始二「南」,「風」兼六代. 昔黃帝作「雲門」, 堯作「咸池」, 舜作「大韶」, 禹作「大夏」, 殷作「大濩」, 周作「大武」, 所謂因前王之禮, 設俯仰之容, 和順積中, 英華發外."라는 기록이 보인다. 묵자가 이와 같은 육대 선왕들의 음악을 인용하여 비판하지 않고 있으니, 그것을 통해서 묵자가 옛것에 자신의 주장을 가탁하고 있다는 사실을 알 수 있다는 것이다.

4-2-31

선왕의 책을 본 적이 있는가?[322] 선왕의 책에서 국가에 드러내 보여 백성들에게 베풀어 시행하는 것이 바로 법(法)이다.[323] 선왕의 법에서도 '복(福)은 요구할 수 없고, 화(禍)는 피할 수 없으니,[324] 공경하여도 이익이 없고, 난폭하여도 해로움이 없다'라고 말하지 않았던가? 그리고 재판을 해서 죄를 제정하는 것이 바로 형벌[刑]이다. 선왕의 형벌에서도 '복은 요구할 수 없고, 화는 피할 수 없으니, 공경하여도 이익이 없고, 난폭하여도 해로움이 없다'라고 말하지 않았던가? 군대를 정비하여 주둔시키고, 군사들을 나아가고 물러나게 하는 것이 바로 군령[誓]이다. 선왕의 군령에서도 '복은 요구할 수 없고, 화는 피할 수 없으니, 공경하여도 이익이 없고, 난폭하여도 해로움이 없다'라고 말하지 않았던가? 따라서 묵자는 다음과 같이 말한다. "내가 아직까지 모두 다〈원주: 이 염(鹽)자는 진(盡)자의 잘못이다.〉 세어 보지는 않았는데,[325] 세상의 좋은 책이 이루 다 헤아릴 수 없을 정도로 많지만, 대체로[326] [그 내용을] 따져 보면 세 가지[327]가 그것이다."(『묵자』「비명 상」)

嘗尙觀于先王之書? 先王之書, 所以出國家・布施百姓者, 憲也. 先王之憲, 亦嘗有曰, '福不可請, 禍不可諱, 敬無益, 暴無傷'者乎? 所以聽

---

322_ 이 내용은 천하의 사군자들 가운데 운명이 존재한다고 생각하는 사람들에 대해 묵자가 자신의 주장을 펼친 것이다.

323_ 헌(憲)은 법(法)을 말한다. 필원에 의하면, 『이아(爾雅)』「석고(釋詁)」편에서 "憲, 法也."라고 했고, 『주례』「추관(秋官)」편에도 '布憲'이라는 말이 보인다.

324 _휘(諱)는 손이양이 위(違)로 해석해야 한다고 했다.

325_ 손이양은 당(當)이 상(尙)의 잘못이라고 했고, 필원은 염(鹽)이 진(盡)의 잘못이라고 했다.

326_ 대방(大方)은 대체로, 또는 대강의 의미이다. 『묵자한고』에서는 대교(大較)와 같다고 했다.

327_ 오(五)는 필원이 삼(三)이 되어야 한다고 했다. 즉 앞에서 말한 선왕의 법・형벌・군령을 말한다.

獄制罪者, 刑也. 先王之刑, 亦嘗有曰, '福不可請, 禍不可諱, 敬無益, 暴無傷'者乎? 所以整設師旅進退師徒者, 誓也. 先王之誓, 亦嘗有曰, '福不可請, 禍不可諱, 敬無益, 暴無傷'者乎? 故子墨子言曰, "吾當未鹽〈此盡字之訛.〉數, 天下之良書, 不可盡計數, 大方論數, 而五者是也."(『墨子』「非命 上」)

## 康4-27

'복은 요구할 수 없고, 화는 피할 수 없으니, 공경하여도 이익이 없고, 난폭하여도 해로움이 없다'라는 말은 묵자가 운명이 없다는 자신의 주장을 스스로 진술한 것이다. 그가 말한 선왕의 군령에도 모두 이러한 말이 있으니, 이러한 군령은 대체로 묵자의 책에서 선왕을 가탁하여 밝힌 것이다. 공자의 책인 [『서』] 「탕서(湯誓)」편에 '하늘이 명령하여 정벌하게 했다'라는 말이 있고,[328] 「감서(甘誓)」편에 '하늘이 그 천명을 끊어서 없애 버렸다'라는 말이 있으니,[329] 이것이 어찌 명에 대해서 말한 것이 아니겠는가?[330]

'福不可請, 禍不可諱.' 此墨子自申其無命之說. 其言先王之誓, 亦皆有此說, 則此誓, 蓋墨子之書託先王以明之者. 孔子之書「湯誓」有曰, '天命殛之', 「甘誓」曰, '天用剿絶其命', 此何嘗非言命者哉?

---

328_ 『서』「탕서(湯誓)」편에 "有夏多罪, 天命殛之."라는 구절이 보인다. 극(殛)은 죽인다는 말로, 하나라의 걸왕을 정벌한다는 의미이다.

329_ 『서』「감서(甘誓)」편에 "有扈氏, 威侮五行, 怠棄三正, 天用剿絶其命."이라는 구절이 보인다. 초절(剿絶)은 끊어서 없애버린다는 말로, 하나라에서 유호씨(有扈氏)를 정벌한다는 의미이다.

330_ 유가의 책에서는 명에 대해서 분명하게 말했기 때문에 운명을 부정한 묵자의 주장은 선왕을 가탁하여 만들어낸 묵자만의 주장이라는 것이다.

## 4-2-32

[『서』]「중훼지고(仲虺之誥)」편에서 다음과 같이 말했다.[331] "내가 듣기에, 하나라 사람들이 천명을 사칭하여[332] 아래로 명령을 시행하니, 하늘이 그 악을 정벌하여, 그 무리를 멸망시켰다."[333] 이것은 탕왕이 명(命)이 있다고 주장한 걸왕을 비난한 것을 말한다.「태서(太誓)」편에서 다음과 같이 말했다.[334] "주왕(紂王)은 걸터앉아서 거처하면서 상제와 귀신을 섬기려고 하지 않았고, 그 선조와 하늘의 신과 땅의 신을 버려두고 제사를 지내지 않고서,[335] 이에 '나는 백성을 소유하고 천명을 소유하고 있다'[336]고 하면서, 백성들을 능멸하고 모욕하는 것만을 일삼았다.[337]

---

331_「중훼지고(仲虺之告)」는『서』의 편명이다. 고(告)가 현행본에는 고(誥)로 되어 있다. 이 글은 탕임금의 좌상(左相)인 중훼(仲虺)가 탕임금에게 아뢴 것이다. 현행본「중훼지고」편에는 "夏王有罪, 矯誣上天, 以布命于下. 帝用不臧, 式商受命, 用爽厥師."로 되어 있다.

332_ 우하(于夏)는 현행본『묵자』에는 유하(有夏)로 되어 있는데,『공자개제고』에서 잘못 옮겨 적은 듯하다. 교(矯)는 속인다는 뜻으로, 천명을 받았다고 사칭하는 것이다.『서경집전』에서 제명(制命)을 사칭하다는 의미의 교제(矯制)의 교(矯)자와 같다고 했다.

333_ 현행본『묵자』에는 '帝式是惡, 用闕師."로 되어 있고,『서』에는 "式商受命, 用爽厥師."로 되어 있어서 그 내용이 조금 다르다. 여기에서는『공자개제고』의 원문을 따라 해석했다. 공(龔)은 용(用)과 같은 의미이다.『서』와『묵자』에는 모두 용(用)으로 되어 있다. 상(喪)은『서』에서는 상(爽)으로 되어 있어서 '그 무리를 밝혔다'는 의미로 풀이된다.

334_ 이 문장은『서』「태서 상(泰誓 上)」편에 보이는데, 그 내용에 차이가 있다.「태서 상」에는 "乃夷居, 弗事上帝神祇, 遺厥先宗廟, 弗祀, 犧牲粢盛, 既于凶盜, 乃曰吾有民有命, 罔懲其侮."라고 되어 있다. 그리고 현행본『묵자』에는 "紂夷之居, 而不肯事上帝, 棄闕其先神而不祀也, 曰我民有命, 毋僇其務. 天不亦棄縱而不葆."로 되어 있다.

335_ 이처(夷處)는 걸터앉아서 거처하는 것이다. 제후들이 모두 배반했는데도 걸왕이 잘못을 고칠 마음이 없이 걸터앉아서 거처하고 있었다는 말이다. 화(禍)는『서』에는 유(遺)자로 되어 있는데,『서』에 따라 해석했다. 지(禔)는 기(祇)와 같은 의미로, 신기(神祇)는 하늘의 신과 땅의 신을 말한다.

336_ 오민유명(吾民有命)이『서경』에는 오유민유명(吾有民有命)으로 되어 있다.『서』

하늘도 또한 그를 내버리고[338] 보존하지 않았다."[339] 이것은 무왕이 명(命)이 있다고 주장한 주왕을 비난한 것을 말한다.(『묵자』「비명 상」)

于「仲虺之告」曰, "我聞于夏, 人矯天命, 布命于下, 帝伐之惡, 龔喪厥師." 此言湯之所以非桀之執有命也. 于「太誓」曰, "紂夷處, 不肯事上帝鬼神, 禍厥先神禔不祀, 乃曰'吾民有命', 無廖排漏, 天亦縱之棄而弗葆." 此言武王所以非紂執有命也.(『墨子』「非命 上」)

## 康4-28

「중훼지고」편은 현재 『위고문상서(僞古文尚書)』에서 몰래 집어넣은 것이다. 이것은 『묵자』 책의 편명으로, 명이 있다는 주장에 대한 탕왕[의 비난]과 명이 있다는 주장에 대한 무왕[의 비난]을 말했는데, 이 두 기록 모두 선왕에게 가탁하여 명을 믿을 수 없다는 것을 말한 것이다. 지금 『서』「고종융일(高宗肜日)」편에서 "백성들이 스스로 명(命)을 중간에서 끊어 버렸다"라고 말했고,[340] 「고요모(皐陶謨)」편에서 "하늘이 덕이

---

에 따라 해석해야만 뒷문장과 의미가 통할 수 있다.

337_ 무료배루(無廖排漏)는 의미가 통하지 않는데, 「비명 중」편에는 무륙기무(毋僇其務)로 되어 있다. 『서』에는 망징기모(罔懲其侮)로 되어 있어서 전혀 문장의 내용이 다르다. 여기에서는 「비명 중」편에 따라 해석했다. 손이양은 무륙(毋僇)이 모륙(侮僇)으로 되어야 한다고 하고, "걸왕이 오직 백성들을 능멸하고 모욕하는 것만을 일삼았다"라고 풀이했다. 륙(僇)은 모욕하고 욕보인다는 뜻이다.

338_ 천역종지기(天亦縱之棄)가 『묵자』에는 천역종기지(天亦縱棄之)로 되어 있는데, 의미는 마찬가지이다.

339_ 보(葆)는 보(保)와 마찬가지 의미이다. 『묵자』「명귀 하(明鬼 下)」편에도 "영토를 보존할 것이다[下土之葆.]"라는 말이 있고, 『시』「대아 · 숭고(崧高)」편에는 "남쪽 땅을 이에 보존하시오[南土是保.]"라고 기록되어 있다.

340_ 원문의 고종동일(高宗肜日)은 『서』「고종융일(高宗肜日)」편이다. 융(肜)은 제사를 지낸 다음 날에 다시 지내는 제사의 이름이다. 「고종융일」편에 "惟天監下民, 典厥義, 降年有永有不永, 非天夭民, 民中絶命."이라는 구절이 보인다. 하늘이 백성들의 명을 길게 주거나 길지 않게 주는 것은 하늘이 백성들을 요절하도록 만든 것이 아니라, 백성들 스스로 의롭지 않아서 그 명을 중간에서 끊기 때문이라는 내

있는 사람에게 명한다"라고 말했으며,[341] 「소고(召誥)」편에서 "하늘이 이미 큰 나라인 은나라의 명을 크게 끊고자 했다"라고 말했고,[342] 「강고(康誥)」편에서 "명은 일정하지 않다"라고 말했으니,[343] 공자가 명에 대해 말한 것이 많다.

「仲虺之告」, 今爲僞古文所竊. 此『墨子』書之篇名, 言湯之執有命, 武王之執有命, 皆所以託先王而言命之不可恃也. 今『書』「高宗彤日」曰, "民中絶命."「咎繇謨」曰, "天命有德."「誥」曰, "天旣遐終大邦殷之有命."「康誥」曰, "惟命不如常." 孔子之言命多矣.

묵자는 오로지 명이 없다는 주장만을 견지하여 공자를 공격했다. 묵자의 의도는, 사람마다 모두 명을 믿을 만한 것으로 여기면 굶주릴 때는 음식을 기다리고, 추울 때에는 옷을 기다릴 것이라고 생각했다. 묵자는 어질면서도 우직하여, 자신의 도를 신속하게 실행하고자 했기 때문에 이러한 뜻을 굳게 견지한 채 선왕에게 가탁했다. 당시 유학자들도 그것을 어떻게 할 방법이 없었다. 공자의 입장에서 대충 논해보면, 『논어』에서는 가장 먼저 학문[學]을 가지고 말한 다음에 명을 아는 것[知命]을 말했으니, 공자가 명분을 세운 이후에 명이 그것을 뒤따른 것이다.[344] 대체로 [명을 말한 것은] 명이 일정한 이치가 있어서 억지로 구

---

용이다.

341_ 원문의 구요모(咎繇謨)는 『서』「고요모(皐陶謨)」편이다. 「고요모」편에 "天命有德, 五服五章哉."라는 구절이 보인다.

342_ 원문의 고(誥)는 『서』「소고(召誥)」편이다. 「소고」편에 "天旣遐終大邦殷之命."이라는 구절이 보인다. 「소고」편에는 유명(有命)이 명(命)으로 되어 있다. 하종(遐終)은 『서경집전』에서 원절(遠絶)의 의미로 풀이하여, "하늘이 이미 큰 나라인 은나라의 명을 크게 끊고자 했다"라고 해석했다.

343_ 『서』「강고(康誥)」편에 "王曰, 嗚呼. 肆汝小子封. 惟命不于常."이라는 구절이 보인다. 여상(如常)은 항상 같거나 일정하다는 의미이다.

344_ 『논어』「위정(爲政)」편에서 "子曰, 吾十有五而志于學, 三十而立, 四十而不惑, 五十而知天命, 六十而耳順, 七十而從心所欲不踰矩."라고 했다.

할 수 없다는 것을 보여준 것이니, 바로 맹자가 말한 공자가 [벼슬을] 얻거나 얻지 못한 뜻이다.[345] 명분이란 흥기하여 혼란을 바로잡는 정치이다.[346] 대체로 행위가 있은 이후에 명이 있으니, 행위가 없으면 명도 없다. 묵자는 이 점을 잘 알지 못하고 힘써 유가와 다투었다. 정말로 장자가 말한 대로 "그 도가 너무 각박하여", 단지 뛰어난 선비 정도밖에는 되지 않는다.[347]

墨子專持無命之說以攻孔子. 翟之意, 蓋以人人皆以命爲可恃, 則饑以待食, 寒以待衣. 翟仁而愚, 急欲行其道, 故堅守此義, 託之先王. 當時儒者亦莫如之何也. 夫卽孔子之淺而論之, 『論語』則首以學而後知命, 孔子立名之後, 命卽隨之. 蓋命所以視其有一定之理, 不可强求, 卽孟子所云孔子得不得之義也. 名則興起撥亂之治矣. 夫有行, 而後有命, 無行, 是無命也. 翟獨昧于此, 而力爭之. 眞莊子所謂"其道大觳", 徒成其爲才士也夫.

---

345_ 『맹자』「만장 상(萬章 上)」편에서 "孔子曰, 有命. 孔子進以禮, 退以義. 得之不得, 曰有命."이라고 했다. 맹자는 공자가 벼슬에 나아갈 때는 예(禮)로써 하고, 물러날 때는 의(義)로써 했는데, 벼슬을 얻거나 얻지 못하는 것이 천명에 달려 있다고 말했다고 했다.

346_ 발란(撥亂)은 혼란을 바로잡는다는 뜻으로, '혼란을 바로잡아서 올바른 도리로 되돌린다[撥亂反正]'는 말과 같은 뜻이다. 이 말은 『공양전』「애공(哀公)」 14년에서 공자가 『춘추』를 지은 의도를 풀이하면서 나온 말이다. "[『춘추』는] 무엇 때문에 애공 14년에서 끝났는가? 말하기를, 갖추어진 것이다. 군자는 무엇 때문에 『춘추』를 지었는가? 난세를 바로잡아서 올바른 도리로 되돌리는 것은 『춘추』보다 더 가까운 것이 없다[何以終乎哀十四年? 曰備矣. 君子曷爲爲『春秋』? 撥亂世, 反諸正, 莫近諸『春秋』.]"

347_ 『장자』「천하(天下)」편에서 묵자의 사상에 대해 논평하면서, "살아 있을 때는 힘들게 노동하고, 죽었을 때는 간략하게 장례지내니, 그 도가 너무 각박하다[其生也勤, 其死也薄, 其道大觳.]"라고 했다. 또 묵자를 종합적으로 평가하면서 "비록 그렇지만, 묵자는 진정으로 천하 사람들을 좋아했다. 자신이 추구하는 것을 얻지 못하면 비록 몸이 고목처럼 말라 죽을지라도 그만두지 않았으니, 뛰어난 선비로다[雖然, 墨子眞天下之好也. 將求之不得也, 雖枯槁不舍也, 才士也夫.]"라고 했다.

## 4-2-33

지금 명이 있다[고 주장하는][348] 자들이 "[운명론은] 우리들이 후세에 만든 것이 아니라, 옛날 삼대에서부터 이와 같은 말이 있어서 전해져 내려온 것이다. 지금 선생(先生)〈원주: 필원(畢沅)의 주에서, 생(生)은 왕(王)이 되어야 한다고 했다.〉은 어찌하여 그것을 비난하는가?"라고 말한다.[349] 대답했다. "명이 있다고 주장하는 자들은 [운명론을 전한 것이] 옛날 삼대의 성스럽고 선한 사람인지, 아니면[350] 옛날 삼대의 난폭하고 불초한 사람인지 알지[351] 못한다. 어떻게 그것을 알 수 있겠는가?"(『묵자』「비명 중」)

今夫有命者言曰, "我非作之後世也, 自昔三代有若言以傳流矣. 今故先生〈畢注, 生當爲王.〉對之?" 曰, "夫有命者, 不志昔也三代之聖善人與, 意亡昔三代之暴不肖人也. 何以知之?(『墨子』「非命 中」)

## 康4-29

묵자는 삼대의 선왕들은 명(命)을 말하지 않았다고 한다. [묵자가 말한] 선왕은 우·탕·문·무왕뿐인데,『서』「반경 상(般庚 上)」편에 "천명을

---

348_『묵자한고』에 의하면, 유명(有命) 앞에 집(執)자가 빠진 것 같다고 했는데, 앞의 문장에 근거하면 올바른 지적이다.

349_ 필원은 생(生)이 왕(王)으로 되어야 한다고 했는데, 캉유웨이도 이 주장을 따르고 있다. 한편 손이양은 이 문장이 '지금 어찌하여 선생은 그것을 비난하는가?[今胡先生非之?]'가 되어야 한다고 했다. 여기에서는 손이양의 주장에 따라 해석했다.

350_ 의망(意亡)은 손이양이 의(意)는 억(抑)과 같으며 의망(意亡)은 어조사라고 했다.

351_ 지(志)는 안다[知]는 뜻이다. 필원이 뒤의 편에 '不識昔也'라고 되어 있기 때문에 지(志)는 곧 식(識)이라고 했다. 손이양은 부지(不志)와 불식(不識) 모두 부지(不知)와 같다고 했다.

삼가고 조심한다"라는 말이 있고,[352] 「금등(金縢)」편에서도 "하늘이 내린 보배로운 명을 실추시키지 마라"라고 했으니,[353] 모두 명에 대해 분명하게 말한 것이다. 지금 『서』 속에는 이루 다 지적할 수 없을 정도로 [명에 대한 언급이] 많다.[354] 그렇다면 묵자가 말한 운명론 비판이 선왕에 가탁한 것이 아니면 무엇이겠는가? 묵자가 선왕에 가탁하여 운명론을 비판했는데, 공자가 명에 대해 말한 것도 선왕을 가탁하여 그러한 뜻을 밝힌 것이 아니겠는가?

墨子謂三代先王不言命. 夫先王, 禹·湯·文·武耳, 而『書』「般庚」有曰, "恪謹天命", 「金縢」又曰, "無墜天之降寶命", 皆顯明言命者. 今『書』中不可縷指. 則墨子之言非命, 非託之先王而何? 墨子託先王以非命, 孔子之言命, 亦何莫非[355]託先王以明斯義哉?

## 4-2-34

성왕이 이것을 염려했기 때문에 죽간(竹簡)이나 백서(帛書)에 기록하고, 금석(金石)에 새겨두었다. 선왕의 책인 「중훼지고(仲虺之誥)」편에서는 다음과 같이 말했다.[356] "내가 듣기에, 하나라 사람들이 천명을 사칭하여 아래로 명령을 시행하니, 하늘이 그 악을 정벌하여 그 무리를 멸망시

---

352_ 각근(恪謹)은 삼가고 조심한다는 뜻이다. 『서』 「반경 상(般庚 上)」편에 "先王有服, 恪謹天命."이라는 내용이 보인다.

353_ 『서』 「금등(金縢)」편에 "嗚呼! 無墜天之降寶命. 我先王亦永有依歸."라는 내용이 보인다.

354_ 누지(縷指)는 상세하고 자세하게 가리킨다는 말로, 하나하나 다 가리킬 수 없을 정도로 명에 대한 내용이 많다는 뜻이다.

355_ 막비(莫非)는 문장 전체의 의미상 비(非)의 뜻으로 풀이하는 것이 좋을 듯하다.

356_ 「중훼지고(仲虺之告)」는 『서』의 편명이다. 고(告)는 현행본에는 고(誥)로 되어 있다. 이 글은 탕임금의 좌상(左相)인 중훼(仲虺)가 탕임금에게 아뢴 것이다. 현행본 「중훼지고」에는 "夏王有罪, 矯誣上天, 以布命于下. 帝用不臧, 式商受命, 用爽厥師."로 되어 있다.

켰다."[357] 이것은 하나라의 걸왕이 명(命)이 있다고 주장한 말인데, 탕왕과 중훼가 함께 그것을 비난한 것이다. 선왕의 책인 「태서(太誓)」편의 말도 그러하다. "주왕(紂王)은 걸터앉아서 거처하면서 상제를 섬기려고 하지 않았고, 그 선조와 신을 버려두고 제사를 지내지 않고서, '나는 백성을 소유하고 천명을 소유하고 있다'라고 하면서, 백성들을 능멸하고 모욕하는 것만을 일삼았다.[358] 하늘도 또한 그를 내버리고[359] 보존하지 않았다." 이것은 걸왕이 명이 있다고 주장한 말인데, 무왕이 「태서」로 써 그것을 비난한 것이다. 또한 『삼대(三代)』와 『백국(百國)』[360]에서 "너희들은 하늘에 명이 있다는 것을 숭상하지 마라"라고 했으니, 지금 『삼대』[361]와 『백국』에서도 또한 명이 없다는 것을 말했다. 소공(召公)이 명[이 있다는 주장]을 비판한 것도 그러하니,[362] "공경하라, 천명은 없

---

357_ 「중훼지고」편의 이 문장이 앞의 「비명 상」에서는 "帝伐之惡, 龔喪厥師."로 되어 있고, 「비명 하」에는 "帝式是增, 用爽厥師."로 되어 있다. 그리고 『서』 「중훼지고」편에는 "式商受命, 用爽厥師."로 되어 있다. 식(式)은 『서경집전』에서 용(用)자와 같다고 했는데, 『묵자한고』에서 필원은 식(式)과 벌(伐)은 글자 모양이 서로 비슷하고, 지(之)와 시(是)는 음이 서로 비슷하다고 했다. 또한 궐(闕)은 상궐(喪厥) 두 글자가 되어야 하고, 「비명 하」편의 증(增)은 악(惡) 또는 증(憎)이 되어야 한다고 했다.

358_ 손이양이 무륙(毋僇)은 모륙(侮僇)이 되어야 한다고 하고, "걸왕이 오직 백성들을 능멸하고 모욕하는 것만을 일삼았다"라고 풀이했다. 륙(僇)은 모욕하고 욕보인다는 뜻이다.

359_ 천불역기종(天不亦棄縱)은 「비명 상」편의 천역종기지(天亦縱棄之)와 같은 의미이다. 왕염손은 『맹자』 「등문공」편의 주에서 불역(不亦)이 역(亦)이라고 한 것을 인용했다.

360_ 손이양이 불(不)은 백(百)이 되어야 하고, 삼대(三代)와 백국(百國)은 모두 옛날 역사책의 이름일 것이라고 했다. 그리고 『수서』 「이덕림전(李德林傳)」에서 『묵자』의 "나는 백국춘추(百國春秋)를 보았다"라고 한 문장을 인용한 것을 증거로 제시했다.

361_ 손이양이 명삼(命三)은 금삼(今三)이 되어야 하고, 그 뒤에 대(代)자가 빠져 있다고 했다.

362_ 이 문장은 의미가 통하지 않는다. 손이양이 다음과 같이 말했다. "여기에는 빠지거나 잘못된 글자가 있다. 아마도 '於召公之非執命亦然'이 되어야 할 것이다. 소공(召公)은 곧 소공(召公) 석(奭)을 말하니, 또한 「주서(周書)」에서 없어진 편의 문

으니, 나[와 주공(周公)] 두 사람[363]은 거짓말을 만들지 않는다.[364] 하늘로부터 내려오지 않고 나 스스로 명을 얻는 것이다"[365]라고 했다.[366] 상(商)나라와 하(夏)나라의 『시(詩)』와 『서(書)』에서도 "명(命)이란 난폭한 임금이 만든 것이다"라고 했다.(『묵자』「비명 중」)

聖王之患此也, 故書之竹帛, 琢之金石. 于先王之書「仲虺之告」曰, "我聞, 有夏人矯天命, 布命于下, 帝式是惡, 用闕師." 此語夏王桀之執有命也, 湯與仲虺共非之. 先王之書「太誓」之言然. 曰, "紂夷之居, 而不肯事上帝, 棄闕其先神而不祀也, 曰, '我民有命, 毋戮其務.' 天亦不棄縱而不葆." 此言紂之執有命也, 武王以「太誓」非之. 有于『三代』·『不國』有之曰, "女毋崇天之有命也." 命『三』·『不國』亦言命之無也. 于召公之執令于然, 且, "敬哉, 無天命, 惟予二人而無造言. 不自降天之哉得之." 在于商·夏之『詩』·『書』曰, "命者, 暴王作之."(『墨子』「非命 中」)

## 康4-30

「중훼지고」편과 「태서」편의 말은 모두 묵자의 책 속에 있는 말인데, 결코 명에 대해서는 말하지 않았기 때문에 지금의 『서』와는 부합되지 않는다. 모두가 가탁에서 나온 것임을 알 수 있다.

---

장이다. 영(令)은 명(命)자와 통한다. 우(于)자도 글자가 잘못되었다. 앞의 편에서 '此言湯之所以非桀之執有命也'라고 하고, 또 '此言武王所以非紂執有命也'라고 한 것이 그 증거이다." 여기에서는 손이양의 주장에 따라 해석했다.

363_ 소공이 주공(周公)과 함께 주나라 성왕(成王)을 도왔기 때문에 여기에서의 이인(二人)은 소공과 주공으로 볼 수 있다.

364_ 조언(造言)은 거짓말을 만드는 것이다. 『주례』「지관(地官)·대사도(大司徒)」편에서 "以鄕八刑糾萬民, 一曰 不孝之刑, … 七曰造言之刑."이라고 했는데, 정현이 "조언(造言)은 거짓말로 대중을 속이는 것[訛言惑衆]"이라고 했다.

365_ 이 문장은 손이양이 "不自天降, 自我得之."가 되어야 한다고 했다.

366_ 차(且)는 필원이 왈(曰)이 되어야 한다고 했다.

「仲虺之告」·「太誓」之言, 皆墨子之書, 絕不言命, 與今『書』不符. 可知皆出于託也.

## 4-2-35

우(禹)임금의 『총덕(總德)』[367]이라는 책에 다음과 같은 말이 있다. "진실로 이치를 따르지 않으면[368] 하늘과 백성이 [너를] 보존할 수가 없다.[369] 흉악한 마음을 제멋대로 부리면[370] 하늘이 재앙을 내릴 것이니, 그 덕을 신중하게 [닦지 않으면] 어떻게 천명을 보존할 수 있겠는가?" 그리고 「중훼지고(仲虺之告)」편에서는 "내가 듣기에, 하나라 사람들이 천명을 사칭하여 아래로 명령을 시행하니,[371] 하늘이 그 악을 정벌하여 그 무리를 멸망시켰다"[372]라고 했다. 저들이 있지도 않은 천명을 있다고 했기 때문에 사칭했다[矯]고 말했으니, 만약 있는 것을 있다고 말했으면 어찌 사칭한 것이 되겠는가? 옛날에 걸왕이 명이 있다고 주장하여 실행했기 때문에 탕왕이 「중훼지고」편을 지어 그것을 비난했던 것이다.

---

367_ 『총덕(總德)』은 현재 전하지 않는 책이다. 소시학이 일서(逸書)의 편명이라고 했다.

368_ 저(著)는 손이양이 약(若)이 되어야 하며, 약(若)은 순(順)자의 의미라고 했다.

369_ 필원이 이(而)는 능(能)과 같고, 보(葆)는 보(保)와 같다고 했다.

370_ 방(防)은 『묵자전역(墨子全譯)』에서 오육강(吳毓江)의 주장을 인용하여 방(放)으로 풀이했다. 제멋대로 방종하게 군다는 뜻이다.

371_ 「비명 상·하」편에 근거하면, 우하(于下) 앞에 포명(布命) 두 글자가 빠져 있다.

372_ 식(式)은 『서경집전』에서는 용(用)과 같다고 했는데, 필원은 식(式)과 벌(伐)은 글자 모양이 서로 비슷하고, 지(之)와 시(是)는 음이 서로 비슷하다고 했다. 그리고 증(增)은 악(惡) 또는 증(憎)이 되어야 한다고 했다. 상(爽)은 『서』에는 이 글자로 되어 있지만, 앞의 편에는 상(喪)자로 되어 있어서 그에 따라 해석했다. 『묵자한고』에서는 『국어』「주어(周語)」의 "單襄公曰, 晉侯爽二."에 대한 위소(韋昭)의 주에서 "상(爽)은 상(喪)자의 잘못"이라고 한 것을 인용한 혜동(惠棟)의 논증을 증거로 제시했다.

禹之『總德』有之曰, "允不著, 惟天民不而葆. 旣防凶心, 天加之咎, 不愼厥德, 天命焉葆?" 「仲虺之告」曰, "我聞, 有夏人矯天命, 于下, 帝式是增, 用爽厥師." 彼用無爲有, 故謂矯, 若有而謂有, 夫豈爲矯哉? 昔者桀執有命而行, 湯爲「仲虺之告」以非之.

「태서」편의 말 중에, 「태자발(太子發)」편[373]의 다음과 같은 말이 있다. "아! 군자여, 하늘은 드러난 덕이 있어서 행하는 일이 매우 크게 드러나니,[374] [주나라가] 거울삼는 것이 멀리 있지 않으니, 저 은나라 왕에게 있다.[375] [주왕(紂王)은] 자기가 천명을 소유했다고 말하고, 공경을 실행할 필요가 없다고 말하며, 제사는 무익하다고 말하고, 포악한 행동이 해로울 것이 없다고 말했다.[376] 상제가 가상하게 여기지 않았기 때

---

373_ 거발(去發)은 의미가 통하지 않는다. 손성연(孫星衍)과 장술조(莊述祖) 등은 태자발(太子發) 세 글자를 잘못 기록한 것이라고 했다. 주나라 무왕의 이름이 희발(姬發)이다. 그리고 유월은 「태서」 세 편 중에서 상편은 태자(太子) 발(發)이 출정하기 전에 맹진(孟津)에서 맹세한 일을 기록했기 때문에 '태자'라고 불렀고, 중편과 하편은 물고기가 무왕의 배 위로 뛰어들어서, 은나라를 이기고 천자가 될 징조를 만난 이후의 일을 기록했기 때문에 '왕(王)'이라고 불렀으며, 이 때문에 학자들이 「태서」 상편을 중·하편과 구별하여 「태자발」이라고 불렀다고 했다. 『서경집전』에서도 상편은 하수(河水)를 건너기 전에 지은 것이고, 뒤의 두 편은 이미 하수를 건넌 뒤에 지은 것이라고 했다.

374_ 『서』 「태서 하(泰誓 下)」편에 "王曰, 嗚呼! 我西土君子. 天有顯道, 厥類惟彰."이라는 기록이 보인다. 『서경집전』에서는 천도현도(天有顯道)를 "하늘은 지극히 드러난 이치가 있다"라고 풀이했다. 한편 장술조는 유(有)는 우(右)가 되어야 하고, 돕는다[助]는 의미라고 했다. 여기에서는 따르지 않았다.

375_ 『서』 「태서 중」편에 "厥鑑, 惟不遠, 在彼夏王."이라는 기록이 보인다. 감(鑑)은 본다[視]는 뜻으로, 거울삼는다는 의미이다. 『서경집전』에서는 "하나라가 죄가 많기 때문에 하늘이 이미 성탕(成湯)에게 명하여 그들의 명을 내쳤다. 이제 걸왕이 죄가 많으니, 하늘이 나로써 백성들을 다스리게 할 것이다"라고 풀이했다. 소시학은 『서』의 문장에 근거하여 은왕(殷王)이 하왕(夏王)으로 되어야 한다고 했다. 그러나 손이양은 『시』 「대아(大雅)·탕(蕩)」편의 "殷鑒不遠, 在夏后之世."에 근거하여, 소시학의 주장이 잘못되었다고 반박했다. 여기에서는 손이양의 주장에 따라 해석했다.

문에 중국이 멸망했고, 상제가 편안하게 여기지 않아서 결연히 이러한 멸망을 내렸다.[377] 오직 우리 주나라가 큰 상(商)나라[의 명을 하늘로부터] 받았다."[378] 옛날에 주왕(紂王)이 명이 있다고 주장하여 실행했기 때문에 무왕이 「태서」편과 「태자발」편을 지어 그것을 비난했던 것이다. [묵자가] 말했다. "그대는 어찌 위로 상(商)·주(周)·우(虞)·하(夏)의 기록에서 그것을 살펴보지 않는가? 10편 이상의 책에서 모두 명이 없다고 여기니,[379] 장차 어떻게 대답하겠는가?(『묵자』「비명 하」)

「太誓」之言也, 于「去發」曰, "惡乎! 君子, 天有顯德, 其行甚章, 爲鑒不遠, 在彼殷王. 謂人有命, 謂敬不可行, 謂祭無益, 謂暴無傷. 上帝

---

376_ 이 문장이 「태서 중」편에는 "厥鑑, 惟不遠, 在彼夏王."이라는 문장의 앞부분에 "謂己有天命, 謂敬不足行, 謂祭無益, 謂暴無傷."이라는 형태로 보인다. 인유명(人有命)은 「태서 중」편의 기유천명(己有天命)으로 고쳐서 해석했다.

377_ 앞의 두 구절은 「태서」편에는 보이지 않는다. 「이훈(伊訓)」편에 "惟上帝不常, 作善降之百祥, 作不善降之百殃."이라는 기록이 보이고, 「함유일덕(咸有一德)」편에 "厥德匪常, 九有以亡."이라는 기록이 보인다. 뒤의 두 구절은 「태서 하」편에 "上帝弗順, 祝降時喪."이라는 기록이 보인다. 이 내용은 『묵자』「비악 상(非樂 上)」편에도 보이는데, 다음과 같다. "상제가 가상하게 여기지 않아서 중국이 이 때문에 멸망했고, 상제가 편안하지 않아서 온갖 재앙을 내리니, 그 집이 반드시 무너질 수밖에 없었다[上帝弗常, 九有以亡, 上帝不順, 降之百殃.]" 불상(弗常)은 가상하게 여기지 않는 것이다. 왕인지는 옛날에는 상(尙)이 상(常)과 통했으며, 돕는다[右]는 뜻이라고 했다. 『시』「대아(大雅)·억(抑)」편에 "그러므로 황천이 가상히 여기지 않는다[肆皇天弗尙.]"는 말이 있는데, 『시경집전』에서는 "불상(弗尙)은 싫어해서 버리는 것, 즉 가상하게 여기지 않는 것이다"라고 풀이했다. 한편 『서경집전』에서는 거취가 일정하지 않는 것이라고 풀이하기도 했다. 구유(九有)는 중국을 말한다. 『시』「상송(商頌)·현조(玄鳥)」편에는 "사방으로 그 제후들에게 명령하여, 문득 구유(九有)를 소유했다[方命厥后, 奄有九有.]"라는 구절이 있는데, 구유(九有)는 구주(九州)라고 했다. 구주는 곧 중국 전체를 말한다. 축(祝)은 『서경집전』에서 결연함[斷]으로 풀이했다.

378_ 이 구절은 「태서 하」편에 "惟我有周, 誕受多方."이라는 기록이 보인다. 장술조는 제(帝)를 상(商)으로 교정하고, 하늘이 은나라의 명을 바꾸어, 주나라에게 그것을 주었다는 의미라고 했다.

379_ 상(尙)은 소시학과 유월이 모두 상(上)이 되어야 한다고 했다. 개무지(皆無之)는 손이양이 "모두 명이 없다고 여긴다"라고 풀이했다.

不常, 九有以亡, 上帝不順, 祝降其喪. 惟我有周, 受之大帝." 昔紂執有命而行, 武王爲「太誓」·「去發」以非之. 曰, "子胡不尙考之乎商·周·虞·夏之記? 從十簡之篇以尙皆無之, 將何若者也?(『墨子』「非命下」)

## 康4-31

『서』「대고(大誥)」편에서 "나 소자(小子)는 감히 상제의 명을 폐기할 수 없다"라고 했고,[380] 「강고(康誥)」편에서 "하늘이 이에 문왕(文王)에게 크게 명했다"라고 했으니,[381] 묵자가 명에 대해 비판하면서 우·탕·문·무왕에 대해 말한 것은 탁고한 것임을 확실하게 알 수 있다.

『書』「大誥」曰, "予惟小子, 不敢替上帝命", 「康誥」, "天乃大命文王", 固知墨翟非命, 而言禹·湯·文·武者, 託古也.

묵자는 천명을 따르는[立命][382] 공자의 주장을 공격하면서, 『서』를 인용하여 증거로 삼았다. 그러나 지금의 『서』 속에서는 천명에 대해 자주 말하고 있으니, 묵자의 『서』는 또한 묵자가 손질하고 고쳐서 완성한 것이며, 그 말은 모두 묵자의 『서』에 가탁한 것이지 삼대의 『서』가 아님을 알 수 있다. 「명귀(明鬼)」편에서 「대아(大雅)」의 "그 천명이 새로워

380_ 여기에서의 소자(小子)는 주나라 성왕(成王)을 가리킨다. 「대고(大誥)」편은 삼숙(三叔)과 은나라 유민의 대표인 무경(武庚)이 반란을 일으키자, 성왕(成王)이 주공(周公)에게 명하여 동쪽으로 정벌하여 토벌할 때 천하에 크게 고한 말이다. 체(替)는 폐기하여 버린다는 뜻이다.

381_ 「강고(康誥)」편은 무왕이 문왕의 아들인 강숙(康叔)에게 문왕의 은나라 정벌과 공적에 대해 고한 말이다.

382_ 입명(立命)은 천명이라는 개념을 세워서 따른다는 말이다. 『맹자』「진심 상」편에서 "殀壽不貳, 脩身以俟之, 所以立命也."라고 했는데, 『맹자집주』에서 "입명(立命)은 하늘이 부여한 것을 온전히 하여, 인위(人爲)로 그것을 해치지 않는 것이다"라고 풀이했다.

졌다"라는 말을 인용했으니,[383] '10편 이상의 책에서 모두 명이 없다고 여겼다'라고 어떻게 말할 수 있는가? 이로써 묵자가 가탁했음을 더욱 더 알 수 있다. 묵자는 『서』의 10편 이상의 책에서 모두 명이 없다고 여겼는데, 『서』에서 명에 대해 말한 것을 증거로 반박할 수 있다.

墨子攻孔子立命之說, 引『書』爲證. 而今『書』則頻稱天命, 足見墨子之『書』亦墨子刪改而成, 其言皆託古墨子之『書』, 而非三代之『書』. 其「明鬼」篇引「大雅」"其命維新", 則安得謂十簡無之? 蓋以見其假託也. 墨子以『書』十簡以上皆無命, 可徵『書』之言命者折之.

## 4-2-36

공맹자(公孟子)[384]가 물었다. "군자는 반드시 옛날의 말을 사용하고, 옛

---

383_ 「명귀」편에 다음과 같은 내용이 보인다. "묵자가 대답했다. 『주서(周書)』「대아(大雅)」에 그러한 내용이 있다. 「대아」에서 '문왕(文王)이 위에 계시어, 아아! 하늘에서 빛나시니, 주나라가 비록 옛 나라이지만, 그 천명이 새로워졌도다. 주나라가 나타나지 않겠는가? 하느님의 명령이 제때에 맞지 않겠는가? 문왕이 오르고 내려오는 것이 하느님의 좌우에 있도다. 노력하고 힘쓰는 문왕이 훌륭한 명예가 그치지 않도다'라고 했다[子墨子曰, 「周書」·「大雅」有之. 「大雅」曰, 文王在上, 于昭于天, 周雖舊邦, 其命維新. 有周不顯? 帝命不時? 文王陟降, 在帝左右. 穆穆文王, 令聞不已.]" 여기에서의 『주서』는 『시』「대아(大雅)·문왕(文王)」편을 말한다. 『묵자한고』에 의하면 옛날에는 『시』와 『서』가 서로 병칭되는 경우가 많다고 한다.

384_ 공맹자(公孟子)는 정확하게 어떤 인물인지 알 수 없다. 『묵자한고』에 의하면, 혜동은 공자의 제자인 공명자(公明子)라고 했고, 송상봉은 "『맹자』에 나오는 공명의(公明儀)와 공명고(公明高)는 증자(曾子)의 제자인데, 공맹자(公孟子)가 묵자와 토론한 내용은 모두 유가의 말이다. 맹(孟)과 명(明)은 서로 통하므로, 공맹자(公孟子)는 곧 공명자(公明子)이다. 그 사람은 공명의가 아니면 공명고이며, 바로 묵자와 동시대의 사람이다"라고 했다. 한편 손이양은 "『잠부론(潛夫論)』「지씨성(志氏姓)」편에서 위(衛)나라 공족(公族) 중에 공맹씨(公孟氏)가 있다고 했고, 『좌씨전』「정공(定公)」 12년의 공영달의 소에서 공맹집(公孟縶)의 후손이 자(字)를 성씨로 삼았다고 했다. 그리고 『설원』「수문(脩文)」편에 공맹자고(公孟子高)가 전손자막(顓孫子莫)과 증자(曾子)를 만난 내용이 있는데, 여기의 공맹자는 아마도 공맹자고(公孟子高)인 듯하며, 공자의 70제자의 제자일 것이다"라고 했다.

날의 옷을 입은 다음에야 어질 수 있습니까?"[385] 묵자가 대답했다. "옛날 상(商)나라 주왕(紂王)의 경사(卿士)인 비중(費仲)[386]은 천하의 악독한 사람이었고, 기자(箕子)와 미자(微子)는 천하의 성인(聖人)이었다.[387] 이들은 같은 말을 사용했는데, 어떤 사람은 어질고 어떤 사람은 어질지 않았다.[388] 주공(周公) 단(旦)은 천하의 성인이었고, 관숙(關叔)[389]은 천하의 악독한 사람이었다. 이들은 같은 옷을 입었는데, 어떤 사람은 어질고 어떤 사람은 어질지 않았다. 그렇다면 [어짊은] 옛날의 옷이나 옛날의 말에 달려 있지 않다. 또한 그대는 주나라를 본보기로 삼았지 하나라를 본보기로 삼지 않았으니,[390] 그대[가 말하는] 옛것[古]은 옛것이 아니다."(『묵자』「공맹」)

> 公孟子曰, "君子必古言服, 然後仁?" 子墨子曰, "昔者商王紂卿士費仲爲天下之暴人, 箕子・微子爲天下之聖人. 此同言而或仁不仁也. 周

---

385_『맹자』「고자 하(告子 下)」편에 "子服堯之服, 誦堯之言, 行堯之行, 是堯而已矣."라는 구절이 보인다. 손이양은 공맹자의 말이 『맹자』와 같지만, 행위도 함께 중시하는 맹자와는 달리, 공맹자는 단지 말과 옷만을 거론했기 때문에 묵자에게 반박을 당했다고 풀이했다.

386_ 비중(費仲)은 「명귀 하(明鬼 下)」편에는 비중(費中)으로 되어 있다. 『사기』「은본기(殷本紀)」의 "주왕이 비중을 채용하여 정치를 했다[紂用費中爲政.]"라는 기록에 대해, 『사기정의』에서는 "비(費)는 성이고 중(仲)은 이름"이라고 했다.

387_ 기자(箕子)와 미자(微子)는 비간(比干)과 함께 은나라의 '세 명의 어진 사람[三仁]'으로 불린다. 『논어』「미자(微子)」편에서 "微子, 去之, 箕子, 爲之奴, 比干, 諫而死. 孔子曰, 殷有三仁焉."이라고 했다. 미자는 주왕의 서형(庶兄)이고, 기자와 비간은 주왕의 숙부이다.

388_ 필원은 "동시대의 말을 했는데, 어짊과 어질지 못함이 다르다는 것을 말한다"라고 풀이했다.

389_ 관숙(關叔)은 손이양이 관숙(管叔)이라고 했다. 관숙은 이름이 선(鮮)이고, 무왕의 동생이자 주공의 형이다. 채숙(蔡叔) 도(度)와 곽숙(霍叔) 처(處)와 함께 삼숙(三叔)으로 불린다. 이들은 주나라 성왕(成王) 때 유언비어로 주공을 내쫓고 은나라 유민의 대표자인 무경(武庚)과 함께 반란을 일으켰다가 주공에 의해 죽임을 당했다.

390_ 필원은 절장(節葬)과 절용(節用) 등의 묵자의 학문은 하나라의 우임금에게서 나왔다고 했다.

公旦爲天下之聖人, 關叔爲天下之暴人. 此同服或仁或不仁. 然則不在古服與古言矣. 且子法周而未法夏也, 子之古非古也."(『墨子』「公孟」)

## 4-2-37[391]

금골리(禽滑釐)가 묵자에게 물었다. "비단에 수를 놓은 옷과 좋은 갈포나 모시로 만든 옷[392]은 장차 어디에 사용해야 합니까?" 묵자가 대답했다. "아![393] 이것은 우리들이 힘쓸 일이 아니다. 옛날에 무늬가 없는 옷을 입었으니, 하나라의 우임금이 그 사람이다. 궁실(宮室)을 낮고 작게 짓고, 음식을 줄여 박하게 했으며, 흙으로 만든 계단이 세 개뿐이었고, 옷은 가는 베로 짠 보잘 것 없는 옷이었다. 이러한 시대에 무늬를 수놓은 슬갑은 쓸모가 없고, 옷이 튼튼하고 견고한 것에만 힘썼다.[394] 은(殷)나라의 반경(盤庚)[395]은 선왕의 궁실을 크다고 여겨 은(殷) 땅으로 천도했는데, 띠로 인 지붕의 끝을 다듬지도 않았고, 서까래의 통나무를 깎아서 손질하지도 않음으로써[396] 천하 사람들의 [잘못된] 시각을 변화시

391_ 이 내용은 현행본 『설원(說苑)』「반질(反質)」편에 보인다.

392_ 금수(錦繡)는 비단에 수를 놓은 아름다운 옷이고, 치저(絺紵)는 가는 갈포와 고운 모시로 만든 옷으로, 모두 아름답고 고급스러운 옷이다.

393_ 오(惡)는 놀라거나 불안스러울 때 지르는 탄식 소리이다. 『맹자』「공손추 상」편의 "惡! 是何言也."의 『맹자집주』에서 "惡, 驚歎辭也."라고 했다.

394_ 불(黻)은 고대 예복에 청색과 흑색을 섞어 수를 놓았던 무늬로, 궁(弓)자를 서로 등진 모양의 수를 놓은 슬갑을 말한다. 완견(完堅)은 옷이 튼튼하고 견고하다는 뜻이다.

395_ 반경(盤庚)은 상(商)나라 양갑(陽甲)의 아우로, 조을(祖乙) 때부터 도읍이던 경(耿) 땅에서 은(殷)으로 도읍을 천도했다. 반경이 천도하기 이전에는 상(商)나라라고 불렀는데, 천도한 이후에는 상(商) 또는 은(殷)나라라고 불렀다. 반경이 천도하면서 여러 신하들과 백성들, 그리고 종족들에게 고한 내용을 담은 것이 『서』의 「반경(盤庚)」편이다.

396_ 모자(茅茨)는 띠로 인 지붕을 말한다. 『사기정의』에 의하면, 자(茨)는 집의 지붕으로, 띠로 지붕을 덮는 것이다. 모자부전(茅茨不翦)은 띠로 지붕을 이고 그 끝을 가지런하게 자르지 않은 것으로, 검소하여 꾸미지 않은 모습을 말한다. 채연(采

켰다. 이러한 시대에 화려한 비단을 어디에 사용할 수 있었겠는가? 일반 백성들[397]은 개인적인 마음을 지니지 않고 임금을 자기의 마음으로 삼았으니, 만약 윗사람이 하지 않는다면 아랫사람이 어떻게 그것을 사용할 수 있었겠는가? 앞의 두 왕은 몸소 천하 사람들에 앞서서 솔선수범했기 때문에 그 당시에는 교화가 융성했고, 지금까지 훌륭한 명성을 이루고 있다. 또한 비단에 수를 놓은 옷과 좋은 갈포나 모시로 만든 옷은 무도한 임금이 만든 것이다. 그 [사치의] 근본은 모두 제(齊)나라 경공(景公)이 사치를 좋아하여 검소함을 잊어버린 데에서 생겨났다. 다행히 안자(晏子)가 검소함으로써 그를 타일러서 깨우쳐주기는 했지만,[398] 여전히 거의 감당하지 못할 정도로 사치했다. 그러나 저 사치에 어찌 끝이 있을 수 있겠는가? 주왕(紂王)은 녹대(鹿臺)[399]를 짓고, 술에 탐닉했으며,[400] 술로 연못을 만들고 고기로 숲을 만들어 방탕하게 즐겼으며,[401] 궁궐의 벽에 무늬와 그림을 그려 넣었고, 조각을 하거나 장식을

---

椽)은 상수리나무로 만든 서까래이다. 채연불착(采椽不斲)은 서까래를 깎아서 손질하지 않은 채 통나무 그대로 사용했다는 뜻이다. 『사기』 「태사공자서(太史公自序)」에 "墨者亦尙堯·舜道, 言其德行曰, '堂高三尺, 土階三等, 茅茨不翦, 采椽不刮. 食土簋, 啜土刑, 糲粱之食, 藜藿之羹. 夏日葛衣, 冬日鹿裘.'"라는 기록이 보인다. 그리고 「이사열전(李斯列傳)」에도 "李斯數欲請間諫, 二世不許, 而二世責問李斯曰, '吾有私議, 而有所聞於韓子也. 曰堯之有天下也, 堂高三尺, 采椽不斲, 茅茨不翦, 雖逆旅之宿, 不勤於此矣. 冬日鹿裘, 夏日葛衣, 粢糲之食, 藜藿之羹, 飯土匭, 啜土鉶, 雖監門之養, 不觳於此矣."라는 기록이 보인다.

397_ 품서(品庶)는 일반 백성들을 말한다.

398_ 전(鐫)은 타일러서 깨우치게 하는 것이다.

399_ 녹대(鹿臺)는 은나라 주왕이 지어서 많은 재화와 보물을 모아 두었다는 누대를 말한다. 지금의 하남성(河南省) 탕음현(湯陰縣) 조가진(朝歌鎭) 남쪽에 그 터가 있다. 『신서(新序)』 「자사(刺奢)」편에 "紂爲鹿臺七年而成, 其大三里, 高千尺, 臨望雲雨."라는 기록과 『사기』 「은본기(殷本紀)」에 "厚賦稅, 以實鹿臺之錢."이라는 기록이 보인다.

400_ 조구(糟邱)는 조구(糟丘)라고도 하며, 술을 거르고 난 찌꺼기가 언덕처럼 쌓여 있다는 말이다. 술을 많이 빚거나 술을 탐닉한다는 의미로 사용된다. 『한시외전(韓詩外傳)』 권4에 "桀爲酒池, 可以運舟, 糟丘, 足以望十里, 而牛飮者三千人."이라는 기록이 보인다.

새겨 넣은 물건[402]과 수를 놓은 아름다운 비단으로 집안을 가득 장식했으며,[403] 금옥과 진귀한 보물,[404] 부녀자들과 광대들의 노래와 춤,[405] 종과 북이나 관현악기의 연주 소리가 그치지 않고 넘쳐흘러서 천하가 더욱더 피폐해졌다. 따라서 결국은 자기 몸도 망치고 나라도 망하여 천하 사람들에게 죽임을 당했으니, 비단에 수를 놓은 옷과 좋은 갈포나 모시로 만든 옷을 사용했기 때문이 아니겠는가? 지금 흉년이 들었는데, 너에게 수후(隨侯)의 구슬[隋侯之珠][406]을 주고자 하는 자가 있다면 그것을 팔 수는 없더라도 진귀한 보물이기 때문에 장식품으로 사용할 수는 있다. 또한 너에게 곡식 한 종(鍾)[407]을 주고자 하는 자도 있다. 구슬을 얻는 자는 곡식을 얻을 수 없고, 곡식을 얻는 자는 구슬을 얻을 수 없다면 너는 어떤 것을 선택하겠는가?" 금골리가 대답했다. "저는 곡식을 선택하겠습니다. 그것으로 곤궁함을 구제할 수 있기 때문입니다." 묵자가 말했다. "진실로 그렇다면 어찌 저 사치스러운 [옷의 사용을] 힘쓸 일[에 포함시켜] 두겠는가? 그것은 그다지 쓸모가 없고 매우 말단적이고 사치스러운 것이기 때문에 성인이 급선무로 삼는 것이 아니다. 따라서 음식은 반드시 항상 배가 부른 이후에야 아름다움을 추구하고, 옷은 반드시 항상 따뜻한 이후에야 화려함을 추구하며, 거처

---

401_ 주지육림(酒池肉林)은 술로 연못을 만들고 고기로 숲을 만들 정도로 방탕하고 사치스러운 생활을 했다는 말이다. 『사기』「은본기(殷本紀)」에 "以酒爲池, 縣肉爲林, 使男女倮相逐其間, 爲長夜之飮."이라는 기록이 보인다.

402_ 조탁(雕琢)과 각루(刻鏤)는 모두 조각하고 새긴다는 뜻이다.

403_ 금수(錦綉)는 수를 놓은 아름다운 비단으로, 아름다운 사물을 비유하기도 한다.

404_ 진위(珍瑋)는 진귀하고 귀중한 보물을 말한다.

405_ 우창(優倡)은 배우나 가수로, 광대들을 말한다.

406_ 수후지주(隋侯之珠)는 수후의 구슬이라는 말로, 옛날에 한동(漢東)의 제후인 수후가 상처를 입은 큰 뱀을 만나 약을 발라 주었더니, 후에 그 뱀이 강에서 큰 구슬을 물고 와서 은혜로 보답했다고 한다. 『묵자』 원문에는 '수후지주(隨侯之珠)'라고 되어 있다.

407_ 종(鍾)은 곡식의 용량을 나타내는 단위인데, 6곡(斛), 4두(斗), 8곡(斛) 등 여러 가지 이론이 있다.

는 반드시 항상 편안한 이후에야 즐거움을 추구해야 한다. 그래야만 그 일은 장기간 할 수 있고, 그 행동은 오래 지속할 수 있다. 본질을 앞세우고 형식을 뒤로 하는 것, 이것이 성인이 힘쓰는 일이다." 금골리가 대답했다. "좋습니다."[408](『묵자』「일문」)

禽滑釐問于墨子曰, "錦綉絺紵, 將安用之?" 墨子曰, "惡! 是非吾用務也. 古有無文者得之矣, 夏禹是也. 卑小宮室, 損薄飮食, 土階三等, 衣裳細布. 當此之時, 黻無所用, 而務在于完堅. 殷之盤庚, 大其先王之室, 而改遷于殷, 茅茨不剪, 采椽不斲, 以變天下之視. 當此之時, 文采之帛, 將安所施? 夫品庶非有心也, 以人主爲心, 苟上不爲, 下惡用之? 二王者, 以化身先于天下, 故化隆于其時, 成名于今世也. 且夫錦綉絺紵, 亂君之所造也. 其本皆興于齊景公喜奢而忘儉, 幸有晏子以儉鐫之, 然猶幾不能勝. 夫奢安可窮哉? 紂爲鹿台糟丘, 酒池肉林, 宮墻文畵, 雕琢刻鏤, 錦綉被堂, 金玉珍瑋, 婦女優倡, 鍾鼓管弦, 流漫不禁, 而天下愈竭. 故卒身死國亡, 爲天下戮, 非惟錦綉絺紵之用邪? 今當凶年, 有欲予子隋侯之珠者, 不得賣也, 珍寶而以爲飾. 又欲予子一鍾粟者. 得珠者不得粟, 得粟者不得珠, 子將何擇?" 禽滑釐曰, "吾取粟耳. 可以救窮." 墨子曰, "誠然, 則惡在事夫奢也? 長無用好末淫, 非聖人之所急也. 故食必常飽, 然後求美, 衣必常暖, 然後求麗, 居必常安, 然後求樂. 爲可長, 行可久. 先質而後文, 此聖人之務." 禽滑釐曰, "善."(『墨子』「佚文」)

## 康4-32

묵자가 우임금에게 많이 가탁한 것은 [우임금이] 검소함을 숭상했기

408_ 필원이 "이 전체 내용은 『설원』에 보이는데, 아마도 지금은 전하지 않는 「절용하」편의 글일 것이다"라고 했다. 그러나 손이양은 「절용」편 전체 속에는 제자와 문답하는 내용이 없기 때문에 필원의 주장이 적절하지 않다고 했다.

때문이다. 우임금이 궁실을 낮게 지은 것은 천지가 처음 열려 혼란한 상태에서[409] 아직 집을 잘 짓지 못했기 때문이다. [궁실을 낮게 지은 것은] 당연히 사실이기 때문에 유가와 묵가가 서로 우임금을 칭송했다. 그런데 공자는 "[우임금이] 슬갑과 면류관의 제복(祭服)은 최대한 아름답게 장식했다"라고 말했고,[410] 묵자는 "옷은 가는 베로 짠 보잘것없는 옷이었으며, 무늬를 수놓은 슬갑은 쓸모가 없었다"라고 말했다. 이것은 각자가 선왕에 가탁하여 자신들의 핵심 주장을 밝힌 것이다. 반경의 시대에 이르러 띠로 인 지붕의 끝을 다듬지 않았다는 말은 믿을 수가 없다. 그것이 또한 묵자의 제도와 같기 때문에 묵자에 의해 가탁된 것임은 말할 필요도 없다. 소도성(蕭道成, 427~482)[411]이 "나에게 10년 동안 천하를 다스리게 해준다면 황금과 썩은 흙을 가치가 같도록 만들겠다"라고 말했는데,[412] 황금은 썩은 흙과 같을 수가 없으며, 비단에 수를 놓은 옷과 좋은 갈포나 모시로 만든 옷도 결코 없애 버릴 수는 없으니, 인정(人情)이 아니기 때문이다.

墨子多託于禹, 以尙儉之故. 禹卑宮室, 以開闢洪荒, 未善制作之故.

---

409_ 개벽(開闢)은 태고에 천지가 처음 열린 것을 말하고, 홍황(洪荒)은 천지의 시초에 혼돈한 상태를 말한다.

410_ 『논어』 「태백(泰伯)」편에 "子曰, 禹, 吾無間然矣. 菲飮食而致孝乎鬼神, 惡衣服而致美乎黻冕, 卑宮室而盡力乎溝洫, 禹, 吾無間然矣."라는 기록이 보인다. 우임금이 평소의 의복은 검소하게 하면서도 제복인 슬갑과 면류관에 대해서는 최대한 아름답게 장식했다고 한다. 불(黻)은 고대 예복에 청색과 흑색을 섞어 수를 놓았던 무늬로, 궁(弓)자를 서로 등진 모양의 수를 놓은 슬갑을 말하며, 면(冕)은 면류관이다. 슬갑과 면류관은 제사를 지낼 때 입는 제복(祭服)이다.

411_ 소도성(蕭道成)은 남조(南朝) 시대 제(齊)나라의 개국 군주인 고제(高帝)이다. 자는 소백(紹伯)이다. 479년 송(宋)나라 순제(順帝)를 대신하여 국호를 제(齊)라고 바꾸었다. 재위 기간 동안 절약과 검소를 숭상하고, 조세를 감면했으며, 호적을 정돈했다. 4년간 재위했으며, 시호는 고(高), 묘호(廟號)는 태조(太祖)이다.

412_ 『남제사(南齊書)』 권2 「고제본기 하(高帝本紀 下)」 4년 조목에 "每曰, 使我治天下十年, 當使黃金與土同價. 欲以身率天下, 移變風俗."이라는 기록이 보인다. 원문의 분토(糞土)가 『남제사』에는 토(土)로 되어 있다.

當是實事, 故儒・墨交稱之. 至孔子謂"致美黻冕", 墨子謂"衣裳細布, 黻無所用". 此則各託先王, 以明其宗旨. 至于盤庚之世, 茅茨不剪, 則不可信. 且與墨制同, 其爲墨子所託, 不待言矣. 蕭道成謂, "使我治天下十年, 當使黃金與糞土同價." 黃金不可與糞土同, 錦綉絺紵, 亦必不可去, 以非人情也.

## 4-2-38

요임금을 곡림(穀林)[413]에서 장례지냈는데, 숲 전체를 묘막이 나무로 삼았다.[414] 그리고 순임금을 기시(紀市)에서 장례지냈는데, 그 시장의 모습이 변화되지 않아서 [백성들을 번거롭게 하지 않았다.][415] 또한 우임금을 회계산(會稽山)에서 장례지냈는데, 사람들을 귀찮게 하지 않았다.[416] 이 때문에 옛날의 선왕들은 검소함과 절약으로 죽은 사람을 장례지냈다[는 것을 알 수 있다.][417](『여씨춘추』「안사」)

---

413_ 곡림(穀林)은 『여씨춘추교석』의 고유에 의하면, 성양산(成陽山) 아래에 있는 곡림을 말한다. 필원은 『묵자』「절장 하」편에서 공산(蛩山)의 북쪽에서 장례를 지냈다고 한 기록은 매우 잘못되었다고 지적했다.

414_ 통수(通樹)는 묘를 조성하기 위해 주위에 인공으로 나무를 심지 않고, 숲의 나무를 그대로 사용한다는 의미이다. 고유는 수풀 전체를 묘막이 나무로 삼는 것이라고 했다.

415_ 기시(紀市)는 고유에 의하면, 구의산(九疑山) 아래의 기읍(紀邑)에 있는 시장을 말한다. 그리고 불변기사(不變其肆)는 임금의 묘가 거기에 있다고 해서 변화가 생기지 않고, 옛날 그대로의 모습을 유지했다는 말이다. 고유는 백성들을 번거롭게 하지 않았다는 의미로 풀이했다.

416_ 왕염손과 진기유가 모두 변(變)은 번(煩)자의 가차자라고 했다. 즉 사람들을 귀찮게 하지 않았다는 뜻이다.

417_『묵자』「절장 하(節葬 下)」편에도 요・순・우 임금의 장례에 대한 기록이 있는데, 요임금은 공산(蛩山)의 북쪽, 순임금은 남기(南己)의 시장에서 장례를 지냈다고 하여, 장례를 지낸 장소가 조금씩 차이가 난다. "昔者堯北敎乎八狄, 道死, 葬蛩山之陰. … 已葬而牛馬乘之. 舜西敎乎七戎, 道死, 葬南己之市. … 已葬而市人乘之. 禹東敎乎九夷, 道死, 葬會稽之山. … 旣葬, 收餘壤其上, 壟若參耕之畝則止矣." 그

堯葬于穀林, 通樹之. 舜葬于紀市, 不變其肆. 禹葬于會稽, 不變人徒. 是故先王以儉節葬死也.(『呂氏春秋』「安死」)

### 康4-33

묵자는 장례의 간소화를 요·순·우임금에게 가탁하여 드러내었으니, [여기에서] 그 의미가 더욱 분명하게 드러난다.

墨子薄葬, 託于堯·舜·禹以發之, 其義更明.

### 4-2-39[418]

묵가도 또한 요·순의 도를 숭상하여, 그들의 덕행에 대해 다음과 같이 말했다. "집 마루의 높이는 3척(尺)이고, 흙으로 만든 계단은 3개뿐이며, 띠로 인 지붕의 끝을 다듬지도 않았고, 서까래의 통나무를 깎아서 손질하지도 않았다. 흙으로 만든 밥그릇에 밥을 담아 먹고, 흙으로 만든 국그릇에 국을 담아 마셨는데, 현미나 기장으로 만든 거친 밥과 명아주잎과 콩잎으로 만든 보잘것없는 국이었다. 여름에는 갈포로 만든 거친 옷을 입고, 겨울에는 사슴 가죽으로 만든 옷을 입었다." 그들은 죽은 사람을 장례지낼 때, 오동나무 내관을 세 치의 두께로만 만들면서 [외관이 없었고], 곡소리를 내면서 자신의 슬픔을 다 표출하지는 않았다. 상례에 대해 가르치면서 반드시 이러한 형식을 모든 백성들의 표준으로 삼았으며, 천하 사람들에게 본받도록 했다.(『사기』「태사공자서」)

---

리고 『회남자』「제속훈(齊俗訓)」편에도 "故葬薶埋足以收斂蓋藏而已. 昔舜葬蒼梧, 市不變其肆, 禹葬會稽之山, 農不易其畝. 明乎生死之分, 通乎侈儉之適者也."라는 기록이 보인다.

418_ 이하에서 인용한 『사기』「태사공자서」편의 내용은 이 책의 제2권 제1절〈2-1-3〉에서 이미 인용했다. 자세한 주석은 앞의 내용을 참조 바람.

墨者亦尙堯·舜道, 言其德行曰, "堂高三尺, 土階三等, 茅茨不翦, 采椽不刮. 食土簋, 啜土刑, 糲粱之食, 藜藿之羹. 夏日葛衣, 冬日鹿裘." 其送死, 桐棺三寸, 擧音不盡其哀. 敎喪禮, 必以此爲萬民之率, 使天下法.(『史記』「太史公自序」)

康4-34

묵가가 말한 요·순임금은 공자와는 서로 상반되니, 태사공도 당시의 제자백가들이 모두 탁고했다는 사실을 알고 있었다.

墨者所稱堯·舜, 與孔子相反, 太史公亦知當時諸子皆託古矣.

<이상 묵자가 옛것에 가탁하다: 右墨子託古>

## 3. 노자가 옛것에 가탁하다 [老子託古]

4-3-1

노담(老聃)이 말했다. "젊은이[小子],[419] 조금 더 가까이 다가오게. 내가 그대에게 삼황오제(三皇五帝)[420]가 천하를 다스린 상황에 대해 말해주겠

419_ 여기에서의 '소자(小子)'는 공자의 제자인 자공(子貢)을 가리킨다. 이 글은 공자가 노자를 만나서 예(禮)에 대한 이야기를 나눈 이후, 제자인 자공(子貢)을 소개하여 자공과 노자가 삼황오제의 정치에 대해 나눈 이야기이다. 이 문장에 앞서 자공이 삼황오제의 치세법이 서로 같지 않지만 모두 명성을 떨쳤는데, 노자는 그들이 성인이 아니라고 말하고 있으니, 그 이유가 무엇인지에 대해 질문하고 있다. 이 문장은 그에 대한 노자의 대답이다. 한편 공자와 노자가 만나서 이야기를 나누었다는 내용은 『사기』「공자세가(孔子世家)」와 「노자열전(老子列傳)」, 그리고 『예기』「증자문(曾子問)」편 등에도 보인다.

네. 황제(黃帝)가 천하를 다스릴 때에는 백성들의 마음을 순수하고 한결같도록 만들었기 때문에[421] 백성들 중에 자신의 부모가 죽어도 곡을 하지 않는 자가 있었지만, 백성들이 비난하지 않았다. 요(堯)가 천하를 다스릴 때에는 백성들의 마음을 자기 부모에게 친하게 대하도록 만들었기 때문에 백성들 중에 자기 부모를 위해 그 예법의 등급에 차등을 두었지만, 백성들은 비난하지 않았다.[422] 순(舜)이 천하를 다스릴 때에는 백성들의 마음을 경쟁하도록 만들었기 때문에 백성들 중에 임산부가 10개월 만에 아이를 낳았고,[423] 아이가 태어난 지 5개월 만에 말을 할 줄 알았으며, 아직 웃을 줄 아는 시기에 이르지 않았는데도 벌써 누구인지 가려서 알게 되었으니,[424] 사람들 중에 처음으로 요절하는 사

---

420_ 『장자집석』에는 삼왕(三王)이 삼황(三皇)으로 되어 있다. 삼왕(三王)만을 놓고 보면 삼대(三代)의 성왕(聖王)으로 볼 수도 있지만, 일반적으로 삼황오제(三皇五帝)라고 연결해서 쓰고, 또 뒤의 문장에서도 삼황(三皇)으로 쓰고 있기 때문에 삼황(三皇)으로 바꾸어서 해석했다.

421_ 일(一)은 성현영과 천구잉 등이 모두 그 마음을 순일(淳一)하게 만들었다고 풀이했다.

422_ 이 문장에는 서로 다른 여러 가지 해석이 있다. 여기에서는 천구잉이 인용한 이면(李勉)의 주장을 따랐다. 이면은 쇄(殺)를 차(差)자의 의미로 보고, "백성들이 각각 자신의 부모를 친하게 대하도록 만들어, 부모에게 차등을 두더라도 다른 백성들이 비난하지 않았다"라고 해석했다. 한편 안동림은 마서륜(馬敍倫)이 앞의 쇄(殺)는 차(差)의 가차자, 뒤의 쇄(殺)는 상복 이름인 최(縗)의 가차자라고 한 주장을 받아들여, "어버이의 상을 가볍게 치른 자가 있어도 백성은 나무라지 않았다"라고 해석했다. 그리고 안병주는 살(殺)을 글자 그대로 해석하여, "자기 어버이를 죽인 자를 죽이는 자가 있어도 백성들이 그것을 나쁘다고 비난하지 않았다"라고 풀이했다. 여러 가지 서로 다른 해석에 대해서는 안병주의 『장자』 번역본2의 350~351쪽에서 자세하게 소개하고 있으므로 참조 바람.

423_ 천구잉은 민(民)자가 잘못 들어간 글자라고 한 마서륜의 주장에 따라서 빼버렸는데, 그대로 두어도 해석상에는 문제가 없다. 통상 임신 14개월 이후에 아이를 출산하기 때문에 10개월은 조산을 의미한다.

424_ 해(孩)는 아이가 웃는 것을 말한다. 『노자』 제20장의 "我魄未兆, 若嬰兒未孩."와 『맹자』 「진심 상((盡心 上)」편의 "孩提之童, 無不知愛其親也."의 '해제(孩提)', 즉 '웃을 줄 알고 손을 잡고 다닐 만한 나이의 어린아이'와 같은 뜻이다. 성현영은 어린아이의 웃음[孩笑]이라고 했고, 임희일과 천구잉도 해제(孩提)의 의미로 풀이했

람이 있었다. 우(禹)가 천하를 다스릴 때에는 백성들의 마음을 [더욱 나쁘게] 변화하도록 만들었기 때문에 사람들은 이기심을 가지게 되었고, 무기[의 사용]을 자연스러운 일로 여겼으며,[425] 도둑을 죽이는 것은 살인이 아니라고 여겼고,[426] 자기 자신이 천하에서 가장 핵심적인 존재라고 여겼다.[427] 이 때문에 천하가 크게 어수선해지자 유가와 묵가 학파가 모두 생겨나게 된 것이다. [삼황오제가] 처음 시작할 때는 나름대로의 질서가 있었지만,[428] 지금은 [이와 같은 혼란스러운 상황으로] 결론이 나버렸으니, 그대가 무슨 말을 할 수 있겠는가?[429] 내가 그대에게

---

다. 시(始)는 임희일이 일찍부터[早]라는 의미로 풀이했다. 수(誰)는 임희일과 천구잉이 모두 수하(誰何)와 같은 의미로, '누구인지를 묻는다'라고 풀이했고, 곽상은 사람을 구분하는 것이라고 했다. 안병주는 이러한 주석들을 종합하여 낯을 가리게 된다고 했다. 한편 안동림은 이미 사람을 알아보는 것이라고 풀이했다.

425_ 임희일은 "사람마다 각각 이기심을 가지게 되었고, 무기의 사용을 자연스러운 일로 여겼다"라고 풀이했다. 안동림은 "사람들이 각기 딴 마음을 품고 있기 때문에 하늘의 뜻에 따라 사람을 복종하게 만들기 위해 무기를 사용하여 사람을 해친다"라고 한 선영(宣穎)의 주장을 근거로, "무기를 사용해도 그럴 듯한 이유가 있게 되었다"라고 해석하기도 한다.

426_ 『장자금주금역』에 의하면, 『장자집석』을 포함한 옛 주석에는 '殺盜非殺'까지 구두가 끊어져 있는데, 손이양 등은 '殺盜非殺人'까지 구두를 끊었다고 한다. 손이양은 『순자』「정명(正名)」편의 '殺盜非殺人'에 대한 양경의 주에서 "'殺盜非殺人'은 또한 『장자』에도 보인다"라고 한 말을 근거로 삼았다. 천구잉과 안병주 등은 모두 이 주장에 따라서 해석했고, 여기에서는 손이양의 주장에 따랐다.

427_ 이 부분은 여러 가지 해석이 있다. 『장자금주금역』에 의하면, 곽상은 "만물을 널리 균등하게 대하지 못하고, 사람마다 스스로를 구별했다"라고 했고, 장빙린은 "천하 사람들이 모두 각자의 의도대로 행동했다"라고 했다. 그리고 이면(李勉)은 "이(而)자 다음에 역(役)자가 빠져 있고, 종(種)은 근본[本]이라는 뜻으로, 스스로를 근본으로 삼는 것이다. 즉 스스로를 높이고 천하 사람들을 노예처럼 부리는 것이다. 이것은 또한 스스로를 높이면서 제멋대로 행동하는 자이기 때문에 나에게 복종하지 않는 자는 살인을 하고, 죽이고 나서는 그를 도둑이라고 하여, 백성들이 감히 대들지 못하도록 한 것이다"라고 해석했다. 여기에서는 이면이 종(種)을 근본[本]으로 본 주석과 주득지(朱得之)나 선영(宣穎) 등이 이(而)를 어(於)로 본 주석을 따라 해석했다.

428_ 륜(倫)은 곽상과 성현영 등이 리(理)로 풀이했고, 천구잉은 질서[倫序]로 풀이했다.

삼황오제가 천하를 다스린 상황에 대해 말해주겠네. 명목상으로는 잘 다스렸다고 하지만, 혼란이 이보다 더 심한 상황은 없었네."(『장자』「천운」)

老聃曰, "小子, 少進. 余語女三王五帝之治天下. 黃帝之治天下, 使民心一, 民有其親死不哭, 而民不非也. 堯之治天下, 使民心親, 民有爲其親殺其殺, 而民不非也. 舜之治天下, 使民心競, 民孕婦十月生子, 子生五月而能言, 不至乎孩而始誰, 則人始有夭矣. 禹之治天下, 使民心變, 人有心而兵有順, 殺盜非殺人, 自爲種而天下耳. 是以天下大駭, 儒·墨皆起. 其作始有倫, 而今乎婦, 女何言哉? 余語女三皇五帝之治天下. 名曰治之, 而亂莫甚焉."(『莊子』「天運」)

## 康4-35

이것은 노자와 장자가 탁고하여 자기의 '재유(在宥)'[430]와 '무위(無爲)'의 핵심 요지를 진술한 것이다. 그런데 아주 먼 옛날의 시대에는 사람과 짐승이 서로 싸우고 부락들이 서로 싸웠는데, 어느 정도 정치적 교화를 거친 이후에야 삼대의 성왕들이 정치의 방법을 만들 수 있었다는 사실을 [노자와 장자가] 어찌 알았겠는가? 삼황오제가 천하를 혼란하게 만들었다는 주장이 어떻게 성립할 수 있겠는가?

此老·莊之託古以申其'在宥'·'無爲'之宗旨. 豈知太古之世, 人獸相

---

429_ 기존의 주석에는 '今乎婦女, 何言哉.'로 구두가 끊어져 있고, 부녀(婦女)에 대해서는 여러 가지 해석이 있다. 안병주는 "처첩(妻妾)의 도리가 아님이 없다"라는 주득지의 주장과 "지금의 행위는 장부이면서 부녀자의 도리를 가지고 있는 것이다"라는 왕선겸의 주장을 받아들여, "지금에 와서는 부녀자들의 시끄러운 다툼이 되고 말았다"라고 해석했다. 여기에서는 천구잉이 인용한 혜동의 주장에 따라 해석했다. 혜동은 이 문장을 '今乎婦, 女何言哉.'로 구두를 끊고, 부(婦)는 귀(歸)의 잘못이고, 여(女)는 아래 문장과 이어서 자공(子貢)을 가리킨다고 했다.

430_ 재유(在宥)는 자연의 순리대로, 있는 그대로 놓아둔다는 뜻으로, 방임하여 구속하지 않는다는 말이다. 자연무위(自然無爲)와 같은 의미이다. 『장자』「재유(在宥)」편에 "聞在宥天下, 不聞治天下也."라는 구절이 보인다.

爭, 部落相爭, 幾經治化, 乃有三代聖王作爲治法? 安得三皇五帝亂天下之說?

## 4-3-2

옛날의 뛰어난 선비[431]는 은미하고 오묘하며 현묘하게 통달하여, 그 깊이를 알 수가 없었다.[432](노자 『도덕경』)

古之善爲士者, 微妙玄通, 深不可識.(老子 『道德經』)

## 4-3-3

옛날의 도를 잘 실천한 사람은 [그 도로써] 백성들을 현명하게 만든 것이 아니라, 장차 그들을 어리석게 만들려고 했다.[433](노자 『도덕경』)

古之善爲道者, 非以明民, 將以愚之.(老子 『道德經』)

## 4-3-4

제곡(帝嚳)과 제요(帝堯)[434]의 시대에는 곤오산(昆吾山)의 아름다운 금속이 천시되었으니,[435] 그러한 [정치의] 도리는 오직 사람에 의해서만 나오

---

431_ 사(士)는 『노자집석(老子集釋)』에 의하면, 유월이 하상공(河上公)의 주에 근거하여, 상(上)자가 되어야 하고, 도를 체득한 군주[得道之君]라는 의미라고 했다. 한편 주겸지(朱謙之)는 도(道)의 의미라고 했다. 여기에서는 글자 그대로 해석했다.

432_ 『노자집석』의 주겸지에 의하면, 불가식(不可識)이 범응원본(范應元本)에는 불가측(不可測)으로 되어 있는데, 같은 의미로 풀이된다.

433_ 『노자집석』에 의하면 명인(明人)이 명민(明民)으로 된 판본이 있고, 또 우지(愚之)가 우민(愚民)으로 된 판본도 있다. 여기에서는 인(人)자를 백성으로 풀이해도 무난할 것이다.

434_ 곡요(俈堯)는 삼황오제에 속하는 제곡(帝嚳)과 제요(帝堯)를 말한다. 곡(俈)은 곡(嚳)과 같은 글자로 사용된다.

는 것이 아니다.[436] 산은 민둥산이 되지 않아서[437] 재목의 쓰임이 넉넉했고, 연못은 수산물이 고갈되지 않아서[438] 수산 물품이 충족했다. 밭을 갈아서 스스로를 봉양하고, 남은 양식으로 천자를 봉양했기 때문에 [천하가] 태평스러웠다.[439] 소와 말의 방목은 서로 [다른 지역에까지는] 미치지 않고, 백성들의 풍속은 [다른 지역에서는] 서로 알지 못하며, 100리를 벗어나지 않더라도 요구하는 것이 충족되었기 때문에[440] 천자의 자리에 앉아서 다스리지 않더라도 [천하가] 안정되었다.[441] 형벌은 한쪽 발에는 짚신을, 다른 한쪽 발에는 일반 신발을 신도록 함으로써 죽음에 해당되는 [형벌을 대체했다.][442] 지금 사용하는 형법[443]은 잘린

---

435_ 곤오지미재하(混吾之美在下)는 『관자집교(管子集校)』에 의하면, 크게 두 가지 해석이 가능하다. 첫째, 손이양은 『산해경(山海經)』「중산경(中山經)」편의 "昆吾之山, 其上多赤銅."과 『시자(尸子)』의 '昆吾之金'이라는 구절을 근거로, 곤오(混吾)는 곤오(昆吾)이며, 미(美)는 미금(美金)이라고 했다. 즉 제곡과 요임금의 때에는 절약과 소박함을 숭상하여, 아름다운 금속을 귀하게 여기지 않았기 때문에 천시했다는 의미로 풀이했다. 한편 궈모뤄는 재(在)자가 은나라와 주나라의 고문에는 본래 재(才)자로 되어 있고, 재(才)는 재(材)자와 통한다고 했다. 즉 곤오지미재(混吾之美材)는 곧 곤오지금(昆吾之金)이라고 했다. 여기에서는 손이양의 주장에 따라 해석했다. 곤오(昆吾)는 산 이름으로, 『산해경』에 의하면 그 산에서 나는 광석으로 검(劍)을 만들면 옥을 진흙 베듯이 자를 수 있다고 한다.

436_ 그러한 경지의 정치 도리는 인간의 노력 이외에도 충족할 만한 경제적인 토대가 밑받침이 되어야 가능하다는 의미이다.

437_ 동(童)은 산에 초목이 없어서 민둥산이 된 것을 말한다. 『순자』「왕제(王制)」편에 "斬伐養長不失其時, 故山林不童, 而百姓有餘材也."라는 기록이 보인다.

438_ 폐(弊)는 다 없어진다는 말로, 여기에서는 수산물이 고갈된다는 뜻이다.

439_ 『관자집교』에서 유월이 량(良)은 양(養)자가 뭉게진 글자이며, 응(應)은 승(承)과 같고, 승(承)은 봉(奉)과 같은 의미라고 했다. 궈모뤄는 량(良)을 장(長)의 잘못으로 보고, 상(上)의 의미라고 했다. 여기에서는 유월의 주장에 따라 해석했다.

440_ 왕염손이 래(來)는 구(求)가 되어야 한다고 했다.

441_ 정사함(丁士涵)은 경(卿)은 향(鄕)의 잘못으로, 천자가 자기 스스로를 공손하게 하면서 남쪽으로 향해 있다는 천자남향(天子南鄕)의 의미라고 했다. 여기에서는 정사함의 주장에 따라 해석했다.

442_ 기(踦)는 외발, 즉 한쪽 발이라는 말이다. 비(腓)는 왕인지가 비(屝)자의 뜻으로, 짚신[草屨]의 이름이라고 했다. 이것은 한쪽 발에는 신발을 착용하고, 한쪽 발에

손가락이 계단에 가득차고, 잘린 머리가 계단에 가득차며, 잘린 발이 계단에 가득차지만,[444] 백성들은 죽는 한이 있더라도 복종하지 않으니,[445] 인성이 그런 것이 아니라 피폐해졌기 때문이다.(『관자』「치미」)

佶·堯之時, 混吾之美在下, 其道非獨出人也. 山不童而用贍, 澤不弊而養足. 耕以自養, 以其餘應良天子, 故平. 牛馬之牧, 不相及, 人民之俗, 不相知, 不出百里而來足, 故卿而不理, 靜也. 其獄一踦腓一踦屨而當死. 今周公斷指滿稽, 斷首滿稽, 斷足滿稽, 而死民不服, 非人性也, 敝也.(『管子』「侈靡」)

## 康4-36

이것은 노자의 학문이다. 100리의 땅에서 닭과 개의 소리가 서로 들려도 백성들이 늙어서 죽을 때까지 서로 왕래하지 않도록 한다는 것이 곧 이러한 의미이다.[446] 형벌이 한쪽 발에는 짚신을, 다른 한쪽 발에는

---

는 짚신을 착용하여, 죄인의 신발이 보통 사람과 다르다는 것을 밝힌 것이라고 한다. 한편 조용현(趙用賢)은 "옛날에 형벌이 대부에게는 가해지 않았다. 만약 제후가 죄를 지으면 그에게 한쪽 발에는 신발을 신게 하고, 다른 한쪽 발에는 신발을 신지 못하게 하여 수치심을 가지도록 했으니, 제후에게는 죽음에 해당되는 형벌이라고 할 수 있다"라고 했다. 여기에서는 왕인지의 주장에 따라 해석했다.

443_ 유월이 주공(周公)은 용법(用法)의 잘못이라고 하고, 글자가 잘못 기록된 과정을 자세하게 논증했다. 여기에서는 유월의 주장에 따라 해석했다.

444_ 계(稽)는 숫자를 센다[計]는 뜻인데, 왕인지는 죄인의 이름을 세어서 기록한 명부라고 했다. 즉 "손가락과 머리와 발을 자르는 죄인의 이름이 명부에 가득찼다"라는 의미라고 했다. 그런데 궈모뤄는 계(稽)가 계(階)자의 가차자라고 하고, 다음과 같이 주장했다. "잘린 손가락이 계단에 가득차고, 잘린 머리가 계단에 가득찼으며, 잘린 발이 계단에 가득차서, 사람들이 모두 볼 수가 있었지만, 백성들은 죽음을 두려워하지 않았다. 만약 이름이 명부에 가득찼다면 명부를 관리하는 사람만이 그것을 알뿐, 백성들이 어떻게 그것을 알아서 두려움이 생겼겠는가?" 여기에서는 궈모뤄의 주장에 따라 해석했다.

445_ 유월이 사민(死民)은 민사(民死)라는 글자가 옮겨 적으면서 뒤집힌 것이며, "백성들이 죽는 한이 있더라도 복종하지 않는다"라는 의미라고 했다.

일반 신발을 신도록 함으로써 죽음에 해당되는 [형벌을 대체했다고 했는데], 노자의 학문에도 이러한 제도가 있었다.

此老氏學. 百里之地, 鷄犬相聞, 使民老死不相往來, 卽是義. 其獄一踦腓一踦屨而當死, 則老學亦有制度矣.

## 4-3-5

황제(黃帝)가 말했다. "목소리가 너무 지나치게 큰 것을 금지하고,[447] 얼굴색을 너무 지나치게 꾸미는 것을 금지하며,[448] 옷을 너무 지나치게 두껍게 입는 것을 금지하고,[449] [몸의] 향기로운 냄새가 너무 지나치게 진한 것을 금지하며,[450] 음식의 맛이 너무 지나치게 강한 것을 금지하고,[451] 집이 너무 지나치게 화려한 것을 금지한다." 요임금은 10명의 아들이 있었는데,[452] 자기 아들에게 [천하를] 물려주지 않고 순임금에게

---

446_ 『노자』 제80장에 "鄰國相望, 雞狗之聲相聞, 民至老死, 不相往來."라는 기록이 보인다.

447_ 성(聲)은 목소리이다. 『여씨춘추교석』에서 필원은 "성색(聲色)이 너무 지나친 것을 금지한 것일 뿐이다"라는 『황씨일초(黃氏日抄)』의 말을 인용했다. 중(重)은 진기유가 심(甚)과 같다고 했다.

448_ 색(色)은 얼굴색이다. 진기유가 안색(顔色)의 의미라고 했다.

449_ 허유휼(許維遹)이 「중기(重己)」편의 "옷은 지나치게 덥게 입지 않으니, 덥게 입으면 살결이 막히고, 살결이 막히면 기가 통하지 않는다[衣不燀熱, 燀熱則, 理塞, 理塞, 則氣不達.]"라는 문장과 같은 의미라고 했다.

450_ 향(香)은 진기유가 향기로운 냄새[芬香]라고 했다. 몸에서 나는 향기로운 냄새가 너무 진한 것을 말한다.

451_ 고유가 "지나치게 강한 맛이 식기(食氣)보다 더해서 생명에 해를 끼치는 것이다"라고 풀이했다.

452_ 고유가 『맹자』의 "帝使其子九男二女, 百官牛羊倉廩備, 以事舜於畎畝之中."이라는 말을 근거로, 여기에서 10명이라고 말한 것은 단주(丹朱)가 맏아들이기 때문에 그 숫자 속에는 포함되지 않았을 것이라고 했다. 한편 담계보(譚戒甫)는 『상서중후(尙書中候)』에서 "요임금의 장자인 감명(監明)이 일찍 죽어서 즉위하지 못했고, 감명의 아들이 유(劉) 땅에 봉해졌으며, 단주는 또한 불초하여 왕위를 계승하지 못했다"라는 말을 근거로, 9명의 아들에 감명을 더하면 10명의 아들이 된다고 했

주었다. 순임금도 9명의 아들이 있었는데,[453] 자기 아들에게 [천하를] 물려주지 않고 우임금에게 주었으니, 지극히 공평하다.(『여씨춘추』「거사」)

黃帝言曰, "聲禁重, 色禁重, 衣禁重, 香禁重, 味禁重, 室禁重." 堯有子十人, 不與其子而授舜. 舜有子九人, 不與其子而授禹, 至公也.(『呂氏春秋』「去私」)

## 4-3-6

황제(黃帝)가 말했다. "임금은 영구불변하게 거처하는 곳[常處]이 없으니, 거처하는 곳이 있는 것이 곧 거처하는 곳이 없는 것이다."[454] 이 말을 가지고 '[임금이] 형벌을 사용하지 않고, 오행의 상생상극(相生相剋)을 사용하지 않는다'라는 것을 설명했으니, 이것이 곧 순환의 도리이다.[455]

---

다. 진기유도 담계보의 주장을 찬성하면서 다음과 같이 말했다. "「구인(求人)」편에서도 '요임금이 순에게 천하를 전하면서 2명의 딸을 부인으로, 10명의 아들을 신하로 보냈다'라고 했으니, 요임금에 10명의 아들이 있었던 것은 분명하다. 아마도 장자가 일찍 죽었거나 혹은 피살되었기 때문에 그 숫자 속에 포함되지 않았을 것이다"라고 했다.

453_ 고유는 『국어(國語)』에서 '순임금에게는 상균(商均)이라는 아들이 있었다'라고 했는데, 여기에서 9명이라고 한 것은 어떤 책에서 나온 말인지 알 수 없다고 했다.

454_ 진기유가 다음과 같이 말했다. "처(處)는 처소(處所)의 뜻이고, 상(常)은 영구불변의 뜻이다. 이 문장은 임금은 영구불변하게 거처하는 곳이 없으니, 곧 거처하는 곳이 있는 것과 거처하는 곳이 없는 것의 사이에서 번갈아가면서 서로 변환하는 것을 말한다. 거처하는 곳이 없다고 말하더라도 곧 거처하는 곳이 있는 가운데 있고, 거처하는 곳이 있다고 말하더라도 또한 거처하는 곳이 없는 가운데 있다. 따라서 거처하는 곳이 있는 것이 곧 거처하는 곳이 없는 것이다. 이것은 바로 순환의 도를 설명한 것이다. 만약 유위(有爲)의 행위를 가지고 처소를 비유한다면, 임금은 영구불변하는 행위가 없으니, 곧 유위(有爲)와 무위(無爲)의 사이에서 순환한다. 이것은 곧 『노자』가 말한 '하지 않으면서 하지 않음이 없다[無爲而無不爲.]'는 것이다."

455_ 형건(刑蹇)은 의미가 명확하지 않다. 진기유는 이 내용이 음양가의 학설이기 때문에 음양가의 이론으로 풀이해야 한다고 전제하고, 형건(刑蹇)은 음양가에서 말하는 형극(刑剋)이라고 했다. 형극은 곧 형벌과 오행(五行)의 상생상극(相生相剋)

사람 신체의 구멍이 9개인데,[456] 하나의 구멍이 막히게 되면 나머지 8개의 구멍이 텅비게 되고, 8개의 구멍이 텅빈 것이 너무 오래되면 신체가 죽어 버린다.[457] 따라서 [대화할 때] '예'라고 대답한 다음 [상대의 말을] 들을 때는 '예'라고 대답하는 행위는 그치고 그의 말을 들으며,[458] 상대의 말을 들은 다음 [상대의 행동을] 관찰할 때는 듣는 행위는 그치고 그의 행동을 관찰한다.[459] 언어로써 도[一]를 설명하면 도는 [그 언어 속에] 머물러 있으려고 하지 않는데, [무한한 도의] 운행을 머물도록 하는 것은 [도를] 소멸시키는 것이니, 이것이 순환의 도리이다.[460] 도라는 것은 지극히 존귀한 임금과 동등하니,[461] 그 근원을 알 수도 없고 그 단

---

을 의미한다고 한다.

456_ 규(竅)는 우리 신체의 이목구비의 구멍을 말한다. 구규(九竅)는 눈, 코, 입, 귀, 요도(尿道), 항문(肛門)의 9개 구멍이다. 『장자』「제물론」편에 "百骸 · 九竅 · 六藏, 賅而存焉, 吾誰與爲親."이라는 구절이 보인다.

457_ 거(居)는 고유가 막힌다[壅閉]는 의미라고 했다. 진기유는 "하나의 구멍이 막히면 8개의 구멍이 모두 텅 비어서 차지 못하니, 예를 들어 입이 미욕(味欲)에 의해 막히면 나머지 8개의 구멍도 모두 텅 비게 된다. 8개의 구멍이 텅 비는 것이 오래되면 반드시 신체의 죽음을 초래하게 된다"라고 풀이했다.

458_ 유(唯)는 다른 사람의 물음에 응답하는 것으로, 유낙(唯諾)과 같은 말이다. 진기유는 "다른 사람과 대화할 때, 이미 '예'라고 그 사람에게 응답했다면 다시는 '예'라는 행위를 하지 않고 조용히 그의 말을 듣는다"라고 풀이했다.

459_ 진기유는 "다른 사람의 말을 들은 후에는 그 말의 허실을 알려고 하기 때문에 그의 말을 다시는 듣지 않고 그의 행동을 관찰한다. 눈으로 보는 것이 '시(視)'이지만, 고찰한다는 뜻으로 해석할 수 있다. 이것은 모두 하나의 구멍을 사용하면 다른 구멍이 텅 빈다는 것을 설명한 것이다"라고 풀이했다.

460_ 일(一)은 고유가 도의 근본[道本]이라고 풀이했다. 우성오(于省吾)는 "도는 말로 설명할 수 없으니, 설명하면 도는 머물러 있지 않는다. 곧 『노자』의 '道可道, 非常道.'의 의미이다"라고 했고, 진기유는 다음과 같이 풀이했다. "언어로써 도를 설명하면 그것이 말로 나올 때 도는 이미 말 속에 있지 않고, 이미 말을 떠나서 가버린다. 대체로 도는 끊임없이 운행하여 잠시라도 머물러 있으려고 하지 않는다. 만약 억지로 그 운행을 머물게 하여 떠나지 못하도록 한다면 도는 곧바로 소멸하게 된다. 「정욕(情欲)」편의 주에서 '패(敗)'는 '없어진다[滅亡]'는 뜻이라고 했다."

461_ 지귀(至貴)는 고유가 "도는 필적할 만한 것이 없기 때문에 '지극히 귀하다'고 말했다"라고 풀이했는데, 진기유는 지귀(至貴)를 임금[帝]으로 보았다. 즉 "음양가들

서를 알 수도 없으며, 그 시작을 알 수도 없고 그 끝을 알 수도 없다. 그러나 만물은 그것을 근본으로 삼는다.(『여씨춘추』「환도」)

黃帝曰, “帝無常處也, 有處者乃無處也.” 以言‘不刑蹇’, 圜道也. 人之竅九, 一有所居, 則八虛, 八虛甚久, 則身斃. 故唯而聽, 唯止, 聽而視, 聽止. 以言說一, 一不欲留, 留運爲敗, 圜道也. 一也齊至貴, 莫知其原, 莫知其端, 莫知其始, 莫知其終. 而萬物以爲宗.(『呂氏春秋』「圜道」)

## 4-3-7

황제가 말했다. “멀고 아득하여 불확실하며,[462] 하늘의 도[463]를 따라서 원기(元氣)와 기를 같이한다.”(『회남자』「무칭훈」)

黃帝曰, “芒芒昧昧, 從天之道, 與元同氣.”(『淮南子』「繆稱訓」)

## 4-3-8

천하 및 국가를 다스릴 때 덕(德)으로써 다스리는 것만큼 나은 것이 없고, 의(義)를 실행하는 것만큼 나은 것이 없다. 덕으로써 다스리고 의로써 실행하면 상을 주지 않아도 백성들이 선(善)에 힘쓰고,[464] 벌을 주지

---

은 일체의 사물들은 모두 형벌과 오행의 상생상극[刑蹇]이 있다고 여기지만, 여기에서 임금은 형벌을 사용하지 않고, 오행의 상생상극(相生相剋)을 사용하지 않는다고 말했으니, 임금은 당연히 지극히 귀한 것[至貴]임을 알 수 있다. 도의 경우도 ‘만물이 종주로 삼는 것’이므로 당연히 지극히 존귀한 것이다. 임금과 도가 모두 지극히 귀하기 때문에 도와 임금은 지극히 귀한 것이 서로 동등하다고 말한 것이다”라고 했다.

**462**_ 망망매매(芒芒昧昧)는 멀고 아득하여 불확실한 모습이다.

**463**_ 도(道)자는 『회남자집석』에서 왕염손이 본래는 위(威)자로 되어 있다고 했다. 위(威)는 덕(德)자와 같은 의미라고 하고, 이와 관련된 여러 가지 논거를 제시하고 있다. 여기에서는 글자 그대로 해석했다.

**464**_ 권(勸)은 『여씨춘추집교』에서 고유가 선(善)의 의미라고 했는데, 진기유는 『설문해자』에서 면(勉)이라고 풀이한 것에 근거하여, “상을 주지 않아도 백성들이 선

않아도 사악한 짓이 그치니, 이것이 신농(神農)과 황제(黃帝)의 정치이다.(『여씨춘추』「상덕」)

爲天下及國, 莫如以德, 莫如行義. 以德以義, 不賞而民勸, 不罰而邪止, 此神農・黃帝之政也.(『呂氏春秋』「上德」)

### 康4-37

여기에서 말한 황제(黃帝)는 모두 노자가 탁고한 대상이다.

凡言黃帝, 皆老氏所託古者.

<이상 노자가 옛것에 가탁하다: 右老子託古>

## 4. 양자가 옛것에 가탁하다 [楊子託古]

### 4-4-1

양주(楊朱)가 말했다. "아주 옛날 사람들은 삶이 잠시 오는 것임을 알았고, 죽음이 잠시 가는 것임을 알았다. 따라서 마음이 가는 대로 활동했고, 자연이 좋아하는 것을 어기지 않았으며, 살아 있는 동안[465]의 즐거움을 버리지 않았기 때문에 명예에 의해 선이 장려되지 않았다.[466] 본성에 따라 노닐었고, 만물이 좋아하는 것을 어기지 않았으며, 죽은 이

---

에 힘쓴다"라고 풀이했다.

465_ 당신(當身)은 『열자집석』에서 유월이 당생(當生)의 잘못이며, 아래 문장의 사후(死後)와 대구가 된다고 했다.

466_ 『열자집석』에서 장담(張湛)이 "선을 행하더라도 명예를 추구하지 않는다"라고 풀이했다.

후의 명예를 취하지 않았기 때문에 형벌에 저촉되지 않았다.[467] 명예가 앞서거나 뒤서는 것과 수명이 길거나 짧은 것은 고려의 대상이 아니었다."(『열자』「양주」)

楊朱曰, "太古之人, 知生之暫來, 知死之暫往. 故從心而動, 不違自然所好, 當身之娛非所去也, 故不爲名所勸. 從性而游, 不逆萬物所好, 死後之名非所取也. 故不爲刑所及. 名譽先後, 年命多少, 非所量也." (『列子』「楊朱」)

## 4-4-2[468]

양주가 말했다. "옛날 말 중에 '살아 있을 때는 서로 아껴주고, 죽었을 때는 서로 내버린다'라는 말이 있는데, 이 말이 지극히 마땅하다. 서로 아껴주는 도는 단지 감정으로만 하는 것이 아니니, 고생하는 사람은 편안하게 만들어 주고, 굶주린 사람은 배부르게 만들어 주며, 추위에 떠는 사람은 따뜻하게 만들어 주고, 궁지에 몰린 사람은 그 뜻을 이루도록 만들어 준다. 서로 내버리는 도는 단지 서로 슬퍼하지 않는 것뿐만이 아니니, 죽은 사람의 입에 옥을 넣지 않고, 무늬를 수놓은 비단 수의를 입히지 않으며, 희생(犧牲)을 진열하지 않고, 부장품[明器]을 만들지 않는다."(『열자』「양주」)

楊朱曰, "古語有之, '生相憐, 死相捐', 此語至矣. 相憐之道, 非唯情也, 勤能使逸, 饑能使飽, 寒之能使溫, 窮能使達也. 相捐之道, 非不相哀也, 不含珠玉, 不服文錦, 不陳犧牲, 不設明器也."(『列子』「楊朱」)

---

467_ 장담이 "악을 행하더라도 형벌에 저촉되지 않는다"라고 풀이했고, 양보쥔은 "만물이 좋아하는 것을 어기지 않으니 사람을 어기지 않는다. 사람을 어기지 않으니 악을 저지르지 않는다. 따라서 형벌에 저촉되지 않는다"라고 풀이했다.

468_ 이하에서 인용한 『열자』「양주」편의 내용은 이 책의 제3권 제5절〈3-5-2〉에서 이미 인용했다. 자세한 주석은 앞의 내용을 참조 바람.

### 4-4-3[469]

양주가 말했다. "백성자고(伯成子高)는 머리카락 하나[로 남을 이롭게 할 수 있더라도] 남을 이롭게 하지 않고, 나라를 버리고서 은둔하여 농사를 지었다. 대우(大禹)는 자기 한 몸[으로 남을 이롭게 할 수 있으면] 자기 자신을 이롭게 하지 않고, 몸 전체가 반신불수가 될 정도로 노동했다. 옛날의 사람들은 머리카락 하나를 뽑아내어 천하가 이롭게 된다고 하여도 주지 않았고, 온 천하가 다 자기 한 몸을 받든다고 하더라도 받지 않았다. 사람마다 모두 머리카락 하나를 뽑지 않고, 사람마다 모두 천하를 이롭게 여기지 않으면 천하는 다스려질 것이다."(『열자』「양주」)

楊朱曰, "伯成子高不以一毫利物, 舍國而隱耕. 大禹不以一身自利, 一體偏枯. 古之人損一毫利天下不與也, 悉天下奉一身不取也. 人人不損一毫, 人人不利天下, 天下治矣."(『列子』「楊朱」)

### 4-4-4

양주가 말했다. "큰 집과 아름다운 의복, 풍부한 음식과 예쁜 여색,[470] 이 네 가지가 있는데, 어째서 외부에서 다른 무엇을 추구하는가? 이것이 있는데도 외부에서 추구하는 것은 만족할 줄 모르는 성격이다. 만족할 줄 모르는 성격은 음양(陰陽)에 해를 끼치는 좀벌레이다.[471] 충성은 임금을 편안하게 해주기에는 부족하고, 자기 몸을 위태롭게 하기에

469_ 이하에서 인용한 『열자』「양주」편의 내용은 이 책의 제3권 제5절〈3-5-3〉에서 이미 인용했다. 자세한 주석은 앞의 내용을 참조 바람.

470_ 교(姣)는 곱고 예쁘다는 말이고, 교색(姣色)은 예쁜 여색을 말한다.

471_ 두(蠹)는 좀벌레이다. 『열자집석』에서 장담이 "단지 자기 몸에 누를 끼칠 뿐만 아니라, 올바른 기운을 침해한다"라고 했다.

는 딱 충분하다. 의로움은 다른 사람을 이롭게 해주기에는 부족하고, 자기 삶을 해치기에는 딱 충분하다. 윗사람을 편안하게 해주는 것이 충성을 통해서 되지 않으면 충성이라는 명칭은 사라져 버린다. 다른 사람을 이롭게 해주는 것이 의로움을 통해서 되지 않으면 의로움이라는 명칭은 없어져 버린다. 임금과 신하가 모두 편안하고, 다른 사람과 내가 모두 함께 이로운 것이 옛날의 도이다."(『열자』「양주」)

楊朱曰, "豐屋, 美服, 厚味, 姣色, 有此四者, 何求于外? 有此而求外者, 無猒之性. 無猒之性, 陰陽之蠹也. 忠不足以安君, 適足以危身. 義不足以利物, 適足以害生. 安上不由于忠, 而忠名滅焉, 利物不由于義, 而義名絶焉. 君臣皆安, 物我兼利, 古之道也."(『列子』「楊朱」)

## 康4-38

양주는 [자신에 대한] 사랑이 핵심이라고 여겼기 때문에 욕심대로 하는 것을 일삼아야 한다고 주장했다.[472] 머리카락 한 올을 뽑아서 천하가 이롭게 되더라도 하지 않았으니,[473] 이것은 모두 탁고한 것이다.

楊朱以爲愛爲宗旨, 所言以縱欲爲事. 拔一毫利天下不爲, 而皆託之于古.

<이상 양자가 옛것에 가탁하다: 右楊子託古>

472_ 종욕(縱欲)은 자기가 하고 싶은 대로 제멋대로 하는 것을 말한다.

473_『맹자』「진심 상」편에 "孟子曰, 楊子, 取爲我, 拔一毛而利天下, 不爲也."라는 기록이 보이고,『열자』「양주」편에도 "楊朱曰, 伯成子高不以一毫利物, 舍國而隱耕."이라고 했다.

## 5. 장자가 옛것에 가탁하다 [莊子託古]

### 4-5-1

남백자규(南伯子葵)가 "그대는 홀로 어디에서 [도에 대해] 들었는가?"라고 물었다.[474] 여우(女偊)가 대답했다. "나는 그것을 부묵(副墨)의 아들[475]에게 들었다. 부묵의 아들은 그것을 낙송(洛誦)의 손자[476]에게 들었고, 낙송의 손자는 그것을 첨명(瞻明)[477]에게 들었으며, 첨명은 그것을 섭허(聶許)[478]에게 들었고, 섭허는 그것을 수역(需役)[479]에게 들었으며, 수역은

---

474_ 이 내용의 앞부분은 여우(女偊)라는 사람이 남백자규(南伯子葵)에게 자신이 들은 도(道)에 관한 이야기를 들려주는 내용으로 되어 있다. 남백자규는 『장자』의 여러 편에서 나오는 남곽자기(南郭子綦)·남백자기(南伯子綦) 등과 동일 인물이다. 여우는 성현영이 옛날에 도를 품고 있던 사람이라고 했고, 천구잉은 도를 터득한 선비를 가탁한 것이라고 했다. 그리고 이하에 나오는 9명의 사람은 실제 인물이 아니라, 깊은 도의 경지에 이르는 과정을 의인화하여 가설한 인물들이다.

475_ 부묵(副墨)의 아들은 도에 대해 문자로 전해진 모든 것을 상징한다. 부묵은 먹으로 기록된 문자를 말한다. 임희일이 "부묵은 문자(文字)이다. 말이 있은 이후에 그것을 책에 기록하기 때문에 부묵이라고 했다"라고 풀이했고, 부(副)는 성현영이 이차적인 보조수단이라고 했다. 자(子)나 손(孫)은 천구잉이 '대를 이어서 서로 전수한다는 의미를 빌어서 사용한 것이다'라고 했다.

476_ 낙송(洛誦)의 손자는 도에 대해 언어로 암기되어 전해진 모든 것을 상징한다. 낙송(洛誦)은 왕선겸이 "이어서 암송하는 것을 말하는데, 반복해서 읽는다는 말과 같다"라고 했고, 『장자금주금역』에서 진계천(陳啓天)은 "낙송은 암기하는 것으로, 말[語言]과 같은 의미이다. 이것은 문자의 전수는 언어의 전수를 통해서 얻었다는 말이다"라고 했다.

477_ 첨명(瞻明)은 도에 대해 직접 보고 이해한 사람을 상징한다. 첨(瞻)은 본다[見]는 뜻인데, 왕선겸은 철저하게 보고 이해한 것이라고 했고, 진계천은 눈으로 직접 본 것[目見]이라고 했다.

478_ 섭허(聶許)는 도에 대해 귀로 듣고 이해한 사람을 상징한다. 섭(聶)은 귀에 대고 소곤거리면서 이야기한다는 말이고, 허(許)는 마음으로 인정한다는 말이다. 진계천은 귀로 듣는 것[耳聽]이라고 했고, 안병주는 여러 가지 주석들을 종합하여 "첨

그것을 오구(於謳)[480]에게 들었고, 오구는 그것을 현명(玄冥)[481]에게 들었으며, 현명은 그것을 참료(參寥)[482]에게 들었고, 참료는 그것을 의시(疑始)[483]에게 들었다."(『장자』「대종사」)

南伯子葵曰, "子獨惡乎聞之?" 曰, "聞諸副墨之子. 副墨之子聞諸洛誦之孫, 洛誦之孫聞之瞻明, 瞻明聞之聶許, 聶許聞之需役, 需役聞之於謳, 於謳聞之玄冥, 玄冥聞之參寥, 參寥聞之疑始."(『莊子』「大宗師」)

## 康4-39

이와 같은 명목들은 『장자』 책 속에 매우 많은데, 대개 의미에 따라서 가탁한 것이지, 실제로 그러한 사람이 있었던 것은 아니다. 기타 제자백가들도 마찬가지이다.

如此名目, 『莊子』書中甚多, 蓋隨意假託, 非眞實有其人. 其餘諸子亦然.

---

명은 도의 체득을 시각적으로 표현한 것이고, 섭허는 도의 체득을 청각적으로 표현한 것이다"라고 했다.

479_ 수역(需役)은 도를 직접 실천하는 사람을 상징한다. 성현영은 근면하게 실천하여 게으르지 않는 것이라고 했고, 진계천은 수행(修行), 가나야 오사무(金谷治)는 실천(實踐)이라고 했다. 안병주는 기다렸다가 도를 기르는 사람이라고 풀이했다.

480_ 오구(於謳)는 도에 대해 찬탄하는 사람을 상징한다. 선영은 찬탄하고 읊조리는 것이라고 했고, 임희일은 스스로 도를 체득한 것을 즐거워하는 것이라고 했다.

481_ 현명(玄冥)은 깊고 어두운 도의 경지에 들어간 사람을 상징한다. 천구잉은 심원(深遠)이라고 했고, 성현영은 현(玄)은 깊고 멂[深遠], 명(冥)은 그윽하고 고요함[幽寂]의 명칭이라고 했다.

482_ 참료(參寥)는 텅 빈 도의 경지를 깨달은 사람을 상징하다. 진계천은 텅 비고 끝이 없는 경지라고 했고, 안병주는 아무런 작용이 없는 도의 경지에 도달했음을 형용한 표현이라고 했다.

483_ 의시(疑始)는 시작을 추측할 수 없는 경지에 도달한 사람을 상징한다. 선영은 시작이 있는 것 같지만 일찍이 시작이 있은 적이 없는 것이라고 했다.

저 도덕(道德)을 타고[484] 이리저리 떠다니면서 노닌다면 [세속의 번거로움에 얽매이지] 않게 된다.[485] 영예를 누릴 일도 없고 비난을 받을 일도 없이, 한 번은 용이 되었다가 한 번은 뱀이 되어,[486] 때와 함께 변화하면서 한 가지만을 고집해서 하려고 하지 않는다. 한 번은 올라가고 한 번은 내려가서 [남과의] 조화를 원칙으로 삼고,[487] 만물의 근원에서 자유롭게 노닌다. 만물을 주재하면서도[488] 만물에 의해 사역되지 않으니, 어찌 [다른 사물이] 번거롭게 할 수 있겠는가? 이것은 신농씨와 황제의 [처세] 법칙이다.(『장자』「산목」)

若夫乘道德而浮游則不然. 無譽無訾, 一龍一蛇, 與時俱化, 而無肯專爲. 一上一下, 以和爲量, 浮游乎萬物之祖. 物物而不物于物, 則胡可

---

484_ 도덕(道德)은 안동림이 시비를 초월한 자연의 대도(大道)라고 했다. 임희일은 자연에 따르는 것이라고 했다.

485_ 이 단락은 장자와 제자가 쓸모가 없기 때문에 천수를 누린 산의 나무와 울지 못하기 때문에 잡혀 죽은 거위를 보고 나눈 대화 내용의 일부분이다. 이 상황에서 장자 자신은 무용(無用)과 유용(有用)의 사이에서 처신하겠다고 말했지만, 그것도 역시 세속의 번거로움을 면치 못하는 자세라고 하고, 그보다 더 높은 경지에 올랐던 신농씨와 황제에 대해 이야기한 대목이다.

486_ 천구잉은 "때로는 드러내고 때로는 감춘다"라고 했고, 임운명은 "용과 뱀은 그 굴신(屈伸)에 일정함이 없는 것"이라고 했다. 임희일은 "등용되면 용이 되고 등용되지 않으면 쥐가 되어, 등용과 퇴출이 때에 따라 이루진다고 한 동방삭(東方朔)의 말과 같다"라고 했다. 안동림이 인용한 진수창(陳壽昌)의 『장자정의(莊子正義)』에서는 "영예와 비난을 둘 다 잊고 제 뜻대로 굴신(屈伸)하는 것"이라고 했다.

487_ 임희일은 "화(和)는 순응함[順], 량(量)은 칙(則)이며 법칙[度]이다. 자연 그대로 따르는 것을 법칙으로 삼는다"라고 했고, 천구잉도 "때로는 나아가고 때로는 물러나서 자연 그대로에 맡기는 것을 원칙으로 삼는다"라고 했다. 한편 성현영은 "지극한 사람은 때에 따라 오르고 내리면서 조화를 도량(度量)으로 삼는다"라고 풀이했다. 안동림은 화(和)를 화광동진(和光同塵)으로 풀이했다.

488_ 물물(物物)은 천구잉이 외물을 주재하는 것이라고 했고, 안병주는 만물을 만물로 존재하게 하는 것이라고 했으며, 안동림이 인용한 『장자집주(莊子集注)』에서는 만물 위에 초연한 채 내가 만물을 통어(統御)하는 것이라고 했다.

得而累邪? 此神農・黃帝之法則也.(『莊子』「山木」)

## 4-5-3

안연이 동쪽 제나라에 가려고 할 때, 공자가 근심스러운 얼굴빛을 보였다. 자공이 자리에서 내려와 물었다. "제가 감히 묻겠습니다. 안회가 동쪽 제나라에 가려고 하는데, 선생님이 근심스러운 얼굴빛을 보이시니 무엇 때문입니까?" 공자가 대답했다. "네가 좋은 질문을 했구나! 옛날에 관자(管子)가 한 말[489]을 내가 매우 좋아하는데, '자루가 작으면 큰 물건을 담을 수 없고, 두레박줄이 짧으면 깊은 우물의 물을 길어 올릴 수 없다'라고 했다.[490] 이와 같은 말은 운명에는 [각각] 정해진 것이 있고, 형체에는 [각각] 적절한 것이 있어서,[491] [제멋대로] 덜어내거나 더할 수가 없다는 의미이다. 나는 안회가 제나라 임금에게 요・순과 황제의 도에 대해 이야기하고, 수인씨(燧人氏)와 신농씨(神農氏)의 말을 거듭 더해서 이야기하면 저 제나라 임금이 안으로 자신에게서 추구하다가 얻지 못하게 되고, 얻지 못하면 의혹을 품게 될 것이니, 그 사람이 의혹을 품게 되면 [안회가] 죽게 될 것을 염려하는 것이다."(『장자』「지락」)

顏淵東之齊, 孔子有憂色. 子貢下席而問曰, "小子敢問. 回東之齊, 夫子有憂色, 何邪?" 孔子曰, "善哉, 女問! 昔者, 管子有言, 丘甚善之. 曰, '褚小者不可以懷大, 綆短者不可以汲深.' 夫若是者, 以爲命有所成而形有所適也, 夫不可損益. 吾恐回與齊侯言堯・舜・黃帝之道,

---

489_ 관자(管子)는 제나라의 관중(管仲)을 말한다. 현행본 『관자』에는 이와 같은 말이 보이지 않는다.

490_ 저(褚)는 자루나 포대이고, 경(綆)은 두레박줄이다. 급심(汲深)은 깊은 우물의 물을 길어 올리는 것이다.

491_ 천구잉은 "성명(性命)에는 각각 형성된 이치가 있고, 형체에는 각각 적절한 장소가 있다"라고 풀이했다.

而重以燧人·神農之言, 彼將內求于己而不得, 不得則惑, 人惑則死."
(『莊子』「至樂」)

## 4-5-4

시위씨(狶韋氏)[492]는 그것을[493] 얻어서 천지(天地)를 거느렸고,[494] 복희씨(伏戲氏)는 그것을 얻어서 원기(元氣)의 근원을 조화시켰으며,[495] 북두성(北斗星)은 그것을 얻어서 영원히 그 위치가 어긋나지 않았고,[496] 일월(日月)은 그것을 얻어서 영원히 쉬지 않고 운행했으며, 감괴신(堪壞神)는 그것을 얻어서 곤륜산(昆侖山)으로 들어갔고,[497] 풍이신(馮夷神)는 그것을 얻어서 황하(黃河)에서 노닐었으며,[498] 견오(肩吾)는 그것을 얻어서 태산

---

492_ 시위씨(狶韋氏)는 고대 전설 속의 제왕이라고 한다. 성현영은 문자가 생기기 이전의 먼 옛날의 제왕의 호칭이라고 했다.

493_ 지(之)는 도(道)를 말한다. 이 앞의 문장에서 도는 천지에 앞서 존재하는 것이라고 하면서 그 작용에 대해 설명했다. 임희일은 시위씨(狶韋氏) 이하 13개의 득(得)자가 모두 이 도를 얻은 뒤에 그와 같이 될 수 있었음을 말한 것이라고 했다.

494_ 『공자개제고』에는 혈(絜)자로 되어 있는데, 현행본의 여러 판본에는 모두 설(挈)자로 되어 있어서 고쳐서 해석했다. 설(挈)은 손에 들거나 붙잡는다, 또는 거느린다는 뜻이 있다. 천구잉은 천지를 정돈한 것이라고 했고, 안동림은 성현영의 주석에 따라, 손에 들고 다니는 것이라고 했다. 여기에서도 원래의 뜻에 따라서 '거느리다'로 해석했다.

495_ 습(襲)은 사마표가 입(入)의 의미라고 했고, 안병주는 취하다[取]는 의미로 풀이했다. 여기에서는 성현영이 합(合)의 의미라고 하고, 천구잉이 조화시키다[調合]의 의미라고 한 것에 따라 '조화시키다'로 해석했다. 기모(氣母)는 천구잉이 원기(元氣), 사마표가 원기지모(元氣之母), 최선이 원기지본(元氣之本), 안동림이 만물 생성의 기운 등으로 풀이했다.

496_ 유두(維斗)는 북두성(北斗星)을 말한다. 성현영이 여러 별들의 중심[綱維]이라고 했다.

497_ 감배(堪坏)는 성현영에 의하면, 곤륜산에 사는 신의 이름이라고 한다. 습(襲)은 성현영이 입(入)의 의미라고 했다.

498_ 풍이신(馮夷神)은 천구잉이 황하의 신이라고 했는데, 안동림은 팔석(八石)이라는 약을 마시고 물의 선인(仙人)이 된 사람이라고 했다. 대천(大川)은 황하를 가리킨다.

(太山)에 거처했고,[499] 황제(黃帝)는 그것을 얻어서 하늘로 올라갔으며,[500] 전욱(顓頊)은 그것을 얻어서 현궁(玄宮)에 거처했으며, 우강(禺强)은 그것을 얻어서 북극(北極)의 바다에 위치하여 다스렸고,[501] 서왕모(西王母)는 그것을 얻어서 소광산(少廣山)에 살면서 시작도 끝도 알 수 없는 [생명을 향유했으며],[502] 팽조(彭祖)는 그것을 얻어서 위로는 유우씨(有虞氏)에까지 미치고 아래로는 오패(五覇)에까지 미칠 정도로 살았다.[503] 부열(傅說)은 그것을 얻어서 무정(武丁)을 도와 천하를 모두 소유했고, [죽은 이후에] 동유성(東維星)을 타고 기성(箕星)과 미성(尾星)을 몰고 가서,[504] 수많은 별들과 나란하게 있는 [별이 되었다].[505](『장자』「대종사」)

狶韋氏得之, 以挈天地, 伏戲得之, 以襲氣母, 維斗得之, 終古不忒, 日月得之, 終古不息, 堪坏得之, 以襲崑崙, 馮夷得之, 以游大川, 肩吾得

---

499_ 견오(肩吾)는 신의 이름인데, 성현영은 태산(太山)의 신이라고 했다. 태산(太山)은 태산(泰山)을 말한다.

500_ 운천(雲天)은 안동림이 고유 명사라고 했는데, 여기에서는 성현영이나 최선 등이 상천(上天)이라고 한 것에 따라 해석했다.

501_ 우강(禺强)은 신의 이름으로, 이이(李頤)가 사람의 얼굴에 새의 몸을 가진 북해(北海)의 신이라고 했다.

502_ 서왕모(西王母)는 전설 속의 여신(女神)이라고 한다. 『산해경(山海經)』에서는 서방의 곤륜산에 사는 신인으로, 사람의 얼굴에 호랑이의 이빨, 표범의 꼬리를 가졌다고 한다. 『목천자전(穆天子傳)』에 의하면, 주나라의 목왕(穆王)이 서방을 순수하다가 곤륜산에서 서왕모를 만나 즐기다가, 돌아오는 것을 잊었다고 한다. 소광(少廣)은 성현영이 서쪽의 끝에 있는 산의 이름이라고 했다.

503_ 팽조(彭祖)는 전욱의 현손으로 팽성(彭城)에 봉해진 인물이다. 전설에 의하면, 요임금 때 등용되어 은나라 말기까지 800여 년을 살았다고 한다. 유우씨(有虞氏)는 요임금을 말하고, 오패(五覇)는 춘추오패(春秋五覇)를 말한다. 즉 요임금 시대부터 춘추시대까지 오랜 기간 동안 살았다는 의미이다.

504_ 동유(東維)는 별 이름으로, 기성(箕星)과 두성(斗星)의 사이라고도 하고, 동쪽에 있는 기성(箕星)과 미성(尾星)을 가리킨다고도 한다. 부열이 죽은 이후에 하늘의 별이 된 모습을 표현한 것이다. 안병주의 해설에 의하면, 부열의 별이 동유성의 바로 위에 있기 때문에 수레를 타고 있는 모양이고, 그 앞쪽에 기성과 미성이 있어서 말이 나란히 수레를 끄는 모양으로 추정할 수 있다고 했다.

505_ 천구잉은 이 내용이 후대 사람들이 첨가한 것으로, 내용상 깊은 의미가 없고, 또 장자의 학문이 아니기 때문에 삭제해도 무방할 것이라고 했다.

之, 以處太山, 黃帝得之, 以登雲天, 顓頊得之, 以處玄宮, 禺强得之, 立乎北極, 西王母得之, 坐乎少廣, 莫知其始, 莫知其終, 彭祖得之, 上及有虞, 下及五霸. 傅說得之, 以相武丁, 奄有天下, 乘東維, 騎箕尾, 而比于列星.(『莊子』「大宗師」)

### 康4-40

장자의 우언(寓言)은 사람들이 모두 알고 있었는데, 당시의 풍기(風氣)가 실제로 이와 같았는지는 모르겠다.

莊子寓言, 人皆知之, 不知當時風氣實如此.

### 4-5-5

북문성(北門成)[506]이 황제(黃帝)에게 물었다. "황제가 넓고 아득한 천지 사이의 들판에서 함지(咸池)라는 음악을 연주했는데,[507] 저는 처음에 그 음악을 들었을 때는 두려워했고, 다시 그 음악을 들었을 때는 두려움이 사라졌으며,[508] 마지막으로 그 음악을 들었을 때는 정신이 어지러워서,[509] 마음이 흔들리고 말도 제대로 하지 못한 채 안절부절 못했습

---

506_ 북문성(北門成)은 성현영에 의하면, 성이 북문(北門), 이름이 성(成)이며, 황제의 신하이다. 천구잉은 황제와 북문성의 대화는 우화적으로 설정된 것이라고 했다.

507_ 함지(咸池)는 고대의 음악의 명칭으로, 황제가 만든 악곡으로 알려져 있다. 동정(洞庭)은 천구잉이 넓고 아득함[廣漠]이라고 했고, 성현영은 천지(天地)의 사이를 말하지 태호(太湖)의 동정호(洞庭湖)가 아니라고 했다. 장(張)은 악기를 치거나 연주하는 것이다.

508_ 태(怠)는 선영이 두려운 마음이 그치는 것[息心]이라고 했고, 안병주는 마음이 느슨해져 두려움이 사라지고 나른해진 것이라고 했다.

509_ 혹(惑)은 선영이 스스로를 잊는 것[忘己]이라고 했고, 안병주는 "두려움과 두려움이 사라지는 상반된 감정이 교차했기 때문에 혼란스럽고 어지러워진 것"이라고 했다. 여기에서는 글자 그대로 정신이 어지러운 상태로 해석했다.

니다."[510](『장자』「천운」)

北門成問于黃帝曰, "帝張咸池之樂于洞庭之野, 吾始聞之懼, 復聞之怠, 卒聞之而惑, 蕩蕩默默, 乃不自得."(『莊子』「天運」)

## 4-5-6

설결(齧缺)이 왕예(王倪)[511]에게 질문을 했는데, 네 번을 질문해도 네 번 모두 모른다고 대답했다.[512] 설결은 그 때문에 뛸 듯이 크게 기뻐하여,[513] 포의자(蒲衣子)[514]에게 가서 그 일을 고하자, 포의자가 말했다. "너는 지금에서야 그것을 알았느냐? 유우씨(有虞氏)도 태씨(泰氏)에게는 미치지 못했다.[515] 유우씨는 그나마 인(仁)을 마음속에 간직하고서 사람

---

510_ 선영이 탕탕(蕩蕩)은 정신이 안정되지 않는 것, 묵묵(默默)은 입으로 말을 할 수 없는 것이라고 했다. 임희일은 탕탕(蕩蕩)을 정신이 흔들리는 것이라고 했다. 탕탕묵묵(蕩蕩默默)은 정신이 어지러워서 마음이 흔들리고 말도 제대로 못하는 상태를 말한다. 불자득(不自得)은 마음이 안정되지 않아서 안절부절하는 모습이다.

511_ 설결(齧缺)과 왕예(王倪)는 모두 가공의 인물인데, 「천지(天地)」편에서 설결은 허유(許由)의 스승이고, 왕예는 설결의 스승이라고 했다.

512_ 두 사람의 대화 내용은 「제물론(齊物論)」편에 보인다. 「제물론」편에서 "내가 그것을 어떻게 알겠는가?"라고 대답한 것은 세 번이다. 첫째는 "사물이 모두 똑같이 옳다는 것을 아는가", 둘째는 "선생이 알지 못한다는 것을 아는가", 셋째는 "사물에 대해 앎이 없는가"이다. 원문은 다음과 같다. "齧缺問乎王倪曰, '子知物之所同是乎?' 曰, '吾惡乎知之!' '子知子之所不知邪?' 曰, '吾惡乎知之!' '然則物無知邪?' 曰, '吾惡乎知之!'" 그런데 천구잉과 안병주는 대화 내용의 뒷부분에 나온 또 다른 질문인 "지인(至人)도 본래 이해(利害)를 모르는 것인가?[至人固不知利害乎]"까지 포함하면 네 가지가 된다고 했다. 그런데 마지막 질문에서는 모른다고 대답하지 않고, 답변을 했기 때문에 여기에 함께 포함시키기에는 무리가 있는 것 같다.

513_ 안동림은 설결이 모르는 것[不知]이 바로 참된 앎[眞知]임을 깨달았기 때문에 껑충 뛰며 매우 좋아했다고 했다.

514_ 포의자(蒲衣子)는 최선이 왕예의 스승이라고 했고, 천구잉이 우언 속의 인물이라고 했다. 한편 임희일은 장자가 말한 인물의 이름은 대부분이 허언(虛言)이기 때문에 굳이 따질 필요가 없다고 했다.

515_ 유우씨(有虞氏)는 순(舜)임금이고, 태씨(泰氏)는 사마표가 상고의 제왕이라고 했고, 이이는 무명(無名)의 군주, 성현영은 복희씨라고 했다. 천구잉은 "순임금이

들과 관계를 맺었기 때문에,[516] 또한 사람을 얻을 수는 있었지만, 외부 사물의 속박에서 결코 벗어나지 못했다.[517] 그러나 태씨는 누워서 잘 때에는 편안했고, 깨어 있을 때에는 유유자적하여,[518] 어떤 때는 자신을 말이라고 여기고 어떤 때는 자신을 소라고 여겼다.[519] 그의 지혜는 참으로 믿을 만하고, 그의 덕성은 매우 진실하여, 외부 사물의 속박을 결코 받지 않았다."[520](『장자』「응제왕」)

嚙缺問于王倪, 四問而四不知. 嚙缺因躍而大喜, 行以告蒲衣子, 蒲衣子曰, "而今乃知之乎? 有虞氏不及泰氏. 有虞氏, 其猶藏仁以要人, 亦得人矣, 而未始出于非人. 泰氏, 其臥徐徐, 其覺于于, 一以己爲馬, 一以己爲牛. 其知情信, 其德甚眞, 而未始入于非人."(『莊子』「應帝王」)

---

유가에서 구상한 성왕(聖王) 천자(天子)이므로 장자는 또 다른 형태의 인물을 만들어내어 세속적인 정치관을 파타하려는 의도가 있었다"라고 풀이했다.

516_ 요인(要人)은 최선과 천구잉이 모두 다른 사람과 관계를 맺거나 인심을 모으는 것[要結]이라는 의미로 풀이했고, 안병주는 사람을 불러모은다는 의미로 보았다.

517_ 미시(未始)는 미상(未嘗)과 마찬가지로 '결코 ~하지 않다'는 의미이다. 비인(非人)은 성현영이 시비의 영역이라고 했고, 임희일이 자연의 경지, 선영이 사물[物]이라고 했다. 천구잉은 선영의 주석에 따라 "비록 인심을 얻을 수는 있었지만, 외물의 속박에서 벗어나지 못했다"라고 해석했다. 한편 안동림은 "자기 입장만 옳다고 하고 남을 비난하는 경지에서 전혀 벗어나지 못했다"라고 했고, 안병주는 임희일의 주석에 따라 "애초에 사람이 아닌 자연의 경지로 나아가지 못했다"라고 풀이했다. 여기에서는 천구잉의 해석에 따랐다.

518_ 서서(徐徐)는 편안하게 여유가 있는 모습이다. 우우(于于)는 사마표가 아는 것이 없는 모습이라고 했고, 성현영과 천구잉은 자득(自得)한 모습, 또는 유유자적한 모습이라고 했다.

519_ 성현영은 물아(物我)와 시비(是非)를 모두 잊어버리고, 사람들이 부르는 것에 따라 소가 되기도 하고 말이 되기도 했다고 했고, 임희일도 남이 무엇이라고 부르든 불문에 부치고, 부르는 대로 따른다고 했다.

520_ 정(情)은 '참으로', '진실로'라는 뜻이다. 『묵자』「비공 상(非攻 上)」편에도 '情不知其義也.'라는 표현이 보인다. 입우비인(入于非人)은 외부 사물의 속박으로 들어가는 것으로, 속박을 받는다는 의미로 이해할 수 있다.

## 4-5-7

양자거(陽子居)[521]가 노담(老聃)을 만나서 말했다. "여기에 어떤 사람이 있는데, 아주 민첩하고 강건하며,[522] 사물을 꿰뚫어 파악하고 밝게 이해하며,[523] 도를 배움에 게을리하지 않습니다. 이와 같은 사람을 현명한 왕에 비교할 수 있습니까?" 노담이 대답했다. "이와 같은 사람은 성인의 입장에서 보면, 하급 관리처럼 기능에 얽매어 일을 처리하여, 몸을 피곤하게 하고 마음을 두렵게 만드는 자이다.[524] 또한 호랑이와 표범의 가죽 무늬는 사냥을 당하는 화를 초래하고,[525] 원숭이의 민첩함과 살쾡이를 잡는 개[의 민첩함]은 우리에 갇히는 화를 초래한다.[526] 이와

---

521_ 양자거(陽子居)는 『경전석문』에서 인용한 이이는 거(居)가 이름이고, 자(子)는 남자에 대한 통칭이라고 했다. 성현영은 성이 양(陽)이고, 이름은 주(朱)이며, 자가 자거(子居)라고 했다. 일반적으로 양자거를 양주(楊朱)로 보는 견해에 대해, 천구잉은 두 사람의 견해가 같지 않을 뿐만 아니라, 오히려 상반된다는 이유로 동일 인물이 아니라고 했다.

522_ 향질(嚮疾)은 이이가 민첩함이 마치 메아리와 같다고 했고, 천구잉도 민첩하다는 의미로 풀이했다. 강양(彊梁)은 안병주와 안동림이 모두 강량(强良)과 같은 뜻으로, 신체가 굳세다는 의미라고 했다. 임희일은 강건함이라고 했고, 성현영은 과단성이 있는 것이라고 했다.

523_ 물철(物徹)은 사물의 이치를 꿰뚫어 파악한다는 뜻이고, 소명(疏明)은 밝게 안다는 뜻이다. 최선은 "통달하지 않은 사물이 없고, 밝게 이해하지 않은 사물이 없다"라고 했고, 안병주는 "만물을 잘 꿰뚫고 만사를 분명히 안다"라고 풀이했다.

524_ 서이(胥易)는 손이양이 서(胥)는 서(諝), 즉 재주와 지혜가 있다는 뜻이고, 이(易)는 치(治)자의 의미라고 했다. 지계(技係)는 임희일과 곽경번 등이 기술에 얽매인 것이라고 했고, 천구잉은 하급 관리가 일을 하면서 기능에 얽매이는 것이라고 해석했다. 안병주는 서이(胥易)를 서도(胥徒)나 서리(胥吏) 등으로 본 주석들을 따라서, 잡일이나 담당하면서 기술에 얽매이는 자들이라고 풀이했다. 출심(怵心)은 마음을 두렵게 만든다는 뜻이다. 천구잉은 마음을 혼란스럽게 만든다고 풀이하기도 했다.

525_ 래전(來田)은 천구잉이 사냥을 초래하는 것이라고 했다. 즉 가죽을 얻기 위해 사냥꾼들이 몰려들어 사냥을 당하는 화를 초래한다는 말이다.

526_ 원저(猿狙)는 원숭이이고, 편(便)은 빠르고 민첩하다는 뜻이다. 태(斄)는 임희일이 리(狸), 즉 살쾡이라고 했다. 자(藉)는 최선이 계(繫)로 주석한 것에 따라 천

같은 사람을 현명한 왕에 비교할 수 있겠는가?" 양자거는 놀란 표정을 지으면서 말했다.[527] "감히 현명한 왕의 정치에 대해 묻겠습니다." 노담이 대답했다. "현명한 왕의 정치는 공적이 천하를 덮을 정도로 크더라도 자기가 한 것이 아닌 것처럼 하고, 교화가 만물에 베풀어져도 백성들은 의지하고 있다[는 것을 느끼지] 못한다.[528] [공덕이] 있지만 명칭이 거론되는 일이 없으며,[529] 만물이 스스로 기뻐서 만족하게 만든다. 헤아릴 수 없는 경지에 서서, 인위가 없는 [무(無)의] 세계에서 노니는 사람이다."(『장자』「응제왕」)

陽子居見老聃曰, "有人于此, 嚮疾彊梁, 物徹疏明, 學道不勸. 如是者, 可比明王乎?" 老聃曰, "是于聖人也, 胥易技係, 勞形怵心者也. 且也虎豹之文來田, 猿狙之便, 執斄之狗來藉. 如是者, 可比明王乎?" 陽子居蹴然曰, "敢問明王之治." 老聃曰, "明王之治, 功蓋天下而似不自己, 化貸萬物而民弗恃. 有莫擧名, 使物自喜. 立乎不測, 而游于無有者也."(『莊子』「應帝王」)

## 康4-41

장자의 우언(寓言)에는 가탁하지 않은 사람이 없으니, 노담(老聃) 또한

---

구잉이 갇히는 것을 초래한다는 의미라고 했다. 안병주는 자(藉)를 짐승을 가두는 우리로 보고, "우리에 갇히는 재앙을 초래한다"라고 해석했다. 즉 너무 빠르고 민첩하기 때문에 도망을 가지 못하도록 우리에 가두어둔다는 의미이다.

527_ 축연(蹴然)은 안병주가 깜짝 놀라서 얼굴빛을 고치는 모습이라고 했고, 천구잉은 부끄러워하는 모양이라고 했다.

528_ 화(化)는 교화를 말하고, 대(貸)는 임희일이 베풀다[施]는 의미라고 했다. 시(恃)는 믿고 의지한다는 뜻으로, 백성들이 왕의 교화에 의지하여 잘 살고 있다는 사실조차 느끼지 못한다는 의미이다.

529_ 천구잉은 "공덕이 있지만 어떤 명칭으로 말할 수가 없다"라고 했고, 안병주는 "베풂이 있는데도 아무도 그 이름을 일컫지 않는다"라고 했다. 즉 실제로 공덕이 베풀어지고 있지만 내세우지 않기 때문에 백성들은 그것을 전혀 알지 못하여 어떠한 명칭으로도 거론하지 않는다는 의미이다.

탁고한 인물이다.

莊子寓言, 無人不託, 即老聃亦是託古也.

## 4-5-8

요임금이 허유(許由)[530]에게 천하를 물려주려고 하면서 말했다. "해와 달이 나와서 [밝은데도] 횃불이 꺼지지 않고 있다면 그 [횃불의] 빛을 밝히는 데 또한 어렵지 않겠습니까?[531] 때에 맞는 비가 내리는데도 여전히 논밭에 물을 대고 있다면[532] 그 [땅을] 적시는 데 또한 공연한 헛수고가 아니겠습니까? 선생님이 천자의 자리에 오르면 천하가 잘 다스려질 것인데, 제가 여전히 천하를 맡아서 다스리고 있으니,[533] 저 스스로 보기에 부족하다고 생각합니다.[534] 청컨대 천하를 바칩니다." 허유가 대답했다. "그대가 천하를 다스려서 천하가 이미 잘 다스려지고 있는데, 내가 그런데도 그대를 대신한다면 장차 명예를 얻기 위해서 [천자의 자리에 오르라는 것입니까?] 명예라는 것은 실질의 손님일 뿐

---

530_ 허유(許由)는 상고시대 전설상의 고사(高士)이다. 요임금이 천하의 왕위를 양위하려고 하자 이를 거절하고 기산(箕山)에 은거했다고 한다. 또한 구주(九州)의 장(長)으로 삼고자 한다는 이야기를 듣고 영수(潁水)의 물가에서 귀를 씻었다고 한다. 『사기』·『회남자』·『설원』·『신서(新序)』·『고사전(高士傳)』 등에 관련 내용이 보인다.

531_ 작화(爝火)는 횃불을 말한다. 난(難)은 안동림이 "해와 달이 떠서 천하를 비추는데 새삼 관솔불을 피워 보았자 그 빛이 아주 보잘 것이 없으므로 아무 효력도 없는 공연한 헛수고이다"라고 풀이했다. 임희일은 "해와 달이 이미 밝은데, 횃불이 무슨 소용이 있겠는가?"라고 했고, 안병주는 "그 빛을 밝힘에 또한 공연히 어렵기만 한 것이 아니겠는가?"라고 했다.

532_ 침관(浸灌)은 천구잉·안병주·안동림 등이 모두 논이나 밭에 물을 대는 관개(灌漑)의 의미라고 했다.

533_ 시(尸)는 맡아서 담당하는 것으로, 천하를 맡아서 다스린다는 말이다.

534_ 결연(缺然)은 마음에 차지 않는 모양, 즉 스스로 부족하다고 느끼는 것이다. 천구잉은 부끄럽게 느끼는 모양이라고 했고, 안병주는 스스로 돌이켜 보아도 만족할 수 없는 것이라고 했다.

이니, 장차 손님이 되기 위해서 [천자의 자리에 오르라는 것입니까?] 뱁새가 깊은 숲 속에 둥지를 짓더라도 [필요한 장소는] 나뭇가지 하나에 불과하고, 두더지가 황하의 물을 마시더라도 [필요한 양은] 자기의 배를 채우는 것에 불과합니다.[535] 돌아가서 쉬십시오, 그대여! 나는 천하를 가지고 아무것도 할 것이 없습니다. 요리사가 비록 요리를 잘 못한다고 하더라도 시동(尸童)과 제관(祭官)[536]이 제기[537]를 뛰어넘어 가서 그를 대신하지는 않습니다."(『장자』「소요유」)

堯讓天下于許由曰, "日月出矣, 而爝火不息, 其于光也, 不亦難乎? 時雨降矣, 而猶浸灌, 其于澤也, 不亦勞乎? 夫子立而天下治, 而我猶尸之, 吾自視缺然. 請致天下." 許由曰, "子治天下, 天下旣已治也, 而我猶代子, 吾將爲名乎? 名者, 實之賓也, 吾將爲賓乎? 鷦鷯巢于深林, 不過一枝, 偃鼠飮河, 不過滿腹. 歸休乎君! 予無所用天下爲. 庖人雖不治庖, 尸祝不越樽俎而代之矣."(『莊子』「逍遙游」)

## 4-5-9

따라서 옛날에 요임금이 순임금에게 다음과 같이 물었다. "내가 종(宗)·회(膾)·서오(胥敖)[538] 등의 나라를 정벌하고자 하는데, 남면한 천자의 입장에서 석연치 않게 여겨지니, 그 까닭이 무엇인가?" 순임금이 대답했다. "이 세 나라는 여전히 황폐한 미개 지역에 있는데,[539] 당신이

---

535_ 초료(鷦鷯)는 뱁새로, 작은 새를 말하고, 언서(偃鼠)는 두더지이다.

536_ 시(尸)는 제사 때 조상의 신주를 대신하는 시동(尸童)을 말하고, 축(祝)은 축문을 읽는 제관(祭官)을 말한다.

537_ 준(樽)은 술을 담는 제기이고, 조(俎)는 고기를 담는 제기이다.

538_ 종(宗)·회(膾)·서오(胥敖)는 천구잉이 세 개의 작은 나라라고 했고, 안동림은 최선의 주에 따라 종회(宗膾)·서(胥)·오(敖)의 세 개의 나라라고 했다. 안병주는 종(宗)은 숭(崇)의 가차자라고 하고, 숭(宗)과 회(膾)는 나라 이름이고, 서오(胥敖)는 종족 이름이라고 했다. 임희일은 이 나라들과 관련된 일은 경전에 보이지 않으며, 우언일 뿐이라고 했다. 「인간세」편에는 총(叢)·지(枝)·서오(胥敖)로 되어 있다.

석연치 않게 여기는 것은 무엇 때문입니까? 옛날에 10개의 태양이 한꺼번에 출현하여 만물을 모두 환하게 비추었는데,[540] 하물며 덕이 태양보다 더 뛰어난 당신이 [어찌 석연치 않게 여기십니까?]"[541](『장자』「제물론」)

故昔者堯問于舜曰, "我欲伐宗·膾·胥敖, 南面而不釋然, 其故何也?" 舜曰, "夫三子者, 猶存乎蓬艾之間, 若不釋然, 何哉? 昔者十日并出, 萬物皆照, 而況德之進乎日者乎?"(『莊子』「齊物論」)

## 4-5-10[542]

옛날에 요임금이 총(叢)·지(枝)·서오(胥敖) 등의 나라를 공격했고, 우임금이 유호(有扈)[543]를 공격하여 나라가 폐허가 되어버렸으며,[544] 군주 자신은 죽임을 당했으니, 그들이 군대의 사용을 그치지 않고, 실리의 추

539_ 봉애(蓬艾)는 쑥밭을 말하는데, 그 나라들이 황폐한 미개 지역에 있다는 뜻이다.

540_ 요임금이 천하를 다스릴 때 하늘에 10개의 태양이 한꺼번에 출현하여 예(羿)가 그 중의 9개를 맞추어 떨어뜨렸다는 고대 신화가 전해진다. 『회남자』「본경훈(本經訓)」편에도 "逮至堯之時, 十日並出, 焦禾稼, 殺草木, 而民無所食."이라는 내용이 보이는데, 여기와는 달리 10개의 해가 인간에게 피해를 끼쳤다고 기록하고 있다. 여기에서 10개의 해는 천구잉이 "밝게 비추는 것이 넓고 커서 만물을 두루 비춘 것을 비유한다"라고 했다. 한편 임희일은 이것이 모두 우언(寓言)이라고 했다.

541_ 진(進)은 천구잉이 훨씬 뛰어나다[勝過]는 의미라고 했다. 즉 요임금은 덕이 태양보다 훨씬 뛰어나서 온 천하를 교화시킬 수 있기 때문에 그들이 귀순하기를 기다리면 되지 정벌할 필요가 없다는 것이다.

542_ 이하에서 인용한 내용은 안회가 학정에 시달리는 위(衛)나라의 백성들을 구제하기 위해 떠나려고 할 때, 공자가 그를 만류하면서 한 말이다.

543_ 유호(有扈)는 나라 이름이며, 천구잉이 지금의 섬서성(陝西城) 호현(鄠縣)에 있다고 했다. 『서』「하서(夏書)」의 「감서(甘誓)」편은 우임금의 아들인 계(啓)가 감(甘) 땅의 들에서 유호(有扈)와 전쟁하여 멸망시킬 때 맹세한 말을 기록한 것이다.

544_ 허려(虛厲)는 국토가 황폐하고 사람이 없다는 뜻이다. 천구잉은 "국토가 폐허로 변했고, 백성들이 귀신, 즉 다 죽었다"라고 했다. 『경전석문』에서 인용한 이이는 "거주지에 사람이 없는 것을 허(虛)라고 하고, 죽어서 후사가 없는 것을 려(厲)라고 한다"라고 했다.

구를 그치지 않았기 때문이다. 이 나라들은 모두 명예와 실리의 추구 때문에 [멸망한 나라들인데], 너만 유독 그것을 듣지 못했는가?(『장자』「인간세」)

昔者堯攻叢·枝·胥敖, 禹攻有扈, 國爲虛厲, 身爲刑戮, 其用兵不止, 其求實無已. 是皆求名實者也, 而獨不聞之乎?(『莊子』「人間世」)

## 4-5-11

황제가 천자의 자리에 오른 지 19년이 되어 정치 명령이 천하에 시행되고 있었는데, 광성자(廣成子)[545]가 공동산(空同山)[546] 위에 있다는 말을 듣고 일부러 그를 찾아가 만나서 다음과 같이 물었다. "나는 당신이 지극한 도에 도달했다고 들었는데, 감히 지극한 도의 정수에 대해 묻겠습니다. 나는 천지의 정기(精氣)[547]를 취하여 오곡[의 성장]을 돕고, 백성들을 기르고자 합니다. 나는 또한 음양(陰陽)을 다스려서[548] 수많은 생

---

545_ 광성자(廣成子)는 천구잉이 자연무위의 도를 체득한 우언(寓言)의 인물이라고 했다.

546_ 공동(空同)은 산 이름인데, 천구잉은 "허구로 만든 지명이다. 공(空)은 공허(空虛)·공명(空明)의 뜻이고, 동(同)은 혼동(混同)·명동(冥同)의 뜻이다"라고 했다. 『사기』「오제본기(五帝本紀)」의 태사공의 말 중에 "나는 일찍이 서쪽으로는 공동산(空桐山)에 이르렀고, 북쪽으로는 탁록산(涿鹿山)을 지나갔으며, 동쪽으로는 바다까지 도달했고, 남쪽으로는 장강(長江)과 회수(淮水)를 건넌 적이 있었다[余嘗西至空桐, 北過涿鹿, 東漸于海, 南浮江淮矣.]"라는 구절이 보인다. 『사기정의』에서는 공동산(空桐山)이 원주(原州) 평고현(平高縣) 서쪽 100리에 있는데, 황제(黃帝)가 광성자(廣成子)에게 도(道)에 대해 질문한 장소라고 했다. 상(上)이 산(山)으로 되어 있는 판본도 있다.

547_ 천지지정(天地之精)은 천구잉이 인용한 후쿠나가 미쓰지(福永光司)가 천지자연의 정기(精氣)라고 했다.

548_ 관(官)은 천구잉이 음양을 다스려서 조화시킨다고 풀이했고, 임희일은 "음양을 조화시키는 것이다. 관(官)은 각각 그 직책을 맡는 것이니, 음양이 서로 어그러지지 않고 각각 그 직책을 담당하는 것이 관(官)의 의미이다"라고 했다. 한편 성현영은 음양을 본떠서 관직을 설치하고 직분을 나누는 것이라고 풀이했다.

명들을 완성시켜 주고자 합니다. 어떻게 해야 합니까?" 광성자가 대답했다. "당신이 질문하고자 하는 것은 사물의 본질이지만,[549] 당신이 다스리고자 하는 것은 사물의 잔해입니다.[550] 당신이 천하를 다스린 이후에 구름의 기운은 완전히 모이기도[551] 전에 비가 내리고, 초목은 잎이 누렇게 되기도 전에 떨어져 버렸으며, 해와 달의 빛은 더욱 황폐해져 버렸습니다. 당신은 말재주만 뛰어난 사람의 마음을 가진 천박한 사람이니,[552] 또한 어찌 지극한 도에 대해 말해줄 수 있겠습니까?"

黃帝立爲天子十九年, 令行天下, 聞廣成子在于空同之上, 故往見之曰, "我聞吾子達于至道, 敢問至道之精. 吾欲取天地之精, 以佐五穀, 以養民人. 吾又欲官陰陽, 以遂群生. 爲之奈何?" 廣成子曰, "而所欲問者, 物之質也, 而所欲官者, 物之殘也. 自而治天下, 雲氣不待族而雨, 草木不待黃而落, 日月之光益以荒矣. 而佞人之心翦翦者, 又奚足以語至道?"

황제가 물러나와 천하를 버리고, 별도의 집[553]을 지어 흰 띠풀로 자리를 만들고, 삼개월 동안 조용히 거처한 다음, 다시 가서 그를 만나기를 요청했다. 광성자는 머리를 남쪽으로 둔 채 누워 있었는데, 황제가 [광성자의 발] 아래쪽에서[554] 무릎을 꿇고 기어가서, 두 번 절을 하고 머리

---

549_ 질(質)은 사물의 본질을 말한다. 임희일은 "사물의 본연을 질(質)이라고 하니, 앞에서 말한 지극한 도[至道]를 말한다"라고 했다.

550_ 잔(殘)은 본질이 아닌 잔해, 즉 남은 찌꺼기를 말한다. 후쿠나가 미쓰지는 흩어지고 해체된 사물의 형이하학적 모습이라고 했고, 안동림은 도가 빠져 나가 버리고 난 뒤의 그 잔해라고 했다. 한편 임희일과 안병주는 사물을 해치는 일이라고 풀이했다.

551_ 족(族)은 모인다는 뜻이다. 『경전석문』에서 인용한 사마표는 "모이지도 않고 비가 내리니, 윤택함이 적은 것을 말한다"라고 했다.

552_ 영인(佞人)은 말재주가 뛰어난 사람이다. 전전(翦翦)은 임희일이 천천(淺淺)과 같다고 했는데, 천박한 모습을 말한다.

553_ 연(捐)은 버린다는 뜻으로, 천자의 자리를 버리고 정치를 포기한 채 은둔했다는 의미로 풀이할 수 있다.

를 조아린 채 말했다. “당신이 지극한 도에 도달했다고 들었는데, 감히 묻겠습니다. 몸의 수양을 어떻게 해야 오랫동안 장수할 수 있습니까?” 광성자가 벌떡[555] 일어나서 대답했다. “좋습니다, 그 질문이여! 이리로 오십시요. 내가 당신에게 지극한 도에 대해 말해주겠습니다. 지극한 도의 정수는 그윽하고 깊으며, 지극한 도의 극치는 어둡고 고요하니,[556] 보려고 하지도 말고 들으려고 하지도 말고 고요하게 정신을 집중하면 육체도 장차 저절로 바르게 될 것입니다. [정신을] 반드시 고요하게 하고 반드시 깨끗하게 하여, 당신의 육체를 수고롭게 하지 말고, 당신의 정신을 동요시키지 말아야만 오랫동안 장수할 수 있습니다. 눈으로는 보는 것이 없고, 귀로는 듣는 것이 없으며, 마음으로는 아는 것이 없이 당신의 정신이 육체를 지키게 되면 육체가 이에 오랫동안 장수할 수 있습니다. 당신의 내면에 있는 마음을 삼가 조심하고, 당신 외면에 있는 감각을 닫아 버리십시오.[557] 지식이 많으면 실패합니다. 제가 당신을 위하여 밝은 태양 위로 올라가서[558] 저 지극히 순수한 양기[至陽]의 근원에까지 가고, 당신을 위하여 그윽하고 깊은 문으로 들어

554_ 풍(風)은 『장자금주금역』에서 인용한 이면(李勉)이 방(方)자와 통용된다고 하고, 「천운(天運)」편의 “雄鳴於上風, 雌應於下風.” 등의 사례를 제시했다. 『여씨춘추』 「장리(長利)」편에도 우임금이 백성자고(伯成子高)를 찾아가 만나면서 “우임금이 달려가서 아래쪽으로 나아가서 물었다[禹趨就下風而問.]”라는 구절이 보인다. 순(順)은 종(從)자와 같은 뜻이다.

555_ 궐연(蹶然)은 놀라서 벌떡 일어나는 모양이다.

556_ 요요명명(窈窈冥冥)은 그윽하고 깊은 모양이다. 천구잉은 “요(窈)는 은미하여 볼 수 없는 것이고, 명(冥)은 깊어서 헤아릴 수 없는 것이다. 『노자』 제21장에 ‘窈兮冥兮, 其中有靜.’이라고 되어 있다”라고 했다. 혼혼묵묵(昏昏默默)은 어둡고 고요한 모양이다. 천구잉이 인용한 이면(李勉)은 깊고 고요함[深靜]을 비유한다고 했다.

557_ 임희일은 “그 마음을 움직이지 않고, 외물로 하여금 나의 마음을 움직이도록 하지 않는다”라고 했고, 성현영은 “보고 듣는 것을 단절하고 분수를 지킨다”라고 했다.

558_ 수(遂)는 혜동의 『장자보주(莊子補注)』에서 올라간다[登進]고 풀이했다. 대명(大明)은 후쿠나가 미쓰지와 천구잉 등이 태양이라고 했고, 이케다 도모히사(池田知久)와 안병주 등이 해와 달을 함께 말한 것이라고 했다.

가서 저 지극히 순수한 음기[至陰]의 근원에까지 가겠습니다. 천지는 각각 맡은 역할이 있고 음양은 각각 처할 곳이 있으니,[559] 당신의 몸을 삼가 조심스럽게 지키면 만물은 장차 저절로 장성할 것입니다. 저는 [지극한 도의] 순일함을 지켜서 그 조화 속에서 처신하기 때문에 몸을 수양한 지가 1,200년이 되었는데도 저의 육체는 아직 노쇠하지 않았습니다."[560] 황제는 두 번 절을 하고 머리를 조아린 채 말했다. "광성자 [당신이야말로] 하늘이라고 말할 수 있겠습니다."(『장자』「재유」)

黃帝退, 捐天下, 築特室, 席白茅, 間居三月, 復往邀之. 廣成子南首而臥, 黃帝順下風, 膝行而進, 再拜稽首而問曰, "聞吾子達于至道, 敢問. 治身奈何而可以長久?" 廣成子蹶然而起曰, "善哉, 問乎! 來, 吾語女至道. 至道之精, 窈窈冥冥, 至道之極, 昏昏默默, 無視無聽, 抱神以靜, 形將自正. 必靜必淸, 無勞女形, 無搖女精, 乃可以長生. 目無所見, 耳無所聞, 心無所知, 女神將守形, 形乃長生. 愼女內, 閉女外. 多知爲敗. 我爲女, 遂于大明之上矣, 至彼至陽之原也, 爲女, 入于窈冥之門矣, 至彼至陰之原也. 天地有官, 陰陽有藏, 愼守女身, 物將自壯. 我守其一, 以處其和, 故我修身千二百歲矣, 吾形未嘗衰." 黃帝再拜稽首曰, "廣成子之謂天矣."(『莊子』「在宥」)

## 4-5-12

혁서씨(赫胥氏)[561]의 시대에는 백성들이 집에 거처할 때는 무엇을 해야 할지를 몰랐고, 길을 갈 때에는 어디로 가야 할지를 몰랐으며, 배부르

---

559_ 임희일은 "천지는 각각 그 직책을 맡고 있고, 음양은 각각 그 있어야 할 곳에 있다"라고 했다.

560_ 상(嘗)이 상(常)자로 되어 있는 판본도 있다.

561_ 혁서씨(赫胥氏)는 고대의 제왕의 이름으로, 천구잉은 고대의 인물에 가탁한 것이라고 했다. 유월은 『열자』에 보이는 화서씨(華胥氏)인 것 같다고 했다.

게 먹고 즐거워하며 배를 두드리고 놀았으니,[562] 백성들은 이 정도에 그쳤을 뿐이다.[563] 그런데 성인의 시대에 이르러서는 예악(禮樂)에 따라서 행동하도록 함으로써[564] 천하 사람들의 몸가짐을 바로잡으려고 하고, 인의(仁義)를 표방함으로써[565] 천하 사람들의 마음을 위로하려고 하였다. 그러자 백성들이 처음으로 경쟁적으로[566] 지식을 좋아하고, 앞다투어 이익을 추구하여 그칠 줄을 몰랐으니, 이것은 또한 성인의 잘못이다.(『장자』「마제」)

夫赫胥氏之時, 民居不知所爲, 行不知所之, 含哺而熙, 鼓腹而游, 民能已此矣. 及至聖人, 屈折禮樂, 以匡天下之形, 縣跂仁義, 以慰天下之心. 而民乃始踶跂好知, 爭歸于利, 不可止也, 此亦聖人之過也.(『莊子』「馬蹄」)

## 4-5-13

### 문무귀(門無鬼)와 적장만계(赤張滿稽)[567]가 무왕(武王)의 군대를 구경하고

---

562_ 함포(含哺)는 먹을 것을 입에 물고 있는 것으로, 배부르게 음식을 먹는 것을 말한다. 희(熙)는 천구잉이 희(嬉)자와 같다고 했다. 함포고복(含哺鼓腹)이 여기에서 나온 성어로, 배부르게 먹고 배를 두드리면서 논다는 말로, 편안하게 자족하는 삶을 표현한 말이다.

563_ 이(已)가 현행본에는 이(以)자로 되어 있는데, 의미상 모두 지(止)의 뜻이다.

564_ 굴절(屈折)은 몸을 구부리는 것으로, 예악에 따라서 행동하도록 하는 것을 말한다.

565_ 현기(縣跂)는 높이 내걸어 표방한다는 말이다. 임희일은 높게 들어서 내건다는 뜻이라고 했고, 천구잉은 사물을 내걸어서 보게 하여 사람들이 발을 세우고 보도록 하는 것이라는 진수창(陳壽昌)의 말을 인용했다.

566_ 제기(踶跂)는 발돋움한다는 뜻으로, 서로 높이 올라가려고 경쟁하는 것이다.

567_ 문무귀(門無鬼)와 적장만계(赤張滿稽)는 모두 우언에서 가탁한 이름이다. 사마표의 판본에는 무귀(無鬼)가 무외(無畏)로 되어 있다. 이이는 문(門)이 성이고, 무외가 자이며, 적장(赤張)이 성이고, 만계(滿稽)가 이름이라고 했다. 성현영은 주나라 무왕이 주왕을 정벌하기 위해 그 군대가 맹진(孟津)의 나루에 있을 때 두 사람이 구경했다고 했다.

있었는데, 적장만계가 "[무왕이] 유우씨(有虞氏)에는 미치지 못하는구나! 그러니까 이런 환란을 만났지"[568]라고 말했다. 문무귀가 "천하가 고르게 다스려지고 있는 상태에서 유우씨가 다스린 것인가? 아니면 천하가 혼란해진 이후에 다스린 것인가?"라고 물었다. 적장만계가 대답했다. "천하가 고르게 다스려지는 것은 백성들의 염원인데, [그러한 상태라면] 어찌 유우씨가 다스려주기를 생각했겠는가? 유우씨의 두창(頭瘡) 치료는 대머리가 된 이후에 가발을 씌우고, 위독해진 이후에 의원을 불러오는 것과 같다.[569] 효자가 약을 가지고 어버이를 치료할 때는 그 안색이 초췌하니,[570] 성인은 [병이 난 이후에 치료하는 것을] 부끄럽게 여긴다."(『장자』「천지」)

門無鬼與赤張滿稽觀于武王之師, 赤張滿稽曰, "不及有虞氏乎! 故離此患也." 門無鬼曰, "天下均治而有虞氏治之邪? 其亂而後治之與?" 赤張滿稽曰, "天下均治之爲願, 而何計以有虞氏爲? 有虞氏之藥瘍也, 禿而施髢, 病而求醫. 孝子操藥以修慈父, 其色燋然, 聖人羞之."(『莊子』「天地」)

## 4-5-14

옛날에 순임금이 요임금에게 물었다. "천왕(天王)[571]은 [정치에서] 어떻게 마음을 씁니까?" 요임금이 대답했다. "나는 의지할 곳이 없는 백성

---

568_ 리(離)는 어떤 사태를 만난다는 뜻으로, 리(罹)와 같다.

569_ 양(瘍)은 두창(頭瘡)을 말하고, 독(禿)은 대머리를 말한다. 체(髢)는 머리에 얹는 다리인데, 여기에서는 가발을 말한다.

570_ 수(修)는 임희일이 바친다는 의미의 수(羞)와 같다고 했다. 한편 천구잉이 인용한 임운명(林雲銘)은 치(治)자와 같다고 하여, "효자가 약으로 아버지의 병을 치료하는데, 이것으로는 아버지에게 병이 없도록 하지는 못한다"라고 풀이했다. 여기에서는 후자의 입장을 따랐다. 초연(燋然)은 안색이 초췌한 모습이다.

571_ 천왕(天王)은 성현영이 천자(天子)와 같다고 했다.

들[572]을 무시하지 않고, 곤궁한 백성들을 버리지 않으며, 죽은 사람을 불쌍하게 여기고, 고아를 사랑하며,[573] 과부를 애처롭게 여긴다. 이것이 내가 마음을 쓰는 방법일 뿐이다." 순임금이 말했다. "아름답기는 아름답지만 아직 위대하지는 않습니다." 요임금이 "그렇다면 어떻게 해야 하는가?"라고 물었다. 순임금이 대답했다. "하늘은 이루어지고 땅은 안정되어,[574] 해와 달이 [만물을] 비추고 사계절이 운행되니, 마치 낮과 밤이 규칙이 있고, 구름이 운행하여 비가 내리는 것과 같습니다." 요임금이 말했다. "[나의 마음씀은] 시끄럽고 어지럽구나![575] 너는 하늘과 조화하지만, 나는 단지 사람과 조화하는 수준이도다." 천지(天地)라는 것은 옛날부터 위대한 것이었고, 황제와 요임금, 순임금이 모두 아름답게 여긴 것이다. 따라서 옛날에 천하에서 왕노릇을 한 자들은 무엇을 했는가? 천지[의 법칙을 따랐을] 뿐이다.(『장자』「천도」)

昔者, 舜問于堯曰, "天王之用心何如?" 堯曰, "吾不敖無告, 不廢窮民, 苦死者, 嘉孺子, 而哀婦人. 此吾所以用心已." 舜曰, "美則美矣, 而未大也." 堯曰, "然則何如?" 舜曰, "天德而出寧, 日月照而四時行, 若晝夜之有經, 雲行而雨施矣." 堯曰, "膠膠擾擾乎! 子天之合也, 我人之合也." 夫天地者, 古之所大也, 而黃帝·堯·舜之所共美也. 故古之王天下者, 奚爲哉? 天地而已矣.(『莊子』「天道」)

---

572_ 오(敖)는 무시하고 깔보는 것이다. 무고(無告)는 천구잉과 안병주 등이 하소연할 데가 없는 사람 또는 의지할 곳이 없는 사람이라고 했다. 한편 안동림은 완악한 백성이라는 곽상을 주를 따르고 있다.

573_ 고(苦)는 왕선겸이 애처롭고 불쌍하게 여기는 것이라고 했고, 가(嘉)는 천구잉이 좋아하고 사랑하는 것이라고 했다. 유자(孺子)는 안병주가 고아라고 했다.

574_ 천덕이출녕(天德而出寧)은 『장자금주금역』에서 인용한 손이양이 출(出)은 토(土)자가 되어야 한다고 했고, 장빙린이 덕(德)은 등(登)자의 가차자라고 하고, 성(成)의 의미라고 하여, "땅이 고르게 되고 하늘이 이루어진다[地平天成]"는 뜻으로 풀이했다. 여기에서는 두 사람의 주장에 따라 해석했다.

575_ 교교(膠膠)와 요요(擾擾)는 모두 시끄럽고 어지러운 모습이다. 성현영은 두 가지 모두 요란한 모양이라고 했다.

## 4-5-15

문왕(文王)이 장(藏)[576]이라는 지역을 유람하다가 한 노인[丈人][577]이 낚시질을 하고 있는 것을 보았는데, 그의 낚시는 고기를 낚으려는 의지가 없었다. 낚시대를 잡고는 있었으나 고기를 낚으려는 것이 아니라, 단지 낚시대를 마냥 손에 들고 있을 뿐이었다.[578] 문왕이 등용하여 그에게 정치를 맡기자니 대신들과 가족들이 불안해 할 것이 두렵고, 그만두고 그를 내버려두자니 차마 하늘같은 존재를 잃어버릴 수가 없었다.[579] 이에 아침이 되자 대부들에게 그 사실을 알려주면서[580] 말했다. "지난밤에[581] 과인이 꿈에서 어진 사람을 보았는데, 검은 얼굴에 구레나룻 수염[582]을 길렀으며, 한쪽 발굽만 붉은색인 얼룩말[583]을 타고 와서, '그대의 정치를 장(藏) 지역의 노인에게 맡기면 백성들이 고통에서 거의 벗어날 수 있을 것이다'[584]라고 명령했소." 여러 대부들이 두려움에 찬 눈빛으로[585] "임금님의 부친이십니다"[586]라고 말했다. 문왕이 "그

---

576_ 장(藏)은 지명이다. 성현영이 위수(渭水)의 근처라고 했는데, 지금의 서안(西安) 근처이다.

577_ 장인(丈人)은 천구잉이 노인에 대한 존칭이며, 여기에서는 강태공(姜太公)을 가리킨다고 했다.

578_ 임희일이 "상조(常釣)는 낚시가 항상 손에 있는 것이다. 낚싯대가 비록 손에 있지만 낚시에는 뜻을 두지 않는 것이다"라고 했다.

579_ 성현영은 무천(無天)을 감싸서 보호해주지 못하는 것이라고 했다. 여기에서는 하늘처럼 백성들을 감싸서 보호해줄 인물을 잃어버린다는 의미로 이해할 수 있다.

580_ 촉(屬)은 말해서 알려주는 것이다.

581_ 석(昔)은 천구잉이 석(夕)과 통한다고 했고, 곽경번은 야(夜)자와 같다고 했다.

582_ 염(頔)은 염(髯)과 같은 글자로, 얼굴의 구레나루 수염을 말한다.

583_ 박마(駁馬)는 색깔이 얼룩덜룩한 얼룩말을 말하며, 편주제(偏朱蹄)는 말발굽의 한쪽이 붉은색을 말한다.

584_ 추(瘳)는 병이 낫는다는 뜻으로, 여기에서는 백성들이 고통이나 재난으로부터 벗어난다는 의미로 풀이된다.

585_ 축연(蹴然)은 불안하게 느끼는 모습으로, 놀라서 두려워하는 모습을 말한다.

렇다면 점을 쳐 보시오"라고 하자, 여러 대부들이 말했다. "선군(先君)의 명령이시니, 왕께서는 다른 생각을 하지 말고 따르십시오.[587] 또한 어찌 점을 치겠습니까?" 마침내 장 지역의 노인을 맞이하여 그에게 정치를 맡겼는데, 제도와 법률을 고치지도 않고, 편파적인 정치 명령을 내리지도 않았다.[588]

文王觀于臧, 見一丈人釣, 而其釣莫釣. 非持其釣有釣者也, 常釣也. 文王欲擧而授之政, 而恐大臣父兄之弗安也, 欲終而釋之, 而不忍百姓之無天也. 于是, 旦而屬之大夫曰, "昔者, 寡人夢見良人, 黑色而頓, 乘駁馬而偏朱蹄, 號曰, '寓而政于臧丈人, 庶幾乎民有瘳乎.'" 諸大夫蹴然曰, "先君王也." 文王曰, "然則卜之", 諸大夫曰, "先君之命, 王其無它. 又何卜焉." 遂迎臧丈人而授之政, 典法無更, 偏令無出.

3년 후에 문왕이 나라를 살펴보았는데, 많은 선비들은 붕당을 해체했고,[589] 관직의 책임자들은 자신의 공덕(功德)을 드러내지 않았으며,[590] [외국의] 도량형이 감히 사방의 국경지역으로부터 반입되지 않았다.[591]

---

586_ 선군왕(先君王)은 문왕의 부친이자 이전의 왕인 계력(季歷)을 말한다.

587_ 무타(無它)는 다른 생각을 하지 말고 복종하라는 뜻이다. 천구잉은 의심할 필요가 없다고 풀이했다.

588_ 전법(典法)은 전장(典章) 제도와 법률을 말한다. 편령(偏令)은 편파적인 정치 명령을 말한다.

589_ 식(植)은 줄이나 행렬을 말하는데, 뒤의 군(群)자와 마찬가지로 당파나 붕당의 의미로 볼 수 있다. 임희일은 붕당을 세우지 않는 것이라고 했고, 안병주는 빗장을 부수어 문호를 여는 것이라고 했다. 유월은 다음과 같이 풀이했다. "『좌씨전』「선공(宣公)」 2년에 '화원위식(華元爲植)'에 대한 두예의 주에서, '식(植)은 통솔하는 주체'라고 했다. 많은 선비들은 반드시 먼저 주체가 있은 이후에 무리를 얻을 수 있기 때문에 그 무리를 해산하고자 한다면 반드시 먼저 그 무리의 주체를 허물어야 한다."

590_ 불성덕(不成德)은 임희일과 천구잉 등이 모두 자신의 공덕을 드러내지 않는다는 뜻으로 풀이했다.

591_ 유(斔)는 유(斞)와 같은 글자로, 고대에 물건을 재던 용량의 단위이며, 곡(斛)도 마찬가지이다. 천구잉은 유곡(斔斛)이 곡물을 재던 용기라고 하여, "다른 도량형

많은 선비들이 붕당을 해체한 것은 함께 조화하는 것을 숭상했다는 의미이고,[592] 관직의 책임자들이 자신의 공덕을 드러내지 않은 것은 업무를 함께 수행했다는 의미이며, 도량형이 감히 사방의 국경지역으로부터 반입되지 않은 것은 제후들에게 [문왕을] 배신할 마음이 없었다는 의미이다.[593] 문왕이 이에 그를 태사(太師)로 삼고, [제자의 입장에서] 북면하고서, "이러한 정치를 온 천하에 파급할 수 있겠습니까?"라고 물었다. 장(藏) 지역의 노인은 멍한 채로 대답도 하지 않고, 범범하게 사양하듯이 행동했는데,[594] 아침에 이러한 명령을 듣고서 밤에 도망쳐서 죽을 때가지 소식이 없었다. 안연(顔淵)이 중니(仲尼)에게 "문왕도 아직 경지에 도달하지 못한 것 같습니다. 또한 어찌 꿈을 빌어서 [대부들을] 설득할 수 있단 말입니까?"라고 물었다. 중니가 말했다. "조용히 해라! 너는 아무 말도 하지 마라. 저 문왕은 최선을 다했으니, 또한 어떻게 비판할 수 있겠는가? 그는 단지 [대중들의 뜻을] 잠시 따랐을 뿐이다."[595](『장자』「전자방」)

三年, 文王觀于國, 則列士壞植散群, 長官者不成德, 斔斛不敢入于四

---

이 국경 지역에서 들어오지 않았다"라고 해석했다. 그 용량의 크기에 대해서는 서로 다른 여러 가지 이론들이 있다. 각 국가마다 서로 다른 용기를 사용하기 때문에 외국에서 용기가 들어오면 시장의 혼란을 초래하게 된다는 의미로 풀이된다.

592_ 상동(尙同)은 천구잉이 같은 마음으로 협력하는 것이라고 했고, 안동림은 곽상이 '和其光, 同其塵.'이라고 한 말에 따라, 대중과 화합함을 존중하는 것이라고 풀이했다. 한편 안병주는 묵가의 상동(尙同)과는 맥락은 다르지만, 그 뜻은 윗사람과 의견이 같은 것을 숭상하는 것이라고 했다.

593_ 불이(不二)는 두 마음을 품고 배신한다는 말이다. 제후들이 문왕에게 복종하여 배신하지 않고, 그를 믿고 같은 도량형을 사용했다는 의미이다.

594_ 매연(昧然)은 어리석고 멍한 모양으로, 멍하니 아무런 반응도 보이지 않는 것이다. 범연(泛然)은 얽매임이 없이 마음대로 하는 모양으로, 범범하게 사양하듯이 행동하는 것이다.

595_ 성현영이 사수(斯須)는 잠시 또는 잠깐[須臾]이고, 순(循)은 따른다[順]는 뜻으로, 대중들의 감정을 한때 따른 것이라고 했다. 안병주는 일시적인 방편을 따랐다고 해석했다.

竟. 列士壞植散群, 則尙同也, 長官者不成德, 則同務也, 斔斛不敢入于四竟, 則諸侯無二心也. 文王于是焉以爲太師, 北面而問曰, "政可以及天下乎?" 臧丈人昧然而不應, 泛然而辭, 朝令而夜遁, 終身無聞. 顏淵問于仲尼曰, "文王其猶未邪? 又何以夢爲乎?" 仲尼曰, "默! 女無言. 夫文王盡之也, 而又何論刺焉? 彼直以循斯須也."(『莊子』「田子方」)

## 4-5-16

지(知)가 다시 물어볼 수가 없어서, 황제의 궁궐로 돌아가 황제를 만나서 물어보았다.[596] 황제가 말했다. "아무것도 생각하지도 말고 사고하지도 말아야 비로소 도를 알게 되고, 일정한 입장에 서지 말고 아무런 행동도 하지 말아야 비로소 도에 편안할 수 있으며,[597] 아무것도 따르지 말고 아무런 방법도 쓰지 말아야 비로소 도를 터득할 수 있다." 지가 황제에게 물었다. "나와 당신은 도에 대해 알고 저 무위위(無爲謂)와 광굴(狂屈)은 알지 못하는데, 누가 옳은 것입니까?" 황제가 대답했다. "저 무위위가 정말로 옳고, 광굴은 비슷하게 가깝고, 나와 당신은 끝내 접근하지 못했다. 대체로 아는 자는 말하지 않고 말하는 자는 알지 못한다.[598] 따라서 성인은 말로 표현하지 않는 가르침을 실행한다.[599] 도(道)는 불러들일 수 없고, 덕(德)은 이를 수 없지만, 인(仁)은 실행할 수 있

596_ 지(知)가 도를 아는 방법 · 도에 편안할 수 있는 방법 · 도를 터득할 수 있는 방법을 가장 먼저 무위위(無爲謂)에게 물어보았는데, 무위위가 대답을 하지 않았다. 또 광굴(狂屈)에게 물었는데, 그는 안다고 말해놓고서 바로 말하고자 하던 것을 잊어 버렸다. 이 내용은 지가 광굴에게 물어보는 것을 포기하고, 황제를 찾아와서 물어보는 장면이다.

597_ 처(處)는 일정한 거처, 즉 어떤 입장에서 자신의 주장을 피력하는 것이다. 복(服)은 어떠한 일을 하기 위해 적극적으로 행동하는 것이다. 이러한 행동들이 없어야 도에 따라서 편안하게 대처할 수 있다.

598_ 『노자』 제56장에 보인다.

599_ 『노자』 제2장에 "聖人處無爲之事, 行不言之敎."라는 구절이 보인다.

고, 의(義)는 무너뜨릴 수 있으며, 예(禮)는 서로 허위(虛僞)로 꾸미는 것이다. 따라서 '도를 잃어버린 이후에 덕이 있고, 덕을 잃어버린 이후에 인이 있으며, 인을 잃어버린 이후에 의가 있고, 의를 잃어버린 이후에 예가 있으니, 예라는 것은 도의 겉치레이자 환란의 시초이다'[600]라고 했다."(『장자』「지북유」)[601]

知不得問, 反于帝宮, 見黃帝而問焉. 黃帝曰, "無思無慮, 始知道, 無處無服, 始安道, 無從無道, 始得道." 知問黃帝曰, "我與若知之, 彼與彼不知也, 其孰是邪?" 黃帝曰, "彼無爲謂眞是也, 狂屈似之, 我與汝終不近也. 夫知者不言, 言者不知. 故聖人行不言之敎. 道不可致, 德不可至, 仁可爲也, 義可虧也, 禮相僞也. 故曰, '失道而後德, 失德而後仁, 失仁而後義, 失義而後禮, 禮者, 道之華而亂之首也.'"(『莊子』「知北游」)

## 4-5-17

황제가 구자산(具茨山)[602]으로 대외(大隗)[603]를 만나러 갈 때,[604] 방명(方明)

---

600_『노자』 제38장에 "失道而後德, 失德而後仁, 失仁而後義, 失義而後禮. 夫禮者, 忠信之薄, 而亂之首."라는 구절이 보인다.

601_「지북유(知北游)」편에 대한 안병주의 해설에서는 "여기에 등장하는 인물은 지(知)·무위위(無爲謂)·광굴(狂屈)·황제(黃帝) 네 사람인데, 지는 인간의 분별지를 상징하고, 무위위는 도를 상징하며, 광굴은 세속의 예교(禮敎)로부터 일탈하여 분별지를 잊은 사나이를 각각 상징한다"라는 이케다 도모히사의 말을 인용했다. 그리고 "무위위는 무위(無爲)와 무위(無謂)를 하나의 이름으로 합친 것으로, 참된 도를 체득한 자는 말이 없다[無謂]는 점을 강조한 것이기도 하다. 곧 『노자』 제56장에 나오는 것처럼 '아는 이는 말하지 않고 말하는 자는 알지 못한다[知者不言, 言者不知.]'고 한 논리와 유사한데, 이 장뿐만 아니라 이 편 전체를 꿰뚫는 논리이기도 하다. 그 때문에 네 주인공 중에서 도에 관해 가장 자세하게 말하는 황제는 그저 '지언(知言)'의 수준에 있는 것으로 평가될 뿐이다"라고 했다.

602_ 구자산(具茨山)은 산 이름이다. 성현영과 사마표에 의하면, 하남성(河南省) 형양(滎陽) 밀현(密縣) 동쪽 경계에 있으며, 지금은 태외산(泰隗山)이라고 한다.

이 수레를 몰고, 창우(昌寓)가 옆에 같이 탔으며,[605] 장약(張若)과 습붕(諧朋)이 수레의 앞쪽에서 인도했고,[606] 곤혼(昆閽)과 활계(滑稽)가 수레의 뒤쪽에서 따랐다.[607] 양성(襄城)[608]의 들판에 이르러서 일곱 명의 성인들이 모두 길을 잃어버렸는데, 길을 물어볼 사람이 없었다. 때마침 말을 치는 목동을 만나서 길을 물었다. "너는 구자산을 아느냐?" 목동이 대답했다. "그렇습니다." "너는 대외가 있는 곳을 아느냐?" "그렇습니다." 황제가 말했다. "기이하구나, 어린 목동아! 단지 구자산을 알고 있을 뿐만 아니라, 또한 대외가 있는 곳까지 알고 있구나. 청컨대 천하를 다스리는 방법을 물어보고 싶구나." 어린 목동이 말했다. "천하를 다스리는 방법도 이와 같을 뿐이니,[609] 어찌 일삼을 것이 있겠습니까? 저는 어릴 때부터 이 세상 안에서[610] 혼자 스스로 놀다가 때마침 눈이 잘 보이지 않는 병에 걸렸는데,[611] 어떤 어른이 저에게 '너는 해 수레를 타고[612] 양

---

603_ 대외(大隗)는 커다란 흙덩이라는 말로, 천구잉은 대도(大道)를 사람의 이름에 가탁한 것이라고 했다. 안병주는 무위자연의 도를 상징하는 것이라고 했다.

604_ 방명(方明) · 창우(昌寓) · 장약(張若) · 습붕(諧朋) · 곤혼(昆閽) · 활계(滑稽)는 성현영이 모두 사람 이름이라고 했고, 천구잉은 우언 속의 가탁한 인물이라고 했다. 안병주는 각 이름 속에 담긴 뜻을 나름대로 풀이해서 제시하고 있다. 즉 방명(方明)은 우주 만물을 다 알고 있는 사방의 명지(明知), 창우(昌寓)는 우내(宇內)를 창성케 하는 사람, 장약(張若)은 넘치는 에너지를 가진 사람, 습붕(諧朋)은 요설(饒舌)꾼, 곤혼(昆閽)은 혼돈한 우자(愚者), 활계(滑稽)는 상궤(常軌)를 일탈한 사람 등이다.

605_ 참승(驂乘)은 어른을 모시고 마부의 오른쪽에 타는 것으로, 배승(陪乘)이라고도 한다.

606_ 전마(前馬)는 말의 앞쪽에서 호위하거나 인도하는 것으로, 전구(前驅)라고도 한다.

607_ 후거(後車)는 뒤에 따르는 수레 또는 시종이 탄 수레를 말하는데, 여기에서는 수레의 뒤쪽에서 따라간다는 의미로 풀이했다.

608_ 양성(襄城)은 지명으로, 천구잉이 하남성(河南省) 양성현(襄城縣)이라고 했다.

609_ 선영은 바로 눈앞의 경지인 광성의 들판과 같을 뿐이라고 했다. 즉 광막한 곳에서 서로를 잊으면 천하는 저절로 다스려진다는 의미이다. 안동림은 "하등 다스리려 애쓰지 말고 이렇게만 하면 된다"라고 했다.

610_ 육합(六合)은 상하와 사방의 공간으로, 세상 전체를 말한다.

611_ 무병(瞀病)은 눈이 흐려져서 잘 보이지 않는 병을 말한다.

성의 들판에서 놀아라'라고 가르쳐주었습니다. 지금은 병이 조금 나았기[613] 때문에 저는 다시 이 세상의 밖에서 놀려고 합니다. 천하를 다스리는 방법도 이와 같을 뿐이니, 제가 어찌 일삼을 것이 있겠습니까?" 황제가 말했다. "천하를 다스리는 방법은 진실로 우리 어린 목동의 일은 아니지만, 비록 그렇더라도 청컨대 천하를 다스리는 방법을 물어보고 싶구나." 어린 목동이 사양하자, 황제가 또 다시 물었다. 어린 목동이 말했다. "천하를 다스리는 방법이 어찌 말을 기르는 것과 다르겠습니까? 또한 말에게 해를 끼치는 것을 제거하는 것일 뿐입니다."[614] 황제가 두 번 절하고 머리를 조아린 채, [어린 목동을] 천사(天師)라고 부른 뒤 물러났다.(『장자』「서무귀」)

黃帝將見大隗乎具茨之山, 方明爲御, 昌寓驂乘, 張若·謵朋前馬, 昆閽·滑稽後車. 至于襄城之野, 七聖皆迷, 無所問塗. 適遇牧馬童子, 問塗焉曰, "若知具茨之山乎?" 曰, "然." "若知大隗之所存乎?" 曰, "然." 黃帝曰, "異哉, 小童! 非徒知具茨之山, 又知大隗之所存. 請問爲天下." 小童曰, "夫爲天下者, 亦若此而已矣, 又奚事焉? 予少而自游于六合之內, 予適有瞀病, 有長者敎予曰, '若乘日之車, 而游于襄城之野.' 今予病少痊, 予又且復游于六合之外. 夫爲天下, 亦若此而已, 予又奚事焉?" 黃帝曰, "夫爲天下者, 則誠非吾子之事, 雖然, 請問爲天下." 小童辭, 黃帝又問. 小童曰, "夫爲天下者, 亦奚以異乎牧馬者哉? 亦去其害馬者而已矣." 黃帝再拜稽首, 稱天師而退.(『莊子』「徐無鬼」)

---

612_ 사마표는 해를 수레로 삼는 것이라고 했고, 곽상은 해가 뜨면 나가서 놀고 해가 지면 들어와서 쉬는 것이라고 풀이했다.

613_ 전(痊)은 병이 낫는 것이다.

614_ 해마(害馬)는 성현영이 분수 밖의 일이라고 했고, 곽상은 "말은 분수에 지나친 것이 해로움이 된다"라고 했다.

## 4-5-18

설결(齧缺)[615]이 우연히 허유(許由)를 만나서, "그대는 어디로 가려고 합니까?"라고 물었다. 허유가 "요임금으로부터 도망가려고 합니다"라고 대답했다. 설결이 "그것이 무슨 말입니까?"라고 물었다. 허유가 대답했다. "저 요임금은 부지런히 힘써 인을 실천하고 있는데,[616] 나는 그가 천하의 웃음거리가 될까 두렵습니다. 후세에는 사람과 사람이 서로 잡아먹게 될 것입니다.[617] 대체로 백성들은 모으기가 어렵지 않습니다. 그들을 사랑해주면 임금을 친애하고, 그들을 이롭게 해주면 임금에게 다가오며, 그들을 칭찬하면 열심히 일하고, 그들이 싫어하는 것을 실행하면 흩어져 버립니다. 사랑해주고 이롭게 해주는 것은 인의(仁義)로부터 나오는 행동인데, 인의를 던져버리는 자는 드물고 인의를 이롭게 여겨 이용하는 자는 많습니다.[618] 인의의 실천이라는 것이 진실성이 없을 뿐만 아니라, 또한 저 짐승처럼 탐욕스러운 자의 [정치] 도구로 이용되기까지 합니다.[619] 이 때문에 임금 한 사람이 천하를 이롭

---

615_ 설결(齧缺)은 가공의 인물로, 「천지(天地)」편에서 허유(許由)의 스승이라고 했다.

616_ 휵휵연(畜畜然)은 부지런히 힘쓰는 모양이다. 『경전석문』에서 인용한 왕목야(王穆野)는 아끼고 사랑하여 부지런히 힘쓰는 모양이라고 했고, 이이는 인을 실천하는 모습이라고 했다. 안병주는 돌보고 사랑하는 모양이라고 했다.

617_ 천구잉이 인용한 육덕명(陸德明)은 "인의(仁義)로 달려가면 다시는 농사를 짓지 않게 되니, 굶주리면 서로 잡아먹는다"라고 했다. 한편 안병주는 "인(仁)이라는 것은 다투고 숭상하는 근원이 되기 때문이다"라는 곽상의 주석에 따라, "인은 서로 다투고 숭상하는 근원이므로 인의 정치를 행하면 그 폐단이 이 지경에 이를 것이다"라고 풀이했다.

618_ 손(損)은 내버린다[棄]는 뜻으로, 천구잉은 인의를 무시하는 것이라고 풀이했다. 인의(仁義)라는 정치의 도구를 사용하지 않고, 인의와는 관계없이 진정으로 백성을 위한 정치를 하는 임금은 적고, 그것이 정치에 이롭기 때문에 이용하는 사람은 많다는 의미이다.

619_ 금탐(禽貪)은 짐승처럼 탐욕스러운 자라는 뜻이다. 혜동은 흉악하고 탐욕스럽다[凶貪]는 것과 같다고 했다. 한편 임희일은 "탐욕스러움이 금수와 같은 자가 혹

게 해주는 정치를 강력하게 추진하는 것[620]은 비유하면 마치 한 측면만을 잠시 보는 것과 같을 뿐입니다.[621] 요임금은 현인이 [인의로써] 천하 사람들에게 이익을 주는 것만 알고, 그가 천하 사람들을 해친다는 것은 알지 못하니, 오직 현자를 도외시하는 사람만이 그것을 알 수 있습니다."

嚙缺遇許由曰, "子將奚之?" 曰, "將逃堯." 曰, "奚謂邪?" 曰, "夫堯畜畜然仁, 吾恐其爲天下笑. 後世其人與人相食與. 夫民不難聚也. 愛之則親, 利之則至, 譽之則勸, 致其所惡則散. 愛利出乎仁義, 捐仁義者寡, 利仁義者衆. 夫仁義之行, 唯且無誠, 且假夫禽貪者器. 是以一人之斷制利天下, 譬之猶一覕也. 夫堯知賢人之利天下也, 而不知其賊天下也, 夫唯外乎賢者知之矣."

스스로 자기 만족에 빠진 사람도 있고,[622] 구차한 안일에 만족하는 사람도 있으며,[623] 육체를 괴롭혀서 스스로 고생하는 사람도 있다.[624] 스

---

이러한 인의라는 이름을 빌어서 이용한다"라고 했다.

620_ 단제(斷制)는 결단하여 제정하는 것으로, 임금 한 사람이 인의를 통해 천하를 이롭게 해주는 정치를 강력하게 추진하는 것을 말한다.

621_ 별(覕)은 언뜻 보는 것으로, 사마표는 잠시 보는 모양[暫見]이라고 했다. 일별(一覕)은 한 번 잠시 본다는 뜻도 되고, 사물의 한 면만을 언뜻 본다는 뜻으로도 풀이될 수 있다. 여기에서는 인의에 의한 정치가 주는 이점만을 잠시 보고, 그것이 가져올 폐해에 대해서는 전혀 알지 못한다는 의미로 이해했다.

622_ 훤(暖)은 유순함이고, 주(姝)는 순종함이다. 훤주(暖姝)는 임희일이 천박한 견해로 스스로 즐거워한다는 뜻[淺見自喜]이라고 했고, 성현영이 스스로 자부하는 모양[自許]이라고 했다. 한편 안동림은 아첨하여 자기 의견을 갖지 않고 공연히 남의 학설에 사로잡혀 거기에 만족하는 자라고 했고, 안병주는 다른 사람과 잘 지내면서 자기를 요상하게 꾸미는 유형의 인간이라고 풀이했다. 여기에서는 임희일의 해석에 따랐다.

623_ 유수(濡需)는 육덕명이 잠시 동안 구차하게 안일한 것이라고 했고, 임희일은 멈추어서 기다리는 바가 있는 것으로, 권세와 이익을 탐하는 사람이라고 했다. 천구잉은 구차한 안일에 만족하는 것이라고 했다. 한편 안동림은 덧없는 안일에 만족하는 자라고 했고, 안병주는 타인에게 지나치게 의존하여 안일함을 탐하는 유형

스로 자기 만족에 빠진 사람은 어떤 선생의 말을 배우면 유순하게 그대로 받아들여 스스로 기뻐하면서 자기 만족에 빠진 채, 사물이 있지 않은 본래의 상태를 알지 못한다. 이 때문에 스스로 자기 만족에 빠진 사람이라고 말한다. 구차한 안일에 만족하는 사람은 돼지 몸에 기생하는 이가 바로 이런 종류의 사람이다. 돼지의 거칠고 긴 털을 골라서 살면서,[625] 스스로 [그 곳을] 넓은 궁궐이나 큰 정원이라고 생각하며, 돼지 발굽 사이의 벌어진 틈과 두 넓적다리 사이의 안쪽으로 굽은 깊은 곳, 젖의 사이와 넓적다리의 사이를 스스로 편안한 집이자 편리한 거처하고 생각한다.[626] 그런데 돼지를 도살하는 백정이 어느 날 팔을 휘둘러 돼지를 도살한 다음,[627] 풀을 깔고 불을 지펴서 [돼지를 구우면] 자기가 돼지와 함께 모두 타버린다는 것을 모른다. 이것은 일정한 범위 내에서만 나아가고 일정한 범위 내에서만 물러나는 것이니,[628] 이것을 구차한 안일에 만족하는 사람이라고 말한다. 육체를 괴롭혀서

---

의 인간이라고 했다. 여기에서는 천구잉의 해석에 따랐다.

624_ 권루(卷婁)는 노쇠하여 허리가 굽은 모양으로, 천구잉은 육체가 피로하여 고생하는 모습을 형용한다고 했다. 성현영은 육체가 피로하고 정신이 고달픈 것이라고 했고, 임희일은 몸이 굽어서 스스로 고생하는 모습이라고 했다. 한편 안동림은 외물에 심신을 괴롭히는 자라고 했고, 안병주는 몸을 움츠려서 뻗어나가는 기상이 없는 유형의 인간이라고 풀이했다.

625_ 시슬(豕蝨)은 돼지 몸에 기생하는 이를 말한다. 렵(鬣)은 수염이나 털로, 짐승의 몸에 난 긴 털을 말한다. 소렵(疏鬣)은 거칠고 긴 돼지의 털이다.

626_ 규(奎)는 두 다리 사이의 가랑이이고, 제(蹄)는 발의 굽으로, 규제(奎蹄)는 발굽 사이의 벌어진 틈을 말한다. 곡외(曲隈)는 굽어 있는 두 넓적다리의 사이를 말하는데, 천구잉은 안쪽으로 굽은 깊은 곳이라고 했다. 유간(乳間)은 젖의 사이이고, 고각(股脚)은 넓적다리를 말한다.

627_ 도자(屠者)는 돼지를 도살하는 백정을 말한다. 고비(鼓臂)는 팔을 휘두른다는 뜻으로, 돼지를 도살한다는 의미이다.

628_ 역(域)은 일정한 구역이나 지역을 말하는데, 여기에서는 돼지의 몸뚱이를 말한다. 선영은 진퇴가 일정한 경계에 사로잡혀 있는 것이라고 했고, 천구잉은 환경의 영향을 받는 것이라고 하고, "환경에 따라 나아가거나 환경에 따라 물러나는 것"이라고 해석했다. 안병주는 한정된 구역 안에서만 나아가고 한정된 구역 안에서만 물러나는 것이라고 풀이했다.

스스로 고생하는 사람은 순임금이 바로 그러한 종류의 사람이다. 양고기는 개미를 좋아하지 않지만 개미는 양고기를 좋아하니, 양고기의 누린내[629] 때문이다. 순임금에게도 누린내가 나는 행동이 있기 때문에 백성들이 그것을 좋아했다. 따라서 세 번을 옮겨 다니면서 [가는 곳마다] 도시가 이루어졌는데,[630] 등(鄧) 땅의 옛날 터[631]에 이르러서는 10만이 넘는 집들이 형성되었다. 요임금은 순임금이 어질다는 소문을 듣고, 황무지[632]에 그를 등용하고서 "그대가 와서 은택을 베풀기를 바라네'[633]라고 했다. 그런데 순임금이 황무지에 등용되었을 때는 나이도 많았고, 신체도 노쇠했는데도[634] 쉬지를 못했으니, 이것을 육체를 괴롭혀서 스스로 고생하는 사람이라고 말한다.(『장자』「서무귀」)

有暖姝者, 有濡需者, 有卷婁者. 所謂暖姝者, 學一先生之言, 則暖暖姝姝而私自說也, 自以爲足矣, 而未知未始有物也. 是以謂暖姝者也. 濡需者, 豕蝨是也. 擇疏鬣, 自以爲廣宮大囿, 奎蹄曲隈, 乳間股脚, 自以爲安室利處. 不知屠者之一旦鼓臂布草操煙火, 而已與豕俱焦也. 此以域進, 此以域退, 此其所謂濡需者也. 卷婁者, 舜也. 羊肉不慕蟻, 蟻慕羊肉, 羊肉羶也. 舜有羶行, 百姓悅之. 故三徙成都, 至鄧之虛, 而十有萬家. 堯聞舜之賢, 擧之童土之地曰, "冀得其來之澤." 舜擧乎童土之地, 年齒長矣, 聰明衰矣, 而不得休歸, 所謂卷婁者也. (『莊子』「徐無鬼」)

---

629_ 전(羶)은 양고기에서 나는 누린내를 말한다.

630_ 『사기』「오제본기(五帝本紀)」에도 "一年而所居成聚, 二年成邑, 三年成都."라는 기록이 보인다.

631_ 등(鄧)은 지명으로, 천구잉이 지금의 하남성(河南省) 남양(南陽) 부근이라고 했다. 허(虛)는 남아 있는 옛날의 터를 말한다.

632_ 동토(童土)는 초목이 없는 황무지 또는 불모지를 말한다.

633_ 왕선겸이 "순임금이 와서 은택을 베풀기를 바란 것"이라고 풀이했다.

634_ 총명(聰明)은 눈과 귀의 작용이 뛰어난 것인데, 여기에서는 신체의 상태를 상징한다고 할 수 있다.

## 4-5-19

순임금이 천하를 자신의 친구인 북인무택(北人無擇)[635]에게 물려주려고 했는데, 북인무택이 말했다. "기이하구나, 임금의 사람됨이여! 논밭 사이에서 농사를 지으면서 살다가 요임금의 문하에서 공부했으니,[636] 단지 이와 같을 뿐만 아니라 또한 당신의 치욕스러운 행위로 나를 더럽히려고 하는구나.[637] 나는 당신을 만나는 것도 부끄럽네." 그리고는 청령(淸泠)[638]이라는 연못에 몸을 던져 자살했다.

舜以天下讓其友北人無擇, 北人無擇曰, "異哉, 后之爲人也! 居于畎畝之中, 而游堯之門, 不若是而已, 又欲以其辱行漫我. 吾羞見之." 因自投淸泠之淵.

탕(湯)임금이 걸왕(桀王)을 정벌하려고 할 때, 변수(卞隨)[639]에게 부탁하여 계책을 세우려고 했는데, 변수는 "저의 일이 아닙니다"라고 말했다. 탕임금이 "누가 좋겠는가?"라고 묻자, 변수는 "저는 모릅니다"라고 대답했다. 탕임금이 또 무광(瞀光)[640]에게 부탁하여 계책을 세우려고 했는데, 무광은 "저의 일이 아닙니다"라고 말했다. 탕임금이 "누가 좋겠는가?"라고 묻자, 무광은 "저는 모릅니다"라고 대답했다. 탕임금이 "이윤

---

635_ 북인무택(北人無擇)은 성현영이 북방 지역의 사람으로, 이름이 무택(無擇)이며, 순임금의 친구라고 했다.

636_ 견(畎)은 밭 사이의 조그마한 도랑인데, 견무(畎畝)는 논밭에서 농사를 짓는 것을 말한다. 안병주는 "요임금의 문하에 출입하더니, 끝내 요임금의 신임을 얻어 천자의 자리에까지 올랐다"라고 풀이했다.

637_ 욕행(辱行)은 천자의 자리에까지 오르기 위해 했던 치욕스러운 행위를 말하는데, 임희일은 더러운 덕[穢德]이라고 했다. 만(漫)은 더럽힌다는 뜻이다.

638_ 청령(淸泠)은 연못 이름으로, 성현영과 천구잉이 남양(南陽) 서악현(西崿縣) 경계에 있다고 했다.

639_ 변수(卞隨)는 천구잉이 성은 변(卞)이고 이름은 수(隨)인 은자라고 했다.

640_ 무광(瞀光)은 천구잉이 성은 무(瞀)이고 이름이 광(光)인 은자라고 했다. 무(瞀)가 무(務)로 되어 있는 판본도 있다.

은 어떠한가?"라고 묻자, 무광이 대답했다. "강력한 의지로 치욕을 견디는 사람인데,[641] 저는 그 외에는 알지 못합니다." 탕임금이 드디어 이윤과 함께 계책을 세워서 걸왕을 정벌하여 승리하고서 변수에게 천하를 물려주려고 했다. 변수가 거절하면서 말했다. "임금이 걸왕을 정벌하려고 할 때 나와 계책을 세우려고 한 것은 분명히 나를 [천자를 정벌하는] 도적으로 생각했기 때문입니다. 걸왕을 물리치고 나에게 천하를 물려주려고 한 것은 분명히 나를 [재위를 노리는] 탐욕스러운 사람으로 생각했기 때문입니다. 내가 혼란한 시대에 태어나서, [당신처럼] 무도한 인간이 두 번씩이나 찾아와서 당신의 치욕스러운 행위로 나를 더럽히려고 하니, 나는 차마 그런 소리를 자주 들을 수가 없습니다." 그리고는 주수(椆水)[642]에 몸을 던져 자살했다.

> 湯將伐桀, 因卞隨而謀, 卞隨曰, "非吾事也." 湯曰, "孰可?" 曰, "吾不知也." 湯又因瞀光而謀, 瞀光曰, "非吾事也." 湯曰, "孰可?" 曰, "吾不知也." 湯曰, "伊尹何如?" 曰, "强力忍垢, 吾不知其他也." 湯遂與伊尹謀伐桀, 克之, 以讓卞隨. 卞隨辭曰, "后之伐桀也謀乎我, 必以我爲賊也. 勝桀而讓我, 必以我爲貪也. 吾生乎亂世, 而無道之人再來漫我以其辱行, 吾不忍數聞也." 乃自投椆水而死.

탕임금이 또 무광에게 천하를 물려주려고 하면서 말했다. "지혜가 있는 자는 계책을 세우고, 무예가 있는 자는 그 일을 수행하며, 어진 자는 천자의 자리에 앉는 것이 옛날부터 내려오는 도리입니다. 우리 그대가 어찌 천자의 자리에 오르지 않을 수 있겠습니까?" 무광이 거절하

---

**641**_ 인구(忍垢)는 성현영이 구(垢)를 치욕(恥辱)이라고 했고, 천구잉이 "강한 의지가 있어서 치욕을 참을 수 있다"라고 풀이했다. 안병주는 "무리하게 힘쓰는 인물로 손에 때를 묻히는 것도 참아낼 수 있는 사람이다"라고 해석했다.

**642**_ 주수(椆水)는 물 이름으로, 천구잉이 인용한 『경전석문』에 의하면, 어떤 판본에는 조수(稠水)로 되어 있다. 그리고 『여씨춘추』 「이속(離俗)」편에는 영수(潁水)로 되어 있다.

면서 말했다. "윗사람을 없애는 것은 의로움이 아니고, [전쟁으로] 백성들을 죽이는 것은 어짊이 아니며, 다른 사람이 어려움을 무릅쓰고 싸웠는데 내가 그 이익을 누리는 것은 염치가 아닙니다. 또 저는 '의로운 사람이 아니면 그의 봉록을 받지 않고, [그러한 사람이 다스리는] 무도한 세상에서는 그의 땅을 밟지 않는다'라고 들었습니다. 그런데 하물며 [그런 사람이] 저를 존중하여 [천자의 자리를 물려주려 하다니요!] 저는 차마 그것을 오랫동안 보고 있을 수가 없습니다." 그리고는 돌을 등에 짊어지고 여수(廬水)[643]에 스스로 몸을 던졌다.

湯又讓瞀光曰, "智者謀之, 武者遂之, 仁者居之, 古之道也. 吾子胡不立乎?" 瞀光辭曰, "廢上, 非義也, 殺民, 非仁也, 人犯其難, 我享其利, 非廉也. 吾聞之曰, '非其義者, 不受其祿, 無道之世, 不踐其土.' 況尊我乎! 吾不忍久見也." 乃負石而自沈于廬水.

옛날 주나라가 흥기했을 때, 두 명의 선비가 고죽국(孤竹國)[644]에 살고 있었는데, 백이(伯夷)와 숙제(叔齊) 형제였다. 두 사람이 서로 "우리가 들으니, 서쪽 지방의 어떤 사람이 도가 있는 사람 같다고 하니, 시험 삼아 가서 보자"라고 말했다. 기산(岐山)의 남쪽[645]에 이르자, 무왕(武王)이 그 소식을 듣고, 주공(周公) 단(旦)[646]에게 가서 그들을 만나보도록 했는데, 그들과 "2등급의 녹봉을 주고, 1등급의 관직에 임명한다"[647]고 맹세

643_ 여수(廬水)는 천구잉이 인용한 『경전석문』에 의하면, 요동(遼東)의 서쪽 경계에 있다.

644_ 고죽(孤竹)은 나라 이름으로, 사마표가 요동(遼東) 영지현(令支縣)의 경계, 즉 지금의 하북성(河北省) 천안현(遷安縣)이라고 하고, 성현영이 요서(遼西) 지역에 있다고 했다.

645_ 기양(岐陽)은 성현영이 기산(岐山)의 남쪽이라고 했다. 이곳은 주나라 문왕이 도읍한 지역이다.

646_ 숙단(叔旦)은 성왕(成王)의 숙부(叔父)인 단(旦)이라는 말로, 주공(周公)을 말한다. 주공은 이름이 단(旦)이고, 무왕의 동생이다.

647_ 가부이등(加富二等)은 성현영이 2등급의 녹봉을 주는 것이라고 했고, 취관일열

하고, [그 문서에] 희생의 피를 바르고 땅에 묻었다.[648] 두 사람은 서로 바라보고 웃으면서 말했다. "허허, 기이하구나! 이것은 우리가 말하는 도가 아니다. 옛날에 신농씨가 천하를 소유했을 때에는 사계절마다 지내는 제사에 공경을 다할 뿐 복을 빌지는 않았고,[649] 백성들에 대해 충심과 신의로 최선을 다해 다스릴 뿐 아무것도 요구하지 않았다. 즐겁게 정치에 참여하여 정치하고, 즐겁게 다스림에 참여하여 다스릴 뿐, 다른 사람의 실패를 통해서 스스로 성공하는 짓을 하지 않았고, 다른 사람을 비천하게 함으로써 스스로를 높이는 짓을 하지 않았으며, 좋은 때를 만난 것을 계기로 자기 이익을 챙기는 짓을 하지 않았다. 그런데 지금 주나라는 은나라의 혼란을 보고서 갑자기 좋은 정치를 하려고 하면서, 모략을 숭상하고 뇌물을 사용하며,[650] 군대를 믿고 위세를 떨며,[651] 희생을 죽여 맹세하는 것을 신의로 삼으며, 자기의 행위를 선전하여 대중을 즐겁게 하며, 사람을 죽이고 정벌함으로써 이익을 추구하니, 이것은 [주나라의] 혼란함을 전가하여 [은나라의] 폭정과 바꾸는 것이다."[652](『장자』「양왕」)

---

(就官一列)은 천구잉이 1등급의 관직에 임명하는 것이라고 풀이했다.

648_ 천구잉이 희생의 피로 맹세한 문서에 바르고 땅에 묻는 것이라고 했다.

649_ 기희(祈喜)는 복을 비는 것으로, 천구잉이 구복(求福)이라고 했고, 『여씨춘추』「성염(誠廉)」편에는 기복(祈福)으로 되어 있다.

650_ 상모이하행화(上謀而下行貨)는 하(下)자가 연문이라는 왕염손의 주장에 따라, 상모이행화(上謀而行貨)로 해석했다. 『장자금주금역』에서 인용한 왕염손의 주장은 다음과 같다. "여기에서 하(下)자는 후대 사람이 더해 넣은 것이다. 상(上)은 상(尙)과 같다. '上謀而行貨, 阻兵而保威.'는 문장 구조에서 서로 대구가 된다. 후대 사람이 상(上)자를 상하(上下)의 상(上)자로 잘못 해석했기 때문에 하(下)자를 더해 넣었을 뿐이다. 『여씨춘추』「성렴(誠廉)」편에도 하(下)가 없다." 행화(行貨)는 뇌물을 사용한다는 뜻이다. 『좌씨전』「소공(昭公)」 23년에 '吾告女所行貨.'라는 구절이 보인다.

651_ 조(阻)는 의존한다[依]는 뜻이며, 조병(阻兵)은 군대를 믿고 의존한다는 말이다. 『여씨춘추』「성렴」편에서 고유도 조(阻)를 의(依)로 풀이했다. 보위(保威)는 위세를 믿는다는 뜻으로, 위세를 떤다는 의미로 이해할 수 있다.

652_ 『사기』「백이열전(伯夷列傳)」에 "무왕이 폭력으로 폭력을 바꾸었는데, 그 잘못

昔周之興, 有士二人處于孤竹, 曰伯夷·叔齊. 二人相謂曰, "吾聞西方有人, 似有道者, 試往觀焉." 至于岐陽, 武王聞之, 使叔旦往見之, 與之盟曰, "加富二等, 就官一列", 血牲而埋之. 二人相視而笑曰, "嘻, 異哉! 此非吾所謂道也. 昔者神農之有天下也, 時祀盡敬, 而不祈喜, 其于人也, 忠信盡治, 而無求焉. 樂與政爲政, 樂與治爲治, 不以人之壞自成也, 不以人之卑自高也, 不以遭時自利也. 今周見殷之亂, 而遽爲政, 上謀而下行貨, 阻兵而保威, 割牲而盟以爲信, 揚行以說衆, 殺伐以要利, 是推亂以易暴也."(『莊子』「讓王」)

<이상 장자가 옛것에 가탁하다: 右莊子託古>

## 6. 열자가 옛것에 가탁하다 [列子託古]

4-6-1

황제(黃帝)의 책에서 말했다. "형체의 움직임은 형체를 만드는 것이 아니라 그림자를 만들며, 소리의 움직임은 소리를 만드는 것이 아니라 메아리를 만든다.[653] 움직임이 없는 것은 무(無)를 만드는 것이 아니라

---

을 모른다[以暴易暴兮, 不知其非矣.]"라는 기록이 있는데, 『사기색은』에서 "무왕과 같은 폭력적인 신하로 은나라 걸왕과 같은 폭력적인 군주를 바꾸었는데, 스스로 그 잘못을 모른다[以武王之暴臣易殷紂之暴主, 而不自知其非矣.]"라고 풀이했다. 즉 무왕 스스로가 폭력적이었기 때문에 폭군을 정벌한 무왕의 일에 정당성이 없다는 말이다. 성현영이 "주나라의 혼란함을 전가하여 은나라의 폭정을 바꾼 것[推周之亂以易殷之暴也.]"이라고 한 것도 같은 의미이다. 이 단락의 내용은 『여씨춘추』「성렴」편에도 보인다.

653_ 『열자집석』에서 장담(張湛)이 다음과 같이 풀이했다. "형체가 있으면 반드시 그림자가 있고, 소리가 있으면 반드시 메아리가 있다. 이것은 자연스럽게 함께 생기

유(有)를 만든다. 형체는 반드시 끝이 있는 것인데, 하늘과 땅은 끝이 있는가? 나와 더불어 모두 끝이 있다. 완전히 다 끝남이 있는가?[654] 알 수가 없다. 도는 끝이 있는가? 본래 시작이 없기 [때문에 끝이 없다.] 다함이 있는가? 본래 유(有)가 없기 [때문에 다함이 없다.][655] 생겨남이 있으면 생겨남이 없는 것으로 되돌아가며, 형체가 있으면 형체가 없는 것으로 되돌아간다. 생겨남이 없는 것은 본래부터 생겨남이 없는 것이 아니며, 형체가 없는 것은 본래부터 형체가 없는 것이 아니다. 생겨나는 것은 이치상 반드시 끝이 있는 것이다. 끝이 있는 것은 끝이 없을 수 없으니, 또한 생겨나는 것이 생겨나지 않을 수 없는 것과 같다. 그런데도 그 삶을 영원하게 하려고 하거나 그 끝을 그치려고 하는 것[656]은 법칙에 어긋나는 것이다."(『열자』「천서」)

黃帝書曰, "形動不生形而生影, 聲動不生聲而生響. 無動不生無而生有. 形必終者也, 天地終乎? 與我偕終. 終進乎? 不知也. 道終乎? 本無始. 進乎? 本不久. 有生則復于不生, 有形則復于無形. 不生者非本不生者也, 無形者非本無形者也. 生者理之必終者也. 終者不得不終,

---

며, 함께 나왔다가 함께 없어지니, 어찌 서로 앞뒤의 바탕이 되는 시간적인 차이가 있겠는가? 곽상(郭象)이 『장자』에 주를 달면서 논한 것이 상세한데, 세상의 담론가들은 형체가 움직이고 나서 그림자가 따르고, 소리가 나오고 나서 메아리가 응한다고 생각했다. 성인은 그것을 본받아 비유를 삼아서, 형체가 움직이면 근본을 상실하고 고요하면 근본으로 되돌아옴을 밝히고, 그림자와 메아리의 뜻을 다시는 왜곡하지 않았다."

654_ 장담이 진(進)자는 진(盡)자가 되어야 한다고 하고, 다음과 같이 풀이했다. "모이면 형체를 이루고, 흩어지면 끝난다. 이것이 세상에서 말하는 끝과 시작이다. 그렇다면 모이는 것은 형체를 이룬 실체를 시작으로 삼고, 흩어지는 것을 끝으로 삼으며, 흩어지는 것은 텅 빈 것을 시작으로 삼고, 형체를 이룬 실체를 끝으로 삼는다. 따라서 서로 번갈아가면서 끝과 시작이 되며, 이치상으로 사실 끝도 없고 시작도 없는 것이다."

655_ 장담이 "구(久)는 유(有)가 되어야 한다. 처음이 없기 때문에 끝남이 없고, 유(有)가 없기 때문에 다함이 없다"라고 했다.

656_『열자집석』에서 유월이 획(畫)은 지(止)의 뜻이라고 했다.

亦如生者之不得不生. 而欲恒其生, 畫其終, 惑于數也."(『列子』「天瑞」)

## 4-6-2

육웅(鬻熊)[657]이 말했다. "자연의 운행은 그침이 없고, 하늘과 땅은 은밀하게 움직이니, 누가 그것을 깨달을 수 있겠는가?[658] 따라서 사물은 저쪽에서 줄어든 것은 이쪽에서 채워지며, 이쪽에서 이루어진 것은 저쪽에서 이지러진다. 줄어들면 채워지고 이루어지면 이지러지며, [한쪽에서] 생겨나면 그에 따라서 [다른 쪽에서] 죽는다.[659] 가고 오는 것이 서로 이어져서 그 틈을 살필 수가 없으니, 누가 그것을 깨달을 수 있겠는가? 대체로 하나의 기운은 갑자기 이루어지지 않으며,[660] 하나의 형체

---

657_ 육웅(鬻熊)은 『열자집석』에서 인용한 『경전석문』에 의하면, 주나라 문왕(文王)의 스승으로, 초(楚)나라에 봉해졌으며, 『자서(子書)』 22편을 저술했다고 한다. 그리고 양장거(梁章鉅)는 다음과 같이 말했다. "제자백가의 책 중에서 『육자(鬻子)』가 가장 오래되었는데, 그 책은 두 종류가 있다. 『한서』 「예문지」에 도가(道家) 『육자설(鬻子說)』 22편이 있고, 또 소설가(小說家) 『육자설(鬻子說)』 19편이 있다. 『열자』에서 인용한 『육자』는 모두 3조목인데, 모두 황로학의 청정(淸淨) 이론으로, 현행본과는 같은 종류의 내용이 아니니, 아마도 도가 22편의 문장인 듯하다." 한편 『사고전서총목제요』의 「잡가류(雜家類)」에는 『육자(鬻子)』 1권을 수록하고, 다음과 같이 말했다. "두예(杜預)의 『춘추좌씨전주(春秋左氏傳注)』에는 육웅이 축융(祝融)의 12세손이라고 했는데, 공영달(孔穎達)의 소에서는 그 내용이 어떤 책에서 나왔는지 알지 못하겠다고 했다. 『사기』에는 '육웅자(鬻熊子)가 문왕을 섬기다가 일찍 죽었다. 그의 자식이 웅려(熊麗)인데, 웅려가 웅광(熊狂)을 낳았고, 웅광이 웅역(熊繹)을 낳았다. 성왕(成王) 때 문왕(文王)과 무왕(武王)을 성심껏 모셨던 신하의 후예를 등용하면서 웅역을 초(楚) 땅에 봉했다'라고 했다. 『한서』에는 '위상(魏相, ?~B.C.59)이 곽광(霍光, ?~B.C.68)에게 공문을 올리면서, 『문왕(文王)이 육자를 만났는데, 나이가 90여 세였다』라고 말했다'는 내용이 실려 있다. 비록 내용은 약간 다르지만, 그는 대략 문왕과 무왕 때의 인물이었다."

658_ 운전(運轉)은 일정한 궤도를 따라서 움직이는 것이다. 여기에서는 자연의 일정한 운행을 말한다. 밀이(密移)는 아무도 모르게 은밀하게 이동하는 것이다. 주(疇)는 누구(誰)라는 뜻이다.

659_ 장담이 세(世)는 생(生)의 의미라고 했다.

는 갑자기 이지러지지 않는다. 또한 그것이 이루어지는 것을 깨달을 수도 없고, 또한 그것이 이지러지는 것을 깨달을 수도 없다. 그것은 또한 사람이 태어나서부터[661] 늙을 때까지 용모와 안색, 지혜와 태도가 다르지 않은 날이 하루도 없는 것과 같다. 피부와 손톱과 머리카락은 [한쪽에서] 생겨나면 그에 따라서 [다른 쪽에서] 떨어져 없어지니, 어린 아이일 때라고 해서 [그러한 과정이] 멈추어서 변하지 않는 경우는 없다. 그 틈을 깨달을 수 없으니, 지극한 경지가 되어야 알 수 있다."

粥熊曰, "運轉亡已, 天地密移, 疇覺之哉? 故物損于彼者, 盈于此, 成于此者, 虧于彼. 損盈成虧, 隨世隨死. 往來相接, 間不可省, 疇覺之哉? 凡一氣不頓進, 一形不頓虧. 亦不覺其成, 不覺其虧. 亦如人自世, 至老, 貌色智態, 亡日不異. 皮膚爪髮, 隨世隨落, 非嬰孩時有停而不易也. 間不可覺, 俟至後知."

기(杞)나라[662] 사람 중에 하늘과 땅이 무너지고 떨어져서 몸이 의지할 곳이 없어질 것을 근심하여, 잠을 자지도 음식을 먹지도 않는 자가 있었다. 또한 어떤 사람이 그 사람이 근심하는 것을 걱정했기 때문에 그에게 가서 깨우쳐주려고 다음과 같이 말했다. "하늘은 기운이 쌓여 있는 것일 뿐이며, 기운이 없는 곳은 없다. 몸을 움직이거나 호흡을 하는 것은 하루 종일 하늘 사이에서 하는 행동인데, 어째서 그것이 무너지고 떨어질 것을 근심하는가?" 그 사람이 "하늘이 정말로 기운이 쌓여

---

660_ 『열자집석』에서 양보쥔이 진(進)은 성(成)과 같다고 했다. 즉 여기의 진(進)은 휴(虧)와 서로 대구가 된다. 뒤의 문장인 불각기성(不覺其成)은 불돈진(不頓進)을 이어서 말한 것이고, 불각기휴(不覺其虧)는 불돈휴(不頓虧)를 이어서 말한 것이므로 진(進)은 성(成)과 같다는 것이다.

661_ 장담이 세(世)는 생(生)으로 읽어야 한다고 했다. 뒷 문장에 나오는 세(世)자도 마찬가지이다.

662_ 기(杞)는 주나라의 무왕(武王)이 하나라 우(禹)임금의 자손을 봉하여 우임금의 제사를 받들게 한 나라이다. 주나라에서 처음 봉한 지역은 지금의 하남(河南) 개봉(開封) 지역의 기현(杞縣)이며, 『사기』에 「세가(世家)」가 있다.

있는 것이라면 해와 달과 별들이 당연히 떨어지지 않겠습니까?"라고 물었다. 깨우쳐주려는 사람이 말했다. "해와 달과 별들은 또한 기운이 쌓여 있는 것 중에서 빛이 나는 것이다. 가령 떨어지더라도 상해를 입히는 일이 있을 수는 없다." 그 사람이 "땅이 무너지는 것은 어떻게 해야 합니까?"라고 물었다. 깨우쳐주려는 사람이 말했다. "땅은 흙덩어리가 쌓여 있는 것일 뿐이며, 사방의 빈 곳이 가득 차고 막혀 있어서 흙덩어리가 없는 곳이 없다. 땅을 밟고 걷거나 뛰는 것[663]은 하루 종일 땅 위에서 하는 행동인데, 어째서 그것이 무너질 것을 근심하는가?" 그 사람이 환하게 깨달은 듯[664] 크게 기뻐했고, 깨우쳐주려는 사람도 또한 환하게 깨달은 듯 크게 기뻐했다.

杞國有人憂天地崩墜, 身亡所寄, 廢寢食者. 又有憂彼之所憂者, 因往曉之曰, "天積氣耳, 亡處亡氣. 若屈伸呼吸, 終日在天中行止, 奈何憂崩墜乎?" 其人曰, "天果積氣, 日月星宿, 不當墜邪?" 曉之者曰, "日月星宿, 亦積氣中之有光耀者. 只使墜, 亦不能有所中傷." 其人曰, "奈地壞何?" 曉者曰, "地積塊耳, 充塞四虛, 亡處亡塊. 若躇步跐蹈, 終日在地上行止, 奈何憂其壞?" 其人舍然大喜, 曉之者亦舍然大喜.

장려자(長廬子)[665]가 그 이야기를 듣고 웃으면서 말했다. "무지개, 구름과 안개,[666] 바람과 비, 사계절, 이것들은 기운이 쌓인 것이 하늘에서 이루어진 것이다. 산악, 강과 바다, 금속과 돌, 불과 나무, 이것들은 형체가 쌓인 것이 땅에서 이루어진 것이다. 기운이 쌓인 것임을 알고 흙덩이가 쌓인 것임을 안다면 어떻게 무너지지 않는다고 말할 수 있는

---

663_ 저보(躇步)는 땅을 밟고 걷는 것이고, 자도(跐蹈)는 땅을 밟고 뛰는 것이다.

664_ 사연(舍然)은 환하게 깨닫는 모양이다.

665_ 장려자(長廬子)는 『열자집석』에 의하면, 『사기』에 초나라에 장려자라는 사람이 있었다는 기록이 있고, 『한서』에 장려자가 9편을 저술했는데, 도가의 부류에 속한다고 했다.

666_ 홍예(虹霓)는 무지개이고, 운무(雲霧)는 구름과 안개이다.

가? 하늘과 땅은 텅빈 허공 속의 미세한 하나의 사물이고, 존재하는 것 중에서 가장 큰 사물이다. 끝이 있기도 어렵고 다 없어지기도 어려우니, 이것은 본래부터 그러한 것이다. 헤아리기도 어렵고 알기도 어려우니, 이것은 본래부터 그러한 것이다. 그것이 무너질 것을 근심하는 것은 진실로 너무 멀리까지 생각한 것이고, 그것이 무너지지 않는다고 말하는 것은 또한 옳지 않은 생각이다. 하늘과 땅은 무너지지 않을 수 없으니, 언젠가는 반드시 무너지게 된다. 그것이 무너질 때를 만난다면 어떻게 근심하지 않을 수 있겠는가?" 열자가 그 이야기를 듣고 웃으면서 말했다. "하늘과 땅이 무너질 것이라고 말하는 사람도 잘못되었지만, 하늘과 땅이 무너지지 않을 것이라고 말하는 사람도 잘못되었다. 무너질지의 여부를 우리는 알 수가 없다. 비록 그렇기는 하지만, 저래도 마찬가지이고 이래도 마찬가지이다.[667] 따라서 태어날 때는 죽음을 알지 못하고 죽을 때는 삶을 알지 못하며, 올 때에는 가는 것을 알지 못하고 갈 때에는 오는 것을 알지 못한다. 무너질지의 여부를 내가 어찌 마음에 담아두겠는가?"

長廬子聞而笑之曰, "虹霓也, 雲霧也, 風雨也, 四時也, 此積氣之成乎天者也. 山岳也, 河海也, 金石也, 火木也, 此積形之成乎地者也. 知積氣也, 知積塊也, 奚謂不壞? 夫天地, 空中之一細物, 有中之最巨者. 難終難窮, 此固然矣. 難測難識, 此固然矣. 憂其壞者, 誠爲大遠, 言其不壞者, 亦爲未是. 天地不得不壞, 則會歸于壞. 遇其壞時, 奚爲不憂哉?" 子列子聞而笑曰, "言天地壞者亦謬, 言天地不壞者亦謬. 壞與不壞, 吾所不能知也. 雖然, 彼一也, 此一也. 故生不知死, 死不知生, 來不知去, 去不知來. 壞與不壞, 吾何容心哉?"

---

667_ 장담이 "피일(彼一)은 무너지지 않는 것을 말하고, 차일(此一)은 무너지는 것을 말한다. 만약 무너지지 않으면 다른 사람과 함께 몸을 보존하고, 만약 무너지면 다른 사람과 함께 사라지니, 어찌 그 사이에서 즐거워하거나 근심하는가?"라고 풀이했다.

순(舜)임금이 정승(政丞)[668]에게 "도를 소유할 수 있는가?"라고 물었다. 그는 "당신의 몸도 당신의 소유가 아닌데, 당신이 어떻게 저 도를 소유할 수 있겠습니까?"라고 대답했다. 순임금이 "나의 몸이 나의 소유가 아니라면 누가 그것을 소유하고 있는가?"라고 물었다. 그는 다음과 같이 대답했다. "그것은 하늘과 땅에 속해 있는 형체입니다.[669] 삶도 당신의 소유가 아니니, 그것은 하늘과 땅에 속해 있는 [기운의] 조화입니다. 성명(性命)도 당신의 소유가 아니니, 그것은 하늘과 땅에 속해 있는 [기운의] 순응입니다.[670] 자손들도 당신의 소유가 아니니, 그것은 하늘과 땅에 속해 있는 [기운의] 변화된 사물입니다.[671] 따라서 가더라도 갈 곳을 알지 못하고, 거처하더라도 지킬 것을 알지 못하며, 먹더라도 그 맛을 알지 못합니다.[672] 하늘과 땅이 강하고 힘차게 움직이는 것[673]이 기운인데, 또한 어떻게 소유할 수 있겠습니까?"(『열자』「천서」)

舜問乎烝曰, "道可得而有乎?" 曰, "汝身非汝有也, 汝何得有夫道?" 舜曰, "吾身非吾有, 孰有之哉?" 曰, "是天地之委形也. 生非汝有, 是天地之委和也. 性命非汝有, 是天地之委順也. 孫子非汝有, 是天地之

---

668_ 증(烝)은 『열자집석』에서 피석서(皮錫瑞)가 승(丞)이 되어야 한다고 했다. 『장자』「지북유(知北游)」편에도 "舜問乎丞曰, 道可得而有乎?"라는 기록이 보인다. 승(丞)은 고대에 임금을 보좌하던 최고의 관리로 정승(政丞)을 말한다.

669_ 위형(委形)은 『열자집석』에서 유월이 천지에 속해 있는 형체라고 했다. 천지로부터 부여받아서 이루어진 형체라는 의미이다.

670_ 장담이 곽상(郭象)의 말을 인용하여 다음과 같이 말했다. "만약 몸이 너의 소유라면 선악과 생사는 당연히 네가 통제할 수 있다. 지금 기운이 모여서 태어나니 네가 막을 수 없으며, 기운이 흩어져서 죽으니, 네가 막을 수 없다. 그것은 천지에 속해 있는 기운이 응결하여 스스로 이루어진 것이지 너의 소유가 아님을 밝힌 것이다."

671_ 태(蛻)는 뱀이나 매미 등이 벗은 허물을 말하는데, 여기에서는 새로운 형태로 변화된 사물을 말한다.

672_ 식부지소이(食不知所以)는 『장자』에는 식부지소미(食不知所味)로 되어 있는데, 그것에 따라 해석했다.

673_ 강양(强陽)은 장담이 강실(剛實)과 같다고 했다. 즉 강하고 힘차게 움직이는 것을 말한다.

委蛻也. 故行不知所往, 處不知所持, 食不知所以. 天地强陽, 氣也, 又胡可得而有邪?"(『列子』「天瑞」)

### 4-6-3

모습이 반드시 같지 않더라도[674]〈원주: 동(童)은 동(同)이 되어야 한다.〉 지혜는 같을 수 있고, 지혜가 반드시 같지 않더라도 모습은 같을 수 있다. 성인은 지혜가 같은 것을 취하고, 모습이 같은 것을 버린다. 일반 사람들은 모습이 같은 것을 가까이하고, 지혜가 같은 것을 멀리한다. 모습이 나와 같은 것은 친근하게 대하면서 사랑하고, 모습이 나와 다른 것은 소원하게 대하면서 두려워한다. 7척의 몸을 가지고 있고, 손과 발의 모양이 다르며, 머리카락을 이고 있고 이빨을 머금고 있으며,[675] 서서 걸어가는 것을 사람이라고 한다. 그런데 사람이 반드시 짐승 같은 마음이 없는 것은 아니다. 비록 짐승 같은 마음을 가지고 있더라도 생긴 모습 때문에 친근한 대우를 받는다. 날개를 달고 있고 뿔을 이고 있으며,[676] 이빨이 옆으로 갈라져 있고 발톱이 펴져 있으며, 위로 날아오르고 엎드려서 달리는 것을 금수(禽獸)라고 한다. 그런데 금수가 반드시 사람 같은 마음이 없는 것은 아니다. 비록 사람 같은 마음을 가지고 있더라도 생긴 모습 때문에 소원한 대우를 받는다.

狀不必童,〈童, 當作同.〉 而智童, 智不必童, 而狀童. 聖人取童智而遺童狀. 衆人近童狀而疏童智. 狀與我童者, 近而愛之, 狀與我異者, 疏而畏之. 有七尺之骸, 手足之異, 戴髮含齒, 倚而趣者, 謂之人. 而人

674_ 동(童)은 장담이 동(同)이 되어야 한다고 했다.

675_ 대발함치(戴髮含齒)는 머리카락을 머리위에 이고 있고, 이빨을 입속에 머금고 있다는 말로, 사람의 형상을 표현한 말이다.

676_ 부익대각(傅翼戴角)은 날개를 옆에 달고 있고, 뿔을 머리위에 이고 있다는 말로, 동물의 형상을 표현한 말이다.

未必無獸心. 雖有獸心, 以狀而見親矣. 傳翼戴角, 分牙布爪, 仰飛伏走, 謂之禽獸. 而禽獸未必無人心. 雖有人心, 以狀而見疏矣.

포희씨(庖犧氏)와 여와씨(女媧氏), 신농씨(神農氏)와 하후씨(夏后氏)[677]는 뱀의 몸에 사람의 얼굴을 했고, 소의 머리에 호랑이의 코가 달려 있었다. 이들은 사람이 아닌 모습을 가지고 있었지만, 위대한 성인의 덕을 가지고 있었다. 하(夏)나라의 걸왕(桀王)과 은(殷)나라의 주왕(紂王), 노(魯)나라의 환공(桓公)과 초(楚)나라 목공(穆公)은 이목구비의 모습을 갖추고 있어서[678] 모두 사람과 같았지만, 금수와 같은 마음을 가지고 있었다.[679] 그런데 일반 사람들은 인간의 모습 한 가지만을 가지고 지극히 지혜로운 사람을 찾으니, 거의 불가능할 것이다. 황제(黃帝)가 염제(炎帝)[680]와 판천(阪泉)[681]의 들에서 싸울 때, 곰과 말곰, 이리와 표범, 살쾡이와 호랑이를 이끌고서 선봉대로 삼았고,[682] 독수리와 갈단새와 매와 솔개를 깃발로 삼았으니,[683] 이것은 힘으로 금수를 부린 것이다. 요(堯)임금은

---

677_ 포희씨(庖犧氏)는 복희씨(伏犧氏)를 말한다. 고대 삼황(三皇) 중의 한 사람으로, 팔괘(八卦)를 처음으로 만들고, 사람들에게 사냥하는 기술을 가르쳤다고 한다. 여와씨(女媧氏)는 고대 전설에 나오는 임금의 이름으로, 복희씨의 누이라고 전해진다. 다섯 색깔의 돌을 다듬어서 하늘의 결손된 부분을 보수하고, 거북의 발을 잘라서 사방 끝의 기둥을 세웠다고 한다. 신농씨(神農氏)는 고대 삼황(三皇) 중의 한 사람으로, 사람들에게 농사를 짓는 기술을 가르쳤다고 한다. 하후씨(夏后氏)는 치수 사업을 성공한 하나라의 우임금을 말한다.

678_ 칠규(七竅)은 사람의 얼굴에 있는 7개의 구멍, 즉 귀 · 눈 · 코 · 입을 말한다.

679_ 양보쥔은 노나라 환공이 형을 죽이고 스스로 즉위했고, 초나라 목공이 아버지를 죽이고 스스로 즉위했기 때문에 금수와 같은 행동이 있다고 말한 것이라고 했다.

680_ 염제(炎帝)는 신농씨를 말하는데, 화덕(火德)으로 나라를 세웠다고 하여 이렇게 불렀다고 한다.

681_ 판천(阪泉)은 지명인데, 그 위치에 대해서는 세 가지 주장이 있다. 하북성(河北省) 탁록현(涿鹿縣) 동남쪽, 산서성(山西省) 운성현(運城縣) 남쪽, 산서성 양곡현(陽曲縣) 동북쪽 등이다.

682_ 웅비랑표추호(熊羆狼豹貙虎)는 곰과 말곰, 이리와 표범, 살쾡이와 호랑이를 말한다. 전구(前驅)는 가장 앞서서 나가는 군대로, 선봉대를 말한다.

기(夔)에게 음악을 관장하도록 했는데, 돌로 만든 경쇠를 쳐서 연주하자 수많은 짐승들이 따라서 춤을 추었고, 소소(簫韶)를 아홉 번 연주하자 봉황이 와서 춤을 추었으니,[684] 이것은 음악 소리로 금수를 불러들인 것이다.〈원주: 여기에서 『서』를 인용했으니, 이 책이 공자 이후에 나온 것임을 알 수 있다.〉 그렇다면 금수의 마음이 어찌 사람과 다르겠는가? 형체와 소리가 사람과 달라서 그것들과 접촉하는 방법을 알 수 없었던 것이다. 성인은 알지 못하는 것이 없고 통달하지 못하는 것이 없기 때문에, 그것들을 끌어들여 부릴 수가 있었다.

> 庖犧氏·女媧氏·神農氏·夏后氏, 蛇身人面, 牛首虎鼻. 此有非人之狀, 而有大聖之德. 夏桀·殷紂·魯桓·楚穆, 狀貌七竅, 皆同于人, 而有禽獸之心. 而衆人守一狀以求至智, 未可幾也. 黃帝與炎帝戰于阪泉之野, 帥熊·羆·狼·豹·貙·虎爲前驅, 雕·鶡·鷹·鳶爲旗幟, 此以力使禽獸者也. 堯使夔典樂, 擊石拊石, 百獸率舞, 簫韶九成, 鳳凰來儀, 此以聲致禽獸者也.〈此引『書』, 可知出孔子後也.〉 然則禽獸之心, 奚爲異人? 形音與人異, 而不知接之之道焉. 聖人無所不知, 無所不通. 故得引而使之焉.

금수의 지혜는 자연스럽게 사람과 같은 점이 있으니, 그것들은 모두 삶을 잘 영위하려고 하면서도 사람에게 지혜를 빌리지는 않는다. 암컷과 수컷이 서로 짝을 짓고, 어미와 새끼가 서로 친하게 대하며, 평지

683_ 조갈응연(雕鶡鷹鳶)은 독수리와 갈단새, 매와 솔개를 말한다. 기치(旗幟)는 군대에서 사용하는 깃발을 말한다.

684_ 『서』 「익직(益稷)」편에 "夔曰, '戛擊鳴球, 搏拊琴瑟, 以詠, 祖考來格, 虞賓在位, 群后德讓, 下管鼗鼓, 合止柷敔, 笙鏞以間, 鳥獸蹌蹌, 簫韶九成, 鳳皇來儀.' 夔曰, '於, 予擊石拊石, 百獸率舞, 庶尹允諧.'"라는 기록이 보인다. 기(夔)는 순임금 때의 악관(樂官)의 이름이다. 석(石)은 고대의 악기 이름으로, 돌로 만든 경쇠인 석경(石磬)을 말한다. 『시경집전』에 의하면, 격(擊)은 무겁게 치는 것이고, 부(拊)는 가볍게 치는 것이다. 소소(簫韶)는 순임금의 음악 이름이다. 연주를 한 번 끝내는 것을 일성(一成)이라고 하고, 아홉 번 연주하는 것을 구성(九成)이라고 한다.

를 피하고 험한 곳에 의지하여 살며, 추위를 피하고 따뜻한 곳으로 나아가 산다. 거처할 때에는 무리를 짓고 다닐 때에는 행렬을 지으며, 어린 것은 안에서 거처하고 장성한 것은 밖에서 거처한다. 물을 마실 때는 서로 이끌어서 가고, 먹이를 먹을 때는 무리에게 소리를 내어 부른다. 아주 먼 옛날의 시대에는 사람들과 함께 살고 사람들과 함께 다녔다. 제왕의 시대에 비로소 사람을 두려워하고 놀라서 이리저리 흩어져서 달아났다. 말세에 이르러서는 숨거나 도망가서 환난과 해를 피했다. 지금 동쪽 개씨(介氏)의 나라 사람 중에는 가축들의 말을 알아듣는 사람이 매우 많은데, 폭넓은 지식에 의해 가능한 것이다. 아주 먼 옛날의 신비롭고 성스러운 사람들은 만물의 실정과 상태를 두루 다 알았고, 다른 종류의 동물들의 소리도 다 이해했다. 동물들을 모아서 무리를 만들고 가르쳐서 사용했으니, 일반 백성들과 똑같이 대했다. 따라서 먼저 귀신과 도깨비[685]들을 불러 모았고, 다음으로 모든 지역[八方][686]의 백성들을 다 불러 모았으며, 마지막으로 새와 짐승과 곤충과 나방을 불러 모았다.[687] 이것은 혈기가 있는 부류들의 마음과 지혜가 크게 다르지 않다는 것을 말해준다. 신비롭고 성스러운 사람들은 이와 같은 점을 알았기 때문에 가르치는 대상에서 어느 하나라도 빠뜨리지 않았다.(『열자』「황제」)

禽獸之智有自然與人童者, 其齊欲攝生, 亦不假智于人也. 牝牡相偶, 母子相親, 避平依險, 違寒就溫. 居則有群, 行則有列, 少者居內, 壯者居外. 飮則相携, 食則鳴群. 太古之時, 則與人同處, 與人幷行. 帝王之時, 始驚駭散亂矣. 逮于末世, 隱伏逃竄, 以避患害. 今東方介氏

---

685_ 리매(魑魅)는 사람을 해친다고 전해지는 산과 연못의 도깨비이다. 장담이 "우임금이 회계(會稽)에서 여러 신들을 조회한 것이 그것이다"라고 했다.

686_ 팔방(八方)은 사방(四方)과 사우(四隅), 즉 동서남북과 동북 · 동남 · 서북 · 서남이다. 팔방의 끝, 즉 끝없는 우주를 팔극(八極) 또는 팔황(八荒)이라고 한다.

687_ 충아(蟲蛾)는 곤충과 나방을 말한다. 장담이 "수많은 짐승들이 따라서 춤을 추었다는 것이 그것이다"라고 했다.

之國, 其國人數數解六畜之語者, 蓋偏知之所得. 太古神聖之人, 備知萬物情態, 悉解異類音聲. 會而聚之, 訓而受之, 同于人民. 故先會鬼神魑魅, 次達八方人民, 末聚禽獸蟲蛾. 言血氣之類心智不殊遠也. 神聖知其如此, 故其所敎訓者, 無所遺逸焉.(『列子』「黃帝」)

## 康4-42

불교에서 중생들을 두루 가르친다는 것과 같은 뜻인데, 그것을 아주 먼 옛날의 신비롭고 성스러운 사람에게 가탁했다.

與佛氏偏敎衆生同義, 而託之太古神聖.

## 4-6-4

은나라 탕왕이 하극(夏革)[688]에게 "태초에 사물이 있었는가?"라고 물었다. 하극이 대답했다. "태초에 사물이 없었다면 지금 어떻게 사물이 있겠습니까? [지금보다] 후대의 사람들이 지금 우리 시대에 사물이 없었다고 말한다면 되겠습니까?"[689] 은나라 탕왕이 "그렇다면 사물은 선후가 없는가?"라고 물었다. 하극이 대답했다. "사물의 시작과 끝은 애초부터 그 한도가 없습니다. 시작이 혹 끝이 되기도 하고, 끝이 혹 시작이 되기도 하니, 어떻게 그 규칙을 알 수 있겠습니까? 그러므로 물건에서 벗어난 외부 공간, 일이 생기기 이전의 시간은 제가 알 수가 없습니다."[690] 은나라의 탕왕이 "그렇다면 위아래와 사방의 모든 지역에는 끝

---

688_ 『열자집석』에서 인용한 『경전석문』에 의하면, 혁(革)은 극(棘)이라고 읽는다. 하극의 자는 자극(子棘)이며, 탕왕의 대부이다.

689_ 장담이 "후세에는 반드시 지금의 시대를 옛날의 시대로 여기게 될 것이니, 옛날과 지금은 서로 순환된다. 만약 후대의 사람들이 지금의 시대에는 사물이 없었다고 말한다면 되겠는가?"라고 했다.

690_ 장담이 "물건의 밖과 일의 이전은 모두 텅 빈 무(無)이기 때문에 가리켜 말할 것

이 있는가?"라고 물었다. 하극이 "모르겠습니다"라고 대답했다. 탕왕이 한사코 묻자 하극이 대답했다. "무(無)라면 한도가 없고, 유(有)라면 다함이 있을 것이니, 제가 어떻게 그것을 알 수 있겠습니까? 그렇지만 한도가 없는 것의 밖에는 다시는 한도가 없는 것이 없고, 다함이 없는 것의 가운데에는 다시는 다함이 없는 것이 없습니다.[691] 한도가 없는 것은 다시는 한도가 없는 것이 없고, 다함이 없는 것은 다시는 다함이 없으니,[692] 저는 이것으로 [위아래와 사방의 모든 지역이] 한도도 없고 다함도 없다는 것을 알지만, 그것이 한도가 있거나 다함이 있다는 것은 모릅니다."

殷湯問于夏革曰, "古初有物乎?" 夏革曰, "古初無物, 今惡得物? 後之人將謂今之無物, 可乎?" 殷湯曰, "然則物無先後乎?" 夏革曰, "物之終始, 初無極已. 始或爲終, 終或爲始, 惡知其紀. 然自物之外, 自事之先, 朕所不知也." 殷湯曰, "然則上下八方有極盡乎?" 革曰, "不知也." 湯固問, 革曰, "無則無極, 有則有盡, 朕何以知之. 然無極之外, 復無無極, 無盡之中, 復無無盡. 無極復無無極, 無盡復無無盡, 朕以是知其無極無盡也, 而不知其有極有盡也."

탕왕이 또 "이 세상 사방[四海]의 밖에는 무엇이 있는가?"라고 물었다. 하극이 대답했다. "이곳 중국[齊州][693]과 같습니다." 탕왕이 "당신은 어떻게 그것을 증명할 수 있는가?"라고 물었다. 하극이 대답했다. "저는 동

---

이 없다"라고 했다.

691_ 장담이 "이미 무(無)라고 말했으면 어찌 밖[外]이 있을 수 있겠는가? 이미 진(盡)이라고 말했으면 어찌 중(中)이 있을 수 있겠는가? 한도가 없는 것이 없고 다함이 없는 것이 없다고 말한 것이 곧 진짜 한도[眞極]와 진짜 다함[眞盡]이다"라고 했다.

692_ 장담이 "혹자가 한도가 없는 것의 밖에 다시 한도가 없는 것이 있다거나, 다함이 없는 것의 가운데 다시 다함이 없는 것이 있다고 말하려고 하기 때문에 다시는 그러한 것이 없음을 밝힌 것이다"라고 했다.

693_ 제주(齊州)는 장담이 중주(中州)라고 했고, 중주(中州)는 양보쥔이 중국(中國)이라고 했다.

쪽으로 가서 영주(營州)[694]까지 이르렀는데, 백성들이 이곳 백성들과 같았습니다. 영주의 동쪽에 대해 물어보니, 다시 영주와 같다고 했습니다. 서쪽으로 가서 빈주(豳州)까지 이르렀는데, 백성들이 이곳 백성들과 같았습니다. 빈주의 서쪽에 대해 물어보니, 다시 빈주와 같다고 했습니다. 저는 이로써 이 세상 사방[四海]과 사방의 끝인 사황(四荒), 사극(四極)[695]이 이곳과 다르지 않다는 것을 알았습니다. 따라서 큰 것과 작은 것이 서로 포함하니, 끝이 없습니다. 만물을 포함하고 있는 것은 또한 천지를 포함하고 있는 것과 같습니다. 만물을 포함하고 있기 때문에 다함이 없고, 천지를 포함하고 있기 때문에 한도가 없습니다. 제가 또한 천지의 밖에 [또 다른] 큰 천지가 있지 않다는 것을 어찌 알겠습니까? 이것 또한 저는 알 수가 없습니다. 그러므로 천지 또한 사물이고, 사물은 부족한 부분이 있습니다. 따라서 옛날 여와씨(女媧氏)가 오색(五色)의 돌을 다듬어서 [하늘의] 결손된 부분을 보수하고, 큰 자라의 다리를 잘라서 사방 끝에 기둥을 세웠습니다.[696] 그 뒤에 공공씨(共工氏)

---

694_ 영주(營州)는 『열자집석』에서 인용한 『경전석문』에 의하면, 지금의 유성(柳城)이며, 옛날의 영주는 동쪽으로 가면 바다에 이른다고 한다.

695_ 사황(四荒)과 사극(四極)은 이 세상 사방인 사해(四海)의 끝을 말한다. 『열자집석』에서 인용한 『경전석문』에서 『이아』의 다음과 같은 기록을 인용했다. "구이(九夷)·팔적(八狄)·칠융(七戎)·육만(六蠻)을 사해(四海)라고 하고, 고죽(觚竹)·북호(北戶)·서왕모(西王母)·일하(日下)를 사황(四荒)이라고 하며, 동쪽의 태원(泰遠), 서쪽의 빈국(邠國), 남쪽의 복연(濮鉛), 북쪽의 축율(祝栗)을 사극(四極)이라고 한다."

696_ 오(鰲)는 큰 자라이다. 『회남자』「남명훈(覽冥訓)」편에도 다음과 같은 기록이 보인다. "아주 먼 옛날에, 사방 끝의 기둥이 무너지고, 구주(九州)의 땅은 찢어졌으며, 하늘은 천하를 모두 덮지 못하고, 땅은 천하를 다 싣지 못하며, 불은 활활 타오르면서 꺼지지 않고, 홍수가 넘쳐나서 그치지 않으며, 맹수가 백성들을 잡아먹고, 사나운 맹금류들이 노약자들에게 덤벼들었다. 이에 여와씨가 오색의 돌을 다듬어서 넓은 하늘을 보수하고, 거북의 다리를 잘라서 사방의 끝의 기둥을 세우고, 흑룡을 죽여서 기주 땅을 구제하고, 갈대를 태워서 그 연기로 홍수를 그치게 했다[往古之時, 四極廢, 九州裂, 天不兼覆, 地不周載, 火爁炎而不滅, 水浩洋而不息, 猛獸食顓民, 鷙鳥攫老弱. 於是女媧鍊五色石以補蒼天, 斷鼇足以立四極, 殺黑龍以濟

가 전욱(顓頊)과 임금 자리를 다투었는데, 화가 나서 불주산(不周山)을 건드려서 하늘의 기둥을 부러뜨리고 땅을 잡아매고 있던 밧줄을 끊어 버렸습니다. 따라서 하늘은 서북쪽으로 기울어져서 해와 달과 별들이 그 방향으로 기울었고, 땅은 동남쪽이 차지 않았기 때문에 모든 하천의 물이 그 쪽으로 흘러가게 되었습니다."[697]

湯又問曰, "四海之外奚有?" 革曰, "猶齊州也." 湯曰, "汝奚以實之?" 革曰, "朕東行至營, 人民猶是也. 問營之東, 復猶營也. 西行至豳, 人民猶是也. 問豳之西, 復猶豳也. 朕以是知四海·四荒·四極之不異是也. 故大小相含, 無窮極也. 含萬物者, 亦如含天地. 含萬物也故不窮, 含天地也故無極. 朕亦焉知天地之表不有大天地者乎? 亦吾所不知也. 然則天地亦物也, 物有不足. 故昔者女媧氏練五色石以補其闕, 斷鰲之足以立四極. 其後共工氏與顓頊爭爲帝, 怒而觸不周之山, 折天柱, 絶地維. 故天傾西北, 日月星辰就焉. 地不滿東南. 故百川水潦歸焉."

탕왕이 또 "사물에는 크고 작음이 있는가? 길고 짧음이 있는가?[698] 같고 다름이 있는가?"라고 물었다. 하극이 대답했다. "발해(渤海)[699]의 동

冀州, 積蘆灰以止淫水.]"『논형』「담천(談天)」편에도 이와 비슷한 내용이 보인다.

697_ 공공씨(共工氏)는 전설상의 하늘의 신이고, 전욱(顓頊)은 오제(五帝)의 한 명으로, 황제(黃帝)의 손자라고 한다. 장담이 "공공씨는 복희씨와 신농씨 사이에 흥기하여 패권을 잡았는데, 그 후예들이 강성함을 믿고 황제(黃帝)의 손자인 전욱과 임금 자리를 다투었다. 불주산은 서북(西北)쪽의 끝에 있다"라고 했다. 천주(天柱)는 하늘과 땅 사이를 지탱해주는 기둥으로 불주산을 가리킨다. 지유(地維)는 하늘과 땅 사이에서 땅을 잡아매고 있는 그물 또는 밧줄을 말한다. 옛날 사람들이 하늘은 둥글고, 땅은 모퉁이를 밧줄로 매어 놓았다고 생각했다. 『회남자』「천문훈(天文訓)」편에도 다음과 같은 기록이 보인다. "昔者共工與顓頊爭爲帝, 怒而觸不周之山, 天柱折, 地維絶. 天傾西北, 故日月星辰移焉.地不滿東南, 故水潦塵埃歸焉."

698_ 수단(修短)은 길고 짧음, 즉 장단(長短)을 말한다.

699_ 발해(渤海)는 산동(山東) 반도와 요동(遼東) 반도에 둘러싸인 바다이다. 『산해경(山海經)』「대황동경(大荒東經)」편에 '東海之外大壑.'이라는 기록이 보인다.

쪽으로 몇억만 리가 되는지 알 수 없지만, 그곳에는 큰 골짜기가 있는데, 실로 밑바닥이 없는 골짜기로, 그 아래는 [깊어서] 밑바닥이 없어서 귀허(歸墟)라고 부릅니다. 온 사방 전체[700]의 물과 온 세상 팔방의 물과 은하수의 물이 그곳으로 흘러들지 않음이 없지만, 그곳은 물이 증가하지도 줄어들지도 않습니다. 그 가운데에 다섯 개의 산이 있는데, 첫째는 대여(岱輿), 둘째는 원교(員嶠), 셋째는 방호(方壺), 넷째는 영주(瀛洲), 다섯째는 봉래(蓬萊)입니다. 그 산들의 높이와 둘레는 3만 리며, 그 정상의 평평한 곳은 9천 리나 됩니다. 산의 중간은 서로의 거리가 7만 리인데, 이웃집으로 여깁니다. 그 위의 누대(樓臺)와 궁관(宮觀) 등의 건축물들[701]은 모두 금과 옥으로 되어 있고, 그 위의 동물들은 모두 순백색입니다.[702] 구슬이 열리는 나무들은 모두 떨기로 자라고 있으며,[703] 그 꽃과 열매는 모두 맛이 좋고, 그것을 먹으면 모두 늙지도 죽지도 않습니다. 그곳에 사는 사람들은 모두 신선과 성인의 부류이며, 하루 동안에 날아가서 서로 왕래하는 사람이 헤아릴 수 없을 정도로 많습니다. 그런데 다섯 개 산의 뿌리는 붙어 있지 않았기 때문에 항상 조류와 파도를 따라서 오르내리고 왔다갔다 하여, 잠시도 멈추어 서 있을[704] 수가 없습니다. 신선과 성인들은 그것을 근심하여[705] 하느님에게 호소했습니다. 하느님은 [그 산들이] 서쪽 끝으로 흘러가서 여러 신선과 성인들의 거주지를 잃어버릴 것을 걱정하여, 이에 우강(禺强)에게 명하여 15마

---

700_ 팔굉(八紘)은 팔방(八方)의 끝으로, 팔황(八荒) 또는 팔극(八極)이라고도 한다. 구야(九野)는 팔방(八方)과 하늘의 중앙으로, 구천(九天)이라고도 한다. 천한(天漢)은 은하수를 말한다.

701_ 대관(臺觀)은 누대(樓臺)와 궁관(宮觀)으로, 높고 큰 누각 등 건축물의 범칭이다.

702_ 순호(純縞)는 순백색을 말한다.

703_ 주간(珠玕)은 구슬이나 보석으로, 구슬이 열리는 나무를 주수(珠樹) 또는 간수(玕樹)라고 한다.

704_ 치(峙)는 멈추어 정지하는 것이다.

705_ 독(毒)은 근심하고 걱정하는 것이다.

리의 큰 자라에게 머리를 들어서 그 산들을 머리에 이고 있도록 했습니다.[706] 번갈아가면서 세 번을 교대하고, 6만 년에 한 번씩 교대하도록 하니, 다섯 개의 산이 비로소 멈추어 움직이지 않았습니다.

湯又問, "物有巨細乎? 有修短乎? 有同異乎?" 革曰, "勃海之東不知幾億萬里, 有大壑焉, 實惟無底之壑, 其下無底, 名曰歸墟. 八紘九野之水, 天漢之流, 莫不注之, 而無增無減焉. 其中有五山焉, 一曰岱輿, 二曰員嶠, 三曰方壺, 四曰瀛洲, 五曰蓬萊. 其山高下周旋三萬里, 其頂平處九千里. 山之中間相去七萬里, 以爲鄰居焉. 其上臺觀皆金玉, 其上禽獸皆純縞. 珠玕之樹皆叢生, 華實皆有滋味, 食之皆不老不死. 所居之人皆仙聖之種, 一日一夕飛相往來者, 不可數焉. 而五山之根無所連著, 常隨潮波, 上下往還, 不得暫峙焉. 仙聖毒之, 訴之于帝. 帝恐流于西極, 失群聖之居, 乃命禺彊, 使巨鰲十五擧首而戴之. 迭爲三番, 六萬歲一交焉, 五山始峙.

그런데 용백국(龍伯國)에 거인이 있는데, 발을 들어 움직여 몇 발을 채우지 않고서 다섯 개의 산이 있는 곳에 도착했습니다.[707] 낚시 하나로 여섯 마리의 자라를 연속으로 낚아 모두 짊어지고 자기 나라로 돌아가 그 뼈를 태워서 점을 쳤습니다. 이에 대여(岱輿)와 원교(員嶠) 두 산은 북쪽 끝으로 흘러가서 큰 바다 속에 가라앉으니, 신선과 성인 중에 도망쳐 [다른 산으로] 옮겨간 자가 수없이 많았습니다.[708] 하느님이 크게[709]

---

706_ 『열자집석』에서 인용한 『대황경(大荒經)』에 의하면, 북쪽 끝의 신의 이름이 우강(禺彊)이며, 신령스러운 거북이 그의 사신이라고 한다. 그리고 『신선전(神仙傳)』에서는 북방의 신이 우강이며, 현명자(玄冥子)라고 부른다고 하고, 『산해경』에서는 사람의 얼굴에 새의 몸통을 하고 있다고 한다.

707_ 양보쥔에 의하면, 『태평어람』이나 『사문류취』 등의 인용에서는 모두 수보(數步)가 수십(數十)으로 되어 있다고 한다. 기(曁)는 도착하다는 뜻이다.

708_ 거억(巨億)은 거만(巨萬)과 같은 말로, 매우 크고 막대한 수, 즉 수없이 많다는 뜻이다.

709_ 빙(憑)은 장담이 크다[大]는 의미라고 했다.

노하여, 용백국을 차츰차츰 줄여서 영토를 좁게 만들고,[710] 용백국의 백성들[의 키]를 차츰차츰 축소시켜서 작게 만들었습니다. 복희씨(伏羲氏)와 신농씨(神農氏)의 시대에 이르러서도 그 나라 사람들은 [키가] 여전히 수십 장(丈)이나 되었습니다. 중국[中州]으로부터 동쪽으로 사십만 리에 초요국(僬僥國)[711]이 있는데, 사람들의 키가 한 자 다섯 치입니다. 동북쪽 끝에는 쟁인(諍人)이라는 이름의 사람이 있는데, 키가 아홉 치밖에 되지 않습니다.[712] 형(荊)나라의 남쪽에 명령(冥靈)이라는 나무가 있는데, 500년을 봄으로 삼고 500년을 가을로 삼습니다.[713] 아주 먼 옛날에 대춘(大椿)이라는 나무가 있었는데, 8,000년을 봄으로 삼고 8,000년을 가을로 삼습니다. 썩은 흙 위에 나는 균지(菌芝)라는 버섯은 아침에 생겨났다가 저녁에 죽습니다. 봄과 여름의 기간 동안 몽예(蠓蚋)라는 작은 곤충은 비를 의지해서 생겨났다가 햇볕을 보면 죽습니다. 종북(終北)의 북쪽[714]에 명해(溟海)라는 바다가 있는데, 천지(天池)라고 합니다. 거기에 물고기가 있는데, 그 넓이는 수천 리가 되고, 그 길이는 그 넓이에 걸맞게 길며, 그 이름을 곤(鯤)이라고 합니다. 거기에 새가 있는데, 그 이름을 붕(鵬)이라고 하며, 날개는 마치 하늘에 드리운 구름과

---

710_ 침(侵)은 점점 침식하여 깎이는 것을 말하는데, 『열자집석』에서는 침(浸), 즉 '점점' 또는 '차츰차츰'과 같은 뜻이라고 했다. 액(阨)은 범위를 좁게 만든다는 뜻이다.

711_ 초요(僬僥)는 나라 이름인데, 『열자집석』에서 인용한 『경전석문』에 의하면, 난장이들이 사는 나라 이름이라고 하고, 『사기』의 위소(韋昭) 주에서는 서남쪽 만족(蠻族)의 다른 이름이라고도 했다. 『산해경』「대황동경(大荒東經)」편에 "有小人, 名曰焦僥之國."이라는 기록이 보인다.

712_ 『산해경』「대황동경」편에 "有小人國, 名靖人."이라는 기록이 보인다.

713_ 『열자집석』에서 인용한 『경전석문』에서, 명령은 나무의 이름이며, 강남(江南)에서 자라는데, 잎이 생기는 것을 봄으로 삼고, 잎이 지는 것을 가을로 삼는다고 했다.

714_ 종발북(終髮北)은 『장자』에는 궁발(窮髮)로 되어 있다. 유월은 어떤 판본에는 발(髮)자가 없다는 『경전석문』의 교열에 따라서 발(髮)자를 삭제하고 종북(終北)을 나라 이름이라고 했다. 여기에서는 유월의 주장에 따랐다.

같고, 그 몸체는 그 날개에 걸맞게 큽니다. 세상에서는 이러한 사물이 있다는 것을 어찌 알겠습니까? 대우(大禹)가 돌아다니다가 그것을 발견했고, 백익(伯益)이 알고서 이름을 붙였으며, 이견(夷堅)이 듣고서 그것을 기록했습니다.

而龍伯之國有大人, 擧足不盈數步而暨五山之所. 一釣而連六鰲, 合負而趣歸其國, 灼其骨以數焉. 于是岱輿·員嶠二山流于北極, 沈于大海, 仙聖之播遷者巨億計. 帝憑怒, 侵減龍伯之國使阨, 侵小龍伯之民使短. 至伏羲·神農時, 其國人猶數十丈. 從中州以東四十萬里得僬僥國, 人長一尺五寸. 東北極有人名曰諍人, 長九尺. 荊之南有冥靈者, 以五百歲爲春, 五百歲爲秋. 上古有大椿者, 以八千歲爲春, 八千歲爲秋. 朽壤之上有菌芝者, 生于朝, 死于晦. 春夏之月有蠓蚋者, 因雨而生, 見陽而死. 終髮北之北有溟海者, 天池也. 有魚焉, 其廣數千里, 其長稱焉, 其名爲鯤. 有鳥焉, 其名爲鵬, 翼若垂天之雲, 其體稱焉. 世豈知有此物哉? 大禹行而見之, 伯益知而名之, 夷堅聞而志之.

강가 주변에[715] 아주 작은 벌레[716]가 살고 있는데, 그 이름을 초명(焦螟)이라고 합니다. 떼를 지어 날아다니다가 모기의 속눈썹에[717] 모여 앉는데, [공간이 넓어서] 서로서로 몸이 부딪히지 않습니다. 거기에 잠시 머물기도 하면서[718] 왔다갔다 하는데, 모기는 그것을 느끼지 못합니다. 이주(離朱)와 자우(子羽)[719]가 대낮에 눈을 닦고 눈썹을 치켜 올려[720]

---

715_ 강포(江浦)는 강가나 강변을 말한다.

716_ 마충(麼蟲)은 아주 작은 벌레로, 장담이 마(麼)는 소(小)의 의미라고 했다.

717_ 문첩(蚊睫)은 모기의 속눈썹으로, 아주 작은 장소를 비유하기도 한다.

718_ 서숙(栖宿)은 서숙(棲宿)과 같은 말로, 잠시 머문다는 의미이다.

719_ 이주(離朱)는 이루(離婁)라고도 하는데, 장담에 의하면, 황제 시대의 눈이 밝은 사람으로, 100보의 거리에서도 털끝을 볼 수 있었다고 한다. 자우(子羽)는 자세한 사적이 보이지 않는다. 『맹자』「이루 상(離婁 上)」편에 "孟子曰, 離婁之明, 公輸子之巧, 不以規矩, 不能成方員."이라는 구절이 보인다.

720_ 제(眦)는 눈초리 또는 눈가라는 뜻이며, 식제(拭眦)는 식목(拭目)과 마찬가지로

그것을 바라보더라도 그 형체를 볼 수가 없습니다. 치유(鯱兪)와 사광(師曠)[721]이 한밤중에 귀를 쫑긋 세우고 머리를 기울여서[722] 그 벌레의 소리를 듣더라도 그 소리를 들을 수 없습니다. 오직 황제(黃帝)와 용성자(容成子)[723]가 공동산(空峒山) 위에 거처하면서 함께 3개월 동안 재계하여, 마음이 죽은 재와 같고 육체가 말라죽은 나무와 같은 상태에서,[724] 천천히 신묘한 마음의 눈으로 보니,[725] 마치 숭산(嵩山)의 언덕처럼 커다랗게 그것을 볼 수 있었고,[726] 천천히 자연 그대로의 기운에 맡겨서 들으니,[727] 마치 천둥소리처럼 크게 그것을 들을 수 있었습니다.[728] 오(吳)나라와 초(楚)나라에는 큰 나무가 있는데, 그 이름이 유자나무[729]라

---

눈을 닦아서 자세히 본다는 의미이다. 양미(揚眉)는 눈썹을 치켜 올려서 눈을 크게 뜨는 것을 말한다.

721_ 치유(鯱兪)와 사광(師曠)은 장담이 두 사람 모두 귀가 밝은 사람이라고 했다. 사광은 춘추시대 진(晉)나라 평공(平公) 때의 악사(樂師)인데, 태어날 때부터 눈이 멀었는데, 소리를 잘 분별했다고 한다. 『맹자』「이루 상」편에 "師曠之聰, 不以六律, 不能正五音."이라는 구절이 보인다.

722_ 적(擿)은 닫힌 것을 연다는 뜻으로, 적이(擿耳)는 귀를 쫑긋 세우고 듣는 것을 말한다. 부수(俯首)는 머리를 기울여서 자세하게 듣는다는 뜻이다.

723_ 용성자(容成子)는 『열자집석』에서 왕수민(王叔岷)이 『예문류취』와 『장자』「재유(在宥)」편에서는 모두 광성자(廣成子)로 되어 있다고 했다. 광성자(廣成子)는 황제(黃帝) 때의 신선으로, 공동산의 석실(石室)에 은거했으며, 황제가 일찍이 그를 찾아가 지극한 도의 요체를 물었다고 한다. 『장자』「재유」편에 "黃帝立爲天子十九年, 令行天下, 聞廣成子在於空同之山, 故往見之曰, 我聞吾子達於至道, 敢問至道之精."이라는 구절이 보인다.

724_ 심사형폐(心死形廢)는 장담이 "마음은 죽은 재와 같고, 육체는 말라죽은 나무와 같다는 것을 말한다"라고 했다. 『장자』「지북유(知北遊)」편에서 "形若槁骸, 心若死灰."라고 한 말과 같은 의미이다.

725_ 신(神)는 장담이 "조용히 깊게 비쳐볼 뿐, 눈을 빌어서 보지 않는다"라고 했다.

726_ 괴연(塊然)은 크게 우뚝 솟은 모양이다. 숭산(嵩山)은 오악(五嶽)의 하나인 중악(中嶽)으로, 하남성(河南省) 등봉현(登封縣) 북쪽에 있다. 아(阿)는 언덕이다.

727_ 기(氣)는 장담이 "자연 그대로에 맡기고 외부 작용의 힘에 의존하지 않는 것이다"라고 했다.

728_ 팽연(砰然)은 사물이 떨어지거나 부딪히는 소리로, 천둥소리와 같이 큰 소리를 말한다. 뇌정(雷霆)은 천둥소리이다.

고 합니다. 푸른색 잎의 나무로 겨울에도 생장하며, 열매는 붉고 신맛이 납니다. 그 껍질의 즙을 먹으면 피가 머리로 올라오는 병을 고친다고 합니다.[730] 중국에서는 그것을 귀중하게 여기는데, 회수(淮水)를 건너 북쪽에서 기르면 탱자가 됩니다. 구관조는 제수(濟水)를 건너지 않고, 담비는 문수(汶水)를 건너면 죽어 버리니, 땅의 기운이 그렇게 만든 것입니다.[731] 비록 그렇지만, 형체와 기질이 다르더라도 본성은 같기 때문에 서로 바뀌지는 않습니다. [각각의] 삶은 모두 완전하며, 분수도 모두 [각자의 역할을] 충족하고 있으니, 제가 어떻게 그 크고 작음을 알 수 있겠습니까? 어떻게 그 길고 짧음을 알 수 있겠습니까? 어떻게 그 같고 다름을 알 수 있겠습니까?"[732](『열자』「탕문」)

江浦之間生麼蟲, 其名曰焦螟. 群飛而集于蚊睫, 弗相觸也. 栖宿去來, 蚊弗覺也. 離朱·子羽方晝拭眦揚眉而望之, 弗見其形. 觚俞·師曠方夜擿耳俯首而聽之, 弗聞其聲. 唯黃帝與容成子居空峒之上, 同齋三月, 心死形廢, 徐以神視, 塊然見之, 若嵩山之阿, 徐以氣聽, 砰然聞之, 若雷霆之聲. 吳·楚之國有大木焉, 其名爲櫾. 碧樹而冬生, 實

---

729_ 유(櫾)는 유(柚)와 같은 글자로, 유자나무이다.

730_ 이(已)는 병이 낫는다는 뜻이다. 『여씨춘추』「지충(至忠)」편에 '疾乃遂已'라는 말이 있는데, 고유가 이(已)는 유(愈)와 같다고 했다. 궐(厥)은 『열자집석』에서 왕수민이 궐(瘚)자의 가차자라고 했다. 궐(瘚)은 피가 머리로 올라오는 병인 역기(逆氣)를 말한다. 따라서 분궐지질(憤厥之疾)은 걱정을 하거나 화를 내서 피가 머리로 올라오는 병이다.

731_ 지(枳)는 탱자이다. 구욕(鸜鵒)은 구욕(鴝鵒)으로도 쓰며, 구관조를 말한다. 맥(貉)은 담비이다. 『주례』「동관(冬官)·고공기(考工記)」에 "橘踰淮而北, 爲枳, 鸜鵒不踰濟, 貉踰汶則死, 此地氣然也."라는 기록이 보이고, 『회남자』「원도훈(原道訓)」편에도 "今夫徙樹者, 失其陰陽之性, 則莫不枯槁. 故橘樹之江北, 則化而爲枳, 鴝鵒不過濟, 貉渡汶而死, 形性不可易, 勢居不可移也."라는 기록이 보인다.

732_ 장담이 "수많은 사물과 수많은 형체, 수많은 본성과 수많은 실정은 각각 자기의 처지에 만족하면서 자연 그대로 맡기고 고집하지 않으니, 모두가 완전하고 충족되어 서로의 위치가 바뀌기를 원하지 않는다. 어찌 지혜로서 분별할 수 있겠는가?"라고 풀이했다.

丹而味酸. 食其皮汁, 已憤厥之疾. 齊州珍之, 渡淮而北而化爲枳焉. 鸜鵒不逾濟, 貉逾汶則死矣, 地氣然也. 雖然, 形氣異也, 性鈞已, 無相易已. 生皆全已, 分皆足已, 吾何以識其巨細? 何以識其修短? 何以識其同異哉?"(『列子』「湯問」)

## 4-6-5

따라서 성인들은 나가는 것을 보고 들어올 것을 알며, 지나간 것을 보고 올 것을 아니, 이것이 그들이 미래를 먼저 아는 이치이다. 법도는 자신에게 있고, 징험은 다른 사람을 통해서 알 수 있다. 다른 사람이 나를 사랑하면 나도 반드시 그를 사랑하게 되고, 다른 사람이 나를 미워하면 나도 반드시 그를 미워하게 된다. 탕왕과 무왕은 천하를 사랑했기 때문에 임금 노릇을 했고, 걸왕과 주왕은 천하를 미워했기 때문에 망했다. 이것은 징험이다.[733] 징험과 법도가 모두 분명한데도 도리에 따르지 않는 것은 비유하면 집을 나가면서 문을 경유하지 않고, 길을 가면서 도로를 따라가지 않는 것과 같다. 그러한 방식으로 이익을 추구하면 또한 어렵지 않겠는가? 일찍이 신농씨(神農氏)인 염제(炎帝)의 덕에서 그것을 살펴보고, 우(虞)・하(夏)・상(商)・주(周)나라의 글에서 그것을 징험하며, 법사(法士)[734]와 현인(賢人)의 말에서 그것을 헤아려보면, 보존됨과 망함, 폐기됨과 흥성함의 이유가 이러한 도리 때문이 아닌 경우는 없었다.(『열자』「설부」)

是故聖人見出以知入, 觀往以知來, 此其所以先知之理也. 度在身, 稽

---

733_ 『열자집석』에서 노중현(盧重玄)이 "법도는 자기 자신에게 있고, 징험은 다른 사람에게 있다. 마치 그림자가 형체에 호응하고, 메아리가 소리에 호응하는 것과 같다. 탕왕과 무왕, 걸왕과 주왕의 자취를 징험할 수 있고, 법도를 밝힐 수 있으니, 사랑과 미움을 조심하지 않을 수 없다"라고 풀이했다.

734_ 법사(法士)는 예를 숭상한 선비를 말한다. 『순자』「권학(勸學)」편에 "故隆禮, 雖未明, 法士也."라는 구절이 보인다.

在人. 人愛我, 我必愛之, 人惡我, 我必惡之. 湯·武愛天下, 故王, 桀·紂惡天下, 故亡. 此所稽也. 稽度皆明而不道也, 譬之出不由門, 行不從徑也. 以是求利, 不亦難乎? 嘗觀之神農有炎之德, 稽之虞·夏·商·周之書, 度諸法士·賢人之言, 所以存亡廢興而非由此道者, 未之有也.(『列子』「說符」)

<이상 열자가 옛것에 가탁하다: 右列子託古>

## 7. 추자가 옛것에 가탁하다 [騶子託古]

### 4-7-1[735]

추연(騶衍)은 나라를 소유한 자가 더욱더 음란하고 사치하여, 덕(德)을 숭상하기를 마치 「대아(大雅)」[의 군주들]처럼 하여, 자기 몸에 덕을 바르게 닦아서 혜택이 일반 백성들에게까지 미치지 못하는 것을 직접 보았다. 이에 음양(陰陽)이 사라지고 생겨나는 변화를 깊이 관찰하고, 괴이하고 황당한 변화 현상을 기록했다. 『종시(終始)』와 『대성(大聖)』이라는 책 10만여 글은 그 말이 너무 넓고 커서 황당하지만, 반드시 작은 사물에서 먼저 검증하고, 그것을 추론하고 확대시켜 무한한 상태까지 이르렀다. [시대에 대한 기록은] 먼저 현재[전국시대]에 대해 서술하여 위로 황제(黃帝) 시대까지 올라갔다.(『사기』「맹자순경열전」)

騶衍睹有國者益淫侈, 不能尙德, 若「大雅」整之于身, 施及黎庶矣. 乃深觀陰陽消息, 而作怪迂之變. 『終始』·『大聖』之篇十余萬言, 其語

735_ 이하에서 인용한 『사기』「맹자순경열전」의 내용은 이 책의 제3권 제10절 〈3-10-1〉에서 이미 인용했다. 자세한 주석은 앞의 내용을 참조 바람.

閎大不經, 必先驗小物, 推而大之, 至于無垠. 先序今, 以上至黃帝.(『史記』「孟子荀卿列傳」)

康4-43

추연의 책은 사마천 및 유향(劉向)의 시대에는 모두 볼 수 있었는데, 애석하게도 지금은 전하지 않는다. 그가 인의(仁義)와 육친(六親)에 대해 말한 것[736]은 유가의 학술과 마찬가지인데, 그것을 황제에게 가탁하고 공자를 따르지 않았다.

騶衍書, 史公及劉向時皆見之, 惜其不傳. 其言仁義・六親, 猶是儒術, 蓋託之黃帝, 不從孔子也.

<이상 추자가 옛것에 가탁하다: 右騶子託古>

## 8. 시자[737]가 옛것에 가탁하다 [尸子託古]

4-8-1

요(堯)임금은 의지할 곳 없는 사람을 봉양했고,[738] 우(禹)임금은 죄인들

736_ 『사기』「맹자순경열전」에 부록된 추연에 대한 기록에서 "그 귀결처는 반드시 인의(仁義)와 절약과 검소함, 군신과 상하 관계, 육친(六親) 사이에 행해지는 일에 귀착된다[要其歸必止乎仁義節儉君臣上下六親之施.]"라고 했다. 육친(六親)은 부자(父子), 형제(兄弟), 부부(夫婦)를 말한다. 『노자』 제18장에도 "大道廢有仁義, 慧智出有大僞, 六親不和有孝慈, 國家昏亂有忠臣."이라는 내용이 보인다.

737_ 시자(尸子)는 전국시대의 진(晋)나라 사람인 시교(尸校)를 말한다. 진(秦)나라의 재상이었던 상앙(商鞅)의 식객 또는 스승이었다고 한다. 『한서』「예문지」에 그가 지은 『시자(尸子)』 20편을 수록하고 있는데, 현재는 그중에서 2권이 전하고 있다.

을 사랑했으며,[739] 탕왕(湯王)과 무왕(武王)은 [그 사랑이] 금수에게까지 미쳤다.[740] 이것이 바로 선왕들이 위태로운 사람들을 편안하게 해주고, 먼 곳에 있는 사람들을 품어주는 방법이다.(『시자』「작자」)

堯養無告, 禹愛辜人, 湯武及禽獸. 此先王之所以安危而懷遠也.(『尸子』「綽子」)

## 4-8-2

요임금은 야위었고, 순임금은 검게 탔으며, 우임금은 정강이에 털이 생기지 않았고,[741] 문왕은 해가 저물어도[742] 음식을 먹을 틈이 없을 정도로 [일을 했다.] 따라서 부유하기로는 천하를 소유했고, 귀하기로는 천자가 되었다.(『시자』「권하」[743])

堯瘦, 舜墨, 禹脛不生毛, 文王日昃不暇飮食. 故富有天下, 貴爲天子矣.(『尸子』「卷下」)

---

738_ 무고(無告)는 하소연할 데가 없는 사람 또는 의지할 곳이 없는 사람을 말한다. 『장자』「천도(天道)」편에 "昔者, 舜問于堯曰, 天王之用心何如? 堯曰, 吾不敖無告, 不廢窮民, 苦死者, 嘉孺子, 而哀婦人. 此吾所以用心已."라는 기록이 보인다.

739_ 고인(辜人)은 죄인(罪人)을 말한다. 『설원(說苑)』「군도(君道)」편에 "河間獻王曰, 禹出, 見罪人, 下車問而泣之."라는 기록이 보인다.

740_ 『사기』「은본기(殷本紀)」에 "湯德至矣, 及禽獸."라는 기록과 『여씨춘추』「간선(簡選)」편에 "武王行賞及禽獸."라는 기록이 보인다.

741_ 경(脛)은 정강이로, 치수 사업을 위해 노동을 하면서 정강이의 털이 다 없어졌다고 한다. 『한비자』「오두(五蠹)」편에도 "禹之王天下也, 身執耒臿以爲民先, 股無胈, 脛不生毛, 雖臣虜之勞不苦於此矣."라는 기록이 보인다.

742_ 일측(日昃)은 해가 서쪽으로 기울기 시작하는 시각으로, 오후 2시경을 말한다. 여기에서는 해가 저물어서 정사를 그만둘 시간을 말한다.

743_ 「권하(卷下)」는 편명이 아니라 여러 책들 속에 들어 있는 『시자』의 일문(佚文)들을 모아서 묶어놓은 것이다.

## 4-8-3[744]

사람들이 천하의 임금 노릇하는 자는 옥으로 만든 누대를 9층으로 짓는다고 하지만,[745] 요임금은 채색을 하지 않은 띠풀로 만든 집에 살았으며,[746] 화려한 무늬를 수놓은 옷이 9종류라고 하지만,[747] 요임금은 거친 베옷을 입었다.[748] 궁중에는 세 종류의 시장이 세워진다고 하지만,[749] 요임금은 들판에서 거처했으며,[750] 진귀한 음식이 100가지 종류라고 하지만,[751] 요임금은 거친 현미밥과 채소국을 먹었다.[752] 훌륭한 준마를 타고 다닌다고 하지만,[753] 요임금은 아무런 장식도 하지 않은 검소한 수레와 작은 조랑말을 타고 다녔다.[754](『시자』「권하」)

---

744_『신역시자독본(新譯尸子讀本)』에는 이 내용이 일문(佚文) 속에 들어 있지 않고, 「치군(治君)」편 속에 들어 있다.

745_ 요대(瑤臺)는 옥으로 꾸민 누대, 곧 화려한 누대를 말한다. 하나라의 걸왕과 은나라의 주왕이 만든 누대라고도 한다. 루(累)는 쌓는다는 말로, 층(層)의 의미이다.

746_ 백옥(白屋)은 집에 채색을 하지 않은 평민의 집을 말한다. 띠풀로 지은 모옥(茅屋)과 같은 의미이다.

747_ 보(黼)는 보불(黼黻)이라고도 하는데, 예복에 흑색과 백색을 섞어 도끼 모양의 무늬를 수놓은 것이다. 『서』「익직(益稷)」편에 "黼黻絺繡, 以五采彰施于五色."이라는 말이 보인다.

748_ 대포(大布)는 거친 베로 만든 허름한 옷을 말한다.

749_ 삼시(三市)는 천자와 제후는 노침(路寢) 즉 정실(正室) 뒤에 삼시(三市)를 두는데, 대시(大市)·조시(朝市)·석시(夕市)이다. 대시(大市)는 해질 무렵에 서는 시장이고, 조시(朝市)는 아침에 서는 시장이며, 석시(夕市)는 저녁에 서는 시장이다.

750_ 순거(鶉居)는 메추라기처럼 일정한 거처가 없이 들에서 지내는 것을 말한다. 『장자』「천하(天下)」편에 "聖人鶉居而鷇食."이라는 구절이 보인다.

751_ 진수(珍羞)는 진귀하고 맛있는 음식을 말한다.

752_ 여반(糲飯)은 현미밥으로, 거친 음식을 말한다.

753_ 기린(騏驎)과 청룡(青龍)은 모두 훌륭한 준마를 말한다.

754_ 소거(素車)는 조각 장식이나 색칠을 하지 않은 검소한 수레를 말하고, 현구(玄駒)는 조랑말로, 작은 말을 말한다. 원구(元駒)라고 되어 있는 것은 청나라 강희제(康熙帝)의 이름인 현엽(玄燁)에서 현(玄)자를 피휘하여 원(元)자로 쓴 것이다.

人之言君天下者, 瑤臺九累, 而堯白屋, 黼衣九種, 而堯大布. 宮中三市, 而堯鶉居, 珍羞百種, 而堯糲飯菜粥. 騏驎青龍, 而堯素車元駒.(『尸子』「卷下」)

## 4-8-4

우임금이 치수 사업을 할 때 상례(喪禮)의 법을 만들었는데, '몸이 수척하면 반드시 지팡이를 짚고,[755] 슬픔은 반드시 3년 동안 지속한다'[756]라고 했다. 그러나 이와 같이 하면 홍수를 구제할 수 없기 때문에 [상례의 법을 바꾸어] 만약 구릉에서 죽으면 구릉에서 장사지내고, 늪에서 죽으면 늪에서 장사지내며, 오동나무로 된 내관의 두께는 세 치이고, 상례 기간은 3개월로 제정했다.[757](『시자』「권하」)

禹治水, 爲喪法曰, '毁必杖, 哀必三年.' 是則水不救也, 故使死于陵者葬于陵, 死于澤者葬于澤, 桐棺三寸, 制喪三月.(『尸子』「卷下」)

## 康4-44

요임금과 우임금에 대해 말한 것은 모두 묵자의 학문을 서술한 것이다.

所稱堯禹, 皆述墨學.

---

755_ 훼(毁)는 상례를 치르면서 몸이 허약해지고 마르는 것을 말한다. 이러한 때에는 반드시 지팡이에 의지해야만 거동을 할 수 있다.

756_ 애필삼년(哀必三年)은 거상 기간을 3년으로 한다는 말이다.

757_ 『송서(宋書)』「예지(禮志)」에서 『시자(尸子)』의 이 문장을 인용하고 있다. 『묵자』「절장 하(節葬 下)」편에도 "子墨子制爲葬埋之法曰, 棺三寸, 足以朽骨, 衣三領, 足以朽肉."이라는 기록이 보이고, 『한비자』「현학(顯學)」편에도 "墨子之葬也, 冬日冬服, 夏日夏服, 桐棺三寸, 服喪三月."이라는 기록이 보인다. 그런데 현행본 『시자』와 『송서』에는 '제상삼월(制喪三月)'이 '제상삼일(制喪三日)'로 되어 있다. 여기에서는 『공자개제고』의 원문에 따라 해석했다.

## 4-8-5

신농씨(神農氏)는 세상을 멀리 떠남으로써[758] 천하를 다스렸는데, 요임금이 "나는 신농씨에 비하면 여전히 하루 종일 [힘을 쏟아붓고 있다]"라고 했다.[759](『시자』「권하」)

神農氏夫負妻戴以治天下, 堯曰, "朕之比神農, 猶旦與昏也."(『尸子』「卷下」)

## 4-8-6

유우씨(有虞氏), 즉 순임금은 몸소 경작지에서 농사를 지었고,[760] 부인은 뽕나무 밭에서 일했으며, 신농씨는 농사를 함께 지으면서 임금 노릇을 했다.(『시자』「권하」)

有虞氏身有南畝, 妻有桑田, 神農并耕而王.(『尸子』「卷下」)

## 康4-45

이것은 모두 농사를 함께 지으면서 [임금 노릇을 한다는] 이론인데, 탁고하여 도를 실행한 것이다.

---

758_ 부부처대(夫負妻戴)는 부부가 세상을 멀리 떠나서 영리를 도모하지 않는 것을 말한다. 춘추시대에 초(楚)나라의 접여(接輿)가 농사를 짓고 살았는데, 초나라 왕이 불러 벼슬을 주려고 하자 남편은 솥과 시루를 지고 아내는 베틀을 이고, 이름을 바꾸고 멀리 떠났다고 한다. 이 내용은 유향(劉向)의 『열녀전(列女傳)』「초접여처(楚接輿妻)」편과 『장자』「양왕(讓王)」편 등에 보인다.

759_ 단여혼(旦與昏)은 대낮과 늦은 밤으로, 하루 종일이라는 말이다. 하루 종일 천하를 다스리는 데 힘을 쏟았다는 뜻이다. 즉 신농씨처럼 편안하게 다스리지 못하고, 하루 종일 힘을 쏟아서 어렵게 천하를 다스렸다는 말이다.

760_ 남묘(南畝)는 햇볕이 잘 받는 남향의 농경지를 말하는데, 농사를 짓는 경작지를 통칭한다.

此皆幷耕之說, 託古以行道者.

### 4-8-7

옛날에 밝은 임금이 현명한 인재를 구할 때에는 멀고 가까운 것을 가리지 않았고, 귀하고 천한 것을 따지지 않았다. 자신의 작위를 비천하게 여겨서 현명한 인재보다 낮추었으며, 자기 스스로를 가볍게 여겨서 선비를 앞세웠다. 따라서 요임금은 논밭에서 농사를 짓던[761] 순임금에게 신하의 입장에서 북면하여 그를 만났는데, [군신의] 예법의 체통을 따지지 않았다. 이것이 바로 선왕들이 천지를 바로잡고 만물을 이롭게 할 수 있었던 까닭이다.(『시자』「명당」)

古者, 明王之求賢也, 不避遠近, 不論貴賤. 卑爵以下賢, 輕身以先士. 故堯從舜于畎畝之中, 北面而見之, 不爭禮貌. 此先王之所以能正天地利萬物之故也.(『尸子』「明堂」)

### 4-8-8

요임금이 순임금에게 "무엇을 섬기겠는가?"라고 묻자, 순임금이 "하늘을 섬길 것이다"라고 대답했다. "무엇을 맡아서 다스리겠는가?"라고 묻자, "땅을 맡아서 다스릴 것이다"라고 대답했다. "무엇에 힘쓰겠는가?"라고 묻자, "사람[을 얻는 것]에 힘쓸 것이다"라고 대답했다.(『시자』「인의」)

堯問于舜曰, "何事?" 舜曰, "事天." 問, "何任?" 曰, "任地." 問, "何務?" 曰, "務人."(『尸子』「仁意」)

---

761_ 견(畎)은 밭 사이의 조그마한 도랑이며, 견무(畎畝)는 논밭에서 농사를 짓는 것을 말한다.

## 4-8-9

요임금은 남쪽으로는 교지(交阯)[762] 지역을 어루만졌고, 북쪽으로는 유도(幽都)[763] 지역을 품어 안았으며, 동서쪽으로는 해와 달이 뜨고 지는 지역까지 이르렀다.[764] 그런데도 한가한 날이 있으면 다스림에 부족했다고 여긴 것은 [백성을 생각하는] 배려 때문이었다.(『시자』「권하」)

堯南撫交阯, 北懷幽都, 東西至日月之所出入. 有餘日而不足以治者, 恕也.(『尸子』「卷下」)

## 4-8-10

무성소(務成昭)[765]가 순임금에게 다음과 같이 가르쳤다. "천하 사람들이 거스르는 것을 피하고, 천하 사람들이 순종하는 것을 따르면 천하를 취하기 쉽다.[766] 천하 사람들이 순종하는 것을 피하고, 천하 사람들이 거스르는 것을 따르면 천하를 잃기 쉽다."(『시자』「권하」)

---

762_ 교지(交阯)는 교지(交址)와 같은데, 『회남자』「수무훈(脩務訓)」편에서 고유가 남방의 나라라고 했고, 지금의 월남(越南)이다.

763_ 유도(幽都)는 『회남자』「수무훈」편에서 고유가 "음기(陰氣)가 있는 곳이기 때문에 유도(幽都)라고 한다. 지금의 안문(雁門) 북쪽이 그곳이다"라고 했다. 이곳은 유주(幽州) 지역으로, 중국의 북쪽 끝 지역이다.

764_ 『묵자한고』에서 필원이 양곡(暘谷)과 매곡(昧谷)을 말한다고 했다. 『묵자』「절용 중(節用 中)」편에도 "古者堯治天下, 南撫交址, 北降幽都, 東西至日所出入, 莫不賓服."이라는 기록이 보인다. 또한 『한비자』「십과(十過)」편에도 "昔者堯有天下, 飯於土簋, 飲於土鉶. 其地南至交趾, 北至幽都, 東西至日月之所出入者, 莫不賓服."이라는 기록이 보인다.

765_ 무성소(務成昭)는 『신역시자독본』에서 "전설에 나오는 순임금의 스승이다. 성은 무성(務成)이고 이름은 소(昭)이다"라고 했다.

766_ 부족(不足)은 글자 그대로 해석하면 의미상 통하지 않는다. 『신역시자독본』에서는 부족(不足)을 불난(不難), 즉 쉽다[容易]는 뜻으로 풀이했는데, 여기에서도 그대로 따랐다. 뒷 문장도 마찬가지이다.

務成昭之敎舜曰, "避天下之逆, 從天下之順, 天下不足取也. 避天下之順, 從天下之逆, 天下不足失也."(『尸子』「卷下」)

4-8-11

순임금이 말했다. "도를 따르면 반드시 길하고, 도를 위배하면 반드시 흉하니, [그 관계는] 마치 그림자와 같고 메아리와 같다."[767](『시자』「권하」)

舜云, "從道必吉, 反道必凶, 如影如響."(『尸子』「卷下」)

<이상 시자가 옛것에 가탁하다: 右尸子託古>

## 9. 상군이 옛것에 가탁하다 [商君託古]

4-9-1

복희씨(伏犧氏)와 신농씨(神農氏)는 [백성들을] 교화했지 죽이지는 않았고, 황제(黃帝)와 요·순임금은 죽이기는 했지만 남용하지는 않았다.[768] 문왕(文王)과 무왕(武王)에 이르러 각각 시대에 맞추어 법률을 세우고,

---

767_ 형체와 그림자, 소리와 메아리는 서로 분리될 수 없는 관계이듯이, 도를 따르는 것과 길함, 도를 위배하는 것과 흉함은 불가분의 관계라는 의미이다.

768_ 노(怒)는 『상군서추지(商君書錐指)』에서 왕선겸의 주석에 따라 과(過)로 풀이했는데, 여기에서도 그것을 따랐다. 즉 『순자』「군자(君子)」편의 "刑罰怒罪, 爵賞踰德."과 "刑罰不怒罪, 爵賞不踰德."에 대한 왕선겸의 주석에서, "노(怒)와 유(踰)는 모두 과(過)의 의미이다. 『방언(方言)』에서 '사람들이 말을 하면서 지나친 것을 동쪽 제(制)나라에서는 노(弩)라고 한다[凡人語而過, 東齊謂之弩.]'라고 했고, 또 '노(弩)와 노(怒)는 같은 의미이다[弩猶怒也.]'라고 했으니, 여기에서 노(怒)는 곧 과(過)의 뜻이다"라고 했다.

일에 따라서 예법을 제정했다.(『상자』[769]「경법」)

伏犧・神農教而不誅, 黃帝・堯・舜誅而不怒. 及至文・武, 各當時而立法, 因事而制禮.(『商子』「更法」)

## 4-9-2

옛날에 호영씨(昊英氏)[770]의 시대에 백성들이 나무를 베고 짐승을 잡을 수 있었던 것[771]은 백성들은 적고 나무와 짐승은 많았기 때문이다. 황제의 시대에는 어린 짐승을 잡거나 새의 알을 취하지 못하게 했고,[772] 관청에는 갖추어두고 부리는 백성이 없었으며,[773] 죽어서는 외관을 사용할 수 없었다. [실행한] 일이 서로 같지 않지만, 두 사람 모두 임금 노릇을 할 수 있었던 것은 시대가 다르기 때문이다. 신농씨의 시대에는

---

769_ 『상자(商子)』는 상앙(商鞅), 즉 공손앙(公孫鞅)이 지은 『상군서(商君書)』를 말하는데, 『상군자(尙君子)』・『상군(商君)』・『공손앙(公孫鞅)』 등 여러 가지 서로 다른 이름으로 불려진다.

770_ 호영(昊英)은 전설상의 중국 고대 제왕의 이름이다. 『상군서추지』에 의하면, 사마정(司馬貞)이 『사기』「삼황본기(三皇本紀)」를 보충한 내용 중에, 인황(人皇) 이후에 호영씨(昊英氏)을 포함한 많은 제왕들이 있었다. 이들은 모두 삼황(三皇) 이후에 천하를 소유한 제왕의 호칭인데, 다만 서적에 기록되지 않았기 때문에 그들에 대한 구체적인 사적을 알 수 없다고 했다.

771_ 이(以)는 어떤 방법으로써 한다는 말로, 가이(可以)와 같은 의미이다. 우재호의 『상군서』 번역본에서는 『전국책』「진책(秦策)」의 "向欲以齊事王."에 대한 주석에서 "이(以)는 사(使)와 같다"라고 한 것에 근거하여 사역동사로 해석했는데, 의미상으로는 큰 차이가 없다.

772_ 미(麛)는 어린 짐승으로, 『상군서추지』에서는 모든 어린 짐승을 통칭한다고 했다. 란(卵)은 아직 부화되지 않은 새의 알이다.

773_ 『상군서추지』에서는 이 문장을 "官無供備之, 民死不得用椁."으로 구두를 끊고 있어서 의미가 다소 다르다. 이럴 경우에는 '官無供備之'가 앞 문장과 연결되어, "관리에게 어린 짐승이나 새의 알이 갖추어 공급되지 않았다"로 해석이 될 수 있다. 한편 『상군서추지』에서 인용한 라비(羅泌)의 『노사(路史)』「전기(前記)」 권9에도 '無供備之勞'로 되어 있고, 『공자개제고』에도 '官無供備之民'으로 되어 있는데, 여기에서는 이 구두를 따라 해석했다.

남자[774]가 농사를 지어서 음식을 먹었고, 여자가 옷감을 짜서 옷을 입었으며, 형벌과 정치 명령을 사용하지 않아도 다스려졌고, 군대를 일으키지 않아도 임금 노릇을 할 수 있었다. 신농씨가 죽자 힘이 강한 자가 약한 자를 능멸했고, 숫자가 많은 무리가 적은 무리를 억압했다. 따라서 황제는 군신과 상하의 규범,[775] 부자와 형제 사이의 예절, 부부와 배우자 사이의 결합에 대한 도리를 만들었으며, 안으로는 형벌[776]을 시행하고 밖으로는 군대를 사용했으니, 시대가 변했기 때문이다.[777](『상자』「획책」)

昔者, 昊英之世, 以伐木殺獸, 人民少而木獸多. 黃帝之世, 不麛不卵, 官無供備之民, 死不得用椁. 事不同, 皆王者, 時異也. 神農之世, 民耕而食, 婦織而衣, 刑政不用而治, 甲兵不起而王. 神農既沒, 以强勝弱, 以衆暴寡. 故黃帝作爲君臣・上下之儀, 父子・兄弟之禮, 夫婦妃匹之合, 內行刀鋸, 外用甲兵, 故時變也.(『商子』「畫策」)

## 4-9-3

땅이 사방 100리가 되는 국가는 산과 구릉이 10분의 1을 차지하고, 호수나 늪지대[778]가 10분의 1을 차지하며, 계곡과 하천이 10분의 1을 차

---

774_ 현행본 『시자』에는 민(民)이 남(男)으로 되어 있다.

775_ 의(儀)가 현행본에는 의(義)로 되어 있다. 의(儀)는 계급 질서 속에서 지켜야 할 각자의 역할과 규범 등을 의미한다. 『상군서추지』에서는 위의(威儀)나 의(誼) 등의 여러 가지 의미를 소개하고, 등급[等]과 같은 뜻이라고 했다. 한편 우재호의 『상군서』 번역본에서는 "사람과 사람 사이의 적합한 관계를 조정하는 도덕 준칙 또는 도덕 규범"으로 해석했다.

776_ 도거(刀鋸)는 고대에 형벌의 도구로 사용했던 칼과 톱인데, 일반적으로 형벌의 의미로 사용된다.

777_ 고(故)는 앞뒤의 문맥상 의미가 통하지 않는다. 『상군서추지』에서는 글자가 잘못되었고, 방(放)자가 되어야 하며, 방(放)은 인(因)자와 같다고 했다.

778_ 수택(藪澤)은 수초나 잡초가 무성한 호수나 늪지대를 말한다.

지하고, 도시와 도로가 10분의 1을 차지하며,[779] 열악한 농지가 10분의 2를 차지하고, 좋은 농지가 10분의 4를 차지한다. 이러한 땅을 가지고 농부 5만 명이 농사를 지어 먹고 사는데,[780] 산과 구릉, 호수나 늪지대, 계곡은 그 나라의 재용을 공급할 수 있고, 도시와 도로는 그 나라 백성들을 거주시킬 수 있다. 이것이 바로 선왕들이 토지 제도를 정하여 백성들을 나누어 거주시킨 규정이다.(『상자』「내민」)

地方百里者, 山陵處什一, 藪澤處什一, 溪谷流水處什一, 都邑蹊道處什一, 惡田處什二, 良田處什四. 以此食作夫五萬, 其山陵・溪谷・藪澤, 可以給其材, 都邑・溪道, 足以處其民. 先王制土分民之律也.(『商子』「徠民」)

### 康4-46

상자(商子)에게 10분의 1, 10분의 2, 10분의 4의 세금에 대한 이론이 있는데, 모두 선왕에게 가탁한 것이다.

商子有什一・什二・什四而稅之說, 而皆託之先王.

**<이상 상군이 옛것에 가탁하다: 右商君託古>**

---

779_ 도읍(都邑)은 도시와 농촌을 포함하여 사람이 사는 지역을 말하고, 혜도(蹊道)는 길이나 도로를 말한다.

780_ 『상군서추지』에 의하면, 사방 100리의 땅에서 그 10분의 6에 해당되는 농지를 정전법에 따라 계산하면 5만 4천 명의 농부가 농사를 지어 먹고 살 수 있다고 한다. 농지 중에 열악한 농지가 있어서 그 숫자를 좀 덜어내면 대략 5만 명이 된다는 것이다. 그리고 작부(作夫)는 곧 농부(農夫)라고 했다.

## 10. 한비가 옛것에 가탁하다 [韓非託古]

### 4-10-1

옛날에 순임금이 관리에게 홍수 물[781]을 틔워서 흘러 보내게 했는데, 명령을 내리기에 앞서 공적을 세운 자가 있자 순임금이 그를 죽여 버렸다. 우임금이 제후 나라의 군주들에게 회계산(會稽山) 위에서 조회를 받았는데, 방풍(防風)의 군주가 늦게 오자 우임금이 그를 참수했다.[782] 이로써 본다면 명령에 앞서 행한 자도 죽임을 당하고, 명령보다 뒤늦게 행하는 자도 참수를 당하니, 옛날에는 명령대로 따르는 것을 가장 귀하게 여겼던 것이다.[783](『한비자』「식사」)

昔者, 舜使吏決鴻[784]水, 先令有功, 而舜殺之. 禹朝諸侯之君會稽之上, 防風之君後至, 而禹斬之. 以此觀之, 先令者殺, 後令者斬, 則古者先貴如令矣.(『韓非子』「飾邪」)

### 康4-47

한비자는 법(法)으로써 법칙을 삼았기 때문에 옛날 성인들을 견강부회

---

781_ 홍수(鴻水)는 홍수(洪水)와 같은 말이다.

782_ 『국어』「노어 하(魯語 下)」편에도 "仲尼曰, 丘聞之, 昔禹致群神於會稽之山, 防風氏後至, 禹殺而戮之, 其骨節專車. 此爲大矣."라는 기록이 있으며, 그 주에서 방풍(防風)은 왕망씨(汪芒氏)의 군주 이름이라고 했다.

783_ 『한비자집해』에서 왕선겸이 명령을 준수하는 것을 가장 귀하게 여긴 것이라고 풀이했다.

784_ 홍(鴻)이 『공자개제고』에는 홍(洪)으로 되어 있는데, 『한비자』 원문에 따라 고쳤다.

했다. 한비자는 법가의 부류이기 때문이다.

韓非以法爲法, 故附會古聖. 韓非, 蓋法家者流也.

## 4-10-2

옛날 사람은 덕(德)을 절박하게 여겼고,[785] 중세에는 지(智)를 추구했으며, 지금은 힘을 겨루고 있다. 옛날에는 일이 적어서 도구[786]가 간편했고, 질박하고 허술하여 정교하지 못했다.[787] 따라서 조개껍질로 된 가래를 사용하고, 사람이 미는 수레를 타는 자가 있었다.[788] 옛날에는 사람이 적어서 서로 친했고, 물자가 많아서 이익을 경시하고 양보를 쉽게 했다. 따라서 절하면서 양보하여 천하를 [남에게] 전해주는 자가 있었다.(『한비자』「팔설」)

古人亟于德, 中世逐于智, 當今爭于力. 古者寡事而備簡, 樸陋而不盡. 故有珧銚而推車者. 古者人寡而相親, 物多而輕利易讓. 故有揖讓而傳天下者.(『韓非子』「八說」)

---

785_ 극(亟)은 요긴하게 여기거나 절박하게 여긴다는 뜻이다. 이운구의 『한비자』 번역본에서는 '중히 여기다'라고 해석했는데, 뒷문장의 축(逐)이나 쟁(爭) 등과 비교하면, 급하게 실천하려고 노력했다는 의미로 보는 것이 더 타당할 듯하다. 『한비자신교주』에서 인용한 태전방(太田方)도 극(亟)은 급(急)이고, 축(逐)은 경(競)이라고 했고, 「오두(五蠹)」편에도 "上古競於道德, 中世逐於智謀, 當今爭於氣力."이라는 기록이 보인다.

786_ 비(備)는 도구[具]를 말한다. 진기유는 『국어』 「오어(吳語)」편의 '備刑戮以辱其不厲者'의 주에서 비(備)를 구(具)로 풀이한 것에 근거하여, 갖추어 사용하는 도구[備用之器]로 풀이했다.

787_ 진(盡)은 정교하다는 뜻이다. 태전방이 『순자』 「영욕(榮辱)」편의 '百工以巧盡機器'의 주에서 진(盡)를 일에 정교한 것[精於事]이라고 한 말을 인용했다.

788_ 요(珧)는 조개를 말하고, 조(銚)는 밭을 가는 기구인 가래를 말한다. 추거(推車)는 사람이 밀고 당기는 수레를 말한다. 진기유는 "춘추전국시대에 이르러, 밭을 가는 기구는 동(銅)이나 철(鐵)로 만들지 조개껍질로 만들지 않았으며, 수레는 말로 끌지 사람이 밀지 않았다"라고 했다.

## 4-10-3

황제의 말 중에 다음과 같은 말이 있다.[789] "군신 상하 사이는 하루에도 100번을 싸운다. 아래의 신하는 자신의 사심을 숨긴 채 군주를 시험하며, 위의 군주는 법도를 틀어쥔 채 신하를 제재한다."[790](『한비자』「양권」)

黃帝有言曰, "上下一日百戰. 下匿其私, 用試其上, 上操度量, 以割其下."(『韓非子』「揚權」)

## 康4-48

한비자는 본래 법가의 부류로, 윗사람을 높이고 아랫사람을 억누르며, 각박하고 잔혹하여 은혜가 적었다. 따라서 말하면서 인용한 것이 이와 같았다.

韓非本法家者流, 尊上抑下, 刻酷少恩. 故所稱引如此.

## 4-10-4

요임금이 천하를 허유(許由)에게 물려주려고 하자 허유가 도망쳐서 민가에 머물렀는데,[791] 민가의 백성이 그의 가죽 관을 감추었다.[792] [허유

---

789_ 『한비자집교주』에 의하면, 유월은 황제의 말을 '上下一日百戰'에서 끊었는데, 진기유는 그 뒤의 문장이 앞에서 말한 '上下一日百戰'의 내용에 해당되기 때문에 전체가 다 황제의 말이라고 했다. 여기에서는 진기유의 주장에 따랐다.

790_ 도량(度量)은 이운구가 도량형의 자 혹은 저울로, 법도를 가리킨다고 풀이했다. 할(割)은 진기유가 『광아(廣雅)』「석고(釋詁)」에서 재(裁)라고 풀이한 것에 따라 제재(制裁)라고 해석했다.

791_ 가인(家人)은 일반 백성을 말하며, 여기에는 민가를 말한다. 진기유는 『한서』「동현전(董賢傳)」의 '此豈家人子所能堪邪.'에 대해 안사고가 서인(庶人)과 같다고 한 것에 근거하여, 보통의 백성[普通居民]이라고 풀이했다.

792_ 피관(皮冠)은 일반적으로는 사냥할 때 쓰는 가죽 관으로, 예관(禮冠) 위에 써서

가] 천하를 버렸는데, 그 백성은 그의 가죽 관을 감추었으니, 이것은 허유에 대해 몰랐기 때문이다.(『한비자』「설림 하」)

堯以天下讓許由, 許由逃之, 舍于家人, 家人藏其皮冠. 夫棄天下, 而家人藏其皮冠, 是不知許由者也.(『韓非子』「說林 下」)

## 4-10-5

요임금이 천하에 임금 노릇을 할 때는 띠로 인 지붕의 끝을 다듬지도 않았고,[793] 서까래의 통나무를 깎아서 손질하지도 않았다.[794] 현미나 기장으로 만든 거친 밥과 명아주잎과 콩잎으로 만든 보잘것없는 국을 먹었다.[795] 겨울에는 사슴 가죽으로 만든 옷을 입고,[796] 여름에는 갈포로 만든 거친 옷을 입었다.[797] 비록 문지기의 생활이라고 하더라도 이보다는 못하지 않았을 것이다.[798] 우임금이 천하에 임금 노릇할 때는

---

먼지나 눈비를 막는 데에도 사용한다. 그런데 여기에서는 조정에 나아갈 때 쓰는 하얀 사슴 가죽으로 만든 관이라고 풀이한 이운구의 해석이 적절하다. 즉 허유가 천자의 자리를 버리고 도망을 쳤기 때문에 허유에게는 관직에 나아갈 때 쓰는 관이 전혀 필요가 없다는 의미이다. 그런데도 민가의 백성은 허유가 훔쳐갈까 염려되어서 감추었으니, 허유에 대해서 잘 알지 못했기 때문이다.

793_ 모자(茅茨)는 띠로 인 지붕을 말한다. 모자부전(茅茨不翦)은 띠로 지붕을 이고 그 끝을 가지런하게 자르지 않은 것으로, 검소하여 꾸미지 않은 모습을 말한다.

794_ 채연(采椽)은 상수리나무로 만든 서까래이다. 채연불착(采椽不斲)은 서까래를 깎아서 손질하지 않은 채 통나무 그대로 사용했다는 뜻이다.

795_ 여량지식(糲粱之食)은 현미나 기장으로 만든 거친 밥을 말하고, 여곽지갱(藜藿之羹)은 명아주잎과 콩잎으로 만든 보잘것없는 국을 말한다.

796_ 예구(麑裘)는 사슴의 가죽으로 만든 옷을 말하고, 갈의(葛衣)는 갈포로 만든 옷을 말한다. 둘 다 보잘것없는 옷을 말한다.

797_ 이상의 내용은 『사기』「태사공자서」와 「이사열전(李斯列傳)」, 그리고 『묵자』「일문(佚文)」편 등에도 보인다.

798_ 감문(監門)은 문지기를 말한다. 진기유는 수문자(守門者)라고 했다. 휴(虧)는 덜하다[損]는 뜻이다. 문지기의 옷이나 식량이 요임금보다 못하지는 않다, 즉 더 낫다는 말이다. 복양(服養)은 이운구가 옷과 먹거리로, 의식주의 생활재라고 풀이했다.

몸소 쟁기와 가래[799]를 손에 잡고 백성들의 앞에서 일했으며, 넓적다리에는 털이 닳아 없어지고 정강이에는 털이 생기지 않았다.[800] 비록 노예[801]의 노동이라고 하더라도 이보다는 힘들지 않았을 것이다. 이로써 말한다면 옛날에 천자의 자리[802]를 물려주는 것은 문지기의 생활을 버리고, 노예의 노동에서 벗어나는 것이다.[803](『한비자』「오두」)

堯之王天下也, 茅茨不剪, 采椽不斲. 糲粢之食, 藜藿之羹. 冬日麑裘, 夏日葛衣. 雖監門之服養, 不虧于此矣. 禹之王天下也, 身執耒臿, 以爲民先, 股無胈, 脛不生毛. 雖臣虜之勞, 不苦于此矣. 以是言之, 夫古之讓天子者, 是去監門之養, 而離臣虜之勞也.(『韓非子』「五蠹」)

## 康4-49

이것은 묵자가 옛것에 가탁한 것을 한비자가 인용한 것이다.

此墨子之所託古, 韓非引之.

## 4-10-6

[사광(師曠)이 말했다.][804] "옛날에 황제가 귀신들을 태산(泰山) 위에 모았

799_ 뢰삽(耒臿)은 쟁이와 가래 등의 기구를 말한다.

800_ 고(股)는 넓적다리이고, 경(脛)은 정강이이며, 발(胈)은 털이 없는 깨끗한 흰 살을 말한다. 『장자』「천하」편에도 "禹親自操槖耜而九雜天下之川. 腓無胈, 脛無毛, 沐甚風, 櫛疾雨, 置萬國. 禹大聖也而形勞天下也如此."라는 기록이 보인다.

801_ 신로(臣虜)는 노예를 말한다.

802_ 천자(天子)는 진기유가 『한비자』「설림 하(說林 下)」편의 '堯以天下讓許由' 등의 문장에 근거하여 천하(天下)가 되어야 한다고 했다. 여기에서는 그대로 해석했다.

803_ 천자의 자리를 물려주는 것이 그다지 대단하거나 중요한 일이 아니라는 뜻이다. 즉 이 문장 뒤에 "천하를 남에게 전해주는 것은 대단한 일이 아니다[傳天下而不足多也.]"라고 했다.

는데, [황제는] 상아로 장식한 수레를 타고,[805] 여섯 마리의 교룡(蛟龍)[806]이 그것을 끌었으며, 필방(畢方)[807]이 수레의 비녀장 옆에 나란히 서서 갔고, 치우(蚩尤)[808]가 수레의 앞에 서서 갔으며, 풍백(風伯)[809]이 앞에 가면서 먼지를 제거했고, 우사(雨師)[810]가 길에 물을 뿌렸으며, 범과 이리가 앞에서 가고, 귀신이 뒤에서 뒤따랐으며, 등사(騰蛇)[811]가 땅에 엎드려서 가고, 봉황이 하늘을 덮어 날아가니, 이러한 귀신들을 대대적으로 모아서 청각(淸角)[812]의 곡조를 만들었습니다."(『한비자』「십과」)

"昔者, 黃帝合鬼神于泰山之上, 駕象車而六蛟龍, 畢方幷鎋, 蚩尤居前, 風伯進掃, 雨師灑道, 虎狼在前, 鬼神在後, 騰蛇伏地, 鳳皇覆上, 大合鬼神, 作爲淸角."(『韓非子』「十過」)

---

804_ 이하의 내용은 진(晉)나라 평공(平公)과 그의 악사였던 사광(師曠)이 나누었던 대화의 한 부분이다. 평공이 청각(淸角)이라는 슬픈 곡조를 연주해줄 것을 요청하자, 사광이 임금은 현재 청각을 들을 만한 덕이 갖추어져 있지 않다고 하면서, 이 곡조가 만들어진 과정을 설명한 것이다.

805_ 상거(象車)는 상아로 장식한 수레를 말한다.

806_ 교룡(蛟龍)은 용의 일종으로, 항상 깊은 연못에 살면서 홍수를 일으킨다고 한다.

807_ 필방(畢方)은 새의 형상을 한 신의 이름이라고 한다. 한편 태전방은 『회남자』「범론훈(氾論訓)」편의 '木生畢方'에 대한 주에서 '필방은 나무의 정령[木之精]'이라고 한 말을 인용했다. 그리고 이운구는 나무의 요정, 즉 목신(木神)이라고 했다. 할(鎋)은 할(轄)과 같다. 수레의 바퀴가 빠지지 않도록 굴대 끝에 끼우는 못으로, 비녀장이라고 한다. 병할(幷轄)은 비녀장 옆에 나란히 서서 간다는 뜻이다.

808_ 치우(蚩尤)는 고대 전설상의 인물로 황제의 신하라고도 하고, 구려족(九黎族)의 우두머리로 황제와의 전쟁에서 패하여 피살되었다고도 한다.

809_ 풍백(風伯)은 바람을 맡은 신의 이름이라고 한다. 소(掃)는 진기유가 먼지를 제거하는 것[除垢]라고 했다. 진소(進掃)는 앞에 가면서 먼지를 제거하는 것이다. 『회남자』「원도훈(原道訓)」편에도 '使風伯掃塵'이라는 구절이 보인다.

810_ 우사(雨師)는 비를 내리는 신으로, 필성(畢星)이라고 한다. 쇄도(灑道)는 길에 물을 뿌리는 것이다.

811_ 등(騰)은 등(螣)과 같고, 등사(螣蛇)는 『이아(爾雅)』의 주에 의하면, 용의 종류로 운무를 일으켜서 그 속에서 노닌다고 한다.

812_ 청각(淸角)은 오음(五音)의 하나로, 진기유의 인용에 의하면, 거문고의 현을 빠르게 연주하여 그 소리가 맑다고 한다.

## 康4-50

방사(方士)들은 대부분 황제를 가탁했고, 대부분 귀신을 말했다. 한비자가 그것을 인용한 것은 매우 특이하고 기이한데,[813] 불교에서 제천(諸天)[814]의 아수라(阿修羅, asura), 건달바(乾闥婆, Gandharva), 긴나라(緊那羅, Kimnara)[815] 등의 신을 말하는 것과 마찬가지이다.

方士多託黃帝, 多言鬼神, 韓非引之, 瑰奇詭異, 與佛稱諸天阿修羅·乾闥婆·緊那羅等

## 4-10-7

[유여(由余)가 대답했다.][816] "신이 듣기에 옛날 요임금이 천하를 다스릴 때, 흙으로 만든 밥그릇에 밥을 담아 먹고, 흙으로 만든 국그릇에 국을 담아 마셨는데,[817] 그 땅이 남쪽으로는 교지(交阯) 지역에 이르렀고, 북

---

813_ 괴기(瑰奇)와 궤이(詭異)는 매우 특이하고 기이하다는 뜻이다.

814_ 제천(諸天)은 중생이 생사(生死)와 윤회(輪迴)를 하는 모든 하늘을 말한다.

815_ 이것은 모두 불교에서 말하는 신의 이름으로, 불법을 지키는 8가지 신장(神將)을 팔부중(八部衆) 또는 천룡팔부중(天龍八部衆)이라고 한다. 천(天)·용(龍)·야차(夜叉)·건달바(乾闥婆)·아수라(阿修羅)·가루라(迦樓羅)·긴나라(緊那羅)·마후라가(摩睺羅伽) 등이다. 아수라(阿修羅, asura)는 비천(非天)·비류(非類)·부단정(不端正)으로 의역되며, 얼굴이 셋이고 팔이 여섯인 신이라고 한다. 건달바(乾闥婆, Gandharva)는 향신(香神)·후향(嗅香)·향음(香陰)·심향(尋香)·식향(食香) 등으로 의역되며, 별자리를 관장하면서 향(香)만 먹고 사는 신이라고 한다. 긴나라(緊那羅, Kimnara)는 인비인(人非人)·의신(擬神)·가신(歌神)·가악신(歌樂神) 등으로 의역되며, 음악을 관장하는 신이라고 한다.

816_ 이하의 내용은 여자의 무악(舞樂)에 탐닉하는 이야기를 하면서, 진(秦)나라 목공(穆公)과 서융(西戎)에서 사신을 온 유여(由余) 사이의 대화를 기록한 것이다. 목공이 현명한 군주가 나라를 보존하는 방법이 무엇인지 묻자, 유여가 검약함이라고 대답하면서 그 사례를 들어서 말한 내용이다.

817_ 토궤(土簋)는 흙으로 만든 밥그릇이고, 토형(土鉶)은 토형(土刑) 또는 토형(土形)이라고도 하는데, 흙으로 만든 국그릇이다. 『묵자』「절용 중(節用 中)」편에 "飮

쪽으로는 유도(幽都) 지역에 이르렀으며, 동서쪽으로는 해가 뜨고 지는 지역에 이르기까지 모두 복종하지 않는 지역이 없었습니다.[818] 요임금이 천하를 선양하여 순임금이 그것을 물려받자, 식기(食器)를 제작했습니다.[819] 산의 나무를 베어서 그것을 재료로 삼아,[820] 칼로 깎고 톱으로 잘라서 도끼로 벤 흔적을 손질하고,[821] 그 위에 검정색으로 옻칠을 발랐는데, 궁궐로 그것을 가지고 와서 식기로 사용했습니다. 제후들 중에는 [이전보다] 더욱 사치스럽다고 여겨서, 복종하지 않는 나라가 13개나 되었습니다. 순임금이 천하를 선양하여 우임금에게 전해주자, 우임금은 제기(祭器)를 제작했습니다. 밖에는 검정색으로 옻칠을 하고,[822] 안에는 붉은색으로 무늬를 그렸으며, 무늬가 없는 비단으로 방석을 만들고,[823] 줄풀로 자리를 짜고 가장자리에 선을 둘러서 꾸몄으며,[824] 술잔에 채색을 하고, 술단지와 제기 등에 장식을 했습니다.[825]

---

于土塯, 啜于土形."이라는 기록과 『사기』「태사공자서」에 "食土簋, 啜土刑."이라는 기록이 보인다.

818_ 빈복(賓服)은 복종하거나 귀순한다는 뜻이다. 『묵자』「절용 중」편에도 "古者堯治天下, 南撫交址, 北降幽都, 東西至日所出入, 莫不賓服."이라는 기록이 있는데, 필원이 일소출입(日所出入)은 양곡(暘谷)과 매곡(昧谷)이라고 했다.

819_ 이운구는 작위(作爲)를 이제까지 없었던 것을 처음 만들었다는 의미로 해석했다.

820_ 재(財)는 식기를 만드는 재료로 삼았다는 뜻이다. 『한비자신교주』에 의하면, 『설원』에는 재(裁)로, 『태평어람』에는 재(材)로 되어 있는데, 모두 같은 의미라고 한다.

821_ 삭거(削鋸)는 칼로 깎고 톱으로 자르는 것으로, 도끼로 벤 흔적을 칼과 톱으로 깨끗하게 다듬는다는 말이다. 진기유는 수삭거지적(修削鋸之迹)의 의미로 파악하여, "깎고 자른 흔적을 다듬어서 매끄럽게 만든다"라고 풀이했다.

822_ 염(染)은 왕염손이 칠(漆)이 되어야 한다고 했는데, 진기유는 두 글자의 뜻이 같기 때문에 고칠 필요가 없다고 했다.

823_ 만백(縵帛)은 무늬가 없는 비단이다. 인(茵)는 수레깔개인데, 이운구는 방석이라고 해석했다.

824_ 장(蔣)은 포아풀과의 다년초인 줄풀로, 장석(蔣席)은 줄풀로 짠 자리를 말한다. 파연(頗緣)은 진기유가 준연(純緣)과 같다고 했는데, 가장자리에 선을 둘러서 꾸미는 것을 말한다.

이것은 [이전보다] 더욱더 사치스러웠는데, 복종하지 않는 나라가 33개나 되었습니다. 하나라가 멸망하고 은나라가 물려받았는데, 천자의 수레인 대로(大路)를 만들고, 아홉 가닥의 비단 띠를 드리운 깃발을 세웠으며,[826] 식기에 조각을 하고, 술잔에도 조각을 했으며, 궁궐의 벽을 흰색으로 칠하고, 궁궐 통로의 지면도 흰색의 흙으로 발랐으며,[827] 방석과 자리에 조각을 하고 무늬를 수놓았습니다. 이것은 [이전보다] 더욱더 사치스러웠는데, 복종하지 않는 나라가 53개나 되었습니다. 군자들은 모두 아름답게 꾸밀 줄 알게 되었지만, 복종하려는 자는 더욱더 적어졌습니다.[828] 신은 그렇기 때문에 검약함이 [나라를 보존하는] 도리라고 말한 것입니다."(『한비자』「십과」)

"臣聞昔者堯有天下, 飯于土簋, 飮于土鉶, 其地南至交阯, 北至幽都, 東西至日月之所出入者, 莫不賓服. 堯禪天下, 虞舜受之, 作爲食器. 斬山木而財之, 削鋸修之迹, 流漆墨其上, 輸之于宮以爲食器. 諸侯以爲益侈, 國之不服者十三. 舜禪天下, 而傳之于禹, 禹作爲祭器. 墨染其外, 而朱畵其內, 縵帛爲茵, 蔣席頗緣, 觴酌有采, 而樽俎有飾. 此彌侈矣, 而國之不服者三十三. 夏後氏沒, 殷人受之, 作爲大路, 而建九旒, 食器雕琢, 觴酌刻鏤, 四壁[829]堊墀, 茵席雕文. 此彌侈矣, 而國

---

825_ 상작(觴酌)은 술그릇이나 술잔을 말한다. 준조(樽俎)는 술을 담는 술 단지와 고기를 올려놓는 나무 그릇을 말하는데, 여기에서는 여러 가지 제기를 의미한다.

826_ 대로(大路)는 대로(大輅)와 같은 말로, 천자가 타는 수레이다. 구류(九旒)는 깃발에 매어 드리운 아홉 가닥의 비단 띠를 말한다. 『예기』「악기(樂記)」편에 "龍旂九旒, 天子之旌."이라는 구절이 보인다.

827_ 사벽(四壁)은 고광기(顧廣圻)가 사(四)자는 백(白)자가 되어야 하며, 백벽(白壁)과 악지(堊墀)가 서로 대구가 되는 문장이라고 했는데, 거기에 따라 해석했다. 악지(堊墀)는 흰색의 흙으로 궁궐 통로의 지면을 바르는 것이다. 한편 이운구는 사벽(四壁)을 그대로 해석하여, 둘레 벽 주변에 흰 흙 지대를 쌓는 것이라고 풀이했다.

828_ 진기유가 "군자들이 모두 아름답게 꾸밀 줄을 알아서 사치가 더욱더 심해졌기 때문에 복종하는 나라가 더욱더 적어졌다"라고 풀이했다.

829_ 사벽(四壁)이 『공자개제고』에는 사벽(四璧)으로 되어 있는데, 『한비자』 원문에

之不服者五十三. 君子皆知文章矣, 而欲服者彌少. 臣故曰, 儉其道也."(『韓非子』「十過」)

### 康4-51

『서』에서 "요임금과 순임금이 산과 용의 무늬를 수놓은 곤룡포와 면류관을 입었다"[830]라고 말한 것은 [위 인용문에서 요임금이] 흙으로 만든 밥그릇이나 흙으로 만든 국그릇[을 사용했다는 것]과는 서로 상반되는데, 도(道)에 대해서는 모두 언급하지 않고 그것을 똑같이 요임금에게 가탁했다. 심지어 순임금이 옻칠을 한 식기를 만들었는데 제후국들이 대부분 복종하지 않았다고 말하니, 그래도 순임금이 될 수 있었겠는가? 우임금은 더욱이 검소함으로 유명한데, 안에 붉은색 무늬를 그린 제기, 무늬가 없는 비단으로 만든 방석, 채색한 술잔, 장식한 제기를 만들어, 더욱 사치스러워서 [제후들이] 더욱더 복종하지 않았다고 하니, 이것은 검소함을 숭상한 [우임금을] 거짓으로 말한 것이다. 다만 한비자가 탁고한 의도를 분명히 알 수 있으니, 따질 필요가 없다.

『書』稱堯·舜服山龍袞冕, 與土簋·土鉶相反, 道皆不稱而同託之堯. 至謂舜作漆器, 國多不服, 尙足爲舜哉? 禹尤以儉著, 朱器·縵茵·緣席·采觴·飾尊, 彌侈彌不服, 此尙儉之謬說. 但知通其託古之意, 不足辨也.

### 4-10-8

2세 황제가 이사(李斯)에게 꾸짖어 따지면서 다음과 같이 말했다. "나에게 개인적인 의견이 있는데, 한비자에게 다음과 같은 말을 들었다. '요

---

따라 고쳤다.

830_ 현행본 『서』에는 이와 같은 내용이 보이지 않는다.

임금이 천하를 소유했을 때, 집 마루의 높이는 3척(尺)이었고, 서까래의 통나무를 깎아서 손질하지도 않았으며, 띠로 인 지붕의 끝을 다듬지도 않았으니, 비록 여관의 숙소라고 하더라도 이보다는 절약하지 않았을 것이다.[831] 겨울에는 사슴 가죽으로 만든 옷을 입고, 여름에는 갈포로 만든 거친 옷을 입었으며, 현미나 기장으로 만든 거친 밥과 명아주잎과 콩잎으로 만든 보잘것없는 국을 먹었다. 흙으로 만든 밥그릇에 밥을 담아 먹고, 흙으로 만든 국그릇에 국을 담아 마셨으니, 비록 문지기의 생활이라고 하더라도 이보다는 초라하지 않았을 것이다.[832] 우임금은 용문산(龍門山)을 뚫어서 대하(大夏) 지역을 통하게 하고, 아홉 물줄기를 소통시켰으며, 그 물줄기마다 제방을 만들고,[833] 고여 있는 물[834]을 터서 바다로 흐르게 했다. 그러나 넓적다리에는 털이 닳아 없어지고 정강이에는 털이 생기지 않았으며, 손과 발에는 굳은살이 생기고,[835] 얼굴이 새까맣게 타버렸다. 결국 밖에서 죽어서 회계산(會稽山)에서 장례를 지냈으니, 노예의 노동이라고 하더라도 이보다는 심하지 않았을 것이다.'"(『사기』「이사열전」)

二世責問李斯曰, "吾有私議而有所聞于韓子也, 曰, '堯之有天下也, 堂高三尺, 采椽不斲, 茅茨不剪, 雖逆旅之宿, 不勤于此矣. 冬日鹿裘, 夏日葛衣, 粢糲之食, 藜藿之羹. 飯土甌, 啜土鉶, 雖監門之養, 不觳于此矣. 禹鑿龍門, 通大夏, 疏九河, 曲九防, 決渟水致之海. 而股無胈, 脛無毛, 手足胼胝, 面目黎黑. 遂以死于外, 葬于會稽, 臣虜之勞,

---

831_ 역려(逆旅)는 여관이나 객사를 말한다. 근(勤)은 근검(勤儉), 즉 절약했다는 의미로 풀이했다.

832_ 각(觳)은 초라하다[簡陋]는 뜻이다. 『사기색은』에서는 『이아』를 인용하여 진(盡)의 뜻으로 보고, "문지기의 음식이라도 다 이 정도는 아니다[監門下人飯猶不盡此.]"라고 해석했다.

833_ 『사기정의』에서 "황하의 아홉 굽이에 별도로 제방을 만들었다"라고 했다.

834_ 정수(渟水)는 흐르지 않고 고여 있는 물을 말한다.

835_ 변지(胼胝)는 손바닥이나 발바닥에 생기는 굳은살을 말한다.

不烈于此矣.'"(『史記』「李斯列傳」)

## 康4-52

한비자가 전하는 내용은 모두 묵자의 학문이다.

凡韓非所傳, 皆墨學也.

## 4-10-9

요임금이 천하를 순임금에게 전해주려고 하자, 곤(鯀)[836]이 "상서롭지 못합니다. 누가 천하를 필부(匹夫)에게 전해준다고 합니까?"라고 간언했다. 요임금은 듣지 않고, 군대를 동원하여 우산(羽山)의 근교에서 곤을 주살했다.[837] 공공(共工)[838]이 또 "누가 천하를 필부(匹夫)에게 전해준다고 합니까?"라고 간언했다. 요임금이 듣지 않고, 또 군대를 동원하여 공공을 유주(幽州)의 도읍에서 주살했다. 이에 천하 사람들 중에 감히 순임금에게 천하를 전해주지 말라고 말하는 사람이 없었다. 공자가 그것을 듣고 말했다. "요임금이 순임금의 현명함을 안 것[839]은 어려운 일이 아니다. 그러나 간언하는 자를 주살하는 지경에까지 이르더

---

836_ 곤(鯀)은 우임금의 아버지로, 치수 사업에 실패하여 순임금에게 처형을 당했다. 『서』「홍범(洪範)」편에 "箕子乃言曰, 我聞, 在昔, 鯀陻洪水, 汨陳其五行, 帝乃震怒, 不畀洪範九疇, 彝倫攸斁. 鯀則殛死, 禹乃嗣興, 天乃錫禹洪範九疇, 彝倫攸敍."라는 기록이 보인다.

837_ 진기유는 이 문장을 "擧兵而誅, 殺鯀于羽山之郊."로 구두를 끊고, 주(誅)를 정벌하다[誅伐]는 의미로 풀이했는데, 의미상으로는 별 차이가 없다.

838_ 공공(共工)은 요임금의 신하로, 토목공사를 주관한 장관이다. 환도(驩兜)·삼묘(三苗)·곤(鯀)과 함께 당시 사흉(四凶)으로 일컬어졌다. 『서』「순전(舜典)」편에 "流共工于幽洲."라는 기록이 보인다.

839_ 진기유는 이 문장을 "堯之知, 舜之賢."으로 구두를 끊었는데, 『장자』「서무귀(徐無鬼)」편의 "堯聞舜之賢, 擧之童土之地."라는 문장에 근거하면, '堯之知舜之賢'으로 붙여서 해석하는 것이 더 타당할 듯하다.

라도 반드시 순임금에게 전해주려고 한 것이 어려운 일이다." 일설에는 "자신[의 선택]이 의심을 받는다는 이유로 자신이 관찰한 것을 단념하지 않는 것이 어렵다"라고 한다.(『한비자』「외저설 우상」)

堯欲傳天下于舜, 鯀諫曰, "不祥哉. 孰以天下而傳之于匹夫乎?" 堯不聽, 擧兵而誅殺鯀于羽山之郊. 共工又諫曰, "孰以天下而傳之于匹夫乎?" 堯不聽, 又擧兵而誅共工于幽州之都. 于是天下莫敢言無傳天下于舜. 仲尼聞之曰, "堯之知舜之賢, 非其難者也. 夫至乎誅諫者必傳之舜, 乃其難也." 一曰, "不以其所疑敗其所察, 則難也."(『韓非子』「外儲說 右上」)

## 康4-53

이것은 분명히 한비자가 탁고한 것인데, 거기에 공자의 말도 함께 가탁함으로써 [탁고한 내용을] 자연스럽게 자신의 주장으로 만들었다.

此必韓非託古, 幷託爲孔子之言, 以自成其說.

## 4-10-10

방오자(方吾子)[840]가 다음과 같이 말했다. "내가 듣기에, 옛날의 예법에 '밖을 다닐 때는 같은 옷을 입은 자와 수레를 함께 타지 않고, [집에 거처할 때는][841] 동족들과 집을 함께 사용하지 않는다'고 했다."[842](『한비자』「외저설 우하」)

---

840_ 방오자(方吾子)에 대한 자세한 전거는 보이지 않는다.

841_ 『한비자교주』에서 고광기는 불(不)자 앞에 거(居)자가 있어야 된다고 했는데, 여기에서는 그 주장에 따라 해석을 보충했다.

842_ 『예기』「방기(坊記)」편에 "子云, 君不與同姓同車, 與異姓同車不同服, 示民不嫌也."라는 기록이 보인다.

方吾子曰, "吾聞之, 古禮, '行, 不與同服者同車, 不與同族者共家.'"(『韓非子』「外儲說 右下」)

**康4-54**

한비자는 순자의 학문[을 전수했기] 때문에 유가의 예법을 알고 있었다.

韓非是荀學, 故知儒禮.

<이상 한비가 옛것에 가탁하다: 右韓非託古>

## 11. 관자가 옛것에 가탁하다 [管子託古]

**4-11-1**

[관자가 대답했다.][843] "탕임금 때는 7년 동안 큰 가뭄이 들었고, 우임금 때는 5년 동안 홍수가 났습니다. 백성들 중에 먹을 죽조차 없어서 자식을 파는 자도 있었습니다.[844] 탕임금이 장산(莊山)의 금속으로 화폐를 주조하여, 백성들 중에 먹을 죽조차 없어서 자식을 파는 사람들을 구제해 주었습니다.[845] 우임금은 역산(曆山)의 금속으로 화폐를 주조하여,

843_ 이하의 내용은 권력의 법칙[權數]를 질문한 환공(桓公)에게 관중이 대답한 것이다.

844_ 전(糧)은 죽[饘]이다. 『관자전역(管子全譯)』에서 인용한 왕염손은 "『통전(通典)』「식화(食貨)」8의 인용에는 '民之無糧 有賣子者.'로 되어 있으니, 곡식이 없는 백성들 중에 자기 자식을 파는 사람이 있었다는 말이다"라고 했다.

845_ 속(贖)은 재물을 바치고 죄를 면제받는 것이다. 여기에서는 그 돈으로 그들의 죄를 구제해주었다는 뜻이다.

백성들 중에 먹을 죽조차 없어서 자식을 파는 사람들을 구제해 주었습니다. 따라서 가뭄과 홍수에 대한 통제력[天權]이 상실되면 자연의 자원[地權]과 정치적 힘[人權]이 모두 상실됩니다."[846](『관자』「산권수」)

"湯七年旱, 禹五年水. 民之無檀賣子者. 湯以莊山之金鑄幣, 而贖民之無檀賣子者. 禹以曆山之金鑄幣, 而贖民之無檀賣子者. 故天權失, 人・地之權皆失也."(『管子』「山權數」)

## 4-11-2

[관자가 대답했다.][847] "옛날에 걸왕은 힘으로 천하를 소유하고도 재용이 부족했고, 탕임금은 70리의 작은 땅을 소유하고도 재용이 남아돌았습니다.[848] 하늘이 유독 탕임금만을 위해 곡식[849]에 비를 내려준 것도 아니고, 땅이 유독 탕임금만을 위해 자연 자원을 내준 것도 아닙니다. 이윤(伊尹)이 [상품, 화폐, 물가 등의] 경중의 조절, 열거나 닫는 것, 개방하거나 차단하는 정책[850]을 잘 운용했으며,[851] 높고 낮음이나 빠르고

---

846_ 이 문장의 앞에서 관자는 "하늘은 시령(時令), 즉 가뭄과 홍수를 권력으로 삼고, 땅은 자연의 자원을 권력으로 삼고, 인간은 정치적 힘을 권력으로 삼는다[天以時爲權, 地以財爲權, 人以力爲權.]"라고 했다. 따라서 천권(天權)은 가뭄과 홍수 등의 시령, 지권(地權)은 자연의 자원, 인권(人權)은 힘을 의미한다. 하늘의 권력을 상실한다는 것은 곧 가뭄과 홍수 등에 대한 통제력을 상실한다는 말이다. 지권(地權)과 인권(人權)의 상실은 곧 자연의 자원과 정치적 힘의 상실을 의미한다.

847_ 이하의 내용은 자연의 조건, 즉 자연의 자원이나 지리적 여건 등을 효과적으로 이용하는 정책이나 방법에 대한 환공의 질문에 관자가 대답한 것이다.

848_ 박(薄)은 땅이 작고 좁다는 뜻이다. 『관자전역』에서는 박(薄)이 박(亳)의 가차자라는 안정형(安井衡)의 주석에 따라 은나라의 도읍인 박읍(亳邑)으로 해석했는데, 여기에서는 글자 그대로 해석해도 무리가 없을 듯하다.

849_ 숙속(菽粟)은 콩과 조를 말하는데, 일반적으로 곡식이나 양식을 통칭하는 말이다.

850_ 경중(輕重)・개합(開闔)・결색(決塞) 등은 모두 서로 상반되는 경제 정책의 운용을 말하는데, 예를 들어 상품의 조절이나 화폐의 유통, 물가의 규제 등의 정책 운용이 여기에 해당된다.

느림의 정책에 능통하여, 적절하게 대처하여 시기를 놓치지 않았습니다.[852] 황제가 백고(伯高)[853]에게 '내가 천하를 결속시켜서[854] 그것을 하나의 집안으로 만들고자 하는데, 그것을 위한 방법이 있는가?'라고 물었습니다. 백고가 대답했습니다. '청컨대 잡초를 제거하여 경계의 표지를 세우고,[855] 우리들이 [악인들의] 발톱과 이빨을 조심해서 제거하면[856] 천하를 결속시켜서 하나의 집안으로 만들 수 있습니다.' 황제가 '너의 구체적인 말을 들어볼 수 있겠는가?'라고 하자, 백고가 대답했습니다. '땅 표면에 단사(丹砂)[857]가 있는 산은 땅 속에 황금이 있고, 땅 표

851_ 통리(通移)는 유통이나 이동을 원활하게 했다는 뜻으로, 경중(輕重) 등의 정책을 잘 운용했다는 의미로 풀이할 수 있다. 『관자전역』에서 인용한 마비백(馬非百)은 경중(輕重)이나 개합(開闔) 등의 여러 가지 모순을 잘 전화(轉化)했다고 풀이했는데, 같은 의미로 이해된다. 한편 김필수 등의 『관자』 번역본에서는 통리(通移)를 유통을 잘하는 것으로 풀이했는데, 이 해석도 역시 가능하다.

852_ 좌기(坐起)는 앉거나 일어서는 것으로, 상황에 따라 대응하여 행동한다는 말이다. 좌기지비시(坐起之費時)는 적절하게 대처하여 시기를 놓치지 않았다는 의미이다.

853_ 백고(伯高)는 『관자전역』에 의하면, 고백(高栢)이라고도 하며, 『황제내경 · 영추(黃帝內經 · 靈樞)』에서 가탁한 인물이라고도 한다.

854_ 도(陶)는 결속한다는 뜻이다. 『관자전역』에서 마비백은 도야(陶冶)의 도(陶)와 같으며, 국가를 하나로 단결시킨다는 의미로 풀이했다.

855_ 완(莞)은 완초라는 풀로 잡초를 말한다. 수(樹)는 『관자전역』에서 표시를 세워서 경계로 삼는 것이라고 한 마비백의 주석에 근거해서, "들풀들을 제거하고 표시를 세워서, 산해(山海)의 자연 자원을 엄격하게 관리한다"라고 풀이했다.

856_ 조아(蚤牙)는 짐승의 발톱과 이빨이다. 『관자전역』에서 마비백은 다음과 같이 해석했다. "산속에 있는 광산은 무기와 화폐를 제조할 수 있고, 사람에게 무기와 화폐는 짐승들에게 발톱과 이빨이 있는 것과 같다. 만약 그들이 난리를 일으키는 것을 방지하고자 한다면 반드시 먼저 그들이 산과 바다의 자원을 제멋대로 관리하는 것을 금지하여, 그들의 발톱과 이빨을 제거함으로써 악인의 세력을 도와주는 것을 막아야 한다." 그런데 김필수 등의 번역본에서는 "잡초를 베어내 곡식을 심고, 우리가 삼가 병기를 제조한다"라고 하여, 전혀 다른 해석을 하고 있다. 여기에서는 마비백의 해석에 따랐다.

857_ 단사(丹沙)는 단사(丹砂)와 같으며, 주사(朱砂)라고도 한다. 안료와 약용 등으로 사용되었는데, 방사들은 이것으로 황금과 불로장생약을 만들었다고 한다.

면에 자석(磁石)[858]이라는 광석이 있는 산은 땅 속에 구리가 있습니다. 땅 표면에 화강암[859]이 있는 산은 땅속에 납·주석·구리가 있고, 땅 표면에 붉은 흙[860]이 있는 산은 땅 속에 철이 있습니다. 이것은 산이 광맥[861]을 밖으로 드러내 보인 것입니다."(『관자』「지수」)

"昔者, 桀覇有天下而用不足, 湯有七十里之薄而用有餘. 天非獨爲湯雨菽粟, 而地非獨爲湯出財物也. 伊尹善通移輕重·開闔·決塞, 通于高下徐疾之策, 坐起之費時也. 黃帝問于伯高曰, '吾欲陶天下而以之爲一家, 爲之有道乎?' 伯高對曰, '請刈其莞而樹之, 吾謹逃其蚤牙, 則天下可陶而爲一家.' 黃帝曰, '此若言可得聞乎?' 伯高對曰, '上有丹沙者, 下有黃金, 上有慈石者, 下有銅金. 上有陵石者, 下有鉛·錫·赤銅, 上有赭者, 下有鐵. 此山之見榮者也."(『管子』「地數」)

## 康4-55

관자가 경중(輕重)[의 경제 정책]을 새로 만들고, 광물학을 개척한 것 또한 우임금과 탕임금, 이윤과 황제에게 가탁했다.

管子創輕[862]重, 開礦學, 亦託于禹·湯·伊尹·黃帝.

## 4-11-3

[관자가 대답했다.][863] "수인씨(燧人氏) 이후로 경중(輕重)[의 경제 정책]으

858_ 자석(慈石)은 자석(磁石)을 말하는데, 자철광(磁鐵鑛)의 광석이다.

859_ 능석(陵石)은 녹석(綠石)으로, 화강석(花崗石)이나 장석(長石) 등과 같은 종류이다.

860_ 자(赭)는 붉은 흙[赤土]을 말한다.

861_ 영(榮)은 『관자전역』에 의하면, 꽃이 피듯이 밖으로 노출된 광맥을 비유한다.

862_ 경(輕)이 『공자개제고』에는 경(經)으로 되어 있는데, 고쳐서 기록했다.

863_ 이하의 내용은 수인씨(燧人氏) 이후의 경제 정책에 대한 환공의 질문에 대답한

로 천하를 다스리지 않은 임금은 없었습니다. 공공씨(共工氏)가 임금 노릇을 할 때는 물이 있는 지역이 10분의 7을 차지했고, 땅이 있는 지역이 10분의 3을 차지했는데, 자연의 지세(地勢)를 잘 이용하여 천하를 통제했습니다.[864] 황제가 임금 노릇을 할 때에 이르러서, [악인들의] 발톱과 이빨을 조심스럽게 제거하여, [그 광물로 만든] 도구를 이용하지 못하도록 했습니다. 산림을 불태우고, 들풀이 무성한 지역을 없애고,[865] 수초가 무성한 지역[866]에 불을 질러서 짐승들을 쫓아내어, 실제로 인간에게 도움을 준 뒤에 천하를 다스릴 수가 있었습니다. 요임금과 순임금이 임금 노릇을 할 때에 이르러서 세상을 교화시킨 것은 북쪽의 우씨(禺氏)[867]의 옥을 [화폐로] 사용하고, 남쪽의 양자강과 한수(漢水)의 진주를 귀중하게 인정해주며, 산속에 사는 사람들이 짐승을 원수같이 여겨서 쫓아가 잡으면 대부들은 그들을 쫓아가서 [자신의 재물로 짐승의 가죽을 사도록 했기] 때문입니다."[868] 환공이 "무엇을 말하는 것인가?"라고 묻자, 관자가 대답했다. "다음과 같이 명령을 내렸습니다. '제후의 아들 중에 벼슬하기 위해서 임금에게 예물을 바치려는 자[869]는

---

것이다.

864_ 애제(隘制)는 제한하고 통제하는 것이다.

865_ 증수(增藪)는 들풀이 무더기로 더부룩하게 난 미개간지를 말한다. 한편 『관자전역』에서는 증(增)을 증(橧), 즉 둥지[巢]로 보고, 짐승들이 사는 곳을 파괴했다고 해석하기도 했다.

866_ 패택(沛澤)은 수초가 무성하게 난 미개간지를 말한다.

867_ 우씨(禺氏)는 고대 서북 지역의 소수 민족으로, 월씨(月氏)라고도 한다. 윤지장(尹知章)의 『관자주(管子注)』에서 "우씨는 서북 지역 오랑캐의 이름으로, 옥이 나는 곳"이라고 했다.

868_ 『관자주』에서 윤지장은 다음과 같이 풀이했다. "짐승을 쫓아서 잡는 산속 사람들에게는 마치 원수를 쫓듯이 가서 잡도록 하고, 대부들에게는 자기 읍의 곡식과 재물을 풀어서 그 사람들을 쫓아가서 그 짐승의 가죽을 구해오도록 했다."

869_ 위지(委質)는 처음 벼슬하는 사람이 군주에게 예물을 바쳐서 충성을 맹세하는 것이다. 예를 들어 죽은 꿩을 바치는 것은 군주에게 목숨을 바친다는 것을 표시한다.

모두 호랑이 두 마리의 가죽으로 [갖옷을 만들어 입고],[870] 경대부는 표범 가죽으로 소매[871]를 만들어 입고, 나머지 대부들은 모두 표범 가죽으로 옷깃[872]을 만들어 입어라.' 그러자 대부들은 자기 읍의 곡식과 재물을 풀어서 호랑이와 표범의 가죽을 샀습니다. 따라서 산속에 사는 사람들은 [가죽을 팔기 위해서] 맹수를 잡는 것을 마치 부모의 원수를 쫓아서 잡듯이 했습니다.[873] 이것은 군주가 조정에서 예복을 입고 앉아 있으면 맹수들이 교외에서 포획되고, 대부들이 자신들의 재물을 풀어 놓으면 백성들은 그들이 뿌려 놓은 재물[874]을 받는 것입니다. 이것이 요임금과 순임금의 [경중의 경제] 정책이었습니다."(『관자』「규탁」)

"燧人以來, 未有不以輕重爲天下也. 共工之王, 水處什之七, 陸處什之三, 乘天勢以隘制天下. 至于黃帝之王, 謹逃其爪牙, 不利其器. 燒山林, 破增藪, 焚沛澤, 逐禽獸, 實以益人, 然後天下可得而牧也. 至于堯舜之王, 所以化海內者, 北用禺氏之玉, 南貴江漢之珠, 其勝禽獸之仇, 以大夫隨之." 桓公曰, "何謂也?" 管子對曰, "令'諸侯之子將委質者, 皆以雙虎之皮, 卿大夫豹飾, 列大夫豹幨.' 大夫散其邑粟與其財物, 以市虎·豹之皮. 故山林之人刺其猛獸, 若從親戚之仇. 此君冕服于朝, 而猛獸勝于外, 大夫已散其財物, 萬人得受其流. 此堯舜之數也."(『管子』「揆度」)

---

870_ 쌍호지피(雙虎之皮)는 호랑이 두 마리의 가죽이다. 옛 판본에 쌍무지피(雙武之皮)로 되어 있는데, 『신역관자독본(新譯管子讀本)』에 의하면, 당나라 고조 이연(李淵)의 조부의 이름이 호(虎)이기 때문에 당나라 사람은 피휘해서 무(武)로 썼다고 한다. 윤지장의 주에서는 "호랑이 두 마리의 가죽으로 갖옷을 만들었다"라고 했다.

871_ 식(飾)은 옷의 소매를 말한다. 『예기』「옥조(玉藻)」편에 '양가죽 갖옷과 표범 가죽 소매[羔裘豹飾]'라는 말이 보인다.

872_ 첨(幨)은 옷깃으로, 표범의 가죽으로 옷깃을 만든다는 말이다.

873_ 『관자전역』에서 인용한 허유휼(許維遹)이 "종(從)은 쫓는다[逐]는 뜻이고, 친척(親戚)은 부모와 같은 뜻이다"라고 했다.

874_ 류(流)는 『신역관자독본』에서 "대부들이 호랑이와 표범의 가죽을 사기 위해서 뿌려 놓은 읍의 곡식과 재물을 가리킨다"라고 했다.

## 康4-56

또 경중[의 경제 정책]을 옛날의 황제들에게 두루 가탁했다. 그런데 옛날에는 사람이 짐승과 땅을 놓고 싸웠으니, 그 주장에 아마도 유래가 있는 듯하다.

又以輕重遍託古皇. 然古者人與獸爭地, 其說或有自來.

## 4-11-4

관자가 대답했다.[875] "옛날에 무왕이 [은나라의 곡식 창고인] 거교(巨橋)의 곡식을 소유하자, 시세보다 비싼 값으로 곡식을 사들이는 경제 정책[을 시행했습니다.]"[876] 환공이 말했다. "어떤 방법으로 그것을 시행했는가?" 관자가 대답했다. "무왕이 중천(重泉)의 병역 의무를 세워놓고,[877] '백성들 중에 400섬[878]의 곡식을 소유한 자는 병역을 가지 않는다'고 명령을 내렸습니다. 그러자 백성들은 모두 곡식을 모아서 중천의 병역 의무를 피하니,[879] 나라의 곡식 가격이 20배가 올랐고, 거교 창

875_ 이하의 내용은 국내의 재물을 지키고, 국외의 각국에서 이익을 취하는 방법에 대한 환공의 질문에 대답한 것이다.

876_ 거교(巨橋)는 은나라 주왕(紂王) 때의 곡식 창고 이름이다. 귀적(貴糴)은 시세보다 비싼 값으로 곡식을 사들이는 것이다. 반면 귀조(貴糶)는 시세보다 비싼 값으로 곡식을 내다 파는 것이다. 윤지장은 "무왕이 은나라를 정복하여 거교의 곡식을 얻자, 시세보다 비싼 값으로 곡식을 사들이고자 했다. 거교 창고는 지금의 광평군(廣平郡) 곡주현(曲周縣)에 있다"라고 했다. 즉 시세보다 비싼 가격으로 곡식을 사들여서 곡식 가격을 올리는 경제 정책을 시행했다는 의미이다.

877_ 수(戍)는 수자리를 서는 것으로, 국경을 지키는 병역의 의무를 말한다. 윤지장은 "중천(重泉)은 수자리의 이름이다. 이러한 수자리의 이름을 거짓으로 만들어 놓고, 사람들이 그 의무를 꺼려하여 경쟁적으로 곡식을 모으기를 원했다"라고 했다.

878_ 고(鼓)는 고대에 네 섬[石] 용량의 곡식을 담던 용기이다. 윤지장은 고(鼓)는 12곡(斛)이라고 했는데, 1곡은 12말이다.

고의 곡식도 또한 20배로 늘었습니다. 무왕은 20배로 늘어난 거교 창고의 곡식으로 비단을 사들여서, 군대에서는 5년 동안 백성들에게 군대의 징집[880]을 하지 말도록 했습니다. 20배로 늘어난 거교 창고의 곡식으로 거의 황금 100만 냥을 살 수 있기 때문에[881] 백성들에게 죽을 때까지 세금의 징수를 면제해 주었습니다. [이것이 국가의] 균형 정책입니다."[882](『관자』「지수」)

管子對曰, "夫昔者, 武王有巨橋之粟, 貴糴之數." 桓公曰, "爲之奈何?" 管子對曰, "武王立重泉之戍, 令曰, '民自有百鼓之粟者不行.' 民擧所最粟, 以避重泉之戍, 而國穀二什倍, 巨橋之粟亦二什倍. 武王以巨橋之粟二什倍而市繒帛, 軍五歲毋籍衣于民. 以巨橋之粟二什倍而衡黃金百萬, 終身無藉于民. 準衡之數也."(『管子』「地數」)

## 康4-57

또 경중[의 경제 정책]의 방법을 무왕에게 가탁했다.

又以輕重之法託之武王.

## 4-11-5

[관자가 대답했다.][883] "옛날 걸왕(桀王) 때에는 궁중의 기녀[884]가 3만 명

---

879_ 윤자장이 "거(擧)는 모두[盡]라는 뜻이고, 최(最)는 모은다[聚]는 뜻"이라고 했다. 즉 백성들이 자신의 재산으로 곡식을 모아서 병역의 의무를 피했다는 의미이다.

880_ 적(籍)은 군대의 징집, 또는 세금의 징수 등을 말한다.

881_ 형(衡)은 저울질을 한다는 말로, 거의 황금 100만 냥을 살 수 있다는 의미로 이해된다.

882_ 준형(準衡)은 균형이라는 말로, 국가의 균형 정책을 의미한다.

883_ 이하의 내용은 천하의 재물을 모아서 경중의 경제 정책을 시행하는 방법에 대한 환공의 질문에 대답한 것이다.

884_ 여악(女樂)은 궁중의 연회 때 춤추고 노래하는 기녀를 말한다.

이었고, 궁중의 시끄러운 가무 소리가 새벽까지 궁중 밖의 길거리에 들렸습니다.[885] 이들 기녀 중에 무늬를 수놓은 화려한 옷[886]을 입지 않은 사람이 없었습니다. 이윤(伊尹)이 박(薄) 지역의 일없이 놀고 있는 여자들에게 무늬를 수놓은 화려한 옷을 짜도록 하여,[887] 걸왕의 나라에서 비단 한 필[888]에 곡식 100종(鍾)[889]을 받았습니다. 걸왕의 나라는 천자의 나라인데, 걸왕은 천하에 대해 걱정하지 않고, 여자와 음악에만 힘썼기 때문에 이윤이 그의 곡식을 확보하여 그 유통을 장악했습니다. 이것을 천하의 재물을 오게 하는 정책이라고 합니다."(『관자』「경중 갑」)

"昔者, 桀之時, 女樂三萬人, 端噪晨樂聞于三衢. 是無不服文繡衣裳者. 伊尹以薄之游女工文繡纂組, 一純得粟百鍾于桀之國. 夫桀之國者, 天子之國也, 桀無天下憂, 飾婦女鐘鼓之樂, 故伊尹得其粟而奪之流. 此之謂來天下之財."(『管子』「輕重 甲」)

## 4-11-6

관자가 대답했다.[890] "여화(女華)[891]라는 여자는 걸왕이 사랑하던 첩인

---

885_ 『관자전역』에서 인용한 손성연(孫星衍)이 "『태평어람』 492에서 '晨噪于端門, 樂聞于三衢.'라고 인용되어 있으니, 여기에는 오탈자가 있다"라고 했다. 여기에 근거하면 단조(端噪)는 '단문(端門)에서 시끄럽게 논다'는 의미이다. 단문(端門)은 궁중의 정전의 남쪽 정문이다. 조(噪)는 시끄럽게 떠드는 소리이다. 삼구(三衢)는 세 갈레로 난 큰 도로로, 궁중 밖의 길거리를 말한다.

886_ 문수의상(文繡衣裳)은 무늬를 수놓은 화려한 옷을 말한다.

887_ 박(薄)은 『관자전역』에서 박(亳)과 같다고 했다. 유녀(游女)는 일없이 한가하게 놀고 있는 여자들을 말한다. 찬조(纂組)는 옷감을 짜는 것이다.

888_ 돈(純)은 피륙을 세는 단위로, 필(匹)과 같은 말이다.

889_ 종(鍾)은 곡식의 용량을 나타내는 단위로, 그 양에 대해서는 6곡(斛) 4두(斗), 8곡(斛), 10곡(斛) 등 여러 가지 이견이 있다.

890_ 이하의 내용은 탕왕이 걸왕을 이기고 통일할 수 있었던 이유를 묻는 환공의 질문에 대답한 것이다.

891_ 여화(女華)는 『관자전역』에서 인용한 『죽서기년(竹書紀年)』에 의하면, 민산(岷

데, 탕임금이 천금을 주고 그녀를 이용했습니다. 곡역(曲逆)[892]이라는 사람은 걸왕이 총애하던 신하인데, 탕왕이 천금을 주고 그를 이용했습니다. 침실 안에는 여화라는 은밀한 동조자가 있었고, 조정에는 곡역이라는 공개적인 동조자가 있어서, 두 사람과 함께 계책을 꾸며서 천자가 될 수 있었습니다. 이것이 탕왕의 은밀한 계책입니다."(『관자』「경중 갑」)

管子曰, "女華者, 桀之所愛也, 湯事之以千金. 曲逆者, 桀之所善也, 湯事之以千金. 內則有女華之陰, 外則有曲逆之陽, 陰陽之議合, 而得成其天子. 此湯之陰謀也."(『管子』「輕重 甲」)

## 康4-58

이것은 모두 은밀한 계책을 탕임금과 이윤에게 가탁한 것이다. 따라서 전국시대의 제자백가들은 탁고하지 않은 일이 없었다.

此幷以陰謀託之湯・伊尹矣. 故戰國諸子無事不託古.

## 康4-59

궁중의 기녀가 3만 명이라고 했는데, 걸왕의 악행이 결코 이 지경까지는 이르지 않았을 것이다. 이 또한 가탁한 것이라고 생각된다. 탕임금이 여화를 이용한 것도 이와 같은 종류이다.

女樂三萬, 桀之惡未必至是. 想亦託也. 湯事女華亦類此.

## 4-11-7

환공이 관중에게 "경중[의 경제 정책]을 어떻게 시행해야 하는가?"라고

---

山)에서 걸왕에게 두 명의 여자를 바쳤는데, 그중의 한 명이 여화라고 한다.

892_ 곡역(曲逆)에 대해서는 고찰할 만한 전거가 없다.

물었다. 관자가 대답했다. "나라를 다스렸던 복희씨 이후로[893] 경중[의 경제 정책]을 사용하지 않고 왕업을 이룰 수 있었던 사람은 없습니다." 환공이 "무슨 말인가?"라고 묻자, 관자가 대답했다. "복희씨가 일어나서, 육법(六法)[894]을 만들어서 음양(陰陽)을 헤아리고, 구구(九九)[895]의 계산법을 만들어서 하늘의 도에 합치시키자, 천하가 교화되었습니다."(『관자』「경중 무」)

桓公問于管子曰, "輕重安施?" 管子對曰, "自理國虙戲以來, 未有不以輕重而能成其王者也." 公曰, "何謂?" 管子對曰, "虙戲作, 造六峑, 以迎陰陽, 作九九之數, 以合天道, 而天下化之."(『管子』「輕重 戊」)

## 4-11-8

옛날에 요임금이 천하를 다스릴 때는, 마치 점토가 그릇 모형에 있으면 오직 도공이 그것으로 그릇을 만드는 것과 같았고,[896] 마치 쇠붙이가 용광로 속에 있으면 대장장이가 자기 마음대로 그것으로 그릇을 주조하는 것과 같았다.[897] 백성들은 끌어당기면 오고 밀어내면 떠나가

---

893_ 리국(理國)은 나라를 다스리는 것으로 치국(治國)과 같은 말이다. 복희(虙戲)는 복희씨(伏羲氏)를 말한다. 『관자전역』에서 마비백은 리국(理國)이 복희(虙戲)의 뒤로 가야 한다고 했는데, 여기에서는 그대로 두고 해석했다.

894_ 원문의 계(峑)는 고대의 산법(算法) 이름인데, 『관자전역』에서 인용한 홍이훤(洪頤煊)이 이 글자는 법(法)자의 고자인 법(佱)자가 되어야 한다고 했다. 육법(六法)은 문일다(聞一多)가 팔괘(八卦)는 옛날에 육법(六法)이라는 명칭이 있었다고 했다.

895_ 구구(九九)는 1부터 9까지의 각 수로 두 수끼리 서로 곱한 곱을 나타낸 것으로, 구구법이라는 산법(算法)이다. 『한서』「매복전(梅福傳)」의 "臣聞齊桓公之時有以九九見者."에 대한 안사고의 주에서 "구구(九九)는 산술(算術)인데, 지금의 구장(九章)이나 오조(五曹) 등과 같다"라고 했다.

896_ 식(埴)은 찰흙으로, 질그릇을 만드는 데 쓰는 점토이고, 선(埏)은 흙을 이겨서 반죽하는 것으로, 질그릇을 만드는 모형을 말한다.

897_ 로(鑪)는 쇠를 주조하는 용광로를 말한다. 자(恣)는 자기 임의대로 하는 것이다.

며, 부리면 일이 이루어지고 금지하면 그만두었다. 따라서 요임금의 정치는 법과 금지의 명령을 잘 밝혔을 뿐이다.[898] 황제가 천하를 다스릴 때는, 백성들은 끌어당기지 않아도 오고 밀어내지 않아도 떠나가며, 부리지 않아도 일이 이루어지고 금지하지 않아도 그만두었다. 따라서 황제의 정치는 법을 설치해서 변경하지 않고, 백성들에게 그 법에 편안하게 적응하도록 했다. 이른바 인(仁)·의(義)·예(禮)·악(樂)이라는 것은 모두 법에서 나온다. 이것이 앞선 성왕들이 백성을 통일시킨 방법이다.(『관자』「임법」)

昔者, 堯之治天下也, 猶埴之在埏也, 唯陶之所以爲, 猶金之在罏, 恣冶之所以鑄. 其民引之而來, 推之而往, 使之而成, 禁之而止. 故堯之治也, 善明法禁之令而已矣. 黃帝之治天下也, 其民不引而來, 不推而往, 不使而成, 不禁而止. 故黃帝之治也, 置法而不變, 使民安其法者也. 所謂仁義禮樂者, 皆出于法. 此先聖之所以一民者也.(『管子』「任法」)

## 4-11-9

요임금과 순임금은 옛날의 밝은 군주이다. 천하 사람들이 끊임없이 그들을 높이 받들고, 그치지 않고 그들을 칭송했으며, 오랜 시간이 지나더라도 잊지 못하는 것은 백성들에게 잊지 못할 도를 남겼기 때문이다.(『관자』「형세해」)

堯·舜, 古之明主也. 天下推之而不倦, 譽之而不厭, 久遠而不忘者, 有使民不忘之道也.(『管子』「形勢解」)

---

야(冶)는 쇠를 주조하여 그릇을 만드는 대장장이를 말한다.

898_ 『관자집교(管子集校)』에서 인용한 손성연이 『예문류취』 권54와 『태평어람』 권638의 인용에 "善明法禁令而已."로 되어 있어서 지(之)자는 연문이라고 했는데, 여기에서는 그대로 해석했다.

### 4-11-10

옛날에 무왕은 땅이 사방 100리에 지나지 않았고, 병사의 무리는 1만 명에 지나지 않았는데도 전쟁을 하면 승리하고 공격하면 얻어냈다. 천자로 즉위해서는 세상에서 성왕이라고 말하니, 그것을 실행하는 기술을 알았기 때문이다.(『관자』「형세해」)

古者, 武王地方不過百里, 戰卒之衆不過萬人, 然能戰勝攻取. 立爲天子, 而世謂之聖王者, 知爲之之術也.(『管子』「形勢解」)

### 康4-60

무왕은 문왕이 려(黎)나라를 이기고,[899] 밀(密)나라를 정벌하고, 숭(崇)나라를 정벌하고, 한(邗)나라를 정벌한 이후의 기회를 틈타서 천하의 3분의 2를 소유했으니, 어찌 [그가 소유한 영토가] 단지 100리에만 그쳤겠는가? 이것은 모두 공자의 제도를 말하면서 그것을 탁고한 것이다.[900]

武王乘文王戡黎, 伐密, 伐崇, 伐邗之後, 三分有二, 豈止百里? 此皆稱孔制而託之古.

### 4-11-11

옛날에 황제(黃帝)는 치우(蚩尤)를 얻어서 천도(天道)를 밝히고, 대상(大常)

---

899_ 감(戡)은 이긴다[勝]는 뜻이다. 려(黎)는 나라 이름으로, 「서백잠려(西伯戡黎)」편의 『서경집전』에 의하면, 이 나라는 상당(上黨) 호관(壺關) 지역에 있었는데, 무도한 짓을 하여 문왕이 가서 정벌했다고 한다. 밀(密)·숭(崇)·한(邗)도 모두 문왕에 의해 정벌을 당한 오랑캐 국가들이다.

900_ 공자와 맹자 등 유가의 제도에서는 사방 100리의 땅이면 천하를 다스릴 수 있다고 규정하고 있다. 예를 들어 『맹자』「만장 하」편에서 "天子之制, 地方千里, 公侯皆方百里, 伯七十里, 子男五十里, 凡四等."이라고 했고, 「양혜왕 상」편에서 "孟子對曰, 地方百里而可以王."이라고 했다.

을 얻어서 지리(地利)를 살폈으며, 창룡(蒼龍)[901]을 얻어서 동방(東方)을 다스렸고, 축융(祝融)을 얻어서 남방(南方)을 다스렸으며, 대봉(大封)을 얻어서 서방(西方)을 다스렸고, 후토(后土)를 얻어서 북방(北方)을 다스렸다. 황제가 여섯 명의 재상을 얻어서 천하를 다스렸으니, [황제의] 신묘하고 밝음의 극치이다.[902] 치우는 천도를 밝혔기 때문에 당시(當時)[903]로 삼았고, 태상은 지리를 살폈기 때문에 늠자(廩者)[904]로 삼았으며, 사룡은 동방을 다스렸기 때문에 토사(土師)[905]로 삼았고, 축융은 남방을 다스렸기 때문에 사도(司徒)[906]로 삼았으며, 대봉은 서방을 다스렸기 때문에 사마(司馬)[907]로 삼았고, 후토는 북방을 다스렸기 때문에 이관(李官)[908]으로 삼았다. 이 때문에 봄은 토사(土師)이고, 여름은 사도(司徒)이며, 가을은 사마(司馬)이고, 겨울은 이관(李官)이다.[909] 옛날에 황제는 [소리의] 완급(緩急)으로 오성(五聲)을 처음으로 만들어,[910] 다섯 가지 악기[五鍾]를

---

901_ 사룡(奢龍)은 왕염손이 『태평어람』과 『통전』 등에는 모두 창룡(蒼龍)으로 되어 있다고 했다.

902_ 손성연과 왕염손 등이 천지치(天地治)는 『태평어람』과 『초학기』에 천하치(天下治)로 되어 있고, 심명지(神明至)는 심명지지(神明之至)으로 되어 있다고 했다. 궈모뤄는 이에 근거하여 원문을 고쳤는데, 여기에서도 궈모뤄에 따라 해석했다.

903_ 당시(當時)는 『관자집교』에서 총전호(冢田虎)가 관직 이름이라고 했고, 유사배(劉師培)가 당(當)은 상(尙)과 같고, 천시(天時)를 주관하는 관직이라고 했다.

904_ 늠자(廩者)는 창고의 곡식이나 재화 등의 물품을 관장하던 관리이다. 윤지장은 창고를 열어서 사람들에게 물품을 주는 것이라고 했다

905_ 토사(土師)는 『관자집교』에서 유월이 공사(工師)가 되어야 한다고 했다. 그리고 이 관직은 요순시대의 공공(共工)으로, 『주관(周官)』의 사공(司空)이라고 했다. 사공(司空)은 수토(水土)의 일을 주관하던 관리이다.

906_ 사도(司徒)는 토지의 관리와 백성의 교화를 주관하던 관리이다.

907_ 사마(司馬)는 군정(軍政)을 주관하던 관리이다.

908_ 리(李)는 윤지장이 관(官)과 같다고 했는데, 『관자전역』에서 옛날 법관의 명칭, 즉 형사(刑事)를 주관하던 관리라고 했다.

909_ 춘하추동의 사계절을 각각 동남서북의 방위에 배속하여 주관했다는 뜻이다.

910_ 작(作)은 처음으로 만들었다는 뜻이다. 『신역관자독본』에서 인용한 왕염손은 "현행본에 작(作)자 다음에 립(立)자가 없는 것은 후인들이 문장의 뜻을 이해하지 못하여 삭제해 버린 것이다. 작립(作立)은 처음으로 세웠다[始立]는 뜻이다"라고

바로잡았다.[911] 그 오종을 다음과 같이 명명했다.[912] 첫째는 청종(青鍾) 대음(大音), 둘째는 적종(赤鍾) 중심(重心), 셋째는 황종(黃鍾) 쇄광(灑光), 넷째는 경종(景鍾) 매기명(昧其明), 다섯째는 흑종(黑鍾) 은기상(隱其常)이다.(『관자』「오행」)

昔者, 黃帝得蚩尤而明于天道, 得大常而察于地利, 得奢龍而辯于東方, 得祝融而辯于南方, 得大封而辯于西方, 得后土而辯于北方. 黃帝得六相而天地治, 神明至. 蚩尤明乎天道, 故使爲當時, 大常察乎地利, 故使爲廩者, 奢龍辯乎東方, 故使爲土師, 祝融辯乎南方, 故使爲司徒, 大封辯于西方, 故使爲司馬, 后土辯乎北方, 故使爲李. 是故春者, 土師也, 夏者, 司徒也, 秋者, 司馬也, 冬者, 李也. 昔黃帝以其緩急作五聲, 以政五鍾. 令其五鍾, 一曰青鍾大音, 二曰赤鍾重心, 三曰黃鍾灑光, 四曰景鍾昧其明, 五曰黑鍾隱其常.(『管子』「五行」)

### 康4-61

육관(六官)의 시초가 관자에게서 나왔는데, 또한 황제에게 그것을 가탁했다.

六官之始出管子, 而亦託之黃帝.

### 4-11-12

[관자가 대답했다.][913] "황제가 명대(明臺)[914]에서 정책을 논의하는 제도

---

했다.

911_ 정(政)은 『관자전역』에서 정(正)자와 같고, 바로잡는다는 의미라고 했다. 종(鍾)은 『신역관지독본』에 의하면, 종(鐘), 즉 악기(樂器)이다.

912_ 령(令)은 명명(命名), 즉 이름을 지어서 붙이는 것이다.

913_ 이하의 내용은 환공이 백성들을 소유하여 잃어버리지 않고, 천하를 얻어서 망하지 않는 방법에 대해 물었는데, 이에 대해 관자가 대답한 것이다.

를 세운 것은 위로 [조정에서] 신하의 현명함을 관찰하기 위해서입니다. 요임금이 구실(衢室)[915]에서 자문하는 제도를 둔 것은 아래로 백성들[의 의견]을 듣기 위해서입니다. 순임금 때 깃발 아래에서 간언을 올리는 제도[916]를 두어서, 임금이 세상의 실정에 어둡지 않을 수 있었습니다.[917] 우임금은 조정에 설치한 북을 쳐서 간언하는 제도를 세워서 간언에 대비했습니다.[918] 탕임금은 큰 길거리에 관공서를 설치해두고서 백성들의 비판을 관찰했습니다.[919] 무왕은 영대(靈臺)에서 간언을 아뢰는 제도[920]를 두어서, 현명한 인재들이 등용되었습니다. 이것은 옛

---

914_ 명대(明臺)는 황제가 정사를 처리했던 곳이다. 『관자집교』의 손성연에 의하면, 『초학기』나 『예문류취』 등의 인용에서는 명당(明堂)으로 되어 있다.

915_ 구실(衢室)은 요임금 때 큰 거리에 집을 지어놓고, 백성의 의견을 듣던 곳이다.

916_ 고선지정(告善之旌)은 순임금 때 백성과 신하들에게 간언을 권장하기 위해 세운 기(旗)를 말한다. 『관자집교』에 의하면, 『초학기』에서 인용한 『시자(尸子)』에는 건선지정(建善之旌)으로 되어 있고, 『대대례기』「보부(保傅)」편과 『사기』「효문본기(孝文本紀)」 등에는 진선지정(進善之旌)으로 되어 있는데, 의미는 마찬가지이다. 「효문본기」의 여순(如淳)의 주에 의하면, 좋은 말, 즉 간언을 올리려는 자는 깃발 아래에 서서 그것을 말했다고 한다.

917_ 폐(蔽)는 언로가 가려져서 세상의 실정에 어두운 것을 말한다.

918_ 간고(諫鼓)는 우임금 때 임금에게 간언할 일이 있는 사람이 조정에 비치해둔 북을 치도록 한 제도를 말한다. 신애(訊唉)는 묻고 대답하는 문답을 의미한다. 그런데 간고(諫鼓) 제도는 북을 쳐서 간언하는 제도이기 때문에 신(訊)자를 간언을 아뢴다는 의미로 보고, 애(唉)자는 『관자집교』에서 궈모뤄가 야(也)자로 본 것에 따라 해석했다. 궈모뤄는 "애(唉)자는 연문이다. 원래 야(也)자가 의(矣)자로 잘못 기록되어 책을 교정하는 자가 글자의 왼쪽에 작은 동그라미를 그려서 표시해두었는데, 그것이 또 애(唉)자로 잘못 기록되었다"라고 했다.

919_ 총가지정(總街之庭)은 『신역관자독본』에서 탕임금이 정치 자문을 구하기 위해 큰 길거리에 설치한 관공서라고 한다. 요임금 때의 구실(衢室)과 마찬가지이다.

920_ 영대(靈臺)는 주나라 문왕이 세운 누각이다. 『시』「대아(大雅)·영대(靈臺)」편에 "經始靈臺, 經之營之. … 王在靈沼, 於牣魚躍."이라는 기록이 보인다. 복(復)은 간언을 아뢴다는 말인데, 윤지장은 아뢰거나 보고한다는 의미의 백(白)자와 같다고 했다. 한편 『관자집교』에서 인용한 손성연은 『삼국지』의 주에서는 영대지유(靈臺之囿)로 되어 있고, 『예문류취』와 『태평어람』에는 영대지궁(靈臺之宮)으로 되어 있다고 했다.

날의 성스럽고 밝은 군주들이 [백성을] 소유하여 잃어버리지 않고, [천하를] 얻어서 망하지 않는 방법입니다."[921] 환공이 말했다. "내가 그들을 본받아서 실행하고자 하는데, 그 제도의 명칭을 무엇이라고 해야 하는가?" [관자가] 대답했다. "'쟁론의 정책 논의 제도[嘖室之議]'[922]라고 명명하십시오."(『관자』「환공문」)

"黃帝立明臺之議者, 上觀于賢也. 堯有衢室之問者, 下聽于人也. 舜有告善之旌, 而主不蔽也. 禹立諫鼓于朝, 而備訊唉. 湯有總街之庭, 以觀人誹也. 武王有靈臺之復, 而賢者進也. 此古聖帝明王所以有而勿失得而勿忘者也." 桓公曰, "吾欲效而爲之, 其名云何?" 對曰, "名曰, '嘖室之議'."(『管子』「桓公問」)

## 康4-62

관자가 정책을 논의하는 기관[議院]을 처음으로 설치했는데, 또한 선왕에게 가탁했다.

管子創議院, 亦託先王.

## 4-11-13

모든 만물은 음양(陰陽) 두 가지가 [서로 합하여] 변화 생성하여, 세 번째의 새로운 사물이 생겨난다. 선왕은 그 세 번째의 새로운 사물[이 생겨나는 이치]에 근거하여, 사물의 출입을 신중하게 처리했다.[923] 비천

---

921_ 망(忘)은 『관자집교』에서 인용한 대망(戴望)과 장패륜(張佩綸) 등이 망(亡)자가 되어야 한다고 했고, 궈모뤄는 망(亡)은 앞의 실(失)자와 중복이 되기 때문에 망(忘)자를 그대로 해석해야 한다고 했다. 여기에서는 대망 등의 주장에 따라 해석했다.

922_ 책(嘖)은 쟁론한다는 뜻이다. 책실지의(嘖室之議)는 윤지장이 논의하는 자들이 말로 쟁론을 벌이는 것이라고 했다. 즉 서로 쟁론을 벌이는 논의 제도이다.

한 대상[을 파악하는 데] 비천함[을 기준]으로 삼으면 비천함을 올바로 파악할 수 없고, 존귀한 대상[을 파악하는 데] 존귀함[을 기준]으로 삼으면 존귀함을 올바로 파악할 수 없다. 걸왕과 순임금이 그 사례이니,[924] 선왕이 이 때문에 [상호 비교를] 가장 중요하게 여긴 것이다. 그것을 얻으면 반드시 살고, 그것을 잃으면 반드시 죽는 것은 무엇인가? 기(氣)이다.[925] 그것을 얻은 것은 요임금 · 순임금 · 우임금 · 탕임금 · 문왕 · 무왕 · 노자이니,[926] 이것에 의지하여[927] 성공했다. 천하는 반드시

---

923_ 『관자집교』에서 윤동양(尹桐陽)이 "삼(參)은 삼(三)이니, 음(陰) · 양(陽) · 천(天)이다. 시(視)는 활(活)이다"라고 했다. 그런데 궈모뤄는 "음양 두 가지가 서로 합하여 변화 생성하고, 생성된 사물이 곧 삼(參)이 된다. 이것은 변증법의 정(正) · 반(反) · 합(合)이다. 출입(出入)도 정반(正反)이며, 출입에는 반드시 합하는 바가 있다. 그러므로 신중하지 않을 수 없다"라고 했다. 여기에서는 궈모뤄의 해석에 따랐다. 시(視)자는 『노자』 제59장에 "長生久視之道."의 시(視)자와 같은 의미이다.

924_ 『신역관자독본』에서 "비천함을 표준으로 삼아서 비천함을 측정하면 비천함을 헤아릴 수가 없고, 고귀함을 표준으로 삼아서 고귀함을 측정하면 고귀함을 헤아릴 수 없다"라고 풀이했다. 즉 비천함은 고귀함을 기준으로 파악해야 그 비천함이 분명하게 드러나고, 고귀함은 비천함을 기준으로 파악해야 그 고귀함이 분명하게 드러난다는 뜻이다. 즉 걸왕와 순임금은 서로가 서로의 기준이 되어야 각각의 비천함과 존귀함이 분명하게 드러난다는 말이다.

925_ 『관자집교』에서 정사함(丁士涵)과 윤동양(尹桐陽)이 유무(唯無)는 유(唯)와 같고, 무(無)는 어조사라고 했다. 그런데 궈모뤄는 무(無)가 기(炁)의 잘못이라고 했다. 즉 기(炁)가 무(无)와 비슷하기 때문에 무(無)로 잘못 기록했다는 것이다. 그리고 이것은 앞에서 나온 '有氣則生, 無氣則死, 生者以其氣.'를 의미한다고 했다. 한편 『신역관자독본』에서는 이 문장의 뒤에 나오는 '一日不食' 등의 말에 근거하여, 무(無)는 속(粟)자가 되어야 한다고 주장하기도 했다. 여기에서는 궈모뤄의 주장에 따라 해석했다.

926_ 효(孝)는 『만본초당총서(萬本草堂叢書)』 판본에서 자(者)자로 고쳤고, 『관자집교』에서 정사함도 자(者)자의 잘못이라고 했다. 그런데 허유휼은 자(者)자로 고칠 필요가 없으며, 효기(孝己)는 은나라 고종(高宗)의 태자(太子)로, 그 지극한 효도가 순임금과 나란히 거론될 정도이기 때문에 이들과 서로 같은 부류가 될 수 있다고 했다. 궈모뤄는 효기(孝己)가 문왕과 무왕의 뒤에 나란히 배열될 리가 없기 때문에 이것은 노자(老子)를 잘못 기록한 것이라고 했다. 즉 이 「추언」편이 전국시기에 황로학을 숭상한 사람이 지은 것이기 때문에 노자를 기록했다는 것이다. 여기에서는 궈모뤄의 주장에 따라 해석했다.

이것에 의지하여 살 수 있기 때문에 선왕들이 그것을 중시했다. 하루 동안 먹지 않으면 흉년이 든 것과 유사하고,[928] 3일 동안 먹지 않으면 기근이 든 것과 유사하며, 5일 동안 먹지 않으면 황폐해진 것과 유사하고, 7일 동안 먹지 않으면 국토가 없는 것이며,[929] 10일 동안 먹지 않으면 인간의 무리가 없어지고[930] 모두 죽어 버린다. 선왕들은 성실함과 신의를 귀하게 여겼는데, 성실함과 신의는 천하를 결속시키는 것이다.(『관자』「추언」)

凡萬物陰陽, 兩生而參視. 先王因其參而愼所入所出. 以卑爲卑, 卑不可得, 以尊爲尊, 尊不可得. 桀舜是也, 先王之所以最重也. 得之必生, 失之必死者, 何也? 唯無. 得之, 堯·舜·禹·湯·文·武·孝己, 斯待以成. 天下必待以生, 故先王重之. 一日不食, 比歲歉, 三日不食, 比歲饑, 五日不食, 比歲荒, 七日不食, 無國土, 十日不食, 無疇類, 盡死矣. 先王貴誠信, 誠信者, 天下之結也.(『管子』「樞言」)

## 4-11-14

옛날에 성왕들이 백성들을 다스리는 것은 그렇지 않았다.[931] 군주의 법률 제도를 폐기하는 자는 반드시 치욕을 당하게 된다.[932] 많은 재물

---

927_ 대(待)는 의지하여 기댄다는 뜻이다.

928_ 비(比)는 유사하다는 뜻이다. 세겸(歲歉)은 한 해의 농사가 흉년이 든 것이다.

929_ 국토(國土)는 『관자집교』에서 허유휼이 국사(國士)가 되어야 뒷 문장의 주류(疇類)와 대구가 된다고 했다. 국토(國土)라고 해도 의미가 통하기 때문에 여기에서는 그대로 해석했다.

930_ 주류(疇類)는 같은 무리, 동류를 말하는데, 여기에서는 모든 인간의 무리를 의미한다.

931_ 앞부분에서 국가의 위기는 법령이 제대로 시행되지 않는 데에서 비롯됨을 말했다.

932_ 부(負)는 떠맡는다는 뜻으로, 치욕을 당한다는 말이다. 윤지장은 "부(負)는 피(被)와 같다. 법률 제도를 폐기하는 자는 반드시 치욕을 입게 된다"라고 풀이했다.

로[933] [백성들에게] 은혜를 널리 베풂으로써 백성들과 사사로이 친한 자는 법도를 올바로 확립하여 스스로가 [잘못을] 바로잡도록 했다.[934] 국가의 도를 어지럽히는 행위, 국가의 상법(常法)을 바꾸는 행위, 상을 하사하는 것을 자기 마음대로 하는 행위[935]는 성왕들이 금지시켰다. (『관자』「법금」)

昔者, 聖王之治其民也不然. 廢上之法制者, 必負以耻. 財厚博惠, 以私親于民, 正經而自正矣. 亂國之道, 易國之常, 賜賞恣于己者, 聖王之禁也.(『管子』「法禁」)

## 4-11-15

옛날에 성왕들이 사람을 다스릴[936] 때는 그 사람의 박학함을 귀하게 여기지 않고, 그 사람이 [군주와] 조화를 이루어 명령을 잘 따르기를 원했다.[937](『관자』「법금」)

---

933_ 재후(財厚)는 『관자집교』에서 왕염손이 "윤지장의 주에 의거하여 후재(厚財)가 되어야 한다. 이 말은 군주의 법률 제도를 폐기하는 사람과 많은 재물로 백성들에게 널리 은혜를 베풀어서 사사로이 백성들과 친한 것은 모두 성왕들이 금지하는 것이다"라고 풀이했다.

934_ 윤지장은 정경(正經)을 예경(禮經)으로 풀이했는데, 궈모뤄는 「법금」편의 뒷부분에 나오는 이례(異禮)와 대구를 시켜 정례(正禮)로 보고, "재물로 은혜를 널리 베풂으로써 백성들과 사사로이 친한 자는 예(禮)로써 바로잡으니, 예가 바르면 사람들이 저절로 바르게 된다"라고 해석했다. 여기에서는 경(經)자를 군주나 신하가 지켜야 할 올바른 법도로 해석해도 무리가 없을 듯하다. 즉 사사로이 백성들에게 은혜를 베푸는 것은 신하의 도리가 아닌데, 그것을 행하는 신하가 있으면 법도를 올바로 확립하여 신하 스스로가 잘못을 바로잡도록 했다는 의미로 볼 수 있다.

935_ 윤지장이 "상을 하사하는 것은 군주만이 할 수 있는 것인데, 신하가 군주의 일을 하는 것이기 때문에 그것을 금지시킨 것이다"라고 했다.

936_ 여기의 치(治)자는 뒷문장과 연결하면 다스린다는 의미보다는 인재를 조사하여 살핀다는 의미가 더 크다. 그래서 『신역관자독본』에서는 연구하거나 살핀다는 뜻으로 풀이했다.

937_ 윤지장이 "박학하면서 명령을 듣지 않는 것이 가장 간사한 사람"이라고 했다.

昔者，聖王之治人也，不貴其人博學也，欲其人之和同以聽令也.(『管子』「法禁」)

## 康4-63

이것은 우민(愚民) 정책인데, 옛날 성왕에게 그것을 가탁했다.

此愚民之術, 而託之古昔聖王.

## 4-11-16

옛날 삼대에는 [천하를] 서로 물려주었는데, 어찌 두 개의 천하가 있어서 [옛날과는 달리 지금은] 살육을 행한단 말인가?[938] 백성들을 가난하게 만들고 재물을 손상시키는 것은 군대보다 더 큰 것이 없으며, 나라를 위태롭게 하고 군주를 근심스럽게 하는 것은 군대보다 더 빠른 것이 없다. 이러한 네 가지의 근심은 분명한 것이지만, 옛날이나 지금이나 군대를 폐지하지 못했다. 군대는 마땅히 폐지해야 하는데 폐지하지 않는다면 그것은 의혹이며, 마땅히 폐지해서는 안 되는데 폐지하려고 한다면 그 또한 의혹이다.[939] 이 두 가지가 나라를 손상시키는 것은

938_ 윤지장이 다음과 같이 풀이했다. "삼대에는 무능한 사람이 유능한 사람에게 천하를 물려주었는데, 걸왕과 주왕은 그것을 잃어버렸고 탕왕과 무왕은 그것을 얻었다. 지금의 천하는 곧 옛날의 천하인데, 어찌 두 개의 천하가 있어서 살육을 행한단 말인가?" 즉 옛날에는 정벌을 하지 않고 선양하여 천하를 물려주었는데, 지금도 옛날과 같은 천하임에도 불구하고 선양하지 않고 정벌을 통해 살육을 하니, 지금의 천하는 옛날과 다른 별도의 천하라는 말인가라는 반문이다. 허유휼이 원문의 이(二)를 타(他), 즉 별도의 다른 천하라고 풀이한 것도 같은 맥락이다.

939_ 왕염손은 이 문장이 본래 "兵當廢而不廢, 則惑也. 不當廢而欲廢之, 則亦惑也."로 되어 있다고 했다. 현행본의 고금(古今) 두 글자는 앞문장의 '고금'과 관련되어 들어간 연문이고, 차이자(此二者)는 뒷문장의 '차이자'와 관련되어 들어간 연문이며, 뒷문장의 불폐(不廢) 사이에는 당(當)자가 빠져 있다고 했다. 여기에서는 왕염손의 주장에 따라 해석했다.

마찬가지이다.[940] 황제와 요임금, 순임금은 임금 중에서 훌륭한 사람인데, 천하를 소유하여[941] [임금] 한 사람이 통제했다. 이러한 시대에도 군대를 폐지하지 않았다. 그런데 지금은 덕이 앞의 세 임금에게 미치지 못하고, 천하도 따르지 않는데, 군대의 폐지를 추구하니, 또한 어렵지 않겠는가?(『관자』「법법」)

昔者, 三代之相授也, 安得二天下而殺之? 貧民傷財, 莫大于兵, 危國憂主, 莫速于兵. 此四患者明矣, 古今莫之能廢也. 兵當廢而不廢, 則古今惑也, 此二者不廢而欲廢之, 則亦惑也. 此二者傷國, 一也. 黃帝·唐·虞, 帝之隆也, 資有天下, 制在一人. 當此之時也, 兵不廢. 今德不及三帝, 天下不順, 而求廢兵, 不亦難乎?(『管子』「法法」)

<이상 관자가 옛것에 가탁하다: 右管子託古>

## 12. 여씨가 옛것에 가탁하다 [呂氏託古]

### 4-12-1

순임금이 스스로 시를 지어 "큰 하늘 아래가 왕의 땅이 아닌 곳이 없으며, 땅에 딸린 물가[의 사람 중에] 왕의 신하가 아닌 사람이 없다"라고 했으니,[942] 이로써 천하를 모두 소유했음을 보여주었다.(『여씨춘추』「신인」)

---

940_ 윤지장이 "폐지하면 도적이 와도 방어할 방법이 없으니, 나라를 손상시킨다. 폐지하지 않으면 재물을 소비하고 군주를 근심스럽게 하니 또한 나라를 손상시킨다. 따라서 마찬가지라고 말한 것이다"라고 했다.

941_ 자(資)는 윤지장이 용(用)과 같다고 했는데, 여기에서는 갖추다[具有]는 의미로 보아서, 유(有)자와 같은 뜻으로 풀이했다.

942_ 이 시는 『시』「소아(小雅)·북산(北山)」편이다. 원문의 보(普)는 부(溥)자로도

舜自爲詩曰, “普天之下, 莫非王土, 率土之濱, 莫非王臣.” 所以見盡有之也.(『呂氏春秋』「愼人」)

### 康4-64

[『여씨춘추』의] 주석에 의하면, “왕백후(王伯厚)가 ‘아마도 함구몽(咸丘蒙)과 같은 주장으로, 그것을 순임금에게 가탁한 듯하다’라고 말했다.”[943] 이것은 지금의 『시』에서는 [이 시의 작자를] 반드시 순임금으로 여기지는 않는다는 것을 보여준다. 옛날 사람이 임의대로 인용했으니, 탁고하려는 뜻이 분명하다.

按注, “王伯厚云, ‘疑與咸丘蒙同一說, 而託之于舜.’” 此見今『詩』未必爲舜. 古人隨意引用, 託古之義明矣.

### 4-12-2

오제(五帝)는 도(道)를 앞세우고[944] 덕(德)을 뒤로 했기 때문에 덕 중에서

---

쓰며, 크다[大]는 뜻이다. 빈(濱)은 물가[涯]라는 뜻이다. 『시경집전』에서는 대부가 부역에 나가서 지은 시라고 했다.

943_ 『여씨춘추교석』에서 필원이 “왕백후(王伯厚)가 ‘아마도 함구몽(咸丘蒙)과 같은 주장으로, 그것을 순임금에게 가탁한 듯하다’라고 말했다”라고 했다. 함구몽(咸丘蒙)은 맹자의 제자이다. 함구몽이 이 시를 인용하여, 천자가 된 순임금이 아버지인 고수를 신하로 삼지 않은 이유가 무엇인지 맹자에게 물었다. 맹자는 이 시의 본의는 그것이 아니라, 부역을 나간 대부가 원망하는 시라고 했다. 즉 천하가 모두 왕의 신하인데, 자신만이 유독 부역에 고생하면서 부모님을 봉양할 수 없음을 원망하는 내용이라는 것이다. 이 내용은 『맹자』「만장 상」편에 보인다. 초순(焦循)도 “당시에 이 시가 순임금의 작품이라고 전해졌기 때문에 함구몽이 이 시를 인용하여 질문했는데, 맹자는 곧바로 「북산」시를 근거로 그것을 해석했으니, 이 시가 순임금의 작품이 아닌 것은 분명하다”라고 했다.

944_ 고유는 선(先)이 상(尙)의 뜻이라고 했으나, 진기유는 선후(先後)의 선(先)이라고 했다.

이보다 더 성대한 경우가 없었다. 삼왕(三王)은 가르침을 앞세우고 형벌을 뒤로 했기 때문에 군주의 일이 이보다 더 성공한 경우가 없었다.[945] 오백(五伯)[946]은 [겸양(謙讓)의] 일을 앞세우고 무력을 뒤로 했기 때문에 무력이 이보다 더 강한 경우가 없었다.[947] 그런데 지금 세상에서는 교묘한 모략이 함께 행해지고, 사기 술책이 번갈아 사용되며, 공격과 전쟁이 그치지 않고, 멸망하는 국가와 죽임을 당하는 군주[948]가 더욱더 많으니, 정치[의 방법]이 말단적인 형태이기 때문이다.[949] 하(夏)나라의 임금 계(啓)[950]가 유호씨(有扈氏)와 감(甘) 땅의 늪지대에서 전쟁을 하여 이기지 못하자,[951] 육경(六卿)의 신하들이 다시 싸울 것을 요청했

---

945_ 공(功)은 고유가 "왕사(王事)의 공적을 이룬 것이 삼왕보다 더한 것이 없다"라고 했고, 진기유가 "삼왕은 먼저 백성들을 가르치고, 가르쳐서 교화되지 않으면 그 이후에 죽이기 때문에 다스리는 일이 이보다 더 성공한 경우는 없다"라고 했다.

946_ 오백(五伯)은 춘추시대의 오패(五覇)를 말한다.

947_ 진기유는 『순자』「중니(仲尼)」편에서 "오백은 겸양을 가장하여 쟁탈을 미화한다[五伯以讓飾爭.]"라고 한 것이 바로 이 문장의 뜻이라고 했다. 그리고 양(讓)은 예양(禮讓)의 일로 여기에서 말한 사(事)이고, 쟁(爭)은 전쟁으로 여기에서 말한 병(兵)이라고 했다.

948_ 욕(辱)은 수치스럽다는 뜻인데, 여기에서는 진기유가 죽임을 당하다[戮]고 풀이한 해석에 따랐다.

949_ 사(事)는 고유가 정치[治]라고 풀이했다. 즉 그들이 정치하는 방법 등이 매우 말단적인 형태라는 뜻이다.

950_ 상(相)은 진기유가 계(啓)를 잘못 기록한 것이라고 했다. 계(啓)는 하나라 우(禹) 임금의 아들로, 아버지의 뒤를 이어 왕이 되었다.

951_ 이 내용은 현행본 『서』의 「감서(甘誓)」편에 보이는데, 그 내용이 조금 다르다. 현행본 「감서」편의 기록은 다음과 같다. "大戰于甘, 乃召六卿. 王曰, 嗟, 六事之人. 予誓告汝. 有扈氏威侮五行, 怠棄三正. 天用勦絶其命. 今予惟恭行天之罰. 左不攻于左, 汝不恭命, 右不攻于右, 汝不恭命, 御非其馬之正, 汝不恭命, 用命賞于祖, 弗用命戮于社, 予則孥戮汝." 공안국의 「서서(書序)」에서는 "계(啓)가 유호(有扈)와 감(甘) 땅의 들에서 전쟁하면서 「감서(甘誓)」를 지었다"라고 했다. 『서경집전』에 의하면, 감(甘)은 지명으로, 유호씨(有扈氏) 나라의 남쪽 교외이며, 부풍군(扶風郡) 호현(鄠縣)에 있다. 그리고 유호씨는 하(夏)나라와 동성의 나라인데, 『사기』에 "계(啓)가 즉위하자 유호씨가 복종하지 않았기 때문에 마침내 멸망시켰다"라고 했다. 『시경집전』에서는 『좌씨전』「소공(昭公)」 원년에 "우(虞)나라에는 삼묘(三苗)

다. 하나라 임금 계가 다음과 같이 말했다. "안 된다. 나의 영토가 좁지 않고, 나의 백성이 적지 않지만, 전쟁을 해서 이기지 못한 것은 나의 덕이 천박하고 가르침이 옳지 않았기 때문이다." 이에 거처할 때는 깔개를 포개지 않았고,[952] 식사할 때는 두 가지 맛을 갖춘 음식을 먹지 않았으며,[953] 거문고와 비파에 현을 걸어서 치지 않았고, 종과 북을 갖추어놓고 치지 않았으며,[954] 자녀들은 아름답게 치장하지 않았다.[955] 그리고 부모를 친하게 대하고, 어른에게 공경했으며, 현명한 자를 존중하고, 능력 있는 자를 등용하니, 1년 만에 유호씨가 복종했다.(『여씨춘추』「선기」)

五帝先道而後德, 故德莫盛焉. 三王先教而後殺, 故事莫功焉. 五伯先事而後兵, 故兵莫强焉. 當今之世, 巧謀幷行, 詐術遞用, 攻戰不休, 亡國辱主愈衆, 所事者末也. 夏后相與有扈戰于甘澤而不勝, 六卿請復之. 夏后相曰, "不可. 吾地不淺, 吾民不寡, 戰而不勝, 是吾德薄, 而教不善也." 于是乎處不重席, 食不二味, 琴瑟不張, 鐘鼓不修, 子女不飭. 親親, 長長, 尊賢, 使能, 期年而有扈氏服.(『呂氏春秋』「先己」)

## 康4-65

하나라 계(啓)는 천지가 개벽하던 시기에 있었는데, 어찌 거문고와 비

---

가 있었고, 하(夏)나라에는 관(觀)·호(扈)가 있었으며, 상(商)나라에는 신(姺)·비(邳)가 있었고, 주(周)나라에는 서(徐)·엄(奄)이 있었다"라는 기록에 근거하여, 유호씨도 또한 삼묘나 서·엄과 같은 무리일 것이라고 했다.

952_ 중석(重席)은 깔개를 포개는 것으로, 고대에는 포갠 깔개의 수에 따라 지위의 고하를 구분했다. 『예기』「예기(禮器)」편에 의하면, 천자는 5겹, 제후는 3겹, 대부는 2겹이었다.

953_ 이미(二味)는 두 가지 맛을 갖춘 사치스러운 음식을 말한다.

954_ 장(張)은 고유가 치다[施]는 의미라고 했는데, 현악기에 현을 걸어서 치는 것을 말한다. 수(修)는 고유가 갖추다[設]는 의미라고 했는데, 갖추어 놓고 치는 것을 말한다.

955_ 칙(飭)은 필원이 식(飾)과 같다고 했다. 즉 아름답게 치장하는 것이다.

파, 종과 북을 갖출 수 있었겠는가? 오제 · 삼왕 · 오백과 함께 모든 것이 가탁한 것이다. 여기에서 육경(六卿)을 말했으니, 『주관(周官)』의 [육경] 이론은 여기에서 나온 것이다.[956]

夏啓當天地開闢時, 安得盛琴瑟 · 鐘鼓? 與五帝 · 三王 · 五伯皆託也. 其言六卿, 『周官』說蓋出于此.

## 4-12-3[957]

옛날에 신농씨가 천하를 소유했을 때에는 사계절마다 지내는 제사에 공경을 다할 뿐 복을 빌지는 않았고,[958] 백성들에 대해서 충심과 신의로 최선을 다해 다스릴 뿐 백성들에게 아무것도 요구하지 않았다. 즐겁게 정치에 참여하여 정치를 하고, 즐겁게 다스림에 참여하여 다스릴 뿐,[959] 다른 사람의 실패를 통해서 스스로 성공하는 짓을 하지 않았고, 다른 사람을 비천하게 함으로써 스스로를 높이는 짓을 하지 않았다. (『여씨춘추』「성렴」)

昔者, 神農氏之有天下也, 時祀盡敬, 而不祈福也, 其于人也, 忠信盡治, 而無求焉. 樂正與爲正, 樂治與爲治, 不以人之壞自成也, 不以人之庳自高也.(『呂氏春秋』「誠廉」)

---

956_ 『주관(周官)』은 주나라의 관제를 기록한 책으로, 『주례(周禮)』를 말한다. 육경(六卿)은 주나라 때 육관(六官)의 우두머리이다. 천관총재(天官冢宰) · 지관사도(地官司徒) · 춘관종백(春官宗伯) · 하관사마(夏官司馬) · 추관사구(秋官司寇) · 동관사공(冬官司空)을 말한다. 하나라 때에 이미 육관에 대해 말했으므로, 이것이 주나라 때 육관의 출처가 된다는 것이다.

957_ 이하에서 인용한 내용은 『장자』「양왕(讓王)」편에도 보인다.

958_ 고유가 시(時)는 사시(四時), 기(祈)는 구한다[求]는 뜻이라고 했다. 『장자』「양왕」편에는 기희(祈喜)로 되어 있는데, 천구잉이 구복(求福)이라고 풀이했다.

959_ '락정여위정, 락지여위치(樂正與爲正, 樂治與爲治)'는 『장자』「양왕」편에는 '락여정위정, 락여치위치(樂與政爲政, 樂與治爲治)'로 되어 있다. 정(正)이 정(政)으로 되어 있고, 문장의 구성도 조금 다른데, 의미상으로는 큰 차이가 없다. 여기에서는 『장자』에 근거하여 해석했다.

## 4-12-4

따라서 자화자(子華子)가 다음과 같이 말했다. "[삶을] 귀중하게 여기면서 [다른 방면의 관심이] 폭넓지 않으며, [삶을 온전히 하는] 하나의 일만을 공경스럽게 지키며,[960] 본성을 바르게 하는 것을 기쁘게 여긴다.[961] [욕망을 잊는 것을] 다른 무리들과 함께 하지 않으며, [잊을 수 있는] 유일한 기술을 이루도록 힘쓴다.[962] 다 잊을 수 있는 기술이 이루어지고 나면 사방의 오랑캐들이 조화롭게 된다.[963] 저 하늘의 부절은 [잊

---

960_ 『여씨춘추』「귀생(貴生)」편에서 "삶을 온전히 하는 것이 최상이다. … 따라서 이른바 삶을 존중하는 것은 삶을 온전히 하는 것을 말한다[全生爲上. … 故所謂尊生者, 全生之謂.]"라고 했다. 진기유는 다음과 같이 풀이했다. "자화자는 삶을 온전히 하는 것[全生]을 최상으로 여기기 때문에 일사(一事)는 전생(全生)을 가리키며, 앞에서 나온 '지성명(知性命)'과 딱 호응한다. 후(厚)는 귀중하게 여긴다[重]는 뜻이다. 전생(全生)을 최상으로 여기는데, 전생은 곧 삶을 존중하는 것[尊生]이며, 존(尊)은 후중(厚重)의 의미이다. 전생은 일사(一事)와 관련되기 때문에 넓지 않으니, 이것이 바로 '후이불박(厚而不博)'이다."

961_ 진기유가 다음과 같이 말했다. "「귀생」편에서 '삶을 온전히 하는 것은 여섯 가지 욕망이 모두 그 마땅함을 얻는 것이다'라고 했기 때문에 본성을 바르게 하는 것을 기쁘게 여긴다고 말한 것이다."

962_ 이 부분의 해석은 진기유의 풀이에 따랐는데, 그 내용은 다음과 같다. "능(能)은 도예(道藝)라는 말과 같으며, 기술[術]이라는 뜻에 가깝다. 주(周)는 합(合)과 같다. 자화자는 전생(全生)을 최상으로 여겼는데, 전생은 여섯 가지 욕망이 모두 그 마땅함을 얻는 것이다. 여섯 가지 욕망이 어떻게 그 마땅함을 얻을 수 있는가? 반드시 '망(忘)'으로 거기에 대처해야 하니, 이러한 '망(忘)'이 곧 전생에 도달하는 기술이다. 그 사람이 전생할 수 있는가의 여부는 그 사람이 잊을 수 있는가의 여부를 보면 된다. 여기에서 말하는 '능(能)'은 곧 잊을 수 있는 기술[能忘之術]을 가리킨다. '망(忘)'은 전생에 도달하는 유일한 도예(道藝)이기 때문에 '일능(一能)'이라고 했다. '일능(一能)'이 이미 전생의 기술과 관련되어 있기 때문에 전생을 하고자 하는 자는 반드시 일능(一能)을 이루는 데 힘써야 한다. 잊는 것[忘]은 각자가 스스로 실행하는 각자의 몫이지, 무리들과 함께 모여서 행하는 것이 아니다. 따라서 '무리들과 함께하지 않는다[群衆不周]'라고 했다."

963_ 평(平)은 고유가 조화[和]라고 했고, 진능기성(盡能旣成)은 진기유가 "다 잊을 수 있는 기술이 이미 이루어지는 것"이라고 했다.

는 기술을 터득한 사람과] 서로 맞추어보지 않더라도 들어맞는다.[964] 이것이 신농씨가 흥성한 까닭이고, 요임금과 순임금이 밝게 드러난 까닭이다."[965](『여씨춘추』「지도」)

故子華子曰, "厚而不博, 敬守一事, 正性是喜. 群衆不周, 而務成一能. 盡能既成, 四夷乃平. 唯彼天符, 不周而周. 此神農之所以長, 而堯·舜之所以章也."(『呂氏春秋』「知度」)

## 4-12-5

요임금이 천하를 다스릴 때, 백성자고(伯成子高)[966]는 제후로 즉위했다. 요임금이 순임금에게 자리를 물려주고, 순임금이 우임금에게 자리를 물려주자, 백성자고는 제후를 사양하고 밭을 갈았다. 우임금이 그를 만나보러 갔는데, 들판에서 밭을 갈고 있었다. 우임금이 달려가서 아래쪽으로 나아가서,[967] "요임금이 천하를 다스릴 때에는[968] 우리 그대

---

964_ 부(符)는 부절(符節)을 말한다. 이 문장에 대해 진기유는 다음과 같이 풀이했다. "지금 망(忘)의 기술을 터득한 사람은 천도(天道)와 서로 같기 때문에 하늘의 부절과 서로 맞추어볼 필요도 없이 저절로 들어맞는다. 망(忘)은 인간 각자가 스스로 실행하는 개인의 몫이기 때문에 무리들과는 서로 들어맞지 않는다. 망(忘)과 천도는 함께 실행되기 때문에 하늘의 부절과 서로 들어맞는다."

965_ 고유가 장(長)은 흥성하다[盛]는 뜻이고, 장(章)은 밝게 드러난다[著明]는 뜻이라고 했다.

966_ 백성자고(伯成子高)는 요임금 때의 제후였는데, 우임금 때는 제후를 사양하고 밭을 갈면서 은둔한 인물이라고 한다. 『장자』「천지(天地)」편과 『신서(新序)』「절사(節士)」편에도 이 내용이 보인다. 그리고 『열자』「양주(楊朱)」편에는 "백성자고(伯成子高)는 머리카락 하나로 남을 이롭게 할 수 있더라도 남을 이롭게 하지 않고, 나라를 버리고서 은둔하여 농사를 지었다[伯成子高不以一毫利物, 舍國而隱耕.]"라는 기록이 보인다.

967_ 하풍(下風)은 바람이 불어가는 쪽인데, 남의 아랫자리에 있는 것을 비유한다. 『장자』「재유(在宥)」편에 황제가 광성자(廣成子)를 찾아가서 만나는 장면에서, "광성자는 머리를 남쪽으로 둔 채 누워 있었는데, 황제가 [광성자의 발] 아래쪽에서 무릎을 꿇고 기어가서, 두 번 절을 하고 머리를 조아린 채 물었다[廣成子南首而

가 제후로 즉위했는데, 지금 나에게 이르러서는 그것을 사양하니, 그 까닭이 무엇입니까?"[969]라고 물었다. 백성자고가 대답했다. "요임금의 때에는 상을 주지 않아도 백성들이 노력했고, 벌을 주지 않아도 백성들이 두려워했으며, 백성들은 원망할 줄도 모르고 기뻐할 줄도 모르면서 마치 갓난아이처럼 즐거워했습니다.[970] 그런데 지금은 상과 벌이 매우 세세하게 많지만,[971] 백성들은 이익만을 다툴 뿐만 아니라 복종하지도 않습니다. 덕이 이로부터 쇠퇴하고, 이익이 이로부터 일어났으며, 후세의 혼란이 이로부터 시작되었습니다. 그대는 어찌 가지 않습니까? 나의 농사일을 방해하지[972] 마십시오." [농기구를] 쥐고서 씨를 뿌려 흙으로 덮으면서,[973] 결국은 돌아보지 않았다.(『여씨춘추』「장리」)

堯治天下, 伯成子高立爲諸侯. 堯授舜, 舜授禹, 伯成子高辭諸侯而耕. 禹往見之, 則耕在野. 禹趨就下風而問曰, "堯理天下, 吾子立爲諸侯, 今至于我而辭之, 故何也?" 伯成子高曰, "當堯之時, 未賞而民勸, 未罰而民畏, 民不知怨, 不知說, 愉愉其如赤子. 今賞罰甚數, 而民爭利, 且不服. 德自此衰, 利自此作, 後世之亂自此始. 夫子盍行乎? 無

---

臥, 黃帝順下風, 膝行而進, 再拜稽首而問.]"라는 구절이 보인다. 이 부분의 『장자금주금역』에 의하면, 이면(李勉)이 풍(風)은 방(方)자와 통용된다고 했고, 「천운(天運)」편의 "雄鳴於上風, 雌應於下風." 등의 사례를 제시했다. 여기에 근거하면 하풍(下風)은 하방(下方), 즉 자신을 낮추어 아래쪽에 위치함으로써 신하나 제자의 입장을 표명하는 것이라고 할 수 있다.

968_ 리(理)는 다스린다는 뜻으로, 『장자』와 『신서』에는 모두 치(治)자로 되어 있다. 『여씨춘추교석』에서 유문전(劉文典)은 당나라 사람들이 3대 황제인 고종(高宗) 이치(李治)를 피휘해서 고친 것이라고 했다.

969_ 『장자』「천지」편에는 '其故何也.'라고 되어 있다.

970_ 유유(愉愉)는 즐거워하는 모습이다.

971_ 삭(數)은 촘촘하다는 뜻으로, 매우 세세하게 많다는 말이다. 진기유는 중(衆)의 의미라고 했다.

972_ 려(慮)는 진기유가 류(留)자와 같은 글자로 보고, 지체하거나 방해하다는 뜻으로 풀이했다.

973_ 협(協)은 진기유가 손에 농기구를 쥔 것[手持田器]이라고 했다. 우(耰)는 씨를 뿌려 흙으로 덮는 것이다.

慮吾農事." 協而耰, 遂不顧.(『呂氏春秋』「長利」)

## 4-12-6[974]

요임금은 단수(丹水)[975]의 강가에서 전쟁하여 남쪽의 오랑캐를 복종시켰고, 순임금은 유묘(有苗)의 백성들을 물리쳐서 그들의 풍속을 변화시켰으며, 우임금은 조위(曹魏)를 공격했고, [계(啓)는] 굴오(屈驁)와 유호(有扈)를 공격하여 교화를 시행했으니,[976] 삼왕 이전에도 본래 모두 군대를 사용했다.(『여씨춘추』「소류」)

堯戰于丹水之浦, 以服南蠻, 舜却苗民, 更易其俗, 禹攻曹魏 · 屈驁 · 有扈, 以行其教, 三王以上, 固皆用兵也.(『呂氏春秋』「召類」)

## 4-12-7

신농씨(神農氏)는 실제(悉諸)[977]를 스승으로 섬겼고, 황제(黃帝)는 대뇨(大撓)[978]를 스승으로 섬겼으며, 전욱(顓頊)은 백이보(伯夷父)[979]를 스승으로

---

974_ 이하에서는 군대의 유래가 오래되었다고 주장하고, 그 사례를 열거했다.

975_ 고유가 단수(丹水)는 남양(南陽)에 있으며, 포(浦)는 강의 연안이라고 했다.

976_ 『여씨춘추교석』에서 담계보(譚戒甫)는 옛날의 주석에 근거하여, 이 문장이 "禹攻曹魏, 啓伐屈驁 · 有扈, 以行其教."로 되어야 한다고 했다. 진기유는 '우공조위(禹攻曹魏)'가 곧 『죽서기년』의 '사공벌조위지융(司空伐曹魏之戎)'과 같은 의미이고, 굴오(屈驁)는 『장자』에 나오는 서오(胥驁)라고 한 손이양의 주장이 이치에 가깝다고 했다. 『장자』「인간세(人間世)」편에는 총(叢) · 지(枝) · 서오(胥敖)가 나오고, 「제물론」편에는 종(宗) · 회(膾) · 서오(胥敖)가 나오는데, 『장자금주금역』에서 천구잉은 단지 작은 나라라고만 주석을 달고 있다. 한편 유호(有扈)는 나라 이름이며, 지금의 섬서성(陝西城) 호현(鄠縣)에 있다고 한다. 『서』「감서(甘誓)」편은 우임금이 아들인 계(啓)가 감(甘) 땅의 들판에서 유호(有扈)와 전쟁하여 멸망시킬 때 맹세한 말을 기록한 것이다. 여기에서는 앞의 주석들을 근거로 해석했다.

977_ 실제(悉諸)는 고유가 실(悉)은 성이고 제(諸)는 이름이라고 했다.

978_ 대뇨(大撓)는 고유가 갑자(甲子)를 만든 인물이라고 했다.

섬겼고, 제곡(帝嚳)은 백초(伯招)[980]를 스승으로 섬겼으며, 요임금은 자주보(子州父)[981]를 스승으로 섬겼고, 순임금은 허유(許由)를 스승으로 섬겼으며, 우임금은 대성지(大成贄)[982]를 스승으로 섬겼고, 탕임금은 소신(小臣, 즉 伊尹)[983]을 스승으로 섬겼으며, 문왕과 무왕은 [각각] 여망(呂望)과 주공(周公) 단(旦)을 스승으로 섬겼다.(『여씨춘추』「존사」)

> 神農師悉諸, 黃帝師大撓, 帝顓頊師伯夷父, 帝嚳師伯招, 帝堯師子州父, 帝舜師許由, 禹師大成贄, 湯師小臣, 文王・武王師呂望・周公旦.(『呂氏春秋』「尊師」)

## 康4-66

주공(周公)은 문왕의 아들이자 무왕의 동생인데, [무왕이] 어찌 그를 스승으로 섬길 수 있었겠는가? 이것은 따질 필요도 없다. 전국시대 사람들은 스스로 자기의 주장을 진술하면서, 옛사람에게 그것을 가탁하지 않은 경우가 없었다.

---

979_ 백이보(伯夷父)는 진기유에 의하면, 『한서』「고금인표(古今人表)」에는 백이량보(柏夷亮父)로 되어 있다. 백이(伯夷)는 씨(氏)이고, 량(亮)이 이름이며, 보(父)는 남자의 미칭이라고 한다.

980_ 백초(伯招)는 『여씨춘추교석』에 의하면, 『태평어람』과 『노사(路史)』에는 백소(伯昭)로 되어 있다. 한편 『한서』「고금인표」에는 백초(柏招)로 되어 있는데, 반고(班固)가 제곡의 스승이라고 자주(自注)를 달았다.

981_ 자주보(子州父)는 자주지보(子州支父)로 된 판본도 있고, 『여씨춘추』「귀생(貴生)」편에는 자주우보(子州友父)로 되어 있다.

982_ 대성지(大成贄)는 『여씨춘추교석』에 의하면, 『태평어람』과 『군서치요』에는 대성지(大成摯)로 되어 있고, 『신서(新序)』에는 대성집(大成執)으로 되어 있다. 진기유는 『여씨춘추』「구인(求人)」편의 진규(眞窺)와 동일 인물이라고 했다.

983_ 소신(小臣)은 고유가 이윤(伊尹)이라고 했다. 진기유는 『여씨춘추』「당염(當染)」편에서 "탕임금이 이윤에게 물들었다[湯染於伊尹.]"라는 말에 근거하면, 소신이 이윤임을 알 수 있다고 했다. 그리고 소신(小臣)이 이윤의 씨(氏)라고 했다. 즉 이윤은 복성(複姓)이고, 이름은 지(摯)이며, 그 씨(氏)가 소신(小臣)이라는 것이다.

周公爲文子武弟, 安得師之? 此不待辨. 戰國人自申其說, 無往而不託之古人矣.

## 4-12-8

요임금을 곡림(穀林)[984]에서 장례지냈는데, 숲 전체를 묘막이 나무로 삼았다.[985] 그리고 순임금을 기시(紀市)[986]에서 장례지냈는데, 그 시장의 모습이 변화되지 않아서 [백성들을 번거롭게 하지 않았다.] 또한 우임금을 회계산(會稽山)에서 장례지냈는데, 사람들을 귀찮게 하지 않았다.[987] 이 때문에 옛날의 선왕들은 검소함과 절약으로 죽은 사람을 장례지냈는데,[988] 장례의 비용[989]을 아껴서도 아니고, 장례의 수고로움을 싫어해서도 아니니,[990] 죽은 사람을 위한 배려로 여긴 것이다. 선왕들

---

984_ 곡림(穀林)은 고유가 성양산(成陽山) 아래에 있는 곡림이라고 했다. 필원은 『묵자』「절장 하」편에서 공산(蛩山)의 북쪽에서 장례를 지냈다고 한 기록이 잘못된 것이라고 지적했다.

985_ 통수(通樹)는 묘를 조성하기 위해 주위에 인공으로 나무를 심지 않고, 숲의 나무를 그대로 사용한다는 의미이다. 고유는 수풀 전체를 묘막이 나무로 삼는 것이라고 했다.

986_ 기시(紀市)는 고유가 구의산(九疑山) 아래의 기읍(紀邑)에 있는 시장이라고 했다. 그리고 불변기사(不變其肆)는 임금의 묘가 거기에 있다고 해서 변화가 생기지 않고, 옛날 그대로의 모습을 유지했다는 말이다. 고유는 백성들을 번거롭게 하지 않았다는 의미로 풀이했다.

987_ 왕염손과 진기유는 모두 변(變)이 번(煩)의 가차자라고 했다. 즉 사람들을 귀찮게 하지 않았다는 뜻이다.

988_ 『묵자』「절장 하」편에도 요·순·우 임금의 장례에 대한 기록이 있는데, 요임금은 공산(蛩山)의 북쪽, 순임금은 남기(南己)의 시장에서 장례를 지냈다고 하여, 장례를 지낸 장소가 조금씩 차이가 난다. "昔者堯北教乎八狄, 道死, 葬蛩山之陰. … 已葬而牛馬乘之. 舜西教乎七戎, 道死, 葬南己之市. … 已葬而市人乘之. 禹東教乎九夷, 道死, 葬會稽之山. … 既葬, 收餘壤其上, 壟若參耕之畝則止矣."

989_ 비(費)는 고유가 재물[財]라고 했는데, 장례의 비용을 말한다.

990_ 오(惡)는 고유가 걱정한다[患]는 뜻이라고 했는데, 싫어한다는 의미로 보아도 무방하다.

이 싫어한 것은 죽은 사람을 욕되게 하는 것이다. 무덤이 도굴되면[991] 반드시 욕되게 되고, 검소하게 장례지내면 도굴되지 않기 때문에 선왕들의 장례는 반드시 검소하게 치르고, 반드시 [매장 장소와] 맞추어서 무덤을 만들고, 반드시 [매장 장소와] 똑같이 무덤을 만들었다. [매장 장소와] 맞추어서 무덤을 만든다는 것은 무엇을 말하는가? [매장 장소와] 똑같이 무덤을 만든다는 것은 무엇을 말하는가? 산림 속에서 장례를 지내면 산림에 맞추어서 무덤을 만들고, 구릉이나 늪지[992]에서 장례를 지내면 구릉이나 늪지와 똑같이 무덤을 만드는 것이다. 이것을 사람을 사랑하는 것[愛人]이라고 한다.[993](『여씨춘추』「안사」)

堯葬于穀林, 通樹之. 舜葬于紀市, 不變其肆. 禹葬于會稽, 不變人徒. 是故先王以儉節葬死也, 非愛其費也, 非惡其勞也, 以爲死者慮也. 先王之所惡, 惟死者之辱也. 發則必辱, 儉則不發. 故先王之葬, 必儉, 必合, 必同. 何謂合? 何謂同? 葬于山林, 則合乎山林, 葬于阪隰, 則同乎阪隰. 此之謂愛人.(『呂氏春秋』「安死」)

## 4-12-9

진(秦)나라 기원(紀元) 8년(B.C.241),[994] 세성(歲星)이 군탄(涒灘)의 자리에 있

991_ 발(發)은 무덤이 파헤쳐져서 드러나는 것인데, 화려하게 장례를 지내서 부장품이 많으면 도굴이 된다는 뜻이다.

992_ 판습(阪隰)은 진기유가 "산 언덕의 높은 곳을 판(阪)이라고 하고, 산 아래의 낮은 곳을 습(隰)이라고 한다"라고 했다.

993_ 진기유는 다음과 같이 풀이했다. "죽은 사람을 장례지내는 것은 그 사람을 사랑하는 것에 근원한다. 그 사람이 비록 죽더라도 그 사람을 여전히 사랑하기 때문에 죽은 사람의 장례를 잘 치러 주는 것을 애인(愛人)이라고 한다."

994_ 고유는 진시황이 즉위한 이후 8년이라고 했는데, 손성연은 "장양왕(莊襄王)이 주나라를 멸망시킨 후, 이듬해인 계축년(癸丑年, B.C.248)으로부터 진시황 6년(B.C.241)까지가 모두 8년이니, 이때가 바로 경신년(庚申年)이다. 신(申)이 군탄(涒灘)이니, 여불위는 이 해를 가리켜서 말한 것이다"라고 했다. 즉 진나라의 기원(紀元)으로부터 추산해서 8년이 되는 해이므로 진시황 8년이 아니라 6년이라는

는 해,[995] 가을, 갑자일(甲子日) 초하루. 초하루 날에 군자[996]가 「십이기(十二紀)」에 대해 물었는데, 문신후(文信侯)[997]가 대답했다. "황제가 전욱(顓頊)을 가르치던 방법을 배울 수 있다. 큰 하늘이 위에 있고, 큰 땅이 아래에 있다[는 황제의 말이] 있으니,[998] 그대가 이것을 본받을 수 있다면 백성의 부모가 될 수 있다."(『여씨춘추』「서의」)[999]

維秦八年, 歲在涒灘, 秋, 甲子朔. 朔之日, 良人請問「十二紀」, 文信侯曰, "嘗得學黃帝之所以誨顓頊矣. 爰有大圜在上, 大矩在下, 汝能法之, 爲民父母."(『呂氏春秋』「序意」)

## 4-12-10

제왕이 장차 흥기하려고 할 때는[1000] 하늘이 반드시 아래 백성들에게 [감응의] 상서로운 징조를 먼저 보여준다. 황제의 때에 하늘이 먼저 큰 지렁이와 큰 땅강아지를 보여주자, 황제가 "토(土)의 기운이 우세하다"

---

것이다.

995_ 세(歲)는 역법의 기준이 되는 세성(歲星), 즉 목성(木星)을 말하는데, 태세성(太歲星)이라고도 한다. 『이아』「석천(釋天)」편에서 "태세성이 신(申)에 있는 것을 군탄(涒灘)이라고 한다"라고 했다. 즉 군탄(涒灘)은 옛날의 갑자(甲子)에서 12지(支) 중의 신(申)을 가리키는 말이다.

996_ 양인(良人)은 구체적으로 누구인지는 알 수 없다. 진기유는 양(良)자가 남자에 대한 존칭이라고 했고, 고유는 양인(良人)은 곧 군자(君子)라고 했다.

997_ 문신후(文信侯)는 여불위(呂不韋)를 말한다. 고유는 그가 낙양(洛陽)에 봉해졌을 때 그렇게 불렸다고 했다.

998_ 고유가 원(圜)은 하늘이고, 구(矩)는 모난 것으로 땅이라고 했다. 유월은 "大圜在上, 大矩在下."는 황제의 말이라고 했다. 원(爰)은 진기유가 어조사로, 원유(爰有)는 유(有)와 같다고 했다.

999_ 「서의(序意)」는 『여씨춘추』의 작자가 「십이기(十二紀)」·「팔람(八覽)」·「육론(六論)」 중에서 「십이기」에 대한 「서문」 형식의 글을 지은 것이다.

1000_ 진기유는 '帝王者之將興也'에서 지(之)자를 삭제해야 한다고 했다. 즉 자(者)와 저(諸)는 옛날에는 같은 글자이고, 저(諸)는 지(之)의 뜻이기 때문에 '帝王者將興也'는 곧 '帝王之將興也'라고 했다.

라고 했다.[1001] 토의 기운이 우세했기 때문에 그 색깔은 황색을 숭상했고, 그 일[1002]은 토를 기준으로 행했다. 우임금 때 이르러서는 하늘이 먼저 초목이 가을과 겨울에도 죽지 않는 것을 보여주자, 우임금이 "목(木)의 기운이 우세하다"라고 했다. 목의 기운이 우세했기 때문에 그 색깔은 청색을 숭상했고, 그 일은 목을 기준으로 행했다.[1003] 탕임금 때 이르러서는 하늘이 먼저 쇠붙이로 된 칼이 물에서 나오는 것을 보여주자, 탕임금이 "금의 기운이 우세하다"라고 했다. 금의 기운이 우세했기 때문에 그 색깔은 흰색을 숭상했고, 그 일은 금을 기준으로 행했다.[1004] 문왕 때 이르러서는 하늘이 먼저 불덩이를 보여주고, 붉은 까마귀가 붉은 책을 입에 물고서 주나라의 사당에 모여 앉았다.[1005] 문왕

---

**1001**_ 인(螾)은 지렁이이고, 루(螻)는 땅강아지이다. 『사기』「오제본기(五帝本紀)」에 "黃帝者, 少典之子, 姓公孫, 名曰軒轅."이라는 기록이 보이는데, 『사기색은』에서 "토덕(土德)의 상서가 있었고, 토(土)의 색은 황색이기 때문에 황제라고 불렀다. 신농씨가 화덕(火德)으로 왕이 되어 염제(炎帝)라고 부르는 것과 마찬가지이다[有土德之瑞, 土色黃, 故稱黃帝. 猶神農火德王而稱炎帝然也.]"라고 했다.

**1002**_ 여기에서 일[事]이란 제왕이 되고 난 이후에 행해지는 각종 제도 개혁을 말하는데, 역법이나 복색을 바꾸는 등의 일이다.

**1003**_ 『사기』「봉선서(封禪書)」에 "夏得木德, 靑龍止於郊, 草木暢茂."라는 기록이 보인다.

**1004**_ 『사기』「은본기(殷本紀)」에 "湯乃改正朔, 易服色 上白, 朝會以晝."라는 기록이 보인다.

**1005**_ 함(銜)은 입에 머금는다는 뜻이고, 사(社)는 토지의 신에게 제사를 지내는 사당이다. 이와 비슷한 내용이 다른 책에서도 많이 보이는데, 그 내용이 조금씩 다르다. 『사기』「주본기(周本紀)」에서는, 무왕이 은나라 주왕을 정벌하러 가면서 강을 건넜는데, 하늘에서 불덩이가 떨어졌다고 한다. 이것이 왕이 거처하는 방에 이르러서는 까마귀로 변했으며, 그 색깔이 붉은색이었다고 한다[旣渡, 有火自上復于下, 至于王屋, 流爲烏, 其色赤, 其聲魄云.] 그리고 『묵자』「비공 하(非攻 下)」편에도 "붉은 새가 옥으로 된 신표를 입에 물고, 주나라 기주(岐周)에 있는 토지신의 사당으로 내려왔는데, 그 신표에 '하늘이 주나라 문왕(文王)에게 명하여 은나라를 정벌하고 국가를 소유하게 했다'라고 기록되어 있었다[赤鳥銜珪, 降周之岐社曰, '天命周文王伐殷有國.']"라는 내용이 보인다. 이외에 위서(緯書)에도 많이 보이는데, 예를 들어, 『태평어람』「시서부(時序部)」에서 인용한 『상서중후(尙書中候)』에는 "周文王爲西伯, 季秋之月甲子, 赤雀銜丹書入豐, 止于昌戶. 王乃拜稽首受取曰,

이 "화의 기운이 우세하다"라고 했다. 화의 기운이 우세했기 때문에 색깔은 붉은색을 숭상했고, 그 일은 화를 기준으로 행했다.(『여씨춘추』「명류」[1006])

凡帝王者之將興也, 天必先見祥乎下民. 黃帝之時, 天先見大螾大螻, 黃帝曰, "土氣勝." 土氣勝. 故其色尙黃, 其事則土. 及禹之時, 天先見草木秋冬不殺, 禹曰, "木氣勝." 木氣勝. 故其色尙靑, 其事則木. 及湯之時, 天先見金刃生于水, 湯曰, "金氣勝." 金氣勝. 故其色尙白, 其事則金. 及文王之時, 天先見火, 赤烏銜丹書集于周社. 文王曰, "火氣勝." 火氣勝. 故其色尙赤, 其事則火.(『呂氏春秋』「名類」)

## 康4-67

신농씨의 정치 방법과 황제가 전욱을 가르쳤던 말을 어찌 다시 고증할 수 있겠는가? 이것은 모두 탁고한 말이다. 제자백가들이 대부분 황제에 대해 말했기 때문에 황제에게 가탁한 말이 특히 많은데, 여기에서 [그러한 사실을] 드러내 밝혔다.

神農之治法, 黃帝誨顓頊之言, 豈復可考? 皆託古之言. 百家多稱黃帝, 故託黃帝之言尤多, 發明于此.

## 4-12-11

신농씨의 가르침[1007]에 다음과 같은 말이 있다. "선비 중에 성년이 되

---

姬昌蒼帝子, 亡殷者紂也."라고 되어 있고, 『사기』「주본기」의 『사기집해』와 『사기정의』에서 인용한 『상서제명험(尙書帝命驗)』에도 "季秋之月甲子, 赤爵銜丹書入于酆, 止于昌戶, 其書云'敬勝怠者吉.'"이라는 기록이 보인다.

1006_ 옛날 판본에는 「명류(名類)」라고 되어 있었는데, 현행본은 필원이 이름을 바꾼 「응동(應同)」편으로 되어 있다.

1007_ 『여씨춘추교석』에서는 신농지교(神農之敎)를 『맹자』에 나오는 신농지언(神農

없는데도 농사를 짓지 않는 자가 있으면 천하 사람들 중에 굶주림을 당하는 사람이 있게 되고, 여자가 성년이 되었는데도 길쌈을 하지 않는 자가 있으면 천하 사람들 중에 추위를 겪는 사람이 있게 된다."[1008] 따라서 [신농씨는] 자신이 몸소 농사를 짓고, 그의 아내가 몸소 길쌈을 했으니, 이로써 백성들에게 이로움을 얻는 방법을 보여주었다.[1009](『여씨춘추』「애류」)

神農之敎曰, "士有當年而不耕者, 則天下或受其饑矣, 女有當年而不績者, 則天下或受其寒矣." 故身親耕, 妻親績, 所以見致民利也.(『呂氏春秋』「愛類」)

## 康4-68

이것도 탁고한 것이다. [『맹자』에서] 신농씨의 말을 주장하는 자가 있다고 말한 것도,[1010] 신농씨[의 시대]는 아득히 먼 옛날인데, 어찌 남긴 말이 있을 수 있겠는가?

此亦託古. 所謂有爲神農之言, 神農荒遠, 安得有遺言乎?

**<이상 여씨가 옛것에 가탁하다: 右呂氏託古>**

---

之言)과 함께 책 이름으로 보았는데, 여기에서는 신농씨의 가르침이나 말로 풀이했다.

1008_ 왕염손이 당년(當年)은 곧 정년(丁年), 즉 성년(成年)의 의미라고 했다. 『이아』「석고(釋詁)」편에서 정(丁)은 당(當)이라고 했다.

1009_ 『회남자』「제속훈(齊俗訓)」편에도 이와 비슷한 기록이 보인다. "故神農之法曰, '丈夫丁壯而不耕, 天下有受其饑者, 婦人當年而不織, 天下有受其寒者.' 故身自耕, 妻親織, 以爲天下先."

1010_ 『맹자』「등문공 상」편에 "신농씨(神農氏)의 말을 주장하는 허행(許行)이 초(楚)나라로부터 등(滕)나라로 갔다[有爲神農之言者許行, 自楚之滕.]"라는 기록이 보인다.

## 13. 내경이 옛것에 가탁하다 [內經託古]

### 4-13-1

옛날에 황제라는 인물이 있었는데, 태어나면서부터 [지혜가] 신령스러웠고,[1011] 아주 어릴 때 말을 할 줄 알았으며, 어려서는 매우 지혜롭고 총명했고,[1012] 자라면서 독실하고 영민했으며, 성장해서는 제왕의 자리에 올랐다.[1013] 이에 천사(天師)[1014]에게 다음과 같이 물었다. "내가 들으니, 먼 옛날 사람들은 나이가 모두 백 살이 넘어도 움직임이 노쇠하

---

1011_ 신령(神靈)은 『황제내경집주(黃帝內經集注)』에서 장지총(張志聰)이 지혜(智慧)라고 풀이했다. 즉 태어나면서부터 지혜가 있어서 신령스러웠다는 뜻이다.

1012_ 『사기』 「오제본기(五帝本紀)」에도 "黃帝者, 少典之子, 姓公孫, 名曰軒轅. 生而神靈, 弱而能言, 幼而徇齊, 長而敦敏, 成而聰明."이라는 기록이 보인다. 『사기색은』에서 "약(弱)은 어릴 때를 말한다. 아직 말을 할 수 있을 때가 아닌데도 황제는 곧 말을 했기 때문에 신기하게 여긴 것이다"라고 했다. 그리고 순제(徇齊)는 『사기집해』에서 배인(裴駰)이 질속(疾速)으로 풀이했는데, 매우 지혜롭고 총명하다는 뜻이다. 그런데 『황제내경집주』에서 장지총은 착하고 올바르다[順正]라고 풀이했다. 여기에서는 배인의 해석에 따랐다.

1013_ 등천(登天)은 등극(登極)과 같은 말로, 제왕의 자리에 오르는 것을 말한다. 한편 장지총은 하늘로 올라갔다는 의미로 풀이하면서 다음과 같이 말했다. "그가 천자가 되어 정치를 지극히 하여 교화가 크게 행해지고, 제도를 넓혀서 천하를 이롭게 하고, 법상(法象)을 드리워서 후세를 가르쳤으니, 태어나면서부터 아는[生知] 성인이다. 나중에 정호산(鼎湖山)에서 솥을 주조했는데, 솥이 완성되자 대낮에 하늘로 올라갔다."

1014_ 천사(天師)는 장지총이 다음과 같이 말했다. "기백(岐伯)에 대한 존칭이다. 천(天)은 자신의 천진(天眞)을 잘 수양한 것을 말하고, 사(師)는 선지선각자(先知先覺者)이다. 말하자면, 도(道)라는 것은 상제가 귀하게 여기는 것이며, 사(師)는 도를 전수하여 가르침을 베풀기 때문에 기백을 천사라고 한 것이다." 기백은 황제 시대의 명의(名醫)로 알려져 있으며, 황제와 함께 『내경』을 지었다고 한다. 전국시대와 진한시대에는 대부분 황제와 기백의 문답에 가탁하여 의학에 대해 논했다.

지 않았습니다. 그런데 지금 사람들은 나이가 오십 살만 되어도 움직임이 모두 노쇠하니, 세상이 다르기 때문입니까, 사람이 잘못했기 때문입니까?" 기백이 대답했다. "먼 옛날 사람들 중에 [수양의] 도(道)[1015]를 아는 자는 음양을 본받고, 술수(術數)[1016]를 알맞게 조절하여 음식을 먹는 것에 절도가 있고, 동작에 일정한 법도가 있으며, 제멋대로 몸을 수고롭게 하지 않았습니다. 따라서 육체가 정신과 함께 보존될 수 있어서 천수를 다하여 백 살이 넘어서야 죽었습니다. 그런데 지금 사람들은 그렇지 않습니다. 술을 음료수처럼 여기고,[1017] 망령된 행동을 일상적으로 하며, 술이 취한 채 성교(性交)를 맺어서,[1018] 욕망으로 그 정기를 고갈시키고, 기호(嗜好)로 그 원기를 분산시켜 버립니다.[1019] 기운을 지켜서 채울 줄 모르고, 정신을 적절하게 제어하지 못하며, 마음의 쾌락에만 힘쓰고, 삶의 참다운 즐거움을 거스르며, 동작에 일정한 절도가 없습니다. 따라서 나이가 오십 살만 되어도 노쇠하게 됩니다.

> 昔在黃帝, 生而神靈, 弱而能言, 幼而徇齊, 長而敦敏, 成而登天. 乃問于天師曰, "余聞上古之人, 春秋皆度百歲, 而動作不衰. 今時之人, 年半百, 而動作皆衰者, 時世異邪? 人將失之耶?" 岐伯對曰, "上古之人, 其知道者, 法于陰陽, 和于術數, 飮食有節, 起居有常, 不妄作勞.

---

**1015_** 도(道)는 장지총이 몸을 수양하는 도를 아는 것이라고 했다.

**1016_** 술수(術數)는 장지총이 정기(精氣)를 조절하여 기르는 방법이라고 했다.

**1017_** 장(漿)은 고대에 발효를 시켜서 만든 신맛을 내는 음료를 말하는데, 술을 마치 물이나 음료수처럼 여겨서 많이 마신다는 뜻이다. 장지총은 "술은 비장(脾臟)을 손상시키고, 비장의 정기가 손상되면 오곡의 맛을 다 알 수가 없어서 생기(生氣)가 손상된다. 망령된 행동을 일상적으로 하면 그 정신이 손상된다. 술이 취한 채 입방하면 그 정기가 손상된다"라고 풀이했다.

**1018_** 입방(入房)은 성교(性交)를 맺는 것으로, 방사(房事)라고도 한다.

**1019_** 『황제내경소문』 번역본에서 인용한 『황제내경소문교석(黃帝內經素問校釋)』의 교감에 의하면, 갑을(甲乙)에는 모(耗)가 호(好)로 되어 있다고 한다. 여기에서는 호(好)로 바꾸어 해석했다. 진(眞)은 장지총이 원진(元眞)의 기운이라고 했는데, 곧 인체의 원기(元氣)를 말한다.

故能形與神俱, 而盡終其天年, 度百歲乃去. 今時之人不然也. 以酒爲漿, 以妄爲常, 醉以入房, 以欲竭其精, 以耗散其眞. 不知持滿, 不時御神, 務快其心, 逆于生樂, 起居無節. 故半百而衰也.

먼 옛날의 성인들이 아래 사람들을 가르칠 때에는 모두 '몸이 부실한 틈을 타고 들어오는 모든 부정한 기운[虛邪賊風][1020]을 때에 맞게 피하고, 마음을 담담하고 공허한 상태[恬淡虛無][1021]로 유지하면 원기(元氣)가 내 몸을 따르고, 정신이 안에서 지켜질 것이니, 병이 어찌 들어올 수 있는 곳이 있겠는가?'라고 말했습니다. 따라서 [먼 옛날 사람들은] 의지가 차분하여[1022] 욕심을 적게 하고, 마음이 편안하여 두려워하지 않으며, 육체가 수고롭지만 고달프지는 않고,[1023] 기운이 그에 따라 순조롭게 움직이니, 각자가 자신의 욕심을 따라서 모두 원하는 것을 얻었습니다. 따라서 음식을 달게 먹고, 옷을 편한 대로 입으며, 자신들의 풍속을 즐기고, 윗사람과 아랫사람이 서로[의 입장을] 부러워하지 않으니, 그렇기 때문에 그 백성들을 소박하다고 말합니다. 이 때문에 기호나 욕심이 그들의 눈을 수고롭게 할 수 없고, 음탕함과 사악함이 그들의 마음을 미혹시킬 수 없으며, 어리석은 사람이나 지혜로운 사람이나 현명한 사람이나 불초한 사람이나 [모두가] 외물에 두려움을 느끼지 않기 때문에 도와 합치됩니다. 따라서 나이가 모두 백 살이 넘어도 움직

---

1020_ 허사(虛邪)는 나쁜 기운이 몸이 허한 틈을 타서 들어오는 것이며, 적풍(賊風)도 틈을 타고 들어오는 바람으로, 몸을 해치는 기운을 말한다. 이경우의 『황제내경소문』 번역본에서 인용한 고세식(高世栻)은 "사계절의 모든 부정한 기운을 '허사적풍'이라고 한다"라고 했다.

1021_ 염담(恬淡)은 욕심이 없고 마음이 담담한 것이다. 허무(虛無)는 마음을 텅 비운 무의 상태를 말한다. 장지총은 염담은 안정되고 소박한 상태, 허무는 물욕에 가려지지 않은 상태라고 했다.

1022_ 한(閑)은 조용하고 한가한 모습으로, 마음이 담담하고 공허하여 무엇인가를 애써 하려는 뜻이 없이 차분하다는 말이다.

1023_ 권(倦)은 지치고 고달프게 하는 것이다. 육체가 활동하지만 지칠 정도로 무리를 하지 않는다는 말이다.

임이 노쇠하지 않는 것은 그 덕이 온전하여 위태롭지 않기 때문입니다."[1024](『황제내경소문』「상고천진론」)

夫上古聖人之教下也, 皆謂之'虛邪賊風, 避之有時, 恬淡虛無, 眞氣從之, 精神內守, 病安從來?' 是以志閑而少欲, 心安而不懼, 形勞而不倦, 氣從以順, 各從其欲, 皆得所願. 故美其食, 任其服, 樂其俗, 高下不相慕, 其民故曰樸. 是以嗜欲不能勞其目, 淫邪不能惑其心, 愚智賢不肖, 不懼于物, 故合于道. 所以能年皆度百歲, 而動作不衰者, 以其德全不危也."(『黃帝內經素問』「上古天眞論」)

## 4-13-2

황제가 말했다. "내가 들으니, 아주 먼 옛날에 진인(眞人)이라는 자가 있었는데, 천지(天地)를 장악하고,[1025] 음양(陰陽)을 파악했으며, 정기(精氣)를 호흡하고, 홀로 서서 정신을 지키며, 육체[1026]가 언제나 한결같기 때문에 수명이 천지가 다하도록[1027] 끝나는 때가 없으니, 이것은 그 도[와 함께] 살아가는 것이다. 먼 옛날의 시대에는 지인(至人)이라는 자가 있었는데, 덕(德)을 돈독하게 하고 도(道)를 온전하게 보존하여, 음양[의 변화]에 조화하고, 사계절[의 순환]에 맞추며, 세속에서 벗어나서 정기를 축적하고 정신을 온전하게 하며, 천지의 사이에서 노닐고, 이 세계[1028]의 밖에서 보고 듣는다. 이 사람은 그 수명이 더 늘어나서 강해

---

1024_ 위(危)는 해쳐서 위태롭다는 뜻이다. 병이 위중하다는 뜻도 있고, 이경우의 번역본에서는 '동작이 쇠퇴하다'고 한 마시(馬蒔)의 주를 인용했는데, 위태로운 상태까지 가지 않는다는 의미로 풀이해도 무난할 것이다.

1025_ 제설(提挈)은 손에 들고 들어 보이는 것으로, 장악하거나 통솔한다는 말이다. 뒷문장의 '파악(把握)'과 같은 의미이다. 『회남자』「숙진훈(俶眞訓)」편에도 "提挈天地而委萬物."이라는 구절이 보인다.

1026_ 기육(肌肉)은 인간의 몸, 즉 육체를 말한다.

1027_ 폐(敝)는 다하다[盡]는 뜻으로, 수명이 천지와 함께 다한다는 말이다.

1028_ 팔달(八達)은 원래 길이 사방으로 통한다는 말인데, 팔방(八方)과 같은 의미로

진 자이니, 또한 진인[과 같은 부류로] 귀속된다.[1029] 그 다음으로 성인(聖人)이라는 사람이 있는데, 천지의 조화 속에서 거처하면서 팔풍(八風)[1030]의 [자연] 이치를 따르며, 세속 가운데에서 기호와 욕심을 적절하게 조절하여 화를 내거나 원망하는 마음이 없으며,[1031] 활동은 인간 세상에서 벗어나고자 하지 않고,[1032] 행위는 세속을 본받으려고 하지 않았으며,[1033] 밖으로는 일 때문에 육체를 수고롭게 하지 않았고, 안으로는 사물에 집착하는 사고 때문에 생기는 근심이 없었다.[1034] 그리고 마음의 편안함과 즐거움[1035]에 힘쓰고, 스스로의 만족에 노력하여 육체는 피폐하지 않고, 정신은 산만하지 않으니, 또한 장수할 수 있다. 그 다음으로 현인(賢人)이라는 사람이 있는데, 하늘과 땅을 법칙으로 삼고, 해와 달을 본받으며,[1036] 별자리를 분별하여 나열하고, 음양을 맞이하

---

사용된다. 팔방은 사방(四方)과 사우(四隅)로, 동·서·남·북과 동북·동남·서북·서남을 말한다. 여기에서는 이 세계의 밖이라는 의미이다.

1029_ 장지총이 "진인은 선천적인 원기를 얻은 자이고, 지인은 후천적인 일기(一氣)를 얻은 자인데, 그 지향점은 하나이기 때문에 진인과 같은 부류로 귀속된다"라고 했다.

1030_ 팔풍(八風)은 팔방(八方)에서 불어오는 바람이다.

1031_ 에진(恚嗔)은 화를 내고 원망하는 것이다.

1032_ 인간 세상 속에서 함께 생활하면서 자신의 도를 실현하고자 한다는 말이다. 장지총은 "인륜을 가르치고, 법도를 본받으며, 조정에서 천자 노릇을 하면서 세속에서 벗어나려고 하지 않는다"라고 했다. 홍원식의 번역본에 의하면, 임교(林校)에 '피복장(被服章)' 세 글자는 연문이라고 했는데, 여기에서도 이에 따라 빼고 해석하지 않았다.

1033_ 인간 세상 속에서 살지만, 자신만의 도를 추구할 뿐 세속의 잘못된 풍습은 본받지 않는다는 말이다. 이경우의 번역본에서 인용한 장개빈(張介賓)은 나쁜 허물을 본받지 않는다고 풀이했고, 왕빙(王冰)은 성인이 항상 세속의 사이에서 행동하지만 보고 행동하는 것은 세속과 다르다고 풀이했다.

1034_ 사상(思想)은 사물을 생각하고 판단하고 추리하는 마음의 작용이다. 이것은 어떤 일정한 사물에 구속되어 집착하는 것이기 때문에 근심이 생길 수밖에 없다.

1035_ 염유(恬愉)는 마음이 편안해서 즐거운 것이다. 『관자』「심술 상(心術 上)」편에 '염유무위(恬愉無爲)'라는 표현이 보인다.

1036_ 상사(象似)는 본떠서 닮는다는 말로, 본받는다는 의미이다.

여 따르며,[1037] 사계절을 나누어 구별하고, 장차 먼 옛날의 [진인(眞人)을] 좇아서 도를 함께 하려고 했으니, 또한 수명을 더 늘도록 할 수는 있지만, 끝나는 때는 있다."[1038](『황제내경소문』「상고천진론」)

黃帝曰, "余聞上古有眞人者, 提挈天地, 把握陰陽, 呼吸精氣, 獨立守神, 肌肉若一, 故能壽敝天地, 無有終時, 此其道生. 中古之時, 有至人者, 淳德全道, 和于陰陽, 調于四時, 去世離俗, 積精全神, 游行天地之間, 視聽八達之外. 此蓋益其壽命而强者也, 亦歸于眞人. 其次有聖人者, 處天地之和, 從八風之理, 適嗜欲于世俗之間, 無恚嗔之心, 行不欲離于世, 被服章, 擧不欲觀于俗外, 不勞形于事, 內無思想之患. 以恬愉爲務, 以自得爲功, 形體不敝, 精神不散, 亦可以百數. 其次有賢人者, 法則天地, 象似日月, 辯列星辰, 逆從陰陽, 分別四時, 將從上古, 合同于道, 亦可使益壽, 而有極時."(『黃帝內經素問』「上古天眞論」)

## 4-13-3

황제가 물었다. "내가 들으니, 옛날의 병 치료는 오직 정신을 다른 상태로 옮겨서 바꾸고 기운을 새롭게 변화시키는 것뿐이어서[1039] 병의 유래를 신(神)에게 고하여 나을 수가 있었습니다.[1040] 그런데 지금의 병

1037_ 여기의 역(逆)자는 뒤의 종(從)자와 서로 반대되는 말이 아니라, 맞이하거나[迎] 받아들인다[受]는 의미이다. 이경우가 인용한 고세식(高世栻)도 영(迎)의 의미로 보고, "음양의 변화를 맞이하여 따른다"라고 풀이했다.

1038_ 장지총이 "장차 먼 옛날의 천진(天眞)의 성인과 도를 함께 하니, 또한 수명을 더 늘도록 하여, 천지가 다할 때까지 수명이 이르게 할 수 있다"라고 풀이했다. 그런데 앞에서는 '끝나는 때가 없다[無有終時]'라고 했고, 여기에서는 '끝나는 때가 있다[有極時]'라고 하여, 서로 구분하고 있기 때문에 현인은 수명은 연장할 수 있지만, 진인이나 지인들처럼 천지가 다할 때까지 수명이 이를 수는 없다고 보는 것이 좋을 듯하다. 이경우가 인용한 왕빙(王冰)도 "이들이 수명을 더해서 살게 할 수는 있지만, 죽을 때가 있다"라고 풀이했다.

1039_ 이(移)와 변(變)은 같은 의미로 사용되었다. 이경우의 번역본에서 인용한 왕빙은 이(移)를 옮겨서 바꾸는 것, 변(變)을 변화시켜 고치는 것으로 풀이했다.

치료는 매우 독한 약으로 그 안을 치료하고, 침술이나 약석으로 그 밖을 치료하여[1041] 혹은 낫기도 하고 혹은 낫지 않기도 하는데, 무엇 때문입니까?" 기백이 대답했다. "지나간 옛날 사람들은 금수들 사이에서 거처하면서 몸을 움직여서 추위를 피하고, 그늘진 곳으로 가서 더위를 피했으며, 안으로는 [어떤 대상을] 생각하고 그리워하여 마음에 근심을 끼치는 일이 없었고,[1042] 밖으로는 벼슬자리[와 같은 명리(名利)] 추구 때문에 육체를 구속하는 일이 없었으니,[1043] 이와 같이 명리에 대한 욕심이 없고 마음이 담담한[1044] 세상[의 사람들]에게는 사악한 기운이 깊숙하게 들어올 수가 없었습니다. 따라서 독한 약으로 그 안을 치료할 수가 없었고, 침술이나 약석으로 그 밖을 치료할 수가 없었기 때문에 정신을 다른 상태로 옮겨서 바꾸고, 병의 유래를 신에게 고하여 나을 수가 있었습니다."(『황제내경소문』「이정변기론」)

黃帝問曰, "余聞古之治病, 惟其移精變氣, 可祝由而已. 今世治病, 毒藥治其內, 針石治其外, 或愈或不愈, 何也?" 岐伯對曰, "往古人居禽獸之間, 動作以避寒, 陰居以避暑, 內無眷慕之累, 外無伸宦之形, 此恬憺之世, 邪不能深入也. 故毒藥不能治其內, 針石不能治其外, 故可

---

1040_ 축(祝)은 제사 때 신에게 고하는 것이니, 이경우의 번역본에서 인용한 마시(馬蒔)는 "그 병이 유래한 곳을 신에게 고한다"라고 했다. 이경우의 번역본에서는 이이(而已)의 이(已)자를 병이 낫는다는 의미로 풀이했는데, 장지총도 "신명(神明)에게 고하는 것을 통해서 병이 그로써 나을 수 있다"라고 했다.

1041_ 독약(毒藥)은 매우 독한 약이고, 침석(針石)은 침술(鍼術)과 약석(藥石)으로 병을 고치는 도구이다.

1042_ 권모(眷慕)는 그리워하고 사모하는 것으로, 어떤 대상에 집착하는 것이다. 즉 어떤 대상을 좋아하여 거기에 얽매임으로써 마음에 근심이나 괴로움을 끼치는 일이 없다는 것이다.

1043_ 신환(伸宦)은 벼슬길로 나아가는 것으로, 세속의 명리를 추구하는 것이다. '세속의 명예를 추구하는 육체가 없다'라는 것은 곧 세속의 명리 추구를 위해 육체를 구속하지 않는다는 의미로 풀이할 수 있다. 이경우가 "벼슬이나 명리를 추구하는 형체의 수고로움이 없다"라고 해석한 것도 같은 의미이다.

1044_ 염담(恬憺)은 욕심이 없어서 명리를 탐내지 않고 마음이 담담한 것이다.

移精祝由而已."(『黃帝內經素問』「移精變氣論」)

## 康4-69

병의 유래를 신에게 고하여 치료하는 분야는 전수되어 전파된 것이 반드시 매우 오래되었을 것이다. 지금 경주(瓊州)의 생번(生番), 광서(廣西)의 묘인(苗人), 운남(雲南) 야인산(野人山)의 야인(野人)은 모두 고술(蠱術)[1045]이 있어서, 또한 [병자(病者)의] 정신을 다른 상태로 옮겨서 바꿀 수 있다. 인도의 무래유(無來由) 사람, 즉 목라유(穆拉油)[1046] 사람들에게도 강계술(降乩術)[1047]이 있으니, 또한 그와 같은 부류이다. 모든 미개한 지역[1048]의 풍속에서는 그것을 숭상하기 때문이다. 병의 유래를 신에게 고하여 치료하는 것도 반드시 먼 옛날부터 유래되었을 것이다. 『황제내경소문』과 같은 경우는 문장이 모두 전국시대의 말이기 때문에 거기에서 '황제'나 '기백'이라고 말한 것은 모두 탁고한 말이다. 『사기』에서도 "제자백가들이 황제에 대해 많이 말한 것은 그 문장이 근거가 있지도 않고 고상하지도 않아서 지위와 학식이 있는 학자들은 그것을 말하기 어려워한다"라고 했으니,[1049] 당시에는 탁고하지 않는 사람이 없

---

**1045_** 고술(蠱術)은 신에게 빌거나 저주하는 사술(邪術)로, 병을 치료하는 방법으로 사용된다.

**1046_** 인도의 멀라유(Melayu) 종족은 중국어로 무래유(無來由)·무래유(巫來由)·목라유(穆拉油) 등으로 음역이 된다.

**1047_** 계(乩)는 점을 친다는 뜻인데, 강계술(降乩術)은 점을 쳤을 때 신령이 내려와서 알려준다는 술수이다.

**1048_** 야번(野番)은 변방의 미개한 지역을 말한다.

**1049_** 『사기』「오제본기」에 다음과 같은 기록이 있다. "태사공(太史公)이 말했다. 학자들이 오제(五帝)에 대해서 많이 이야기한 것이 오래되었다. 그러나 『상서(尙書)』에는 오직 요(堯)임금 이후의 일만이 기재되어 있고, 제자백가들이 황제(黃帝)에 대해 말한 것은 그 문장이 근거가 있지도 않고 고상하지도 않아서 지위와 학식이 있는 학자들은 그것을 말하기 어려워한다[太史公曰, 學者多稱五帝, 尙矣. 然『尙書』獨載堯以來, 而百家言黃帝, 其文不雅馴, 薦紳先生難言之.]" 아순(雅馴)은 우아하고

었으며, 황제에게 가탁하는 사람이 특히 많았던 것이다.

祝由之科, 傳流必極古. 今瓊州生番, 廣西苗人, 雲南野人山之野人, 皆有蠱術, 亦能移之. 印度無來由人, 卽穆拉油人, 有降乩術, 亦其類也. 皆野番之俗尙之故. 祝由必傳自太古. 若『素問』文詞皆戰國時語, 其所稱'黃帝'·'岐伯', 皆託古之詞. 史記所謂"百家多稱黃帝, 其言不雅馴, 搢紳難言." 蓋當時無人不託古, 而託黃帝尤多也.

## 4-13-4

황제가 말했다. "먼 옛날의 성인이 탕액(湯液)과 요례(醪醴)[1050]를 만들었는데, 만들어 놓고도 사용하지 않은 것은 무엇 때문입니까?" 기백이 대답했다. "옛날부터 성인이 탕액과 요례를 만든 것은 대비용으로 삼으려는 것뿐이었습니다. 먼 옛날에 탕액을 만들었지만, 그 때문에 만들어 놓고도 복용하지 않았습니다.[1051] 그런데 그 후의 옛날 시대에는 도덕이 점점 쇠퇴하고, 사악한 기운이 때때로 이르러 오기는 했지만, 그것을 복용하여 안전하게 대비할 수 있었습니다."[1052](『황제내경소문』「탕액요

---

순수하다는 뜻으로, 그 문장이 전거(典據)가 있고 고상하여 천박하지 않다는 말이다. 『사기정의』에서는 순(馴)자를 가르침[訓]이라는 의미로 보고, "제자백가의 말은 모두 전거가 있고 고상한 가르침이 아니다"라고 풀이하기도 했다. 진신(搢紳)은 천신(薦紳)·진신(縉紳)과 같은 말로, 사대부로서 관직에 있는 사람을 뜻한다. 여기에서는 일정한 지위와 학식이 있는 학자들을 말한다.

1050_ 탕액(湯液)과 요례(醪醴)는 이경우의 이 편에 대한 「해제」에서 다음과 같이 해설했다. "탕액과 요례는 쌀과 오곡을 사용해서 만드는 것으로, 그것을 사용해서 치료하는 두 종류의 조제(調劑) 유형이다. 모두 주류(酒類)에 속한다. 맑고 희박하면서 담박한 것은 탕액이고, 빽빽하고 탁하면서 감미로운 것은 요례라고 한다.

1051_ 장지총이 "먼 옛날의 사람들은 대부분 원기를 완전하게 보존할 수 있었기 때문에 비록 사악한 기운이 있더라도 그들을 해칠 수가 없었다. 따라서 비록 만들기는 했지만 복용하지는 않았다"라고 했다.

1052_ 장지총이 "중고(中古)의 사람들은 도덕이 비록 쇠퇴하기는 했지만, 정신이 무너져서 해이한 상태까지는 이르지 않았기 때문에 그것을 복용하여 안전하게 대비할 수 있었다"라고 했다.

례론」)

帝曰, "上古聖人作湯液醪醴, 爲而不用, 何也?" 岐伯曰, "自古聖人之作湯液醪醴者, 以爲備耳. 夫上古作湯液, 故爲而弗服也. 中古之世, 道德稍衰, 邪氣時至, 服之萬全."(『黃帝內經素問』「湯液醪醴論」)

## 4-13-5

황제가 말했다. "좋습니다. 별자리[의 변화]를 본받는 것은 내가 들었는데, 지나간 과거를 본받는 것에 대해 듣기를 원합니다." 기백이 대답했다. "지나간 과거를 본받는 것은 먼저 『침경(針經)』[1053]을 알아야 합니다."(『황제내경소문』「팔정신명론」)[1054]

帝曰, "善. 其法星辰者, 余聞之矣, 願聞法往古者." 岐伯曰, "法往古者, 先知『針經』也."(『黃帝內經素問』「八正神明論」)

## 4-13-6

황제가 명당(明堂)에 앉아 있다가 뇌공(雷公)[1055]을 불러서, "그대는 의학

---

1053_ 『침경(針經)』은 이경우가 인용한 마시(馬蒔)가 『영추경(靈樞經)』이라고 했다. 그런데 『사고전서총목제요』에 수록된 '『영추경(靈樞經)』 12권'의 해설에서 다음과 같이 말했다. "이렴(李濂)의 『의사(醫史)』에 원나라 여복(呂復)의 『군경고방론(群經古方論)』을 싣고 있는데, 거기에서 다음과 같이 말한다. '『내경영추(內經靈樞)』는 한·수·당의 『예문지』에 모두 기록되어 있지 않다. 『수서』「예문지」에는 『침경(針經)』 9권이 있고, 『당서』「예문지」에는 영보(靈寶)가 주석한 『황제구령경(黃帝九靈經)』 12권이 있을 뿐이다. 혹자는 왕빙(王冰)이 『황제구령경』을 『영추』라는 이름으로 바꾸었다고 하고, 또는 『황제구령경』은 침술 방면이 더욱 상세하기 때문에 황보밀이 그것을 『침경』이라고 명명했다고도 말한다. 만약 하나의 경전인데, 이름이 두 가지라면 『당서』「예문지」에서 별도로 『침경』 12권을 드러내어 수록했을 리가 없다.'" 즉 『침경』이 곧 『영추경』인지의 여부는 정확한 정론이 없다.

1054_ 이 편은 팔정(八正)과 별자리의 변화와 인체 기혈 사이의 관계를 말한 것이다. 팔정은 춘분과 추분의 이분(二分), 하지와 동지의 이지(二至), 그리고 입춘·입하·입춘·입동의 사립(四立) 등 8개의 절기의 정기(正氣)를 가리킨다.

의 도를 아십니까?"라고 물었다. 뇌공이 대답했다. "입으로 외우기는 하지만 아직 완전히 이해하지는 못했고,[1056] 이해하더라도 아직 완전히 구별하지는 못하며, 구별하더라도 아직 완전히 밝혀내지는 못하고, 밝혀내더라도 아직 [그 이치를] 완전히 드러내지는 못합니다. 여러 신하들을 치료할 수는 있지만, 임금을 치료하기에는 부족합니다. 원컨대 하늘의 법칙을 세우는 법을 전수받아 사시와 음양[의 순환]에 맞추고, 별자리와 해와 달의 빛을 구별함으로써 경술(經術)을 밝게 드러내어 후세에도 더욱더 밝혀지기를 바랍니다. 위로 신농씨와 소통하여 지극한 가르침을 밝게 드러낸다면 복희씨나 신농씨와 견줄 수 있을 것입니다."[1057] 황제가 말했다. "좋습니다. 그러한 도를 잃지 마십시오."

(『황제내경소문』「저지교론」)

黃帝坐明堂, 召雷公而問之曰, "子知醫之道乎?" 雷公對曰, "誦而頗能解, 解而未能別, 別而未能明, 明而未能彰. 足以治群僚, 不足治侯王. 願得受樹天之度, 四時陰陽合之, 別星辰與日月光, 以彰經術, 後世益明. 上通神農, 著至教, 疑于二皇." 帝曰, "善. 無失之."(『黃帝內經素問』「著至教論」)

<이상 내경이 옛것에 가탁하다: 右內經託古>

---

1055_ 뇌공(雷公)은 황제의 신하로, 유부(兪跗)와 함께 침과 뜸을 놓을 자리를 살폈고, 맥박을 연구하여 『지교론(至教論)』과 『약성포제(藥性炮製)』 등의 책을 저술했다고 한다.

1056_ 파(頗)는 이경우의 번역본에 의하면, 수산각본(守山閣本)에는 미(未)로 되어 있다고 한다. 앞뒤 문장 관계나 의미상 미(未)로 해석하는 것이 더 타당할 듯하다.

1057_ 의(疑)는 이경우의 번역본에서 인용한 『신교정(新校正)』에서는 의(擬)가 되어야 한다고 했다. 의(擬)는 견주거나 비교하다는 뜻이다. 이황(二皇)은 『회남자』「원도훈(原道訓)」편의 "泰古二皇"에 대해 고유가 "이황(二皇)은 복희씨와 신농씨"라고 했다.

## 14. 할관자[1058]가 옛것에 가탁하다 [鶡冠子託古]

### 4-14-1

아주 먼 옛날에 성구씨(成鳩氏)가 세상을 다스리는 도[를 가지고 있었으니], 한 씨족이 그 도를 18,000년 동안 사용했다.[1059](『할관자』「왕부」)

泰上成鳩之道, 一族用之萬八千歲.(『鶡冠子』「王鈇」)

### 4-14-2

성구씨(成鳩氏)의 도는 하늘의 순환 법칙과 군주의 정치 방법에서 벗어난 적이 없었다.[1060] 하늘의 순환 법칙은 분명해서 따르기 쉽고, 군주의 정치 방법은 간략하여 실행하기 쉽다. 방자(龐子)[1061]가 말했다. "원

1058_ 할관자(鶡冠子)는 초(楚)나라의 은자(隱者)인 할관자의 책으로 알려져 있다. 『한서』「예문지」의 반고의 자주(自注)에서 "초나라 사람이며, 깊은 산 속에 살면서 할계(鶡鷄)라는 새의 깃으로 장식한 모자를 쓰고 있었다"라고 했다.

1059_ 황회신의 『할관자휘교집주(鶡冠子彙校集注)』에서 인용한 오세공은 "태상(泰上)은 태고(太古)이며, 성구(成鳩)는 임금의 이름이니, 천황(天皇)이다. 일족(一族)은 일성(一姓)을 말한다"라고 했다. 그리고 장금성(張金城)은 "『예문류취』 권11에서 인용한 항준(項峻)의 『시학편(始學篇)』에서 '천지가 세워지자 천황(天皇)이 있었는데, 13개의 머리를 가졌고, 천령(天靈)이라고 불렀으며, 18,000세를 다스렸다'라고 했다"라고 말했다. 황회신이 성구(成鳩)는 씨족의 이름이며, 도(道)는 치세(治世)의 도라고 했다.

1060_ 황회신이 말했다. "천곡(天曲)은 천체의 순환이다. 일(日)은 태양이니, 태양이 하늘에서 운행하는 것은 천하에서 군주 노릇하는 뜻이 있기 때문에 일(日)을 임금[君]으로 확대 해석할 수 있는데, 『광아(廣雅)』에서 '일(日)은 군(君)'이라고 했다. 따라서 일술(日術)은 군주 노릇하는 방법이다. 천곡일술(天曲日術)은 순환이 서로 이어져서 각각 군주 노릇하는 방법을 세운 것이다."

1061_ 방자(龐子)은 오세공에 의하면, 조(趙)나라 도양왕(悼襄王) 3년 때의 장수인 방

컨대 하늘의 순환 법칙과 군주의 정치 방법에 대해 듣고 싶습니다." 할관자가 말했다. "읍(邑)과 도(都)를 제정하고 다스리는 것은 서로 잘 아는 이웃[1062]의 다섯 집안[五家]에게 오(伍)를 만들도록 하고, 오(伍)에는 그 책임자를 둔다. 10오(伍)가 리(里)이며, 리에는 유사(有司)를 둔다. 4리가 편(扁)이며, 편에는 그 책임자를 둔다. 10편이 향(鄕)이며, 향에는 사(師)를 둔다. 5향이 현(縣)이며, 현에는 색부(嗇夫)을 두어 다스린다. 10현이 군(郡)이며, 대부(大夫)를 두어 다스리고, 하급관리를 임명한다.[1063] 군의 대부는 아래로 자기 소속의 현을 다스리고,[1064] 현의 색부는 아래로 자기 소속의 향을 다스리고, 향의 사는 아래로 자기 소속의 편을 다스리고, 편의 책임자는 아래로 자기 소속의 리를 다스리고, 리의 유사는 아래로 자기 소속의 오를 다스리고, 오의 책임자는 아래로 자기 소속의 가를 다스린다. 일을 할 때는 서로 지적해서 바르게 되도록 하고,[1065] 거처할 때는 서로 감찰하며, 출입할 때는 서로 살핀다.[1066] 리에서는 5일마다 편에 보고하고, 편에서는 10일마다 향에 보고하며, 향에서는 15일마다 현에 보고하고, 현에서는 30일마다 군에 보고하며, 군에서는 45일마다 주국(柱國)[1067]에 보고하고, 주국에서는 60일마다 천자에게 아

---

난(龐煖)으로, 할관자를 스승으로 모셨다고 한다.

1062_ 관습(䙴習)은 관습(慣習)과 같은 말로, 집이 가까이 있어서 익숙하게 서로 잘 아는 사이, 즉 이웃을 말한다.

1063_ 황회신은 이 문장이 앞의 대부(大夫)와 관련해서 말한 것이라고 하면서, 명(命)은 임명한다는 뜻이고, 왈(曰)은 이(以)와 같으며, 관속(官屬)은 속관(屬官)이라고 했다.

1064_ 황회신에 의하면, 퇴(退)는 강(降), 즉 하(下)의 뜻이고, 수(脩)는 치(治)의 뜻이다. 속(屬)은 장금성이 윗 문장 관속(官屬)의 속(屬)과 관련되어 잘못 기록한 것으로, 현(縣)이 되어야 한다고 했다. 즉 아래 문장인 수기향(修其鄕) · 수기편(修其扁) 등과 같은 사례라고 했다.

1065_ 장지순이 "올바르지 못한 것은 지적해서 바르게 되도록 하는 것"이라고 했다.

1066_ 사(司)는 장금성이 사(伺)와 같다고 했다. 사(伺)는 살피거나 정탐하는 것이다. 이 문장과 다음 문장 사이에 『할관자』 원문에는 몇 단락의 문장이 더 있는데, 캉유웨이가 의도적으로 생략한 듯하다.

된다. 천자는 72일마다 사신을 파견하여 공적이 있는 자는 권면하고, 공적이 미치지 못하는 자는 벌을 주니,[1068] 이것이 바로 천지와 합치하는 방법이다.[1069] 아래의 실정은 61일 만에 위의 천자에게 보고되고, 위의 천자의 은혜는 72일 만에 아래로 내려가니,[1070] 이것이 바로 하늘의 순환 법칙과 군주의 정치 방법이다."(『할관자』「왕부」)

成鳩氏之道, 未有離天曲・日術者. 天曲者, 明而易循也, 日術者, 要而易行也. 龐子曰, "願聞天曲・日術." 鶡冠子曰, "其制邑理都, 使矔習者, 五家爲伍, 伍爲之長. 十伍爲里, 里置有司. 四里爲扁, 扁爲之長. 十扁爲鄕, 鄕置師. 五鄕爲縣, 縣有嗇夫治焉. 十縣爲郡, 有大夫守焉, 命曰官屬. 郡大夫退脩[1071]其屬, 縣嗇夫退脩其鄕, 鄕師退脩其扁, 扁長退脩其里, 里有司退脩其伍, 伍長退脩其家. 事相斥正, 居處相察, 出入相司. 里五日報扁, 扁十日報鄕, 鄕十五日報縣, 縣三十日報郡, 郡四十五日報柱國, 柱國六十日以聞天子. 天子七十二日遣使勉有功, 罰不如, 此所以與天地總. 下情六十日一上聞, 上惠七十二日一下究, 此天曲日術也."(『鶡冠子』「王鈇」)

---

1067_ 주국(柱國)은 전국시대 초(楚)나라의 벼슬 이름이다. 원래 수도를 보위하는 관직이었으나, 후에는 최고의 무관직을 말한다. 전국시대 초나라에는 상주국(上柱國)・주국(柱國) 등의 관명이 있었는데, 조(趙)나라에도 무관에 속하는 주국(柱國)이 있었다고 한다.

1068_ 불여(不如)는 황회신이 불급(不及)과 같다고 했다. 즉 공적이 자신의 지위에 미치지 못하는 것을 말한다.

1069_ 이 내용의 앞에서 방자(龐子)가 할관자에게 인정(人情)과 물리(物理)가 만물을 기르고, 천지와 합치되며, 신명과 올바름을 체득하는 도에 대해 물었는데[龐子曰, 願聞其人情物理所以嗇萬物, 與天地總, 與神明體正之道.], 이것은 그에 대한 대답이다.

1070_ 구(究)는 통하다[達]는 뜻으로, 가서 닿는다는 말이다. 『한비자』「난일(難一)」편에도 "有擅主之臣, 則君令不下究, 臣情不上通."이라는 구절이 보인다.

1071_ 수(脩)가 『공자개제고』에는 수(修)로 되어 있는데, 『할관자』 원문에 따라 고쳤다. 이하의 수(修)자도 마찬가지이다.

## 康4-70

아주 먼 옛날 성구씨(成鳩氏)가 [가지고 있었던] 세상을 다스리는 도(道)도 탁고한 것이다.

泰上成鳩之道, 亦託古也.

## 4-14-3

태일(泰一)[1072]이라는 것은 대동(大同)의 제도를 관장하고,[1073] 하늘[泰鴻]의 원기(元氣)를 조절하며,[1074] 신명(神明)[1075]의 위치를 정립하는 것이다. 따라서 구황(九皇)이 서로 도와서 [태일(泰一)이] 그렇게 생겨난 원인을 탐색했다.[1076] 언뜻 그것을 자연의 해설을 얻은 것이라고도 말하고,[1077]

---

1072_ 태일(泰一)은 천신(天神)의 이름인데, 태일(太一)이라고도 한다. 『사기』「효무본기(孝武本紀)」에 박현(毫縣)의 박유기(薄誘忌)라는 사람이 무제(武帝)에게 태일신(泰一神)의 제사를 지내는 방법에 대해 상주하면서, "천신(天神) 중에서 가장 존귀한 신이 태일신이며, 태일신의 보좌관이 오제(五帝)이다[天神貴者, 泰一, 泰一佐曰, 五帝.]"라고 말한 내용이 보인다. 『사기색은』에서 인용한 송균(宋均)은 태일(太一)과 천일(天一) 등은 모두 북극(北極)의 별명이라고도 했다.

1073_ 오세공이 "태(泰)는 대(大)와 같고, 일(一)은 도(道)이다. 『예기』「예운(禮運)」편의 '대동(大同)'은 태일(泰一)에서 법을 취한 것이다"라고 했고, 황회신이 "태일(泰一)은 천신(天神)으로, 지고무상한 신이다. 천하는 모두 같기 때문에 대동(大同)이라고 했다. 제(制)는 제도이다"라고 했다.

1074_ 태홍(泰鴻)은 황회신이 광대하여 끝이 없는 하늘이라고 했다. 그리고 육전(陸佃)은 "태일(泰一)은 원기(元氣)를 포함하고 있는 것이기 때문에 태홍(泰鴻), 즉 원기의 시초를 조절한다"라고 했다.

1075_ 신명(神明)은 오세공이 다섯 방위[五方]의 신령이라고 했다.

1076_ 구황(九皇)은 황회신이 "인황(人皇)의 형제 9명으로, 구주(九州)를 나누어서 관장했다"라고 했다. 수부(受傅)는 육전이 "스승에게 가르침을 받는 것이다"라고 했는데, 황회신은 서로 돕는다[輔相]는 의미라고 했다. 기연지소생(其然之所生)은 장지순이 생지소이연(生之所以然)으로 풀이한 것을 따랐다.

1077_ 부(傅)는 오세공이 어조사 박(薄)과 같으며, 언뜻 말하다[薄言]는 뜻이라고 했다. 천지해(天之解)는 육전이 천연지해(天然之解)로 된 판본도 있다고 했는데, 여

언뜻 그것을 천지의 시초를 얻은 것이라고도 말하며, 언뜻 그것을 도의 법칙을 얻은 것이라고도 말하고,[1078] 언뜻 그것을 성인(聖人)이라고 말하기도 한다. 성인의 도는 신명(神明)과 서로 얻어서 [보완하는 관계이기] 때문에 도덕(道德)이라고 한다.[1079] 처음을 탐색하고[1080] 시초를 궁구하면 동등한 만물이 모두 똑같이 [태일에서] 나오는 것을 이해할 수 있다.[1081] 구황(九皇)은 제도를 달리하지만, 정치는 거기에서 본받지 않은 것이 없기 때문에 태일(泰一)이라고 했다. 태황(泰皇)[1082]이 태일(泰一)에게 물었다. "하늘의 일과 땅의 일과 인간의 일,[1083] 이 세 가지 중에 어느 것이 가장 급선무인가?" 태일이 대답했다. "[인간은] 정기를 아끼고 정신을 길러서 안으로 곧은 자로서 하늘을 우러러보는 자입니다.[1084] 하늘이라는 것은 신명의 뿌리이니, 순일하게 사시(四時)를 변화시키고, 무형(無形)에서 [유형(有形)을] 생성하며,[1085] 아직 맹아가 없는 사물을 조각하고, 아직 그렇게 되지 않은 사물을 꾸미는 것입니다.[1086]

---

기에서는 그것을 따랐다. 천연(天然)은 자연(自然)과 같은 말이다. 해(解)는 황회신이 해설(解說)이라고 풀이했다.

1078_ 오세공은 앞의 도(道)자가 연문이라고 했다.

1079_ 육전이 "덕(德)이라는 것은 이것을 얻는 것[得此]"이라고 했고, 황회신(黃懷信)이 "상득(相得)은 서로 보충하는 것[相互補充]"이라고 했다. 즉 성인의 도와 신명은 서로 얻어서 상호 보완하는 관계라는 뜻이다.

1080_ 극(郄)은 오세공이 "극(郤)과 같은데, 역(逆)·요(要)의 의미이며, 궁(窮)과 같은 뜻"이라고 했다.

1081_ 제(齊)는 황회신이 동(同)과 같은 의미로, 만물의 동일함이라고 했다. 즉 만물이 모두 똑같이 태일에서 나온다는 것을 이해할 수 있다는 뜻이다.

1082_ 태황(泰皇)은 육전이 구황(九皇)의 우두머리라고 했다.

1083_ 인사(人事)는 황회신이 인군(人君)의 일이라고 했다.

1084_ 단(端)은 곧다[直]는 뜻이고, 희(希)는 우러러본다[仰]는 뜻이다. 황회신이 "이것은 인간의 입장에서 말한 것"이라고 했다.

1085_ 도(陶)는 흙을 빚어서 그릇을 만드는 것이고, 연(埏)은 흙을 반죽하는 것이다. 황회신이 무형을 변화시켜 유형을 만드는 것이라고 했다.

1086_ 리문(離文)은 황회신이 리(離)는 려(麗), 문(文)은 문식(文飾)과 같다고 했다. 즉 화려한 문식을 붙인다는 뜻으로, 앞의 각루(刻鏤)와 같은 의미이다. 장연(將然)은 장차 그렇게 된다는 뜻으로, 황회신이 "아직 그렇게 되지 않은 사물[未然之物]"

땅이라는 것은 하늘의 폭넓은 활동을 이어받아서[1087] 만물을 갖추어 싣고서 안정되어 있는 것입니다. 나는 장차 그대에게 신명의 극치에 대해 고하자고 하니, 하늘의 일과 땅의 일과 인간의 일은 또한 한 가지입니다."(『할관자』「태홍」)

泰一者, 執大同之制, 調泰鴻之氣, 正神明之位者也. 故九皇受傅, 以索其然之所生. 傅謂之得天之解, 傅謂之得天地之所始, 傅謂之得道之常, 傅謂之聖人.[1088] 聖人之道與神明相得, 故曰道德. 郄始窮初, 得齊之所出. 九皇殊制, 而政莫不效焉, 故曰泰一. 泰皇問泰一曰, "天·地·人事, 三者孰急?" 泰一曰, "愛精養神內端者, 所以希天. 天也者, 神明之所根也, 醇化四時, 陶埏無形, 刻鏤未萌, 離文將然者也. 地者, 承天之演, 備載以寧者也. 吾將告汝神明之極, 天·地·人事三者, 復一也."(『鶡冠子』「泰鴻」)

## 4-14-4

[세상의 전쟁에서] 오제(五帝)는 이전에 있었고, 삼왕(三王)은 이후에 있었으니, 먼 옛날의 덕이 쇠퇴하자 전쟁과 모략이 함께 일어났다.[1089] 황제(黃帝)는 100번의 전쟁을 했고, 치우(蚩尤)는 72번의 전쟁을 했다.[1090]

---

이라고 했다.

1087_ 연(演)은 넓혀나가는 것으로, 하늘의 폭넓은 활동을 의미한다.

1088_ 성인(聖人)이 『공자개제고』에는 빠져 있는데, 『할관자』 원문에 따라 보충했다.

1089_ 황회신이 세병(世兵)은 세간의 전쟁이라고 했고, 상덕(上德)은 상고(上古)의 덕, 지(知)는 거짓 모략[詐謀]이라고 했다. 그리고 이 문장은 "먼 옛날의 덕이 쇠퇴하자 전쟁과 모략이 함께 일어났는데, 앞에는 오제가 있었고, 뒤에는 삼왕이 있었다"라는 문장이 도치된 것이라고 했다.

1090_ 『할관자휘교집주』의 여러 주석들에 의하면, 100번이나 72번의 숫자는 정확한 횟수를 기록한 것이 아니라 개략적인 숫자를 기록한 것이다. 치우(蚩尤)는 고대 전설상의 인물로 황제의 신하라고도 하고, 구려족(九黎族)의 우두머리로 황제와의 전쟁에서 패하여 피살되었다고도 한다.

요임금은 유당(有唐)을 정벌했고,[1091] 우임금은 유묘(有苗)를 복종시켰는데, 하늘은 그 규칙이 변하지 않았고, 땅은 그 법칙이 바뀌지 않았으며, 음양은 그 기(氣)가 뒤섞이지 않았고, [사시(四時)의] 살리거나 죽이는 활동이 그 위치를 위배하지 않았으며,[1092] 해와 달과 별[三光][1093]은 그 작용을 바꾸지 않았고, 신명은 그 법칙을 옮기지 않았다. 득실(得失)은 [상반되는] 두 방향으로 전개되지 않고, 성패(成敗)는 [상반되는] 두 방향으로 성립되지 않는다. 현명함과 불초함이라는 것은 옛날이나 지금이나 한 가지이다.[1094](『할관자』「세병」)

> 五帝在前, 三王在後, 上德已衰矣, 兵知俱起. 黃帝百戰, 蚩尤七十二. 堯代有唐, 禹服有苗, 天不變其常, 地不易其則, 陰陽不亂其氣, 生死不俛其位, 三光不改其用, 神明不徙其法. 得失不兩張, 成敗不兩立, 所謂賢不肖[1095]者, 古今一也.(『鶡冠子』「世兵」)

<이상 할관자가 옛것에 가탁하다: *右鶡冠子託古*>

---

1091_ 대(代)는 황회신이 벌(伐)의 잘못이라고 했다. 오세공에 의하면, 당(唐)은 고대 국가의 이름으로, 지금의 직례(直隷) 당현(唐縣)에 있었다. 요임금이 당을 정벌한 공적이 있었기 때문에 제지(帝摯)가 당후(唐侯)로 봉했다고 한다. 유(有)는 유우(有虞)·유하(有夏)·유묘(有苗) 등의 유(有)자와 마찬가지로 어조사이다.

1092_ 면(俛)은 장지순이 면(偭)자의 가차자라고 했다. 면(偭)은 위배하다[背]는 뜻이다. 한편 오세공은 문(紊)의 뜻으로, 사시(四時)의 생살(生殺) 활동이 그 자리가 바뀌지 않았다는 의미라고 했는데, 의미상 큰 차이는 없다.

1093_ 삼광(三光)은 해와 달과 별을 말한다. 『백호통의』「봉공후(封公侯)」편에 "天有三光, 日月星."이라는 기록이 보인다.

1094_ 황회신이 "하늘은 그 규칙이 변하지 않기 때문에 현명함과 불초함도 옛날이나 지금이나 마찬가지이다"라고 했고, 오세공이 "천지가 옛날이나 지금이나 마찬가지이듯이, 사람의 현명함과 불초함도 다름이 없다. 지금의 현명함은 옛날의 현명함과 같고, 옛날의 불초함은 지금의 불초함과 같다"라고 풀이했다.

1095_ 초(肖)가 『공자개제고』에는 빠져 있는데, 『할관자』 원문에 따라 보충했다.

## 15. 회남자가 옛것에 가탁하다 [淮南子託古]

### 4-15-1

옛날에 신농씨가 천하를 다스릴 때에는 정신이 [안정되어] 가슴 속에서 요동치지 않았고, 지혜가 사방의 외부로 달려 나가지 않았으며, 어질고 성실한 마음을 가슴 속에 품고 있었다. 단비가 때에 맞게 내려서 오곡이 번식하고, 봄에는 생겨나고 여름에는 성장하며, 가을에는 거두어들이고 겨울에는 저장하는데, 달마다 살피고 계절마다 고찰하여, 연말에는 그 [수확의] 성과를 바쳐서 때에 맞추어 햇곡식을 맛보게 하고, 명당(明堂)에서 제사를 지냈다.[1096] 명당의 [건축] 제도는 지붕만 있고 사방의 벽이 없지만, 비바람이 들이치지 않고, 추위와 더위[1097]가 [건물을] 손상시키지 않았다. [신농씨는] 한가로이 거닐면서[1098] 그곳으로 들어가서, 백성들을 공평하게 양육했다. 그 백성들은 소박하고 진중하며 단정하고 성실하여, 서로 화를 내면서 다투지 않는데도 재화가 풍족하고, 몸을 수고롭게 하지 않는데도 공적이 이루어졌으며, 자연에 갖추어진 자원에 맞추어 조화를 이루었다. 이 때문에 위엄은 엄격하더라도 쓰이지 않았고, 형벌이 갖추어져 있더라도 사용되지 않았으며,[1099] 법률은 간략하여 번잡하지 않았기 때문에 그 교화가 마치 신처

---

1096_ 『회남자집석』에서 고유가 "곡(穀)은 햇곡식[新穀]이다. 명당에 그것을 바쳐서 맛보게 했다"라고 했다.

1097_ 상종노(向宗魯)가 한서(寒暑)는 『태평어람』 등의 인용에서 조습(燥濕)으로 되어 있다고 했다. 이 책의 「본경훈(本經訓)」편에도 "古者明堂之制, 下之潤濕弗能及, 上之霧露弗能入, 四方之風弗能襲."이라는 기록이 보인다. 그런데 의미상으로는 크게 차이가 없다.

1098_ 천연(遷延)은 고유가 배회하면서 한가로이 거닐다[倘佯]와 같은 뜻이라고 했다.

1099_ 왕염손이 『순자』 「의병(議兵)」편과 「유좌(宥坐)」편, 『사기』 「예서(禮書)」 등에

럼 분명하게 드러났다. 그 땅은 남쪽으로는 교지(交趾)에 이르렀고, 북쪽으로는 유도(幽都)에 이르렀으며, 동쪽으로는 양곡(暘谷)에 이르렀고, 서쪽으로는 삼위산(三危山)에 이르렀는데, 복종하지 않는 곳이 없었다.[1100] 이러한 시대에 법률은 관대하고 형벌은 완화되어 감옥이 텅 비었으며,[1101] 천하는 풍속이 하나로 통일되어 간사한 마음을 품는 자가 없었다.(『회남자』「주술훈」)

昔者, 神農之治天下也, 神不馳于胸中, 智不出于四域, 懷其仁誠之心. 甘雨時降, 五穀蕃植, 春生, 夏長, 秋收, 冬藏, 月省時考, 歲終獻功, 以時嘗穀, 祀于明堂. 明堂之制, 有蓋而無四方, 風雨不能襲, 寒暑不能傷. 遷延而入之, 養民以公. 其民樸重端慤, 不忿爭而財足, 不勞形而功成, 因天地之資而與之和同. 是故威厲而不殺, 刑錯而不用, 法省而不煩, 故其化如神. 其地南至交趾, 北至幽都, 東至暘谷, 西至三危, 莫不聽從. 當此之時, 法寬刑緩, 囹圄空虛, 而天下一俗, 莫懷姦心.(『淮南子』「主術訓」)

## 4-15-2

옛날에 황제가 천하를 다스릴 때에는 역목(力牧)과 태산계(太山稽)[1102]가

---

"威厲而不試, 刑錯而不用."이라는 기록이 나오는 것에 근거하여, 살(殺)자는 본래 시(試)자였는데, 후인이 의도적으로 고친 것이라고 주장했다. 그리고 『태평어람』이나 『문자(文子)』 등에도 시(試)자로 기록되어 있다고 했다. 불시(不試)는 불용(不用)과 같은 의미인데, 여기에서는 왕염손의 주장에 따라 해석했다.

1100_ 『묵자』「절용 중」편과 『한비자』「십과(十過)」편에도 이와 비슷한 기록이 보이는데, 모두 요임금 시대의 일로 기록되어 있다. "古者堯治天下, 南撫交址, 北降幽都, 東西至日所出入, 莫不賓服."(『묵자』), "昔者堯有天下, 飯於土簋, 飲於土鉶. 其地南至交趾, 北至幽都, 東西至日月之所出入者, 莫不賓服."(『한비자』)

1101_ 영어(囹圄)는 죄수를 가두는 감옥이다. 영어공허(囹圄空虛)는 감옥이 비어 있는 것으로, 나라가 잘 다스려지는 것을 비유한다.

1102_ 역목(力牧)과 태산계(太山稽)는 고유가 황제의 스승이라고 했다.

보좌하여 해와 달의 운행을 다스리고, 음양의 기운을 헤아려서 다스렸으며,[1103] 사계절의 한도를 조절하고, 율력의 표준을 바로잡았다. 그리고 남녀를 분별하고, 암컷과 수컷을 구별했으며, 상하를 분명하게 나누고, 귀천에 차등을 두었으며, 힘이 센 자가 약한 자를 능멸하지 못하게 하고, 다수가 소수를 학대하지 못하게 했다. 백성들은 생명을 보전하여 요절하지 않았고, 해마다 제때에 농작물이 잘 익어서 재해가 없었으며, 모든 관리들이 공정하여 사사로움이 없었고, 군신 상하가 조화하여 허물이 없었으며, 법령이 밝게 시행되어 혼탁하지 않았고, 보좌하는 사람들은 공정하여 아첨하지 않았다. 농부는 논밭의 경계[1104]를 침범하지 않았고, 어부는 고기가 모이는 물굽이[1105]를 다투지 않았으며, 길에서는 떨어진 물건을 줍지 않았고, 시장에서는 가격을 속이지 않았으며,[1106] 성곽의 성문은 닫아걸지 않았고,[1107] 읍에는 도적이 없었으며, 비천한 떠돌이들도 서로 재물을 양보하고 개와 돼지도 [배가 불러서] 먹었던 음식을 길에 토해낼 정도여서 화내면서 다툴 마음이 없었다. 이에 해와 달은 깨끗하면서 밝았고, 별들은 그 운행이 잘못되지 않았으며, 바람과 비는 절기에 맞았고, 오곡이 풍성하게 잘 익었으며,[1108] 사나운 짐승들이 함부로 사람을 물지 않았고, 사나운 새들[1109]이 함부로 사람을 낚아채지 않았으며, 봉황(鳳凰)은 궁궐의 정원에 내려앉았고,[1110] 기린(麒麟)은 교외에서 노닐었으며, 청룡(青龍)은 나아가 [임금 수레의] 멍에를 매었고, 비황(飛黃)[1111]은 마굿간에 엎드려 있

---

**1103**_ 율(律)은 고유가 헤아리다[度]는 뜻이라고 했다.

**1104**_ 반(畔)은 밭이랑의 두둑한 부분으로, 논밭의 경계를 표시하는 밭두둑이다.

**1105**_ 외(隈)는 물이 깊어서 물고기가 모이는 물굽이를 말한다.

**1106**_ 예가(豫賈)는 속여서 가격을 높이 매기는 것이다.

**1107**_ 관(關)은 문을 닫아거는 것[閉]을 말한다.

**1108**_ 등숙(登孰)은 등숙(登熟) 또는 등념(登稔)과 같은 말로, 오곡이 풍성하게 여무는 것을 말한다.

**1109**_ 지조(鷙鳥)는 맹금류의 사나운 새를 말한다.

**1110**_ 상(翔)은 새가 날다가 쉬는 모양이다. 고유는 멈춘다[止]와 같은 의미라고 했다.

었으며, 제북(諸北)과 담이(儋耳)와 같은 오랑캐 나라 중에 공물을 바치지 않는 나라가 없었다. 그렇지만 여전히 복희씨의 도에는 미치지 못했다.(『회남자』「남명훈」)

昔者, 黃帝治天下, 而力牧・太山稽輔之, 以治日月之行, 律治陰陽之氣, 節四時之度, 正律曆之數. 別男女, 異雌雄, 明上下, 等貴賤, 使强不掩[1112] 弱, 衆不暴寡. 人民保命而不夭, 歲時熟而不凶, 百官正而無私, 上下調而無尤, 法令明而不闇, 輔佐公而不阿. 田者不侵畔, 漁者不爭隈, 道不拾遺, 市不豫賈, 城郭不關, 邑無盜賊, 鄙旅之人相讓以財, 狗彘吐菽粟于路, 而無忿爭之心. 于是日月精明, 星辰不失其行, 風雨時節, 五穀登孰, 虎狼不妄噬, 鷙鳥不妄搏, 鳳皇翔于庭, 麒麟游于郊, 靑龍進駕, 飛黃伏皁,[1113] 諸北・儋耳之國, 莫不獻其貢職. 然猶未及虙戲氏之道也.(『淮南子』「覽冥訓」)

## 康4-71

최상의 정치에 가탁했는데, 어찌 이와 같이 될 수 있겠는가? 이것도 탁고한 것이다.

託于極治, 安得若此? 此亦託古也

## 4-15-3

오제(五帝)와 삼왕(三王)은 천하를 가볍게 여기고, 만물을 작게 보았으

1111_ 비황(飛黃)은 전설상의 신마(神馬)로, 여우처럼 생기고 등에 뿔이 있으며 천년을 산다고 한다. 조(皁)는 마굿간이다.

1112_ 엄(掩)이 『공자개제고』에는 엄(俺)으로 되어 있는데, 『회남자』 원문에 따라 고쳤다.

1113_ 복조(伏皁)가 『공자개제고』에는 조복(皁伏)으로 되어 있는데, 『회남자』 원문에 따라 고쳤다.

며, 삶과 죽음을 동등하게 보고, 변화와 함께했으며, 큰 성인의 마음을 가슴에 품고서 만물의 실정을 밝게 살펴서 위로는 신명(神明)과 친구가 되고, 아래로는 조화(造化)와 한 몸이 되었다. 지금 그러한 도를 배우고자 하면서 그들의 맑고 밝으며 그윽하고 성스러운 마음을 이해하지 못하고 그들의 법률이나 형법만을 지킨다면,[1114] 올바로 다스릴 수 없는 것이 또한 분명하다.(『회남자』「제속훈」)

五帝三王, 輕天下, 細萬物, 齊死生, 同變化, 抱大聖之心, 以鏡萬物之情, 上與神明爲友, 下與造化爲人. 今欲學其道, 不得其淸明玄聖, 而守其法籍憲令, 不能爲治亦明矣.(『淮南子』「齊俗訓」)

## 康4-72

만물을 작게 보고, 삶과 죽음을 동등하게 보는 것은 도가의 이론인데, 그것을 오제와 삼왕에게 가탁했다. 또한 이와 같이 유가를 공격하는 자들은 유가가 '법률이나 형법[만을 지켰다]'라고 말한다.

細萬物, 齊生死, 是道家說, 彼託之五帝三王. 又如此攻儒者, 則謂其'法籍憲令'矣.

## 4-15-4

따라서 신농씨의 법에 다음과 같은 말이 있다. "장부 중에 성년이 되었는데도 농사를 짓지 않는 자가 있으면 천하 사람들 중에 굶주림을 당하는 사람이 있게 되고, 부인이 성년이 되었는데도 옷감을 짜지 않는 자가 있으면 천하 사람들 중에 추위를 겪는 사람이 있게 된다."[1115] 따

1114_ 법적(法籍)은 법령을 실은 법전(法典)이고, 헌령(憲令)은 법령(法令)을 말한다. 그들의 마음을 이해하지 못하고, 형식적인 정치의 도구만을 답습한다는 말이다.

1115_ 정장(丁壯)과 당년(當年)은 모두 정년(丁年), 즉 성년(成年)의 의미이다. 『이

라서 [신농씨는] 자신이 몸소 농사를 짓고, 그의 아내가 몸소 옷감을 짬으로써 천하를 위해서 솔선수범을 보였다. 그가 백성을 인도할 때는 얻기 어려운 재화를 귀중하게 여기지 않았고,[1116] 쓸데없는 물건을 소중하게 여기지 않았다.[1117] 이 때문에 농사짓는 것에 힘쓰지 않는 자는 생명을 부양할 곡식이 없었고, 옷감 짜는 것에 힘쓰지 않는 자는 몸을 가릴 옷이 없었으니, 여유로움과 부족함은 각자의 몫에 달려 있었다. 입고 먹는 것이 풍족하여[1118] 간사함이 생기지 않았고, 편안하면서 큰 탈이 없어서 천하가 균등하고 화평해졌다. 따라서 공자나 증삼이라고 하더라도 그들의 선(善)을 베풀 곳이 없었고, 맹분(孟賁)이나 성형(成荊)[1119]이라고 하더라도 그들의 위엄을 떨칠 곳이 없었다.(『회남자』「제속훈」)

故神農之法曰, "丈夫丁壯而不耕, 天下有受其饑者, 婦人當年而不織, 天下有受其寒者." 故身自耕, 妻親織, 以爲天下先. 其導民也, 不貴難得之貨, 不器無用之物. 是故其耕不强者, 無以養生, 其織不强者, 無以揜形, 有餘不足, 各歸其身. 衣食饒溢, 奸邪不生, 安樂無事, 而天下均平. 故孔丘・曾參無所施其善, 孟賁・成荊無所行其威.(『淮南子』「齊俗訓」)

---

아』「석고(釋詁)」편에서 정(丁)은 당(當)이라고 했다. 『여씨춘추』「애류(愛類)」편에도 이와 비슷한 기록이 보인다. "神農之教曰, '士有當年而不耕者, 則天下或受其饑矣, 女有當年而不績者, 則天下或受其寒矣.' 故身親耕, 妻親績, 所以見致民利也."

1116_ 『노자』 제3장에도 "不貴難得之貨, 使民不盜."라는 내용이 보인다.

1117_ 기(器)는 기물로 사용한다는 뜻인데, 여기에서는 앞의 귀(貴)자와 마찬가지로, 중시하거나 소중하게 여긴다는 의미이다. 『후한서』「진총열전(陳寵列傳)」에 "朝廷器之."라는 표현이 보인다.

1118_ 요일(饒溢)은 넉넉하고 풍족하다는 뜻이다.

1119_ 맹분(孟賁)은 전국시대 제(齊)나라의 역사(力士)로, 『맹자』「공손추 상」에 기록이 보인다. 성형(成荊)은 고유가 옛날의 용사(勇士)라고 했고, 『사기집해』에서는 허신(許愼)의 말을 인용하여 위(衛)나라 사람이라고 했다.

## 康4-73

이것은 농사를 함께 지으면서 [임금 노릇을 한다는] 허행(許行)의 이론인데, 그 시초를 신농씨에게 가탁한 것이다.

此許行幷耕之說, 而託始于神農者.

## 4-15-5

이 때문에 명당의 [건축] 제도는 아래에서 습기가 올라오지 못하게 하고, 위에서 안개와 이슬이 들어오지 못하게 하며, 사방에서 바람이 들이치지 않게 한다.[1120] 흙과 관련된 공사는 꾸미지 않고, 나무와 관련된 공사는 깎아서 손질하지 않으며, 금속 그릇은 무늬를 새기지 않고, 옷은 옷감의 모서리나 나머지 부분을 잘라내지 않으며,[1121] 모자는 네모나 원형의 화려한 무늬가 없다.[1122] 당(堂)의 크기는 이리저리 움직이거나 정치 문서를 다루기에 충분할 정도면 되고,[1123] 조용하고 깨끗함은 상제를 제사지내고 귀신을 예우하기에 충분할 정도면 되니, 이로써 백성들에게 근검과 절약을 보여주는 것이다.(『회남자』「본경훈」)

是故古者明堂之制, 下之潤濕弗能及, 上之霧露弗能入, 四方之風弗

---

1120_『회남자』「주술훈(主術訓)」편에도 "明堂之制, 有蓋而無四方, 風雨不能襲, 寒暑不能傷."이라는 기록이 보인다.

1121_ 우(隅)는 옷감의 모서리 부분이고, 차(差)는 옷감의 나머지 부분이다. 우차지삭(隅差之削)은 옷을 아름답게 만들기 위해 옷감의 모서리나 나머지 부분을 잘라내는 것이다. 고유에 의하면, 옛날에는 질박했기 때문에 옷은 옷감 전체로 옷을 만들었다고 한다.

1122_『회남자집석』에서 손성영이 고(觚)는 네모난 무늬이고, 라(蠃)는 둥근 무늬라고 했다. 즉 화려한 무늬를 말한다. 고유는 "관의 무늬는 평평하고 곧은 것을 취할 뿐이다"라고 했다.

1123_ 고유에 의하면, 주선(周旋)은 당에 오르내리면서 인사하고 예법을 시행하는 모습으로, 여러 가지 기거동작을 말한다. 이문(理文)은 정치 문서를 다루는 것이다.

能襲. 土事不文, 木工不斲, 金器不鏤, 衣無隅差之削, 冠無觚蠃之理. 堂大足以周旋理文, 靜潔足以享上帝, 禮鬼神, 以示民知儉節.(『淮南子』「本經訓」)

## 康4-74

이것은 묵자의 명당 제도인데, 끌어와서 그것을 탁고했다.

此墨子明堂之制, 引以託之古.

## 4-15-6

저 겸차(鉗且)와 대병(大丙)[1124]은 고삐와 재갈[1125]을 사용하지 않고도 말을 잘 모는 사람으로 세상에 소문이 났고, 복희씨와 여와(女媧)는 법도를 설치하지 않고도 지극한 덕으로 후세에 [이름을] 남겼다. 무엇 때문인가? 허무(虛無)와 순일(純一)의 경지에 이르러, 이리저리 따져서 일을 까다롭게 하지 않았기 때문이다.[1126](『회남자』「남명훈」)

夫鉗且・大丙不施轡銜, 而以善御聞于天下, 伏戲・女媧不設法度, 而以至德遺于後世. 何則? 至虛無純一, 而不嘍喋苛事也.(『淮南子』「覽冥訓」)

---

**1124**_ 겸차(鉗且)와 대병(大丙)은 고유에 의하면, 두 사람 모두 태을(太乙)의 마부인데, 일설에는 옛날에 도를 체득한 사람이며, 신기(神氣)로 음양을 몰았다고 한다.

**1125**_ 비함(轡銜)은 고삐와 재갈로, 말을 제어하여 모는 기구이다.

**1126**_ 삽첩(嘍喋)은 수다스럽게 말을 많이 하는 것이다. 고유는 깊이 따는 것[深算]이라고 했는데, 글자 원래의 뜻과는 다소 거리가 있다. 『회남자집석』에서 인용한 마종곽(馬宗霍)이 삽첩은 말이 많은 모양[多言之貌]이라고 하고, "허무와 순일로써 정치를 하고, 그 교령(敎令)을 번잡하게 해서 까다롭게 살피는 것을 일삼아서는 안 된다"라고 풀이했는데, 여기에서는 이 해석에 따랐다.

## 4-15-7

우임금은 시간이 급할 때는 신발이 벗겨져도 주어서 신지 않았고, 관이 벗겨져도 되돌아보지 않았다.[1127] 이것은 먼저 가려고 다투었던 것이 아니라, 제때에 가려고 다투었던 것이다.(『회남자』「원도훈」)

禹之趨時也, 履遺而弗取, 冠挂而弗顧. 非爭其先也, 而爭其得時也.(『淮南子』「原道訓」)

## 4-15-8

이 때문에 우임금은 치수를 할 때[1128] 물의 성질을 따랐기 때문에 [치수의] 스승이 되었고, 신농씨는 곡식을 파종할 때 싹의 성질을 따랐기 때문에 [농사의] 교훈이 되었다.[1129](『회남자』「원도훈」)

是故禹之決瀆也, 因水以爲師, 神農之播穀也, 因苗以爲敎.(『淮南子』「原道訓」)

## 4-15-9

세상이 쇠퇴하여 복희씨에 이르러서는 그 도가 순수하고 두텁고 넓고 컸으며,[1130] 덕을 머금고 조화를 품고 있어서[1131] 백성들에게 매우 강렬

---

1127_ 이유(履遺)는 신발이 벗겨져서 땅에 떨어지는 것이다. 관괘(冠挂)는 관을 건다는 뜻인데, 여기에서는 관이 벗겨져서 땅에 떨어지는 것을 말한다.

1128_ 결독(決瀆)은 도랑이나 큰 강을 터서 흐르게 한다는 말로, 치수 사업을 뜻한다.

1129_ 마종곽에 의하면, 인수(因水)는 물이 아래로 내려가는 성질이 있는데, 이 성질에 따라서 물을 터서 인도했다는 말이다. 인묘(因苗)는 싹이 스스로 자라는 성질이 있는데, 그 성질에 따라서 생장시켜준다는 말이다.

1130_ 망망매매(芒芒昧昧)는 멀고 아득하여 불확실한 모습인데, 고유는 순후(純厚)하고 광대(廣大)한 모습이라고 했다.

1131_ 음(吟)은 왕염손이 「본경훈(本經訓)」편의 "含德懷道"라는 문장에 근거하여 함

하게 은혜를 베풀었다. 그러나 지혜가 처음으로 알고자 하는 욕심이 생겨서[1132] 모두가 자신들의 어린아이와 같은 마음을 벗어나서 천지 사이에서 보고 느끼려고 했다. 이 때문에 그 덕이 번잡해져서 한결같을 수가 없었다. 신농씨와 황제에 이르러서는 도의 근본[1133]을 분석하고, 천지를 이해하여 다스렸는데, 구천(九天)의 법칙을 그대로 따르고, 구지(九地)의 형체를 그대로 존중하며,[1134] 음양(陰陽)의 요점을 파악하고, 강유(剛柔)를 조화시키며,[1135] 만물의 수많은 종류들을 세부적으로 분해하거나 연관시켜서[1136] 각각의 종류로 하여금 법칙과 조리가 있게 만들었다. 이에 백성들 중에 아주 공손한 자세로[1137] 몸을 꼿꼿하게 세운 채 이목을 집중하지 않는 자가 없었다.[1138] 이 때문에 다스려지기는 했지만 아래 사람들을 조화시키지는 못했다.[1139](『회남자』「숙진훈」)

---

(含)자라고 했는데, 여기에서는 이에 따라 해석했다.

1132_ 매매림림(昧昧晽晽)은 왕염손이 알고자 하는 모양이라고 했다.

1133_ 대종(大宗)은 사물의 근본이나 본원인데, 여기에서는 앞에서 말한 도의 근본을 의미한다.

1134_ 규령(竅領)은 고유가 이해하여 다스리는 것[通理]이라고 했고, 습(襲)은 따르는 것[因]이라고 했다. 관(窾)은 법(法), 래(埶)는 형(形)이라고 했다. 그리고 이 문장은 "구천(九天)과 구지(九地)의 법칙과 형태를 따라 이해해서 다스린다"는 의미라고 했다. 구천(九天)은 하늘의 아홉 방위를 나누어 부르는 말로, 하늘 전체를 말한다. 구지(九地)는 지질이나 지형에 따라서 분류한 아홉 종류의 땅으로, 대지 전체를 의미한다. 한편 왕염손은 래(埶)자는 사전에도 나오지 않는 글자로, 은(槷)자의 잘못이라고 했는데, 여기에서는 그의 주장에 따라 해석했다.

1135_ 제설(提挈)은 요점을 들어보여서 파악하는 것이며, 전완(嫥捖)은 조화를 이루는 것이다.

1136_ 지해엽관(枝解葉貫)은 세부적이고 자세하게 분해하거나 서로 연관시켜서 파악하는 것을 말한다. 백족(百族)은 고유가 백류(百類), 즉 수많은 종류라고 했다.

1137_ 휴휴우우(睢睢盱盱)는 고유가 듣고 보는 모양이라고 했는데, 공손하게 이목을 집중하여 듣거나 보는 모습을 말한다. 여기에서는 공손한 자세를 취하고 있는 모습으로 해석했다.

1138_ 송신(竦身)은 공손하게 몸을 꼿꼿하게 세우고 집중하는 모습이다. 재(載)는 『회남자집석』에서 하녕(何寧)이 사(事)와 같다고 했는데, 보고 듣는 데 집중하는 것을 말한다.

及世之衰也, 至伏羲氏, 其道昧昧芒芒然, 吟德懷和, 被施頗烈. 而知乃始昧昧咻咻, 皆欲離其童蒙之心, 而覺視于天地之間. 是故其德煩而不能一. 乃至神農・黃帝, 剖判大宗, 竅領天地, 襲九窾, 重九熱, 提挈陰陽, 嫥捖剛柔, 枝解葉貫萬物百族, 使各有經紀條貫. 于此萬民睢睢盱盱然, 莫不竦[1140]身而載聽視. 是故治而不能和下.(『淮南子』「俶眞訓」)

## 4-15-10

고요(皐陶)는 벙어리이면서 법무장관이 되었는데,[1141] 천하에 잔혹한 형벌이 없었으니, 말이 많은 자보다 더 귀한 존재이다.[1142] 사광(師曠)[1143]은 장님이면서 재상이 되었는데, 진(晉)나라에 혼란스러운 정치가 없었으니, 볼 수 있는 자보다 더 귀한 존재이다.[1144] 따라서 말로 하지 않고 명령을 내리고, 눈으로 보지 않고 보았으니, 이것이 복희씨와 신농씨가 스승이 된 까닭이다.(『회남자』「주술훈」)

---

1139_ 하녕이 『도장(道藏)』 판본을 근거로, 이 문장을 '治而不能和'까지만 구두를 끊고, 하(下)자는 아래 문장에다 붙여 놓았다. 여기에서는 그대로 한 문장으로 보고 해석했다.

1140_ 송(竦)이 『공자개제고』에는 송(悚)으로 되어 있는데, 『회남자』 원문에 따라 고쳤다.

1141_ 고요(皐陶)는 순임금의 구관(九官) 중의 한 사람으로, 대리(大理), 즉 법무장관으로 법률과 형벌을 제정했다고 한다. 음(瘖)은 벙어리이다.

1142_ 고유가 다음과 같이 풀이했다. "비록 벙어리이지만, 옥사와 재판을 공평하게 처리하여 사람의 실정을 잘 이해했기 때문에 말이 많은 자보다 더 존귀한 자이다."

1143_ 사광(師曠)은 춘추시대 진(晉)나라 평공(平公) 때의 악사(樂師)로, 태어날 때부터 눈이 멀었는데, 소리를 잘 분별했다고 한다. 『맹자』「이루 상」편에 "師曠之聰, 不以六律, 不能正五音."이라는 구절이 보인다. 태재(太宰)는 재상(宰相)이다.

1144_ 고유가 다음과 같이 풀이했다. "비록 장님이지만, 진나라를 잘 다스려서 혼란스러운 정치가 없도록 했기 때문에 보는 것이 있는 자보다 더 존귀한 자이다."

故皐陶瘖而爲大理, 天下無虐刑, 有貴于言者也. 師曠瞽而爲太宰, 晉無亂政, 有貴于見者也. 故不言之令, 不視之見, 此伏犧·神農之所以爲師也.(『淮南子』「主術訓」)

## 康4-75

고요가 이치에 맞는 말을 하거나 다른 사람의 노래에 화답하는 노래를 했던 것[1145]은 『서』에 보이니, 매우 확실하다.[1146] 그런데도 그가 벙어리라고 말했으니, 이것은 따질 필요도 없다. 제자백가들은 모두 임의대로 탁고하여 자신의 주장을 만들었으니, 사실 여부를 따질 필요가 없다.

皐陶昌言賡歌, 見于『書』, 至明. 而謂之爲瘖, 此不待辨. 諸子皆隨意託古人以成其說, 不計事實也.

## 4-15-11

옛날에 하(夏)나라의 곤(鯀)이 세 길이나 되는 성을 쌓으니,[1147] 제후들이 그를 배반하고, 해외의 나라들이 교활한 마음을 품었다. 우임금은 천하가 배반할 줄 알았기 때문에 이에 성을 허물고 해자를 메웠으며, 재물을 풀어서 주고 무기를 불태워서 그들에게 덕을 베푸니, 해외의 나

---

1145_ 창언(昌言)은 이치에 맞는 정당한 말이다. 갱가(賡歌)는 다른 사람에 이어서 시가(詩歌)를 노래하는 것으로, 남의 노래에 화답하는 것이다.

1146_ 『서』「고요모(皐陶謨)」편을 보면, 고요가 우임금과 대화를 하면서 이치에 맞는 말을 하자, 우임금이 그의 창언(昌言)에 절을 하면서 "너의 말이 옳다"[禹拜昌言曰, 兪.]라고 말한 내용이 보인다. 그리고 「익직(益稷)」편을 보면, 순임금이 노래를 지어 부르자, 고요가 거기에 화답하는 노래를 부른 내용[乃賡載歌曰, 元首明哉, 股肱良哉, 庶事康哉. 又歌曰, 元首叢脞哉, 股肱惰哉, 萬事墮哉.]이 보인다.

1147_ 곤(鯀)은 전욱(顓頊)의 5세손이면서 우임금의 아버지이다. 인(仞)은 깊이의 단위인 한 길을 말하는데, 보통 8척(尺)이 한 길이다.

라들이 귀순하여 복종하고, 사방의 오랑캐들이 공물을 바쳤다. 그리고 제후들을 도산(塗山)[1148]에 결집시키니, 옥과 비단을 가지고 온 나라가 만 개의 나라나 되었다. 따라서 교활하게 남을 속이는 마음[1149]을 가슴 속에 품고 있으면 순백의 깨끗한 도가 순수하지 못하고, 한결같은 정신의 덕이 온전하지 못하게 된다.[1150](『회남자』「원도훈」)

昔者, 夏鯀作三仞之城, 諸侯背之, 海外有狡心. 禹知天下之叛也, 乃壞城平池, 散財物, 焚甲兵, 施之以德, 海外賓伏, 四夷納職. 合諸侯于塗山, 執玉帛者萬國. 故機械之心, 藏于胸中, 則純白不粹, 神德不全.(『淮南子』「原道訓」)

## 康4-76

성을 쌓는 폐해와 성을 허무는 이익을 곤과 우임금에게 가탁하여 자신의 주장을 펼친 것이다.

作城之害, 壞城之利, 託之鯀・禹, 以申其說.

## 4-15-12

옛날 동호계자(東戶季子)의 시대에는〈원주: 동호계자는 옛날의 임금이다.〉 도로에서 떨어진 물건을 줍지 않았고, 농기구나 남은 식량을 밭이랑의 머리에 밤새 두었으니,[1151] 군자와 소인이 각각 그 마땅함을 얻도록 했

---

1148_ 도산(塗山)은 고유에 의하면 구강(九江) 당도현(當塗縣)에 있는데, 당도산(當塗山)이라고도 한다.

1149_ 기계지심(機械之心)은 교활하게 남을 속이는 마음이다.

1150_ 고유가 "순백의 도가 순수하지 않고, 정신의 한결같은 덕이 온전하지 않다"라고 풀이했다.

1151_ 뇌사(耒耜)는 쟁기인데, 여기에서는 농기구를 말한다. 묘(畮)는 밭이랑으로, 묘(畝)와 같은 글자이다. 일을 마치고 그것을 그대로 밭이랑의 머리에 두고 가더

기 때문이다.(『회남자』「무칭훈」)

昔東戶季子之世,〈東戶季子, 古之人君.〉 道路不拾遺, 未耜餘糧, 宿諸畮首, 使君子·小人各得其宜也.(『淮南子』「繆稱訓」)

## 4-15-13

오제와 삼왕은 일은 달랐지만 지향점은 같았고, 길은 달랐지만 귀결처는 같았다. 말세[1152]의 학자들은 하나를 본받는 도[1153]와 요점을 총괄한 덕[의 의미]를 알지 못하고, 그들이 성공한 자취만을 가져다가 서로 함께 단정하게 앉아서[1154] 그것을 이야기하고, 연주하고 노래하면서 춤을 춘다. 따라서 널리 배우고 많이 들더라도 미혹됨을 면치 못한다.(『회남자』「본경훈」)

五帝三王, 殊事而同指, 異路而同歸. 晚世學者, 不知道之所一體·德之所總要, 取成之迹, 相與危坐而說之, 鼓歌而舞之. 故博學多聞, 而不免于惑.(『淮南子』「本經訓」)

## 康4-77

'성공의 자취를 가져오는 것'에서부터 '단정하게 앉아서 이야기하는 것', '연주하고 노래하면서 춤을 추는 것'까지 이르렀으니, 당시는 탁고의 풍속이 최고조에 달했던 시기 중의 한 때였다.

---

라도 가져가는 사람이 없었다는 뜻이다.

**1152_** 만세(晚世)는 말세(末世)를 말한다.

**1153_** 일체(一體)는 하녕이 체일(體一)이 되어야 한다고 했다. 즉 도는 하나를 귀하게 여기기 때문에 체일(體一)이라고 했으며, 체일(體一)은 총요(總要)와 대구가 된다는 것이다. 체(體)는 본받는다는 뜻이다. 여기에서는 하녕의 주장에 따라 해석했다.

**1154_** 위좌(危坐)는 상체를 바르게 하고 단정하게 앉는 것으로, 엄숙함과 공경스러움을 표시하는 자세이다.

'取成之迹'至'危坐而說'·'鼓歌而舞', 當時託古之風盛極一時.

## 4-15-14

요임금이 천하를 소유했을 때는 백성들의 부유함을 탐해서 임금의 지위를 안정시키는 짓을 하지 않았다. 그는 백성들이 힘으로 상대를 공격하여 힘이 강한 자가 약한 자를 능멸하고, 숫자가 많은 무리가 적은 무리를 억압한다고 생각했다. 이에 요임금은 몸소 절약하고 검소한 행동을 실천하고, 서로 사랑하는 인(仁)을 밝힘으로써 그들을 화합시켰다. 이 때문에 띠로 인 지붕의 끝을 다듬지도 않았고, 서까래의 통나무를 깎아서 손질하지도 않았으며, 수레[1155]는 그림으로 장식하지 않았고, 부들자리는 가장자리에 선을 둘러 꾸미지 않았으며,[1156] 국은 간을 맞추지 않았고, 기장밥은 찧어서 정미하지 않았으며,[1157] 지방에 순수(巡狩)를 다니면서 교화를 행했고, 천하를 위해 힘써 노력하면서 오악(五嶽)을 두루 돌아다녔다. 어찌 천자로서 백성에게 떠받들어져 봉양을 받는 것이 즐거워할 만한 것이 아니겠는가? 천하 전체가 그를 존경하여 섬겼지만,[1158] [요임금은] 그것을 이익으로 여기지 않았다. 나이가 연로하고 의지가 흐릿해지자[1159] 천하 전체를 순임금에게 전해주었는데, 마치 뒷걸음치면서 신발을 벗듯이 전혀 연연하지 않았다.[1160](『회남

---

1155_ 대로(大路)는 천자가 타는 수레로, 대로(大輅)·상로(上路)라고도 한다.

1156_ 활석(越席)은 부들로 짠 자리를 말한다. 연(緣)은 준연(純緣)과 같은 말로, 가장자리에 선을 둘러서 꾸미는 것을 말한다.

1157_ 자식(粢食)은 기장으로 만든 밥이다. 훼(毇)는 곡식을 찧어서 정미하는 것이다.

1158_ 사직(社稷)은 『회남자집석』에서 상종노가 『장자』「경상초(庚桑楚)」편의 "子胡不相與尸而祝之, 社而稷之乎?"라는 문장에 근거하여, 존중하여 예우하는 것 또는 존경하여 섬기는 것으로 풀이했다. 여기에서는 상종노의 주장에 따라 해석했다.

1159_ 고유가 쇠(衰)는 늙음[老]이고, 민(憫)은 근심함[憂]이라고 했는데, 양수달(楊樹達)은 민(憫)자를 혼(惛), 즉 의식이나 판단이 흐릿하다는 의미라고 했다.

자』「주술훈」)

堯之有天下也, 非貪萬民之富, 而安人主之位也. 以爲百姓力征, 强凌弱, 衆暴寡. 于是堯乃身服節儉之行, 而明相愛之仁, 以和輯之. 是故茅茨不剪, 采椽不斲, 大路不畫, 越席不緣, 大羹不和, 粢食不毇, 巡狩行敎, 勤勞天下, 周流五岳. 豈其奉養不足樂哉? 擧天下而以爲社稷, 非有利焉. 年衰志憫, 擧天下而傳之舜, 猶却行而脫蹝也.(『淮南子』「主術訓」)

## 4-15-15

따라서 매장[1161]은 시신에 옷을 입혀서 관에 넣어 시신을 덮어서 가릴 정도면 충분했다.[1162] 옛날에 순임금을 창오(蒼梧)에서 장례지냈는데, 그 시장의 모습이 변화되지 않아서 [백성들을 번거롭게 하지 않았고],[1163] 우임금을 회계산(會稽山)에서 장례지냈는데, 농부들이 밭농사를 다른 곳으로 바꾸어 짓지 않도록 했다.[1164] 이것은 삶과 죽음의 구분을 분명히 하고, 검소함과 사치의 적절성을 이해했기 때문이다.[1165](『회남

1160_ 각행(却行)은 뒤로 물러나거나 뒷걸음치는 것이며, 탈사(脫蹝)는 신발을 벗는 것으로, 꺼리거나 연연하는 것이 없음을 말한다.

1161_ 장매(葬薶)는 장매(葬埋)와 같은 말로, 시신을 무덤에 묻어서 매장하는 것이다.

1162_ 수렴(收斂)은 수렴(收殮)과 같은 말로, 시신에 옷을 입혀 관에 넣는 것이다. 개장(蓋藏)은 시신을 덮어서 가리는 것이다.

1163_ 고유는 "순임금이 남쪽으로 순수를 갔다가 창오에서 죽어 영도(泠道) 구의산(九疑山)에서 장례지냈는데, 시장이 폐쇄되는 번거로움이 없도록 했다"라고 풀이했다.

1164_ 고유는 "우임금이 회계에서 여러 신하들과 조회하다가 거기에서 죽었는데, 산음(山陰)의 남쪽에서 장례지내면서 농부들의 밭농사에 번거로움이 없도록 했다"라고 풀이했다.

1165_ 『여씨춘추』「안사(安死)」편에도 "堯葬于穀林, 通樹之. 舜葬于紀市, 不變其肆. 禹葬于會稽, 不變人徒. 是故先王以儉節葬死也."라는 기록이 보인다.

자』「제속훈」)

故葬薶足以收斂蓋藏而已. 昔舜葬蒼梧, 市不變其肆, 禹葬會稽之山, 農不易其畝. 明乎生死之分, 通乎侈儉之適者也.(『淮南子』「齊俗訓」)

## 4-15-16

따라서 이윤(伊尹)이 토목공사를 일으켰을 때, 다리가 긴 사람은 삽질을 하도록 하였고,[1166] 등의 힘이 강한 자는 흙을 져서 나르게 하였으며, 애꾸눈은 수평을 재도록 하였고,[1167] 곱추는 땅을 바르게 하였다.[1168] 이처럼 사람들에게 각자에게 맞는 적절한 일이 있어서 사람들의 본성이 균등하게 된 것이다.(『회남자』「제속훈」)

故伊尹之興土功也, 脩脛者使之跖钁, 强脊者使之負土, 眇者使之準, 傴者使之塗. 各有所宜, 而人性齊矣.(『淮南子』「齊俗訓」)

## 4-15-17

우임금 때 오음(五音)으로써 정치에 대해 들었는데, 종과 북, 경쇠와 방울을 걸어놓고, 또 소고(小鼓)[1169]도 비치하여 사방의 선비들을 기다리면서 다음과 같이 포고령을 내렸다. "과인에게 도(道)로써 가르칠 사람은 북을 치고, 과인에게 의(義)로써 깨우치려는 사람은 종을 치며, 과인에게 일로써 고하고자 하는 사람은 방울을 흔들고, 과인에게 근심을 말하고자 하는 사람은 경쇠를 치며, 소송할 일이 있는 사람은 소고를

---

1166_ 수(脩)는 길다[長]는 뜻이며, 수경(脩脛)은 다리가 긴 사람을 말한다. 곽(钁)은 괭이 또는 삽을 말한다. 척곽(跖钁)은 긴 다리로 삽을 밟아서 더욱더 깊이 팔 수 있도록 하는 것이다.

1167_ 묘(眇)는 애꾸눈이고, 준(準)은 수평을 재는 수준기를 말한다.

1168_ 구(傴)는 꼽추이고, 도(塗)는 흙을 바르는 매흙질을 하는 것이다.

1169_ 도(鞀)는 자루가 없는 작은 북, 즉 소고(小鼓)를 말한다.

쳐라." 이때에 우임금은 [이 일에 대처하기 위해서] 한 번 식사를 하면서 열 번이나 일어나서 나왔고, 한 번 머리를 감으면서 세 번이나 머리를 움켜쥐고 나와서 천하의 백성들을 위로했다.[1170] 이렇게 했는데도 자신의 선함을 드러내고 충성을 다하지 못하는 자는 자질이 부족한 자이다.(『회남자』「범론훈」)

禹之時, 以五音聽治, 懸鍾·鼓·磬·鐸, 置鞀, 以待四方之士, 爲號曰, "敎寡人以道者, 擊鼓, 諭寡人以義者, 擊鍾, 告寡人以事者, 振鐸, 語寡人以憂者, 擊磬, 有獄訟者, 搖鞀." 當此之時, 一饋而十起, 一沐而三捉髮, 以勞天下之民. 此而不能達善效忠者, 則才不足也.(『淮南子』「氾論訓」)

## 4-15-18

옛날부터 지금까지 오제와 삼왕도 자신의 행동을 완전하게 할 수는 없었다. 따라서 『역』에서 "「소과(小過)」는 형통하니, 곧음이 이롭다"라고 했다.[1171] 이것은 사람에게 허물이 없을 수 없으나, 큰 허물을 저지르지 않고자 함을 말한 것이다.(『회남자』「범론훈」)

自古及今, 五帝·三王, 未有能全其行者也. 故『易』曰, "「小過」, 亨, 利貞." 言人莫不有過, 而不欲其大也.(『淮南子』「氾論訓」)

## 4-15-19

옛날에 오제와 삼왕은 정치에 임해서 가르침을 베풀 때, 반드시 삼오

---

1170_『여씨춘추』「근청(謹聽)」편에도 "昔者, 禹一沐而三捉髮, 一食而三起."라는 기록이 보이고, 『사기』「노주공세가(魯周公世家)」에도 주공이 백금(伯禽)에게 "我一沐三捉髮, 一飯三吐哺, 起以待士, 猶恐失天下之賢人."이라고 경계의 말을 한 기록이 보인다.

1171_『역』「소과괘(小過卦)」의 괘사(卦辭)에 나오는 내용이다.

(參五)[1172]를 사용했다. 무엇을 삼오(參五)라고 말하는가? 우러러 하늘에서 형상을 취하고, 굽혀서 땅에서 표준을 취하며, 중간에서 사람에게서 법도를 취하는 것이다.(『회남자』「태족훈」)

昔者, 五帝·三王之莅政施教, 必用參五. 何謂參五? 仰取象于天, 俯取度于地, 中取法于人.(『淮南子』「泰族訓」)

<이상 회남자가 옛것에 가탁하다: 右淮南子託古>

## 16. 방사가 옛것에 가탁하다 [方士託古]

### 4-16-1

이소군(李少君)[1173]이 천자에게 말했다. "부엌신에게 제사지내면[1174] [기이한] 물건을 얻을 수 있는데, 물건을 얻으면 단사(丹砂)[1175]로 [그 물건

1172_ 삼오(參五)는 삼오(參伍)와 같은 말인데, 『역』「계사 상(繫辭 上)」편에 "參伍以變, 錯綜其數."라는 말이 보인다. 『역본의(易本義)』에서 "삼(參)은 3으로 세는 것이고, 오(伍)는 5로 세는 것이니, 이미 3으로 세어 변하고, 또 5로 세어 변하여, 한 번 먼저하고 한 번 뒤에 하여 번갈아 서로 상고해서 많고 적음의 실제를 살피는 것이다"라고 풀이했다.

1173_ 이소군(李少君)은 한나라 때 사람으로, 부엌신에게 제사지내는 것과 곡식을 심어서 금을 얻는 방법, 불로장생하는 방술 등으로 천하를 돌아다니면서 활동했던 방사이다. 무제 시기에는 방술과 의약에 관한 일을 주관했는데, 무제는 그의 말에 따라서 부엌신에게 직접 제사지내고, 선인을 찾기 위해 방사를 바다로 파견하고, 단사 등의 약물로 황금을 만드는 일을 했다고 한다. 그가 죽은 뒤에 무제는 그가 죽은 것이 아니라 신선이 되어 승천한 것이라고 믿을 정도로 맹신했다고 한다.

1174_ 사조(祠竈)는 조왕신(竈王神), 즉 집안의 화복을 관장하는 부엌신에게 제사를 지내는 것이다. 『논어』「팔일(八佾)」편에 "王孫賈問曰, '與其媚於奧, 寧媚於竈, 何謂也?' 子曰, '不然, 獲罪於天, 無所禱也.'"라는 구절이 보인다.

을] 황금으로 변화시킬 수 있으며, 황금이 완성되어 그것으로 음식 그릇을 만들어 사용하면 더욱더 장수할 수 있습니다. 더욱더 장수하면 바다 가운데 있는 봉래산(蓬萊山)[1176]의 신선을 만날 수 있으며, 신선을 만나서 하늘과 땅에 봉선(封禪)[1177]의 제사를 지내면 죽지 않으니, 황제가 그런 사람입니다."(『사기』「효무본기」)

少君言于上曰, "祠竈則致物, 致物而丹砂可化爲黃金, 黃金成以爲飮食器則益壽. 益壽而海中蓬萊仙者可見, 見之以封禪則不死, 黃帝是也."(『史記』「孝武本紀」)

## 康4-78

방사(方士)가 거짓으로 황제에게 가탁한 것이니, 천자의 귀를 가장 쉽게 유혹할 수 있기 때문이다.

方士謬託黃帝, 最易惑人主聽聞.

## 4-16-2

박현(亳縣) 사람 박유기(薄誘忌)[1178]가 태일신(泰一神)[1179]의 제사를 지내는

---

1175_ 단사(丹砂) 주사(朱砂)라고도 하는데, 안료와 약용 등으로 사용되었다. 방사들은 이것으로 황금과 불로장생약을 만들었다고 한다.

1176_ 봉래산(蓬萊山)은 신선이 산다고 하는 신령한 산으로, 바다 가운데 떠 있기 때문에 봉도(蓬島)라고도 한다. 그곳에는 신선이 살고 있으며, 금과 은으로 지어진 궁궐과 불로장생약이 있다고 전해진다.

1177_ 봉선(封禪)은 천자가 천지(天地)에 제사를 지내는 큰 의식이다. 봉(封)은 태산(泰山) 위에 제단을 짓고 제사를 지내서 하늘의 공에 보답하는 것이고, 선(禪)은 태산 아래의 양보산(梁父山)에 터를 닦고 제사를 지내서 땅의 은혜에 보답하는 것이다.

1178_ 호읍(亳邑)과 박유기(薄誘忌)는 『사기색은』에 의하면, 호(亳)는 산양(山陽)의 현(縣) 이름이다. 박유기의 박(薄)자는 연문이고, 유(誘)자는 유(謬)의 잘못이며, 성은 유(謬)이고, 이름은 기(忌)라고 했다.

방법에 대해 상주하면서 다음과 같이 말했다. "천신(天神) 중에서 가장 존귀한 신이 태일신이며, 태일신의 보좌관이 오제(五帝)[1180]입니다. 옛날에 천자는 봄과 가을에 동남쪽의 교외에서 태일신에게 제사를 지냈는데, 소·양·돼지의 희생을 제물로 갖추어놓고[1181] 7일 동안 거행했고, 제단을 만들어 모든 방향으로 통하는 귀신의 길을 개통했습니다." 이에 천자는 태축(太祝)[1182]에게 명령하여 장안(長安)의 동남쪽 교외에 태일신의 사당을 세우고, 박유기가 말한 방식대로 항상 제사를 받들게 했다. 그 후에 어떤 사람이 상주문을 올려서 다음과 같이 말했다. "옛날에 천자는 3년에 한 번씩 소·양·돼지의 희생을 제물로 갖추어놓고, 세 명이 일(一) 신(神)에게 제사를 지냈는데, 천일신(天一神)·지일신(地一神)·태일신(泰一神)입니다." 천자가 그것을 허락하고, 태축에게 명령하여 박유기가 세운 태일신의 제단 위에서 그들에 대한 제사를 주관하되, 그 사람이 말한 방식대로 거행하도록 했다. 그 후에 다시 어떤 사람이 상주문을 올려서 다음과 같이 말했다. "옛날에 천자는 항상 봄과 가을에 해사(解祠)[1183]를 지냈는데, 황제(黃帝)의 제사에는 효조(梟鳥)라는 새와 파경(破鏡)이라는 짐승 한 마리씩을 사용했고,[1184] 명양신(冥羊

---

1179_ 태일(泰一)은 천신(天神)의 이름인데, 태일(太一)이라고도 한다. 『사기색은』에서 인용한 송균(宋均)은 태일(太一)과 천일(天一) 등은 모두 북극(北極)의 별명이라고도 했다. 『할관자(鶡冠子)』「태홍(泰鴻)」편에도 "태일(泰一)이라는 것은 대동(大同)의 제도를 관장하고, 하늘[泰鴻]의 원기(元氣)를 조절하며, 신명(神明)의 위치를 정립하는 것이다. 따라서 구황(九皇)이 서로 도와서 태일(泰一)이 그렇게 생겨난 원인을 탐색했다[泰一者, 執大同之制, 調泰鴻之氣, 正神明之位者也. 故九皇受傅, 以索其然之所生.]"라는 기록이 보인다.

1180_ 오제(五帝)는 『사기정의』에 의하면, 5명의 천제(天帝)로, 창제(蒼帝)·적제(赤帝)·백제(白帝)·흑제(黑帝)·황제(黃帝)이다.

1181_ 태뢰(太牢)는 소, 양, 돼지의 세 가지 희생을 갖추어놓고 지내는 제사를 말한다.

1182_ 태축(太祝)은 대축(大祝)이라고도 하는데, 신에게 기도하는 일을 맡은 벼슬이다. 종묘의 제사 등을 맡은 벼슬인 종백(宗伯)과 함께 축종(祝宗)이라고 부른다.

1183_ 해사(解祠)는 죄를 없애고 복을 구하는 제사를 말한다.

神)[1185]의 제사에는 양을 사용했으며, 마행신(馬行神)[1186]의 제사에는 한 필의 푸른 숫말을 사용했고, 태일신(泰一神)과 고산산군신(皐山山君神)과 지장신(地長神)[1187]의 제사에는 소를 사용했으며, 무이군신(武夷君神)[1188]의 제사에는 마른 생선을 사용했고, 음양사자신(陰陽使者神)[1189]의 제사에는 소 한 마리를 사용했습니다." 제사를 맡은 관리[1190]에게 명령하여 그들에 대한 제사를 그 사람이 말한 방식대로 하되, 박유기가 세운 태일신의 제단 옆에서 제사를 거행하도록 했다.(『사기』「효무본기」)

亳人薄誘忌奏祠泰一方曰, "天神貴者泰一, 泰一佐曰五帝. 古者, 天子以春秋祭泰一東南郊, 用太牢具, 七日, 爲壇開八通之鬼道." 于是, 天子令太祝立其祠長安東南郊, 常奉祠如忌方. 其後人有上書, 言, "古者, 天子三年一用太牢具, 祠神三一, 天一, 地一, 泰一." 天子許之, 令太祝領祠之忌泰一壇上, 如其方. 後人復有上書, 言, "古者, 天子常以春秋解祠, 祠黃帝用一梟破鏡, 冥羊用羊, 祠馬行用一青牡馬, 泰一·皐山山君·地長用牛, 武夷君用幹魚, 陰陽使者以一牛." 令祠官領之如其方, 而祠于忌泰一壇旁.(『史記』「孝武本紀」)

---

1184_ 효(梟)는 올빼미과의 맹금으로, 그 어미새를 잡아먹는 흉악한 새라고 하여, 불효조(不孝鳥)라고도 부른다. 파경(破鏡)은 자기의 아비새를 잡아먹는다는 흉악한 짐승이다. 『사기집해』에서 인용한 맹강(孟康)에 의하면, 황제가 이러한 부류들을 없애버리기 위해서 모든 제사에서 그것을 사용하도록 했다고 한다. 그리고 여순(如淳)에 의하면, 한나라 때에는 동쪽에 있는 군(郡)에서 효조(梟鳥)를 서울로 보내도록 하여, 5월 5일에 효조로 국을 만들어 백관들에게 주었다고 한다. 효조를 악조(惡鳥)로 여겼기 때문에 그것을 먹었다는 것이다.

1185_ 명양(冥羊)은 『사기집해』에서 복건이 신(神)의 이름이라고 했다.

1186_ 마행(馬行)은 『사기정의』에서 신의 이름이라고 했다.

1187_ 태일(泰一)·고산산군(皐山山君)·지장(地長)은 『사기정의』에서 모두 신의 이름이라고 했다.

1188_ 무이군(武夷君)은 『사기정의』에서 신의 이름이라고 했다.

1189_ 음양사자(陰陽使者)는 『사기집해』에서 인용한 『한서음의(漢書音義)』에서 음양(陰陽)의 신이라고 했다.

1190_ 사관(祠官)은 제사를 맡은 관리를 말한다.

### 康4-79

방사의 거짓된 논의이니, 여전히 대부분 선왕에게 가탁했다.

方士謬論, 尙多託于先王.

### 4-16-3

천자가 공손경(公孫卿)[1191]과 방사들의 말을 들었는데, [그들은] 황제가 봉선(封禪)의 제사를 거행할 때마다 모두 괴이한 물건을 얻고, 신과 소통했다고 했다. 그러자 [천자는] 황제를 본떠서 신선인(神仙人)이나 봉래산의 선비들과 만남으로써 구황(九皇)[1192]과 견줄 만큼 뛰어난 덕을 가지고자 하여,[1193] 유가의 학술을 대거 채용하여 봉선을 아름답게 꾸몄다.(『사기』「효무본기」)

天子旣聞公孫卿及方士之言, 黃帝以上封禪, 皆致怪物, 與神通. 欲放黃帝以嘗接神仙人蓬萊士, 高世比德于九皇, 而頗采儒術以文之.(『史記』「孝武本紀」)

### 康4-80

방사들이 거짓으로 선왕에게 가탁했을 뿐만 아니라, 또 유가의 학술로 아름답게 꾸몄는데, 그 계책이 너무나 교묘했기 때문에 천자가 쉽게 빠져 들었다.

---

1191_ 공손경(公孫卿)은 제(齊)나라의 방사이다.

1192_ 구황(九皇)은 『사기집해』에서 위소(韋昭)가 상고시대의 인황(人皇)이 9명이라고 했다. 『할관자(鶡冠子)』「태홍(泰鴻)」편의 주에 의하면, 인황(人皇)의 형제는 모두 9명으로, 구주(九州)를 나누어서 관장했다고 한다.

1193_ 고세(高世)는 세상 사람들보다 아주 뛰어나다는 뜻이다.

方士旣謬託先王, 又文飾儒術, 其計甚巧, 人主所以易爲所惑也.

## 4-16-4

제(齊)나라 사람 공손경(公孫卿)이 다음과 같이 말했다. "금년에 보정(寶鼎)[1194]을 얻었는데, 금년 겨울 신사(辛巳) 초하루 아침의 동지(冬至)는 황제[가 보정을 제작한] 때와 같은 날입니다." 그리고 공손경이 가지고 있던 책[1195]에 다음과 같이 적혀 있었다. "황제가 완구(宛朐)[1196]에서 보정을 얻었을 때, 귀유구(鬼臾區)[1197]에게 물었는데, 귀유구는 '황제가 보정과 신책(神筴)[1198]을 얻은 것은 이 해 기유(己酉) 초하루 아침의 동지(冬至)이며, 하늘의 순환 법칙에 들어맞아서 [계속 순환하여] 끝이 나면 다시 시작한다'라고 대답했다. 이에 황제가 날짜를 미리 헤아려서 역법을 추산하여[1199] 그 뒤로 20년의 비율로 초하루 아침이 동지가 되었으며, 모두 20번을 추산해서 380년이 되자, 황제는 신선이 되어 하늘로 올라갔다." 공손경이 소충(所忠)[1200]을 통해서 그것을 황제에게 상주하려고 했는데, 소충은 그 책이 터무니없는 것을 보고 공손경이 제멋대

---

**1194**_ 보정(寶鼎)은 중국 고대에 왕조가 교체될 때 함께 전해졌다는 진귀한 솥이다. 『사기』「봉선서(封禪書)」에 "黃帝作寶鼎三, 象天地人."이라는 기록이 보인다.

**1195**_ 찰서(札書)는 글을 기록한 목간(木簡)으로, 지금이 책에 해당한다.

**1196**_ 완구(宛侯)는 완구(宛朐)로 쓰는 것이 정확하며, 지금의 산동성(山東省) 하택현(菏澤縣) 서남쪽에 있는 현의 이름이다.

**1197**_ 귀유구(鬼臾區)는 『사기집해』에서 인용한 『한서음의(漢書音義)』에서는 황제 시대의 사람이라고 했다. 『사기색은』에서 인용한 정씨(鄭氏)는 황제의 보좌관이라고 했고, 이기(李奇)는 황제 시대의 제후로, 『한서』「예문지」에는 귀용구(鬼容區)로 되어 있다고 했다.

**1198**_ 신책(神筴)은 신책(神策)과 같은 말로, 점을 치는 데 사용하는 시초(蓍草)를 말한다.

**1199**_ 영일(迎日)은 미리 날짜를 헤아리는 것이고, 추책(推策)은 역법을 추산하는 것이다.

**1200**_ 소충(所忠)은 한 무제 때의 신하이다.

로 지은 것이라고 의심하여, “보정의 일은 이미 결정된 것인데, 무엇을 상주하겠는가?”라고 거절하자, 공손경은 천자의 총애를 받는 신하를 통해서 그것을 상주했다. 천자는 크게 기뻐하여 공손경을 불러서 [그 일에 대해] 물었는데, 공손경은 “이 책을 신공(申功)[1201]에게서 받았는데, 신공은 이미 죽었습니다”라고 대답했다.

齊人公孫卿曰, “今年得寶鼎, 其冬辛巳朔旦冬至, 與黃帝時等.” 卿有札書曰, “黃帝得寶鼎宛侯, 問于鬼臾區, 區對曰, ‘黃帝得寶鼎神策, 是歲己酉朔旦冬至, 得天之紀, 終而復始.’ 于是, 黃帝迎日推策, 後率二十歲得朔旦冬至, 凡二十推, 三百八十年, 黃帝仙登于天.” 卿因所忠欲奏之, 所忠視其書不經, 疑其妄書, 謝曰, “寶鼎事已決矣, 尙何以爲?” 卿因嬖人奏之. 上大說, 召問卿, 對曰, “受此書申功, 申功已死.”

천자가 “신공은 어떤 사람인가?”라고 묻자, 공손경이 다음과 같이 대답했다. “신공은 제(齊)나라 사람입니다. 그는 안기생(安期生)[1202]과 교류하면서 황제의 말을 전수받았는데, 다른 글은 없고 다만 다음과 같은 보정과 관련된 글만 있습니다. ‘한나라가 흥성할 때는 다시 황제가 보정을 얻은 때에 해당되며, 한나라의 성인은 고조(高祖)의 손자 또는 증손자이다. 보정이 출현하여 신(神)과 소통하면 봉선 제사를 거행한다. 봉선 제사는 72명의 왕이 거행했는데,[1203] 그중에 오직 황제만이 태산(泰山)에 올라가서 하늘에 제사를 지냈다.’ 그리고 신공은 다음과 같이 말

1201_ 신공(申功)은 제(齊)나라의 방사이다. 『사기』 「봉선서」에는 공(功)이 공(公)으로 되어 있다.

1202_ 안기생(安期生)은 『사기색은』에서 복건이 옛날의 진인(眞人)이라고 했다. 그리고 『열선전(列仙傳)』에 의하면, 안기생은 낭야(琅邪) 사람으로, 동해(東海)에서 약을 팔았는데, 당시 사람들은 모두 그의 나이가 1,000세라고 말했다고 한다.

1203_ 『관자』 「봉선(封禪)」편에도 “관중(管仲)이 말했다. 옛날 태산(泰山)에서 하늘에 봉제(封祭)를 지내고, 양보(梁父)에서 땅에 선제(禪祭)를 지낸 사람이 72명이었다. 그러나 내가 아는 바로는 12명뿐이다[管仲曰, 古者封泰山 · 禪梁父者七十二家, 而夷吾所記者十有二焉.]”라는 기록이 보인다.

했습니다. '한나라의 임금도 태산에 올라가서 하늘에 제사를 지내야 하니, 태산에 올라가서 제사를 지내면 신선이 되어 하늘로 올라갈 수 있다. 황제 때에 만 개의 제후국이 있었는데, 그중에서 신령에 대한 봉선 제사에 참여한 나라가 7,000개의 나라였다.[1204] 천하의 명산이 8개인데, 3개는 오랑캐 지역에 있고, 5개는 중국에 있다. 중국에는 화산(華山)·수산(首山)·태실산(太室山)·태산(泰山)·동래산(東萊山)이 있는데, 이 5개의 산은 황제가 항상 유람하면서 신선과 만난 곳이다. 황제는 전쟁을 하면서도 신선의 도를 배웠는데, 백성들이 신선의 도를 비난할 것을 근심하여, 이에 귀신을 비난하는 자들을 가차 없이 참수했다. 그리고 100여 년이 지난 이후에 신선과 소통할 수 있었다. 황제는 옹(雍) 땅에서 상제에게 교(郊)제사[1205]를 지내면서 3개월간 머물렀다. 귀유구(鬼臾區)는 호가 대홍(大鴻)인데, 죽어서 옹 땅에서 장례를 지냈으니 홍총(鴻冢)[1206]이 바로 그의 무덤이다. 그 이후에 황제는 명정(明廷)[1207]에서 수많은 신령들과 만났는데, 명정이라는 곳은 감천산(甘泉山)이다. 그리고 한문(寒門)이라는 곳은 곡구(谷口) 지역이다.[1208] 황제는 수산(首山)의 동(銅)을 채취하여 형산(荊山) 아래에서 보정을 주조했다.[1209] 보정이 완성되

---

1204_ 『사기집해』에서 응소가 "황제 때 제후들 중에서 모여서 봉선 제사를 거행한 사람이 모두 7,000명이었다"라고 했다.

1205_ 교(郊)는 천자가 교외에서 하늘과 땅에 지내는 제사로, 교제(郊祭) 또는 교사(郊祀)라고 한다.

1206_ 『사기집해』의 소림(蘇林)에 의하면, 지금 옹 땅에 홍총(鴻冢)이 있다고 한다.

1207_ 명정(明廷)은 명정(明庭)이라고도 하는데, 천자가 신령에 제사를 지내고 제후들을 만나던 곳이다. 지금의 섬서성(陝西省)에 있는 감천산(甘泉山)이다.

1208_ 한문(寒門)은 색문(塞門)이라고도 하는데, 전설상의 북극의 몹시 추운 지역이라고 한다. 『사기집해』에서 인용한 『한서음의』에 의하면, 황제는 색문(塞門)에서 신선이 되었다고 한다. 그리고 곡구(谷口)는 『사기색은』에서 소안(小顔)이 "곡(谷)은 중산(中山)의 곡구(谷口)이다. 한나라 때에는 현(縣)이었는데, 지금은 야곡(冶谷)이라고 부르며, 감천(甘泉)과 80리 떨어져 있다. 한 여름에도 춥기 때문에 한문곡구(寒門谷口)라고 한다"라고 했다. 곡구도 지금의 섬서성(陝西省)에 있다.

1209_ 『사기집해』의 진작(晉灼)에 의하면, 『한서』「지리지(地理志)」에 수산(首山)은

자 용이 수염[1210]을 휘날리면서 내려와서 황제를 맞이했다. 황제가 용을 올라타자, 여러 신하들과 후궁 70여 명이 따라서 용을 탔는데, 용이 이에 하늘 위로 올라갔다. 나머지 신하들은 올라가지 못하자, 모두가 용의 수염을 잡아당겼는데, 용의 수염이 뽑히고, 황제의 활을 떨어뜨렸다. 백성들은 황제가 이미 하늘로 올라간 것을 바라보면서 그의 활과 용의 수염을 끌어안고 통곡했다. 따라서 후세에는 이러한 이야기에 따라서 그 지역을 정호(鼎湖)[1211]라고 명명했고, 그 활을 오호(烏號)라고 명명했다."(『사기』「효무본기」)

上曰, "申功何人也?" 卿曰, "申功, 齊人也. 與安期生通, 受黃帝言, 無書, 獨有此鼎書. 曰, '漢興, 復當黃帝之時, 漢之聖者, 在高祖之孫且曾孫也. 寶鼎出而與神通, 封禪. 封禪七十二王, 唯黃帝得上泰山封.' 申功曰, '漢主亦當上封, 上封則能仙登天矣. 黃帝時, 萬諸侯, 而神靈之封居七千. 天下名山八, 而三在蠻夷, 五在中國. 中國華山·首山·太室·泰山·東萊, 此五山, 黃帝之所常游, 與神會. 黃帝且戰且學仙, 患百姓非其道, 乃斷斬非鬼神者. 百餘歲然後, 得與神通. 黃帝郊雍上帝, 宿三月. 鬼臾區號大鴻, 死葬雍, 故鴻冢是也. 其後, 黃帝接萬靈明廷, 明廷者, 甘泉也. 所謂寒門者, 谷口也. 黃帝采首山銅, 鑄鼎于荊山下. 鼎旣成, 有龍垂胡髥下迎黃帝. 黃帝上騎, 群臣后宮從上龍七十余人, 龍乃上去. 餘小臣不得上, 乃悉持龍髥, 龍髥拔, 墮黃帝之弓. 百姓仰望黃帝旣上天, 乃抱其弓與龍胡髥號. 故後世因名其處曰鼎湖, 其弓曰烏號.'"(『史記』「孝武本紀」)

---

하동(河東) 포판(蒲阪)에 속하고, 형산(荊山)은 풍익(馮翊) 회덕현(懷德縣)에 있다고 한다.

1210_ 호염(胡髥)은 턱수염을 말한다.

1211_ 정호(鼎湖)는 『사기정의』에 의하면, 괵주(虢州) 호성현(湖城縣) 남쪽 35리에 있는 과부산(夸父山)에서 발원하여, 북쪽으로 흘러 황하로 들어간다고 한다.

## 康4-81

방사들의 탁고가 거짓되고 허황되다는 것을 사람들이 모두 쉽게 알 수 있으니, 또한 전국시대의 남겨진 유풍이다.

方士託古誕謬, 人皆易知, 然亦戰國之餘風.

## 4-16-5

제남(濟南) 사람 공옥대(公玉帶)[1212]가 황제 때의 『명당도(明堂圖)』를 상주했다.(『사기』「효무본기」)

濟南人公玉帶上黃帝時『明堂圖』.(『史記』「孝武本紀」)

## 4-16-6

공옥대(公玉帶)가 말했다. "황제 때에는 비록 태산(泰山)에서 하늘에 지내는 봉제(封祭)를 거행했지만, 풍후(風后) · 봉거(封鉅)[1213] · 기백(岐伯)[1214]이 황제로 하여금 동태산(東泰山)에서 하늘에 지내는 봉제를 거행하고, 범산(凡山)에서 땅에 지내는 선제(禪祭)를 지내도록 하여,[1215] 두 제사가 부절이 합치되듯이 거행된 이후에 죽지 않게 되었습니다."(『사기』「효무본기」)

---

1212_ 공옥대(公玉帶)는 공옥(公玉)이 성이고 대(帶)가 이름이다. 요씨(姚氏)에 의하면, 제(齊)나라 혼왕(湣王)의 신하 중에 공옥염(公玉冉)이 있는데, 그의 후손이라고 한다.

1213_ 풍후(風后)는 자세한 사적이 보이지 않는다. 봉거(封鉅)는 『사기집해』에서 응소가 황제의 스승이라고 했다.

1214_ 기백(岐伯)은 황제 시대의 명의(名醫)로 알려져 있으며, 황제와 함께 『내경』을 지었다고 한다.

1215_ 동태산(東泰山)은 『사기집해』의 서광(徐廣)에 의하면, 낭야(琅邪) 주허현(朱虛縣)에 있으며, 문수(汶水)의 발원지이다. 그리고 범산(凡山)도 주허현에 있다고 한다.

公玉帶曰, "黃帝時, 雖封泰山, 然風后・封鉅・岐伯令黃帝封東泰山, 禪凡山, 合符, 然後不死焉."(『史記』「孝武本紀」)

## 康4-82

살펴보건대, 공옥대(公玉帶)도 여전히 황제에게 가탁했지만, 불사(不死)를 위주로 했으니, 이것은 노자(老子)의 학파이다.

按公玉帶尙託黃帝, 而以不死爲主, 是老子之學派也.

## 4-16-7

공경(公卿) 대신들이 말했다. "옛날에 천지(天地)의 제사에는 모두 음악이 있었는데, 그래야만 하늘과 땅의 신[1216]이 경의를 표할 수 있습니다." 또 어떤 사람이 말했다. "태제(泰帝)[1217]가 소녀(素女)[1218]에게 50현으로 된 거문고를 연주하게 했는데, [곡조가] 슬퍼서 태제가 연주를 제지했는데도 그치지 않았습니다. 따라서 그 거문고를 부수어 버리고, 24현으로 만들었습니다."(『사기』「효무본기」)

公卿曰, "古者, 祠天地皆有樂, 而神祇可得而禮." 或曰, "泰帝使素女鼓五十弦瑟, 悲, 帝禁不止. 故破其瑟, 爲二十五弦."(『史記』「孝武本紀」)

## 康4-83

한나라 때에는 전해들은 이야기를 학문으로 삼았고, 유학의 계통이 통

---

1216_ 신지(神祇)는 하늘의 신과 땅의 신을 말한다.

1217_ 태제(泰帝)는 『사기정의』에서 태호(太昊) 복희씨(伏羲氏)라고 했다.

1218_ 소녀(素女)는 전설상의 신녀(神女) 이름이다. 노래를 잘하고 양생법 또는 방사(房事)에 능했다고 한다.

일되지 않았기 때문에 탁고한 잘못된 학설이 여전히 분분했다.

漢時, 以傳聞爲學, 未一儒統, 託古之謬說尙紛紛.

<이상 방사가 옛것에 가탁하다: 右方士託古>

# 찾아보기

孔子改制考

공 자 개 제 고

Confucius as a Reformer